钱润光◎著

團结出版社

图书在版编目（CIP）数据

抗日名将孙渡 / 钱润光著. -- 北京 : 团结出版社, 2019.12

ISBN 978-7-5126-7414-1

Ⅰ. ①抗… Ⅱ. ①钱… Ⅲ. ①孙渡—传记 Ⅳ. ①K825.2

中国版本图书馆CIP数据核字（2019）第223801号

出　版：团结出版社
（北京市东城区东皇城根南街84号　邮编：100006）
电　话：（010）65228880　65244790
网　址：http：//www.tjpress.com
E-mail：65244790@163.com
经　销：全国新华书店
印　刷：曲靖日报印刷厂
装　订：曲靖日报印刷厂

开　本：787×1092毫米　1/16
印　张：31.5
字　数：508千字
版　次：2019年12月第1版
印　次：2019年12月第1次印刷

书　号：978-7-5126-7414-1
定　价：98元（平）

抗日出征时任58军军长的孙渡（孙忠武提供）

抗战胜利时任第一集团军总司令的孙渡

（云南省档案馆史料）

58 军在昆明巫家坝誓师出征抗日（云南省档案馆史料）

行将出征的58军将士（云南省档案馆史料）

氣壯山河

孫渡題

——政治部主任張永泰述——

孙渡为《突起敌后的一支神军》一文的题词（云南省图书馆史料）

摩崖石刻《陆军第五十八军铁血干部训练班班歌》（孙渡题写）石刻文字：耿耿精忠，戢戢干城，起舞幕阜山下，挥戈洞庭湖滨。服从我革命领袖，歼灭那残暴倭寇。养成铁血救国之壮志，抱定杀身成仁之决心，担起复兴民族之重任，完成国民革命之使命！（湖南平江天岳幕阜山景区杨洁提供）

修業證書

茲有陸軍第五十八軍幹部訓練班軍士隊第二期學炳才修業期滿成績合格特給此證

陸軍第五十八軍軍長孫　渡

副軍長兼班主任魯道源

中華民國三十年四月二十七日

58军干部训练班证书（图片来自网络）

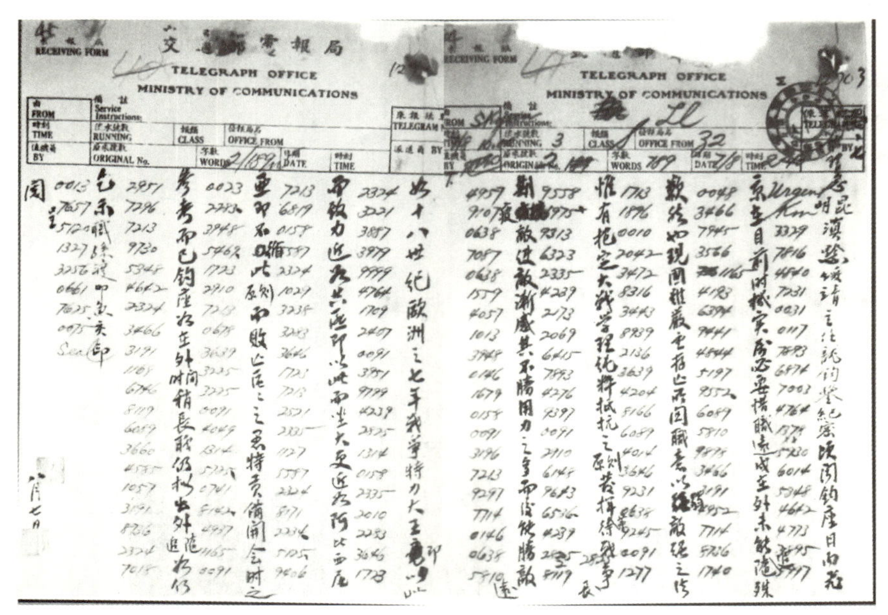
交通部電報局
TELEGRAPH OFFICE
MINISTRY OF COMMUNICATIONS

孙渡致电龙云阐述抗日主张电文（云南省档案馆史料）

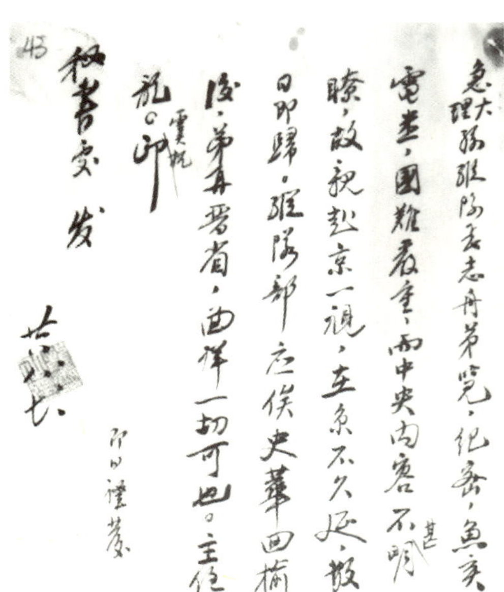

龙云回复孙渡电文（云南省档案馆史料）

孙渡拟随龙云赴南京电

（1937年8月6日）

急。昆明。滇黔绥靖主任龙钧鉴：纪密。顷闻钧座日内飞京，在目前时机实属必要。惜职远戍在外，未能追随，殊歉然也。现国难严重，存亡所关，职意以弱敌强之法，惟有把定大战学理纯粹抵抗之原则，发挥等待战争长期疲敌，使敌渐感其不胜用力之多，而后能胜敌。远如十八世纪欧洲之七年战争，特力大王即以此而致力；近如共匪即以此而坐大，更近如阿比西尼亚①即不遵此原则而败亡。区区之愚，特贡备开会时之参考而已。钧座如在外时间稍长，职仍拟出外追随。如何？乞示。职孙渡叩。鱼亥。印。

龙云复电

（1937年8月7日）

急。大理。孙纵队长志舟弟览：纪密。鱼亥电悉。困难严

云南省档案馆1995年9月编：《滇军抗战密电集》一书电文

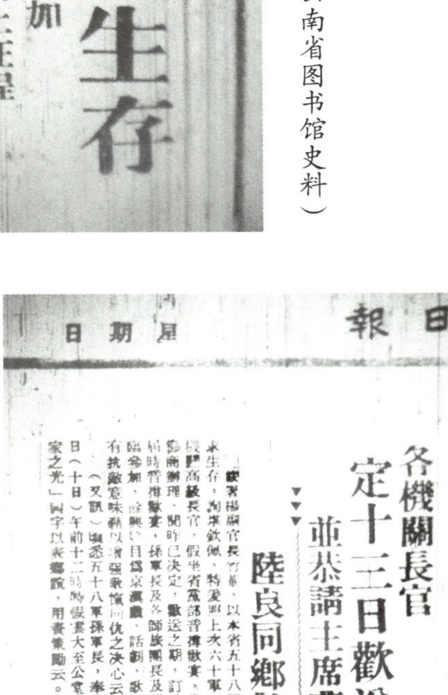

雲南日報　民國二十七年八月一日

五八軍告別會

孫軍長慷慨陳詞

誓爭取民族生存

各機關團體派代表出席參加
共以熱情送出征軍踏上征程

孫軍長致詞

孫軍長

李伯英講詞

胡文虎昆仲捐建孤兒院
日內舉行奠基禮
園牆及平整地盤先行動工

上週商業動向

《云南日报》报道孙渡出征新闻（云南省图书馆史料）

雲南日報　民國二十七年七月二十四日

雲南日報

大家努力一齊作戰！

五十八軍誓師殺敵

各師武裝健兒裝備整齊精神飽滿
顯示出鋼鐵般的意志與必勝力量
胡委員代表龍長官檢查並致訓詞

佈達式開始

孫軍長宣誓

舉行授旗禮

授團旗

龍長官訓詞

孫軍長答詞

胡委員訓詞

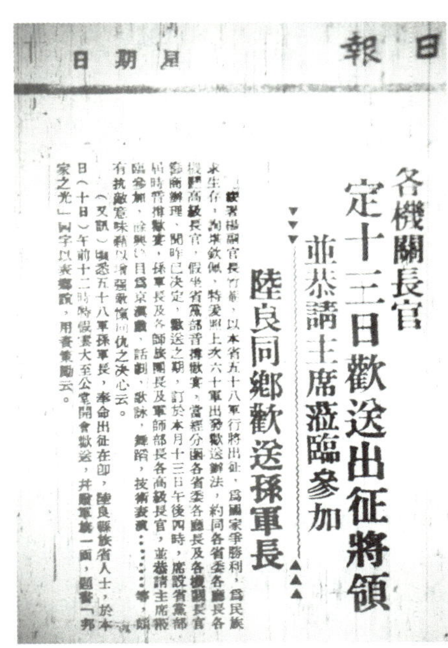

日報　星期日

各機關長官定十三日歡送出征將領

並恭請主席蒞臨參加

陸良同鄉歡送孫軍長

[illegible]各機關長官等，以本省五十八軍行將出征，為國家爭勝利，為民族求生存，淘堪欽佩，特援照上次六十軍出發歡送辦法，約同各省委各廳長各機關高級長官，假坐省黨部晉擇歡宴，當經分函各省委各廳長及各機關長官籌備辦理，聞昨已決定，歡送之期，訂於本月十三日午後四時，席設省黨部[illegible]歡宴，孫軍長及各師旅團長及軍師部長各高級長官，並恭請主席蒞臨參加，餘興節目為京滇戲、話劇、歌詠、舞蹈、技術表演……等，頗有抗敵意味，藉以增強敵愾同仇之決心云。

（又訊）頃悉五十八軍孫軍長，奉命出征在即，陸良縣旅省人士，於本日（十日）午前十二時假雲大至公堂開會歡送，并贈軍旗一面，題書「邦家之光」四字以表尊敬，用資策勵云。

抗日出征时的58军将士（叶炘睿提供）

整装待发的58军将士（云南省档案馆史料）

58军将士在行军途中（孙沛提供）

1938年10月18日，长沙各界热烈欢迎滇军58军（孙沛提供）

1939年9月9日，58军军官在高安前线合影。（前排中为孙渡）

图片文字：半载来，本军转战于赣北之高安奉新安义靖安间，同人等虽夙夜互公，旰夕不遑，惟强寇未灭，仔肩难卸，不能不继续努力，以完责任。特于炮声隆隆中邀请志公军长合影，籍当纪念兼寓互勉之意云尔。张青选誌于高安汪庄，五十八军参谋处。（孙忠武提供）

鲁道源将军（前）到前线视察（鲁以国提供）

1939年春，58军在南昌外围抗击日军获胜。图为孙渡（中）、鲁道源（右二）等在指挥所研究作战方案。（孙沛提供）

浏阳文家市的58军指挥所（鲁以国提供）

孙渡在影珠山留影（孙沛提供）

58军部分官兵在江西抗日前线合影（叶炘睿提供）

到江西前线慰问58军官兵的妇女战地服务团（孙沛提供）

新编第3军183师部分军官在江西抗日前线合影（叶炘睿提供）

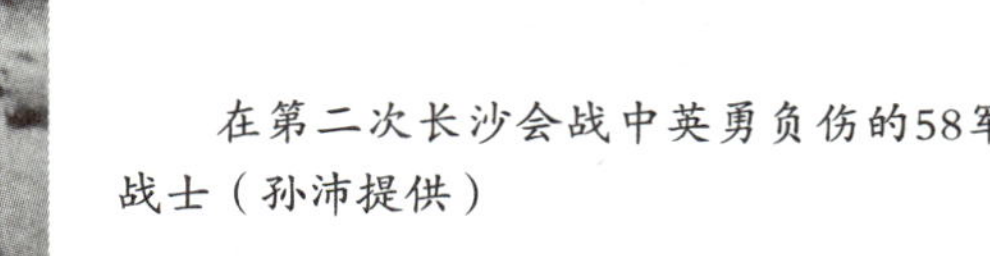

在第二次长沙会战中英勇负伤的58军战士（孙沛提供）

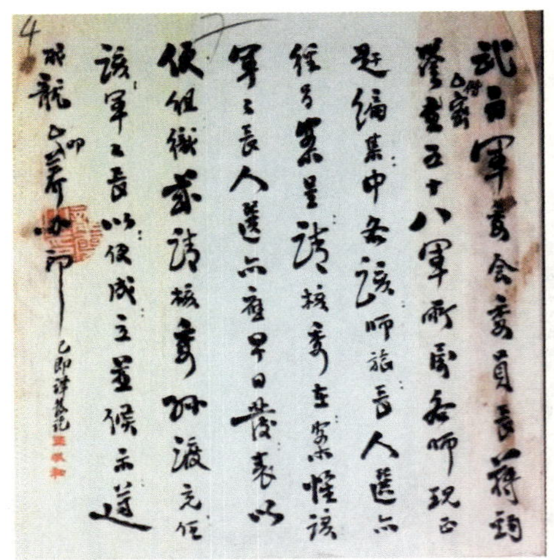

龙云请求委任孙渡为58军军长（1938.6）

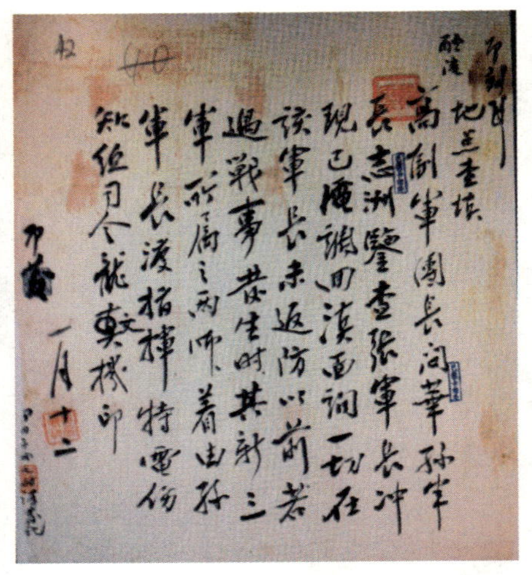

龙云为张冲回滇新三军所属两师由孙渡指挥电（1939年1月12日）

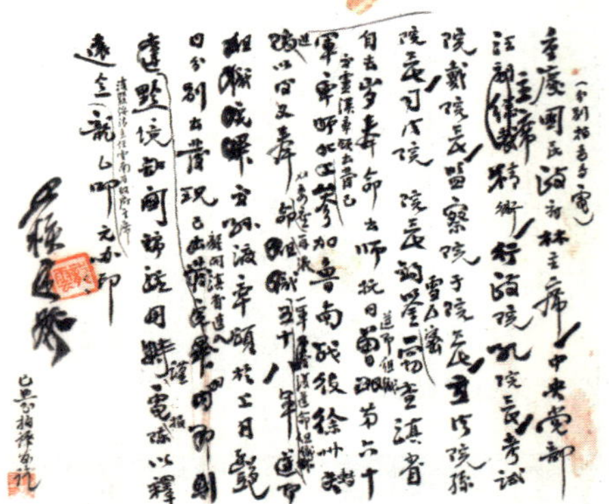

龙云为58军开赴前线呈国民政府林森主席电（1938年）

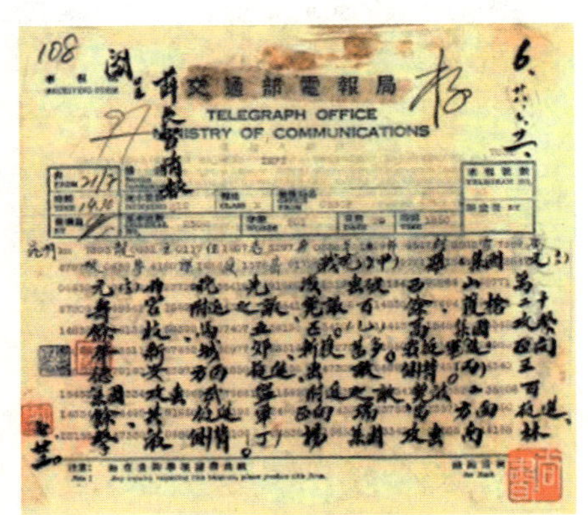

报告西山万寿宫歼敌情形电文

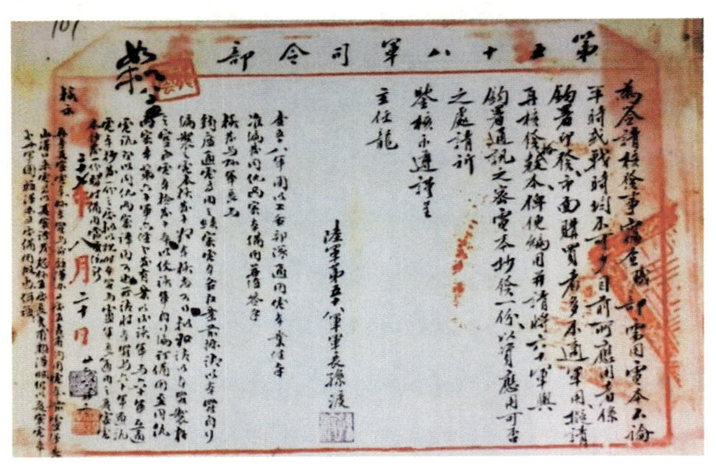

58军来往电文（本页图片来自于云南省档案馆）

罗卓英致龙云委任孙渡代理第一集团军总司令职务，并请升任第一集团军副总司令职务电（1940年4月10日）

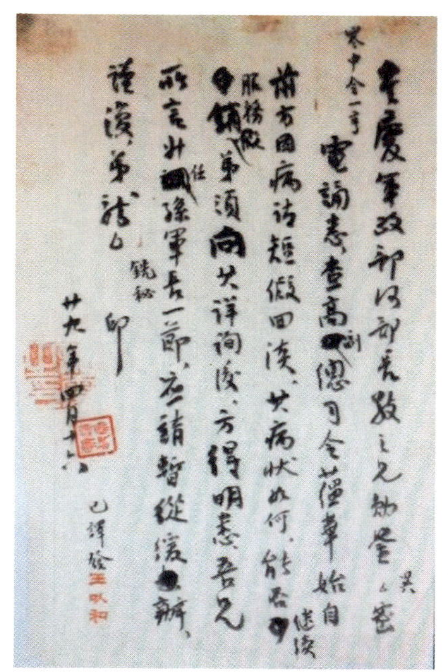

孙渡升任第一集团军副总司令来往电

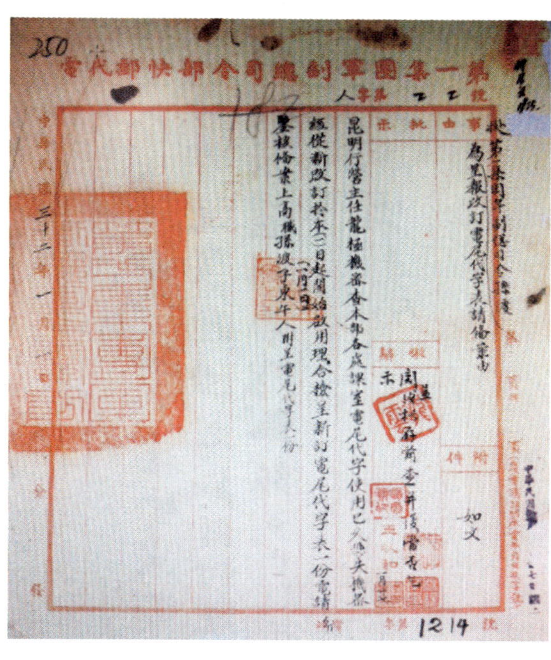

第一集团军副总司令孙渡请示龙云电

（本页图片来自于云南省档案馆）

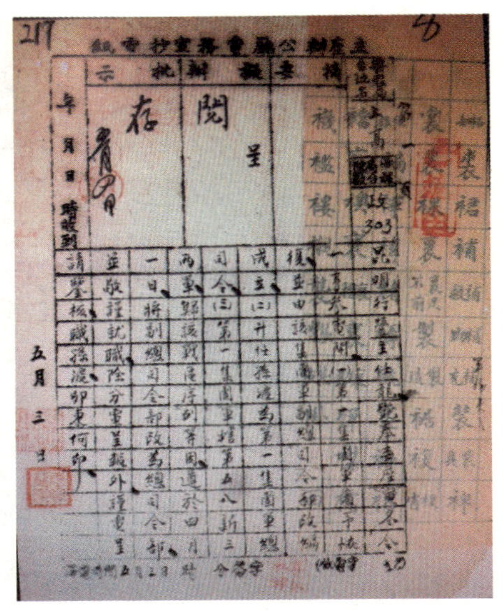

孙渡任第一集团军总司令电文

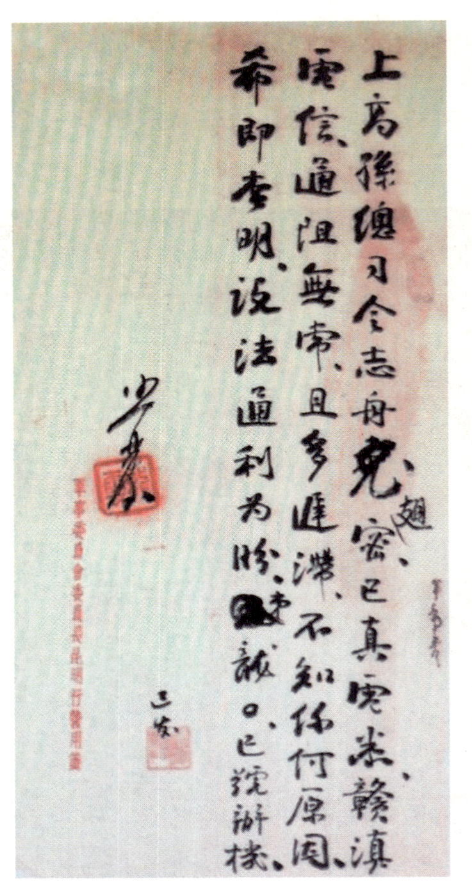

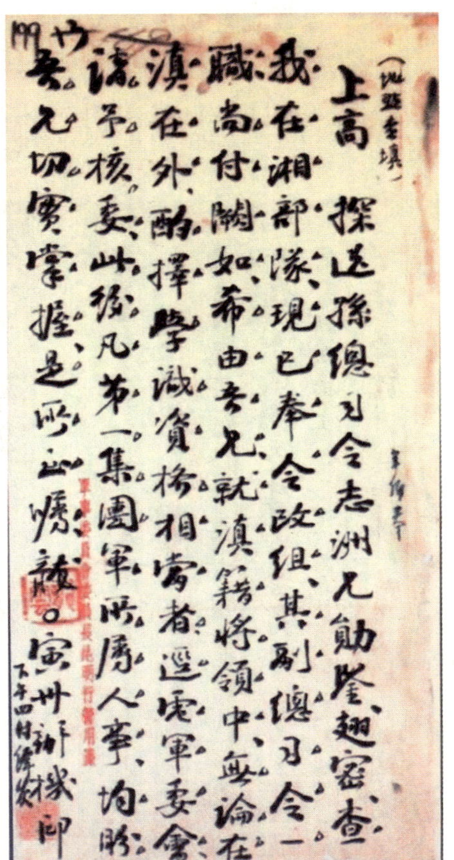

第一集团军总司令孙渡与龙云来电（本页图片来自于云南省档案馆）

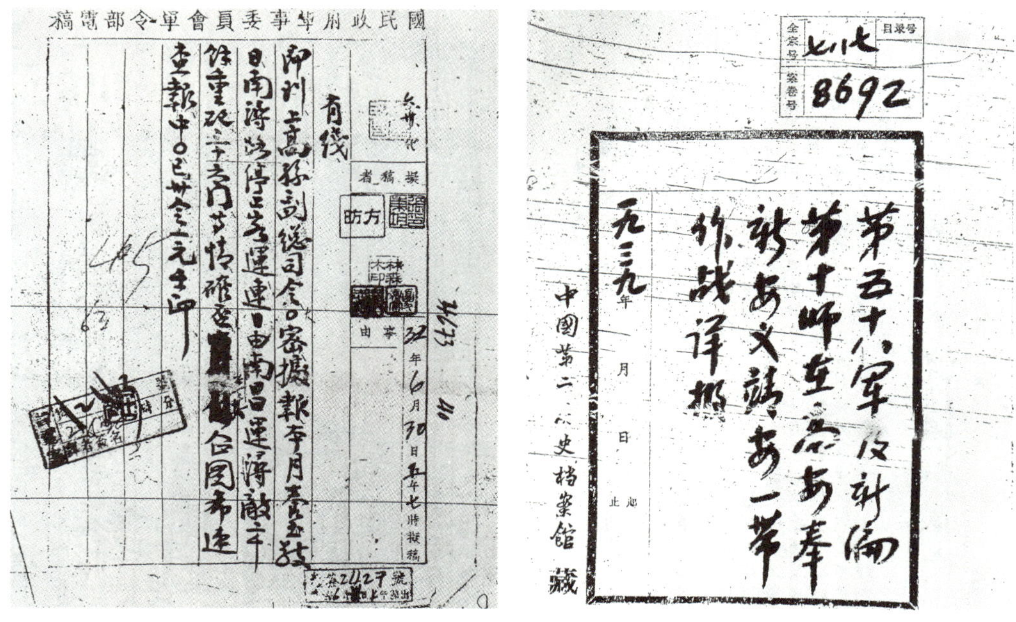

國民政府軍事委員會軍令部電稿

全宗号 七八七
案卷号 8692

第五十八军及新编第十师在高安奉新安义靖安一带作战详报

一九三九年 月 日 起 止

中国第二历史档案馆藏

中国第二历史档案馆有关孙渡指挥抗战的史料

1942年10月，孙渡调升第一集团军前方副总司令时与第一集团军高级将领合影。前排从左至右：新12师师长唐宇纵，新3军军长杨宏光，副总司令孙渡、第九战区副司令长官杨森、离任第一集团军副总司令的高荫怀；后排从左至右：183师师长余建勋、×××（人物姓名不明）、58军军长鲁道源、新10师师长萧本元。（唐宇纵外孙代凌华提供）

三、所得之經驗與教訓

此次本軍出擊，確已予敵重創，以敵我之傷亡而論，敵傷亡八百餘，我傷亡僅七百餘，在敵我裝備懸殊之下，能常茲殲此頑寇，則最後勝利定屬於我，而我之所以能獲此戰果者，揆其原因有四：一曰，各級指揮官革命戰術運用適當；二曰，官兵志氣邁勃，同仇敵愾；三曰，各級指揮官意志堅決，企圖心旺盛；四曰，全軍紀律嚴明，得民眾密切協力，可知戰果由來，良有以也，尤以此次作戰之指揮方面，絕對避免以我軍劣勢之裝備，一意攻堅，徒招無益損害，本軍獨能採取「迂迴」或「包圍」，攻敵側背，迫其放棄據點而聚殲之，或誘敵深入，擊敵於運動中，破壞其交通通訊來源，而夾擊之，上述諸項殊足為抗戰參考之資，顧我軍民共勉之，則國家幸甚，民族幸甚，　總裁訓示之最後勝利，指日可待耳。

陸軍第五十八軍　軍長孫渡　副軍長魯道源代　謹述

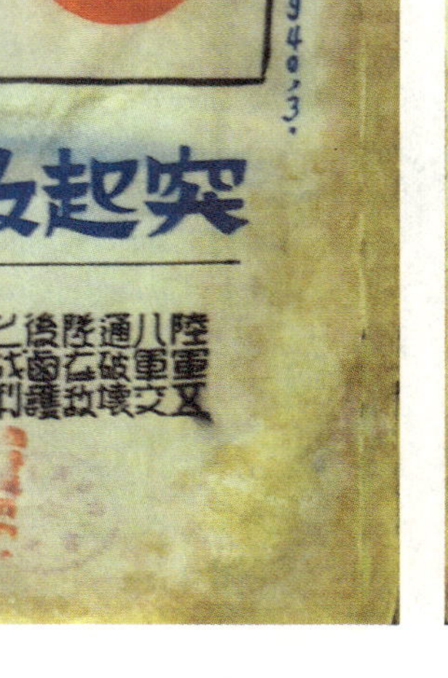

58军编印的抗战史料（云南省图书馆史料）

滇軍又在贛北殲敵

攻佔靖安城及錦江北岸各重要據點

並在奉干公路花廟前斃敵官兵一夥

龍司令長官去電嘉勉孫軍長

孫軍長來電

五八軍血戰殲倭記

衝進高安城殺敵無算

最高領袖特電令嘉獎

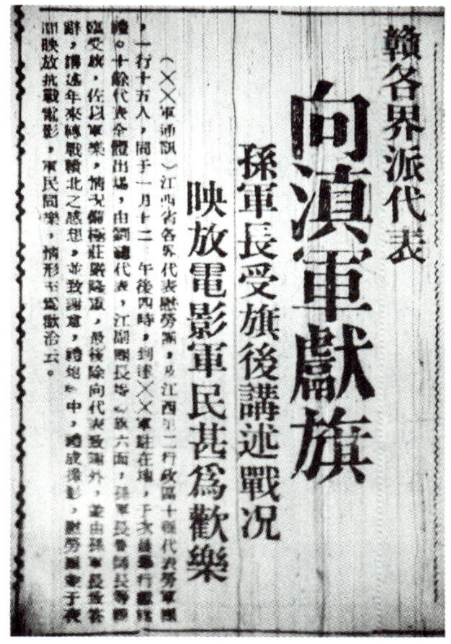

贛各界派代表

向滇軍獻旗

孫軍長受旗後講述戰況

映放電影軍民甚爲歡樂

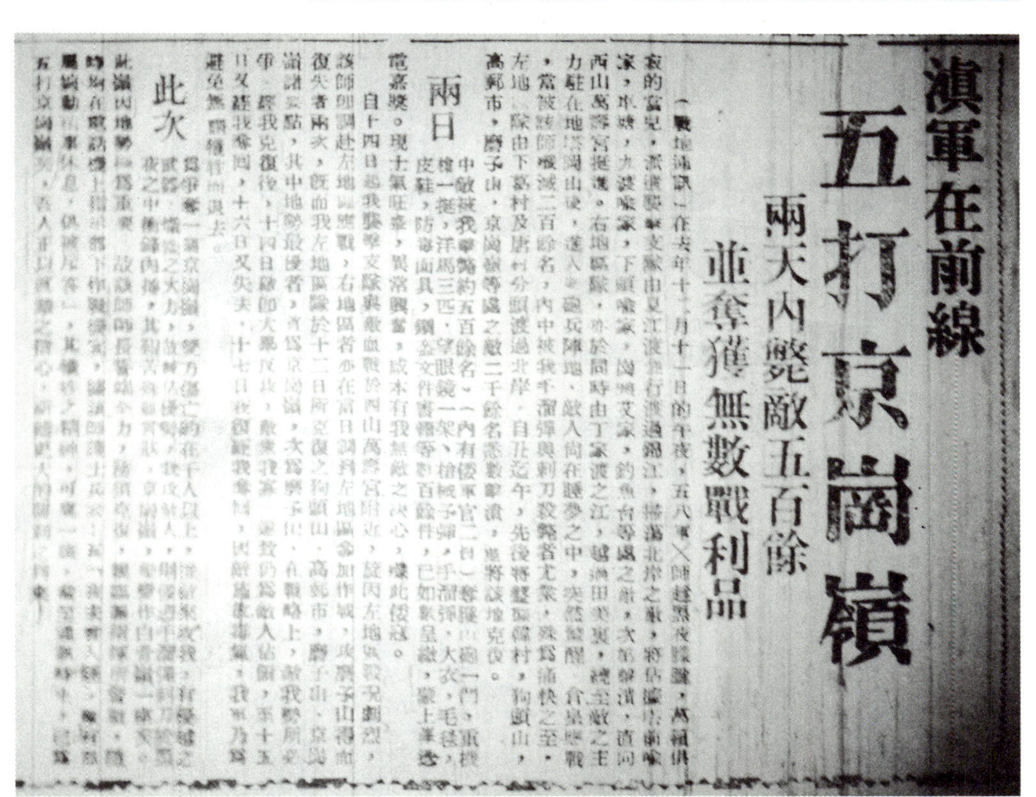

滇軍在前線

五打京崗嶺

兩天內斃敵五百餘

並奪獲無數戰利品

《云南日报》刊载孙渡出征及抗战胜利文章（云南省图书馆史料）

58军缴获的战利品及俘虏（孙沛提供）

笠原幸雄向58军军长鲁道源呈递投降书

南昌受降典礼（江西档案馆史料）

受降檔案 陸

等一切軍品至九月二十二日接收完畢

三、九江地區之接收

本司令長官九江前進指揮所主任派孫總司令渡兼任主持日軍投降一切事宜九江區受降部隊原派新三軍負責九月下旬該軍部及所屬之新十二師遵令裁編以其所屬撥編五八軍之一八三師繼續負責自九月十九日起日軍開始繳交武器彈藥交通通信衛生被服等一切軍品至十月十九日先後接收完畢其各部繳械起訖日期如次

1、獨立混成第八四旅團自九月十九日開始繳械至九月二十六日接收完畢

2、第十三師團自十月一日開始繳械至十月九日接收完畢

3、第五八師團自十月十日開始繳械至十月十三日接收完畢

第九戰區南潯地區受降

中国第二历史档案馆编著的《中国战区受降档案》对孙渡主持九江受降的记载

孫副司令長官渡

孫副司令長官渡，字志舟，雲南陸良縣人，現年五十歲。民二卒業於雲南講武堂四期工兵科，服務部隊，經過了護法、靖國、援桂、諸役，衝鋒陷陣，迭著戰功，由排連營團長，遞升到旅長，那時，年僅二十有七，爲滇軍青年將領中最負時望之一。

二十三年，任勦匪軍第二路第三縱隊中將司令，貴陽之役，深爲 委座所激賞。

到了抗戰軍興，氏更負荷重大的使命，担任第五十八軍軍長，轉戰湘、鄂、贛北、贛東一帶，督率雄師，與日寇浴血苦鬥，三解長沙的危急，蒙最高統帥記大功三次。

三十一年的十一月，升任第一集團軍副總司令，坐鎮贛北，捍禦頑敵，指揮若定，屢建殊勳。三十四年的四月，晉升第一集團軍總司令，總統大軍，膚功迭奏。

勝利以後，奉命赴九江受降，完成了光榮的使命。旋又奉調赴東北，參加接收的重大任務。三十五年，升任東北保安司令長官部副司令長官。仍兼集團軍總司令，勦除匪患，所向克捷，勳名是更震爍了！

氏爲人，沉着機智，料敵如神，算無遺策，是以百戰百勝，成爲時代的名將。平居好學，手不釋卷，故學問淵博，談鋒甚健，古人所稱的儒將，氏當之洵無愧色了。

1946年复兴出版社出版的《中国抗战名人图史》对孙渡作了详细介绍。（李建华提供）

58军随军记者黄声远著《壮志千秋》

云南省政府主席兼第一集团军总司令龙云

第六十军军长升第一集团军第一方面军总司令卢汉

在中条山阵亡的第三军（滇籍老三军）军长唐淮源

第五十八军军长升第一集团军总司令孙渡

云南省档案馆编《滇军抗战密电集》

新任西南軍政副長官

雲南儒將孫渡

易春風

當過去龍雲以雲南王姿態雄據滇中的時候，他看不慣這種跋扈自私的作風，忿而出走，自創天下，自打碼頭，如今，他是對滇問題的一張王牌。

圖：西南軍政長官公署新任副長官孫渡將軍

《新闻快报周刊》记者易春风在《云南儒将孙渡》一文中称赞孙渡："孙将军是在抗日战争中打出来的名将。"（李建华提供）

云南陆军讲武堂展出孙渡抗战史料

湖南平江农家客厅悬挂的孙渡、鲁道源照片。鲁道源之子鲁以国夫妇2016年摄

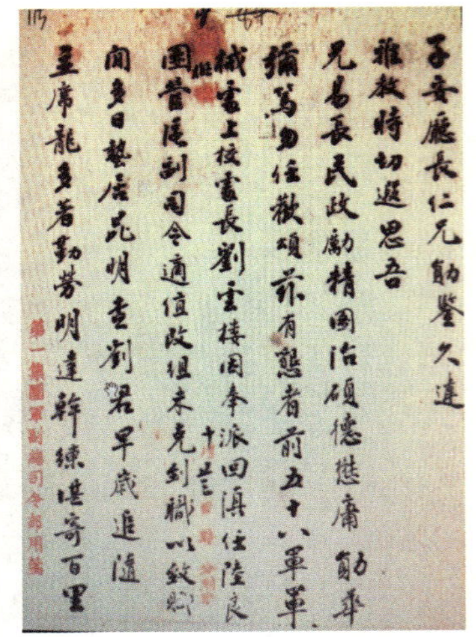

子安厅长仁兄勋鉴：久违
雅教，特切遐思。吾
兄肩长民政，励精图治，硕德懋庸，勋华
播写，曷任钦颂。兹有前五十八军军
械处上校处长刘云楼因奉派回滇任陆良
团管区副司令，适值改组未克到职，以致赋
闲乡日，整居无聊。查刘君早岁追随
主席龙公，著勤劳，明达干练，堪寄百里

敬祈吾
兄鼎力玉成，俯赐栽培，俾宰一邑，在吾
兄德重耶山，刘君亦感深骨髓，感激图
报，礼荷同深。特书修达，顺颂
公绥
弟 孙渡

第一集团军副总司令部用笺

孙渡向龙云推荐58军军械处上校处长刘云楼（陆良马街人）信函（云南省档案馆史料）

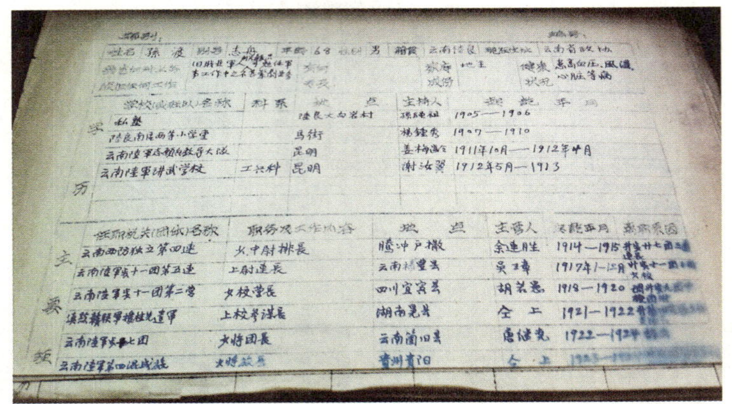

姓名	孙渡	别号	志舟	年龄	68	性别	男	籍贯	云南陆良	[illegible]	云南省政协
[illegible]	旧所在军人……事工作十之余家剧社等					家庭成份	地主		健康状况	患高血压、风湿、心脏等病	

学历：学校（或班队）名称	科系	地点	主持人	起讫年月
私塾		陆良大白岩村	孙純祖	1905—1906
陆良南区两等小学堂		马街	杨锺秀	1907—1910
云南陆军[illegible]		昆明	[illegible]	1911年10月—1912年4月
云南陆军讲武学校	工兵科	昆明	谢汝翼	1912年5月—1913

主要经历：机关（团体）名称	职务及工作内容	地点	主管人	起讫年月	[illegible]
云南西防独立第四连	少中尉排长	腾冲户撒	余建胜	1914—1915	[illegible]
云南陆军第十一团第五连	上尉连长	云南[illegible]	吴璋	1917年1—12月	[illegible]
云南陆军第十一团第二营	少校营长	四川宜宾县	胡若愚	1918—1920	[illegible]
[illegible]	上校参谋长	湖南[illegible]	仝上	1921—1922	[illegible]
云南陆军第[illegible]团	少将团长	云南[illegible]	唐继尧	1922—192[illegible]	[illegible]
云南陆军第四混成旅	少将旅长	贵州贵阳	仝上	[illegible]	[illegible]

1964年孙渡特赦回昆后填写的表格（昆明市档案馆史料）

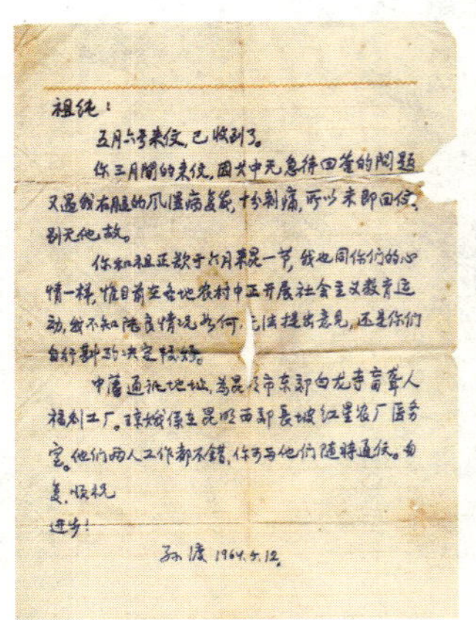

祖纯：

五月六号来信，已收到了。

你三月间的来信，因其中无急待回答的问题，又遇我右腿的风湿病复发，十分剧痛，所以未即回信，别无他故。

你和祖正欲于六月来昆一节，我也同你们的心情一样，惟目前在各地农村中正开展社会主义教育运动，我不知陆良情况如何，无法提出意见，还是你们自行斟酌决定较好。

中藩通讯地址，为昆明市东郊白龙寺盲聋人福利工厂。琮娥係在昆明西郊长坡红星农厂医务室。他们两人工作都不错，你可与他们随时通信。有复，顺祝

进步！

孙渡 1964.5.12.

孙渡给外甥信函（钱祖纯提供）

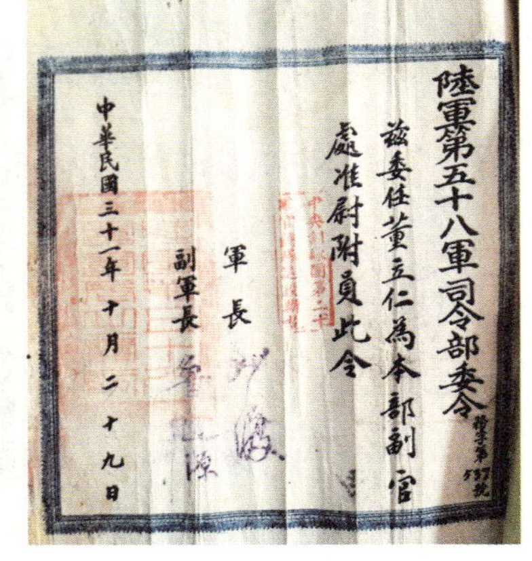

陆军第五十八军司令部委令

兹委任董立仁为本部副官处准尉附员此令

军长 孙渡

副军长 [illegible]

中华民国三十一年十月二十九日

孙渡签署的委任状（叶炘睿提供）

1963年11月10日，周恩来和陈毅等在北京人民大会堂福建厅接见在京的前四批特赦战犯及其家属。前排左起：溥杰、溥杰夫人嵯峨浩子、康泽、溥仪、徐冰、傅作义、傅作义夫人、周恩来、张治中夫人、杜聿明夫人曹秀清、陈毅、范汉杰、×××（人物姓名不明）、鲁迅夫人许广平。三排左四：孙渡。（图片来自《国民党首要战犯改造秘档》一书，史文编著）

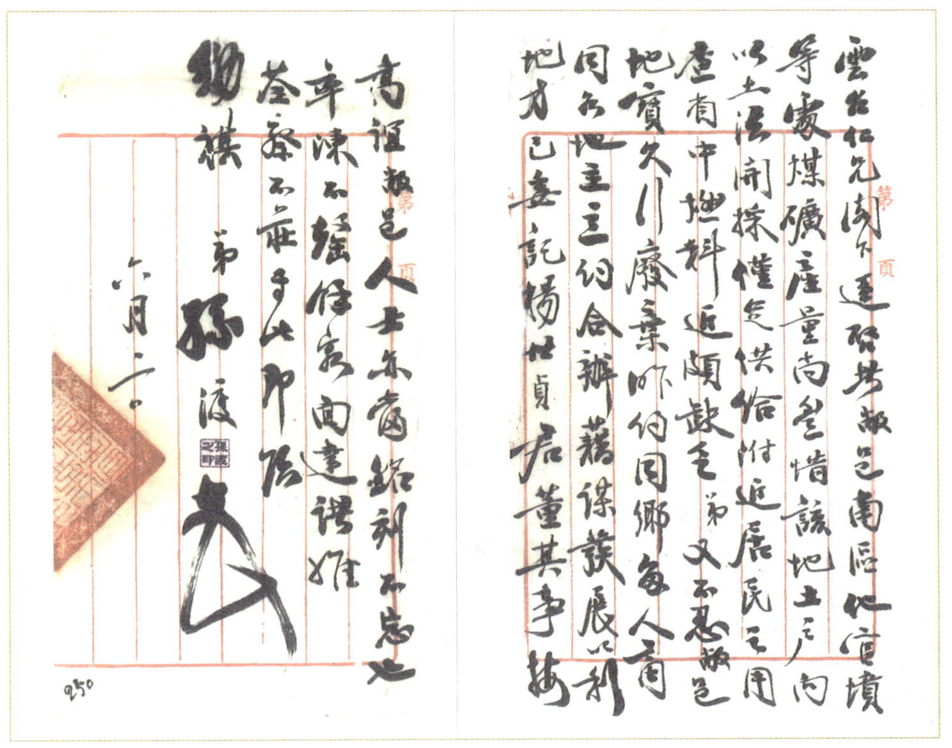

孙渡遗作：孙渡致缪云台函（节选）（云南省档案馆史料）

孙渡一家人1947年摄于锦州

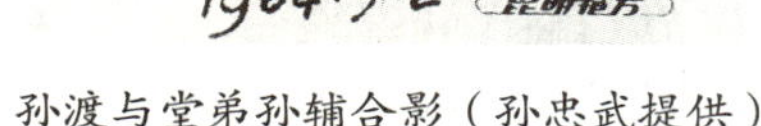

孙渡与堂弟孙辅合影（孙忠武提供）

孙渡夫人唐芸赓（前排右二）与张灿琪（前排左二）等人1949年1月在昆明合影（孙琼娥提供）

孙渡与胞妹孙自香（前排左二）等1964年3月在昆明合影（孙琼娥提供）

孙锦一家1992年合影

孙渡夫人张灿琪（前中）及女儿孙沛（前左）孙溶（前右）儿子孙锦夫妇（后排）2015年7月合影

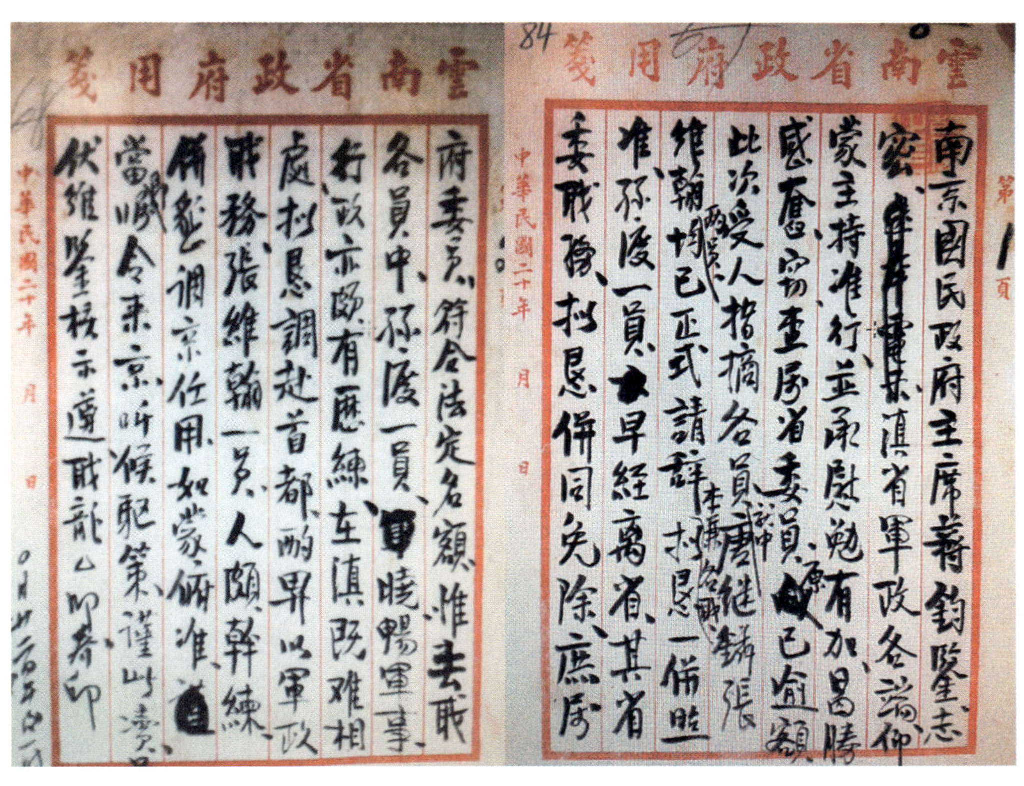

龙云向蒋介石推荐孙渡任军事参议信函

孙渡以红军越境渡江北进引咎辞职电

（一九三五年五月十三日）

军急。云南。龙总司令钧鉴：凯密。窃职以菲才，叠荷殊恩，屡寄重任，本应竭尽棉力，以图报称。唯能力有限，力不从心，以致时有陨越，无任惶悚。此次奉命剿赤，不能歼灭共匪于境外，转使越境渡江北窜，深用疚心，若再恋栈，恐更滋贻误，现匪既流窜，部队复已回滇，为应付环境便利计，拟恳将职部撤销，由钧座直接指挥为佳，否则，仍请另行遴员接替，俾得待时悔过，图报将来。至职个人，如不见罪，仍当以白衣之尊俎，以报恩遇于万世也。迫切陈词，不胜待命之至。职孙渡叩。元午。印。

龙云于红一方面军渡过金沙江后布置滇军追击设置江防等与蒋介石等的来往电

（一九三五年五月九日——九月二十九日）

刘文辉请派兵派机支援江边并询问红军实力电

（一九三五年五月九日）

立到。滇。龙总司令志舟兄，庚戌机电悉。枢密。查匪渡过

孙渡引咎辞职电文

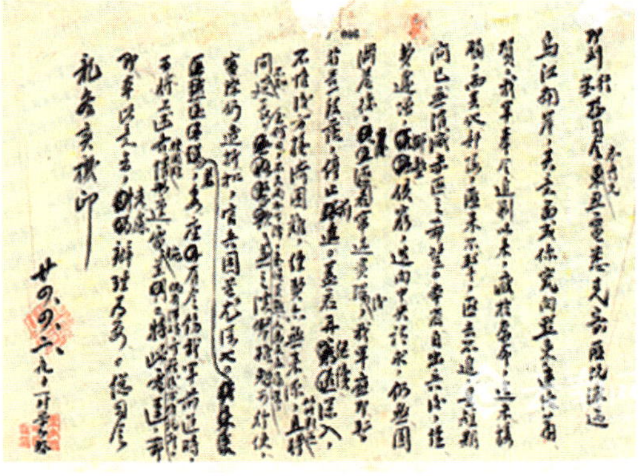

1935年4月2日，龙云电令孙渡，以经费不继，嘱咐孙渡若蒋介石再令前进可上报各种困难婉为推托。图为：龙云电令孙渡："短期间已无消灭赤匪之希望。""我军应即暂行告一段落，停止前进。盖若再继续深入，不惟后方接济困难，经费亦无来源"。

（本页图文来自于云南省档案馆）

雲南省公署訓令第一號

令內務司

查本省造幣廠關係重大，原訂制度未盡適宜，現為興利除弊起見，特以委員會改組試辦，以期改進，漸臻完善。並經[illegible]孫渡、朱景暄、[illegible]王楨為該廠委員，而以委員會委員長兼辦各事，仍由該委員等斟酌廠中實情擬呈候核。除任命暨分行外，合行令仰該司查照。此令

省長唐繼堯

唐继尧任命孙渡为造币厂长文件（云南省档案馆史料）

南京中央日報

中華民國卅七年六月廿二日

湘浙熱省主席易人

政院通過 程潛主湘陳儀主浙孫渡主熱

美援運用委會人事亦有更調

北平市市長 劉瑤章出任

孙渡任热河省主席报道（李建华提供）

事由 擬辦 批示 備考

呈 字第 號 年 月 日 時到

收文 字第 號

孙渡任国民党第二路军第三纵队司令官文件（中国第二历史档案馆史料）

序

云南民族大学　谢本书

几年前的一天，我正在书斋里翻书，忽然听到一阵敲门声。打开房门，见到一位中年人。他自报家门，在云南曲靖师范学院任职，慕名前来，拜访谢老师。我看他，个头不高，满面红光，精力充沛，热情洋溢，一副温文尔雅的样子，遂请他到客厅入座。

在交谈中，得知他毕业于我的母校云南大学中文系，现为云南曲靖师范学院教授，虽然长期从事政工工作，却勤奋耕耘，著述甚丰。我很高兴，欢迎他来访。他表示，此次来访除了看望外，一个重要目的是，希望研究和写作云南近现代名人孙渡将军的传记，征求意见，不知可否。

我长期从事中国近现代史的教学与研究，对云南地方近现代史亦有兴趣，得知钱先生希望研究和写作孙渡将军传记，非常高兴。因为这是云南近现代史研究中的一个薄弱环节。孙渡将军作为云南近现代名人，在民国时期云南的一系列重大事件中，扮演着不可忽视的角色，对民国时期的云南有一定的影响。可是至今却只有少量回忆和几篇介绍性的文章，还有就是1948年出版的记载58军战史的记实性著述《壮志千秋》，涉及孙渡。这些论述对孙渡还缺乏深度研究，更没有孙渡的生平传记问世。钱先生的研究无疑有助于弥补这方面的缺环。

我根据自己的经验，谈了一些想法。大意说，孙渡将军是云南历史名人，却又是一个比较复杂的人物，既有光辉的业绩，又有坎坷的经历，要把握好孙渡一生的脉络，给予恰当的评价，并非易事。孙渡的一生，最值得骄傲的是抗日战争时期这一段。1937年“七七”事变后，作为滇军高级将领的孙渡，主动请缨，出师抗战，先后任陆军第58军军长、第一集团军副总司令、总司令等要职，一直指挥、战斗在抗日的第一线。自1938年秋到1945年秋的7年间，转战湘鄂赣等地区，多次歼灭日寇，为国家和民族建立了功勋。孙渡将军这一段经历很值得研究和书写。弄清孙渡将军这一段历史，有助于研究58军及第一集团军抗战史，即滇军抗战的历史。这是云南近现代历史上的一个重要问题；也可为中国人民抗日战争史的研究提供新的成果，充实中国抗日战争史的内容。突出抗日战争这一段，去研究孙渡，因此书名可以考虑使用《抗日名将孙渡》。钱先生很高兴地肯定我的意见，正所谓“君子所见略同”。他表示将为此而尽力。

在随后的几年，钱先生不辞辛苦，不畏艰难，利用一切可以利用的时间，投入研究和写作。他不仅遍访了孙渡的亲属和知情人士，而且长期泡在昆明和南京的图书馆、档案馆寻找资料和线索；不惜代价，前往湖北、江西、湖南等孙渡战斗过的主要地方踏勘、查访，还到香港、台湾地区查阅、搜集资料。通过三年多的艰苦努力，终于完成50余万字的大作初稿。

钱先生把初稿送给我征求意见，并请为之“序”。我难以推辞，应允为之。读了初稿以后，有几点印象较为深刻。

第一，资料丰富，史料价值较高。作者搜集、利用一切可以利用的资料，包括图书、报刊、档案、电文、采访记录及图片等，以独特的历史视角，比较真实完整地论述了孙渡将军历史发展的主要进程，尤其是抗日战争时期这一段历程，展现了他曲折坎坷、波澜壮阔的一生。由于材料充实，史料丰富，并对重要史料的引用注明出处，加之文中描写了许多感人的细节和场面，因而史事叙述客观真实、令人可信。研究历史人物，贵在尊重历史事实，一切以客观的史实为准绳。全书不仅占有丰富的史料，而且善于取舍鉴别，尊重历史事实，尊重历史逻辑，客观地叙述、论证和演绎。正因为如此，书中还原了一段真实的历史画卷，再现了一个真实的孙渡形象。

第二，线索清晰，图文并茂。全书以近代以来无数仁人志士为实现中华民族的伟大复兴而不懈奋斗的历史为背景，以孙渡将军抗日出征时发出的“为民族争生存”的誓言为主旨，以他“从戎报国、复兴民族”的理想抱负和思想发展脉络为主线，分民族危亡、抗日救国、走向光明三大板块，客观真实地再现了孙渡将军驰骋抗日疆场、英勇斩杀日寇的民族情怀、爱国精神和责任担当。全书大小标题新颖别致，篇章结构严谨紧凑，文字优美生动，叙述流利酣畅，逻辑性强，读起来轻松顺畅；而且图片较多，全书有图片两百多幅，还有一些罕见的档案资料、图片首次公布，较为珍贵。图文并茂，不仅有助于加深对历史事件、人物的理解和认识，而且大大增加了全书的真实性和可读性。

第三，有所创新，引人注目。书稿中有不少前人未发现或未注意到的史料、资料，因而颇有创新之处。例如，红军长征过云南时，孙渡收到朱德、贺龙等的来信，对孙渡产生的影响。抗日战争时期，孙渡在湘鄂赣浴血奋战，多次取得重大胜利，尤其是在三次长沙会战中取得的战绩；还有58军在抗战中与日军相比，伤亡为二比一，成为中国损失最少的军队之一，被赞誉为“抗日劲旅”和“长胜军”；以及孙渡主持九江受降的事绩（过去多认为九江受降为杨宏光主持）等。这些新意为传记增加了亮点和色彩，成为引人注目的精彩篇章。

历史刻骨铭心，永远不能忘记。习近平总书记指出：“同中国人民抗日战争的历史地位和历史意义相比，同这场战争对中华民族和世界的影响相比，我们的抗战研究还远远不够，要继续进行深入系统的研究。”研究孙渡将军，回望抗战惨痛历史，教育后人勿忘国耻、奋发图强，决不让历史悲剧重演。这正是作者的写作宗旨，也是本书的价值所在。

可以认为，这部传记著作是成功的，有分量、有水准、有创见，弥补了云南近现代史和中国抗日战争史研究中的重要缺环。

当然，传记著作中难免也存在一些可以再斟酌和研究的地方。相信作者在未来的研究中，会更上一层楼，作出新的贡献。

2018年夏于昆明

目　录
contents

上篇　民族危亡

第 1 章　少年志从戎

晚清腐朽，民族苦难；仁人志士，奋起抗争。1895 年，是中华民族饱受屈辱的一年。4 月 17 日，清政府全权谈判代表李鸿章和伊藤博文签署了中日《马关条约》，中日甲午战争以清政府的屈辱失败而告终，中华民族进一步陷入苦难的深渊。孙渡就诞生在这年的端午节。命运似乎注定他要背负抗日救国的民族重任！时势造英雄。少年孙渡天资聪颖，勤奋好学，机智过人，立下了从戎报国的志向。

第 2 章　军校露锋芒

辛亥革命，风云激荡；世界潮流，浩浩荡荡。1911 年 3 月，孙渡怀揣梦想到昆明求学，就读陆军小学堂、参加重九起义和入伍当兵后，如愿考入云南陆军讲武学校第 4 期学习。此时在校担任军事教官的朱德，成了他的学长和老师。“神州大陆奇男子，携手去从军”“练成铁臂担重任”。雄浑有力的《云南陆军讲武堂军歌》，激励他在军校崭露锋芒，成为他“誓争取民族生存！”的不竭动力！

第3章 追随唐继尧

1913年10月，云南都督由年仅30岁的唐继尧继任，并执政长达14年之久。19岁的孙渡从云南陆军讲武学校毕业后步入军营，追随唐继尧护国讨袁，东征西讨，历任排、连、营、团、旅长等职，逐步成为唐继尧亲信。然而，民国初年是一个刀光剑影、变幻莫测的时期。正所谓："你方唱罢我登台"。朱德因"拥顾反唐"遭到追捕，被迫离开云南。孙渡因"倒唐政变"遭到关押，被迫出走下关……

第4章 龙云"小诸葛"

1927年是中国近代史的多事之秋。6月，云南继"二·六"政变后，又发生了争权夺利的"六·一四"政变。在历时3年的争夺战中，龙云成为新的"云南王"，并统治云南达18年之久。孙渡为龙云抢夺"云南王"宝座出谋献计，赢得"小诸葛"赞誉，成为省府委员。然而，卢汉等四师长掀起"倒龙事变"，迫使他流亡上海。后龙云向蒋介石举荐，孙渡出任南京军事参议院参议……

第5章 贵阳"保大驾"

1934年12月，红一方面军长征进入滇黔边境。蒋介石命令龙云追堵红军，龙云为孙渡防堵红军之策拍案叫绝！朱德写信给龙云、孙渡等校友，说明红军是"北上抗日"，望"勿与为难"。毛泽东采用调虎离山之计，认为："只要能把滇军调出来就是胜利！"蒋介石果然中计，急调孙渡纵队赶到贵阳"保驾"，称赞孙渡："这样的部队才算是真正的军队。"然而，红军全部渡过金沙江后，孙渡却提出引咎辞职……

第6章 石鼓“送红军”

1936年2月，红二方面军长征进入向滇黔边境。孙渡再次奉命率第三纵队防堵红军。贺龙、萧克等联名给龙云、孙渡写信，再次说明红军是“北上抗日”，望“勿与为难”。龙云尝到贺龙的厉害后，暗嘱诸将：“只需把红军送出滇境。”孙渡尾追红军，希望红军“快点退出云南境”。蒋介石邀龙云同乘飞机观察追击情形，投亲笔信给孙渡。红军渡过金沙江的第二天，孙渡纵队才尾追到丽江，赶到石鼓“送行”。

中篇　抗日报国

第7章 千里赴国难

“亿万苍生归劫火，百二雄关谁守？”1937年卢沟桥事变后，中华民族的全面抗战拉开帷幕。民族存亡关头，朱德通过龙云转告在滇讲武堂同学：“共赴国难，自有出路。”1938年春，孙渡临危受命担任陆军第58军军长，出征前发出“誓争取民族生存”的铁血誓言。58军4万将士千里赴国难，参加武汉外围保卫战——崇阳战役。然而，崇阳首战失利蒙羞，孙渡受到记过处分……

第8章 精忠悬日月

"耿耿精忠，截截干城。……养成铁血救国之壮志，抱定杀身成仁之决心，担起复兴民族之重任……"1939年，孙渡深刻总结崇阳首战失利的教训，统率58军参加了反攻南昌、第一次长沙会战、赣北锦江南北岸等著名战役，集小胜为大胜，取得辉煌战绩，威震第九战区。孙渡用自己的铮铮铁骨挺起民族脊梁，挽回了崇阳失利的被动局面，铸就了辉映日月的民族忠魂！

第9章 铁血铸劲旅

1940年，日军的军事行动主要围绕切断中国与国际的补给线而展开。上半年，孙渡代理第一集团军总司令，采取攻防结合的战略战术，组建混合挺进部队，奇袭敌人，虏获颇丰。下半年，孙渡以高超的指挥艺术，指挥58军将士鏖战万寿宫，收复九岭失地，克敌制胜，威震华中，使日寇闻风丧胆，58军被赞誉为"抗日劲旅"。

第10章 英名垂青史

1941年，侵华日军发动了第二次长沙战役等进攻战役。孙渡奉命统一指挥58军和杨汉域之20军参加了第二次长沙会战，采用机动灵活之运动战术，在大云山地区予敌以侧击截击尾击，重创日军最精锐之第6师团，取得了永垂青史的辉煌战果！高荫槐向龙云报告战况时称此役为"空前未有之胜利"，白崇禧致电龙云评价："第一集团军奋勇杀敌，居功至伟！"

第11章 华中长胜军

“倭寇不曾留片甲，英雄驻此障长沙。”1942年，抗日战争进入相持阶段。孙渡奉命统一指挥58军和杨汉域之20军，参加了第三次长沙会战和浙赣会战，58军获“长胜军”美名。在第三次长沙会战中，孙渡指挥部队把日军精锐之第6师打得落花流水，用血肉之躯完成了影珠山阻击战。会战告捷后，拍成纪录片——《喋血影珠》。

第12章 正气壮山河

1943年，日军在太平洋战场被迫转入战略防御。第一集团军前方副总司令孙渡，统率58军和新3军参加了常德会战等战役，取得了收复常德的不朽战果，书写了气壮山河的辉煌篇章！龙云得知收复常德后致电58军：“建此殊勋，曷胜光荣。”美国军事考察团实地考察后写信表示：“你们算得是抗战最有力量的英勇同志。”

第13章 忠义照千秋

忠义照千秋，热血奇男儿。1944年，中国抗战由守转攻。第一集团军前方副总司令孙渡统率58军和新3军，参加了极其凶猛之长衡大会战，与日军持续作战113天，伤亡官兵万余人，以血战到底的英雄气概铸就了民族忠魂！龙云得知收复醴陵后致电孙渡：“我军入湘奋战，收复醴陵，茂赏迭膺，良堪嘉许。”

下篇　走向光明

第17章　内战失兵权

抗战胜利后，中国面临着光明还是黑暗、进步还是倒退两种前途命运的生死抉择。1946年6月底，在美帝国主义的支持下，国民党撕毁停战协定和政协决议，悍然对解放区发动全面进攻，国共内战由此爆发。孙渡被迫奉命率部调往东北参加内战，朱德再次给孙渡来信，望他“再举义旗”。初到东北，184师海城起义……

第18章　昆明不依旧

国民党挑起的内战不得人心。解放军势如破竹，节节胜利；国民党节节败退，兵败如山倒！1948年5月，孙渡应召到南京与蒋介石共进早餐，被削去兵权。调任热河省主席不到4个月，热河全省解放；1949年9月被任命为西南军政长官公署副长官。12月9日，离开云南11年的孙渡，随张群同机回到昆明。当天夜里，卢汉宣布云南和平起义……

第19章　改造获特赦

天若有情天亦老，人间正道是沧桑。新中国的成立，开辟了中国历史的新纪元，开启了中华民族伟大复兴的新征程。云南和平解放后，孙渡在昆明参加了由李雁宾发动的“拥政会”。1951年3月被捕后，先后关押在昆明监狱、重庆白公馆、北京功德林战犯管理所，直到1963年4月9日被特赦释放，接受了长达12年的改造……

第20章 无处不青山

青山处处埋忠骨，何须马革裹尸还。1967年4月，饱经沧桑的孙渡走完了自己的人生历程。在民族危亡之际，孙渡“誓为民族争生存”，赴汤蹈火、精忠报国，书写了可歌可泣的人生传奇！他的抗日英名必将永远闪耀在民族复兴的历史星空里！永远矗立在国家富强的精神丰碑中！永远留在亲人的思念记忆中！

附　　录

上篇　民族危亡

1894年9月17日，中日甲午海战爆发，这是日本蓄谋已久发动的一场大规模侵略中国的战争，最终以清政府的彻底失败而告终。甲午海战给中华民族带来空前严重的民族危机，大大加深了中国社会半殖民地化程度。图为甲午海战情景。

第 1 章　少年志从戎

1895年，是中华民族饱受屈辱的一年，也是每个炎黄子孙刻骨铭心的一年。这年的4月17日，清政府全权谈判代表李鸿章，在日本政府代表的咄咄逼视下，用颤抖的双手和伊藤博文签署了中日《马关条约》，将台湾、澎湖列岛割让给日本。至此，历时9个月的中日甲午战争以清政府的屈辱失败而告终。

战胜国日本凭此跻身帝国主义列强行列，而中华民族则背负屈辱，进一步陷入苦难的深渊。同年农历九月初九重阳节当日，孙中山在广州发动武装起义，结果起义失败，陆皓东被处死，孙中山则流亡海外。但新旧力量的生死较量并未就此停息。

孙渡就诞生在1895年的端午节。这是一个内忧外患的时期，也是一个社会大变革时期。命运似乎注定他要与动荡不安的时代同沉浮，注定他会如屈原一样深爱自己的祖国，注定他能背负抗日杀敌、救国救民的民族重任！

时势造英雄。少年孙渡能不负时代召唤，立下从戎报国的志向吗？

一、端午降生

1895年是清光绪二十一年，按中国传统纪年是农历乙未年；这一年的农历五月初五，是中国的传统节日端午节。

就在端午节这天清晨，随着一声响亮的啼哭声，孙渡降生在云南陆良东区（现为陆良三岔河镇）新庄村一户普通的农民家庭。

新庄村，当地村民又称小白岩。白岩村因村南白玉龙潭岩石皆为白色而得名，新庄村因与村北的大白岩村相邻而称小白岩。10岁以前的孙渡，就学习生活在小白岩和大白岩这一地方。

端午节起源于中国，最初为祛病防疫的节日。春秋之前，吴越之地有在农历五月初五以龙舟竞渡形式举行部落图腾祭祀的习俗；后因忧国忧民的爱国诗人屈原抱石自投汨罗江身死，又成为中华民族纪念屈原的传统节日。

中华民族人才辈出。谁也不曾想到，端午节降生的孙渡，43 岁后指挥千军万马，浴血湘鄂赣，数次在汨罗江畔与日寇拼杀，赢得了“长胜军”的威名。如果屈原在天有灵，他一定会为此而感到欣慰。

孙渡这个“羊宝宝”的降生，让全家人喜上眉梢。孙渡的祖父孙应鹏（生卒年月无法考证）早就盼着这个长孙的到来。孙应鹏养育长子孙汉澡、次子孙汉鼎、三子孙汉璋三个儿子，孙渡出生时，其伯叔已各立门户。

孙渡的父亲叫孙汉鼎（又名孙绍，生卒年月无法考证），母亲谢氏（生卒年月和名字无法考证）是大白岩村人。孙汉鼎在兄弟中排行老二，由于孙渡的大伯孙汉澡最先生育的是孙小翠和孙小香两个女儿，所以孙应鹏对孙渡这个长孙的降临格外高兴。

孙渡有胞弟妹五人，分别是弟弟孙崑（字玉山）、妹妹孙尚香、孙白香、孙看香、孙自香。另有堂弟三人，分别是大伯孙汉澡的儿子孙辅（字相臣）、叔叔孙汉璋的儿子孙弼（字辅臣）和孙奎（字虎臣）。[①]

孙渡的祖父孙应鹏，为人勤奋、豁达、公道，颇有见识，对子孙寄予厚望。孙渡兄弟四人的名字，就是他请当地有名的文人取的。

关于孙渡名字的来历，在当地村民中，至今还在流传着这样一个传说。

在孙渡出生前夜，他的父亲孙绍做了一个梦，梦见自己的妻子生了一个白白胖胖的男孩，但是小男孩却独自困在一条大河的对岸过不来，害怕得放声大哭，直哭得隔河观看的老人们为之落泪。正当此时，忽然天降一撑船的白胡子老人，面带慈祥的笑容，划着一只小船过来，把那个小男孩抱进船里，横渡而过，交给孙绍。孙绍喜不自禁，梦就醒了。而孙渡也就在此时降临人世。[②]

当孙应鹏请来取名的先生，得知这一梦境时，他略加思索，为他取名“渡”，字“志舟”。意思是：孙渡是托白胡子老人之福，把他从大河的对岸渡过来的；为了报答白胡子老人的搭救之恩，于是将字定为“志舟”，意即希望他立志将自己当成一只小船，让白胡子老人永远划着这只船去普渡众生，搭救万民。

十分巧合的是，在新庄村的北面有一个白玉龙潭，白玉龙潭面积约 10 亩左右，连接了潭北新庄和潭南白岩村，俨然一个渡口；横卧龙海山脚下的白玉龙潭向南向北各有一条八尺宽的出水渠道，状如一叶小舟。据说，取名的先生看了这一地貌，因而为他取名“渡”，将字命之为“志舟”，希望他将来能迎风破浪，救国救民，建功立业。

孙渡果然不负所望，在国家和民族危亡之际，挺身而出，立下“誓为民族争生存”的铁血誓言，浴血湘鄂赣，奋勇杀日寇，为民族复兴建立了不朽功勋。

时隔41年，1936年孙渡尾追中央红军过丽江后，驻军丽江。此时的孙渡已是国民党中将司令官，指挥千军万马。他踌躇满志，在游丽江三多阁时，兴致勃勃地挥毫写下“志在今朝镇乾坤，舟移苍山渡万民”的对联，横批“育德远谋”。在这一对联中，他把自己的名“渡”、字“志舟”嵌入其中，抒发了自己为国为民的政治抱负。[③]

当孙渡事业有成、如日中天时，中共地下党员、曾任陆良县县长的熊从周[④]也写藏头诗赞孙渡、孙崑胞兄弟。诗曰：“志在春秋绕乾坤，舟于沧海渡群生。玉宇清华舞滇池，山藏蛟龙锁昆仑。”诗中蕴含孙渡（字志舟）、孙崑（字玉山）。

1936年底，已授中将军衔的孙渡在陆良县三岔河镇刘良村委会新庄村新建一院落，世人称为“孙公馆”。孙公馆坐东朝西，由两个院落组成。50年代初收为集体所有，分给村中的孤寡老人居住。曾几何时，这座院落早已被世人所遗忘，墙壁千疮百孔，屋檐多处坍塌，让人倍感凄凉。想当年“三五之夜，明月半墙，桂影斑驳，风移影动，珊珊可爱”的情景，早已不复存在。[⑤]

可在“孙公馆”厦柱子石凳上，两首石刻诗至今依稀可见。其一“乌鹊巢成汉树空，孙郎奇气捲（卷）江东。英雄鼎足三分势，只在茅庐一语中。”其二“闲来无事剩渔舟，独自风云顺水流。奔涛雪浪几时静，江山稳在自悠悠。”

第一首诗为明代诗人程敏政所作《南阳三顾图》，全诗用三国刘备三顾茅庐之典。此诗隐含孙渡令尊孙汉鼎的名讳，有对先人的尊敬和怀念之意；诗歌所蕴含的志向，正是对孙渡的赞叹和期许。第二首诗为无题诗，作者已无法考证。诗中所表现出的却是孙渡的另一番情怀，从中可窥其欲乘风破浪的远大志向和宠辱不惊的闲适情怀。

2017年3月，曲靖市以民族、民风、民俗、民居、民艺项目建设为载体，积极推进美丽乡村和乡村旅游富民工程。位于新庄村的孙渡将军故居被列入“五民”建设项目，于次年修缮一新。

新修复的孙渡故居坐北朝南，占地900多平方米，内含2个天井及门楼，另有供村民休闲娱乐的文化广场等设施，修缮工程总投资860万元，其中当地财政投资195万元，陆良民营企业家孙树宏斥资665万元。

2018年8月1日，是孙渡率领58军出征抗日80周年。8月11日，孙渡

2018年修复一新的孙渡故居

故居被当地命名为“抗日名将孙渡纪念馆”（馆名由著名书法家徐碧题写），并于当日开馆展出了孙渡率部浴血抗日及陆良人民支援抗战的图文史料，当地群众千余人络绎不绝地参观了展览。

“男儿壮志献身华夏忠贞士，抗日情怀还我河山塑国魂”，陆良籍尚贤先生撰写的这幅楹联，悬挂在纪念馆正门两边，真切表达了孙渡家乡的百姓对他的怀念和赞许！

八十年后，陆良人民仍对他津津乐道，不忘他为民族复兴立下的功勋。

如果孙渡在天有灵，九泉之下的他应该为此感到欣慰！

二、良好家教

孙渡出身贫寒，父亲孙汉鼎（又名孙绍）兄弟三人分家后，居住茅屋一间，耕种一亩多田地，家境十分窘迫。孙汉鼎因识得一些文字，为了家庭生计，在务农的同时兼东乡邮差，在方圆十几里走村串寨，递送信件、信物。⑥

孙汉鼎因兼职邮差而结识了当时出自陆良的一些名人，如曾留学日本的李苏翘⑦、被清政府选派日本学习先进科学技术的殷承瓛⑧等等，极大地开阔了自己的视野。他暗暗下定决心，再苦再累也要把子女培养成才。

孙渡的母亲谢氏是陆良三岔河白岩村人。白岩村（俗称大白岩）和新庄村（俗称小白岩）山水相连，相距不到三公里，孙家和谢家世代联姻，十分友好。孙母和孙父夫妻关系十分融洽，生育二子四女，孙母慈眉善目，端庄贤淑，深明大义，深得乡里好评。

世界那么大，白岩那么小。孙汉鼎的邮差生涯，让他认识了外面广阔的世界。他尊崇"读书为重，次则家桑"的家训，下决心要让儿子孙渡读书学习，长大了有所出息，走出小新庄，走出陆良，走向外面的世界。

据 2004 年新修的孙氏家谱介绍，孙氏出自姬姓。周王姬昌之子姬封的第八代孙叫卫武公，卫武公之子叫惠生，其字号为孙。惠生之子叫耳，耳生武仲。武仲为纪念他的祖父惠生，就以祖父的字"孙"为氏，称为孙氏，武仲就称为孙仲。孙氏从此开始，迄今已有 2780 余年的历史。

孙氏家谱介绍说，四百多年前，年仅 13 岁的孙氏先祖孙智，因躲避战乱，与伯叔几人从南京北柳树湾高石坎逃难，来到陆良大白岩李家上门招亲，孙智养育蟠龙、跃龙、明龙和显龙四子，长子蟠龙和次子跃龙后从大白岩迁到现在的小白岩村，从此以顽强奋斗的精神生存下来，至今繁衍后代 19 辈。

孙氏新编家谱字派 60 字，每字一辈，即"祖籍南京宗传陆良耕读泽靖振崇浩福寿康祥海朗国强盛群英会喜荣榜琨贤琪鼎培晀华堂铭敬勤勋琛逢斌汇祯晖圣教伟健隆维启迎晨德大扬"。从中可见孙氏的来龙去脉。新修家谱希望后辈不忘根本、弘扬祖德、代代相传。

孙氏家谱还介绍，孙渡是先祖孙智第 12 代后裔。先祖孙智曾建立家堂六个，即安乐堂、兵法堂、映雪堂、富春堂、东菀堂、孝友堂。堂联是："望出太原，芳传虞坂"。孙氏一家治家严谨，讲究规矩，言传身教，传子传孙。

孙氏家谱中，记录了孙氏家风家教的内容，其中有家规 19 条："斋躬以承祭祀、洁室以妥先灵、忠孝以呈敬意、安平以存士节、寡营以养廉耻、和顺以协兄弟、好合以乐妻保（母）、择德以结婚姻、敦睦以连宗亲、尊师以教子孙、坦诚以交朋友、正色以对贤豪、含洪以对横逆、守分以远灾祸、谨严以免风波、修身以淡名禄、好古以择凶吉、暗修以淡声闻、克勤以足衣食、克俭以备饥渴。"⑨

流传至今的还有孙氏朗朗上口、文采飞扬的孙氏家训：⑩

明明我祖，汉史流芳；训及子孙，悉本义芳。
华夏孙氏，紹文公祖；仰绎斯旨，更加推详。
曰诸裔孙，听我驯章；读书为重，次则农桑。
盛世习文，乱世习武；取之有道，工贾何妨。
克勤克俭，毋怠毋荒；孝友睦渊，六行皆葳。
礼义廉耻，四维毕张；处于家也，可碑可坊。
缘于商也，至诚至信；仕于朝也，为忠为良。
尽心于人，不欺于己；神则佑汝，汝福绵长。
倘背祖训，暴弃疏狂；轻违礼法，乖舛伦常。
饴羞宋祖，得罪彼苍；神则殃汝，汝必不昌。
最可憎者，同类相戕；不念同忾，偏论异乡。
手足干戈，我心忧伤；愿我族姓，怡怡雁行。
通以血脉，泯厕界疆；汝归和睦，神亦安康。
引而亲之，岁岁登堂；同底于善，勉哉勿忘。

孙渡从小受到家教家训家风的熏陶和影响。他个人忠孝爱国，崇尚气节，洁身自好，淡泊名利，酷爱诗书，在民族危亡时刻能够挺身而出。这也许可以从孙氏家教中找到根源。尤其难能可贵的是，在那个“当官就可发财”的时代，他以实实在在的行动践行“克勤克俭”，“修身以淡名禄”的家训，一生清廉自守，出淤泥而不染。1938年1月10日，担任国民党“剿匪”第2路军第3纵队中将司令官的孙渡，率部在大理驻扎时接到省主席龙云亲笔签发的啨电，称其母亲已去世，“希于交替后即行回省料理丧葬”。[11]

孙渡惊悉母亲去世的噩耗，匆匆赶回陆良，把母亲和早在几年前去世的父亲合拢葬在了一起。他回到新庄的第一件事就是给村中贫困的伯叔、兄弟送去共计一千多银圆的养家费用，对于自己母亲的丧事却十分节俭。

孙渡是有名的孝子，母亲的去世让他极为悲痛。为母亲服丧期间，按传统习俗，前后斋戒了21天，凡路过此地的乞丐、江湖游徒，均可到家中吃饱喝足。

此时的孙渡和省主席龙云互相称兄道弟。龙云特此题写挽联：“呼哲士，赞戎机，铁马金戈同袍泽；帐封翁，游蓬岛，华山翠海共凄凉。”既表达了对孙渡的兄弟之谊，又表达了对孙父孙母的哀悼之情。

谁也不会想到，作为国民党中将的孙渡，家中并没有多少钱，其安葬父母的一部分开支，还是给当时的卢汉将军借来的。

当风水先生为他家看坟地，并争相吹嘘说：“司令官家的祖坟真是龙飞凤舞之风水宝地，老太爷（孙父）太夫人（孙母）真是福人安福地，如此的风水宝地，保证子孙世代繁衍，不乏将相王侯……”

面对阿谀之辞，不迷信风水的孙渡发出了这样一番感言。他说：[12]

“所谓风水宝地只不过是历代一些帝王将相、达官贵人家的迷信妄想奢求，以致风水地师学应运而生，牵强附会，并非可信。昔日李渊父子起兵反隋，隋炀帝为了消灭李氏父子，除遣兵调将讨伐李氏父子外，还派遣很多夫役将李氏祖茔全部刨毁了，掘土数尺，运抛大海，意欲破坏李氏祖茔龙脉，让李氏父子遭到厄运毁灭。可是终因隋炀帝无道，失去民心，李渊父子顺应民心，得到人民拥护。隋被推翻，李渊父子称帝，建立唐朝，成为历史上的盛世。

我看一个人家的发迹，主要靠良好的家教、道德和子孙的勤奋，并非在乎什么风水宝地。一个能成才的人，一要有优秀的遗传基因，二要有良好的教养和社会机遇，三要有吃苦耐劳和顽强奋斗的精神。”

孙渡的这一番宏论，说得那些奉承他的风水先生，连连点头称是。[13] 至今在家乡传为美谈。孙渡的成功，正是靠良好的家教、道德和自身的勤奋努力。今天我们读到这段话，不能不为孙渡的独到见解而拍手称好！

孙母丧事还未料理完毕，尚沉浸在悲痛之中的孙渡，得知一个令他振奋的消息：为充实抗战力量，“滇黔剿匪军第三纵队”将改编为“国民革命军陆军第 58 军”，即将奔赴抗日前线作战。在陆良一个多月的孙渡，即刻返回昆明筹建 58 军，从此再也没有踏进陆良这块生他养他的土地。

如今，走进新庄村背后的孙家祖坟，如果没人指认，你怎么也无法找到孙渡父母的坟墓。在众多的坟墓中，孙渡父母的墓穴紧紧靠在一起，那用规格不齐的毛石堆砌的坟墓，几十年没人管理，淹没在荒草之中。

你怎么都不会想到，那是一个赫赫有名的中将司令官父母的墓地！这与现代社会中那些奢华的墓葬相比，显得十分简陋而又寒酸，让人感到其中折射出的讽刺意味是多么的辛辣！孙渡堂侄孙忠良感慨地说，现在连叫花子的父母，墓穴都立一块碑；孙渡父母却没有！他是一个清官，一生不谋私利！

孙渡当年安葬父母时，没有立下墓碑，留下一个让后人去解开的谜底。今天我们试想，军务再急，在家一月有余的他，也能为父母竖起一块碑。但他或许料定若干年后，当有人得知那是一个将军父母的坟墓，一定会想到里面埋了无数宝藏，盗墓贼一定会挖开父母的墓穴。

孙渡不愧为“小诸葛”，果然如他所料。据孙渡堂侄孙忠武回忆，盗墓贼1992年先后两次掘开了孙渡父母的坟墓。但令盗墓贼没有想到的是，孙渡一生不爱财，也没有什么金银财宝埋在父母墓穴之中。所以，他们只从孙渡母亲手腕上得到一块玉佩和一对玉石手镯。

盗墓贼或许不知，孙渡在抗日战争中为民族的生死存亡浴血疆场，挖掘这样一位将军父母的坟墓，真是丧尽天良，让人可悲又可叹！

2016年清明节，在孙渡去世40周年之际，子女为让父亲魂归故里，在其父母坟墓前，为他建了衣冠冢；同时建了衣冠冢的还有其胞弟孙崑。

九泉之下，兄弟二人终于可以静静地守候在父母之旁！

三、幼年生活

孙渡出生的新庄村，又名小新庄，顾名思义，那是一个诞生年代不远、居住农户不多的小村庄。全村只有十几户孙姓人家，世代以农耕为主。即使到了现在，也只有几十户人家，200多人口。除外出打工的青壮年外，只有几十个老人常年守候居住在这里。

如今，走进新庄村，几间已经坍塌、破旧不堪的土房子，见证了时代的沧桑巨变，依稀可见20世纪初新庄村贫穷落后的模样。孙渡当年出生的那间茅草房，历经百年风雨，变成了现在的瓦屋房，由其堂侄孙忠良一家两个老人居住。[14]

新庄村坐落在陆良龙海山下。陆良县位于云南省东部，历史悠久，开发较早，素有“滇东明珠”之称。西汉元封二年（公元前109年），汉王朝在此始置“同劳县”，是云南最早建制的24个县之一，迄今已有2000多年的历史。东晋更名为“同乐县”，一直延至唐朝中叶。元初改为“陆梁州”，明代实行卫所制称“六凉卫”，清代裁卫归州叫“陆凉州”。民国元年废州为县称“陆凉县”，民国二年（1913年）更名为“陆良县”。东晋南北朝及隋唐时期，陆良是大姓爨氏的故乡和统治南中的根据地，曾一度成为南中的政治、经济和文化中心，灿烂的爨文化便是以此为发源地。陆良作为爨氏的故里，爨文化的发祥地，文化积淀极其深厚。[15]

陆良具有爱国拥军的光荣传统。抗战时期，陆良民众踊跃入伍当兵上前线杀敌、纳粮支援抗战需要、投工修建军用飞机场，为抗战胜利做出了极大奉献与牺牲。据统计，当时仅14万人口的陆良县，入伍新兵3000余人，在抗日疆场上的少尉以上军官150余人，留下姓名的阵亡将士达288人；物资方面，累计供给国家稻谷7026万吨、大米2300吨。截至2018年6月5日，陆良县尚有健在抗战老兵23位。

现陆良龙海山脚下小新庄村（钱建文提供）

1943年，国民政府在陆良修建了当时中国战区最大的军用战略机场。机场占地1.1万多亩，有3条大跑道和若干小的停机及滑翔跑道。在此起降的飞机为两类：一类为美"舵峰运输队"的两引擎之大型运输机，往返于印度加尔各答等机场，主要运输抗日军用物资；一类为直接用于作战的侦察机、驱逐机、轻重轰炸机等。其中最大者称"空中堡垒"，是当时威力最大的王牌飞机，能携带大量重型炸弹，配备10余门机关炮，可执行远程轰炸。

1944年，抗日战争进入反攻阶段，在陆良经常起降的飞机，日达500多架次。在此所驻扎的美空军部队，为陈纳德将军指挥下的第14航空队所属的68联队和第23驱逐大队（其前身即闻名的"飞虎队"）。时随军记者伯特·卡拉夫奇克，在陆良拍摄了许多珍贵的历史瞬间。

陆良山川秀丽，人杰地灵，名胜古迹较多，自古有"三山、四水、八大景"之说。"三山"之说，即东有龙海山、南有终南山、北有牛头山。龙海山原名邱雄山，位于陆良县城东15公里，为陆良境内三大名山之首，享有"山环海滢陆良坝，鸟语花香四时春"的美誉。⑯

在山峦起伏的龙海山半腰，雄居千年古刹龙凤寺，尤显"绝类超群"。"龙凤寺"因当时土官龙凤所创而得名，始

陆良老城钟鼓楼景象
（美军记者伯特·卡拉夫奇克1944年摄）

建于1342年，始称“紫溪寺”，又称“飞来寺”，后改“正觉寺”，1374年复改“龙凤寺”至今。寺中古迹甚多，寺后“佛”光映辉，寺前侧有紫溪泉，寺上方山顶有紫溪池，即陆良民间流传的《紫溪龙迹传》中所谓的“天池”。

龙凤寺正殿牌匾“龙凤寺”苍劲有力，楹联上书“临寺驰怀千村腾瑞气；登峰骋目一坝泛春光。”《陆良县志》载旧时农历“三月初三的法会和四月初八的浴佛节，上会之人摩肩接踵，相续如市”。昔日的龙凤寺殿阁雄伟、香火旺盛、古柏参天、云蒸霞蔚、碧树红花，四季景色奇幻无穷，在此形成的“龙海晴岚”奇观，便是陆良人津津乐道的“八大胜景”之一。[17]

在龙凤寺东南约5公里处的山脚下，有一汪水面约10亩左右、清澈明净的泉潭，名叫“白玉龙潭”。“白玉龙潭”相传有千余年历史，潭水深不见底，常年汩汩不息，形成数处水洼，供新庄村及附近村寨饮用和农田灌溉，被当地人民视为“幸福水”。

“白玉龙潭”，因潭中多白鱼，故当地老百姓又名“白鱼龙潭”。如今的白玉龙潭，于1984年建盖了自来水厂，不分昼夜地抽取潭中之水，供三岔河镇10万多人饮用，龙潭周边的植被已遭破坏，昔日的风光已不复存在。

往昔的“白玉龙潭”，周围山高林密、绿树环抱，景色十分迷人。“素潭阴沉，绿山千重浪；紫溪晴岚，青山一半天”，就是对此的生动写照。周边村民长年形成不捕食潭中之鱼的习俗，因而潭中鱼群密集，成群结队，大群者千尾有余，小群者亦不下几十尾，体小者数两，体重者达10余公斤，常戏游于水面及潭周。

每年农历三月初三日，前往白玉龙潭观鱼者络绎不绝，游人不停地向潭中投食，行人走到哪里，引得大大小小的鱼儿就跟到哪里。游人的欢笑声与鱼儿跳跃溅起的水花声，此起彼伏，十分有趣，让人流连忘返。因此有人赞叹这是一个“龙山万代秀，清潭千古洁”的观鱼盛景。[18]

新庄村就紧紧连着“白玉龙潭”。万古巍峨耸立的龙海山、千年香火不断的龙凤寺、千年流淌不息的“白玉龙潭”，千百年来演绎了无数神话故事。神奇的故事，伴随着孙渡度过了自己的幼年，故事中的英雄形象扎根在孙渡幼小的心灵中。

幼年的孙渡，聪明活泼，白玉龙潭周边是他和一群小伙伴嬉耍玩闹的地方。他和其他小伙伴不一样的是，他那双炯炯有神的眼睛，总是充满了好奇，总要问个究竟。如不断地问父母、问长辈，为什么叫“白玉龙潭”呀？等等。

这时，父母就绘声绘色地给他讲白玉龙王的故事。据在陆良民间流传的《紫溪传》介绍，白玉龙王前身是西天佛国的一只九头神鸟，飞翔天空、兴风作浪、兴妖作怪。遂被天狗追踪咬下一个头，它疼痛难忍，俯身直下插入北海躲藏，被一条大白鱼吞食腹中受了胎孕，临产后它顺水南下游耍，来到陆良中源泽中，几经星移斗转，日精月华，修炼得道成人形，有时又可变成一条白龙。

白玉龙与阿爱有一段短时的姻缘。阿爱是万圣老龙母之女，在王母娘娘身边当侍女，她年轻好事，偷走了王母娘娘的九叶灵芝，被黄巾力士拿下拷打，贬到卜吉龙村彝民家为女，永远守寡。她的父亲是龙土官的三十多小头目之一，名阿爽，看阿爱生得眉清目秀、天姿国色，视其为掌上明珠。一天阿爱与侍女们来到邱雄山紫溪池游玩，正看莲花时，忽然从池中游出一条小白蛇，阿爱厌烦没趣地吐了一口唾液，当即被白蛇吸食。阿爱顿觉腹痛难忍，侍女们遂将她扶回家中。

阿爱在家中疼痛不止，怪哭怪喊，卧床不起，阿爽夫妇急得团团转，派人四处请医，多方求神问卜，始终毫无效果。这时，白玉龙变作一白衣秀士，提着药箱来到村中，阿爽急忙把他请到家中为女治病，切脉后便说此女之病是到一个池边吐了一口唾液，被一条小白蛇吃后而得的。阿爱顿时惊异，感到神奇，立即跪拜请求医治，白玉龙要求在场的人回避一下。他拿出一个碗，在碗中吐上一口唾液兑上水，阿爱吃下后，肚子立即就不痛了。

阿爽夫妇对白衣秀士千恩万谢，当得知白玉龙秀士还未婚娶，便欢天喜地要把女儿许配给他。白玉龙推辞不掉，当天晚上便拜堂入了洞房。住了 3 天后，白玉龙离去，阿爱怀了孕，后生下了龙海，承接龙土官世袭之继承人。

龙海因出反诗，沐国公派都尉陈寿出兵 2 万捉拿龙海，攻打古城 13 年，在古城将被攻破之时，四海龙王将龙海一家 18 人接到邱雄山紫溪池与白玉龙团聚。正当龙海设宴感谢四海龙王之时，玉皇大帝派来水官使者，封白玉龙全家 18 人为治水龙神，住邱雄山下 18 泉中，并望均匀布雨泽万民。从此，白玉龙全家 18 口各住 18 泉中。

18 泉中唯有一潭，常年清澈如镜，中间又有一无底深渊，白玉龙便常驻此潭，作兴云布雨之行水宫，白玉龙潭由此得名。

新中国成立前，为感谢白玉龙王每年兴风布雨之辛劳，新庄村民每年都要举行祭龙送龙仪式，并渐渐成为一种习俗，一年两次，一祭一送不变。

祭龙是每年农历二月逢属龙日开始，祈求白玉龙王开始出动布雨，大春栽种工作由此开始。送龙祭奠在每年八月属龙之日举行，此时丰收在望，表示龙王布雨辛劳，请龙王收雨回宫修养。自新中国成立后，此习俗渐渐淡化，如今再也不用了。

白玉龙潭背后有熊洞、蟒洞、豹子洞、小乌箐洞等许多山洞，每个山洞都有流传千古、脍炙人口的故事。孙渡小时候最爱听的，还有关于“熊洞的故事”。

白玉龙潭后南侧罗汉山中有个石洞，名叫“熊洞”，洞内宽二丈余，可住十多人。相传洞中住着两个白熊，每天双双对对来回山中觅食，晚间又回到洞中住宿。母熊生病死后，公熊失伴孤独，每天在洞外东奔西跑寻觅伙伴。

一天早饭后，村中一家母女俩上山打柴，到骑牛石处时母女走散，白熊看见母亲往前直走，飞奔前来咬其脖子拖回石洞，女儿发现后直追母亲，却毫无踪影，喊了半天没有回声，心中着急害怕，便匆匆返回家中哭泣。

白熊把村妇拖回洞中，强行成了夫妻。村妇无法与白熊抗争，虽然吃尽了苦头，但只有强忍痛苦，寻觅逃出的机会。白熊与村妇成亲后，夜间同睡，天亮出洞去采摘野果，它把石洞门用大石头封住，采回野果时又把石门搬开，就这样人与熊长期相住在石洞中。后来村妇受孕，生下一男孩叫熊儿。

光阴似箭，转眼熊儿已长到十多岁了。一天，白熊把门抵好后，又出洞去了。母子俩看着白熊去远了，母亲便对熊儿诉说她被白熊霸占为妻的痛苦经历。母子商量趁此机会，用力把门推倒后，双双逃出石洞，往山下跑回家中。

熊儿母子正奔跑时，白熊回到石洞，不见他俩，便飞奔追上了母子二人。双方厮打扭作一团，熊儿看到母亲被打，趁乱抱起石头，砸向白熊天灵脑盖上，白熊顿时一命呜呼。白熊被砸死后，母子牵手奔下山来。

等到夜深人静时，熊母回家敲门，女儿听清了母亲之声，小声地打开门。母女俩见面便拥抱哭泣，母亲开始叙述与女儿分手后，被白熊拖入洞中强迫做了妻子，忍辱负重十多年生下了熊儿，以及如何砸死白熊逃出来的遭遇。人与熊成亲成了新鲜奇闻。第二天，村里人知道消息后，纷纷前来观看熊儿。

熊儿长到十七八岁时，他知晓野兽的语言，一天他召集山中的老虎豹子豺狼野猪等训话说：“大家听着，你们这些害人虫，人们恨透了，大伙商量用钢针毒箭把你们统统射死，一个不留，我先来给你们通通气，赶快滚开。”于是众野兽拔腿便跑，逃到很远的山中躲藏。从此龙海山一带再也没有野兽的侵袭，人们过着安居乐业的幸福日子。熊儿从此被称为降服野兽的英雄，传颂至今。[19]

孩提时代的孙渡，对在龙海山发生的故事入了迷。父母不厌其烦地，一遍又一遍为他讲述那神话般的传奇故事。白玉龙、熊儿成了他心目中仰慕的英雄。

在龙海山、白玉龙潭流传千古的故事，深深熏陶了年幼的孙渡，并深深地影响了他的未来。以至于几十年后，他对这些故事中的人物，仍如数家珍、念念不忘。

四、私塾学童

1905 年春，孙渡已经 10 岁，显得十分懂事。看着爱听故事、聪明伶俐、惹人喜爱的儿子，孙汉鼎和妻子谢氏商量，尽管家中贫寒，但无论怎么困难，也要送儿子去读私塾、学文化，好让他长大后能有所出息。

新庄村与白岩村相距不到 3 公里，村里有一清末落魄秀才李嘉谟，人称“李大管事”，又称李贡员（其生卒无法考证），他在家中办有私塾。李大管事学识渊博，在白岩声望较高，堪为该村贤达。新庄孙家与白岩李家又是数代的亲戚关系，孙汉鼎夫妇于是决定送儿子孙渡到白岩李家读私塾。

其实，早在 10 年前，走村串里递送邮件的孙汉鼎就与李嘉谟家订了亲事，两家指腹为婚，相约结为儿女亲家。果然，孙家生下儿子孙渡、李家生下女儿李小四。孙渡和李小四由此结下不解之缘，从两小无猜到情窦初开，最后结为夫妻，共同度过了人生的 24 个春秋。

1913 年秋，孙渡云南陆军讲武学校毕业后遵循“父母之命”，与李小四完婚。李小四一年后生下女儿孙琼兰（乳名秀花），落下无法医治的妇科病——血崩。秀花两岁时因腹泻不止，不幸夭折。李小四病弱不堪的身体经不住打击，于

陆良老城南门街景
（美军记者伯特·卡拉夫奇克1944年摄）

1918 年病逝于新庄村。

孙渡在白岩村上私塾的两年间，有时从家里带去饭菜，中午在校吃饭，但大多数时间吃住均在老师家中。因为孙家和李家既然已经结为亲家，李家自然把孙渡作为未来的女婿对待，对孙渡关爱有加。[20]

孙渡自幼十分聪颖，在同辈小伙伴或同窗中，无论是读书学习，或玩耍嬉戏，都显露出过人的智慧。在生活中，他乐观豁达，成了带领伙伴的“孩子王”；在学习中，他刻苦用功，成绩出类拔萃，成了众伙伴的佼佼者。

旧时的私塾，虽改设国文、修身、算术等新课，但主要教学的仍是“四书五经”一类的国文。学生除课堂上听老师讲授以及写字作文外，课后大部分时间则用来朗读背诵《三字经》《弟子规》《千家诗》《大学》《中庸》《论语》《孟子》和《诗经》等古代文言文经典。这些古书文字与日常口语差别较大，学习起来古奥难懂，不易记忆。

私塾里的李先生对学生要求极严。他当天所授课文，次日即要求学生背诵，如果谁背诵不出，就要受到体罚，如打戒尺、罚跪等。在校寄宿的小同学们，碰到难读的课文，哪怕寒冬酷暑，即使三更半夜，晚上都要点上小油灯，继续朗读课文，直到能够背诵，方可睡觉。

在一个寒冬的夜晚，已是夜深人静，手脚冻得僵硬的同学们还在一遍遍地朗读一篇十分晦涩难懂的课文，而孙渡此时却钻进热被窝里睡觉。睡了不久，他便问同学们：“你们背得了么？”同学们回答：“有那么容易，哪里就背得了！”孙渡说：“你们莫读了，查着课文，让我背给你们听。”于是同学们都停顿下来，半信半疑地听他背诵。孙渡果然一字不差地全文背诵出来，同学们无不感到惊奇。

孙渡学习不仅用功，还特别会用脑，讲究读书的方法。其实，孙渡在床上不是真睡，而是闭目假眠，他在跟着同学们默读，逐句揣摩课文的意思，以致最先背诵了课文。

在私塾学校的几年里，每次老师布置的课文，他都是第一个背完走出教室的。久而久之，周围的村民们开始传出这样一个故事，说孙渡后脑勺长一只眼睛，晚上不点灯，也能看书，一传十、十传百，致使不少人都相信。只有私塾学校的李先生，对此不以为然，他跟村里的人说，不是他后脑勺长了一只眼睛，而是他学习用功、读书刻苦。[21]

在私塾里读书的孙渡，的确不同其他同学的死读硬背，他自己有一套轻松、愉快、灵活的学习方法。每当老师讲课时，他总是聚精会神地听讲；每当有不懂的问题，他即刻向老师求教，直把完全弄懂为止；每次背诵那些文言文，他总是在理解的基础上记忆。所以，他学得轻松自如，往往对课文不仅能倒背如流，而且能领悟要义，深得老师的喜爱，认为他前途不可限量。

1907 年，12 岁的孙渡在私塾里学完了全部课程，度过了自己的童年岁月。两年的私塾，孙渡不仅学习了中华优秀传统文化经典，打下了扎实的文化基础功底，更为重要的是在老师的耳濡目染下，他开始对外面的世界有所了解。

为了考考自己的学生，在私塾学习即将结束之际，先生出了几则对之对。

老师问："好女子，己酉生，何人可配？"

孙渡不假思索地答："男田力，子亥出，张弓长孩。"

老师又问："金银花开黄白色。"

孙渡不紧不慢地答："碧莲蕊放红绿颜。"

老师再问："雪月梅三白夜。"

孙渡毫不犹豫地答："碳墨烟同黑画。"

老师最后问："嵩明山高遮日月。"

孙渡自信满满地答："孙灿子孙赴火山。"㉒

孙渡虽对答不工整，但才思敏捷，让李先生大为欢喜。30 年后，他不愧孙氏子孙的骄傲，在战火燃烧的中国，勇赴刀山火海，与日寇血战到底，未负少年之志。私塾李先生认为自己这个学生"前途无量"，于是主动与孙渡父亲孙汉鼎商量，决定送孙渡到陆良马街钟灵书院继续学习深造。

五、书院奇才

1905 年 9 月，清廷依照袁世凯、张之洞等大臣的奏请，宣布次年停止科举考试，废除了沿袭一千余年的科举制度。1907 年，曲靖府兴义学、办新式学堂，陆良钟灵书院历经风雨，数次停办之后，开始招收学生。

作为钟灵书院首批招收的一班的学生，孙渡 1907 年 9 月被录取，直到 1908 年春季才开始入学学习。同时招收的学生有杨体元、李希尧、刘文灿、郑玉元、陆映楼、刘辅臣、潘光灵、杨世贞、杨世英、陈华斋、朱捷三、殷成琨、金家寅、王宝瑛等 20 人。㉓

修复一新的陆良马街钟灵书院（钱剑飞提供）

陆良钟灵毓秀，自古重视教育。早在明嘉靖二十一年（1542 年），就在县城西门建有学宫，殿、庑、堂、斋、池、亭、坊、壁一应俱全，主体为大成殿，尊孔子为天下集大成者，所以学宫实为陆良的文庙。

清雍正十二年（1734 年）至光绪三十四年（1908 年），陆良先后设义学 10 处，招收贫穷子弟入学读书。义学，也称“义塾”，是一种免费私塾。《陆良县志》记载：“义学也称私塾，是一种以公款或私人集资等方式筹资兴建的免费学校，贫穷子弟亦可入学读书。”

钟灵书院是清朝末期陆良 3 个书院之一。据《陆良县志·教育》记载：“书院是讲学肄业之所。……陆良书院之设，始于清代，先后设有三处。”清嘉庆 4 年（1799 年）6 月，建陆良第一座书院——钟灵书院（今陆良马街小学前身，1909 年改为南区两等小学堂）；清嘉庆十三年（1808 年）建凤山书院（今陆良盘江小学前身，举人陶尧文筹建，1915 年改为中区高等小学堂）；清光绪五年（1879 年）建蓉峰书院（今陆良文化小学前身，知州刘祖棨倡建，1905 年改为中区高等小学堂）。

其实，陆良还有两个书院，即五峰书院和芳华书院。《陆良县志》对此没有记载。[24] 陆良五个书院，自创办以来，历经风雨，人才辈出。曾荣获美国哥伦比亚大学法学博士学位、担任云南省教育厅厅长的卢锡荣就是凤山书院的佼佼者；曾参加抗日战争、在东北海城和潘朔瑞率 184 师起义的郑祖志将军 [25] 就是蓉峰书院的高才生。

沧海桑田，斗转星移。如今的五个书院，仅存钟灵书院。凤山书院只有圣井和数株巨柏尚存，蓉峰书院唯有两株可两人合抱的罗汉松，五峰书院仅存一块碑记，芳华书院已无踪迹。五个书院昔日的风采，早已淹没在历史的烟雨中。

钟灵书院位于县城东南15公里的陆良马街镇集市东面，现为马街小学校址。据《钟灵书院碑记》载：始建于清嘉庆四年（1799年）6月，光绪六年（1880年）绅首杨秉仁、王万清等联合众村重修，名钟灵书院。进门屋檐为清式七层斗拱装饰，两旁各立高3米的石柱，石柱上刻有楹联："广厦宏开，看地隔尘嚣严是鹅湖鹿洞；英才尉起，愿功深讲习同跻月路云阶。"光绪末年改为两等小学堂，民国初年改为马街小学，取名萃山中学。

钟灵书院坐南向北，占地近4000平方米，是曲靖乃至云南省保存较完整的清代书院之一。现存照壁一道，长27米，宽1.02米，高约6米，在照壁后26米处有清式七层斗拱建筑的山门一座，山门与其后面的讲堂、上堂及耳房、厢房浑然形成两个院落。整个书院计有清式木构件建筑30余间，其南北长80米，东西宽60米，四周古树掩映，布局十分严谨，在全国亦属罕见。

钟灵书院为清代晚期所建的典型义学书院。百年来曾培育了无数优秀人才，云南重九起义和护国战争的重要将领殷承瓛将军等曾在这里接受过早期教育。

钟灵书院还是一所具有光荣革命传统的学校。自1919年中共云南省临委成批派党员干部到陆良开展工作起，至1949年革命胜利止，这所学校先后成为党的革命据点15年之久，被誉为"民主堡垒"。[26]

孙渡在钟灵书院读书期间，和比自己长一岁的李鸿谟（字希尧）相互砥砺，共同进步，结下了深厚友谊，并成为一生的至交好友。孙渡废寝忘食地刻苦学习，每天早上最先一个进入教室，晚上最后一个离开教室，寒来暑往几乎都是如此。

至今在陆良三岔河流传着这样一个故事。有一天深夜，室外过路者听到鼾声如雷，室里小油灯火光闪烁，好奇地走近一看，只见孙渡深夜读书，累了伏案而寐。孙渡苦读的情景由此可见一斑，并传为佳话。3年读书期间，孙渡因家庭贫穷、经济拮据，幸得指腹为婚的李小四常用私囊相助，才坚持读完小学。

在钟灵书院读书的孙渡，除学业成绩十分优秀外，还显露出过人的胆略。据传，在离马街小学3里外的朱家堡，当时有一乱坟园，那里青冢林立，梨树遍地，只要一到风雨凄凄的夜晚，便磷火跳跃，到处阴风惨惨，似有鬼哭狼嚎，令人毛骨悚然。一天傍晚，几个同学戏谑着：有谁敢在深夜去到大梨园，并在梨树上钉上钉子，每人人均输给他5元钱。许多人想而生畏，只有孙渡无所畏惧、毫不犹豫地前往，不仅赢得同学的钱，还赢得同学由衷的钦佩。[27]

至今在陆良还流传着的另一个故事，则显露了孙渡过人的智慧。正月十五闹元宵，这是我国普遍的传统习俗。但陆良的风俗则不同，十五过小年，十六闹元宵，这在陆良是流传数百年、约定俗成的传统节日。陆良闹元宵一个最重要的习俗内容就是到县城南边的南大桥，向桥下水中丢下三颗小石子，意为丢石子、祛百病。正月十六晚上，陆良民间还有一个风俗，就是“闹青”（偷青），一般是青年人参与的多。陆良人方言说“偷”不叫“偷”，而叫“闹”，偷东西说成“闹东西”。在这天夜晚，青少年可结伴偷盗农民地里的蔬菜，聚集在一起吃宵夜。因此，“闹青”又叫“盗青”。

“青”是绿色，代表生机与活力、旺盛与长久，也代表清爽、清吉。“盗青”的主要目的就是偷来清吉平安，偷来幸福和希望。人们会用青菜叶扫扫或拍打身子，意即扫除身上的不顺与邪气，使自己一身清清爽爽、平安吉祥。“盗青”寄寓了人们对清吉平安生活的美好愿望。如果“盗青”成功，即预兆该年诸事顺畅。可是菜农并不忍心自己辛勤栽种的蔬菜被人盗去，晚上常会巡守防盗。如果“盗青”的人被抓，就要赔偿损失。

就在某年农历正月十六的晚上，一群同学约着孙渡来到菜园中“盗青”。正当他们动手拔菜时，园主巡查蔬菜，便追赶过来。同学们拔腿便跑，有的踉踉跄跄跌在水沟中，仓皇逃回家中。可是，孙渡却不慌不忙，他乘混乱之际，快速伏卧在菜地沟渠中，待园主追赶逃跑的同学走远了，便从容地爬起来，扑扑身上的灰土，绕小道转回家。同学们久不见孙渡返回，都以为被园主抓了。当孙渡安然无恙地回来，叙述回家的一番经过后，大家个个翘起大拇指，称赞他的机灵沉着。[28]

1910年8月，孙渡以十分优异的成绩完成学业，成为钟灵书院屈指可数的佼佼者。老师评价他：思维敏锐，触类旁通，善于举一反三；才智过人，勇敢无畏，未来前途不可限量。

孙渡不负老师厚望，果然前途远大。他在事业有成时，始终牢记“尊师重教”的家训，不论身处何处，身居何位，时刻不忘老师的教诲之恩，留下了一段段佳话。

1930年春，已在省城身居要职的孙渡回乡探亲，途经陆良县南阿油堡住宿，巧遇曾在钟灵书院教过自己的金老师。当他得知年过半百的金老师因生活所迫，租房开马店谋生时，当即取出伍百元半块（当时云南流通的银币）馈赠给金老师，作为今后养老的生活费。

金老师喜出望外，对孙渡再三表示感谢。孙渡则说："学生只不过略尽教诲之谊，微不足道，何足挂齿。"金老师此后搬回马街金家村，以二百多元钱，赎回昔日典当在外的 4 亩水田自己耕作，剩下近三百元钱，投入马街某商号为股，按年分红利股息，晚年生活再无忧虑。

孙渡在钟灵书院还有一位语文老师叫孙瑞（字兆麟），因年迈体弱，晚景不佳，便到省城找孙渡谋职。孙渡看到年近花甲的孙老师，难以适应当时的环境，便留在家中暂住两月，馈赠孙老师数百元半块（银圆），劝其回家养老。对其晚年生活费用，则常派人送至家中。又过年余，孙瑞老师的长子到昆明求孙谋职，但此人当时已身患麻风病初期，孙渡便耐心劝其回家治病，待病愈康复后，再谋求职业不迟，并馈赠三百元半块（银圆）作为治病疗养之资。

1938 年 4 月，已是中将司令官的孙渡，回乡为母亲料理丧事。前往吊唁者络绎不绝，不喜排场和铺张浪费的孙渡，碍于乡土之情，不便拒绝。当时，在治丧中的"主祭"需请一位德高望重的长者担任，于是有人提议时任陆良县长李宝珍（省主席龙云的妻侄）等达官富绅担任。孙渡则提出："我的老师孙兆麟老先生可算得是德高望重了，我想请我的老师担任主祭不是最合适了吗？"在场官绅无不称赞孙渡"无愧军中儒将"。[29]

孙渡尊师重道的故事，折射了他高尚的道德操守，至今在陆良广为流传。

六、立志从戎

在孙渡少年时代，腐败无能的清政府处于风雨飘摇之中，国家积贫积弱，民不聊生。他在老师良好的启蒙和教育下，养成了终身酷爱读书、手不释卷的习惯，为今后的成长打下了坚实基础。更为重要的是，孙渡开始萌发出朴素的爱国主义思想，有意识地关心国家的前途和民族的命运。

孙渡在钟灵书院的学习，大大开阔了自己的视野。15 岁的孙渡不仅掌握了一定的书本知识，对社会现实也有了一定的了解和认识。随着年龄的增长，他追求进步、渴望成才的愿望越来越强烈。他坚信唯有读书学习，才可改变自己的命运。也唯有读书，才可走出陆良，走向更广阔的世界。

孙渡在钟灵书院毕业之时，适逢马街良迪村的殷承霖（其三弟殷承瓛时在云南陆军讲武堂任教员）和刘家村的刘首先[30]在五峰书院办学，其办学宗旨为“培育忠贞报国人才”，学生毕业后，选送优秀者到省城昆明深造。[31]

殷、刘两先生除各自培养自己的子侄外，还招收钟灵书院（时称南区两级小学堂）的部分毕业生，以及因家庭贫穷深造无门的学生。

1910 年 9 月，孙渡读书求学的梦想再次实现。由于学业优秀和家庭贫寒，在老师杨钟秀的推荐下，他进入五峰书院，在这里学习了近半年时间。

五峰书院附设于五峰山普照寺内。五峰山古称笔架山，又称莲花山，层峦叠嶂，古木参天，山花烂漫，百鸟啼鸣，走兽奔逐。五峰形似文壁，五座山峰又像秋月湖中含苞欲放的莲花，湖光山色，美若仙境，“五峰秋月”被古人誉为陆良八景之一。

五峰山相传原本是爨姓山林。爨氏在莲花蕊的山凹里，在被称作“玉斋敬佛”的风水宝地上建造家庙，取名报恩寺，并委派汤姓官员看守山箐，至今遗留汤官箐这个村名。报恩寺早已淹没于夕阳落照之中，后人在原址上重建普照寺。

五峰山中的普照寺，至今流传着不少奇闻异事，弥漫着神秘的气息。相传，很久以前，一值班僧人凌晨早起为佛添灯油敬香，亲眼看见一只毛色雪白的狐狸进入寺内，遂唤起全部僧人四处寻找都不见踪影，忽然间看到一位浑身穿白色衣服的美貌少妇，怀里抱着婴儿大大方方地走出来，僧人们拂袖遮面，瞬间美女不知去向。

附设于普照寺内的五峰书院创办于清光绪二十三年（1897 年），停办于民国四年（1915 年），期间办办停停。1910 年，眼看荒废于村野，于是在当地声望很高、学问很深的殷承霖和刘首先二位先生，匀出大半家产上五峰山开门办学。

据殷氏家谱记载，殷承霖祖籍江苏，祖先是清朝官吏，因家族沦亡，只身仅携红袍一件逃至陆良南乡（现马街）良迪村寄居。虽家道衰落，但仍以“读书明理”为祖训。

殷承霖和刘首先二位老师，招收的学生不多，但却苦心孤诣，因材施教，治学严谨，潜心培育。短短 5 年间，分期教授的殷承霖之弟殷承雷、刘首先之子刘苑梅，以及孙渡、郑玉元、杨体元、孙崑、金亮臣等 43 名弟子相继从这里走出，分期赴省会昆明深造，最终成为出类拔萃的人才。

时隔26年，1936年农历三月初三，一个个已在政界和军界崭露头角的学生，没有忘记殷承霖和刘首先二位尊师的培育之恩，他们相约五峰山，在普照寺山门左侧立碑称颂自己的恩师。《五峰书院碑记》全文如下：

斯普照寺，昔僧晨见一白狐入内，众僧觅而未果。惟现素服俏妇，偎婴款出，僧人避之。是寺奇哉！清光绪廿三年至民国四年，宿儒殷承霖暨刘绍程二尊师塾授五峰书院。俱四十三弟子。无一不才俊者，军政效国是也！兹勒石作纪。殷承瓛、殷承雷、郑玉元、杨体元、孙渡、孙崑、金亮臣诸弟子敬奉，丙子春上巳吉日立。[33]

此碑碑文幸被人1964年记录，后毁于“文革”。《五峰书院碑记》中自称殷承霖弟子的殷承瓛，便是殷承霖的三弟。

殷承瓛（1877－1945），字叔恒，又名仪青，是近代著名的政治家、军事家。1903年从五峰书院考入云南高等学堂。同年，清政府在全国举行大考，选派优秀青年留学，殷承瓛被派往日本公费留学，与蔡锷为日本士官学校同班同学。1909年从日本毕业回国，任第七十九镇参谋官兼云南讲武堂教习。1911年参加重九起义，任云南军政府参谋长。1912年率兵进藏平叛。1915年参加护国运动，任护国军第一军参谋长。胜利后出任川边镇守使，1918年卸职为民，1945年病逝于昆明，终年68岁。[34]

殷承瓛（图片来自网络）

殷承瓛对云南乃至中国近代史产生过积极影响，为辛亥革命在全国的胜利作出过杰出贡献。殷承瓛是五峰书院早期培养的学生，当时正在云南任第七十九镇参谋官兼云南讲武堂教习。孙渡心目中崇拜这位学长，萌发了效仿学长立志从军、复兴民族的梦想。

在五峰书院近半年的学习中，孙渡因家境贫寒，无力购置灯油，常借光苦读。但贫寒并没有消磨他的意志，反而造就了他勤奋好学、坚忍不拔的性格。加之他天资聪颖，品学兼优，深得老师赏识。殷承霖和刘首先两位先生称赞他：“天资聪颖，悟性很好，将来定成国家栋梁人才。”

1911 年的中国，处于黎明前最黑暗的时期，清政府即将土崩瓦解。16 岁的孙渡，经过 5 年寒窗苦读，已成长为一个有抱负、有追求的热血青年，他铭记“盛世习文，乱世习武”的家训，立下“投笔从戎”的志向，迫切希望到外面的世界闯一闯。

此时的李小四也已亭亭玉立，从青梅竹马到对他含情脉脉，孙渡已成为她心目中的白马王子。她既想让孙渡出去闯一闯，又不愿孙渡离开自己，内心处于极度煎熬之中。

1911 年 3 月，孙渡毅然割舍儿女私情，在殷承霖和刘首先两位先生举荐下，收拾行装，带着李小四为他积攒的一些私房钱，在李小四深情的目光中，在父亲孙汉鼎的陪伴下，前往昆明报考云南陆军讲武学校，开始踏上人生崭新的征程。

路漫漫其修远兮。孙渡此去昆明，能实现他“投笔从戎”的梦想吗？

【注释及参考文献】

①②③⑭⑲⑳㉒《采访孙渡亲属手稿》（未刊），2015 年 7 月 26 日

④ 熊从周（1878 — 1946），云南玉溪人，1928 年加入中国共产党，曾于 1928 年和 1944 年两次出任陆良县县长。

⑤ 段泰宇 . 孙渡故居 [J]. 陆良文史资料（16）：206−208

⑥⑬ ㉛㉝罗文祥 . 五峰书院与两位上将 [J]. 陆良文史资料（18）：195−200

⑦ 李苏翘（1894 — 1951），陆良三岔河万清人，著《经书大同学说》

⑧ 殷承瓛（1872 — 1945），陆良马街良迪村人，护国元老。

⑨ 孙氏家谱，2007 年 4 月新编

⑩ 陆良孙氏后裔孙明、孙莨提供

⑪ 云南省档案馆资料：龙云与孙渡来往电报

⑫㉑ ㉗㉘㉙ 俞智英 . 滇军儒将孙渡轶事 [J]. 曲靖文史资料（5）：122−136

⑮ 太云生 . 陆良历史和建置演变 [J]. 陆良文史资料（4）：139−151

⑯ 赵学才 . 陆良名胜古迹荟萃 [J]. 陆良文史资料（14）：162−185

⑰ 程铭祥 . 陆良古刹——龙凤寺 [J]. 陆良文史资料（14）：201−203

⑱ 程铭祥 . 白玉龙潭 [J]. 陆良文史资料（7）：211−212

㉓㉖ 杨家斌 . 钟灵书院 [J]. 陆良文史资料（4）：77−82

㉔ 平建友 . 陆良历史上的三书院始末考 [J]. 陆良文史资料（7）：98−102

㉕ 郑祖志（1906−1989），云南陆良中枢镇南门街人。

㉚ 刘首先，字绍程，清末秀才，热心教育工作，曾任马街钟灵书院教员。

㉞ 张署东，殷英 . 陆军上将——殷承瓛 [J]. 陆良文史资料选辑（18）：276−296

第 2 章　军校露锋芒

1911 年是中国农历辛亥年，中国出现了 20 世纪第一次历史剧变。3 月 29 日，同盟会在广州举行武装起义，史称“黄花岗之役”。10 月 10 日，武昌打响第一枪，辛亥革命爆发。10 月 11 日，革命党人宣布成立中华民国军政府。从此，一个延续了两千多年的封建帝制走向了终点。

辛亥革命，风云激荡；世界潮流，浩浩荡荡。1911 年 3 月，壮志凌云的孙渡怀揣梦想到昆明求学，历经曲折，于次年 5 月如愿考入云南陆军讲武学校第 4 期工兵科学习。后成为“云南王”的龙云同期进入骑兵科学习，龙云表弟卢汉入步兵科学习。年长孙渡 9 岁的朱德此时在校担任军事教官，成了他们的老师。

“风云滚滚，感觉他黄狮一梦醒……神州大陆奇男子，携手去从军。但凭团结力，旋转新乾坤……练成铁臂担重任……”雄浑有力的《云南陆军讲武堂军歌》，让孙渡热血沸腾，铭刻在心，不仅成为激励他在讲武学校学习的精神动力，更成为他“誓争取民族生存”的不竭动力！

十年磨一剑，一朝露锋芒。孙渡将如何渡过自己的军校生涯？

一、“小学”新生

1911 年 3 月初，怀着满腔热血的孙渡，在父亲孙绍的陪伴下，带着干粮和微薄的盘缠，一路翻山越岭，经过 4 天的步行，从陆良徒步走到了省城昆明。第一次到省城的孙绍父子，对昆明充满了好奇，更对未来充满了信心。

孙渡父子进入昆明的目的，是想报考云南陆军讲武堂。但 1911 年，是垂死挣扎的清政府无暇顾及的一年。此时的昆明，和全国一样死气沉沉，充满着无穷的变数。令孙渡父子失望的是，云南陆军讲武堂当时停办，并没招生。

正当父子二人走投无路之时，他们找到了孙渡恩师殷承霖的三弟殷承瓛。这位陆良老乡对孙绍父子早有耳闻，此时任第 19 镇参谋官兼云南讲武堂教习，在昆明颇有影响。在殷承瓛的推荐下，孙渡转考云南陆军小学堂。

云南陆军小学堂，于光绪三十二年（1906 年）与全国各省同时成立，每年招收学生一期，每期学额 100 名。学生投考，以年龄在 15 岁以上 18 岁以下，身体强健，具有中等文化者为合格。报名后审查合格者，即参与学科测试；学科及格者，再参与复试（口试），最后决定列榜公布，定期收训，开学上课。①

根据陆军小学章程，凡考入陆军小学堂的学生，所有服装、伙食以及应用书籍课本笔墨纸张等，一律由公供给，每月每生还给予津贴一两二钱（银子）。这对于家境贫寒、走投无路的孙渡来说，不仅是一种极大的诱惑，更是一个极大的惊喜。

然而，云南陆军小学堂 1909 年春招收第 4 期学生外，之后再没招生。第 4 期学生已在校学习 2 年，不再招生，满怀希望的孙渡父子再次感到失望。

几经周折，在孙渡父子的一再恳求下，由殷承瓛担保，陆军小学破例为孙渡单人进行了资格审查、学科测试和体能检测。孙渡终因其出众的成绩而被破格录取，从此开启了他投笔从戎的人生之路。

清朝末季，改革军制，废新军建立陆军。一切编制、装备、教育、训练悉采用德、日新法，因于国内创立三级制之陆军学堂，从根本上培育陆军干部。每省设立陆军小学堂一所，又分四大区域，设立四个陆军中学堂，直隶保定设立陆军军官学堂，均属于陆军军部。陆军小学 3 年毕业，升入所属地区陆军中学；两年毕业，入伍 6 个月，升入陆军军官学堂；一年半毕业，分发部队见习 3 个月，即派充各部队初级军事干部。②

云南陆军小学堂第 1 期学生，于 1906 年 3 月入校开学。学生是由武备学堂学生中年龄体格相当、文化水平较优者挑选一部分，招考一部分，即就武备学堂（旧巡抚衙署）重加修葺刷新，以为校址。（云南原办省武备学堂，曾毕业数期，除选入陆军小学堂者外，余即改编为速成大队，后改速成学堂，继改讲武学堂，武备学堂由是停办）。

云南陆军小学堂编制，照部章规定，设总办、监督、提调、书记、庶务各一员，司事、司书、杂役若干人，以综理校务、监督教育、管理人事，及分任其他一切经理、文书、采购、缮写、勤杂等事务。关于教育方面，则设兵学教员一员，普通及外文教员若干员，担任学生学术科之教授和训练，每一期学生设学长一员，以为学生之直接领导。

陆军小学堂在课程设置上，学科与学术并重，强调学科基础教育。其课程设置分学、术两科，学科又分军事、普通两部，军事授以初级军事基本课程，如军事初阶、陆军礼节、军队内务、步兵操典、体操教范等。普通教以初级中学课程，如国文、修身、历史、地理、算学、几何、代数、三角、物理、化学、外文（法文、日文）等。术科分操场、野外两部，操场教以各种基本制式教练、体操教练，野外教以基本战斗教练、野外演习。

相当于插班生的孙渡，跨过了一、二年级的学习，直接进入三年级学习，成为学校里年龄最小的学生。他加紧补习各门功课，常常废寝忘食，付出了比其他同学更多的辛苦。在学科方面，孙渡对军事学表现出了浓厚的兴趣，陆军礼节、军队内务、步兵操典、体操教范等课程，他每门考核优异；在术科方面，他练习劈刺、体操、器械操练，参加野外实习，课课优秀。勤奋和不怕吃苦的精神，使孙渡逐渐弥补了自己的不足，成为进步最快的优秀学员，让师生刮目相看。

孙渡所在的云南陆军小学堂，在培养学生智能和体能的基础上，十分重视精神道德教育。清政府把传统的道德学说融入新式的学校教育、新型的课程体系中，向学生灌输“爱国”“忠孝”“廉耻”等伦理思想，对于不能做到的教员也施以处罚。“臣事君以忠”“食君之禄，忠君之事，子孙罔替，万世不朽”等封建伦理纲常，深深烙在年轻的孙渡心中，成为他一生都未能摆脱的“清规戒律”。

但令清政府所始料未及的是，陆军小学堂里有大批留日士官生担任总办、监督和教员，且多为同盟会员，新旧思想必然在此激烈碰撞。受过近代军事教育的革命党人，他们以培养近代军人的爱国主义思想和尚武精神为目标，这与封建伦理纲常教育背道而驰，从而不可避免地加剧了旧政府与新学堂的矛盾。

其实，早在1909年招收第4期学生入校时，留日士官学生李根源[③]、罗佩金[④]等就已相继毕业回滇，总督李经羲遂将胡景伊等另调他职，委罗佩金为总办，李伯庚为监督，秦光弟为提调，学堂教员多为同盟会会员。陆军小学因此成为传播革命思想、培养革命人才、播撒革命种子的场所。革命党人作为学堂的总办、监督和教员，开始把新学员作为革命人才定向培养，以积聚革命力量。[⑤]

云南陆军小学，自光绪32年（1906年）开办至宣统三年（1911年）结束，共历时6年，收训学生4期，其间人事数易，颇著成效，各期学生多三迆英俊子弟，颇负爱国热情。他们在革命党人的培植下，受到先进的知识教育和思想洗礼，逐渐对腐败无能的清政府感到不满，日益朝革命的方向迈进，反帝反封建意志日益坚定。

当革命的导火索一旦点燃，陆军小学堂便成为革命运动中一支活跃的力量。如宣统二年（1910年），法帝国主义者向清政府无理要求云南七府矿厂之开采权，激起陆军小学进步学生极大愤怒，学生赵慎修、杨樾登台演说，慷慨激昂，当场拔刀断指，血书“誓争矿权”、“七府矿约不变，则我等命脉已亡”，以此表示不争回我省七府矿厂权，誓不罢休，法帝国主义者知民意难犯，遂罢其事。⑥

孙渡就是在这充满着革命气氛的环境中，逐步培养了自己的革命志向和革命勇气。陆军小学堂本是清政府为维护统治而设立的，可最终却如编练的新式军队一样，没有给它带来“磐石之安”，反而脱离了清政府的驾驭，成为孕育掘墓人的摇篮。辛亥革命各期学生，各在不同地区，皆英勇投入革命行列，如升学在保定之一期生，则分别参加京、津民主活动及南下随军北伐。升学在武昌之二期生，则参加武昌起义。

孙渡在陆军小学堂学习期间，时值革命党人准备在云南策动革命，李根源、罗佩金等人在云南讲武堂、陆军小学堂中进行反清革命宣传。在校期间，他阅读了《汉声》《警世钟》《云南》杂志等进步书刊，受到了资产阶级民主革命思想的启蒙。学长赵慎修、杨樾的爱国壮举，更是深深植根他的心中，燃起他投身革命洪流的热切希望。

1911年，奄奄一息的清政府，迎来了一场摧枯拉朽的革命风暴。初步受到进步革命思想影响的孙渡，将怎样面对即将到来的一切？

二、重九起义

孙渡在陆军小学堂学习的半年中，中国社会发生着数千年未有之急剧变化。时代的浪潮，把他推向了一个人生的新境地。

1911年10月10日，武昌城头一声枪响，爆发了推翻中国封建帝制的辛亥首义。武昌起义的消息传到云南，在昆明的革命党人十分振奋，决心起义响应。然而，清政府在昆明的统治者大为恐慌，下令昆明戒严，拟捕杀革命党人。

为了响应武昌首义，在滇革命人士积极行动起来，从10月16日到28日，云南陆军讲武堂教官唐继尧、刘存厚、沈汪度、张子贞、黄毓成等人在昆明秘密召开了5次会议，讨论布置起义事宜，推举新军协统（旅长）蔡锷[⑦]为起义军总司令，决定于重阳节（10月30日）午夜起义。因起义的10月30日是农历九月初九，故史称这次云南起义为“重九起义”[⑧]

蔡　锷
（图片来自网络）

30日晚8时许，驻昆明北校场的新军第73标第3营分发子弹时，革命士兵与反动军官发生冲突，将其击毙，起义比原计划提前几个小时发动。起义部队在讲武堂师生作内应的情况下，由李根源从北校场带新军73标中的起义者从北门攻城。正在巫家坝做准备的蔡锷、罗佩金、唐继尧等闻讯，立即召集74标官兵，宣布革命宗旨和作战方略，整队出发，由东南方向攻城。[⑨]

清军第19镇统制钟麟同负隅顽抗，总督署卫队和辎重营也拼命死守。革命军死伤惨重，久攻不下。最后炮兵占领阵地，猛轰清军。激战至31日中午，起义军攻下了昆明市内的战略高地五华山，控制军械局，占领总督署。钟麟同兵败逃亡被杀，云贵总督李经羲被俘。起义军完全占领昆明，“重九起义”获得成功。

11月1日，昆明全城被攻克。11月3日，革命军改云南省两级师范校舍，为云南军都督府府邸，蔡锷任都督，宣布对内对外方针。数日后，各府、州、县传檄而定，全省光复，清朝在云南的统治被彻底推翻。[⑩]

云南人民的重九武装起义，是辛亥革命的重要组成部分。云南作为一个边疆省份，在全国第一批响应武昌起义，第一批宣布独立，走到了历史最前列，在中国革命史上谱写了光辉的篇章。云南各族人民的斗争，不仅直接葬送了清王朝在云南的统治，而且有力地推动了革命高潮的到来。

云南作为全国响应武昌首义最早的省份之一，这与云南特定的历史条件密切相关。从19世纪末期到20世纪初期，云南有志青年东渡日本留学者有上千人。1905年，李根源、唐继尧、罗佩金、叶荃、张开儒、杨振鸿、吕志伊等数十人加入了孙中山在东京创立的“同盟会”，成立了“同盟会云南支部”。

1906年，“同盟会云南支部”的杨振鸿等人从日本回到云南，先后创立了“滇学会”等“同盟会”外围组织，并在云南各巡防营及第19镇新军中发展组织。1906年后，云南建立了以昆明、腾越（腾冲）为中心的“同盟会支部”，联络爱国革命人士，组织了许多革命团体，开展革命活动。

1909年，云南陆军讲武堂正式开办，一批保定军校生和日本陆军士官学校毕业生被聘为讲武堂教官。1910年4月在李根源担任总办（校长）后，为讲武堂注入了“新鲜血液”，大批留日学生和“同盟会”会员等革命党人被聘为教官，掌握了讲武堂的实际领导权，使讲武堂成了云南同盟会会员活动的基地，成为云南革命的重要场所和培养革命军事骨干的重要基地。

1911年春，经李根源、罗佩金推荐，蔡锷从广西调到云南，被任命为第19镇37协协统（旅长）。蔡锷虽然不是“同盟会”会员，但他与李根源等人均为日本士官学校留学生，具有爱国主义的进步民主思想，暗中与“同盟会”保持着联系。为了将云南新军掌握在革命党人手中，他精心安排了不少讲武堂教官到37协中任职。与此同时，讲武堂甲、乙、丙班及特别班800余名学员被分配入伍，或到新军中见习，与军队里的革命党人互相配合，协同进行革命工作，从而进一步掌控在昆部队的基层力量。

革命党人为了在云南策动革命，李根源、罗佩金等人不仅在云南讲武堂宣传进步的革命思想，还经常在陆军小学堂中进行反清革命宣传，奠定了学生反帝反封建的爱国主义思想。

一个由讲武堂师生发动的推翻满清王朝、埋葬封建帝制的云南革命，已如刀出鞘、弹上膛、箭在弦，同时在陆军小学堂一触即发！

年仅16岁的孙渡作为云南陆军小学堂第4期学生，他和第3期学生一起，在谢汝翼、李鸿祥、罗佩金等领导下，和胡若愚等同学义无反顾地冲出校门，协同讲武堂学生，共参义举。[11] 他们分别控制小西门两侧，或迎接入城作战的新军，或担任市街警戒，或增援各城阵地，皆奋勇尽责，完成了任务。孙渡、胡若愚在这次“重九起义”中，表现得尤为机智勇敢，在谢汝翼心中留下了深刻印象。

胡若愚（1894－1949），原名学礼，字子嘉，云南曲靖市罗平县罗雄镇人。1911年参加昆明发动的“重九起义”。1914年考入湖北陆军中学，后转入云南陆军讲武堂第6期学习。护国之役，被唐继尧提升为步兵第11团团长，成为唐

胡若愚 1948年留影（叶炘睿提供）

最初的心腹之一。1922 年随唐回滇，击败顾品珍，被委任为滇南镇守使。1926 年，联合龙云等四镇守使掀起了倒唐的“二·六”政变，被推举为云南省务委员会主席，并兼第39军军长。1927年策划发动了推翻龙云的“六·一四”政变。此后，为了争夺云南军政大权，与龙云进行了持续 3 年多的混战，失败后到成都投奔刘文辉。1931 年代理北平市市长。1937 年抗日战争全面爆发后，任第三集团军参谋长等职。1948 年当选第一届“国大”代表。1949 年 2 月任国民党第 11 兵团副司令（鲁道源为司令），11 月底在桂东南岑溪容县杨梅圩被中国人民解放军击毙。

胡若愚 7 岁读私塾，后转入罗平两等小学堂毕业。1910 年进入云南陆军小学堂第 4 期。这位比孙渡大一岁的兄长和校友，从此结下了不解之缘。

云南光复后，蒙自却在 11 月发生兵变，陆军小学生被派往蒙自参加平叛。孙渡、胡若愚参加平叛部队到蒙自，在平叛中表现十分突出。

因形势变化，陆军小学尚未毕业之第三、第四两期学生，即就原校改为干部学校，继编成干部大队，随唐继尧出黔北伐，云南陆军小学堂，即告结束。[12]

三、入伍当兵

1911 年 11 月，云南军都督府志愿兵教导大队成立，蔡锷任命姜梅龄为卫戍部参谋长兼训练志愿兵教导大队队长，朱德讲武堂同班同学周志仁被任命为志愿兵教导大队第二中队长。

孙渡经历了“重九起义”的洗礼，结束了云南陆军小学堂的学习生涯，被编入云南陆军志愿兵教导大队，[13] 成为一名真正的军人。胡若愚则离开云南到江西，调任督署警卫连长。此时朱德等多位护国将领参加“重九起义”后，也都在教导大队。

在半年的学习和军事训练中，孙渡与自己的恩师姜梅龄结下了深厚的友谊。1963 年，他获特赦后，虽已时隔 50 余年，却仍念念不忘自己的恩师，更忘记不了那短暂却终生难忘的岁月。

姜梅龄，字鼎和，1883年出生于弥勒县虹溪镇西门街的一个书香人家。姜梅龄青年时赴昆受业于五华书院陈荣昌门下。1904年考取官费留学生，赴日本士官学校学习。在日本，姜梅龄受孙中山革命思想感召，毅然加入同盟会，成为云南第一批同盟会会员。1906年10月，为更广泛地宣传同盟会的主张，旅日云南同盟会创办《云南》杂志，姜梅龄是该杂志的编辑之一。

1911年5月，姜梅龄于日本士官学校以优等成绩毕业，回国留京。6月任保定陆军学校教官。8月武昌首义，海内豪杰云集，姜梅龄亦由京师奔赴大江南北，至苏州拜见都督程德全，被委认为江苏督署参谋部第一部长。后经同学、同志推荐，云南都督蔡锷电邀姜梅龄回滇，任卫戍部参谋长兼训练志愿兵教导大队队长。

令孙渡难忘的是，姜梅龄训练过程中，孜孜不倦地教军事理论，身体力行，带领学生演习；他勉励学生效法岳飞精忠报国，鄙弃奸臣卖国贼之卑劣人格；他还讲述越南、缅甸等国历史上亡国的惨痛教训，强调"国家兴亡，匹夫有责"，青年人要为中华民族的强盛而担当重任。因姜梅龄严格及训练有方，教导大队遂成为滇军模范。

姜梅龄担任教导大队队长，圆满完成了训练任务。半年后，即1912年6月，奉命进藏平叛，时姜梅龄任西征军参谋长兼右路纵队长，率华封歌步兵大队、骑兵一分队、炮兵、机关枪各一小队和右路纵队一起赴西藏平叛，为维护国家主权，镇压叛乱，立下了战功。

1914年1月19日，北京政府授姜梅龄陆军少将军衔。1915年末，云南率先发出讨袁檄文，姜梅龄随蔡锷、罗佩金提师西上，与数倍于己的北洋军阀精锐鏖战。

1918年，姜梅龄调任云南讲武堂少将教官。1921年春，姜梅龄任滇军总司令部参谋长，著有《五省联防计划》，被杨杰将军称为"有真灼见"而列为南京陆军大学教学案例。

真是天妒英才。姜梅龄这位令孙渡敬佩不已的恩师，却不幸英年早逝。1921年8月，孙中山特派秘书张佐丞来云南，策商出师北伐，并委任顾品珍为云南北伐军总司令，张开儒为副总司令，姜梅龄为总参谋长。1922年初，正当顾品珍、姜梅龄组织各路部队向陆良集中，准备出师北伐时，指挥部鹅毛寨遭到土匪吴学显部所属黄诚伯的突然袭击，警卫营长杨联奎、团长何精璧均阵亡，参谋、副官、卫士等伤亡殆尽，最后顾品珍、姜梅龄孤身拼搏战死。

姜梅龄一生刚正诚笃、廉洁自持、生活简朴，死后家无长物，连棺木都是堂兄弟赠予，住房也是租的，留下孤儿寡母的生活十分窘迫。1936 年，姜梅龄的女儿姜若衡用南京政府一次性抚恤金买得昆明西山小石林的 16 亩荒地，让停放在昆明小东门外清门寺 14 年的姜梅龄遗骸得以下葬。

“萧寺十四年，冷雨凄风寒侠骨；昆明一万里，碧鸡金马伴阴魂。”云南省主席龙云为姜梅龄举行追悼会时，堂内悬挂国民政府军政部部长何应钦撰题的这幅挽联，可谓对姜梅龄 39 年短暂人生的概括和总结。

姜梅龄和朱德有着深厚的师友之谊，在昆明住螺峰街中段的时候，与朱德家为两隔壁，朱德时常过来和他晤谈。1957 年朱德来昆视察的时候，还专程派秘书看望了姜梅龄的夫人，并嘱地方给予照顾。⑭

在与恩师姜梅龄的接触中，孙渡和朱德慢慢熟悉，并对朱德格外敬重。朱德对孙渡这位学弟也留下了深刻印象，所以红军长征过云南、东北内战时期，朱德先后两次致信孙渡这位学弟，告诫他要以国家和民族利益为重。

在云南陆军志愿兵教导大队半年的学习，孙渡被恩师姜梅龄的才华、人品所深深折服，奠定了他一生“兼济天下”“独善其身”的思想基础。尽管之后他生活在腐败的国民党军队中，却依然保持了自己的清廉本色，这也许正是受到了恩师姜梅龄的影响。

孙渡因为自己刻苦的精神、智慧的头脑、勇敢的品格，受到姜梅龄的格外器重，认为他“年少聪慧”“忠勇可嘉”“志向远大”，并因此推荐他参加云南陆军讲武学校考试，以求继续深造。

四、考入军校

1912 年是中华民国元年，中国历史发生了亘古未有之变化。1 月 1 日，孙中山在南京就任中华民国临时大总统；2 月 12 日，清宣统皇帝爱新觉罗·溥仪下诏退位，满清覆亡；3 月 10 日，袁世凯在北京就任临时大总统，中国进入北洋政府军阀混战的民国时期。

然而，此时的云南，在“重九起义”后，蔡锷都督经过一系列富有成效的改革，很快得到了回报：昆明在经历了重重困难和考验之后，人民生活安定，

云南陆军讲武学校（图片来自网络）

社会秩序井然，俨然一个桃源世界，堪称民国初年各省军政府的榜样和那个时代的奇迹。

1912 年 5 月，蔡锷下令云南陆军讲武堂恢复上课，改称讲武学校，任命谢汝翼为校长。学科设置为步兵、骑兵、炮兵、工程兵四个专科，课程分为学科、术科两项。1909 年开办的云南陆军讲武堂，在云南“重九起义”后，曾一度停办。[15] 讲武堂一恢复上课，朱德就被调回母校任学生队区队长兼军事教官，在校讲授战术学、野战学、射击术和步枪实习等军事课程，还指挥野外的实地演习。[16]

清朝末年，为了挽救摇摇欲坠的腐朽统治，曾国藩、李鸿章、左宗棠等湘军、淮军头目，掀起了“洋务运动”热，清政府敕令全国编练“新军”36 个镇（相当于师），先后创立了一系列的军事学校，如曾国藩在安庆创办军械所，李鸿章创建北洋水师等。当时，清廷的“新军”始建云南，亟须培养大批新型军官，云南藩台沈秉堃几经奏请清政府，获准创办云南陆军讲武堂。

与清王朝统治者的愿望相反，云南陆军讲武堂为同盟会提供了重要的活动场所，革命党人事实上掌握了讲武堂的大权，使之成为云南革命的重要据点，成为西南地区团结革命力量的核心。

云南陆军讲武堂的教职员工基本上由留日学生中的同盟会员担任，学校各兵科科长、执事官、各班班长基本上是同盟会会员。同盟会在讲武堂建立了秘密组织，在师生中传播革命思想，开展革命活动，扩大同盟会组织，并最终以讲武堂师生为骨干，推翻了清朝在云南的统治。

在近代云南的历史上，有一文一武两所学校，都非常著名。“文”指西南联合大学，“武”指云南陆军讲武堂。前者培养了一大批杰出的科学家、教育家；后者则培养了一大批杰出的军事家、革命家。正因为如此，曾经是云南陆军讲武堂的学员，后来成为共和国元帅的朱德，在其《辛亥革命回忆》中说，云南陆军讲武堂成了“云南革命的重要据点”，成为“中国革命的熔炉”。

云南陆军讲武堂，又称昆明讲武堂，建立时与天津讲武堂和奉天讲武堂并称三大讲武堂，后与黄埔军校、保定军校并称“近代中国三大军事家摇篮”，1935 年按黄埔军校系列改名为“中央陆军军官学校第五分校”，1945 年停办，是中国近代一所著名的军事院校。当时，这所陆军讲武堂在国人眼中，与美国的西点军校、日本士官学校、法国圣希尔等军校齐名。

云南陆军讲武堂是一所诞生将帅的传奇军校，培养了朱德、叶剑英这样杰出的军事家、共和国元帅，可谓英才济济、帅星闪烁、名将辈出。从 1909 年开办至 1935 年结束，共招收学员 22 期，培训各类学员 9000 余人。300 多名将军从这里启程，迈向战争之路。

辛亥重九起义、护国讨袁之战、护法与靖国战争、北伐战争、抗日战争、国共内战、朝鲜战争，这些在中国乃至世界军事史上闻名的战事里，均有云南讲武堂毕业生的身影，并占有举足轻重的地位。云南陆军讲武堂的强国之梦与正义之剑，成为中华民族不屈精神的精髓，融入现代中国军人的血脉。

在孙渡的眼中，一切都是新的。他信心满怀地参加了云南陆军讲武学校的选拔考试。由于经历了陆军小学堂的学习，参加了“重九起义”，又在教导大队经过短时期的军营生活，具备了较高的文化素质和军事素质，所以顺利通过了学校严格的考试。

孙渡终于梦想成真。1912 年 5 月，他走进了当时最进步、最新式的云南陆军讲武学校第 4 期工兵科，开始了梦寐以求的军校生活。[17] 孙渡的同乡同学李鸿谟入步兵科学习，同乡同学杨体元[18] 则进入炮兵科学习。后成为“云南王”的龙云以上尉军衔被保送同期进入骑兵科学习，他的表弟卢汉则以准尉级军衔被保送入步兵科学习。[19]

时任云南省主席龙云
（图片来自网络）

龙云（1884—1962），彝名纳吉岬岬，字志舟，原名登云，云南昭通市昭阳区炎山乡人，彝族，国民革命军陆军二级上将，云南省国民政府主席。1914年云南陆军讲武学校毕业后，任云南都督唐继尧侍从副官。1922年被唐继尧委为第五军军长。1927年发动政变，逼唐下台，独掌云南军政大权，至1945年，共主政云南18年之久。抗日战争爆发后，龙云出席南京“国防会议”，倾全滇之师出征抗日前线。1949年8月13日，龙云在香港发表《我们对现阶段中国革命的认识与主张》的声明，正式宣布起义，拥护中国共产党的领导，历任中央人民政府委员、国防委员会副主席等职。1962年6月在北京去世。龙云主政云南期间，保持了云南相对稳定的局势，云南实力增强，被称为“云南王”。

卢汉（1895—1974），原名邦汉，字永衡，云南昭通市昭阳区炎山乡人，彝族，国民革命军陆军二级上将，云南省国民政府主席。1914年云南陆军讲武堂毕业后，在滇军中历任排长、连长、营长、团长、旅长、师长等职。抗日战争爆发，蒋介石任卢汉为60军军长，率部参加台儿庄等著名战役，升任军团长，集团军副总司令、总司令，第一方面军总司令。日军投降后，率部赴越南受降。1945年10月，龙云被蒋介石解除军政大权后，任云南省主席兼保安司令，继龙云之后，成为新一任云南省主席，执掌云南军政大权4年多，被称为最后一任“云南王”。1949年12月9日率部起义。新中国成立后，历任云南省军政委员会主席、西南行政委员会副主席等职，1974年5月病逝于北京。

云南和平起义时的卢汉
（图片来自网络）

当时学校的职别分为三六九等，全校学生一律带一等兵的肩章。学生在校的识别，军帽是硬盔，缝上一寸宽的红呢条子；帽沿是白色，周围镶了红色边，遮阳是皮制的，帽花是金色的三角星。步兵科的领章是红色的，骑兵科的领章是黄色的，炮兵科是的蓝色，工兵科的是白色。由于讲武堂学生的军帽是红色的，全省军队的军帽颜色也随之改变，外省人称之为红头军，又称滇军。[20]

孙渡学的是工兵科，他十分欢喜地穿上了军服，戴上了白色镶红边的圆盖帽、三角形的金色帽徽和白色的领章，成了一名英武的“红头军”，心情久久难以平静。

他暗下决心，一定要倍加珍惜、勤学苦练，把自己锻造成一名优秀的军人。

五、初露锋芒

盛夏 5 月，春城昆明繁花似锦，到处莺歌燕舞。翠湖公园碧波荡漾，垂柳依依。沿翠湖公园走进云南陆军讲武学校，孙渡感到生逢其时，内心的喜悦之情难以言表。

孙渡所就读的这所军校，位于昆明承华圃，坐落在美丽的翠湖公园旁。1907 年破土动工，1909 年全面落成，占地 7 万多平方米，其规模之宏大，建筑之雄伟，居当时全国各地讲武堂之首。

如今，云南陆军讲武学校，历经百年风雨，成为至今国内保存最完整、历史较悠久的军事院校遗址，1988 年被公布为国家级重点文物保护单位。现讲武学校几经修复，展露出威严肃穆的风貌，成了人们观光旅游和进行爱国主义教育的基地。孙渡抗战的事迹陈列展室之中，吸引着一批批来此参观的游客。

1912 年云南陆军讲武堂同学合影。前排左起为：金汉鼎、李雁冰、朱德、胡瑛（图片来自网络）

孙渡被这所气势恢宏、设施优良的新式学校深深吸引，自豪感油然而生。讲武堂主楼总建筑面积为 7000 平方米，是一座极其标准的走马式转角正方形建筑，由东、西、南、北四座楼房组成，各楼对称衔接，并设有通廊，楼端各设拱券门一道。主楼西南有大课堂（礼堂）和兵器库一幢。南楼中部设阅操楼，高约 15 米，宽 13 米。楼前即宽大的操场。青瓦楼宇和黄色墙面，围着 1.2 万多平方米的院子，这在现今仍是中国保存的最大的四合院，讲武学校师生每天就在这里操练军事。

谢汝翼
（图片来自网络）

孙渡感到自己十分幸运。他知道，云南陆军讲武学校对招收学员的条件要求很高，除复训军官外，报考生必需具备高中毕业资格，入校后兼学文、理各科，学制 2 年或 2 年半不等。1909 年农历八月十五中秋节，新落成的云南陆军讲武堂迎来首批学员。云贵总督高尔登为总办（校长）、李根源为监督（教务长），实行校长负责制。报考讲武堂的学员经过精挑细选，最初设有甲、乙、丙 3 个班。为适应"新军"各部军官迫切需要，讲武堂还从丙班生和师范生中选拔 100 人，设了"特科班"（尖子班）。甲班、乙班学制均为一年，丙班学制 2 年半，特科班学制 2 年。甲、乙、丙三班成为讲武堂第 1、第 2、第 3 期学生。

孙渡作为讲武学校第 4 期学生，对年长自己 9 岁的朱德老师充满敬意。他知道，朱德 1909 年被录取到丙班步兵科学习，后来和朱培德、范石生、金汉鼎等被选拔成"特科班"学员。在云南陆军讲武堂，朱德与朱培德为学友，在严格得近乎残酷的军事训练中，两人互相勉励、互帮互助，因成绩优异被选进特别班，被称为该校的"模范二朱"。朱德 1911 年 8 月从特别班提前毕业，在参加"重九起义"和援川军入川南支援反清斗争后，再次回校任军事教官。[21]"模范二朱"成为孙渡等讲武堂学生学习的楷模。[22]

在以后的几天里，孙渡见到了讲武学校让他肃然起敬的校长谢汝翼。[23]谢汝翼 1904 年 10 月留学日本陆军士官学校，1909 年回国后任讲武堂教官，1911 年参加云南重九起义。1912 年 5 月先后被任命为云南讲武学校校长、都督府参谋厅厅长、护理云南都督（代理都督）等职，后出任迤西镇守使。

令孙渡内心极度震惊的是，时隔不到两年，即 1914 年 3 月谢汝翼（时任迤西镇守使）奉袁世凯"即来北京，另有任用"的命令，乘滇越铁路火车，从昆明出发南下越南海防，取道香港赴北京。5 月 3 日，火车行至宜良，就被一刺客开枪击中头胸等处，当即死亡，年仅 35 岁。

17 岁的孙渡成为讲武学校年龄最小的学员。他唯一的念头就是好好学习，为将来报效国家、复兴民族练就过硬本领。他珍惜学习的每一天，把握学习的每一分钟，争分夺秒、勤奋好学、刻苦训练，给老师和同学留下了深刻印象。都认为他“年龄最小、人最聪明、学习最刻苦、成绩最优秀”。

孙渡在讲武堂学习中，除学习文化课程外，还系统全面学习了军事学课程。文化课有国文、算术、历史、地理、伦理、器械、画、英文和法文；军事课有战术学、兵器学、军制学、地形学、测绘学、筑城学、卫生学、马学，各种典范、令，以及战术实施、沙盘教育、野外演习等。课外，他还如饥似渴地阅读了《民报》《云南》《警世钟》《猛回头》等进步刊物，开阔了自己的思想和知识视野。

讲武学校制定的校训是“坚忍刻苦”。学校自创办以来，对学员严格教育、严格管理、严格训练。《云南陆军讲武堂章程》特别规定：“总办（校长）必须对训育之得失，军风纪之弛张，后勤及内务之良否，均以身在其责。”对监督、提调、科长以及教官也作了明确具体的职责规定，要求他们“奉公守法，自为模范，力任其责”，并对他们实行“精选良师以从教，给予高薪以养廉”的方针，教官的月薪是白银 100 两，科长以上高达 120 两。

孙渡以讲武学校“坚忍刻苦”的校训激励和要求自己。他和李鸿谟、杨体元等同学一起，每早从凌晨 5 点起床训练到每晚 9 点方可入睡，每日三餐后稍事休息即投入“课堂理论，操场演习”训练，甚至夜间也开展不定时操练，军事训练格外艰苦。其他如内务、着装、军容、军纪，要求一丝不苟。由于各级教官严于律己、以身作则、言传身教，孙渡专心致志、刻苦训练，他的学习及军训均取到了优良成绩。

“贪生怕死莫入此门，升官发财另找他路。”[24] 讲武学校大门上这副对联深深镌刻在孙渡心中。云南陆军讲武堂从开学那天起，尤其注重铸造学生反帝反封建运动的爱国主义精神和独立自主精神，“以革命大义激励学生”，激励师生以复兴民族为己任，为中华民族的强盛而担当重任。孙渡在讲武学校接受了革命思想的熏陶和教育，奠定了他一生清廉、刚正不阿、爱国爱民的思想基础。

云南讲武学校的办学理念是“讲武精神”，主要有三个内容：一是要爱国；二是要英勇善战，不怕牺牲；三是要不断进取，与时俱进。方声涛教官宣讲孙中山的主张，唐继尧讲岳飞精忠报国的故事，李根源以法国殖民者耀武扬威的现实素材，激发学生反帝爱国情绪，这些都对孙渡产生深远影响。

每天都要集中高唱的《云南陆军讲武堂军歌》，让孙渡热血沸腾。这是一首每晨早操都要集中唱的军歌，歌词慷慨激昂，雄浑有力，深深地熔铸在孙渡等讲武学校师生的血脉之中。歌中唱道：

风云滚滚，感觉他黄狮一梦醒。同胞四万万，互相奋起作长城。神州大陆奇男子，携手去从军。但凭团结力，旋转新乾坤。哪怕它欧风美雨，来势颇凶狠。练成铁臂担重任，壮哉中国民！壮哉中国民！

堪叹那世人，不上高山安知陆地平？二十世纪风潮紧，欧美人要瓜分。枕戈待旦，奔赴疆场，保家卫国，壮烈牺牲。要知从军事，是男儿本份。鼓起勇气向前进。壮哉中国民！壮哉中国民！

中国男儿！中国男儿！要凭双手撑住苍穹。睡狮昨天，醒狮今天，一夫振臂万夫雄。长江大河，亚洲之东，翘首昆仑，风虎云龙，泱泱大国，取多用宏。黄帝之裔神明胄，天骄子，红日正当中。

经过 14 个月的学习和训练，孙渡不仅文化基础、军事理论学业优异，而且军事训练也出类拔萃。讲武学校校歌中一句“但凭那团结力，旋转新乾坤”的豪言壮语，在滔滔历史长河中，以其鲜明的爱憎、质朴的愿望，升华为一种民族责任，一种民族情感，一直成为激励他的力量源泉，使他在民族危亡之际，挺身而出，以身许国！

讲武学校“必有坚忍不拔之概，而后有坚贞不屈之操。有坚贞不屈之操，乃能成艰苦卓绝之业”的革命精神支撑起他的精神世界，使他在凶残的日寇面前视死如归，气壮山河，展现出我华夏优秀子孙的铮铮铁骨！

杨体元
（图片来自网络）

民国初年，正是用人之际。1913 年 10 月，孙渡从讲武学校提前毕业；1914 年初，被分配到云南西防独立第四连任少尉排长；年长孙渡 11 岁的龙云被分配到昭通独立营任少尉排长；和孙渡同岁的卢汉毕业后回家与龙泽清结婚，后被分配到滇军任少尉见习排长。比他年长一岁的同乡同学李鸿谟，毕业后参加护国军，随朱德入川作战。

孙渡另一个年长自己 7 岁的同乡同学杨体元（1888－1974），毕业后先后任炮兵团见习排长、连长、营长、上校副团长等职，在军阀混战中深感“军事救国”无望，1926 年愤然离开滇军，回陆良马街办学。革命走向低潮的 1932 年，他仍聘请共产党员刘苑梅、何子贞到马街小学任教。1948 年任云南人民讨蒋自救军第一纵队第三支队支队长，屡次拒绝时任云南省主席卢汉的招抚。新中国成立后，历任省参事室参事、省政协委员等职，为新中国的建设作出了贡献。1974 年病逝于昆明。㉕

早在两个月前，即 1913 年 8 月，朱德离开讲武学校，被任命为云南陆军第一师第三旅步兵第二团一营少校营长，奉命调到临安府蒙自县驻防。㉖

宝剑锋从磨砺出，梅花香自苦寒来。19 岁的少尉排长孙渡将怎样开始自己的军旅生涯？

【注释及参考文献】

①⑤⑥⑪ 李树东 . 陆军小学堂 [J]. 云南文史资料选辑（20）：1-10

② 苏魏 . 清末陆军小学堂研究 [D]. 东北师范大学 .2009

③ 李根源（1879—1965），字印泉，云南腾越（今腾冲）人。中国国民党元老、上将，爱国人士。

④ 罗佩金（1878—1922），云南澄江县人，护国战争时期蔡锷的参谋长，1922 年在滇南被土匪杀害。

⑦ 蔡锷（1882—1916），原名艮寅，字松坡，湖南宝庆人，中华民国初年杰出军事领袖。

⑧⑲ 谢本书著 . 滇军风云 [M]. 云南人民出版社，2013.6：28-35

⑨⑩ 胡以钦 . 辛亥云南重九起义 [J]. 云南文史丛刊 1991（3）：1-10

⑫ 刘武红 . 浮沉将军胡若愚 [J]. 曲靖文史资料（5）：253-264

⑬⑰ 昆明市档案馆资料：中国人民政治协商会议云南省昆明市委员会社会人士登记表（孙渡填写）

⑭ 张莹莹 . 一生报国留梅香——记滇军爱国将领姜梅龄 [N]. 云南政协报 2011 年 8 月 1 日

⑮㉔ 谭其运编著 . 云南讲武堂将帅风云 [M]. 云南人民出版社，2011.1：26-405

⑯㉑ 金冲及主编 . 朱德传 [M]. 人民出版社，1993.8：17-26

⑱ 杨体元（1888—1974），原名杨荫培，陆良马街人。

⑳ 周开勋 . 云南讲武堂的回忆 [J]. 云南文史资料选辑（15）：162-172

㉒㉖ 孔祥庚，杨杨著 . 朱德与云南 [M]. 云南人民出版社 2011.11：6-57.

㉓ 谢汝翼（1879—1914），字幼臣，云南玉溪市北城镇谢井村，云南“重九起义”的主要领导人。

㉕ 党的忠实朋友——杨体元传略，中共陆良县委史志办公室整理

第 3 章　追随唐继尧

1913 年 10 月，蔡锷奉调入京，云南都督由年仅 30 岁的唐继尧继任，并执政长达 14 年之久。恰在此时，19 岁的孙渡从云南陆军讲武学校毕业，开始步入军营。怀揣“军事救国”梦想的孙渡，踌躇满志，对未来充满信心。他决心追随仰慕已久的唐继尧，为国为民建功立业，施展自己的才华和抱负。

从 1913 年到 1927 年，孙渡先后参加护国讨袁的滇南保卫战、滇桂战争等重要战役，凭借自己的机智勇敢，步步升迁，历任排长、连长、营长、少将团长、少将旅长等职。在顾品珍掀起的“倒唐”运动中，他坚决拥唐，成为唐继尧亲信；而在滇军 12 年的朱德，却因“拥顾反唐”遭到追捕，随后被迫离开云南，踏上新的革命道路。

“仕于朝也，为忠为良。”孙渡谨遵家训，以其忠诚、勇敢和睿智的品格，深得唐继尧信任。然而，民国初年是一个刀光剑影、变幻莫测的时期。正所谓“墙头变换大王旗”“你方唱罢我登台”。1927 年 2 月 6 日，龙云、胡若愚等发动“二·六”政变，唐继尧被迫交出政权，不久含恨离世。

山雨欲来风满楼。政治风云说变就变！孙渡的命运将会发生怎样的变化？

一、驻防腾冲

民国初年，滇南、滇西一带，俨然成了一个“土匪世界”，匪患愈演愈烈。为剿灭土匪，巩固边疆，云南都督唐继尧下令，选派云南讲武堂毕业的学生驻防各地，负责清剿任务。

唐继尧（1883－1927），又名荣昌，字蓂赓，云南曲靖市会泽县钟屏镇人，年龄比蔡锷小一岁。早年留学日本，接受孙中山的民主革命主张，加入了同盟会，回国后和李根源等同盟会会员创办云南陆军讲武堂，是昆明辛亥重九起义主要领导人之一。辛亥革命后，唐先任贵州都督，1913 年 10 月开始在云南执政，到 1927 年 2 月被逼下台，当了 14 年的“云南王”。唐继尧不仅深谙军事，而且诗、文、书、画俱佳，是大名鼎鼎的“儒将”。他在云南近14年的执政期间，兴办教育、筹办市政、发展实业，创建了东陆大学（现为云南大学），做了若干件利民兴滇的大事，对云南近代画事业有很大的促进作用，被孙中山赞誉为“南天一柱”。但后人对他却褒贬不一。

唐继尧
（图片来自网络）

1914年初，年仅19岁的孙渡从云南讲武学校毕业后，奉唐继尧之命，调任云南西防独立第四连少尉排长，驻防腾冲户撒，[①]开始了为期两年的边境剿匪生涯。

孙渡作为唐继尧在讲武学校时的学生，对唐继尧的文韬武略敬佩不已。此后，他凭借自己的忠诚和勇敢，不仅一步步成为唐继尧的亲信之一，还成为他四妹热恋的白马王子。唐继尧四妹唐芸赓热恋孙渡这位“美男帅哥”，并留下了“非孙渡不嫁”的千古美谈。

同时期到边境剿匪的还有孙渡的学长、老师朱德等人。早在1913年8月，27岁的朱德和他的讲武堂同学唐淮源各率一个营，已到临安府蒙自驻防。1914年夏天，朱德营及其所在的步兵第二团移驻临安县（今建水县）南校场（遗址在今陈官屯村平山顶）。1915年初，朱德因剿匪有功，由少校营长升为副团长，同年12月朱德奉命紧急赶回昆明，任滇军补充队第4队队长，负责组训新兵，准备出兵讨袁。[②]

腾冲在西汉时称滇越，大理国中期设腾冲府，清时设腾越卫、腾越州、腾越厅。腾冲与缅甸、印度接壤，是中国通向南亚、东南亚的重要门户和节点。由于地理位置重要，历代都派重兵驻守，明代还建造了石头城，称之为“极边第一城”。1911年10月27日，张文光、刘辅国等发动腾越起义，打响云南辛亥革命第一枪。1912年在腾冲设腾冲府。1913年改设腾冲县。

滇西腾冲自古就是中、缅、印经济往来中的交通枢纽。辛亥云南光复后，很多被打散的清兵与当地土匪势力相结合，形成了相当有战斗力的匪群。云南军都督府虽然多次派兵剿匪，土匪仍然十分猖狂。他们打家劫舍，挑起民族械斗，到处制造事端，甚至在光天化日、众目睽睽之下，有恃无恐地在集市上强奸民女，使边疆各族人民无法正常生活。

少尉排长孙渡就是在这种严峻残酷的情势下，在连长余连胜的率领下在这里剿匪的。云南西部山峦重重，天气酷热，在疟疾猖獗的山谷中，最容易患上肺病。从小在滇东长大的孙渡，初到滇西感到水土不服。但由于年轻而强壮，他很快就适应了当地的环境和气候。

在腾冲边境的两年内，孙渡和朱德所部，和其他部队一样，是以游击作战的方式进行剿匪的。他们走村串寨，翻山越岭，往往采取“打得胜就打，打不胜就跑”的战术，和土匪 “躲猫猫”、兜圈子，战斗生活异常艰苦，非语言可以表达。

长达两年左右的剿匪战斗生涯，孙渡初尝了军旅的艰辛。在实战中，不仅磨炼了他不屈不挠的意志，培养了他对国家和民族的责任感，而且大大增长了他的军事指挥才干。孙渡在余连胜连队，机智勇敢，出生入死。因剿匪有功，先后任少、中尉排长。

一年后，孙渡升为陆军步兵 27 团 3 连上尉连长，在团长段廷佐、营长吴璋麾下，继续采用游击战术，清剿土匪，守卫边疆。③

1940 年 3 月，在抗日前线，孙渡正是利用自己在此学到的游击战术，组织“敌后交通破坏队”，乘雪夜歼敌主计少将一人，并兴致勃勃地挥毫写下了脍炙人口的通讯稿《突起敌后的一支神军》。④

国内局势风云突变。1915 年 12 月，正当孙渡连队休整的时候，他接到命令，紧急调回昆明。

昆明究竟发生了什么大事？孙渡究竟因何被命令调回昆明？

二、护国讨袁

孙渡在腾冲驻防的两年，中国的政治形势波云诡谲，山雨欲来。新旧实力的较量暗流涌动，从未停歇。

1912 年，两千多年的中国封建帝制被辛亥革命所推翻，建立了中华民国。然而，孙中山领导下建立的中华民国南京临时政府成立还不满 100 天，辛亥革命的胜利果实就被北洋军阀袁世凯夺取。在窃取了中央政权后，袁世凯倒行逆施，对外卖国，对内独裁。

1913 年 3 月 25 日，孙中山自日本回上海，决心武装倒袁；7 月 8 日，李烈钧在江西首揭讨袁大旗，二次革命爆发；10 月 6 日，国会受到恐吓，袁世凯当选正式大总统。此时，国内政治局势开始逆转。

1915 年 5 月 9 日，袁世凯屈服日本，接受丧权辱国的“二十一条”；同年 10 月 12 日袁世凯称中华帝国大皇帝。袁世凯的倒行逆施，激起了全国各民族各阶层人民群众的强烈反对。

在滇军，孙渡等一大批深受革命党思想影响的中下级军官，对袁世凯复辟帝制非常不满，他们群情激奋，慷慨激昂地表示坚决拥护共和，反对袁世凯的独裁统治。

一场疾风暴雨的革命风暴即将来临。经历辛亥革命洗礼的云南各族人民和滇军上下，正积极酝酿反对袁世凯复辟帝制的武装斗争。云南军政人员普遍反对复辟帝制，纷纷串联策划，力挽狂澜。

追求民主共和的云南都督唐继尧，深受本省军政人员的鼓舞，他看到反袁声浪高涨，民意沸腾，军心激愤，决意顺应军心民意，坚决反袁护国。

1915 年 9 月 11 日，唐继尧召集第一次反袁军事会议，预作备战措施：扩招讲武堂，添编警卫团，整饬地方团队，召回退伍士兵和赋闲军官，购置军火、清理财政……

10 月 7 日，唐继尧召集第二次反袁军事会议，商定起义的时机为：第一，中部各省有一省可望响应时；第二，黔、桂、川三省有一省可望响应时；第三，海外华侨或国民党接济武器、弹药、粮饷时；第四，假如以上三项条件都不具备，为了争得国民人格，云南也要孤注一掷，宣告独立，拥护共和，武装讨袁。[⑤]

1915年护国军将领在云南昆明合影。左起李曰垓、罗佩金、蔡锷、殷承瓛、李烈钧。（图片来自网络）

11 月 3 日，唐继尧召集第三次军事会议，决定出动两个步兵团先期挺进川滇边境，发动突然袭击，抢占叙府（今宜宾）。第一步控制川、黔、桂；第二步达到粤、桂、闽、鄂、浙、陕、甘；第三步自武汉北伐。

12 月 9 日，在蔡锷来到昆明之前的 12 天，首批参战部队誓师出征，邓泰中、杨蓁率滇军主力步一团、步七团以“剿匪”为名，经滇东北秘密挺进四川。

12月12日，唐继尧派李宗黄持亲笔信给孙中山，表明“誓不与此贼共视息”的决心。

12月17日，唐继尧派人迎接李烈钧到达昆明，住在黄毓成家，秘密商议讨袁大计。

护国第一军司令部
（谢本书提供）

12月21日，蔡锷一行到达昆明。唐继尧随即召开第四次军事会议，通报备战措施。会议决定，应立即行动，先致电袁世凯，令其取消帝制，然后宣布云南独立。

22日夜10时，唐继尧、蔡锷、李烈钧及云南军政要员52人“歃血为盟”，共同宣誓，拥护共和，兴师起义，誓讨国贼，其誓词曰：

拥护共和，吾辈之责，兴师起义，誓灭国贼；
成败利钝，与同休戚，万苦千辛，舍命不渝；
凡我同人，坚持定力，有渝此盟，神明必殛。

誓毕，并各书本名，歃血为盟，三呼万岁。

23日，唐继尧、任可澄分别以开武将军督理云南军务、云南巡按使云南将军的名义，联名敦促袁世凯取消帝制，恢复共和。

25日上午10时，没有收到袁世凯的答复，唐继尧、蔡锷、李烈钧等人联名通电全国，宣布云南独立，反对帝制，武力讨伐袁世凯。

1916年元旦，由蔡锷、唐继尧、李烈钧率领，护国军在昆明举行了隆重的誓师大会，发布讨伐袁世凯的檄文，历数袁世凯的罪状，表示一定要坚决粉碎袁世凯复辟帝制的阴谋。

根据三路出师计划，以蔡锷为护国第一军总司令，1月14日率部入川；以李烈钧为护国第二军总司令，2月20日出兵广西；唐继尧任中华民国护国军政府都督兼第三军总司令，坐镇昆明，策应前线。

孙渡奉命从腾冲调往昆明，先被编为唐继尧第三军第五梯队第十支队长赵世铭（后为警卫二团团长）部下，旋即升任步27团（团长段廷佐）三连连长，留守昆明。[⑥] 朱德则被蔡锷任命为护国第一军第三梯团第六支队支队长（相当于团长），随蔡锷一同出师四川南部。

唐继尧、任可澄一纸通电，犹如晴天霹雳，震动了神州大地。袁世凯猝不及防，急忙召开国务会议讨论对策。袁下令设立“征滇临时军务处”，兵分三路，进逼云南。第一路由湖南西部经贵州向云南进攻，以北洋第六师师长马继增为总司令；第二路由四川方向向云南进攻，以北洋第七师师长张敬尧为总司令；第三路是任命云南人龙觐光为“云南查办使”，从广西向滇东南袭击护国军的后方基地云南。

龙觐光的胞弟龙济光时为广东将军、两广巡阅使，是个死心塌地拥戴袁世凯的铁杆，被袁世凯封为振武上将军、一等公爵加郡王衔。因而，为报答袁世凯的“知遇之恩”，龙济光一面组织军队进攻云南南部，一面秘密派遣自己的儿子龙体乾，从广东经越南回到蒙自，联合在职土司龙毓乾（龙济光侄子），利用土司的职权和势力，在滇南各县策动武装暴动，以策应其弟龙觐光的正面进攻，其目的直指护国运动的中心——云南。[⑦]

龙济光
（谢本书提供）

2月下旬，龙觐光在广西百色设司令部，派第一混成旅旅长李文富为第一路，率部4000多人，攻占云南重镇——剥隘；派第二旅旅长、云南弥勒人黄恩锡为第二路，率部3000余人，侵扰广南、邱北、弥勒；派少将张耀山为第三路，中将朱朝瑛为第四路，在百色附近策应，阻止贵州护国军南下；又使龙体乾、龙毓乾潜入滇南活动，占领个旧，进逼蒙自；朱朝瑛之子朱小桂，率另一支内应部队到临安（今建水）活动，在城外扰民待援。

龙军声势大振，滇南告急！此时，起义部队受挫于南北两线，腹背受敌，形势岌岌可危，是袁世凯最得意，护国军最黯淡的时期。

在此万分危急关头，为保卫护国军的大后方，李烈钧命令一、二梯团阻击李文富、黄恩锡部；唐继尧任命刘祖武为剿匪总司令，扫荡滇南龙军；又令第三军的黄毓成部及赵钟奇部，由贵州直插广西百色，攻击敌军后方。

为迅速反击滇南暴动，保卫滇南，唐继尧先命令警卫二团团长赵世铭，将所部胡若愚、刁自强2个营8个连，组成“南方第一支队”；又命警卫第三大队何世雄4个连和文少修1个新兵营，组成“南方第二支队”，由上校团长马为麟指挥，从昆明紧急出发平叛。[8]

赵世铭部赶到蒙自，配合驻蒙自的第二卫戍司令刘祖武军，打垮了啸聚在蒙自四周的龙体乾部，乘胜扫荡大屯、陈官屯、新安屯等龙氏残部，接着向鸡街、个旧进击，于3月22日收复了个旧。龙体乾率领土司兵残部，渡过红河，逃回老巢逢春岭。

由昆明南下的段廷佐团，在赵世铭部、刁自强营配合下，截击了经弥勒竹园、洪溪窜扰而来的黄恩锡部，打乱了黄恩锡部企图和龙体乾、朱小桂等部在个旧、建水会合的计划。黄恩锡部屡遭截击后率残部流窜到红河江外中越边界的原始森林地带。这样，护国军肃清了滇南各县的叛乱武装。

为彻底根除隐患，唐继尧命令赵世铭、马为麟、段廷佐率部继续南进，追击龙氏残部。经过激烈战斗，保卫滇南、保卫护国军大后方的战斗取得了完全胜利，极大地鼓舞了官兵士气，有力推动了反袁护国战争的胜利挺进。

孙渡所在连队，在团长段廷佐率领下，无论是在弥勒竹园截击黄恩锡部，还是在犒吾卡土司老巢逢春岭，扫荡龙氏残部，都表现得英勇无畏，他率领连队冲锋陷阵，灵活机动，立下了战功。

在保卫滇南战中，孙渡遇到了陆军小学堂时的同学胡若愚，两人并肩战斗，风餐露宿，顽强作战，奋不顾身，战果丰硕，战功累累，引起了唐继尧的关注。

胡若愚1912年2月调任江西陆军第九团连长，1913年离开江西回到云南罗平安埋父亲，1914年1月考入湖北陆军中学，同年并转入云南陆军讲武堂第6期深造，1916年毕业后，先任补充队第一中队中队长，后改称警卫第二团，任警卫二团第一营营长。警卫一、二、三团时为唐继尧的心腹部队。[9]

在滇南保卫战中，胡若愚作战英勇，率部收复了个旧。唐继尧对他的军事才干大加赞赏，称其是难得的将帅之才，从此十分器重他。不久，胡若愚被唐继尧破格提升为警卫二团代理团长，负责保卫唐继尧的安全。旋即，又被正式任命为步兵11团团长。

滇南保卫战后，孙渡也逐步得到唐继尧的赏识。1917年1月，孙渡调入胡若愚团，升任步兵11团第五连上尉连长。旋即又被任命为步兵11团营部少校、步兵11团第二营少校营长。[10]此时，孙渡才23岁，胡若愚24岁，两人可谓少年得志，春风得意。

1916年6月6日，做了83天皇帝的袁世凯，在全国轰轰烈烈的讨袁呼声中病死，护国战争就此宣告结束。“护国军”“护国起义”“护国运动”“护国战争”等等，从此载入中华民族史册。

20世纪上半叶，云南发生过三次起义：1911年的重九起义，1915年的护国起义，1949年的解放云南起义，它们各在近代史上写下光辉的一页。孙渡参加了重九起义和护国起义，而没有参加解放云南起义，给历史留下了难解之谜，也给后人留下了诸多想象的空间。

袁世凯恢复帝制，是封建势力在中国复辟的第一次尝试。如果没有云南军民发动护国起义，辛亥革命的成果就会葬送，一个新王朝就会出现，中国历史就会大倒退。正如美籍华人朱永德所说：“这一轰轰烈烈的起义运动，是中国近代史上罕有的关键性的历史转折点，”“护国起义奠定了中华民族复兴的基础。”

1916年11月24日，众议院通过法案：“共和再造，始于云南，首义之日，定为全国纪念日。”充分肯定了护国起义的重大历史意义。孙渡在重九起义后，又参加了这次护国起义，勇敢地站在了时代的潮头，接受了新思想的洗礼。

唐继尧、蔡锷、李烈钧因领导护国起义的卓越贡献，被尊称为“护国三杰”。起义胜利后，唐继尧获勋一位、一等文虎章、一等宝光大绶嘉禾章。1917年5月，孙中山在《致唐继尧电》中称：“公护国首功，有殊馀子。”1917年9月，中华民国非常国会选举孙中山为海陆军大元帅，唐继尧、陆荣廷为元帅，但唐继尧拒不就职，1918年5月，护法军政府改总裁制后，唐继尧宣布就任总裁。

19年后，李宗黄在纪念护国起义大会上深有感触地说：“云南起义时节，实权在唐继尧之手，然而唐继尧以国家为重，以个人为轻，慨然迎蔡锷入滇，且以都督让蔡锷，而蔡锷亦再三谦让，自愿俯首听命……此种天下为公之精神，实足以鼓舞当时之人心。”

孙渡参加重九起义时，就对唐继尧充满敬佩。在云南陆军讲武堂读书时，深受唐继尧的教诲。护国起义前后，再次受到唐继尧爱国精神的鼓舞，对唐继尧更加推崇备至。他暗下决心，矢志不渝追随唐继尧，为民族复兴建立功勋！

护国战争后，唐继尧利用自己的声望，以云南为基地，不断扩张地盘。唐继尧将护国军共3个军的兵力扩编为8个军，准备出兵四川、陕西、广东、广西、湖北、湖南，大举北伐。从此，卷入了全国军阀混战。

在这场军阀混战中，孙渡的命运又将发生怎样的变化？

三、入川作战

护国战争结束后，黎元洪继任北京政权的总统，北洋皖系军阀首领段祺瑞为国务总理。北京政府任命蔡锷为四川督军兼省长，唐继尧继续担任云南都督兼省长。但是，蔡锷仅在成都视事十日，即因病请假离川，赴日就医。

1916 年 11 月 8 日，蔡锷因病不治，在日本逝世，享年仅 34 岁。蔡锷离川后，滇军将领罗佩军继任四川督军，川滇矛盾由此埋下伏笔。

1917 年 7 月，皖系军阀段祺瑞控制北京政府，拒绝恢复中华民国国会和临时约法。孙中山在广州发动护法运动 。8 月 25 日，南下议员在广州召开国会非常会议，会议通过《中华民国军政府组织大纲》，决定成立中华民国军政府。9 月 1 日非常国会选举孙中山为海陆军大元帅，陆荣廷和唐继尧为元帅。

同年 9 月，唐继尧响应孙中山发动的护法运动，将“护国军”改称“靖国军”，扩编滇军，出兵四川。11 月，滇军顾品珍部由泸州东下，联合黔军王文华部，突袭并占领了重庆；12 月向川南出击，占领了泸州。同月 21 日，在部分川军的支持下，唐继尧就任川滇黔三省靖国联军总司令。

1918 年 2 月，三省联军先头部队进入成都，唐继尧以夺取和控制四川为目标的“靖国”战争暂告一段落。

在这场“靖国”战争中，胡若愚的步兵 11 团奉命进入四川，孙渡此时担任步兵 11 团第二营少校营长。胡若愚、孙渡由于在战斗中英勇无畏，表现出色，“靖国”战争结束后，两人又获破格提拔。

1918 年夏，年仅 24 岁的胡若愚被唐继尧破格提拔为靖国联军第二军赵又新部第五独立混成旅旅长，驻兵四川叙府并兼任警备司令。孙渡则调升步兵 9 团中校副团长，不久调任胡若愚旅，任上校参谋长。⑪

但是，唐继尧图霸四川的想法和做法，必然与四川靖国军总司令熊克武发生尖锐的矛盾，这就埋下了川滇战争的伏笔。

1918 年 9 月，唐继尧在重庆发起召开了川、滇、黔、鄂、豫五省联军会议，就任“五省联军总司令”职。不过，由于陕西、湖南、福建的部分军事首脑加入“靖国军”，唐继尧实际上成了川、滇、黔、鄂、豫、陕、湘、闽八省联军总司令，这是唐继尧声望达到顶点的时期。⑫

在这次重庆联军会议上，唐继尧抛出了“准备北伐案”为题的“川滇黔三省同盟条约”，试图在会上逼四川督军熊克武就范，承诺滇、黔军在四川的所谓防地和征收捐税等项事宜。会上，唐继尧的企图被拒后，他又以川滇黔联军总司令的身份，对四川军政人员的任命指手画脚，对应由熊克武行使的在川各军的指挥权，亦任意加以分割。唐继尧的这些举动，暴露出他欲将四川纳入其势力范围并充当盟主的企图。

1919年2月开始的南北议和期间，唐继尧或者派出代表前往北京，或考自行上阵，力图通过不同的途径，使滇军对四川的控制得到承认。在制衡熊克武屡遭失败后，1920年春，三省部分将领在云南督军唐继尧、贵州督军刘显世的授意下，又重推他二人为三省联军总司令、副司令。这一做法的用意显而易见，即如果熊克武再不听命，他们将以三省联军的名义与熊克武等人兵戎相见。

面对滇唐黔刘的步步进逼，熊克武并不示弱。1919年夏秋，他派人联络并取得了在川滇军一军军长顾品珍的口头反唐协议。1920年初，熊克武在与顾品珍的会见中，又当面答应资助饷械助顾回滇倒唐，取得了赶唐下台的一致意见。

5月2日，熊克武等部在“川人治川，驱逐客军”“川人不打川人”的口号下，誓师讨唐，遂驱驻川滇军，并于次日下达进攻令。从此，川滇军阀大战拉开了序幕。

滇唐黔刘与熊克武在四川的战争前后分为两个阶段：5月22日至7月10日为第一阶段，8月24日至10月中旬为第二阶段。三军几次混战，互相厮杀，互不相让，针锋相对，结果滇军大败。

靖国联军第二军军长赵又新不幸在四川泸州受伤后医治无效死亡。靖国联军第一军军长顾品珍，与川军熊克武相互勾结，在熊的鼓动和支持下，以“士兵厌战”为借口，率军回滇。孙渡随胡若愚率领第五混成旅被迫退至云南大关。

以唐继尧为首所发动的四川之战，滇军前后投入的兵力计顾、赵两军（各二旅），胡若愚第五旅，田钟谷梯团（旅），杨蓁、邓泰中各一纵队（旅），总兵力共8个旅，3万余人。失败回滇后，只剩万余人，枪7千余支。

在这次川滇大战中，孙渡率领的步11团第二营几乎全部阵亡，后调任步九团副团长，步九团也伤亡惨重。朱德也参加了这次大战，他所率领的一个旅，最后只剩一个团，朱德的两个胞弟朱炳、朱锟阵亡。[13]

残酷的现实粉碎了朱德、孙渡等滇军将领的美好梦想，他们在军阀混战的泥潭中“挣扎”，面对血腥大地，面对万千枯骨，他们对“救国使命”和未来前途，感到十分困惑和忧虑。

面对伤亡惨重的状况，顾品珍等人力陈不愿再战，甚至以请求解除军职相对抗，拒绝反攻四川，而唐继尧竟敦促顾品珍等人“扼守原防，以图反攻”，两人逐步发展到了势不两立的地步。

这场战争历时数月之久，不仅给四川人民和川、滇、黔军的士兵带来巨大痛苦和伤亡，而且也未给唐继尧、刘显世带来好处。因分别退回云南、贵州的滇、黔军，未必继续听从唐、刘的摆布。

同年，贵州发生“民九事变”，贵州督军兼省长刘显世被逐出贵阳。在云南，一场驱唐下台的政治事变也在酝酿着、发展着。

山雨欲来风满楼。孙渡又将面临怎样的选择？

四、拥唐反顾

川滇大战后，唐继尧、顾品珍之间在扩张图川、整顿反攻等战略意图以及在整编、任职、驻地等具体问题上的矛盾加深，导致双方互相猜忌、不可调和。在四川督军熊克武的鼓动和资助下，顾品珍决心驱逐唐继尧。

唐继尧为稳住顾品珍，任命顾品珍就任迤东边防督办，驻昭通。顾品珍则另有打算，为使倒唐一举成功，他一方面宣誓就任迤东边防督办职，一方面移驻宣威，然后以回昆明述职和省亲为理由，率师向昆明进发。沿途封闭行动消息，监视电话电报。

就在顾品珍等人秘密接近昆明时，原滇军第八军军长叶荃突于1921年1月27日从安宁温泉寓所至寻甸，召集旅长李永和等，以闹饷为名入昆，逼唐让位。李永和进省告密，唐继尧令王洁修等3个团出省防堵，省城兵力更为空虚。

2月6日，唐知顾已到达寻甸，乃数次派人出省劝顾停止行动，又电调各军来昆守城，并拟“自率警卫军任中路，田钟谷旅长当左路，杨蓁当右路，赴距省一站之板桥等地防御”。同日，他所依赖的旅长邓泰中、杨蓁等率领所部军官发出讨唐通电，谴责唐继尧。

7日，杨蓁于杨林在电话中警告唐继尧，责他“得罪国民”，声称“滇军不能与滇军作战，滇军更不能在滇境作战”，要求“明智者应退让贤路”。唐继尧的三路防堵不攻自破。

8日，唐继尧面对叶荃的倒戈，邓泰中、杨蓁的离心，胡若愚援兵缓不济急，在顾品珍等瞬息即至的情况下，自觉回天无术，不得已以“避让贤路，以息兵争”通电辞职，遂于天未明时，急率眷属和随员百余人离昆，乘滇越铁路火车向南出走，继经河口转香港。[14]

9日，顾品珍率部进入昆明，以滇军总司令名义统治云南。4月20日，代省长周钟岳辞职，顾又经省议会同意，兼署省长。

顾品珍
（图片来自网络）

顾品珍（1883—1922），字筱斋，云南昆明人，1904年赴日本留学，入东京振武学校，并加入中国同盟会，后转入日本陆军士官学校。1908年毕业回国后，任云南陆军讲武堂军事教官兼骑兵科长。1911年顾品珍先后任骑兵团长、云南陆军讲武学校（原讲武堂）生徒队队长、校长、兵工厂厂长、陆军第二旅旅长、第二师中将师长、第六师中将师长、云南讲武堂监督等职。1922年在和唐继尧争夺云南的战争时战败自杀。

在顾品珍掀起的“倒唐”运动中，胡若愚任滇军第二军第五混成旅旅长，留驻昭通地区，孙渡在胡若愚旅任上校参谋长，他俩因唐继尧一手栽培提拔，对唐继尧忠心耿耿，坚决拥唐。

得唐继尧援电后，孙渡随胡若愚立即率部向昆明开发，但途中即得悉顾品珍已占领了昆明，在救援无望的情况下，在孙渡建议下，胡若愚遂乘机响应孙中山北伐定桂的号召，率领第五混成旅经贵州东去桂林，并沿途扩充部队，壮大自己的实力。

但顾品珍统治云南为时甚短，次年3月即在迎战唐部滇军的回滇之战中阵亡。对于顾品珍这一年多的治滇，唐继尧加以诸如“干涉民治，通款北庭”，“繁刑苛政，闾里骚然”等罪名，大致都属于政争中的攻击。

唐继尧至港不到一个月，孙中山等为争取他参加广州军政府的领导工作，于1921年3月4日电邀他至广州。9日，唐入穗。但时隔不久，唐继尧即离穗回港，表示不与孙中山合作，同时积极地进行着回滇的准备。

唐继尧为回云南，一方面对顾部实行分化瓦解，积极争取代理滇军总司令金汉鼎的支持；一方面对自己的亲信旧部，或派人，或密函，要求他们尽快集中于广西的桂林或柳州。先后响应这一号召的，有从盐津经贵州而至广西的胡若愚旅（孙渡任上校参谋长），有原留蒙自的第二卫戍司令李友勋，有驻建水的团长龙云，有驻防邱北的孟友闻营，有驻桂林的滇军总司令杨益谦，还有重返滇南继续为害人民的土匪吴学显。经唐派人联系后，在滇南密谋响应。这些，都为唐继尧决定回滇增强了信心。⑮

1922年1月5日，唐在柳州设滇军总司令部，任李友勋、田钟谷、胡若愚、杨益谦为靖国军第一、二、三、四军军长，龙云、张汝骥等为梯团长。唐继尧声称，由于顾品珍"破坏北伐，荼毒地方"，他"此次回师纯为保乡救民，并非争权泄愤"⑯。

同月，滇军行抵宜山，唐继尧誓师授旗，分兵两路向云南开拔。兵至庆远，李友勋、郑开文遭桂军残部袭击身亡。唐改任龙云为一军军长兼前敌司令。2月初，唐继尧跟进至泗城。17日，金汉鼎在昆明发表"迎唐宣言"。

为阻止唐继尧武装回滇，滇军北伐讨贼军总司令顾品珍设行营于宜良，副总司令张开儒亲至文山前线，率一旅赵燧生、二旅杨池生，三旅杨希闵（继杨蓁为旅长）、四旅杨如轩、蒋光亮部（兵二团）、范石生团等，兵员在二万以上，分别前往滇东南迎战。

在回滇讨伐顾品珍的战斗中，胡若愚被唐继尧委任为第二路军司令兼前敌副总指挥，旋升前敌总指挥，领张汝骥、龙云两个梯团，势如破竹。2月28日，胡若愚部绕桂滇边境，由剥隘入广南；3月7日，胡若愚部进入文山。13日，胡若愚部占蒙自。20日，胡若愚部至宜良。24日，胡若愚部进入省城。次日，顾品珍在路南（今石林）天生关为吴学显部所击毙。顾军余部拥张开儒为总司令，离云南入桂。

顾品珍在一个月左右的迎战中一败涂地、一己身亡。4月8日，唐继尧被省议会推为省长，重掌云南政权，再次坐上"云南王"的宝座。这就是所谓的唐继尧"二次回滇"。

唐继尧为洗刷驱逐出滇的耻辱，巩固自己的统治地位，四处追捕和屠杀曾经追随顾品珍的滇军将领。通缉令上有代理滇军总司令金汉鼎、警察厅厅长朱德、原迤南巡阅使罗佩金等20多人。

顾品珍曾是朱德在讲武堂时的教官、学生队队长，在他统治时期，先后委任朱德为云南陆军宪兵司令官、省会警察厅厅长等职。朱德不得已与金汉鼎离开昆明，经滇东北，渡金沙江，绕至四川会理，于5月中旬回到四川南溪家中。

从此，朱德离开了自己生活约14年的“第二故乡”云南，踏上了一条新的革命道路。离开云南，离开滇军，成了朱德走上革命道路的转折点。[17]12年后，当他再次回到云南的时候，已是红军的总司令。

胡若愚由于“拥唐反顾”功劳最大，回昆明后，被唐继尧任命为滇中镇守使兼戒严司令，驻军昆明，成立了滇中镇守使署，后改滇南镇守使，移驻蒙自。

孙渡也因“拥唐反顾”受到重用，步步高升。3月被委任为个旧支队支队长，随后被授予少将军衔，10月调任陆军步17团少将团长，旋即升任陆军第四混成旅旅长，成为唐继尧的亲信。[18]

1922年底，唐继尧自以为在滇省内部已站稳脚跟，又积极策划向外扩张的活动。唐继尧任命其堂弟唐继虞为滇黔联军前敌总指挥官，孙渡率陆军第四混成旅奉命随唐继虞出征，于1923年2月中旬率部进入贵州，3月12日占领贵阳。唐继虞先任贵州军事善后督办，继兼任省长，孙渡兼任贵州省警务处长。以唐继虞为首的滇军再次全面地控制了贵州。

唐继尧用兵贵州的同时，又企图再度控制四川。其时，川军内部发生战乱，熊克武为壮大自己的力量，又与唐继尧和好，邀请滇军入川。

1923年9月，孙渡奉唐继尧之命，率陆军第四混成旅，随滇中镇守使胡若愚出征四川，联合川军熊克武、邓锡侯、刘成勋、赖心辉、石青阳等部，攻打川黔军刘湘、刘存厚、杨森、袁祖铭部。10月，川滇联军占领重庆。12月，川黔军反攻，川滇联军失利。次年2月，熊克武率部退往广东，胡若愚部败退贵州，驻防毕节。

1925年2月，唐继尧以建国联军“总司令”名义，派出号称10万的大军，分两路进兵广西，滇桂战争爆发。孙渡奉唐继尧之命，率部随第二路总指挥唐继虞，由黔东、湘西进兵柳州；同年8月，滇军溃不成军，损失惨重，全部撤回云南。

滇桂战争以滇军的惨败告终，唐继尧从此丧失民心，滇军内部矛盾加剧，开始分裂。此时的孙渡，对年年战乱十分厌倦，对民不聊生深感痛心。他渴望早日结束战乱，国家统一，与民休养！

战乱不断，生灵涂炭。孙渡对中华民族的前途命运充满了无尽的焦虑！

五、造币厂长

1925 年 8 月滇桂战争后，孙渡回到昆明，暂时远离战火，度过了一段平静的日子。

唐继尧时期，由于战乱频繁，财政恶化。孙渡回昆后，受到唐继尧的特别垂青，委任孙渡从事经济、财政工作，希望孙渡有所作为。他不仅看重孙渡的军事才干，还看重他忠诚、勇敢和廉洁的个人操守，并视孙渡为自己的心腹和亲信。

1926 年 1 月 27 日，唐继尧任命孙渡为云南省烟酒事务局局长，掌管烟酒税收工作。因为“禁烟罚款”是云南的主要财政收入，是当时云南最主要的税收形式。“禁烟罚款”叫做“寓禁于征”，有禁种、禁运、禁吸等禁令。名为“禁种”，实则是责成各县县长勒令农民种植大烟（鸦片），每年按照比例，递增种烟田亩。

孙渡所任烟酒事务局局长，是当时云南官场的一大肥缺。鸦片的种植及贸易，尽管不够体面，却是最容易的生财之道。所以，当时有人讽刺说，中国是以农立国，云南是以烟立省。由此可见当时云南种烟收入之高，令人注目。但孙渡却不为所动，他对祸国殃民的鸦片种植深恶痛绝，对禁烟税收公私分明、不占分毫，这在当时实属不易。

唐继尧颇为欣赏孙渡重操守、不敛财的人品，对他担任烟酒事务局局长表现出的经济治理能力，亦赞赏有加。1926 年 8 月 13 日，唐继尧任命孙渡为南盘江上游水利总工程处名誉会办，主抓水力发电、兴修水利及小型工程等基本建设；1927 年 1 月 27 日，唐继尧又任命孙渡、詹秉忠、朱景暄等为云南造币厂委员。

唐继尧在孙渡等人的任命文书中说：“查本省造币厂关系重大，原定制度未尽适宜，现为兴利除弊起见，暂以委员会改组试办，以期改进渐臻完善，所有委员会章程及办事细则着由该委员等斟酌。”孙渡名为造币厂委员，实为造币厂长，主管造币厂工作。

1928 年云南造币厂改为厂长制，虽然此时唐继尧政权早已垮台，但云南省政府对孙渡的廉洁和在造币厂的业绩颇为赞赏。同年 6 月 19 日，省主席龙云任命孙渡充任云南造币厂厂长，邹炯、杨石生为会办。7 月 1 日，孙渡正式就任云南造币厂长，至 1931 年 3 月才离任。[19]

云南造币厂（当时称云南龙云局），于光绪 34 年（1908 年）正月正式开铸，其厂址位于今昆明市钱局街宝云局旧址内。当时的云南龙云局名为天津造币总厂下属分厂，实为云南省办，属云南地方势力的财政金融工具。

1917 年至 1937 年，长达 20 年的时间内，云南造币厂一直为云南地方军阀所控制，并成为云南地方军阀的重要财政和金融支柱。1937 年 5 月，云南推行“法币”政策，禁用银圆，云南造币厂遂停止铸币，改为云南电气制铜厂，归云南省经济委员会管理。1949 年改为云南铸币所，1950 年 1 月云南铸币所为云南省人民政府接收。至此，在云南近代历史上活跃了近半个世纪的云南造币厂遂告结束。

云南造币厂在云南近代货币金融史上有着十分重要的地位，它与云南富滇银行并为清末民国以来云南财政金融的两大柱石。该厂不仅铸造货币，而且还直接发行货币，对云南近代地方财政和金融业均产生了重大影响。

云南造币厂厂长一职，是一个让人艳羡的肥差。因当时的云南几乎是独立王国，唐继尧政权自己发行货币，以银铜币为主。任造币厂长的人即可以铜币镀银或掺其他金属冒充银币，以此欺骗百姓，大发横财。但孙渡不愿做这昧良心、榨取民脂民膏的坏事，他不断告诫所属，决不准造币掺假、贪赃枉法、祸国殃民、坑害百姓。孙渡除月薪收入外，从不巧立名目，捞取厂里分文。

孙渡任造币厂长之时，恰逢母亲 50 寿辰之日。造币厂几位主管科长无意中得知孙母寿辰，决定乘孙母寿辰之机为其献上一份厚礼。他们命各车间分工负责，连夜赶制了两桌银质餐具（杯、盘、碗、碟、匙、筷等），作为第二天孙母的寿礼。次日早晨，造币厂几位科长将赶制好的银质餐具送往孙府，供午餐时使用。

时近中午，孙渡办完公务回到家中，发现桌上摆着银光耀眼的餐具。便立刻追问：“这么讲究华贵的餐具是从哪里来的！”孙妹只好直言：“是造币厂几位科长送给母亲的祝寿礼品。”孙渡听完后便严肃地批评妹妹，不应把母亲的寿辰张扬出去，同时以命令的口气，要求妹妹立即将银餐具撤下，换上自己家中的餐具，并要求饭后立即退还造币厂。

孙渡为母亲拜寿就餐完毕，亲自督促其妹将银餐具全部退还造币厂，同时召集造币厂有关人员，严肃而温和地教育属下：“我家母的生日，多承诸位的盛情关心，为她老人家祝寿，她老人家已领情了，我非常感谢诸位的美意，但是劳费诸位连夜赶制银餐具作为寿礼馈赠，我母亲和我是不忍心接收此份厚礼的，因为银子是全省百姓的血汗，是用来为全省百姓铸造银圆流通的，我们决不能沾染分毫，否则即是给我和老母造罪。”

云南造币厂所造银圆：唐继尧拥护共和三钱六分正像
（图片来自网络）

造币厂几位当事人忙作解释说：“为了表达我们对孙老夫人的一点孝敬之意，这是我们几个人共同凑钱铸造的餐具，哪敢取用公家银子来做这些餐具，还请见谅笑纳。”孙渡听后更加严厉而坚决的说：“如此铺张浪费，即使你们几个人共同凑钱制造的餐具，那也是不应该的。因为你们每月所得的薪水有限，还要用于家庭生活开支，我和老母怎能忍心接受呢？还是请你们将这些餐具立即回炉熔化了。银子退还厂里，所损耗的费用，由我来付给厂里”。

几位造币厂的当事人看到孙渡态度如此坚决，既感到惭愧又从内心敬佩这位清正廉洁的厂长，只好当面把两桌银餐具全都投入炉中，熔化成银锭退还厂里。孙渡根据耗损的银两，当众付给厂里现款，这才心安理得地离厂回家。[20]

在那个横征暴敛的时代，孙渡能“独善其身”，其操守令人肃然起敬。1964 年，孙渡特赦回到昆明，在其履历中写到：“外欠有黄鹤龄黄金四十两。”身为国民党中将、省主席的孙渡，尚有欠款，并记忆犹新，不能不让人感慨万千。[21]

孙渡不仅赢得了唐继尧的信任，还赢得了唐继尧四妹唐芸赓的芳心。此时的孙渡孤身一人，早在 7 年前其结发夫妻李小四就已病故，女儿也不幸夭折。

唐芸赓生于 1905 年，年龄小孙渡 10 岁，此时芳年二十，正是如花似玉的少女。唐芸赓在婚姻上颇为挑剔，她嫌追求她的龙云个子长得小，嫌卢汉长得黑。因孙渡号称“美男子”，又颇得大哥唐继尧的信任，最后她发出“非孙渡不嫁”的爱情誓言。

1943 年春，在战火纷飞的抗日前线，苦苦等待孙渡 19 年的她，终于和孙渡喜结良缘，但两人婚后无一男半女。1979 年，也就是在孙渡去世 12 年后，唐芸赓与从小青梅竹马的云大历史系教授李德家结婚，成了昆明老年婚姻历史上“勇于吃螃蟹的第一人”。1984 年，唐芸赓因脑出血病逝，享年 79 岁。

年轻时的唐芸赓

1925 年是唐继尧走向没落的一个重要转折，由于滇桂战争惨败，加之年年征战，部队怨气冲天，其地位处于风雨飘摇之中。1926 年，唐继尧担心已经集权力在手的龙云、胡若愚等人尾大不掉，难以控制，决心撤销各军番号，加强亲信近卫部队，由其堂弟唐继虞直接指挥。[22] 显而易见，唐继尧是要以唐继虞为自己的继承人。

与此同时，唐继尧还把省府的大宗财源部门委任孙渡等唐氏亲信把持，要求只对唐氏负责，引起了龙云、胡若愚等人的不满。

唐氏兄弟及亲信堵住了龙云、胡若愚等人继续升官发财的出路。所以，他们非搬掉这块拦路石不可。曾经对唐继尧忠心耿耿的部下，为了争权夺利，眼看就要反目为仇。

又一场倒唐政变的风雨即将到来！作为唐继尧亲信的孙渡将怎样面对？

六、出走下关

历史的车轮转到了 1927 年。1927 年是个多事之秋，政治风云说变就变！

2 月 6 日，昆明镇守使龙云（原第五军军长）、蒙自镇守使胡若愚（原第二军军长）、昭通镇守使张汝骥（原第十军军长）、大理镇守使李选廷联合发动了推翻唐继尧的政变。这次事变，云南近代历史上称为“二·六”政变。

天要下雨，娘要嫁人。这场政变迟早要来！政变的导火索是兵饷未发。1927 年 2 月 2 日是农历大年初一，由于兵饷成年未发，过年也只发了半个月的伙饷，于是军中大哗，士兵闹饷。四镇守使按计划借机行动，引火烧唐。

2月5日，龙云开始在昆明进行军事戒严，并先后抓捕唐的亲信20多人，孙渡作为唐继尧亲信，被秘密抓捕关押，失去自由。龙云和胡若愚还向省城调兵，分电张汝骥和李选廷一致行动，进逼省城昆明。

2月5日当夜。四镇守使不待国民政府的命令，也不与有关各方协商，单方面发出了《胡若愚等联名请婉劝唐继尧促唐继虞引退并公开政治的通电》（发电时已是6日晨），举行“兵谏”。

这个被称为倒唐的微电，袭用历史上惯用的“清君侧”的办法，首则指斥唐继虞等二三宵小，“营私枉上，构陷同胞”，“淆乱黑白，蒙蔽睿聪”，造成云南“军政不纲，民治窳败，敌军环境，盗贼盈城”；继则要求唐继尧“远佞亲贤，公开政治，安内睦外，易辙改弦”。所谓公开政治，即要唐继尧交出政权。

事变发生之际，唐继尧召集其亲信开紧急会议，到会的主要人员有：云南陆军将校队总队附陈维庚、胡瑛、李云谷，步兵训练总监唐继虞、刘国栋，近卫第一旅旅长孟坤（友闻），近卫第四团团长朱旭，翊卫队总队长王洁修等20余人，孙渡因被关押未能参会。

会上，唐继尧对龙云特别气愤，说龙云是他从贴身卫士一手培养提拔起来的亲信，而今天起来反对他，真是丧尽天良、不仁不义。会上提出，只要先将龙云在昆明北校场的部队解决掉，再用政治、军事手段，相机分化瓦解胡若愚、张汝骥、李选廷部是可能的。于是决定，集中兵力，首先解决龙云在北校场的部队。唐继尧命令，各部队在一小时内做好一切准备，听候命令执行，并在圆通山上架好了大炮。

然而，会议刚一结束，唐继尧会泽同乡孟坤回到旅部后，马上打电话给他说：“桑梓地方这样打起来不好，我不能接受这个任务。”说完就将电话挂断，急得唐继尧拍案跺脚。因孟坤与龙云早有联络，而唐继尧又以孟坤旅为解决龙云部队的主力，这样，由于孟坤态度的变化，唐继尧的反击遂成泡影。[23]。

唐继尧见无兵可调，无人可靠，大势已去，于是在2月5日即派出了周钟岳、王九龄等人分别前往胡、龙的驻地协商政治解决省政的问题。几经反复磋商，唐继尧被迫遣走唐继虞、孙渡等人，同意改革省制，改组省政府和虚任云南省政府总裁这一象征性的领袖职务，和平移交权力。这既是为了照顾到主从十几年的面子，也是为了缓和迤西迤南唐的翊卫队、近卫军的报复。这位四镇守使的政治引路人，也就此结束了自己的政治军事生涯。

“二·六”政变的发生，是各种反唐力量集聚的结果。就参与的各方面力量来说，有以中共云南地方组织为领导的工人、农民和各大中学学校的学生；有以李伯东、李表东兄弟等为代表的国民党党员，他们是个旧锡商、滇南士绅利益的体现者；还有胡若愚、龙云、张汝骥、李选廷等人，他们是唐继尧政权中的反对派。

“二·六”政变的发生，与中国共产党不无关系。中国共产党对于云南的工作一向重视，先后派出了楚图南、杨青田、李鑫来滇。李鑫于1926年秋回滇后，即以建立和发展党的组织、开展农民运动、帮助筹建国民党、联合各种力量推倒唐继尧、在云南开展国民革命为任务。11月，以吴澄为书记的中共云南特别支部在昆明成立。接着，建立了以李鑫为领导的云南政治斗争委员会，专门研究“倒唐”的部署，策划“倒唐”工作。为了推翻唐继尧，中共云南地方组织曾以共青团等群众团体的名义，印发唐继尧祸滇十大罪状的材料，广为散发。对于胡、龙、张、李，中共组织则通过多种社会关系，或派人拜访，或投递信函，推动他们摆脱唐继尧的控制，拥护国民革命。[24]

“二·六”政变最主要的动因，还是胡若愚和龙云等人的心怀不满和萌动异志。民国以来，谁有实力，谁有机会，谁就是老大，这是反复不断发生的故事所显示的规律，习以为常，不学就会。自己有了实力，有了机会，何不索性取而代之呢？所谓实力，胡若愚、龙云统兵多年，已自成体系。事实上，早在1923年滇军第二次入黔战争中，胡若愚、龙云就表示出对唐氏兄弟的不满和别有用心，并开始挖唐氏兄弟的墙角。唐继尧也了解个中背景，只是隐忍不发。[25]

四镇守使的反唐，首先开始于胡若愚、张汝骥。1926年春，胡、张经商讨后认为，龙云是滇中镇守使兼戒严司令，驻防昆明，讨唐没有龙云参加，势必面对唐、龙两方面的力量，很难一举成功。当年夏天，龙云在与胡、张面晤时，认为对唐不宜一刀两断，主张相机规劝。龙云之所以持这种态度，和唐继尧对他的信任提拔有关。秋天，胡又面说龙云，龙仍然犹豫不决，此时的龙云认为时机还不成熟，不敢轻举妄动。继后，胡、张经由卢汉向龙面劝，力陈利害得失，言明机不可失，否则将被唐氏分别宰割。龙云至此才表明态度，同意联合倒唐。

龙云是兵变成败的关键人物。一是他的加入改变了与唐的力量对比，增加了胡、张等部的胜利信心。二是龙部驻防昆明，龙云兼戒严司令，有地利和职务之便。三是龙云参与倒唐，给唐氏产生大势已去，无人可靠的心理压力，精神打击最大。[26]

"二·六"政变发生后，各方面代表人士聚集宜良，会议制定了省政府组织大纲。3月2日，各法团联合会成立。3月5日，召开各界联合会以投票方式选举唐继尧为总裁，胡若愚、龙云、张汝骥、李选廷、王人文、王九龄、周钟岳、马聪、张耀曾等9人为委员，由云龙5人为候补委员；顾视高等5人为监察委员会委员，张士麟等人为候补委员。

3月8日，省务委员会委员和总裁在昆明就职，以胡若愚为省务委员会主席的省政府正式成立。成立典礼上，发射了20发礼炮庆贺，高悬"中华共和国万岁"的标语旗帜。这个典礼，由于龙云未出席，而使热烈的气氛大为扫兴。

龙云没有出席成立典礼的原因，是因为省务委员会没有推他当主席，他被推为省务委员兼云南讲武学校校长。龙云在"倒唐"中起了重要作用，"倒唐"的功劳最大，未当省主席，心存不满。由此，埋下了胡、龙相争的伏笔。唐继尧被给了个有名无实的总裁之职，实则宣告了他政治生涯的终结。

5月，标榜"大公无私"、"兴利除弊"的四镇守使就内政、外交等十个方面，通过《云南省政府方针宣言》，宣布了自己的政治主张。在内政上，他们"始终与国民政府通力合作"，但否认国民党的领导地位，而是继承唐继尧的衣钵，坚持云南原就存在着的自主状态。四镇守使在政治上反共，且企图以所谓"自主"为名牢牢控制和统治云南，为达这一目标，他们之间之后展开激烈争夺并不惜诉诸武力，给云南各族人民带来新的灾难。

"二·六"政变后，唐继尧虽然接受了四镇守使的条件，但并不就此善罢甘休，试图东山再起。唐一面利用胡、龙、张之间的矛盾，希望胡、龙、张互相火并，以坐收渔翁之利，一面声言不再过问滇事。唐表示愿率近卫部队参加北伐，借此把分散的近卫部队集中起来。

唐继尧和平交权后，受关押的孙渡被龙云释放。唐继尧寄希望于孙渡，秘密派孙渡到思茅地区（现为普洱市）和大理等地去联络唐继鳞、俞佩英等残部，以图卷土重来。孙渡因此出走大理下关，无奈所做努力皆不奏效。

一向自视甚高、居高难下、前半生轰轰烈烈的唐继尧，在被迫向他的侍卫和一手提拔的亲信们交出政权后，即耿耿于怀，愁肠百结，肝胃病复发。眼看东山再起无望，他又气又病，由病又气，恶性循环，病情越发严重。由于所受刺激太深，5月23日，唐继尧终于呕血不治，含恨离世，终年44岁。[27]

唐继尧临终立有遗嘱云：

予十数年来，宣力民国，主持正义，惟冀国事早定，以利建国利民之荣。不幸予志未竟而一病至此，今后希望同志诸君，本予之素志，主持正义，发挥民治之目的，协力同心，贯彻到底。至嘱。

1935年，国民政府感念唐护国之功，于1936年改公葬为国葬，补行国葬仪式，全国下半旗默哀。唐继尧算是历史上唯一一个享受过国葬待遇的云南人。功过事非，自有后人评说。有人为他撰写挽联："治滇无善政，护国有奇功。"有人称赞他："护国讨袁南天一柱，治滇兴教东陆独尊。"

唐继尧墓位于昆明圆通山动物园西后门上，是昆明独特的精美建筑。该墓1932年由继任省政府主席龙云主持修建，1987年被云南省政府列为第三批省级重点文物保护单位。唐墓正中刻写着"会泽唐公蓂赓墓"，两边对联是："功业须当垂永久，风云常为护储胥。"

墙头变换大王旗，你方唱罢我登台。唐继尧一死，貌合神离、争权夺利的四镇守使能相安无事吗？

动荡时代，变幻莫测。出走下关的孙渡，其命运又将发生何种改变？

【注释及参考文献】

①③⑥⑩⑪⑱㉑ 昆明市档案馆材料：《中国人民政治协商会议云南省昆明市委员会社会人士登记表》（孙渡填写）

②⑬⑰ 孔祥庚，杨杨．朱德与云南 [M]．云南人民出版社，2011.11：54–159

④ 云南省图书馆资料：《突起敌后的一支神军》（孙渡题写）

⑤ 李行健．唐继尧与护国运动 [J]．云南文史丛刊 1995（3）：37–43

⑦⑧ 谢本书著．民国劲旅　滇军风云 [M]．昆明：云南人民出版社，2013.6，87–91

⑨ 刘武红．浮沉将军胡若愚 [J]．曲靖文史资料（5）：253–264

⑫⑭⑮ 何耀华总编．云南通史（第六卷）[M]．中国社会科学出版社，2011.6：33–41

⑯ 唐继尧给各将领令（1922年春），云南档案史料（8）：45–46

⑲ 孙渡任职文件，云南省档案馆影印资料

⑳ 俞智英．滇军儒将孙渡轶事 [J]．曲靖文史资料（5）：122–136

㉒㉔ 谢本书．龙云传 [M]．云南人民出版社，2011.3：44–45

㉓ 龚自知．龙云夺取云南政权的经过 [J]..云南文史资料选辑（2）：142

㉕㉖ ㉗ 刘光顺．唐继尧研究文集 [M]．云南人民出版社，1996.11：365–381

第 4 章　龙云“小诸葛”

1927 年是中国近代史的多事之秋。云南继“二·六”政变后，胡若愚、龙云为争夺权力，又发动了“六·一四”政变，从此陷入三军混战的内乱时期，云南各族人民饱尝战乱痛苦。在历时 3 年的争夺战中，龙云最终胜出成为新的“云南王”，开始统治云南达 18 年之久。

从唐继尧到胡若愚，再到龙云，“云南王”宝座短短四月，三易其主。面对一次次血腥政变和众叛亲离，孙渡最终选择了龙云，为他抢夺“云南王”宝座出谋献计，在云南赢得“小诸葛”赞誉，并成为深孚众望的省府委员。然而，前途漫漫，世事难料。卢汉等四师长掀起“倒龙事变”，迫使他离开云南，流亡上海。在龙云举荐下，他又“因祸得福”，出任国民政府军事参议院参议。

国家兴亡，匹夫有责。从 1927 年到 1934 年间，中华民族内忧外患加剧。日本 1931 年蓄意制造了“九一八”事变，发动了侵华战争，中华民族陷入生死存亡的沉痛时代。在 7 年的磨砺中，孙渡充满了强烈的民族忧患意识，展露出卓著的军事才干，更加渴望实现拯救国家、复兴民族的理想抱负。

孙渡是如何赢得“小诸葛”赞誉？又是如何增强对民族的责任感？

一、倾向龙云

1927 年，是极不平常的一年，云南局势和国内外局势一样，风起云涌、跌宕起伏。

在国内，4 月和 7 月蒋介石和汪精卫集团在上海和武汉等多地先后发动了“四一二”政变和“七一五”事变，残酷屠杀共产党人和革命群众，第一次国共合作破裂。8 月，周恩来、朱德等中国共产党人，从血泊中重新竖起了大旗，领导发动了南昌起义，打响了武装反抗国民党反动派的第一枪，走上了一条依靠自身力量来完成历史使命的曲折之路。

在日本，田中义一内阁 4 月上台，6 月召开东方会议，制定侵华政策；7 月，田中义一上奏裕仁天皇，露骨地表明了要发动独霸中国的大规模战争的狂妄野心构想，走上了一条发动大规模侵华战争的不归之路。4 年后的 1931 年，日本策划“九一八”事变，发动了对中国的侵略战争。

在云南，推翻唐继尧的“二·六”政变，不是军阀统治的结束，而是军阀混战的开始。从此，云南进入了三军混战的内乱时期，云南各族人民饱尝了战争的痛苦。

“二·六”政变，使孙渡受到深深的刺痛。“食君之禄，忠君之事。”这是孙渡立身处世的信条。“仕于朝也，为忠为良。”这是铭刻在孙渡心中的家训。他不愿背叛自己的信念，更不屑与背叛唐继尧的胡若愚、龙云为伍。

唐继尧死后，孙渡受到排挤，经历了一番颠沛流离的生活。在冷眼观望中，他寄希望于唐继尧的堂弟唐继虞，盼望有朝一日，唐继虞能统帅唐军重振旗鼓。然而这一天，他最终没能等到。因唐继虞并不是一个胸怀大志的人，他无法和唐继尧相提并论。

“二·六”政变后，四镇守使对云南实行联合统治。他们之间由于权力上的争夺与矛盾，互不信任，貌合神离。无论在政治上，还是在军事上，他们都不可能有什么真正的联合，其中军事上的不统一尤为突出。

唐继虞
（谢本书提供）

胡、龙、张、李四镇守使除了对付唐继尧部残余势力，更多则盯着云南最高统治权力的宝座，因此势必要诉诸武力，兵戎相见。[①] 一场混战迫在眉睫！

1927 年 6 月 13 日深夜、14 日凌晨，胡若愚、张汝骥所部与王洁修部，突然向驻昆的龙云部队发起攻击，并围攻龙云、卢汉（旅长）、孟坤（团长）、高蕴华（高荫槐）等人的住宅。云南历史上的“六·一四”政变由此发生。

龙云从梦中突被惊醒，其住宅 250 人的卫队已被解除武装，眼见仓促反抗已无济于事，遂想越墙逃走，但为时已晚。原是唐继尧的亲信、现已投奔胡若愚的王洁修，指挥炮兵向龙云住宅开炮，连续发射了两颗炮弹。一颗落在龙云住宅的客厅，但未爆炸；一颗落在龙云住宅的花园中，弹片四飞，溅向周围的墙头和房屋。一个弹片恰巧打在一扇玻璃窗上，玻璃片又溅向四方，龙云的眼睛被四散飞舞的玻璃片打伤，眼睛为流血所模糊，一片潮湿。这样，龙云无法逃走，约请法国驻昆领事出面担保，被迫束手就擒，当了阶下囚。[②]

卢汉14日凌晨听到枪声，又见住宅被包围，知道事情不妙，遂从石墙爬出，藏在朋友家中，两天后化妆出城去禄丰找部队。孟坤则于当晚坠城而出，赶上了撤出昆明的部队。

因事起仓促，龙部未能组织有效反击，当晚驻扎北教场的卢汉旅第三团团长高蕴华，自知事发突然，毫无准备，只得带领龙军在昆部队大部，且战且走，撤出昆明，向禄丰方向龙部第13团刘正富、第4团朱旭驻地靠拢。

经过一夜的战斗，胡、张侥幸成功，未派兵追击龙军。胡、张等发动的“六·一四”政变，终于结束了四镇守使在云南的联合统治。

黑云压城城欲摧。孙渡怀抱的“军事救国、复兴民族”梦想，被残酷的现实碾得粉碎，变得如此遥遥无期。前后4个月发生的两次政变，孙渡猝不及防，极度震惊，对国家和民族的未来更加忧心忡忡。他必须面对残酷血腥的现实，因为自己别无选择！

“六·一四”政变的根源，是胡、龙、张、李四镇守使因争权夺利而撕破脸皮。1927年3月2日云南省省务委员会经选举产生，虽被法定为全省的最高行政机关，但无权统率全省的军事力量。胡、龙、张各镇守使仍以“二·六”政变前的第二、五、十军军长等名义，独立统率各自所属的武装力量。对于云南省省务委员会的守卫警戒事宜，在4月26日的省务委员会议决时，只能妥协为“暂由直属各部队轮流担任”[③]。

在谁有实力，谁就可当老大的时代，要独霸云南，都不能不寄希望于自己军队的保持和扩大。为此，胡、龙、张、李各部在“二·六”政变后，无不努力扩充本部实力，排斥异己。“二·六”政变前，四镇守使的实力是有较大差别的。在“二·六”政变后，唐继尧原有近卫军4个旅，计8个团，分别为龙云、胡若愚所并编，龙、胡实力旗鼓相当，张汝骥的部队也得到补充，只有李选廷的部队实力微弱。

胡若愚为当云南老大，不得不先下手为强。其时，龙云实力是最强的。在“二·六”政变后的争夺中，龙云所部除第15、13团分驻盘溪、禄丰外，尚有第14、16团及孟坤部第1团驻在昆明，其驻昆兵力超过了胡、张两部驻省

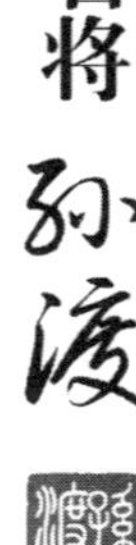

兵力之和，从而控制了政治中心昆明和云南省省务委员会。

从4月到6月，云南老大其实已是轮流坐庄。4月11日，因滇南匪患严重，胡若愚回蒙自主持剿匪，龙云由省务委员会推举为主席。5月底，胡若愚由蒙自回到昆明，龙云仍以主席委员的身份，和胡若愚、李选廷、张汝骥等“委员”一道，出席6月3日的省务委员会。直至6月10日，龙云终于以“讲武学校开办伊始，事务殷繁”为由，辞去主席职务，云南省省务委员会改推胡若愚为主席。胡龙矛盾此时已经白热化。

“六·一四”政变的发生，和蒋介石的暗中挑动不无关系。在蒋介石发动“四一二”政变后，胡若愚、龙云迅速向蒋介石靠拢，并派人到南京政府疏通关系，表示拥护蒋介石。5月，以蒋介石为首的南京国民政府发布委令，任胡若愚为国民革命军第39军军长，龙云为第38军军长，张汝骥为独立第8师师长。这对胡若愚来说，既未对其倒唐第一功予以承认，也未对其已任的云南省省务委员会主席予以确认。而对于张汝骥来说，由于只授命为独立第8师师长，显然将失去扩军的可能。胡、张联合倒龙之势于是形成。④蒋介石表面上似乎没有偏袒任何一方，但其目的很显然，就是要让倒唐后的云南实力派人士自相残杀，然后“择优录用”。

促成胡、张等人联合反对龙云，也与当时中共云南地方党组织的活动有关。当年5月，在胡若愚离昆后，龙云为了获得南京政府的支持，借出任省务委员会主席之机，秉承蒋介石的旨意，在云南逮捕共产党人和进步人士20多人，封闭国民党左派云南省党部，镇压中共云南地方党组织领导的革命运动。对于龙云的这一倒行逆施，中共云南地方组织决定，在积极开展广泛的群众斗争的同时，利用胡、张与龙云之间的矛盾，“积极策动胡若愚联合张汝骥等于6月14日发动事变，囚禁了龙云”。⑤经过努力，被龙云逮捕并拒绝释放的王复生等6人，在“六·一四”政变后，由胡若愚予以释放。

6月14日，“六·一四”政变发生的当日，胡若愚以省务委员会主席名义，向全省发出通电说：

本省前次改革政治，误于龙云作梗，毫不彻底。昨奉国民政府密令，已于6月13日夜将该员职务、武装，一并解除。现在省城秩序业已恢复，诚恐传闻失实，特此电知所有各该地方，一切事宜，务须照常办理，勿为谣言所惑，是为至要。省务委员会主席胡若愚。⑥

就在这一天，又通电各机关：

现奉国民政府密令，派本省各军解决反革命军阀龙云，克期肃清，早日完成革命工作等因，遵于本月14号前开始动作，未及半日即克全城。该反革命军阀龙云，现已解决。所有各机关人员，着仍然照常办事，不得妄自惊动，擅离职守。至于查处，除惩办该渠魁外，其余部属，仍皆一体看待，概不深究。⑦

而被囚龙云本人，亦于6月14日被迫辞去本兼各职，电告全省各界：

云镇守滇东兼充边防督办数年以来，渐无善状。本年滇政改组，复承各地方父老举充委员，本应一竭驽骀，以报桑梓，无如政治工作，久无进步，加以目疾剧发，益觉难于支持。当此国家多故之秋，自未便以病躯从事，所有本兼各职，谨于本日一概辞去。所属各部队概交政府管辖指挥，俾得游历海外，籍资调养。⑧

令人感到十分巧合的是，恰巧也在6月14日这一天，蒋介石控制的南京政府发布命令，任命龙云为“国民革命军”第38军军长、胡若愚为39军军长、张汝骥为独立第8师师长。因此，胡若愚等人虽然抓住了受伤的龙云，却不敢贸然杀害。

蒋介石这一行动，加剧了云南内部各派势力之间的争夺。

龙云被囚后，因龙部实力尚存，胡若愚、张汝骥既不敢杀害他，又怕他武功高强，越狱逃走，所以为他特制了一个大铁笼，内置藤椅一张，把龙云囚在铁笼里，放置在五华山上。唐继尧的翊军大队长王洁修，还在笼中悬挂被龙云逼死的恩人唐继尧的遗像，予以精神折磨。龙云在这个铁笼里整整关了1个多月，眼睛受伤，未及时治疗，最后使一只完全失明，造成终身烦恼。

在这1个多月里，龙云全身生满了虱子，甚至眉毛内都长了虱子，眼睛红肿流血，痛苦不堪。后来，龙云掌权后，对其家属常常提起此事说：“你们以为我这个省主席是容易得来的？关在铁笼里一个多月的日子好过？”并经常为这一段经历中的苦难而伤心流泪。

“六·一四”政变，使孙渡内心再一次受到强烈刺痛和震撼。胡若愚的反复无常和冷酷无情，使他对这位曾经的同学和上司感到厌烦，他决意与之彻底决裂。而对龙云的遭遇，使他从痛恨开始转为同情。

“六·一四”政变后，胡若愚以为大事已定，开始以胜利者的姿态，在昆明到处发表演说，声称自己忠于“三民主义”，并于7月1日正式宣布云南“易帜”，在云南第一次升起国民党的旗帜。他兴高采烈地宣称：云南的“政治障碍被扫除了！”

然而，正当胡若愚得意忘形的时候，龙云的部队开始联合唐继尧旧部唐继鳞、孙渡等，已开始反攻了。

龙云所部在危难之际伸出的橄榄枝，会让孙渡发生怎样的转变?

二、营救龙云

由胡若愚、张汝骥等发动的“六·一四”政变，虽囚禁了龙云，赶走了在昆明附近的龙云部队，但由于未经大的战斗，龙云的军事实力并未受到损失。

政变发生后，龙云所部经高蕴华等带领，先后到达禄丰，与刘正富、朱旭团会合，卢汉、孟坤、朱旭等人在禄丰回合后，迅速派人联络驻滇西的唐继尧残部唐继鳞。

此时正在滇西下关的孙渡，从云南大局出发，从中斡旋，两军遂取得妥协。于是，龙云所部开往下关、凤仪集结。途中，龙部各军在沿途所经各县和盐场，随即提人提枪提款，将所部扩编为 3 个师，实力转而增强 。

集结于滇西的龙云所部，群龙无首。卢汉、孟坤、朱旭等部原来互不相属，实力差不多，地位亦相近，无一人有统一指挥的威望。于是召开“下关会议”商议，决定派朱旭部营长鲁道源潜入昆明，请滇军老将胡瑛来统一指挥。

胡　瑛
（图片来自网络）

胡瑛（1889－1961），字蕴山，云南临沧市云县茂兰镇大丙边村人，云南讲武堂第 1 期特别班毕业，与朱德同学。历任黔军第 3 混成旅旅长、重庆卫戍司令、黔军总指挥、靖国联军佽飞军第 4 军军长兼云南宪兵司令，以智勇信义闻名于天下，深受龙云、卢汉、孙渡、唐继鳞等人的敬重。抗战爆发后，任国民政府参军处上将参军，1945 年 5 月当选国民党中央执行委员，1949 年 10 月任总统府顾问，新中国成立前拒赴台湾，在昆明迎接解放。1961 年 4 月 3 日在昆明病逝。

胡瑛受到邀请，毅然从命，以游览西山为名，经禄丰到达滇西。

龙云所部和唐继尧残部商议后推定，以胡瑛暂代第38军军长，孟坤为第38军副军长，孙渡为第1师师长（先由孟坤兼任）（辖3个团），卢汉为前敌总指挥兼第2师师长（辖8个团），朱旭为第3师师长（辖3个团）。然后，即由孟坤领衔与孙渡、卢汉、朱旭、唐继麟、欧阳好谦、俞沛英等师长和23名旅团长，联名发布了声讨胡若愚的通电，正式向胡若愚宣战。[⑨] 通电指出：

胡若愚数月以来，云南几度为个人之私产，政治成历史之空白……闻等为免无谓之牺牲及桑梓糜烂，羞与为伍计，当即率部集中大理。此后直接服从国民政府，拥护总理主义及政策。[⑩]

胡瑛统率38军刚编就绪，蒋介石顺水推舟，任命胡瑛为38军军长（却又没明文宣布免去龙云38军军长职务）。胡若愚派欧阳永昌为总指挥，和张汝骥部的林秀升率领5个团到达楚雄，准备袭击38军。

胡瑛命卢汉第二师为前锋，东下迎战，军部及孙渡一师、朱旭三师随后跟上。两军相遇于祥云清华洞附近时，展开激战，欧阳永昌、林秀升不支，向东败退，胡瑛、孟坤乘胜追击。

在欧阳永昌、林秀升败退之时，胡若愚、张汝骥决定向西增派兵力，由张汝骥亲自率领龙秀华团、李荷生旅的田现龙团西进禄丰，与败退下来的欧阳永昌、林秀升部会合，共同堵击第38军的东进。

孙渡此时向胡瑛献计，在禄丰伏击张汝骥。胡瑛采纳孙渡之计，亲率孙渡第一师、朱旭第三师迅速赶到禄丰，设下伏击圈。禄丰一战，不仅胡、张部的李荷生被俘，张汝骥等也被困在了禄丰。

孙渡再向胡瑛献计，避实就虚，声东击西。胡瑛采纳孙渡意见，除用一部分兵力佯攻禄丰县城外，第38军主力继续东进，直逼昆明。当38军临近昆明时，昆明城防空虚，云南省议会及昆明士绅呼吁胡若愚离开昆明。与此同时，昆明的工人举行罢工，反对把战火烧到昆明来。

7月24日，驻守昆明的胡若愚为形势所迫，便挟持龙云向昆明以东杨林方向撤走，暂驻昆明东郊的大板桥。离昆前，胡若愚遣副官将云南省政府印信，送交省务委员会周钟岳。次日即7月25日，胡若愚发出通电说："若愚此次移师郊外，静候调停。对我乡邦，自问无愧。"并表示愿任出师北伐之责。[⑪]

胡若愚退出昆明后，胡瑛、孙渡未发一枪一弹，即于次日（7月25日）率部顺利进入昆明，周钟岳将省政府印信交给胡瑛，并转达了胡若愚所托之事。

胡瑛遂以第 38 军军长名义兼代省主席职务，暂时维持秩序。

胡瑛、孙渡进入昆明，与胡若愚形成两军对垒之势。但主帅龙云被擒，投鼠忌器，救出龙云谈何容易。胡瑛问计于孙渡，孙渡提出派支小部队到罗平，将胡若愚家里上百人口控制住，作为要挟的筹码，迫其就范。

滞留大板桥的胡若愚为缓和第 38 军的追击，求得喘息的机会，得知家中人口被控制，权衡再三，决定谈判，乃与龙云在大板桥达成口头“君子协议”：恢复龙云的自由，由龙云留滇主政，胡若愚离滇北伐；龙部解禄丰之围，让张汝骥及胡部军队东移，与胡若愚会合；龙云承诺保护胡若愚所部在昆明眷属的安全，并为胡、张北伐提供饷械。

7 月 31 日，胡若愚、张汝骥发表通电说：“决计解甲归农，不问世事，将滇政交由龙军长主持”[12]。以此试探各方面的反映，所谓“解甲归农”，完全是言不由衷。

龙云获释后，心有余悸，又恐有诈，不敢直接回昆明，乃辗转绕道，乘船到西山高跷，在升庵祠堂暂住。后又恐生意外，迁到大观楼王家堆庾家花园居住。后经胡瑛、孟坤、卢汉等的敦促，遂决定返回昆明。

龙云返回昆明后，胡瑛迅将省府信印及 38 军关防一并交给了龙云，并高度称赞孙渡的政治、军事才干，恳请对孙渡委以重任。为稳定昆明局势，8 月 8 日，龙云接受胡瑛的推荐，任命孙渡为云南陆军宪兵司令官，把维护昆明秩序和治安的重任交给他。次年 8 月 9 日，又任命他为整理财政金融委员会委员，参与财政工作。[13]

8 月 11 日，龙云发出通电说：“云此番脱险归来，谬承军民过爱，勉负艰巨。日前专意从事收束军事，滇政自当公诸人民。”[14]

8 月 13 日，龙云正式宣布重新出任第 38 军军长和省务委员会主席，并改组了省委委员会，任命胡瑛为省务委员会委员。从此，龙云统治云南达 18 年之久。

云南陆军宪兵司令部（谢本书提供）

龙云掌权后，追随胡若愚、张汝骥倒龙的王洁修、李选廷由于未随胡若愚东撤，移驻昆明近郊的巫家坝逗留观望。龙云立即派兵将王、李二人俘获。几天后，李选廷及其在禄丰被俘的胞弟李荷生被释，而王洁修则被龙云枪决。

龙云岂能忘记，又怎能容得下王洁修！王洁修就是“六·一四”政变时，指挥炮兵发炮，炸伤龙云眼睛的军官；“六·一四”龙云被囚后，把龙云关进铁笼子，也是王洁修出的主意；龙云被囚期间，悬挂唐继尧遗像从精神上虐待他的，也是王洁修所部。

孙渡在龙、胡争斗中，站在了龙云一边，并为解救龙云献计献策，冲锋陷阵，立下了汗马功劳。龙云不仅感谢孙渡的积极营救，而且十分欣赏他的人格操守和展露的军事才干，并从此对他倍加信任和倚重。

龙云担任省主席不久，为独霸云南，将所部编为 5 个师，番号是第 97、98、99、100、101 师，分由孟坤、卢汉、张凤春、朱旭、张冲出任师长，孙渡任参谋长，实力大增。

胡若愚暂时离滇后，龙云成了云南头号人物。但是，龙云、胡若愚、张汝骥三支军队的矛盾并未结束。为了争夺“云南王”的宝座，三军大战的序幕才刚刚揭开。

在三军大战中，孙渡将怎样展露自己的军事才干？

三、计退四军

为争夺云南的最高统治权，胡若愚岂肯善罢甘休。经大板桥东撤昭通后，胡若愚并未按照“板桥协议”的内容来束缚自己的手脚，相反却积极谋求川、黔二省的帮助，以便打败龙云，重主滇政。

此时四川的当权者为刘文辉，职任四川军务帮办兼国民革命军第 24 军军长。贵州的当权者为周西成，职任贵州省主席兼国民革命军第 25 军军长。此二人数年前即与护法期间入川的滇军旅长胡若愚相识，此时均乐于借机向云南扩张。

张汝骥解禄丰之围后，不按约直趋滇东，而是南下经江川、通海、曲溪至建水，与胡若愚部杨瑞昌旅会合，继而北上，与龙云所部追兵且战且走，再取道昆明东郊归化寺，经马龙去曲靖，与胡若愚会合。

胡、张两军回合后，即派胡部代表谭善洋赴川，派胡部秘书窦子进去贵州，请刘文辉、周西成发兵援滇，借以重整旗鼓，反攻昆明。

胡、张二人早在1926年就派出代表谭善洋联络川、黔二省，并在贵州赤水签订了胡、刘、周三方认可的《金沙密约》。所以，胡、张设想的由川、黔二省搬兵，已是水到渠成。

1927年8月至9月间，贵州的周西成、四川的刘文辉相继应约派部入滇。周西成以妹夫毛光翔为贵州"援滇"总司令，阮德炳为前敌总指挥，令右路杨震澄旅趋宣威，左路犹国材师进泸西，中路黄道彬师随阮德炳经盘县与胡、张会合。黔军于8月18日占领了滇东北的重要县城宣威，随后又在9月占领了另外两个县城平彝（现富源）和师宗，以作为对胡若愚邀请的回答。

刘文辉则派出川军覃筱楼旅，经昭通进入寻甸，并且带来1000箱鸦片，以支援胡、张的经费，9月占领了滇北距昆明约100公里的县城寻甸（旋即折四川）。到1927年底，胡、张和客军基本上控制了滇东北地区，并且任命了至少十个地方行政长官。这样，胡、张与龙云之间的混战，在事实上成了川滇黔三省军阀在云南境内的角逐。

滇东北危急！全省上下为之震动！龙云为之焦虑不安、一筹莫展！

胡若愚、张汝骥与川、黔军队的联合，虽然增强了自己的实力，然而却因此失去了云南士绅的支持。1927年8月初，当川、黔军尚未应约入滇时，胡、张欲引客军入滇之事即已败露。8月10日，平彝（今富源）县知事张培爵电告在昆各军政机关团体，称胡、张已"电召黔省援兵，探明已有动机，为我滇大患，应请政府迅电中央及该省，表明实况，阻其进行"。全省各界获电后舆论哗然，一致谴责胡、张等的祸滇做法，称他们为"卖国将军"。

对于龙云来说，反抗外省军队的入侵，则赢得了云南群众的支持。龙云采纳参谋长孙渡的建议，为彻底解决胡、张所部，阻击黔军入滇，加派孟坤、卢汉、朱旭三师追击张汝骥，并将张部围于曲靖城，两军形成对垒之势。胡若愚获悉张汝骥被围曲靖，即率兵南下解围，但在进入沾益后，即遭龙军打击，转走富源。

早在龙云所部与胡、张部在曲靖等地用兵之前，在"二·六"政变中失势的唐继尧余部唐继鳞、欧阳好谦、俞沛英等已于1926年丙寅事变后留驻滇西，经从香港返滇的唐继虞的策动，由唐继鳞领衔通电，宣布组成"国民革命北伐后援军"，声称将听候蒋介石的指挥，出省北伐，实则企图东山再起。

9月初，黔军应约入滇已成事实，并被公之于众，龙部与胡、张部在曲靖一带的争战正相持不下，昆明又处于空虚状态。此时，唐继虞等以“御外侮”（黔军）、“挽危局”为名，组成所谓“北伐后援军”，编为3个师，自任总司令，向龙云兴师问罪，率军直趋昆明。其前锋已占领昆明北郊的大、小虹山，南郊顺城街、烧猪桥。

昆明防御力量薄弱，龙云四面受敌，形势岌岌可危！

当昆明危急之际，龙云一时手足无措。他一方面召集将领开会策划对策，一方面做好逃往香港的准备。军事会议上，卢汉、朱旭、张冲几个师长认为外逃是下策，应共同献计出力，以挽危局。但面对强敌，又无人提出可行的破敌之策。

在众将领面面相觑之时，参谋长孙渡早已成竹在胸。他指出：“大敌压境，主力在外，昆明城防空虚，远水难解近渴，此时若撤军回援，必致两面受敌，进退两难。破解当前危机，战略上应先东后西、虚实结合，即先破滇东胡军，再歼滇西唐军。战术上则应采用缓兵之计，以主动‘议和’换时间，先解昆明燃眉之急，再挥师曲靖围歼胡、张二部，最后回师昆明解昆明之危。”

如何实施这一战略战术，孙渡进一步分析指出：“川军远道而来，是坐山观虎斗，可去一电共襄北伐，用国民政府之电令相压，以稳住他们。剩下三路，各怀异心，可各个击破。黔军战斗力较弱，入滇后驻扎下来可派一师监视或攻其中路。胡、张二部被围曲靖，处境对其不利，可主动议和，暂缓滇东危机。滇西唐军，来势凶猛，战斗力强，逼近昆明，可先派人以‘谈判’稳住唐军，待援军到达，用主力将其全歼，然后迅速回师曲靖，集歼胡、张二部，如此滇境可保平安。”

龙云及众将领为孙渡的妙计拍手叫好！并欣然采纳了孙渡的计谋。龙云于是请省务委员马聪为代表，向唐继虞求和，作为缓兵之计。马聪与唐继麟的代表在昆明西郊的高峣进行会商，暂时使滇西唐军的进攻缓解下来。

龙云为抽出在滇东征战的部队，乃命省务委员、滇军元老胡瑛前往曲靖为“议和”全权代表，在曲靖战况对胡、张不利的情况下主动提出“议和”。

其时，张汝骥部在曲靖被围月余，眼看粮尽弹绝，城池难守，于是顺水推舟，派代表与胡瑛在曲靖北门外关帝庙内谈判，并于10月4日签署了“息争御侮条约”，规定双方撤军地点及由胡若愚负责请黔军出境。

10月9日，龙部如约撤除对曲靖的围困，胡、张两部在宣威、昭通一带集中后，进行北伐。这样，龙部只留张凤春部驻马龙、易隆一带防守，卢汉、孟坤、朱旭等部立即返回昆明，以对付唐军。

当胡瑛与胡、张在曲靖达成协议，缓和了滇东北的威胁后，龙部由胡瑛统率兼程返昆，向唐军发起反攻，唐军措手不及，被迫撤退，昆明解围，这就是当时昆明人所说的“唐三攻城”事件。而这时马聪及昆明各界代表还在与唐继虞、欧阳好谦在谈判桌上周旋。

唐军退走后，龙部乘胜追击，彻底击溃了由唐继鳞（一师）、欧阳好谦（二师）、俞沛英（三师）组成的北伐后援军，将其余部收编为龙部新编第七师，任命唐继鳞为师长，驻扎滇西。唐继虞不受欢迎，再次离开云南，经缅甸到上海，最后去了香港。

龙云打败并收编了唐继鳞部后，12月初以胡瑛为前敌总指挥，孙渡为参谋长，率孟坤、卢汉、朱旭、张冲四个师三路东进。⑮

此时，胡若愚、张汝骥违反曲靖协议，联络贵州周西成第25军计25个团、四川刘文辉第24军覃筱楼旅计3个团，加上胡、张两个军计20个团，总兵力约50个团，大举反攻。

针对此种形势，胡瑛召集将领会议，参谋长孙渡认为：“敌方对我采取分进合击、包围歼灭的战略，我若四面设防，必至兵力分散，被动挨打。一旦薄弱环节被突破，则被对方分割包围而无法动弹。我方应集中优势兵力，以胡、张和东路黔军为打击重点。在攻破东路后，始分别各个击破。黔、川军各有企图，指挥不可能统一，互相无法密切配合，弱点易于暴露，人数虽多，不难歼灭。”

胡瑛果断采用孙渡提出的“反包围战术”，作出具体部署，开始军事行动。主动弃守沾益等地，诱敌深入，断其敌后，分割围歼。在曲靖待战的胡、张、阮部，经龙部中路卢汉、朱旭二师的打击，先被包围在曲靖城西寥廓山一带，后被迫困守曲靖城中40余天，至1928年1月才突破围困，脱离与龙部的接触。前进至陆良的黔军左路犹师，被龙部右路张冲师击败，退回贵州。川军覃筱楼旅得知胡、张、阮被围于曲靖，即掉头离滇回川。

胡瑛、孙渡打败了胡、张部及黔军，班师回昆，龙云亲率各界人士，郊迎十里，十分隆重。战后，胡瑛亲书“胜峰”二个大字，勒石于曲靖城西之寥廓山，并题跋云：“民国十六年冬，黔周西成兴师寇滇，迤东数十县皆陷。余亲

胡瑛手书的"胜峰碑"拓片（图片来自网络）

统六师大破于此，山固名胜峰，殆古人有先见欤？"这就是云南内战史上的"寥廓山之战"。

在曲靖寥廓山上的圆通寺侧，至今仍存胡瑛亲书的"胜峰"碑，碑文苍劲有力、清晰可见，诉说着不曾遥远的历史。驻足观望，战火硝烟仿佛如昨。

龙云在这场惊心动魄的危机中，能以少胜多，击溃唐军、胡军、黔军和川军四路大军，孙渡功不可没。在这场危机中，孙渡出任参谋长，运筹帷幄，算无遗策，指挥若定，冲锋陷阵，再次展露了过人的军事才干。龙云感叹孙渡"一计退四乱"，称其为"小诸葛"。

胡、张二部经曲靖一战大伤元气，无力在云南立足，只得离开云南，分别投往刘文辉和周西成。胡若愚退入川南后被刘文辉收留，许其驻宜宾，任为川南边防督办，治理庆符、江安等六县。退入贵州的张汝骥被周西成接纳，驻军黔西北的毕节和被周部控制的四川叙永一带。

南京国民党政府对于云南内部的战乱，不置可否，任其发展。到 1928 年初，龙云在打败胡、张二部并赶走黔军之后，力量明显占了上风，并表示对蒋介石的忠诚，蒋介石才通过南京政府，于 1928 年 1 月 17 日任命龙云为云南省政府主席，1 月 21 日又任命龙云为国民革命军第十三路军总指挥，任命孙渡为第十三路军总指挥参谋总长。[16]

从此，龙云实现了对云南军政大权的独揽，其地位明显超出了他的对手胡若愚和张汝骥。但龙云发现，退驻川、黔的胡、张，尤其是支持胡、张的周西成，并未放弃重入云南的念头。

被龙云赞为“小诸葛”的孙渡，又将如何为龙云出谋划策？

四、智守昆明

1928年秋以后，贵州局势发生了新的变化，周西成与黔军李燊部关系破裂。为报复周西成“援滇”之仇，龙云决定联李倒周，趁机进兵贵州，帮助李燊夺取贵州省主席的职务。

李燊原为黔军师长，北伐时被蒋介石委任为暂编第七军军长（后改为第43军军长），他深感在外发展后果难料，乃率师返回贵州，这就与统治贵州的周西成发生了尖锐的矛盾。1929年2月，龙、李二人商定了共同出兵贵州的有关事宜。

蒋介石对依附桂系的周西成亦十分不满。当龙、李得知这一情况后，乃派人进京向蒋介石请示，希望出兵贵州的行动能得到南京国民政府的支持。此时的蒋介石为争夺对华中的统治权，正与新桂系的李宗仁、白崇禧进行着蒋桂战争，欣然同意龙、李的部队从一个侧面袭击桂系的支持者周西成，乃任命龙云为讨逆军第十路总指挥，李燊为前敌总指挥，令其进入贵州讨伐周西成。

龙云破釜沉舟，以胡瑛为代理省主席，以孙渡代理第十三路总指挥一职，同时令孙渡为守卫昆明城的参谋总长，亲自挂帅出征。派朱旭、张凤春、高荫槐、刘正富部两师一旅、与李部的两个团组成龙李联军，分由富源、罗平两个方向进入贵州。为防胡、张借机打回云南，另派一师一旅在昭通一带驻防。

周西成知道“来者不善”，也决定亲赴前线指挥，以邓汉祥代行省主席职权，委张銮为贵州城防司令，刘其贤为行营参谋长；派毛光翔为左翼总指挥，率犹国材师五个团，由兴义出发，迎击滇军。

由李燊统领的两路滇黔军，左路的朱旭师、刘正富旅、李部的两个团先后击败周部黔军，占领盘县、普安、晴隆，越过北盘江。4月中，与周部黔军在关岭以东的鸡公背对峙。周西成为击败龙李联军，决定在此决战，一时性急，亲至鸡公背直接指挥。战斗中，周西成身中两弹，身负重伤，在撤离战场时，在急流中落水死去。

4月底，龙李联军进入贵阳，李燊被贵州各界推为贵州临时委员会主席，并得到国民政府的承认。跟随龙李联军逐步前进的龙云，此时也由威宁移驻安顺。

6月中，正当龙李联军与周西成余部继续在贵阳以北、以东作战的时候，昆明又为他人算计。原来，驻守昭通的第38军副军长兼第93师师长孟坤于1928年3月突然投奔胡若愚、张汝骥，三军组成“靖滇军”，推举胡若愚为司令，由四川入滇攻昭通，继攻昆明。[17]

孟坤原为唐继尧亲信，“二·六”政变时，倒向龙云一边，让唐继尧一败涂地。“六·一四”政变后，与胡瑛、孙渡、卢汉等积极为救龙云而战斗。在龙云与胡若愚、张汝骥混战的第一阶段，仍比较坚决地站在龙云一边。1928年底，龙云派孟坤以师长名义，坐镇昭通，防范胡、张由四川反攻。但是，孟坤不是龙云的嫡系，到滇东北戍守边关，心有不满，怀疑龙云有意疏远。孟坤去昭通前夕，曾请求保商驮运鸦片烟土出川贩卖，却未得到龙云许可。到昭通后，为承领饷弹事又多被挑剔，故孟坤逐渐疏远龙云，心怀怨愤。孟在昭通数月，与胡若愚，张汝骥部相邻而处，暗中勾结，故突然率部入川，投奔胡、张。

龙云闻讯，深悔所托非人，为之痛哭。眼见昭通危急，龙云急率所部星夜回滇，另派警卫团长刘玉祥、第一团长杨琨协同镇防。[18]

“靖滇军”约2万人，声威甚壮。三军联合，进攻昭通，龙军不支，刘玉祥被俘身死，杨琨败走，昭通为“靖滇军”所占领。接着，“靖滇军”移师南下，直指昆明。

7月12日，“靖滇军”行抵昆明北郊，昆明再次危在旦夕！

驻守省城的胡瑛一时无计可施，像热锅上的蚂蚁，急得团团乱转。他一方面命令卢汉及守城参谋长孙渡等严密布置城防，一面急电龙云，迅即回师解围。

龙云得电，紧张异常，深恐李燊不放走滇军，乃径赴贵州安顺，召集各师、旅长会议，决定不讲条件，立即返昆，令朱旭昼夜兼程，赶回昆明。朱旭官兵以每天100多里的速度急行军，星夜兼程返回昆明，在城西北一带加紧修筑工事。胡若愚、张汝骥、孟坤所部已集结于昆明西北郊大、小陋山一带，准备攻城。

危急关头，参谋长孙渡成竹在胸，再次向胡瑛献策。他对胡瑛说：

朱旭乃远归之师，恐疲劳太甚，难摧强敌，必须离间敌军，使其互相猜忌，然后分割。您可效法三国时曹操写信给韩遂，而有意派人送往马超大营的故技，亲笔写一信给孟坤，却叫人投往胡若愚、张汝骥处。如此这般，便可解昆明之危！

胡瑛分析双方的形势，无计可施，乃采用参谋长孙渡的反间之计，亲笔给孟坤写了一信，并投往胡若愚、张汝骥处。

胡、张二人见信："愚兄与吾弟所商之事已奏效，现时机已至，望吾弟即按原议执行，以竟全功。"胡、张大疑，认为孟坤是假投降，与龙云、胡瑛合谋；又闻，朱旭部已返回昆明，恐遭内外夹击，遂先行撤退；同时传令孟坤断后，占领碧鸡关一带阵地，相机反攻。孟坤不明究竟，将兵移往碧鸡关一带。

一计见效，孙渡又献一计。他对胡瑛说："胡、张撤退，孟坤部势单力薄，可在碧鸡关设伏，集中兵力追而歼之。"

胡瑛按计令卢汉全师出动，追至山下设伏。孟坤凭险据守，战斗甚烈，伤亡数千人。后朱旭部赶到，从车家壁侧翼发动进攻，将孟坤的旅长赵人绪击毙。孟坤支撑不住，弃关西撤。胡、张得知孟坤在碧鸡关据守，凭险坚持，卢汉、朱旭部伤亡亦有千人时，方悟中了胡瑛反间计，但已悔之晚矣。

成功在望，孙渡再献一计。他对胡瑛说："一鼓作气，乘胜追击。"卢汉奉命率部乘胜追击胡、张、孟联军，胡、张、孟节节败退。龙军紧跟不舍，迫其渡过金沙江，分别退驻滇西的永胜、华坪和四川盐源。龙军以渡江准备需要时间，乃停止追击。

破解昆明之危，孙渡料事如神，再立战功！但云南内乱并未彻底解决，孙渡又将如何施展自己的军事才干？

五、省府委员

1928年冬，龙云为彻底解决胡、张、孟三部，即以孙渡为左翼军司令，率卢汉师等攻击驻守永胜、华坪的张汝骥，以唐继鳞为右翼军司令，领本师和朱旭师从渡口攻击前进。张汝骥受攻击不敌，从驻地退走，与胡、孟在盐源会合后趋木里。⑲

连年战火，使云南各族人民深受其害，生灵涂炭，民不聊生。孙渡内心忧心如焚，忧国爱民之心愈加炽热。为彻底解决云南内乱，使云南各族人民少受战争之痛苦，孙渡献计龙云："笼络地方，乘胜追击，一举歼灭，一劳永逸"。

龙云采纳孙渡建议，一方面笼络凉山彝族土司，并通过凉山彝族土司与盐源木里土司联络。木里土司项此称扎巴迫于龙云的势力，出动当地僧俗武装力量进攻胡军，使胡若愚等很难在盐源待下去。另一方面，龙云又派高蕴华指挥两个师，分头绕道，于永仁、丽江两地渡过金沙江北岸，直入川界追击。

胡、张、孟驻在川境盐源、盐边，地瘠民贫，交通梗阻，全军给养异常缺乏，濒于绝境，互相埋怨，士气不振。龙军渡江进迫，胡、张、孟无力招架，又往盐源、盐边西北方面撤退，到九所土司地方，前有打冲河挡路，后有龙云追兵，进退失据，走投无路。在富罗河，张汝骥被俘，后在下关被杀。胡、孟渡雅砻江时，孟坤落水而死，仅胡若愚率部分文武官员去成都投奔刘文辉。

胡若愚投奔刘文辉后，适逢刘文辉正积极响应阎锡山、冯玉祥、李宗仁的讨蒋活动，胡也跟随刘反蒋。1930 年 9 月，反蒋活动失败，胡被通缉，遂逃往上海，潜入租界。1931 年 2 月到广州投奔李宗仁，同年底胡受李的委任，曾代理北平市长。1933 年，胡接受李宗仁给的出国费，赴德国学习军事。1936 年夏，胡若愚经日本回国，寓居香港，研究军事，著有《大军统帅》等书在香港出版。

1937年抗日战争爆发后，胡若愚任国民党军事委员会参谋部中将高级参谋，并受命为李宗仁的第五战区代理参谋长。1938 年元月，调任孙桐萱的第三集团军总司令部参谋长，参加台儿庄战役和鲁南战役。在娘子关战役中与第十八集团军朱德总司令相会，并协同作战，抗击日本侵略者。抗战后期，先后任军委会第二、三校阅主任，代表蒋介石校阅驻川、黔、桂、湘、鄂诸省国民党军，以及驻防云南省的第二、五、六、八等各军。1942 年出任甘肃兰州军官预备学校校长，直到抗日战争结束。

抗日战争胜利后，胡若愚在南京退役。1948 年初，胡若愚为支持李宗仁竞选副总统，不惜花钱到罗平老家收买选票，从而当上了国大代表。1949 年 2 月，蒋介石任命胡若愚为新组建的第 11 兵团副司令、左纵队司令，11 月 23 日，胡若愚在广西容县杨梅圩被中国人民解放军当场击毙，所部全军覆灭，时年 55 岁。

历时 3 年的滇军内部征战和滇黔两省间的战争暂告一段落，龙云依靠孙渡等将领的鼎力支持，最终取得了对云南的统治权。对此 3 年战乱的性质，龙云时期主持编撰的《续云南通志长编》写道："计是役历时三年，兄弟阋墙，诚属痛心之事。然在当时，势不容已。" "兄弟阋墙"一语，正反映了这一时期龙、胡、张三方进行军阀混战的特征。

胜利了的龙云，为了巩固自己的权力，加紧了向蒋介石的靠拢。其实，早在 1928 年年初龙云在曲靖等地打败胡、张并赶走黔军之后，就委派代表赴南京寻求支持。为进一步密切与蒋介石的关系，龙云政府同年 9 月又派周钟岳为代表前往南京晋谒蒋介石，陈述近情。10 月龙云又派其妻兄李培天为云南驻京办事处处长，驻京与南京中央政府保持联系。

1929年底，龙云在实际上统一了云南全省的时候，即派代表龚自知到南京晋见蒋介石，汇报工作。12月31日，南京政府发表了云南省政府组织令，任命龙云、卢汉、孙渡等13人为省政府委员，指定龙云为主席。省府委员中，军人占8人，其余5人为民、财、建、教四厅长和省政府秘书长。

龙云所主持的省务委员会，明确表示拥蒋反共。龙云为投靠蒋介石，早在1928年1月被任命为省主席的同一天（1月17日），就下令正式成立清共委员会，打出反共旗号，并在此后三年时间里，大规模逮捕和屠杀共产党员和革命人士。

1930年对于中共云南地方组织来说，是充满血腥的一年。由于叛徒出卖，中共云南省委书记王德三、省委委员李国柱、张经辰、吴澄等一批杰出的云南地下党领导人惨遭逮捕杀害，建立才4年的中共云南组织遭到完全破坏。临刑前，龙云亲自审问王德三，并以厅长相许要他变节投降，面对严刑拷打和威逼利诱，他们始终没有动摇对共产党的忠诚。

孙渡是一个有信仰的人。他对共产党人具有坚定的信仰，由衷地表示敬佩。同年3月，中共昆明市委委员、孙渡的恩师刘首先之子刘苑梅遭敌逮捕，关进监狱，将要被枪决。在狱中，刘苑梅仍积极参加党组织活动，负责狱内外通信联络工作，秘密传递文件。

这期间，省市地下党通过各种社会关系进行营救，刘苑梅父亲刘首先亲自到昆明，先找到省政府委员孙渡，后找到省政府副官处长李鸿谟。孙渡、李鸿谟冒着风险，积极营救，刘苑梅被从轻判处，保释出狱，后回到家乡陆良马街小学，以补习班教员的公开身份继续开展地下工作。

刘苑梅（1903－1981），字鹤仙，又名刘樾，化名刘鏖，云南早期中共党员，云南曲靖市陆良马街镇刘家村人。其父刘首先，清末秀才，长期从事教育工作。1923年春考入云南省立第三师范学校（现曲靖师范学院前身）旧十班学习。1928年秋，正值云南当局遵令“清党反共”，大肆屠杀共产党人之时，经吴永康介绍加入中国共产党。1929年底任中共昆明市委委员，对曲靖、陆良、昆明的早期革命斗争作出过重要贡献。

刘苑梅（图片来自网络）

1933年下半年，刘苑梅还通过孙渡，委托在河口任督办的李鸿谟，护送出境，经越南、香港到上海找党中央汇报云南党组织的情况。1939年，刘苑梅又到抗日前线，在58军（孙渡任军长）从事党的工作，直到1944年6月18日长沙失守后，才请假回滇。[20]

李鸿谟
（图片来自网络）

李鸿谟（1894—1969），字希尧，号中南，陆良南靖乡黎家坝村（1952年划归师宗县葵山镇）人，云南陆军讲武学校第4期毕业。曾参加云南护国起义入川作战，在滇军中历任尉校衔等军职。1930年任第10路军总指挥少将副官处长。1932年奉调河口对汛督办兼河口党务指导委员。[21]抗战时期，李鸿谟任滇黔绥靖公署交际处主任、云南省警务处处长和省防空协导委员会副主任委员，陪同云南省主席龙云赴南京参加国防会议，并牵线龙云与朱德建立电报联系，参与策划了云南主要抗战活动。1949年参加云南和平起义。1955年肃反时被捕。1956年初开释回家。1956年，朱德赴昆，约见李鸿谟。1957年，被错划成右派。1969年惨遭打击含冤而死，终年75岁。1979年对其右派予以改正平反。2005年，中共中央、国务院、中央军委为其97岁的遗孀颁发“中国人民抗日战争胜利60周年纪念章”。

在云南3年战乱中，孙渡成为龙云获胜的重要功臣。年仅34岁的孙渡成为最年轻的省府委员，不仅在省内名噪一时，而且在国内也名声大振。

然而，高处不胜寒，伴君如伴虎。孙渡前行的道路并不平坦！

六、放逐上海

1930年夏，冯玉祥、阎锡山参加了桂系的反蒋行动，中原大战爆发。蒋介石回过头来全力对付冯、阎，双方激战于河南、山东，李宗仁乘虚出击，集中兵力北上湖南，直捣武汉。

蒋介石任命龙云为讨逆军第10路军总指挥，令其出兵广西，抄袭李宗仁的后路，并允诺给龙云开拨费港币100万元，参与讨桂的部队每月发给法币30

万元军饷，另有广东省每月补助广豪10万元。蒋还许诺待攻占南宁后，委派卢汉为广西省政府主席。[22]

龙云既投靠了蒋介石，又有如上一些好处，欣然应允。于5月令卢汉为讨逆军第十路前敌总指挥，率滇军3个师约2万余人进兵广西。龙云以卢汉为前敌总指挥，领98师（师长卢汉兼，辖两旅6团）、99师（师长朱旭，辖两旅4团）、101师（师长张冲，辖3团），共13个团两万余人入桂。

时孙渡为第98师第3旅旅长。滇军从昆明开拔后，沿途不断抓兵讨马，抽收烟税，贩运鸦片，骚扰地方，军纪败坏，被老百姓称为“三杆枪”军队（即步枪、烟枪、云南水烟枪）。滇军于7月到达南宁近郊，内部各存保存实力之私心，你攻我停，围城3月余未能攻下。10月，白崇禧率桂军与张发奎部驰援南宁，双方数次激战。滇军腹背受敌，第99师团长苏缙阵亡，损失惨重，大败而归。

滇军出发时有13个团，回来时却只剩下6个团，损失兵力一半以上。滇军既不能攻占南宁，又不能扩充地盘。如此腐败庞杂的部队，一旦进入云南，将如何收拾？深受刺激的龙云乘机下令，由卢汉率领的入桂滇军退至逻里圩（今田林），对部队进行裁汰、整编。

逻里圩距滇边数百里之遥。卢汉说：“这次是要割大毒”，意思是要把腐败的军队一次清洗掉。他遵照龙云意图，将98、99师分别由6个团和4个团缩编为各辖2个团；101师缩编为1个团，原第12团（团长龚顺壁）因作战得力，予以保留，归还第100师建制。将自己的98师旅长刘正富升为副师长。

孙渡在整编中受到卢汉等人的排挤，他的第3旅旅长被编掉，缩编为两个团。孙渡出乎意料地成为编余人员，不少官兵为他鸣不平。[23]在改编时，很多编余官兵，在交枪后，劫走步枪机柄，连夜包围卢汉驻地，大吵大闹。孙渡则从大局出发，沉默寡言，服从裁编。

1931年2月，卢汉等率部回到昆明。卢汉率部出师入桂，损兵折将，声名狼藉。失败回到云南的滇军，由于安置编余人员留下后遗症，内部矛盾增加，怨气冲天。

3月，孙渡调升为龙云的参谋长。卢汉等人心中不满，怀恨在心，遂呈报龙云请求安置编余官兵，并发给军饷，由此挑起事端。龙云既不给钱，又不给官，激起编余官兵对龙云的冲天怨气，并认为孙渡、马为麟等人是在龙云左右，梗阻各师所提请求的首要谋士。[24]

3月初，孙渡建议龙云整编军队，认为滇军的建制、兵额既已减少，应废除师旅建制，以团为单位，划全省为几个绥靖区，以各师长为绥靖区主任。龙云欣然采纳孙渡的建议。以兵源减少为由，随即下达了“废师改旅”的整军方案，并借机削弱异己力量。

龙云下达的“废师改旅”方案，明确他本人可越过旅而直接指挥团。这使原来的师长、新任的旅长均形同虚设，有职无权。龙云的“整军方案”引起了卢汉、朱旭、张凤春、张冲等4个师长的强烈不满，并因为“整军方案”出自孙渡，而对孙渡更加怀恨在心。

3月10日，卢汉、朱旭、张凤春（100师师长）、张冲四名师长，终于按捺不住心中的怒火，他们突然下手，秘密将孙渡、马为麟绑往宜良，举行“倒龙会议”。经会议商讨，决定以驱逐孙渡等人为借口发动“倒龙政变”。

四师长会后，从宜良给龙云送交了一封语气缓和、态度强硬的信件，实是一封“最后通牒书”。他们指责龙云的亲信在公共地方均呈现出不适宜的风尚，“值不得雇用这样的亲信”，信中以“清君侧”为名，要求驱逐参谋长孙渡、民政厅长张维翰、禁烟局长马为麟。继而攻击“唐继鳞、张维翰和孙渡仍然是唐（继尧）的人……所有这些人都在重要职位上，秘密的阴谋进行复辟”。[25]

历史有时竟惊人的相似。这次事件与1927年四镇守使发动“倒唐”的“二·六”政变如出一辙。龙云面对这一突发事变，一时不知所措。他意识到，不能坐以待毙，如果留在昆明，自己将会向1927年的唐继尧一样，成为手下将军们的傀儡。于是，决定离开昆明。

3月12日，龙云行前发了一个简短的通告，声称要回昭通扫墓。但他未到昭通，而是乘飞机飞到距离昆明100多公里的寻甸羊街机场，静观时变。同时致电蒋介石，说明事出被迫，不得不离开昆明。蒋介石通过云南驻京办事处处长李培天命龙云返昆，并命四师长接受龙云对滇军的改革方案。

3月15日，形势突然逆转。4位师长内部因龙云下台后由谁主政的问题发生分歧，对未来主席人选无法确定。由于群龙无首，迫于多方压力，四师长无奈，派卢汉、张冲、高荫槐（旅长）3人飞往寻甸羊街认错，恭请龙云回昆。

卢汉、张冲在羊街团防分局见到龙云后，立即下跪痛哭，其余人员亦相机下跪，向龙云请罪。声言他们不是要反龙，是对孙渡不满，只是希望龙云把孙渡撤换下来。又说，对龙是拥护的，万不敢怀有二心，错在没有直接向龙云请示。

他们把倒龙的责任，推给了张凤春。

龙云怒气未消，拍案怒斥道："你们对孙渡不满，可以明白对我说，为什么瞒着我开秘密会议？这不是反对我，阴谋夺权又是什么？不消你们来夺，我走了让你们得了。你们要接我回去，我不去！我要回昭通当个老百姓，退隐田园，让你们去发挥你们的才能好了！"[26]

卢汉、张冲一再认错，表示完全拥护龙云安排，只求宽恕。龙云见目的已经达到，遂表示返回昆明。3 月 17 日，龙云返回了昆明，出乎意料地受到了隆重欢迎。龙云最终没有重蹈唐继尧的覆辙，仅仅一周就取得了胜利，四师长发动的"三一〇"倒龙政变宣告流产。

龙云返回昆明后，立即实行"废师改旅"方案，宣布四师长是以下犯上的不法行为，撤销了四师长职务并将其扣押。将第 98 师改为第 3 旅，旅长龙雨苍；第 99 师改为第 5 旅，旅长鲁道源；第 100 师改为第 7 旅，旅长龚顺壁；第 101 师改为第 9 旅，降张冲为旅长，撤销新编第 7 师。

"废师改旅"完成后，张冲、卢汉、朱旭被释放，但仅有张冲保留军职，降为旅长，不久又兼任盐运使。卢汉改任云南省团务督练处处长，朱旭改任民政厅厅长。张凤春则被继续关押，直到抗日战争初期才被释放，不久病死。

"三一〇"事变刚刚结束，仅仅过了两个月，又发生了一次"倒龙"事变。

1931 年 5 月，第 3 旅旅长龙雨苍、第 6 团团长张继良，因不满龙云的作风，发动了未遂的倒龙政变。龙雨苍、张继良约同第 9 团团长冯云、第 7 旅旅长龚顺壁，准备发表通电，驱逐龙云，拥护卢汉为云南省主席。但政变尚未发生，鲁道源将消息报告龙云。龙云果断地处置了这次未遂政变，再次获得胜利。[27]

在两次倒龙事变中，孙渡始终站在龙云一边，龙云都幸运地获得了胜利。

两次倒龙事件，说明滇军内部矛盾甚多。龙云积极采纳孙渡的建议，巧妙地利用了这两次事变，对滇军进行了改编和整顿，使滇军更忠实于自己，从而为龙云统治云南奠定了可靠基础。此后，龙云在云南的统治地位再未受到挑战，直到 1945 年 10 月 3 日蒋介石指使杜聿明在昆明发动政变为止。

为缓和滇军内部矛盾，"三一〇"政变后，孙渡被迫离滇赴沪，参谋长一职由杨益谦接替。马为麟被押交法院审讯，张维翰则出走南京投靠了蒋介石。

1931 年 3 月底，受到排挤的孙渡被迫到了上海。孙渡在沪期间，找到了他的同乡、学长殷承瓛。殷承瓛是护国名将，但护国战争后的军阀混战连年不断，这和他长期追求的民主共和、富国强兵的理想形成了巨大反差。1917 年殷承瓛心灰意冷，决定辞职归省，出家修行，到昆明西山华亭寺做了和尚，从此在政治舞台上消失。后因历史的纠葛等原因，西山实在不能久留，随即逃亡到了上海。在上海，殷承瓛最初开黄包车行，后在上海笔墨大王胡开文帮助下，开了间书屋，卖些笔墨纸张。[28]

他乡遇故知。孙渡就居住在学长殷承瓛开的书屋里，两人虽然年龄相差 17 年，但他们共同谈畅理想、畅谈时局，几乎无所不谈，成为忘年挚友。

在此期间，孙渡一方面阅读了大量的军事、政治、哲学等方面的书籍，极大地开阔了自己的视野；另一方面不断地反思自己走过的人生历程，苦苦思索着国家和民族的前途命运，渴望施展自己救国救民、复兴民族的理想抱负。

离开云南，远离尔虞我诈的纷争，远离战火纷飞的混战，厌倦了军阀混战的孙渡，度过了一段平静的生活。

塞翁失马，焉知非福。孙渡的未来是否会因祸得福，发生变化?

七、军事参议

孙渡遭到四师长的排挤和迫害，龙云对此心知肚明。4 月 1 日，龙云召开省政府会议，拟派孙渡赴国外学习，遭到孙渡婉拒。4 月 22 日，龙云电呈蒋介石，推荐孙渡、张维翰调任南京军事参议院。电文如下：

南京国民政府主席蒋钧鉴：志密。滇省军政各端，仰蒙主持准行，并承慰勉有加，昌胜感奋。窃查属省委员原已逾额，此次受人指摘各员就中唐继鳞、张维翰两员，均已正式请辞本兼各职，拟恳一并照准。孙渡一员早经离省，其省委职务，拟恳并同免除，庶属府委员符合法定名额。惟去职各员中，孙渡一员，晓畅军事，行政亦颇有历练，在滇既难相处，拟恳调赴首都，酌畀以军政职务。张维翰一员，人颇干练，并恳调京任用。如蒙俯准，当即嘱令来京，听候驱策，谨此渎呈，伏维鉴核示遵，职龙。卯春。印。[29]

中华民国二十年四月二十二日

在无数次征战中，孙渡的军事才干受到公认，龙云赞其“晓畅军事，行政亦颇有历练”。在上海闭门读书和思索半年后，1931 年 9 月 12 日，国民党政府主席蒋介石发布命令，年仅 36 岁的孙渡被任命为军事参议院参议。同年 11

月 12 日至 23 日，孙渡与范石生、王均、曾万钟作为云南军队的 4 个代表，出席了国民党在南京召开的第四次全国代表大会。[30]是年 12 月 15 日，蒋介石第二次下野。

国民政府军事参议院 1929 年 2 月成立，其性质为“直辖于国民政府”的“军事最高咨询建议机关”。军事参议院设置上、中将军事参议及中、少将院附，前者“以曾任中将以上之重要军职、学识优良、勋望卓著、久在党国服务者充之”；后者为“曾任少将以上之军职”“辅助军事参议办理……各项任务”。二者“平时专备咨询建议并得担任点验、校阅、演习、调查、屯垦、兵工及特派等事，战时得遴任为高级指挥官或其他相当职务。”[31]

军事参议院是一个将领云集、名份显赫却难免几分冷清的军事机关，尽管前后的机构名称、组织形式大不相同，但都是以“咨询建议”“将领储备”为己任。由于国内政局动荡，人事多变，军事参议院历经两年才组建就绪。1931 年 6 月 25 日，该院全体参议在国民政府驻地宣誓就职。

军事参议院第六任院长李济深称参议院“位置高而无实权”，仿佛是专为容纳“杂牌”将领开设的。一般说来，无论政见不同的、收编纳降的、年老体弱的、受排挤或处分失去兵权的，还是嫡系部队个别暂时失意的“天子门生”，一切“多余”而又必须安置的将领都可以在这里找到自己的位置。

1945 年 9 月，蒋介石故伎重演，指使嫡系部队在昆明围攻“云南王”龙云，撤销其省主席之职和以他为主任的军委会委员长昆明行营，逼迫到重庆就任军事参议院院长。龙云怎么也没能想到，14 年前他推荐孙渡调任的地方，14 年后成了他不得不去就职的地方。

1947 年 3 月底，军事参议院被撤销，改为国民政府战略顾问委员会。由何应钦任主任，龙云任副主任。

从“军事参议院”到“战略顾问委员会”，其经历几乎贯穿中华民国南京政府统治的全过程，因而在中国近代军事史上占有一席之地。20 余年来，无论是军事参议院还是战略顾问委员会，究竟提出了什么治国安邦的良策尚鲜为人知。但是，没有谁能挽回国民党政权在大陆覆灭的命运，早已铸成不可改变的历史事实。

孙渡在南京军事参议院任职后的第 6 天，即 1931 年 9 月 18 日夜，日本关东军蓄意制造并发动了“九一八”事变。次日，日军侵占沈阳，又陆续侵占了东北三省。1932 年 2 月，东北全境沦陷。此后，日本在中国东北建立了伪满洲国傀儡政权，开始了对东北人民长达 14 年之久的奴役和殖民统治。

在追逐梦想之路上，孙渡百折不挠。在军事参议院，他依然怀揣“军事救国”的梦想，勤学苦读，细心钻研，广交朋友，相互切磋，各方面大有长进。军事参议院为“研究学术，增益智能”，组成军事、政治两研究会，其委员由参议、咨议分任，主任委员由院长指定。孙渡从事军事研究工作，在此熟读了古今中外大量的政治、军事、文学、哲学书籍，大大增长了自己的知识、智慧和才干。

在军事参议院工作期间，孙渡的民族危机感逐步加深，民族责任感迅速提高。孙渡深知，“九一八”事变是日本帝国主义长期以来推行对华侵略扩张政策的必然的结果，“中华民族到了最危险的时候！”

今日长缨在手，何时缚住苍龙！孙渡利用自己军事参议的身份积极发表政见和主张，呼吁人们“彻底明了国难的真相”，积极投身抗日救亡运动。同时渴望自己早日驰骋疆场，斩杀日寇，担负复兴民族之重任。

然而，目睹国民党政权的腐败，面对国民党政权“攘外必先安内”的不抵抗政策，他“身在江湖”，深感忧虑和不安。

1933 年 10 月，孙渡在南京任职两年后，应龙云召唤，返回昆明，其军事参议院一职直到 1936 年 6 月 15 日才被免去。[32]龙云十分赞赏孙渡的忠勇和才干，继续委任他为省务委员和讨逆军第十路军总指挥部参谋长。

两人久别重逢，龙云特设家宴为孙渡接风洗尘。龙云、孙渡两人的字同为志舟，龙云席间问孙渡：“你是孙志舟，我是龙志舟，你这个孙志舟为何意？”

孙渡说：“我是激流之舟，能冲破惊涛骇浪，克服千难万险，到达平安的彼岸。敢问主席：你这个龙志舟又为何意？”

龙云说：“我是大旱之云，云能生雨，能普降甘露，营救众生。”说罢，两人相视而笑……，并合影纪念。

几天后，孙渡收到自己和龙云的合影照片。龙云在给孙渡的照片背面题词：“大旱之云，横流之渡；有志竟成，同舟共济。”表达了对孙渡的倚重之情。

孙渡牢记“仕于朝也，为忠为良”的家训，在民族危亡之际，与龙云“同舟共济”，此后果然不负龙云所望。

1927 年第一次国共合作破裂后，中国共产党发动武装起义，创立工农红军。蒋介石奉行“攘外必先安内”的政策，对红军进行了五次大围剿。

1934 年 10 月，中央红军第五次反“围剿”失败，被迫开始了艰苦卓绝的万里长征。

红军长征经过云南，孙渡将会扮演一个怎样的角色？

【注释及参考文献】

① 高蕴华：一九二七年云南两次政变会议录，云南文史资料选辑（6）：109

②⑱ ㉗ 谢本书 . 龙云传 [M]. 云南人民出版社，2011.3：51-76

③ 云南省务委员会会议记录，云南档案史料（17）：33

④⑮⑯⑰⑲ 何耀华总编 . 云南通史（第六卷）[M]. 中国社会科学出版社，2011.6：79-87

⑤ 中国云南省委党史研究室 . 中国云南地方史（第 1 卷）. 云南人民出版社，2001：79

⑥⑦ 胡若愚扣押龙云请各机关照常办事的通电，云南档案资料（18）：1

⑧ 龙云申明辞去本兼各职电，云南档案资料（18）：1

⑨ 何耀华总编 . 云南通史（第六卷）[M]. 中国社会科学出版社，2011.6：82

⑩ 孟友闻等声讨胡若愚代电，云南档案史料（18）：3

⑪ 胡若愚要求部队到达东防集中保障北伐军电，云南档案馆史料（18）：3

⑫ 胡若愚等声称解甲息争滇政交龙云主持电，云南档案馆史料（18）：15

⑬ 云南省档案馆资料：孙渡任职文件

⑭ 龙云愿息争收束军事电，云南档案馆史料（18）：8

⑳ 曲折人生路　济世终留芳——刘苑梅传略，中共陆良县委史志办公室材料

㉑ 爱国将领李鸿谟往事，春城晚报，2013 年 11 月 19 日

㉒㉓㉕ 胡俊 . 近 20 年来云南地方军队概述 [J]. 云南文史资料选辑（6）：6-32

㉔ 杨光斗 . 孙渡传 [J]. 曲靖师专学报 1984（2）：89-93

㉖ 黄学昌等著 . 张冲将军评传 [M]. 云南大学出版社，1991.5：80

㉘ 张署东，殷英 . 陆军上将——殷承瓛 [J]. 陆良文史资料选辑（18）：276-296：

㉙ 云南省档案馆资料：省主席龙云电呈蒋主席鉴核关于调委孙渡、张维翰事

㉚ 铁成 . 国民党一至六次全国代表大会云南籍代表及中央执行委员名录 [J]. 云南文史丛刊 1991.3：63-64

㉛ 商伟凡 . 从军事参议院到战略顾问委员会 . http：//blog.sina.com.cn

㉜ 南京档案馆史料：国民政府令

第 5 章　贵阳“保大驾”

1934 年 10 月，中国工农红军开始长征。同年 12 月，中央红军（红一方面军）进入黔境，逼近滇边。蒋介石任命龙云为剿匪军第二路军总司令、任命孙渡为第三纵队司令官，追堵红军。孙渡为龙云献上“绝妙之策”，并负指挥全责，率滇军 6 个旅防堵红军入滇。

红军长征过云南，震撼了祖国西南边陲这块土地。蒋介石偕夫人宋美龄等人亲临贵阳督战指挥。毛泽东以他博大精深的战争艺术，导演了一场精彩绝伦的战争话剧。离开滇军 12 年、已成为红军总司令的朱德再次踏上这块热土！朱德写信给龙云、孙渡、胡瑛等讲武堂校友，说明红军是“北上抗日”，望“勿与为难”……

扼守滇边的孙渡纵队是红军西进云南、北渡金沙江的主要障碍。毛泽东认为：“只要能把滇军孙渡调出来，就是胜利！”于是采用调虎离山之计，兵临贵阳。蒋介石果然中计，急调孙渡纵队向贵阳增援。孙渡“兼程猛进”赶到贵阳“保驾”，蒋介石连声称赞孙渡：“这样的部队才算是真正的军队。”然而，红军全部渡过金沙江后，孙渡却提出引咎辞职，告老还乡。

长征是人类历史上的伟大壮举。在这段历史中，孙渡演绎了怎样的故事？

一、昆明献策

1934 年 10 月，中央红军第五次反“围剿”失败，被迫离开江西中央革命根据地，实行战略转移，开始了艰苦卓绝的万里长征。

12 月，中央红军突破湘江向贵州前进时，蒋介石担心中央红军与在湘鄂川黔革命根据地的贺龙会师，乃命令其追剿总司令薛岳率主力经武冈、芷江入黔，同时命令川、湘、滇、黔、桂各军派兵，或堵截，或尾追，以防阻红军的回合。

红军长征开始时，龙云并不在意。红军到达湘桂后，他才开始注意起来。红军刚刚进入黔境，龙云表面上很镇静，内心深处却无比紧张。既怕红军入滇，赤化云南，使他当不成“云南王”；又怕蒋介石借机“一箭双雕”，中央军以尾追红军为名，强行进入云南，重演“假途灭虢”的故技，抢占自己苦心经营数载的地盘。

蒋介石派“中央军”嫡系部队入黔，果如龙云所料，其目的是乘追堵红军的机会，掌握西南政局。其实，蒋介石早就视半独立的大西南为最大隐患，常思拔除。逢此良机，他又怎会放过，暗中与谋士们策划了一个利用“追剿”红军之机，掌握西南的一个双管齐下的计谋。

早在南昌行营部署对红军的“追剿”时，蒋介石就对陈布雷全盘托出了统一西南的计划：“川、黔、滇三省各自为政，共军入黔我们就可以跟进去，比我们专为图黔用兵还好。川滇为自救也不能不欢迎我们去，更无借口阻止我们去，此乃政治上最好的机会。今后只要我们军事、政治、人事、经济调配适宜，必可造成统一局面。”①

蒋介石成竹在胸，他令薛岳率兵入黔，就是这一计划的体现。

龙云可不是王家烈，他绝不会引狼入室的。在红军长征开始时，龙云抱着一种无所谓的态度，甚至有些快意，巴不得蒋介石和红军打得热闹些。坐山观虎斗，说不定还可捞些好处。而一旦引火烧身，则是另外一回事了。

其实，龙云在内心里始终不相信红军会大举入滇，毕竟云南穷山恶水，红军以疲惫之师远征到此，从长远看难有所图。当红军到达湘桂边境后，龙云仍幻想红军不会入滇。正因为如此，重庆参谋团主任贺国光曾来电，建议他派兵在边界布防截堵，他仍不加理会，只是召集身边的智囊人物开会商议对策。

会上，省务委员也好，军队长官也好，高论纷纭，莫衷一是。

以周钟岳、丁兆冠、马伯安等省务委员为代表的政系派，认为红军目前已成流寇，四面逃窜，唯求生存。西南只有天府之国的四川才可抢吃抢用，而云南地处边隅，无回旋余地，来这种贫瘠地区只能是自找苦吃，陷入绝境，何况还有当年石达开在大渡河全军覆灭的历史教训，红军又岂能不知？因此估计红军也不一定会来，倒不如以静制动，以保境安民为上策。

以有“小诸葛”之誉的参谋长孙渡、团务督练处第一副处长高荫槐等滇军将领为代表的军系派，则持相反意见，认为四川江面宽，渡江难，交通便利，蒋介石调兵堵截容易，红军不可能不考虑这些因素而选择在四川渡江；反之，云南则无这些累赘，他们很可能入境西渡金沙江，再寻求出路。②

龙云对政系派的意见颇为赞赏，符合自己的幻想，对军系派的意见则不置可否，好恶溢于言表。其实，在他的潜意识里，最畏惧的也是第二种意见成为事实，那样云南就不会安生了，何以应对？

龙　云
（图片来自网络）

12 月，红军在黔境中运动自如，几次逼近滇边，不由龙云不紧张。此时，蒋介石电令时任省主席兼“讨逆”军第十路总指挥龙云出兵防堵。龙云为商议对策，便在昆明召开滇军旅以上军官参加的高级军事会议。

多数将领都认为红军“已临末日”，在“追剿”大军跟踪紧追，各省堵截严防之下，“断无幸存之理”。太平天国只存在了 13 年，红军这个“流寇”恐怕还拖不了这么长久。但在滇省如何应付红军入境上，将领们又产生了严重分歧。

一种意见以滇军第二旅旅长安恩溥及总部经理处长孔繁耀为代表，主张滇军对红军与其拒之于境内，不如出省外作战，拒之于境外，既保护了公私利益，又符合“中央政府”的意图，实为上上之计，万全之策。

另一种意见以讨逆军第十路军教导团教育长唐继鳞为代表，认为红军善于化整为零，若分成多股纵队从正面向本省前进，殊不易防堵；主张应立即号令各县构筑碉堡，早做坚壁清野之计，待红军进入云南，再行参战，这也符合保境安民的原则。同时建议：将一切重要物资运存于附近坚固的城市或碉堡中，由各县常备团队守备。这样，红军到达，必无所获，自易退散。③

时任云南省政府委员兼第十路军总指挥部参谋长的孙渡认为：

蒋介石这次追堵共军，实怀有一箭双雕之野心，不仅想消灭共军，而且还想乘便消灭地方武装。因此，滇军只好遵照蒋的命令出兵，使他以后无所借口。如果共军进入云南，则中央军必跟踪而来，那就会使云南政局有发生变化的可能。因此，滇军防堵共军，还是以出兵贵州为上策。

在共军未进入云南之前，应尽最大努力去防堵，总以不使共军进入云南为最好。但滇军兵力不敷分配，处处设防则处处薄弱，集中一点则两侧空虚，防堵任务殊不易达成。因此，不能没有共军入境时的打算。

若共军既已进入云南，为免除以后一切麻烦起见，只有追而不堵，将共军尽快赶走出境为最好。[④]

孙渡的这一番高论，高屋建瓴，鞭辟入里，令在座诸公拍案叫绝，尤令龙云心悦诚服！

其实，自从红军进入贵州，龙云自己就一再分析形势，认为如果红军进入云南，中央军就会跟着进来，云南的政局就危险了。倒不如趁机出兵贵州，既可讨老蒋欢心，堵截红军于滇境之外，又可名正言顺地浑水摸鱼，将贵州攫于怀抱之内。

孙渡认为，蒋介石是“一箭双雕”，龙云也来个“一箭双雕”，以此之“一箭双雕”对彼之“一箭双雕”。这就是他给龙云献上的好极妙极的上上之策。

龙云为孙渡的计谋折服，于是当机立断，决定采取主动姿势，派兵入黔堵截，拒红军于境外，任命孙渡为第十路总指挥行营主任，率滇军3个旅入黔作战，负指挥全责。

龙云素有吞并贵州的野心，正苦于没有机会，现在既奉有蒋介石之命，正好浑水摸鱼，在贵州大捞一把。所以，在滇军出师前夕，龙云邀孙渡和旅长刘正富、安恩溥、鲁道源、龚顺壁五人在家中晚餐。

龙云席间密嘱：入黔后，应将王家烈部“乘便解决”。当时，滇军只有第一、第二、第三、第五、第七、第九旅和一个警卫团，共13个团，兵力比黔军还少一半。但滇军兵精粮足，人员充实，龙云对内统驭比较巩固，远非王家烈内部派系林立、纷争不断可比。[⑤]

孙渡当时说：“如王部与我驻地相近时，则很容易想办法解决；若相距太远又驻地分散，则不易做到；如与之公开冲突，则解决其一部或将之驱逐出贵州，尚有把握。”孙渡说后，各旅长皆缄默不言。龙云最后表示：“我所说的是一个大体的方针。你们到贵州后可按情况相机办理。”

孙渡回忆道：

至于龙云所以要吞并贵州，实以云南素有视贵州为其附庸的传统心理。辛亥革命以后，滇军曾数度进占贵州，而黔军首领如袁祖铭、周西成等或被驱除出黔，或被击毙，都是不费吹灰之力就马到成功。当时，龙云以为进入贵州的只有云南军队，不料后来蒋介石嫡系军尾追红军的部队已抢先进驻贵阳，以致龙的这个企图未能实现。

1934年底，按照既定方案，孙渡奉龙云之命，率部开进黔境，防堵红军。

二、入黔防堵

1934年冬末，孙渡率领滇军第二旅安恩浦部、第五旅鲁道源部、第七旅龚顺壁部在贵州威宁集中，随即由贵州赫章进入云南镇雄、威信地区，复进至黔西和川南。此后即为薛岳直接指挥。

薛岳（1896－1998）原名薛仰岳，字伯陵，绰号“老虎仔”，广东韶关市乐昌县九峰镇小坪石村人。中华民国陆军一级上将，先后任贵州省主席、抗日第一战区前敌总司令、第九战区司令长官、湖南省主席、总统府参军长、广东省主席等职。早年参加粤军，土地革命战争时期曾与红军多次作战。抗日战争中指挥了武汉会战、徐州会战、四次长沙会战等著名会战，时有抗日“战神”之称，被认为是“抗战中歼灭日军最多的中国将领”。在1950年的海南岛战役中任海南防卫总司令，战役失败后撤退至台湾。

薛　岳
（图片来自网络）

后来，孙渡对时任国民党军第六路军薛岳部总司令部上校参谋的李以劻说出了龙云同意派滇军入黔的真相：“这次出师虽是龙云帮助了蒋介石，但也是龙云想拒敌人于省外，保持云南统治，以免在红军入滇后，招致中央军前来的不良结果。”

孙渡回忆道：

薛岳率领国民党中央军吴奇伟、周浑元两个梯队进入黔川地境时，龙云即秉承蒋介石的旨意，将滇军第二旅、第五旅、第七旅编为“剿匪”军第二路军第三纵队，派我为纵队司令，率部队向黔西和川南一带出发，统归薛岳指挥。⑥

当孙渡率滇军主力大举出境，以“御敌于滇境之外”后，龙云又在省内采取坚壁清野的手段，严令各地县修葺城垣，加筑明堡。

仅短短月余时间，便增筑碉堡2000余座，加上原来有的，竟达5000座之多。与此同时，他还令各地县将地方力量集中于构筑工事和加固城池，万一红军来临，务必尽守土之责，如果轻易放弃，军法从事。龙云的计划不谓不严整、周全。

1935 年 1 月 29 日，中央红军分三路从猿猴（今元厚）场、土城南北地区一渡赤水河，进入川南，意在北渡长江。

蒋介石立即重新调整部署，由湘军组成第一路军，何键任总司令，以其主力在湘西围剿红二、红六军团；以薛岳部组成第一、第二纵队，滇军为第三纵队，黔军为第四纵队，在川军及第一路军一部的协同下，企图围歼中央红军于长江以南、横江以东、叙永以西地区。其中，川军 12 个旅分路追截，并沿长江两岸布防；薛岳率中央军 8 个师和黔军 5 个师从贵州分路向川南追击；滇军 3 个旅向贵州毕节和云南镇雄急进，企图截击红军。

2 月 2 日，面对蒋介石调兵遣将从四面八方的合围，红军回师折向云南东北部的扎西（今威信）和镇雄，孙渡率领的滇军随之进入贵州的毕节、大定、黔西一带布防。

也就在这一天，蒋介石为了统一指挥，致电龙云，委任龙云为第二路军总司令，薛岳为前敌总指挥，下辖四个纵队：第一纵队吴奇伟、第二纵队周浑元、第三纵队孙渡、第四纵队王家烈。各纵队名义上统归龙云指挥，而实际上，龙云能够指挥的仅是第三纵队。由于不了解全面情况，就是第三纵队，龙云也很难指挥。

2 月 5 日，蒋介石准龙云所拟，任命孙渡为第三纵队司令。孙渡的第三纵队共辖有云南步兵第一、第二、第三、第五、第七、第九等 6 个旅，两个新兵团和两个独立营。纵队指挥部直辖有警卫一营，配有一百瓦特及十五瓦特电台各一台。各旅辖步兵两个团。旅部直辖特务连，迫击炮、重机枪各一连，也有十五瓦特电台一台。各团辖步兵三个营，营辖步兵四个连，连辖三个排，排有轻机枪一挺。全纵队合计共有官兵约二万四千人左右。装备武器系新自法、捷、比三国购置，不但黔军不能相比，即蒋嫡系军的装备也赶不上。

孙渡纵队独立营以上的军官姓名是：

少将司令官孙渡，少将参谋长保家珍，少将参军陈忠书，上校参谋处长缪嘉琦，上校秘书杨世英。第一旅旅长刘正富，第一团团长袁存恩，第二团团长董文英。第二旅旅长安恩溥，第三团团长郭建臣，第四团团长万保邦。第三旅旅长原为龙雨苍（因病故，未补缺），第五团团长萧本元，第六团团长严家训。第五旅旅长鲁道源，第九团团长冯云，第十团团长侯镇邦。第七旅旅长龚顺壁，第十三团团长杨时彦，第十四团团长马继武。第九旅旅长张冲（因任云南盐运使，未随队出发），第十七团团长王开宇，第十八团团长王炳章。新兵团（番号不清）团长罗廷标、龙翔；个旧独立营营长邱秉常，永绥独立营营长龙烽烜。[7]

2 月 7 日，中革军委根据敌我态势，决定暂缓执行北渡长江的计划，改在滇黔川三省边界地区机动作战。2 月 8 日，红军各部进入扎西附近地区。

此时的红军，面临的形势极其严峻。东面有湘军刘建绪的 4 个师，西面有滇军孙渡的6个旅，南面有中央军薛岳的2个纵队，北面有川军刘湘的12个旅。

然而，红军幸好有毛泽东统率，不然历史要重新改写。中共中央政治局 1935 年 1 月 15 日至 17 日召开的遵义会议，肯定了毛泽东的正确主张，确定了毛泽东的领导地位。

为了摆脱尾追和堵击的敌军，毛泽东建议中央红军放弃去湘西同红二、六军团会合的企图，改向敌军力量薄弱的贵州挺进。从而改变了中央红军的前进方向，使红军避免了可能覆灭的危险。

面对敌军重兵四面包围，这对于刚刚重新确立领导地位的毛泽东来说，真可谓“受任于败军之际，奉命于危难之间”，要想率领 3 万红军摆脱 30 万敌人，犹如蜀道之难，难于上青天。

然而，毛泽东却以他博大精深的战争艺术，导演了一场精彩绝伦的战争话剧。

龙云对于红军的态度，是立足于从预防到防堵的一个“防”字上，这是既定的策略。因此，他多次发布“思患预防”“严密防堵”的命令，表示“本省虽欲出兵”，“亦只有防堵而已”。

但当红军进入扎西附近时，龙云却坐不住了，他立即把正在贵州毕节一线防堵红军的孙渡纵队安恩溥、龚顺壁、鲁道源旅调到滇东北镇雄县境内，企图与刘湘的川军南北夹击红军，围堵红军于川滇黔边境地区，以在此狭窄地带与之决战，歼灭红军。

2 月 8 日，孙渡第三纵队安恩溥旅由毕节向北堵截红军，前卫连向扎西以南镇雄县大湾子的老场坳口前进时，第一次与红军发生小的接触。在双方微有接触之后，滇军不敢前进，红军则毫不迟疑地回头复转黔北。

也就在这一天，红军集结于云南扎西（今威信）地区进行整编。

为了争取主动，实现红军的战略意图，毛泽东在红军总部驻地——江西庙主持召开了中央政治局扩大会议，史称“扎西会议”。会议根据红军面临的形势，研究决定精简机关，充实连队，以及进军方向。除红一军团外，各军团均取消师一级编制，3 万多红军编成了 17 个团，进一步加强了部队的战斗力。

滇军在扎西与红军初次交锋失利，龙云又惊又怕。惊的是，红军在运动中作战的战斗力，完全超出了他的想象。怕的是，红军主力集结滇北扎西，是否在为下一步深入云南腹地做准备。于是，他急电孙渡火速率滇军主力分路向扎西挺进，试图将红军逼出滇境。

长征到达陕北时的毛泽东
（图片来自网络）

就在滇军主力迫近扎西时，中央军委于 2 月 10 日、15 日分别下达命令，着各军团突然掉头东进入黔，向国民党军兵力薄弱的桐梓、遵义进攻。

见红军离开滇境，龙云感到“防堵”红军成功了，心里悬着的一块大石头也随之落了地。但他犯了一个致命的错误，低估了“朱毛红军”的战斗力。

三、贵阳“救驾”

3 月 24 日，蒋介石偕夫人宋美龄及端纳、顾祝同、陈诚、何成濬、晏道刚、吴忠信等人，由重庆飞抵贵阳，亲自督师“围剿”红军。

蒋介石一到贵阳，即对党政军人员讲话说：“共军已是强弩之末，现今被迫逃入黔境，寻求渡江地点未定，前遭堵截，后受追击，浩浩长江俨如天堑，环山碉堡星罗棋布。”[⑧] 在蒋介石看来，红军已到了走投无路的困境，他的决策是迫使红军不得不进行决战。

正当蒋介石误判形势、得意洋洋的时候，毛泽东高瞻远瞩，已经周密地筹划了西进云南、北渡金沙江的计划。要实现这一计划，扼守在滇边的孙渡第三纵队，就是前进道路上的主要障碍。

毛泽东在部署行动时说：“只要能把滇军孙渡调出来，就是胜利。”毛泽东说，蒋介石和他的那位俏夫人现正在贵阳城里，你不戳戳他，他还不知道我们已经到了他家门口。就是要戳得他心惊肉跳，大呼救命。叫谁呀？叫孙渡。孙渡赶来贵阳保蒋介石的大驾。

毛泽东是在声东击西，他用的是调虎离山之计。[9]

4月2日，红军以一部兵力佯攻息烽，主力进至狗场、扎佐地区，前锋直逼贵阳，并将围堵红军的国民党各路大军甩在乌江以北地区。尔后又作两翼佯动：以一军团的一部向右指向贵阳城，意在东调滇军；以一军团的另一部伪装主力，向东指向清水江，示之以红军将东去湘鄂西。大部队则伺机从贵阳、龙里之间突破南下。

此时，红军进入川黔后，神出鬼没，飘忽无定，两个多月内四渡赤水，与国民党"追剿"大军玩起了捉迷藏。这下可苦了数十万国民党"追剿"大军，如无头的苍蝇，整日里疲于奔命，结果却是四处扑空 。

孙渡回忆道：

因为蒋的指挥，多凭飞机报告，而飞机又每每为红军所愚弄，报告多不确实。如红军明明向北行进，听到飞机来时，即向后转朝南行进，等飞机去后，又依旧转向北进。而飞机只看到红军的南进，即电蒋报告，蒋就根据报告令各军均向南堵截或跟追并指定到达地点，限期赶到。各军虽明知赶到后，徒然累得人困马乏，依然扑空，可是不赶又不行，因为深恐万一他所指定的地点真的来了红军，你若不按规定赶到的话，则贻误戎机之责，就不能辞其咎了。到后如无红军，则又向有红军的地方赶，天天如此，几乎成了一个照例的公式。[10]

起初，蒋介石、陈诚等认为红军是东进，乘虚袭击贵阳的可能性不大。但在4日，飞机侦察红军主力先头已过平越西鸡场，清水江上也发现有浮桥，而红军后续部队仍在东进。当晚，开阳、高寨附近发现有少股红军活动。5日又得悉红军先头已抵龙里脚崖一带，似有向东南迂回贵阳模样，一时间人心惶惶。入夜后，郊外骤然响起枪声，谣传飞机场被红军占领，顿时犹如一声霹雳，震动了整个贵阳城，也吓坏了正在城里督战的蒋委员长 。

因为此刻贵阳城只有郭思演的第99师所辖4个团的兵力，而且大部在外围担任守备，别的部队均隔在乌江北岸，一时无法调过来；城防兵力包括宪兵在内不足两个团，根本不是红军的对手。在贵阳指挥追剿红军的蒋介石急调在黔西、大定一带的滇军孙渡纵队向贵阳增援，电催孙渡"兼程猛进"，前往驰援。

孙渡回忆道：

3月下旬，除了我的第三纵队仍跨赤水河在川黔边区古蔺、大定之间担任防堵以外，其他在贵州的部队，均为红军吸引到了乌江北岸的遵义地区，像飞蛾围

绕着灯光一样地围绕着红军在打转。坐镇贵阳的蒋介石，留有一个师负贵阳警备的责任，对号称天险的乌江南岸，复派有一个团沿江扼要守备，自以为防范周密，可以高枕无忧。料不到霹雳一声，突然传来一部红军已经冲过乌江南岸的惊人消息，震动了整个贵阳。此刻贵阳仅有一个师的兵力，要兼任城防及郊区石碉堡的守备颇成问题，别的部队又均隔在乌江北岸，急切调不过来。蒋介石焦急异常，乃电调第三纵队经大定、黔西、清镇兼程赶赴贵阳。[11]

孙渡没有让蒋委员长失望。黔西大定距贵阳 400 多里，依普通行程至少需要 7 天 7 夜。滇军表现出了很强的行军能力，先头部队第二旅更是一路急行军，结果硬是仅用 3 个昼夜便赶到了贵阳“保驾”。

第 4 团是第二旅的前卫部队，兼程前进，每日行军 150 里，下级军官和士兵对此怨声载道：跑来跑去，对红军堵也堵不住、围也围不着、追也追不上，昼夜奔跑，把两脚都跑肿了，连红军什么样都没有看到。

但军令如山，孙渡下了死命令，第 4 团紧赶慢赶总算于 3 日夜到达鸭池河。旅长安恩溥向中央军第 59 师韩汉英部（该部于 2 月底在遵义战役中遭到红军重创，正在该地休整）借了 3 部卡车，命第 4 团团附范捷正率领 4 个连，乘车星夜赶到清镇，并大肆宣传滇军主力到了。

因为当时传说红军中有一个口号：“拖死中央军，吓死川军，血战滇军。”安恩溥心中不免有些害怕，就想利用这种口号虚张声势，以解贵阳之危。4 日午，第二旅全部到达清镇。当夜 11 时，薛岳亲自打来电话，传达蒋委员长口谕：命安恩溥率部于次日拂晓到贵阳拱卫。

5 日晨，安恩溥亲率第二旅到达贵阳城外头桥待命不一会儿，薛岳总部来人将第二旅引入城内。薛岳即带着安恩溥来见蒋介石。

蒋介石对安旅的听命神速非常满意，大加称赞：“你们这个部队，可以算是国家的军队了。今天休息一下，了解了解贵阳的情况，由薛总指挥告诉你，好好部署。”能得到委员长如此赏识，安恩溥受宠若惊，当即来了个立正，宣誓效忠：“请委员长放心，第二旅全体官兵绝对服从薛总指挥命令，誓死保卫贵阳。”[12] 蒋介石连连点头，阴沉数日的脸上露出了难得的笑容。

这时，孙渡纵队后续部队第七旅也已抵达贵阳城外的鸭池河。蒋介石亲自打电话给该旅旅长龚顺壁，命他派一部兵力进占清镇平远哨飞机场，以巩固贵阳清镇安全。

谁知，龚旅长听不懂蒋介石的浙江官话，在电话里老是反问，弄得这位蒋委员长大发脾气，几乎摔掉话筒。

性命攸关之时，蒋介石向来都是非常认真。他早已做好了多种准备，仅“走”的工具就备有飞机、轿子和马匹。蒋介石吩咐时任贵州警务处长的王天赐：“挑选20名忠实可靠的向导、预备12匹好马、两乘小轿到行营听用，越快越好”。[13]同时劝说各国教士及外国人，退出贵阳到安顺暂避。

5日夜，孙渡纵队已全部按时赶到贵阳城外，蒋介石一颗悬着的心总算是放了下来，情不自禁地以拳击桌，连连夸奖道：“这样的部队才算是真正的军队！”随即派汽车把孙渡接进了贵阳城。

蒋介石的临时行营就设在已故前任贵州省主席、第18路军总指挥毛光翔的公馆里。蒋介石和宋美龄住在二楼，警卫相当严密，两端楼口设有双岗，走廊上还有全副武装的士兵巡逻。除了顾祝同、陈诚、端纳、晏道刚等亲信重臣可以自由上下外，任何人不经委员长的呼唤都不许上去。开会时，走廊上还有武装兵巡回走动。

6日上午，孙渡行抵清镇，蒋介石派来的汽车早已在此等候。孙渡随即就被接到贵阳毛公馆。在毛公馆会客室里，蒋介石面色严肃，见面就问孙渡：“龙总司令有什么电报给你没有？”

这一下子把孙渡问懵了，不知如何回答是好。

原来龙云担心滇军主力深入贵州后，红军会乘虚而入云南，同时也怕蒋介石借机控制滇军，便于4月2日密电孙渡：

“若匪窜过贵阳后，我军应即暂行告一段落，停止前进。……若委座有令，饬我军前进时，可将上述各种困难情形逢电婉呈。倘有滞碍，可借后方推拖耳。”

真是阴差阳错，孙渡竟没有接到这封密电，反倒是蒋介石的侦察电台意外侦知，所以他才这样急于询问孙渡。

见孙渡一脸迷茫，蒋介石心中已然明白，便堆起笑脸，故作关心地问：“有什么困难没有？”孙渡实话实说：

别的倒没有什么，只有一件，就是我们自进入贵州境内以来，用的都是云南富滇银行发行的新滇币。新滇币2元仅等于中央币1元。我们带有大量的云南半开银圆，随军到处兑现。可是遇有少数地区对我们拒绝使用或者有意贬值。拟请委员长饬令贵州一体通用，以免发生困难。

电视剧《长征》中的镜头（图片来自视频）

蒋介石当即满口应允，命晏道刚等人立即办理。[14]

援军既到，蒋委员长自然心情舒畅，一扫脸上堆积数日的阴霾，接着又询问孙渡一些家庭状况及平素喜看些什么书等生活细节问题，以示关心。原来，善于玩弄权术的蒋介石心存别图，时时不忘收买拉拢掌握着滇军主力的孙渡，以达其最终分化滇军之目的。

李以劻回忆道：

蒋见了孙渡表现异常的客气。薛岳表扬孙渡所带的是“勤王之师”。蒋以“该纵队乃革命军人的模范，动作迅达作战勇敢”，除当面表扬外，并传令嘉奖，犒赏孙渡两万元，所部每旅长一万元。接着蒋介石为了拉拢龙云，在召见孙渡后又特别嘉奖龙云，电文说：三纵之忠勇，乃贵总司令平时训练之功劳。[15]

会见结束前，蒋介石意味深长地对孙渡说：“川军郭勋祺旅在土城打得很好，我已下令升郭勋祺为模范师师长。”

离开毛公馆后，孙渡碰到了老朋友、原第 43 军师长张延光 。张是贵州安顺人，时任薛岳部参议。张延光笑着对孙渡拱手道贺：“你们到了贵阳，这里的人心才算镇定，尤其是委员长对你们云南部队印象最好。”

孙渡自然也压抑不住内心的喜悦，他说：“我见过委员长，他盛赞川军打得不错，现在你又说他极道我们滇军之好，我觉得这种间接的鼓舞办法，比之直接嘉奖还要高明得多。”

果然，蒋介石随后又传见了第三纵队先后抵达贵阳的第七旅旅长龚顺壁、第五旅旅长鲁道源等人，各有慰勉，并发给纵队部 2 万元、到贵阳的各旅 1 万元的补助费。

蒋介石同时致电龙云说：“我第三纵队自进剿以来，孙司令官及各旅长行动敏捷，忠勇可嘉，此皆兄训练成绩之表现，曷胜钦佩。”

龙云“闻之实深欣慰”。[16]但内心对孙渡却十分不满，个中滋味，唯有自知。孙渡此后便日益疏远龙云，最后脱离了龙云，在蒋介石的麾下。

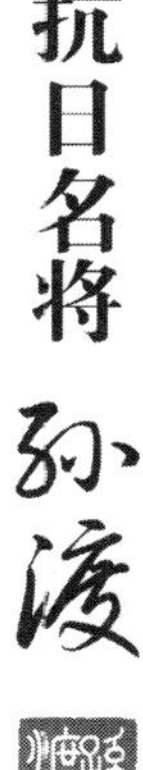

一年后，1936年4月18日，孙渡因“救驾”有功，擢升陆军中将，成为蒋介石在云南龙云之所属高级军官中得任军职的第一人。[17]抗日战争期间又升任第一集团军总司令。解放战争时期又做了兵团司令和热河省主席。

红军声东击西，孙渡奉蒋介石东调之令，遭遇人生惊险一刻！

四、龙里遇险

红军佯攻贵阳，实则声东击西，毛泽东调出孙渡纵队赶往贵阳的战略意图已经实现。红一方面军在贵州转战时，中共中央和中革军委视不断变换的敌情、地形条件等因素，作出红一方面军再入云南的战略决策。

4月7日，中革军委又一次作出完全出乎蒋介石意料的决定。命令红三军团派出两个团，1个团经贵阳大道，占领永乐堡、大关，1个团占领梨儿关，控制洗马河及龙里通贵阳两大道，并派出游击队作佯攻贵阳姿势；红一军团派1个团佯攻龙里；以此吸引敌人，红一方面军主力伺机乘隙从贵阳、龙里之间穿越湘黔公路迅速“南进”，以便迅速占领定番。

红军再次向东佯动，再次声东击西！

此时坐镇贵阳的蒋介石，又一次做出错误判断。他连夜作出部署，决定把能东调的孙渡纵队继续往东调。令其“马上出发，向龙里、贵定方向追击前进……”正是这一错误判断，不仅使红军迅速摆脱了敌军围追堵截，把孙渡纵队甩在了身后，也差点让孙渡险遭不测。

孙渡回忆道：

当我在贵阳再度与蒋介石见面时，蒋对我说：“现据飞机侦察报告，共军已转到清水江附近一带，并在清水江上架有浮桥两座，队伍正在纷纷过江，向东前进，似有向黄平、施秉、镇远一带回转模样。第三纵队应先开赴黄平、施秉附近防堵，如该处无共军到达，应继续赶至镇远附近迎头阻击。”

4月8日晨，孙渡仅在贵阳一天，就遵照蒋介石命令，以第七旅、纵队部的序列出发，继续东进，向龙里前进。午后4时左右，第七旅大部已到龙里，后续部队尚在谷脚（距贵阳30里）附近时，孙渡所乘汽车与红军便衣队接触，遂进至观音山乃与红军先头部队遭遇。

孙渡回忆道：

我当即照蒋所示，转令各旅即日开拔。我因在贵阳与各方接头，有所耽延，乃向前敌总指挥部要了一辆汽车，前往追赶队伍。不料车开离贵阳才三十余里的谷脚附近，忽觉汽车有被沙石打击的响声，我回头一看，发现路的左侧（北方）山上有百数十人的队伍，一齐开枪向我的汽车射击，我当即告诉司机仍继续向前行驶，不能稍停。⑱

孙渡继续前行数里，不料再次遭到在田中耕耘的便衣人员伏击，不得已率数名卫士下车，步行至龙里。孙渡回忆道：

行约数里后，又遇有扮作田中耕耘的便衣人员五六名拔出手枪，转到汽车路上向汽车射击，并将汽车前面的轮胎击坏。我命司机不顾一切向前直冲，终于冲出火网之外，查点车上卫士，已伤三死一。我因车已被击坏，乃率其余数名卫士下车步行，令司机将伤亡人员运往龙里，并手令已抵龙里的第七旅即派兵一团沿公路前来，候令派遣。该旅接到命令后，即派第十八团团长王炳章率领该团前来，同我在观音山相遇。我即将在谷脚附近发生的情况告知王炳章，并令该团沿公路向谷脚前进，接护纵队指挥部到龙里。⑲

孙渡见到王炳章，还担心一件事，就是纵队部押解的部队款项。孙渡对王炳章说："纵队部虽有警卫一营，但因押解款项较多（带有各部几个月的经费），一旦有事，恐难兼顾，才特派你们这一团前往接护。万一纵队部还未通过谷脚时，可告参谋长仍率部返贵阳，较为安全。你们沿途需注意警戒，不可大意。"吩咐后，孙渡仍继续向龙里前进，已近黄昏时方到达龙里。

车上"伤三死一"的人员是：贴身卫士邵申六死亡，卫士王石生、高兰元和参谋长陈某（其名无法考证）受伤，孙渡本人幸得参谋长扑在身上而未受伤。⑳

孙渡此次遇险，让蒋介石十分震惊。蒋致电龙云，盛称孙渡谷脚遇险，仍一往直前，为"大无畏精神"的表现。当孙渡行抵关岭时，蒋介石犹念念不忘，又派来一个营长（原在第三纵队第 18 团当营长，到贵州后被调去），携有蒋的亲笔函，由贵阳乘汽车特来此地等候，迨孙渡到达后，即行前来投交。孙渡初颇质疑又有什么紧急事件发生，及启封一看，尽是一些寒暄慰勉的话，而且篇幅竟达十余页之多。善于收买人心的蒋介石，其用意十分明确，他未能忘怀孙渡 "贵阳救驾"之功。

龙云对孙渡谷脚遇险同样十分震惊。不过，龙云则认为"谷脚"之事，就是"中央军"干的。薛岳听到后，曾一再向第三纵队驻贵阳的人员解释说："'中央军’过去曾被红军俘去甚多，他们当然会利用被俘士兵服装来和我们作战，使我们分辨不清，发生误会，在所难免。但‘中央军’绝不会有穿着自己服装来自相残杀之理。”仅此一端，亦可见其貌合神离、互相猜疑之甚了。[21]

4 月 8 日夜，孙渡接到第五旅旅长鲁道源来电，询问他是否抵达龙里。并报告说，该旅及纵队部警卫营已在途中和红军接触。后又接到第 18 团团长王炳章报告说，该团途中遇有大部红军由北向南通过，并与之发生战斗，通往谷脚的公路已被遮断，原任务已不能继续执行等等。至此，孙渡方才判明，在谷脚附近射击自己汽车的部队，只是红军的先头部队而已。

4 月 9 日，红军再次与孙渡纵队接触。孙渡回忆道：

次日（4 月 9 日），鲁旅及王团仍继续与红军保持接触，龚旅派往龙里西北进行武力搜索的第十四团及各游击队，亦发现红军的许多部队及驮马行李等络绎不绝地向南行进。惟该团队等因寡不敌众，不敢接近，只远距离地向之射击。[22]

孙渡根据上面这些情况判断，红军毫无向施秉、镇远方向东进之迹象，而所有红军似乎都来到了贵阳、龙里之间的地区。于是，他决定第三纵队无再向黔东前进的必要，而驻瓮城桥的安恩溥旅亦应迅速调回龙里，始能适应情况的变化。孙渡当即令安旅开返龙里，并令纵队部即返贵阳待命。

孙渡回忆道：

我由贵阳出发时，料想红军大有先到黄平、施秉、镇远一带的可能，很担心阻截的任务不易达成。万料不到离开贵阳才半点钟左右，就与红军遭遇并死伤身边卫士四名。而由西向东前进的整个纵队，也被自北向南前进的红军截得支离破碎，各自为战。这对坐镇贵阳的蒋介石，更是一个晴天霹雳，吃惊不小。[23]

4 月 9 日，红军越过贵阳通龙里的公路线，乘虚从贵阳、龙里之间，突破湘黔公路一带的拦阻，甩开敌人，和敌人背道而驰，分三路大踏步向贵阳的西南挺进，逼近云南。[24]这不仅显示了红军声东击西、迷惑敌人的高度智慧和技巧，同时对蒋介石最高统帅部的“情况判断”也给了一记很沉重的耳光。

至此，蒋介石才认定红军“企图向西南逃窜”，便令周浑元的第二纵队向南作压迫推进、李抱冰部赶到贵定、龙里间，合击红军于贵阳以南地区。然而，这为时已晚。

4 月 12 日，孙渡电令鲁道源在定番附近会合，同时召集在龙里的团长以上人员开会。孙渡在会上说，薛岳来电，红军攻入定番后，大部已奔向西南，三纵队应收复定番，跟踪追击。于是，第三纵队奉令跟踪尾追，即经定番（今惠水）、长寨（今长顺）前进。

孙渡回忆道：

当先头部队已行至紫云以西时，又奉蒋电令，谓据飞机侦察，有红军约四千人的一个纵队，正在向宗地、龙场东进中，着派兵一部向宗地、龙场跟追。我当时推测，红军不会分兵向东西两方面背道而驰地前进，或者由于北盘江渡河有障碍，又在旋磨打圈，若以一部兵力跟追，恐有被吃掉的危险。为防万一计，乃令各旅一齐回头向宗地、龙场前进。追返回一日行程之后，始知空军又中了佯东实西之计，将第三纵队抛在红军后方更远，而红军已安全渡过北盘江向西远去了。

孙渡不愧为“小诸葛”，他的判断的确没错，红军向西挺进，滇军向东尾追，两军背道而驰。

然而，此时红军已进入云南，威逼昆明！

五、回救昆明

4月22日，红军分三路进入云南：一路是罗炳辉、何长工率领的九军团，他们入滇时，占领宣威，后来经会泽渡过金沙江；另一路是毛泽东、周恩来、朱德率领的中央军委纵队，以及三军团和五军团，进入平彝（今富源）黄泥河、铁锁箐一带后，经富源、曲靖、马龙、寻甸、禄劝向皎平渡前进；再一路是林彪、聂荣臻率领的第一军团等红军主力，经富源、曲靖、沾益、马龙、嵩明等地，直逼昆明，然后经昆明西北，转向富民、禄劝、武定、元谋，向龙街渡前进。

4月27日，中央纵队到达曲靖城北，然后沿滇黔公路进至西山乡的上西山、下西山、西屯村一带。当红军先遣分队沿滇黔公路行进到曲靖西山乡关下村时，发现有一辆汽车从昆明方向开来。军委纵队管理科长刘金定、作战参谋吕黎平、侦查队长陈育才等人，迅速就近隐蔽于公路北侧的水沟里，逼迫汽车停下后将车包围起来，当即俘虏了驾驶员及军官各一，缴获了红军正急需的云南十万分之一比例的军用彩色地图20余份、云南白药10000多包，另外还有宣威火腿、普洱名茶等物资。㉕

经提审敌军官后得知，蒋介石命令薛岳率军入滇“追剿”红军。薛岳因无云南详细地图，特派副官刘剑秋入滇向龙云索要。龙云本想派飞机送，但是飞行员正好生病了，于是改用汽车送。可是万万没有想到红军如此神速，竟截获了他们运送地图的汽车。先遣分队迅速将缴获云南军用地图的喜讯报告已宿营曲靖三元宫的中革军委总部。毛泽东风趣地说，三国时刘备入川有张松献图，助刘备成就事业。如今我们过云南入川，则有龙云献图。

曲靖西山三元宫

关下村战斗在红一方面军长征史上可谓一次很小的战斗，但缴获的云南省军用详图和医治枪伤的特效药“云南白药”却对红军作用十分重大，解了红军的燃眉之急。毛泽东凭借这批地图，在曲靖以西的三元宫召开会议，很快确定了精确的行军路线及战略目标，为后来红军北渡金沙江，与红四方面军会合发挥了重要的作用。

如今，位于曲靖经济技术开发区西城街道西山社区下西山村的三元宫，曾经作为中央军委总部及毛泽东、周恩来、朱德等领导人的宿营地，内外修葺一新，参观者络绎不绝，成为全国关心下一代首批党史国史教育基地、首批云南省爱国主义教育基地。

29 日，三军团攻占了寻甸，一军团兵分两路由马龙经易隆进至嵩明，直捣昆明外围的嵩明县城和杨林兵站，前锋直逼昆明大板桥，距昆明城仅 60 公里。

红军锋芒指向昆明！这一出其不意的突然行动，完全打乱了蒋介石“围剿”红军的整个部署，也使龙云“防堵”红军入滇的图谋化成泡影。

因为这时滇军主力孙渡纵队三个旅已全部东调支援贵阳，龙云直接指挥的一个旅也调到黔滇边，昆明城内仅有卢汉指挥的一些团防及警卫部队，近乎空城一座。

龙云坐守昆明空城，简直如坐针毡，不知如何应对。他一面急电贵阳向蒋介石呼救求援，一面电催支援贵阳的孙渡纵队安恩溥旅火速返昆，并限令孙渡纵队三天内赶回确保省城；同时调集各地民团、守军增援昆明。[26]

这时，蒋介石也已下令薛岳亲率吴奇伟、孙渡、周浑元、李温珩等部衔尾猛追，于4月底沿着红军去路进入云南境内。由于龙云不断呼援，蒋介石命薛岳不分昼夜向昆明兼程前进。

岂料，红军攻昆明是假，渡江北上是真，用的还是声东击西、调虎离山之计。龙云正中了红军声东击西之计，红军趁金沙江沿岸的防务被削弱，冷不防转兵向西北方向挺进，趁此有利时机抢渡金沙江北上。

待孙渡先头部队第二旅赶到昆明，第五、第七旅及纵队部相继赶到嵩明一带时，红军早已迅速向北穿插，甩开了国民党“追剿"大军，抵达金沙江畔。

时任红四团政委的杨成武回忆道：

佯攻昆明，使云南全境震动。滇军不得不匆匆忙忙往昆明集中，这就造成了乘虚北进，渡金沙江的极好机会。这不能不说是一个锦囊妙计。兵书云“兵不厌诈”，奥妙就在这里。就在云南敌人匆匆忙忙往昆明集中时，红军主力突然兵分两路，向西北转进，直奔金沙江。[27]

5月5日，薛岳带着副官和卫士一行5人飞临昆明，前来同龙云面商中央军入滇事务。一个总司令，一个前敌总指挥，却是头一次见面。龙云举行了盛大的欢迎宴会，两人大有相见恨晚之意。

在谈及红军北去之后如何治理滇黔的问题时，两人都不约而同地表示滇黔应结成亲密联盟，相扶相倚，形成西南的中心。于是当场写帖换帖，结盟为兄弟。龙云年长为兄，薛岳年少为弟，相约同甘苦共患难，在政治上互相支持，绝不离弃背叛。

可尽管称兄道弟，龙云却仍然不许“中央军”进入昆明。

李以劻回忆道：

自5月6日起，两人便称兄道弟，互相勾结，延续达十余年。这件事是薛妻方学芬的叔父方少文和薛的机要秘书谢又生亲自告诉我的。1935年至1937年龙任滇黔绥靖主任驻昆明，薛岳任滇黔绥靖副主任驻贵阳，各设公署，互不相扰。后来在抗战中龙的滇军主力卢汉、高荫槐、孙渡、张冲、鲁道源、杨宏光等军师归薛指挥多年，也互相处得很好，确是事实。[28]

有道是：乐极生悲。两人结拜之日正是红军抢渡金沙江之时。4月29日，中央军委在寻甸鲁口哨、大汤姑地区发布《关于我军速渡金沙江，在川西建立苏区的指示》，以万万火急电各军团。

5日，军委纵队渡江完毕，7日上午三军团渡毕，五军团在皎西以南作掩护。8日下午，一军团兼程疾进赶到皎平渡江边并开始渡江；9日上午，一军团全部渡完。下午，留作殿后的五军团也过了江。此时，在乌江北岸的红九军团也已经会泽在巧家以东渡过了金沙江。

至此，3万多红军凭着6只木船，经过7天7夜连续奋战，全部巧妙地分别从禄劝皎平渡、洪门渡、鲁车渡和东川树桔渡，渡过了金沙江天险，实现了遵义会议作出的北渡金沙江的战略计划，跳出了数十万敌人的围追堵截，为夺取长征的最后胜利奠定了坚实的基础。

8日夜，孙渡纵队先头部队由元谋沿红军去路追至禄劝的皎平渡口时，红军后卫第五军团已快渡江完毕。第二天下午李抱冰部追到江边，只能望江兴叹。

蒋介石苦心经营的在金沙江畔歼灭红军的计划再次泡汤！

六、引咎辞职

龙云得到红一方面军全部渡过金沙江的报告后，深知自己在蒋介石面前多次夸下可以在金沙江南岸消灭红军的海口，已经全部化为泡影。他深恐蒋介石会以此为借口治他的“失职”之罪，便以退为进，主动来了个“负荆请罪”。

5月9日，龙云急电蒋介石，自请严行议处：

—匪已过江无疑。闻讯之后，五中如焚。初意满拟匪到江边，纵不能完全解决，亦必予痛惩，使溃不成军，借以除国家之钜害，而报钧座之殊恩于万一。讵料得此结果，愧对袍泽。不问北岸之有无防堵，实职之调度无方，各部队追剿不力，尚何能尤人。惟有请钧座将职严行议处，以谢党国。[29]

为了向蒋介石交待，龙云以第二路军总司令的名义发布布告称：为了防止红军进入云南，抢渡金沙江，曾派少将参军孟智仁迅速赶往元谋、武定等县，检查并督促销毁金沙江沿岸的渡船，由于孟智仁畏缩不前，贻误了战机，因而将其处决。又以宣威县长不抵抗就率队逃跑，被红军一度占领县城，枪决了宣威县长陈其栋。龙云妄图以杀孟智仁、陈其栋而达杀一儆百之效。

5月12日，蒋介石偕同晏道刚等几员干将，风尘仆仆地由贵阳飞抵昆明。蒋介石此行的目的，一方面是部署新一轮“会剿”，一方面要亲自会一会龙云

蒋介石到昆明与龙云（左一）交谈（图片来自网络）

这位“云南王”。龙云偕云南省党政军要员百余人在机场热烈迎接蒋介石，场面十分隆重热闹。

蒋介石一行下榻五华山别墅，这是一座幽静而又豪华的宅第。两人谈话一开始，蒋介石就对龙云说：“滇军这次入黔剿匪，服从命令还是很不错的。尤其是孙渡纵队昼夜兼程，按时赶到贵阳，可见平日训练有素。”

蒋介石其实早就盘算好，与其惩处一个人，不如驾驭一个人。他并非要治龙云的失职之罪，他对龙云是要“奖而不惩，以奖代惩”。蒋介石尤对孙渡的“救驾”之功，溢于言表，难以忘怀，令龙云心里五味杂陈。

龙云为答谢蒋介石的关怀，特在昆明举行全城火炬晚会。在对昆明各界人士的讲话中，蒋介石更是每每称赞滇军训练有素，组织严密，“忠勇诚朴，足为军人模范”，以肯定龙云统治云南的政绩。

5 月 13 日，就在蒋介石到达昆明的第二天，行抵元谋的孙渡致电龙云，表示自责，并提出引咎辞职，告老还乡。孙渡电文如下：

军急。云南。龙总司令钧鉴：凯密。窃职以非才，叠荷殊恩，屡寄重任，本应竭尽绵力，以图报称。惟能力有限，力不从心，以致时有陨越，无任惶悚。此次奉命剿赤，不能歼灭共匪于境外，转使越境渡江北窜，深用疚心，若再恋栈，恐更滋贻误，现匪既流窜，部队复已回滇，为应付环境便利计，拟恳将职部撤销，由钧座直接指挥为佳，否则，仍请另行遴员接替，俾得待时悔过，图报将来。至职个人，如不见罪，仍当以白衣之尊俎，以报恩遇于万世也。迫切陈词，不胜待命之至。职孙渡叩。元（13 日）午。印。[30]

孙渡选择蒋介石到达昆明的时机，提出引咎辞职，其中颇有深意，原因十分复杂。孙渡感到“力不从心”的原因之一，是龙云的命令“碍难遵办”。

蒋介石 1 月份调用滇军并不顺利。2 月 2 日既对龙云封官加爵，委任龙为国民党中央“剿匪”第二路军总司令，表示“素所倚重”，盼“建绥辑之勋”的诚意。望龙云为其效力。龙云对蒋介石的委任十分感激，2 月 6 日复电就职，并电告滇

军将领，“此次出征，诸弟前途，本省以后地位，均在此举，……所望振作，勿失此良机。……希望滇军前敌各将领，勿惜牺牲，当以军誉为重……”

孙渡率部于2月11日进抵毕节时，龙云分析“入滇红军不过万人，经川后损失甚大，且极疲惫”，认为时机已到，即电催令滇军各旅分头进击。而孙渡始则以“中央军大部留在贵阳附近……友军多存各自为谋之心”，不敢“轻率突进”。继之，则以“红军主力所在不明”，“部署未周”为理由，仅决定于15日赶赴镇雄。

15日，孙渡虽已达威宁、镇雄之间，却又以“黔境天寒路滑，人马疲惫，中央军周浑元部尚在大定”，“毕节、威宁空虚堪虞”而“不能不慎重应付”。龙云见滇军前敌出而不击，只好一面向蒋申明川军刘湘所报红军“入滇人数不确，攻陷镇雄之说尤为不确。”一面埋怨滇军“行动迟疑”，“形同移防”，指示孙渡“不必观望友军，即日进击”。㉛

当红军移兵扎西，孙渡以防区宽大，请命中央军速进时，龙云于16日致电孙渡解释：“出征各部是滇省精华，若敌情不明，当忍为孤注。”但也“不可因犹豫而坐失良机”。17日，龙云得知扎西红军人不满万，弹药缺乏，因而则以极坚决之口吻饬命滇军追击，并申令敢于“借敌延宕”者，将以军法从事。

但这时入黔滇军的处境则是“草鞋缺乏，给养困难”，而红军已经二渡赤水，进陷土城，指向仁怀了。孙渡奉命向赤水河、土城追击时，又因川界不用滇币踅回营盘山。龙即电指责孙渡“迭电指示，又未遵办，犹豫不决，影响士气，徒劳无功，有碍观听”。教训滇军将领“须知此次劳师糜饷，并非籍出兵以敷衍中央为得计”。㉜

2月15日龙云归纳孙渡率滇军出省后的情况说：“出发迄今，前方一切颇欠灵活，友军既然少联络，消息亦甚阻稀，报告或非重要，事必秉承后处理置，难期尽协机宜。”希望孙渡以后“以独立作战精神，相机因变”，表

蒋介石在云南大学会泽院接见云南要员（图片来自网络）

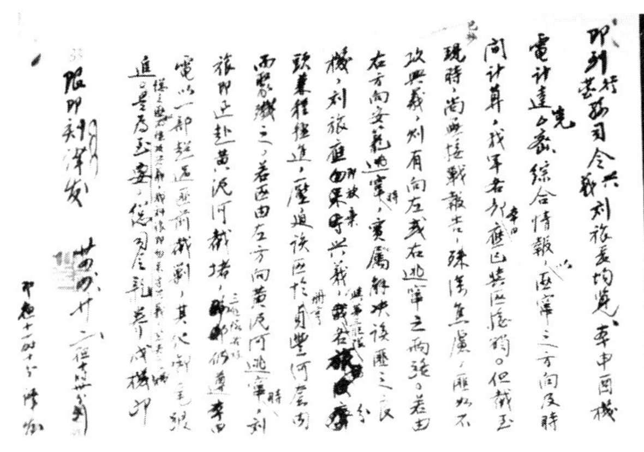

孙渡防堵红军与龙云来往电文（图片来自网络）

示“决不加以遥制”。最后警告“若再因循，或有贻误对于委座人民，亦恐无以自解也”。

2月26日，孙渡复电申辩未能赶上土城参战的原因是“各友军大不协同”，“偶一不慎，仓促即陷重围”，“综合窜滇之匪，确近四万之谱”，“各方所报，匪不满万，究系侦查不实，抑别有用心，殊难臆断”。“各友军全系电报政策”，“歼匪3万余”等“均非事实”。这实际是请龙云不要完全相信中央军和川军的电报消息，解释自己的慎而又慎，实为深惧因指挥失误而损滇军精锐于省外，更何况滇军在外行动多受“川人拒绝使用滇币”，“毕节亦不用滇省生洋”的限制。

28日，蒋介石电饬滇军于华节、大定扼堵，同时警告：“各堵追部队，若不接近匪人，觅匪进击，以纵匪论罪。”这时，龙云已感事态严重，于3月1日电命孙渡下大定，指出“坐待生洋，必误事机，行往开支，均属相等，何能借此逗留？”“刻下事体严重，万勿稍事玩延。”

4月1日孙渡奉命赶赴镇西卫待命。4月2日，孙渡进驻镇西卫、鸭池河。这时，龙云认为滇军“奉命追剿以来，疲于奔命，迄未接触。其他部队，匪来不击，匪去不追”。22日，龙云命孙渡以一部尾追，以一部取捷径入滇边截堵。当日孙渡即以“此间欲越匪前，诚恐不易”电复龙云。

5月5日，红军渡江时，龙云以为此时乃滇军“生死关头，”所以迭电滇军各旅“发奋向前，……若避重就轻，任意延宕”，放红军安全过江，“不论何人，当以军法从事，团长以下准由旅长先行正法，……旅长以下，准由纵队司令先撤后报”。

5月8日，龙云仍以为红军“虽渡江一部，其大多数仍在环州附近”，连电孙渡及各旅旅长，指出红军“江日已由禄劝鲁东各渡过江，计已三四日，……我军尚在元、武一带，相距百里以上”。……“昨今两日徘徊于元谋一隅，殊欠果断，此时，我军务星夜兼程猛进，……乘其半渡而击”。并且言辞告诫“若再迟延，匪必完全渡尽，则纵匪之咎，责不能辞，虽百口莫辩矣。”

而此时孙渡还无法判断环州红军的去向，安、刘两旅仅能赶到环州一旅，鲁旅正向永仁转进，7 日才能赶到盐兴。5 月 10 日，滇军刘旅到鲁车，龚旅到白马口江边。川境会理危急，刘文辉再电龙云派军渡江夹击。12 日薛岳命滇军开往永仁集结待命，孙渡以与龙云命令相悖而复电“碍难遵办。”㉝

孙渡感到“力不从心”的原因之二，是指挥混乱，电令不一，身不由己。

3 月 4 日，蒋介石决定亲临前线统一指挥。5 日，蒋命孙渡由瓢儿井到大定堵截。7 日，龙云命孙渡布防大定，“万勿分散”。8 日，蒋介石、薛岳同时命令滇军集结黔西。孙渡因各方来电要求不一，难于执行而请示龙云。龙云因各军行动统由蒋亲自决定而不便提出意见，但又电告孙渡兵力以集团使用为要，如红军循归道踵向威信、镇雄前进，“孙部应移毕节”。㉞

12 日，蒋介石又以红军有西进的可能，饬孙渡原地待命。13 日，红军于金沙、平桥、沣水击溃黔军犹国才旅，迫使犹部退守金沙。15 日，龙云电嘱孙渡以能寻机堵截红军并易转移至第二线滇东北为主旨，再次告诫兵力需集中使用。16 日，红军进袭茅台镇，三渡赤水。蒋介石命滇军仍驻大定、黔西。19 日，薛岳命滇军于赤水河、龙昌营、清水塘、瓢儿井一带防堵。20 日，龙云致电孙渡说：“日来委座电令，似觉有朝令夕改之弊。所示部署，亦有各个击破之虞。统观全部攻剿，不免松而且泛。于事固然无济，于害诚为可虑。……殊难了解。”龙云此时对蒋介石亲自指挥混乱的不满，已跃然纸上。㉟

4 月 1 日，孙渡奉蒋介石之命赶赴镇西卫待命。这时，龙云电令孙渡，红军一过贵阳，滇军即应暂行告一段落“停止前进”。如再继续深入，不但后方接济困难，“经费亦无来源”，蒋介石再令前进，“可借后方推拖耳”。4 月 3 日，龙云连发两电再次叮嘱孙渡，滇军不能再向贵阳以东前进，因为“中央接济难期……是事实上深入实不能也”。滇军各部 6 日前后分抵达贵阳后，8 日龙云即指示孙渡“便中应相机报告”蒋介石，滇军“以移驻安顺为宜”。9 日又电切嘱孙渡，“我军若再超过贵阳前进，经费立将断言，无论何人令赴黔东，均须考虑，不能轻进也”。但这时滇军各旅均由蒋介石直接指挥所达位置，蒋介石明命“三纵留黔协剿”，孙渡则身不由己，不得不电请龙云“妥筹善法”，径电蒋介石陈述困难了。㊱

红军战术机智灵活，自己意见不受重视，是孙渡感到“力不从心”的原因之三。

孙渡第三纵队大多是新近才成立的，尚无实战经验，对红军作战更感生疏。到达贵州后，孙渡听说蒋介石嫡系军在江西实行碉堡封锁政策，对此感到新奇，但他却认为“碉堡政策必有其缺点，或者封锁有空隙，或者部队胶着于碉堡之中，而无主动出击的精神，不然红军为什么会长征到了贵州呢？”[37]

孙渡部队不会修筑碉堡，只能构筑一些野战工事，供必要时的依托。孙渡因红军行动迅速，神妙莫测，恐有猝不及防的危险，乃通令各步兵团，各编一个能分合使用的游击队，不论行军、驻军均在主力外围一日行程之内进行游击活动，以掩护主力的安全，并搜集红军的情报。

未几，孙渡听到吴奇伟的第一纵队向遵义进犯，遭到红军猛烈的回击，几乎全军覆灭。他因此“觉得红军的威力，并不因长途征战而稍减”。

于是，孙渡向薛岳建议说：

专事进攻，则共军必旋磨打圈，徙移无常，以走疲我，伺机反击；专事封锁，则我又因构筑碉堡，旷日持久，徒使共军从容坐大，安然休整，不难一举而突出于封锁线之外。现在我军应利用在装备上、数量上的优势，乘共军无根据地可供依托之际，实行外锁内攻，同时并举，围堵跟追，密切配合，庶使共军处处时时受攻，寝食不遑，动则处处被阻，障碍难行，以免共军随时居于主动，我则经常陷入被动的地位。[38]

然而，国民党军派系关系复杂，不可能实现这主动的战略战术。孙渡虽绞尽脑汁，为其出谋划策，最终却是徒劳的。

七、朱德来信

主动出击红军，实非孙渡心愿，这是孙渡感到“力不从心”的根本原因。

自1931年爆发“九一八”事变后，中华民族陷入空前的苦难深渊，抵御外侮、救亡图存的民族呼声一浪高过一浪。无数仁人志士满怀“甘洒一腔报国血，重铸千古民族魂”的壮志，奔走呼号，停止内战，一致对外。

在民族生死存亡之际，云南陆军讲武学校校歌中那句“但凭那团结力，旋转新乾坤”的豪言壮语，让孙渡热血沸腾。在接到蒋介石“追剿”红军的电令后，孙渡和龙云一样陷入了不可避免的矛盾之中。

对共产党，孙渡并不陌生，他曾目睹龙云追随蒋介石在云南进行过“清党”活动，抓捕了不少共产党员，并冒险救过中共昆明市委委员刘苑梅。

红军长征时的朱德
（图片来自网络）

对红军，孙渡也有所了解。虽没有交过手，但他早就耳闻，指挥红军英勇善战的是人称“红军之父”的朱德。朱德和他都曾在云南陆军讲武堂学习，与他既是校友，又有师生之谊；红五军团团长罗炳辉曾在滇军服过役，也和他十分熟悉。

当红军逼近昆明时，时任昆明戒严司令的胡瑛，收到朱德的来信，信中说：“蕴山（注：胡瑛字）学兄勋鉴：此次我军纯因北上抗日，途经云南，并无犯滇意图，望仁兄勿与为难，则国家幸甚，民族幸甚矣……”[39]

朱德和胡瑛在云南陆军讲武堂学习时义结金兰，在南昌起义和井冈山斗争时期，已不止一次得到云南讲武堂的金兰兄弟的帮助。胡瑛对龙云有救命之恩和让位之义，两人又是结拜兄弟。龙云、孙渡对胡瑛的意见一向十分尊重。

红军总司令朱德的来信，不能不对孙渡的思想产生积极影响。胡瑛收到朱德总司令的信后，及时与龙云、孙渡等商议对策，对红军采取了“追而不击”的策略，因而“未与红军发生大的战斗。”[40]

5 月 14 日，孙渡接到龙云回电：

即到。行营。火（孙司令[41]）：元午电悉。凯密。此次共匪窜渡大江，未获痛惩，殊觉遗憾。惟既经渡江，仍应入川穷追，一面防其回窜，部署江防。各部队任务已详寒酉电。日来委座莅滇，请示事多。我第三纵队现任江防，在匪情尚未告一段落前，纵队部暂不结束。督率修筑碉堡及渡江部队之后方勤务，兄仍继续办理为盼。又此次共匪过江情形及船只来源，并武、禄失陷详情，均需详查具复。谦（龙云[42]）。寒戌。机。印。[43]

龙云在回电中告知孙渡：“委座莅滇，请示事多”，对其引咎辞职一事，则轻描淡写地说：“纵队部暂不结束”，同时令孙渡：“入川穷追”。

蒋介石在昆明期间，多次与龙云密谈，说中央要提高龙云在滇黔方面的权力，以期在此作为中央的支柱，并许诺说要成立“滇黔绥靖公署”，统率两省军政。

5月25日，红军强渡大渡河，随即又飞夺泸定桥。蒋介石欲全歼红军于大渡河南岸的企图再次化为泡影。

6月上旬，蒋介石在昆明20多天，辛苦付诸东流，且随着战事发展，不得不前往成都，继续他的“剿匪”大业。

蒋介石离开昆明时，将剩下的特支费14万元大洋留给了龙云。龙云自然感激涕零，特意献上一个黄金大牌子，上书“蒋委员长莅滇纪念”字样。[44]当然，晏道刚等侍从人员也都得到了一个纯金牌子，只是比送给蒋介石的小了一号。

1936年2月，红二方面军长征过云南，孙渡又将如何应对？

【注释及参考文献】

①⑧ 晏道刚．蒋介石追堵红军的部署及其失败[J].文史资料选辑（总62），北京：文史资料出版社，1979.3：3–48

②⑫ 安恩溥．滇军第三纵队追堵红军经过[J].云南文史资料选辑（28），云南人民出版社，1986.4：19–48

③④⑤⑥⑦⑩⑪⑭⑱⑲㉒㉓ ㊲ ㊳ 孙渡．滇军入黔防堵红军长征亲历记[J].云南文史资料选辑（28），云南人民出版社，1986.4：1–18

⑨ 伍近先．山水狂飙[M].解放军出版社，1995.10： 94–112

⑬⑮ ㉘ 围追堵截红军长征亲历记——原国民党将领的回忆（上）[M].北京：中国文史出版社，1991.1：257–304

⑯ ㉙㉚㉛㉜㉝㉞㉟㊱㊸ 云南省档案馆．国民党追堵红军长征档案史料选编（云南部分）[M].档案出版社，1987.11：34–300

⑰ 高蕴华．第二路军对红一方面军追堵的回忆[J].云南文史资料选辑（28），云南人民出版社，1986.4：48–53

⑳㉑ 段泰宇．原国民党将领孙渡事略[J].陆良文史资料（3）：75–78

㉔ 魏家骏，罗斯仁．西进云南北渡金沙——纪念红军长征胜利五十周年[J].云南文史丛刊，1986（4）：1–5

㉕ 袁德成等．云南爱国风云录[M].云南大学出版社，2003.6：124–153

㉖ ㊹ 谢本书．龙云传[M].云南人民出版社，2011.3：98–118

㉗ 转引自李涛．大围追——国民党围堵红军战争揭秘[M].中国文史出版社，2012.1：283–329

㊴ 王成斌等主编．民国高级将领列传[M].解放军出版社，1993.11：154–167

㊵ 林文俏．云南戒严司令胡瑛暗助红军长征过云南[N].南方都市报，2015-04-15

㊶ 火，孙渡当时的密码代号。

㊷ 谦，龙云当时的密码代号。

第 6 章　石鼓“送红军”

1935 年 10 月，中央红军长征到达陕北后，战斗在湘鄂川黔的中国工农红军第二、六军团（红二方面军）离开根据地，开始进行战略转移。1936 年 2 月，为摆脱敌军的围追堵截，红二、六军团全部撤离贵州毕节县城，向滇黔边的乌蒙山区转进。孙渡再次奉蒋介石、龙云之命，率第三纵队防堵红军入滇。

龙云、孙渡先后收到贺龙、任弼时让周素园写的信，以及萧克、王震等联名写的信。信中说：“红军是不好打的”“假道灭虢，史有明鉴。”再次说明红军是“北上抗日”，望“勿与为难”……然而，龙云仍不惜血本，指示孙渡务必将红军阻截于云南境外。

龙云尝到贺龙的厉害后，暗地叮嘱手下诸将：“切忌穷追，只需把红军送出滇境。”孙渡纵队奉命一路尾追红军，“每日行程仅十多里或二十里即宿营”，“希望红军快点退出云南境”。当孙渡纵队尾随红军进抵滇西时，蒋介石邀龙云飞抵第三纵队上空，将亲笔信投给孙渡，观察追击情形。

4 月 30 日，在红军渡过金沙江的第二天，孙渡纵队才尾追到丽江，赶到石鼓“送行”。龙云令孙渡过江追击，孙渡电告龙云，称“无法渡江”，滇军“送行”任务宣告结束。

在这段历史中，孙渡的思想和行动又将会发生怎样的改变？

一、贺龙来信

1935 年 10 月，蒋介石设立宜昌行营，以陈诚为参谋长代理行营主任，调集 130 多个团对湘鄂川黔苏区发动新的大规模“围剿”。

中共湘鄂川黔省委和军委分会决定转到外线寻求机动，创建新苏区。11 月 19 日，一个风雨交加之夜，贺龙、萧克率红二、六军团 1.7 万余人从湖南桑植出发，开始长征，向南连续突破国民党军澧水、沅江两道封锁线，进占溆浦、辰溪、新化、蓝田。

长征胜利结束后的贺龙
（图片来自网络）

蒋介石慌忙集中李觉、陶广、樊嵩甫、郭汝栋、汤恩伯、孙连仲六个纵队分路追击。

红二、六军团转向西进，于1936年1月12日占领黔东石仟、江口。随后继续向西挺进，于2月2日渡过乌江上游鸭池河，进占静西县城，接着展开于黔西、大定、毕节地区，创建根据地。

据此，蒋介石重新调整部署：令万耀煌师迅速赶赴遵义；令杨森等部在高县、珙县、叙永、扎西地区防堵红军渡过金沙江；令孙渡纵队进入威宁、盘县地区防堵红军入滇；令李觉、樊嵩甫、郭汝栋纵队继续由东向西追击。

红二、六军团2月到达毕节时，创建了中华苏维埃共和国川滇黔省革命委员会，组建了贵州抗日救国军。贺龙请清末秀才、贵州著名进步人士周素园出任贵州抗日救国军司令员。

与此同时，贺龙、任弼时为了扩大党和红军的政治影响，利用周素园同龙云、孙渡等上层人物相识的有利条件，请他给龙云、孙渡写信，宣传中国共产党和红军的抗日救国主张。

周素园（1879－1958），原名周增艺，又名培艺，别字树元，清末秀才，贵州毕节人。在红二、六军团占领黔西、大定、毕节后，他积极拥护中国共产党的抗日民族统一战线政策，并不顾年高体弱，坚决要求参加红军，并跟随红军长征到达陕甘宁根据地，受到毛泽东等中共中央领导人的热情接待。毛泽东称赞他为“：我们的一个十分亲切而又可敬的朋友与革命的同志。”抗日战争全面爆发后，中共中央任命周素园为八路军高级参议，并于1938年命他返回原籍，继续开展革命工作。新中国成立后，周素园曾任贵州省人民政府副主席、贵州省副省长等职。

周素园（图片来自网络）

时任红六军团16师47团第2营营长的张铚秀晚年回忆道到：

当时蒋介石急令“追剿”军前敌总指挥刘建绪率樊嵩甫、李觉、郭汝栋等三个纵队继续追击我们，滇军孙渡纵队又从滇东北赶到嵩明配合龙云的直属部队堵截我们，鉴于敌情仍然十分严重，我红二、六军团进入滇中前，贺龙、任弼时同志请贵州毕节的著名爱国人士、随同红军一起长征的周素园老先生写信给龙云、孙渡，周老先生以爱国义举劝说龙云、孙渡，希望他们和红军合作。[①]

周素园在给龙云、孙渡的信中说：

蒋介石派中央嫡系万耀煌、樊嵩甫等进入云南、贵州来打红军，也叫你们打红军，红军是不好打的。退一步说，即使你们把红军打掉了，也是两败俱伤。万、樊挟天子以令诸侯，人多势大，那时的云南，还是你们的？假道灭虢，史有明鉴。[②]

孙渡对周素园相识已久，素来敬重，赞同其爱国民主思想和抗日救国主张。由于周素园的工作，孙渡在威宁、昭通按兵不动。这对于红二、六军团集中兵力对付蒋介石的“追剿”军和在黔西、大定、毕节地区休整部队、创建根据地创造了十分有利的条件。

时任红六军团军团长的萧克晚年回忆说：

周素园的“信”打中了他的要害。所以孙渡就在威宁、昭通，按兵不动。国民党追击军主力从东面向我进攻，但孙渡纵队在西面按兵不动的态势，就利于我们集中主力对付东面来的敌人，能在毕节停留近20天，休整补充。[③]

孙渡将周素园的信转给龙云后，龙云不但不听，反而“把原信摄影下来，呈报蒋介石下通缉令。并张贴布告，表示他对蒋的忠诚。”[④]

因为，龙云对贺龙既敬佩又害怕。

二、萧克来信

龙云晓得红军的厉害，贺龙的名声他也早就听说过。如今贺龙、萧克率红二、六军团在自己的家门口发动当地百姓，组建抗日救国军，轰轰烈烈地闹起革命来，这怎不叫他心惊胆战，坐卧不安。

2月17日，在致电蒋介石的电文中，龙云说出了自己心中的担忧：

据报，萧、贺股匪自窜黔北后，与贵之叛军、土匪裹成一片，扰乱区域扩大，等情。如果属实，则将来共匪被击退出黔境，土匪、叛军势不能随之俱去，留伏黔地，妨碍甚大。[⑤]

1955年的萧克上将
（图片来自网络）

其实，龙云既怕红军在黔川滇地区生根发芽，更怕尾追在贺龙身后的蒋委员长的十几万中央军。一年前，朱毛红军进入贵州，蒋介石大批中央军也尾追而至，没有把红军搞垮，却趁机把贵州省主席王家烈给搞垮了。如果让贺龙进了云南，蒋介石如法炮制，按整治王家烈的办法照方抓药，搞垮了自己这个云南省主席可比消灭贺龙要容易得多。

为了自己的云南半边天下坐得牢靠一些，龙云命令孙渡率滇军第二、第五、第七旅和第五、第十七团，共八个步兵团，配属工兵第一营为纵队警卫营，以及其他机炮等特种兵赶赴滇东北切实部署，并派第三、第四补充队为第三纵队总预备队。安恩溥回忆道：

我为了巩固滇东北方面的统治，几年前曾请以昭通为中心架设东昭十一属长途电话网一案，虽然经省府批准办理，但拖了下来，未予实施。到了这时，龙云自动提出要积极办理，命我会同电报局长萧阳勋、电话局长赵述完负责进行，构成滇东北通讯网。但由于红军入滇甚为迅速，此事仍未完成。

龙云严令各县积极训练常备队、保卫队，召回退伍的保卫队员进行训练，各区乡的力量集中县城，积极修革城垣碉堡，各县地方负责人战时须与县长共同死守县城；团务处、督练处召集退伍兵，成立战时两个保安团，由滇中各县成立两个补充大队。又派团务督练处第一副处长高荫槐为昆明城防司令，指挥驻昆明的所有步兵部队、宪兵、警察以及教导团的学生防守昆明。⑥

龙云不惜血本，把看家老底子的部队都拉了出来，就是要阻拦贺龙、萧克的红二、六军团入滇。他指示孙渡，务必将红军阻截于云南境外，并于3月9日致电顾祝同，试图引诱红军进入绝地：

此匪拟窜绥江，各方皆如此传说。此处地形，系属河套，若竟事入，即易歼灭。盖三面包围，前迫大江，可收事半功倍之效。项奉庚亥电，杨军已派兵阻于盐津，如是匪即不能窜绥，而昭通方面，又有角查河阻，亦属不易。恐或逼入威信，以窜川南，再折窜黔北，则又费手矣。可否止令杨军防守牛街，留盐津一面，令其溃窜，陷入绝地。⑦

龙云梦想将红二、六军团压迫到地险粮缺的绥江地区，以收当年歼灭石达开之效。

他如意算盘的确打得不错，然而事与愿违。2 月 27 日，红二、六军团西进深入乌蒙山区，同国民党“追剿”大军展开了山地回旋战。

3 月初，红军抵达赫章、平山堡、七星关、野马川、杨家湾，先头部队与孙渡第三纵队派出的游击队接触后，推进至浑水塘、小河口 。

这时，滇军第五旅折回威宁，以威宁城为中心，利用草海和附近山势向东北构筑半月形阵地。红军绕过威宁城，转回小河口循小路到了镇雄的牛场。镇雄县长和国民党追击部队判断：红军必经五眼洞大道攻镇雄。

谁知，红军取道八卡出牛场坝，在则章坝、桃园痛击万耀煌第 13 师，将该师的一个旅几乎全歼。随后，红军进入彝良东南地区，又在以则河六甲击溃樊嵩甫纵队一部。

红军进入云南彝良县奎香地区后，一部在奎香一带打圈圈，一部进入镇雄县的牛场坝一带。这下可把尾追在后的滇军第二旅旅长安恩溥难住了：共军主力到底在哪里？

就在滇军不知所措之际，萧克率红军主力挥师宣威。

在红二、六军团向宣威转移途中，萧克、王震、张子意三人又联名写信给孙渡，说明红军是抗日反蒋的，希望滇军不要和红军打仗，建议双方建立抗日停战协定。还告诉孙渡说，红军是不好打的。孙渡收到信后，又转给了龙云。⑧

龙云收到信后，顿时慌了手脚 。此时，滇军主力正由孙渡率领在黔滇边境“追剿”红军，昆明实际上成了一座空城。

一旦宣威有失，红军必将威逼昆明！

于是，他急调各县团队临时编成两个保安团，委派罗廷标、和吉光为团长，统归第一旅旅长刘正富指挥。

三、虎头山上

3 月 22 日，刘正富率领第一旅第一、第二团以及新编的两个保安团、补充第三大队李灌部、广富独立营龙奎垣部，共约 5000 人兼程赶赴宣威布防。当行至来宾铺时，红军已占领宣威的虎头山一带高地， 两军随即遥相对峙。

23日，天刚刚放亮，刘正富指挥所部向红军阵地攻击，虎头山战斗就此打响。激战至午后1时许，滇军渐渐不支。

就在这时，滇军第三纵队主力尾追红军而来。孙渡回忆道：

宣威虎头山红军烈士陵园导视图

第三纵队正在昭通、彝良之间行军途中，忽闻向镇雄前进的红军，又回师经滇黔边境向云南宣威进发。于是，第三纵队也不得不回头跟踪尾追，在途中我曾接萧克将军等来函一件，建议双方缔结抗日停战协定。我一面转报龙云，一面仍继续尾追。追至宣威北边的途中（地名我已忘），左边有一条岔路，红军已由这一条岔路走了。但我到此并未尾追，只派兵一部在岔路附近警戒，以掩护后续部队的通过，主力部队仍径向宣威南进。因为我所走的这条路，可以利用会泽通宣威的电报线路，尽先搜集情报（当时云南各县尚无电话，但可利用电报局电线通话），以便酌定行动。

当行至距宣威县城约四十里附近时，据当地老百姓说，相隔三四里就有电话线。我即令通信兵去挂电话，随即找宣威县长范捷正询问情况。范云，第一旅现正在虎头山附近与红军接触，闻尚有红军继续到达云云。我即着范迅速通知旅长刘正富，说我们部队已经到达，随即可以参加战斗。[9]

刘正富闻听此讯，好比落水人捞到了一根救命稻草，急派副官飞马请援。第五旅旅长鲁道源亲自带领队伍跑步前进，赶到来宾铺的山脚。刘正富的指挥所就设在山脚的一个凹地小水沟边。

见到鲁道源，正急得焦头烂额的刘正富喜出望外，连连拱手称谢：“老弟，你可来了！再迟些，我这条老命恐怕就保不住了！”

鲁道源说：“不要讲这些了，快把前面的敌情告诉我。”刘正富心有余悸地说：

今早8点多钟就与共军交火，双方互相冲杀了几次，第一旅的第一、第二团伤亡不小。现在情况略有缓和，正面大部分处于对峙中。李菘的补充大队全是新兵，一触即溃，据报退到曲靖去了。罗廷标、和吉光的两个保安团全是由县团队临时拼凑成的，没有什么战斗力，就没有使用到正面火线上，只用他们当当警戒。现在我把机关枪全部集中在一起，打算把机枪子弹打完，留最后一颗来打我自己。⑩

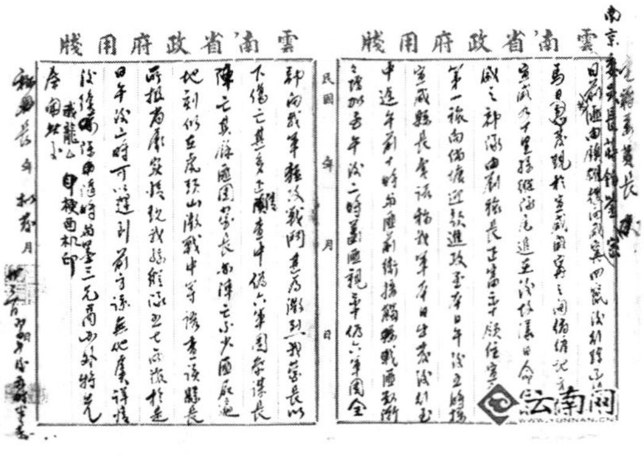

1936年3月23日，龙云电蒋介石，报告滇军在宣威倘塘虎头山与红军激战情况。电文称，在距离宣威九十里，宣威、威宁之间的倘塘与红军遭遇，萧克亲率红六军团全部向滇军刘正富旅发动猛攻，"战斗甚为激烈，我营长以下伤亡甚多"。（云南省档案馆提供）

当鲁道源问起当面红军的情况时，刘正富支吾了半晌，也说不出什么来。于是，鲁道源干脆带上第九团团长冯云、第十团团长侯镇邦和旅参谋长常绍群等人，亲自到高地上去观察。

下午4时许，红军向滇军左翼阵地发起了猛攻 。

鲁道源命第十团火速增援。该团第三营刚刚冲到双方阵地的中间地带，就与红军展开了肉搏。

滇军哪里是红军的对手，没过多长时间，便溃不成军，两个连长被击毙，连营长也被活捉了。鲁道源慌忙令第九团第二营增援上去，并下达了"不准后退半步"的死命令，才算打退了红军的进攻，把左翼阵地巩固住。

此时，第三纵队各部相继赶到。孙渡素知红军的厉害，担心刘正富旅有被吃掉的可能，即亲率警卫营一个连赶到虎头山的虎头上，观察红军部署的态势。

只见在观音堂左侧，满山遍野的红军正在展开猛烈攻击，滇军阵地岌岌可危。 孙渡即派萧本元的第五团增援观音堂左侧阵地。

但于事无补，没过多久，萧团就招架不住，败象已露。直到马继武的第十四团也增援上去， 滇军的虎头山阵地才算稳固下来 。

天色渐渐暗下来，红军一路一路地退回正面高地上的方形据点里去了，枪声渐稀，战况随即沉寂下来。

孙渡深知红军擅打运动战， "打得赢就打，打不赢就走"，如今一时吃不下刘旅，必撤围他去。

果然，萧克见滇军主力陆续增援上来，再打下去恐难以奏效，徒增伤亡，便于当夜撤围东进，经水坪子循海岱冲、龙场分成两路：一部向东由宝山等地入黔境，一部向南经马街去平彝（今富源）。

孙渡遂命刘正富旅暂留现地清理战场，其余各部于次日午后出动，向平彝方向追击前进。

安恩溥回忆道：

此役，第三纵队重伤送昆明甘美医院、陆军医院治疗的营长董文英等以下官兵二百余人，死亡、轻伤统计数字尚未详知。红军的伤亡，总司令部政训处派人将红军阵亡尸体反复照相，大肆宣传说，击毙红军第十七师师长刘转屯、政委汤释锋、主任陈文彬、赤卫队营长马秋得及其他团营长以下一千五六百名，照相后掩埋九百余名。[11]

虎头山战斗后，龙云自认为萧克部已被彻底击溃，立即向蒋介石报喜，并四处吹嘘："一担桶已经打烂了一只，剩下一只好打了。"

红军真那么好打吗？

四、普渡河畔

3月28日，红二、六军团在乌蒙山区回旋作战月余后，跳出了国民党"追剿"大军的重围，进占黔西南盘县、亦资孔地区，准备创建苏区。

30日，贺龙、萧克接到红军总司令部指示：立即北渡金沙江，同红四方面军会师。次日，红二、六军团离开盘县地区，分两路向西急进，开始了以强渡金沙江为目的的战略转移。

4月1日至5日，红二、六军团在平彝（今富源）附近冲破了孙渡部队的防线，在攻占沾益后，又向曲靖前进并直趋寻甸。

此时，正陶醉在"虎头山大捷"喜悦之中的龙云突发奇想，准备调集滇军的全部兵力扼守普渡河，企图在寻甸地区全歼红军。

龙云的如意打算是：即使消灭不了红军，至少要把红军堵在东岸，将其压迫走向会理，不经过昆明，同时也有理由阻止蒋介石的中央军进入云南，或者只能以少量部队进入云南。

于是，他命令孙渡率第三纵队堵住普渡河，又令第九旅旅长张冲率近卫第一、第二团和工兵大队、警卫营4000余人从昆明星夜出动，迅速赶到普渡河铁索桥西岸设防。

4月6日，张冲率所部由昆明出发，星夜兼程，于次日到达普渡河。部署如下：工兵大队在索桥东西构筑桥头堡，近卫第二团除派第三营过河东占领阵地，掩护工兵大队构筑阵地外，控制于普渡河西岸索桥上下，近卫第一团占领乐宰、千山一带阵地。

7日，孙渡率部到达嵩明地区。龙云即派团务督练处长卢汉为代表，召集孙渡及各旅长到杨林镇开会。

会上，卢汉夸夸而谈："虎头山一战击溃萧克匪部七八千人，打死两千人以上，现在所剩贺龙匪部和萧克匪部万余人，和我们现在集结的滇军实力比较，相差20倍。只要大家硬干、蛮干、沉着三者结合起来，消灭共匪指日可待。"

随后，他大讲龙云的作战部署："龙总司令的意思是要消灭共军于普渡桥附近，现已派第九旅张冲旅长率总司令的直属团队日夜兼程赶赴普渡河西岸一带防堵。普渡河上只有一座小桥，共军绝不能通过。只要孙指挥官率第三纵队加紧追上，一定可收歼灭之功。"

孙渡则不以为然，反驳卢汉道："许多大江大河都阻挡不了共军，小小普渡河起不了什么阻拦作用。他真正要过，你堵的地方他不过，折头一转，从别的地方过去了。如果堵的人不小心，会反而吃亏的。再说，即使堵好了，他不同你打，大转起来，问题就多了。不如压迫他快点走为好。"⑫

在座诸将不住地点头称是，为孙渡叫好，大有"将在外军令有所不受"之势。

卢汉气呼呼地说："龙总司令说了，大家是知道纪律的。如果这次再不努力，那就难逃纪律的制裁。"随即转身离去，会议不欢而散。

鲁道源冲着卢汉的背影，愤愤不平地骂道："他妈的！千辛万苦干到今天，得这样一个结果，还有什么干头！"⑬

孙渡明知在普渡河围歼红军的计划过于荒唐，但军令难违，只好硬着头皮照办了。

8日，孙渡率第三纵队由嵩明县城出发数小时后，即接到报告：工兵大队在普渡桥附近，与一小部红军稍一接触即狼狈溃逃，红军已过普渡河向滇西大道走去。

等第三纵队气喘吁吁地赶到普渡河畔时，只见河的上下游到处可以徒涉，红军早已渡过河，不见踪影了。

孙渡回忆道：

龙云之所以有此计划者，实由于宣威虎头山之役，他曾谎报蒋介石邀功。现更认为普渡桥的地形比虎头山险要得多，所谓“天赐良机”，可以邀得蒋介石进一步的宠幸。但是，他的直属部队太不争气了。据第九旅旅长张冲在安宁见我时说：“在行军中，看见山上被野火烧焦的灌木，就认为有共军，进行了好久的射击，以致延宕了抢占渡口的时间。”⑭

红二、六军团渡过普渡河后，飞快掉头南下，穿过密密麻麻的滇军间隙，如蛟龙摆尾，4 月 11 日迅速占领了距昆明 20 里的富民县城，全歼守敌。随即大军云集昆明城外，摆出了一副攻城的架势。

昆明城防空虚，一时间人心惶惶，鸡飞狗跳！

五、回救昆明

红军兵临城下，龙云无兵可调，顿时惊慌失措，坐立不安。他接二连三打电报向蒋介石求救，并把军官学校的学生都拉出来守城，又电令守在普渡河的滇军十万火急回救昆明。

时任云南省团务处副处长兼昆明城防司令的高蕴华回忆道：

当时，代龙核阅文件的胡道文，到城防司令部对我说，昆明为首善之区，关系甚大，现将军队全行派出，只余宪兵、警察及教导团学员防守，恐有疏虞，望不可大意云云。我回答说：“龙主席此次对红军入境，比上次更加重视，使用部队可谓全力以赴，盖有鉴于贵州王家烈前车之覆，深惧蒋介石假途灭虢，夺取云南地盘。至于昆明城防，四围碉堡现已构成，由数百名久经作战的教导团学员扼守，三几天可保无虞。蒋介石部队虽不可靠，我第三纵队各部，与红军接触，距离不远，红军不会攻坚，请你放心。”次日清早，即见警卫大队调回省城，当系胡道文向龙进言之故。⑮

滇军急如星火地驰援昆明，正中了贺龙的调虎离山之计！

红军在昆明城郊虚晃一枪后，4 月 12 日立即分兵两路，突然从富民掉头向滇西挺进。左路二军团沿滇西大道前进，右路六军团向牟定、姚安方向前进。

红二、六军团进军滇西，势如破竹。途经罗次（现属禄丰）、禄丰、盐兴（现属禄丰）、广通（现属禄丰）、楚雄、牟定、镇南（现属南华）、姚安、盐丰（现属大姚）、祥云、宾川、鹤庆12个县境，攻占了盐兴、楚雄、镇南、牟定、姚安、盐丰、祥云、宾川、鹤庆9座县城。

滇西各县城都是民团防守，兵力单薄且战斗力不强。因此，红军在短短十余天内，以日行百里的速度，或强攻或奇袭或智取，几乎一天攻占一座县城，不费吹灰之力，便横扫滇西，使沿途国民党县乡政权土崩瓦解，各种反动势力闻风而逃。

滇西地区又较为富庶，官僚地主搜刮的财物甚多。红军所到之处，一路开监救人、开仓放粮，打击土豪劣绅，宣传革命道理，得到广大群众的大力支持。同时得到了充足的给养，体力恢复，士气高昂，迅速成为一支粮弹充足、体力充沛的大军，为摆脱敌军追堵、顺利抢渡金沙江创造了十分有利的条件。

直到这时，龙云才尝到了贺龙的厉害，惶惶不可终日，暗地里叮嘱一路尾追红军的手下诸将："切忌穷追，只需把红军送出滇境。"

4月20日，两路红军在宾川会合后，继续向鹤庆前进。

孙渡率部一路尾追而行，希望红军快点走出云南境内。

六、尾追红军

红二、六军团进入滇西宾川、鹤庆一带后，前有金沙江横阻，后有国民党中央军、滇军、湘军等大部队追击，蒋介石认为这是歼灭红二、六军团的绝好时机，命令各路大军以金沙江为壑障，加紧进行对红二、六军团的又一次包围。

然而，此时的滇军诸将对蒋介石的命令似乎不以为然，他们只对龙云"切忌穷追"、"只需把红军送出滇境"的命令心领神会，上下一致的严守龙总司令的命令。

孙渡奉命率滇军一路尾追着红军，"每日行程仅十多里或二十里即宿营"，"希望红军快点退出云南境""免得中央军大量集结云南，对自己不利。"[16]

常绍群回忆道：

滇军尾追着红军，经过禄丰、楚雄、盐丰、姚安、大姚、宾川、祥云、洱源、鹤庆都没有与红军接触。每天都是第五旅充当前卫部队，同红军的后卫部队相隔不远，保持一定的距离。到楚雄时，红军在楚雄出去的保马街宿营，滇军的第五旅只好在保马街后面的公路露营。次晨出发时，红军后卫部队的红小兵一面走一面唱歌我们都听得见。红军走得快，我们也走得快，红军走得慢，我们也走得慢，一直到达丽江县境，红军便由丽江的石鼓渡口渡过江去了。⑰

萧克回忆道：

红军长征中，政治工作在三方面做得比较好：一是一路走，一路宣传“抗日反蒋”；二是搞统一战线，写信告诉孙渡和龙云，红军北上是为了抗日反蒋；三是优待俘虏，采取去留随便的原则，放俘虏时每人还发三块大洋作为路费。这对国民党军队起了很好的瓦解作用。当红军向滇西后，滇军追击就不积极了，说明给孙渡的信是起到作用的。⑱

当孙渡率第三纵队各部一路尾随红军进抵宾川附近时，蒋介石亲临昆明督战，邀龙云同乘飞机前往滇西上空，观察追击行动情形。连日来，龙云被贺龙的红军搞得焦头烂额，丧魂失魄，已有数夜没有合眼，精神萎靡不振。

龙云坐上飞机好久后，也没有搞清东南西北，因对地面上的道路城镇等辨别不清，疑为已飞出滇境，有成为王家烈第二的危险，顿时心情紧张，惶恐异常，惊出了一身冷汗。就在这时，飞机飞抵第三纵队上空，蒋介石令人将他所写的亲笔信装进通讯袋里，投给孙渡。龙云始知飞机仍在滇境，才松了一口气 。

蒋介石自然不晓得坐在他身旁的龙云想些什么，正欲与之商议下步追剿计划，忽见龙云哈欠连天，涕泪交流，痛楚难当，简直无法抑制。他还以为龙云是坐飞机不惯所致，就命人用飞机上的热气管在龙云的头部熏来熏去。⑲

殊不知龙云是因一时紧张过度，犯起了大烟瘾，而热气管又怎能管用。

4 月 24 日，红二、六军团为摆脱敌人的围追堵截，尽快抢渡金沙江，在鹤庆召开连以上政治干部会议和军事会议，研究部署抢渡金沙江的战略行动。

4 月 25 日，红四师抵达丽江石鼓重镇，拉开了红二、六军团抢渡金沙江的序幕。

4 月 26 日，红二、六军团主力全部到达石鼓，在军团总指挥部统一指挥下，红军在木瓜寨、木取独、格子、士可、余化达 5 个渡口，采取梯次而进、逐步向上游收缩的方法，全面展开了抢渡金沙江的壮举。

至 28 日傍晚，担任警戒任务的后卫部队顺利渡过金沙江。至此，红二、六军团全部渡过金沙江，摆脱了长征以来一直尾追的敌人，踏上了与红四方面军会师的征途，取得战略转移决定意义的胜利。

红二、六军团胜利渡江后，立即致电红军总部报捷。朱德、张国焘代表红军总部回电：“金沙既渡，会合有期，捷报传来，全军欢跃。谨向横扫湘滇黔，万里转战的红二、六军团致以热烈的祝贺和革命的敬礼。”

红六军团军团长萧克无法抑制喜悦的心情，挥笔书就《北渡金沙江》诗：

盘江三月燧烽飏，铁马西驰调敌忙；
炮火横飞普渡水，红旗直指金沙江。
后闻金鼓诚为虑，前得轻舟喜欲狂；
遥望玉龙舒鳞甲，会师康藏向北方。

七、石鼓“送行”

4月30日，红军渡过金沙江的第二天，孙渡率第三纵队才尾追到丽江，赶到石鼓来“送行”。

5月2日，孙渡在受命过江追击时，电告龙云，以部队给养难酬、雨期将至、民众拒用纸币、船只被毁等理由，要求推迟过江追击。[20]

孙渡在电文中说：“职前抵江边时，拟即过江跟匪尾追，每一思及地方人民，心常不安”，并称今“无法渡江”，“自当相机处理”。

龙云见红军已渡过金沙江，孙渡“把红军送出滇境”的意图也已达到，便接受孙渡建议，令其不再过江跟追。至此，滇军“送行”的任务也就宣告结束。

孙渡回忆道：

第三纵队继续尾追至丽江时，红军已由该县所属的石鼓渡过金沙江，纵队即自动停止跟追。约在六月初间，红军即全部离开云南，进入西康。接着，两广军阀借口北上抗日，出兵湖南，蒋介石又将已到滇西祥云的刘建绪各部调离了云南。[21]

到此时，一场“虚惊”过后，龙云大有“食可安席，寝可安枕，云南依然

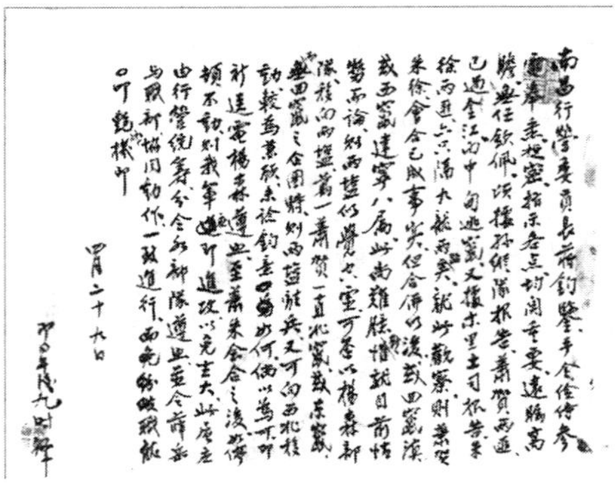

1936年4月29日，龙云电告蒋介石，建议杨森部向两盐（盐源、盐边）移驻。电文称，据孙渡报告，萧克、贺龙所率的红二、六军团已经渡过金沙江，向中甸行进；又据木里土司报告，朱德、徐向前两股红军“亦只隔九龙两站矣”。电文还称，就此观察，萧克、贺龙、朱德、徐向前红军会合已成事实。
（云南省档案馆提供）

红军在丽江石鼓渡江雕塑

是我家天下”的感慨。此后，孙渡在丽江驻军，近一年后才回到昆明。

安恩溥回忆道：

纵队部在各旅之后很久才回昆明，孙渡住在丽江，到了 1937 年春才回昆明，其中情况相当复杂。1935 年追堵期间，蒋介石、薛岳、龙云都曾直接指挥第三纵队，孙渡由于多照蒋、薛指示行动，引起龙云不满。特别是在清镇时，龙要孙到安顺，蒋要孙进贵阳，孙去贵阳解了蒋介石的危，蒋除殷勤接待外，还亲笔写了十几页信笺的长函慰问孙及各旅长，并直接发表孙为陆军中将，龙云甚为嫉视。1936 年杨林会议，孙的意见与龙相左，普渡河之战，未达到龙云的要求，还有一说是为了领蒋介石每月十万零五千元的补助金而留孙在丽江。[22]

孙渡在丽江期间，结识了有“丽江蝴蝶”之称的张灿琪。1937 年，张灿琪随孙渡来到昆明，进入昆华女子中学读书。1944 年元旦，在烽火连天的抗日前线，49 岁的孙渡与 20 岁芳龄的张灿琪在江西上高县翰堂乡 58 军军营中举行了婚礼，成就了一段令世人惊叹的“旷世姻缘”。

孙渡在丽江期间，国内政局发生急剧变化。1936 年 6 月 1 日，发生了“两广事变”，12 月 12 日，又发生了“西安事变”。在中国共产党的努力下，“西安事变”和平解决，促成了抗日民族统一战线的建立。

1937年7月7日，日本帝国主义蓄意制造了卢沟桥事变，中国军队被迫奋起抵抗，全国性抗战由此爆发。事变发生的第二天，中国共产党向全国发出通电，呼吁："平津危急！华北危急！中华民族危急！"指出："只有全民族实行抗战才是我们的出路。"

一场抗日救亡运动，迅速在全国如火如荼开展。年底，云南成立了"云南各界抗日救国联合会""云南学生救国联合会"等组织，大力推动抗日救国运动。

在民族危亡之际，具有强烈民族责任感的孙渡，深为中国共产党的抗日主张所感动，他渴望早日驰骋疆场，斩杀日寇，为民族复兴建立功勋！

从进云南陆军小学堂那天起，他就等待着这一天！

他终于等到了实现梦想的这一天！

【注释及参考文献】

① 张铚秀．从乌蒙山到金沙江．金沙江的记忆——红军长征过云南纪实[M]. 云南人民出版社，2006.9：134-146

② 徐占权，徐婧．老秀才的长征．中国共产党史网 .2011年05月25日

③ 唐霞，周素园：长征队伍中的传奇一员，北京日报，2016年04月18日

④⑧⑱ 云南省军区党史资料征集办编．红二六军团长征过云南 .[M]. 云南人民出版社，1986.9：89-229

⑤⑦⑳ 云南省档案馆编．国民党追堵红军长征档案史料选编（云南部分）[M]. 档案出版社，1987.11：319-522

⑥⑪⑬㉒ 安恩溥．滇军第三纵队追堵红军经过[J]. 云南文史资料选辑（28）. 云南人民出版社，1986.4：19-48

⑨⑫⑭⑲㉑ 孙渡．滇军入黔防堵红军长征亲历记[J]. 云南文史资料选辑（28）. 云南人民出版社，1986.4：1-18

⑩⑰ 常绍群，王伯勤．滇军两次堵击红军的情况[J]. 云南文史资料选辑（28）. 云南人民出版社，1986.4：58-67

⑮ 高蕴华．第二路军对红一方面军追堵的回忆[J]. 云南文史资料选辑（28）. 云南人民出版社，1986.4：48-53

⑯ 围追堵截红军长征亲历记——原国民党将领的回忆（上）[M]. 中国文史出版社，1991.1：302-304

中篇　抗日救国

1937 年 7 月 7 日，日本帝国主义者制造卢沟桥事变，发动了全面侵华战争。卢沟桥事变标志着中华民族全面抗日战争的开始。“起来，不愿做奴隶的人们，把我们的血肉筑成我们新的长城！” 卢沟桥事变爆发后，日军的进攻遭到了中国军队的顽强抵抗。图为驻守北平宛平城的 29 军将士奔赴卢沟桥抵抗日寇。

第 7 章　千里赴国难

1937 年 7 月 7 日，日本帝国主义者制造了震惊中外的卢沟桥事变，企图以武力侵吞整个中国。中华民族的全面抗战由此拉开帷幕，抗日烽火迅速燃遍了整个中华大地。在中国共产党抗日民族统一战线的感召下，以龙云为首的云南地方实力派积极投入到全民族抗战中。民族存亡关头，朱德通过龙云转告在滇讲武堂同学："共赴国难，自有出路。"

"亿万苍生归劫火，百二雄关谁守？"1938 年春，云南继组建第 60 军出省抗战后，再次组建 58 军参加抗战。孙渡临危受命担任 58 军军长，率部出征。陆良同乡会赠其"邦家之光"。7 月 31 日，58 军行将踏上征途，孙渡在告别云南同胞会上慷慨陈词："誓争取民族生存！"8 月 1 日，58 军在昆明五华山接受龙云检阅后开赴抗日前线，参加武汉外围保卫战——崇阳战役。

"华岳失灵江失险，有双肩，慷慨同担负。"这是一次悲壮的千里远征！58 军 4 万将士千里赴国难，行军途中克服了敌机轰炸等难以想象的困难。

孙渡是怎样率领 58 军历经千难万险到达崇阳？崇阳首战又能否获胜？

一、共赴国难

始于 1931 年的"九一八"事变，让我华夏山河遭受重创，万千英雄儿女为了保家卫国前赴后继。孙渡自进入云南陆军讲武学校学习时，就对国家和民族的前途命运充满关切。他以赤子之心，立即满腔热血投入抗日救亡运动的洪流之中，呼吁为民族的生死存亡而抗战到底！让孙渡倍感振奋的是，就在"九一八"事变不久，具有光荣革命传统的云南各族人民就掀起了大规模的抗日救亡运动。

9 月 28 日，昆明市民自发"闭市一天，志哀国耻"。各个中学、小学的同学们满怀豪情和激愤，毅然走上大街发起示威游行。"全省民众团结起来！打倒日本帝国主义！实行对日经济封锁，一致誓死抗日！全省民众武装起来：对日宣战！”口号声震天动地，响彻春城的大街小巷。

5天后，又在教导团大操场内召开抗日大会，这次大会有3万余人参加，会后游行的队伍一度冲击了日本驻昆领事馆，声势浩大。各大中小学和工人、农民等各阶层纷纷组织抗日救国会和青年义勇军，作为“政府后盾”。①

1932年上海“一·二八”事变后，云南各界掀起了支援上海19路军的抗日热潮，大家纷纷捐款捐物，组建“援沪敢死队”“抗日铁血锄奸团”，用最为积极的实际行动支援抗日斗争。

最让孙渡难以忘怀的是，自1935年4月红军长征过云南期间，大力宣讲工农革命道理，宣传北上抗日的主张，让闭塞的云南民众茅塞顿开，红色革命的种子在云南遍地开花结果。朱德、贺龙、萧克、周素园等人的来信，以及“打倒日本帝国主义”“红军是抗日救国的军队”等主张，对他的思想产生积极而深远的影响。孙渡因此对红军采取“追而不击”的策略，使红军较顺利地通过云南，继续北上抗日的征程。②

国难当头，中国共产党挺起民族脊梁，担当起中流砥柱的历史重任。在中国共产党的领导下，云南的抗日救亡运动风起云涌、如火如荼。

1935年11月，中共云南地方组织恢复重建后，立即把宣传党的抗日主张作为中心任务，领导全省掀起抗日救亡运动。中共云南临工委在秘密出版的《火山》《救亡》《南方》等抗日救亡刊物上刊载中共中央《八一宣言》，呼吁一致抗日，大力宣传抗日救亡和抗日民族统一战线。

1935年“一二·九”爱国学生运动在北平爆发后，中共云南临工委积极组织各界群众响应，组织昆明各大中学校5000余学生列队上街游行。随后，在救亡歌咏团队的推动下，《义勇军进行曲》《救国军歌》《救亡进行曲》等歌曲，一时间飞扬在春城昆明的大街小巷，寻常人家，极大地振奋了云南各族人民的爱国精神，鼓舞了全省人民与日本侵略者决战到底的决心和信心。③

1936年11月，在云南临工委领导下，成立了“云南省各界抗日救国联合会”爱国组织，以共产党员为骨干，在云南日报社、五金工厂、昆华女中和昆华师范等单位发展会员，成立救国分会。1937年5月，又成立了“云南学生救国联合会”，发表抗日宣言和告民众书，号召团结一致，共同抗日，并多次到省政府请愿。

为壮大抗日救亡队伍，云南临工委采取措施建立健全基层党组织，扩大党

昆明街头“还我河山”标语（图片来自网络）

员队伍，在昆明一些工厂、学校先后发展30多人加入中国共产党，在部分党员人数较多单位建立了党组织；在一些县份上也积极发展党员，建立了罗平、沾益、楚雄3县的党支部。同时成立了以党员为核心的秘密读书会，公开办夜校，启发民众觉悟，开展抗日救亡工作。

1936年12月，“西安事变”爆发，云南的报刊大声疾呼：“中华民族今日惟一之出路，惟在不惜一切牺牲，以抵抗外敌之侵略。”西安事变的和平解决，进一步激发了云南的抗日救亡运动。中共顾全大局，实行抗日民族统一战线政策的行动，使云南省主席龙云和滇军将领孙渡等深感佩服。此后，龙云的政治态度发生了明显的变化。④

1937年7月7日卢沟桥事变爆发后，日本发动了全面侵华战争。第二天，中共中央就发布了《中国共产党为日军进攻卢沟桥通电》，呼吁号召全国同胞和军队团结起来全民抗战。同年7月15日，中共中央把以实行民主政治、团结抗日为宗旨的《中国共产党为公布国共合作宣言》交给了国民党中央。这些主张和政策不仅得到了全国人民的拥护和赞成，也得到了包括龙云、孙渡等在内的国民党爱国将领和进步人士的拥护和赞成。

中国共产党抗日民族统一战线的感召和中共地下党的积极工作，使龙云和孙渡等滇军实力派将领对中国共产党有了新的了解和认识。龙云、孙渡等深为共产党抗日救国的热情所感动，对民族大义有了新认识，诚心拥护共产党团结抗战的主张。由于以龙云为首的地方实力派和蒋介石国民党中央之间的矛盾日益尖锐化，龙云对民主进步的言论和活动采取支持的态度。只要不涉及和影响地方政权的权益，一般都不加干涉。

龙云主政下相对宽松的政治环境，使云南抗日救亡运动长足发展。“云南抗敌后援会”“民众歌咏团”“云南青年抗日先锋队”“中华民族解放先锋队云南地方部队”等组织纷纷公开成立并开展工作。

1938年，由国立北京大学、国立清华大学、私立南开大学组成的“国立长沙临时大学”内迁昆明，改称“国立西南联合大学”。“西南联合大学”

的成立，大批爱国师生与爱国人士云集昆明，抗日救亡运动更加焕发出蓬勃生机。昆明逐渐成了中国抗战大后方的民主堡垒。

《云南日报》本是云南省政府的机关报，在中国共产党的影响下，不断刊登“新华社”的消息，转载《新华日报》的文章。对毛泽东在抗战时期的一些重要著作如《论持久战》《新民主主义论》《论联合政府》的单行本，在新华、生活、北门几家书店一经发行，群众争先恐后地购买阅读。这些进步书刊的发行，更加激发了云南各族人民的抗日热情。

“寇深矣！祸亟矣！同胞们起来！”“我们伟大的悠久的民族是不可战胜的！”“胜利是属于中华民族的！”当此国难极端严重、民族生死存亡之时，为挽救民族危亡，孙渡决意以身许国、共赴国难！

二、临危受命

在民族生死存亡的紧要关头，中国共产党高举抗日救亡大旗，一呼百应。国民党内部抗日呼声不断高涨，蒋介石和南京政府迫于全国人民的要求和内外强大舆论压力，不得不停止内战，在抗日救亡方面有所作为。

1937 年 7 月 17 日，蒋介石在庐山发表讲话，宣布全面对日作战，并决定召开国防会议，要各省军政长官参加，商讨抗日御侮大计。

蒋介石在庐山讲话中严正表示：“我们希望和平，而不求苟安；准备应战，而决不求战。我们知道全国应战以后之局势，就只有牺牲到底，无丝毫侥幸求免之理。”“如果战端一开，那就是地无分南北，年无分老幼，无论何人，皆有守土抗战之责，皆应抱定牺牲一切之决心。”

8 月 2 日，在南京国防会议召开前夕，龙云致电蒋介石，分析了全国的抗战形势。“时局至此，非集我全民力量，作长期抗战之计，无以救危亡。”主动请缨，要在云南组建军队开赴前线作战。“一则发誓为国牺牲之愿，一则以报钧座德恩于万一。”蒋介石十分欣慰，复电褒扬龙云：“忠贞谋国，至深赞佩。”⑤

当时驻防大理的孙渡，时刻关注抗战局势。当得知龙云将赴南京参加国防会议的消息时，8 月 6 日致电龙云，希望能随龙云参会。电文如下：

急。昆明。滇黔绥靖主任龙钧鉴：纪密。顷闻钧座日内飞京，在目前时机实属必要。惜职远戍在外，未能追随，殊歉然也。现国难严重，存亡所关，职意以弱敌强之法，惟有把定大战学理纯粹抵抗之原则，发挥等待战争长期疲敌，使敌渐感其不胜用力之多，而后能胜敌。远如十八世纪欧洲之七年战争，特力大王即以此而致力；近如共匪即以此而坐大，更近如阿比西尼亚[⑥]即不遁此原则而败亡。区区之愚，特贡备开会时之参考而已。钧座如在外时间稍长，职仍拟出外追随。如何？乞示。职孙渡叩。鱼（6日）亥。印。

孙渡在电文中不仅表达了自己对“国难严重”的关切，而且提出了“以弱胜强”、“长期抗战”的战略主张，这与毛泽东提出的持久战，可谓“英雄所见略同”。今天看来，其见解之深远、精辟，不能不让人为之叹服！

8月7日，龙云复电大理的孙渡，告诉他“在京不久延”，“数日即归”，“弟再晋省面详一切”。电文如下：

急。大理。孙纵队长志州（舟）弟览：纪密。鱼亥电悉。困（国）难严重，而中央内容不甚明了，故亲赴京一视，在京不久延，数日即归。纵队部应俟史华回榆后，弟再晋省面详一切可也。主任龙云，虞（7日）机。印。[⑦]

龙云当了10年的省主席，却还未去过南京。8月8日，龙云第一次到南京参加国防会议。中共领导人周恩来、朱德、叶剑英从西安搭乘龙云的专机到南京赴会。朱、叶和龙云是云南陆军讲武堂的校友，因此“一见如故，非常亲热”。途中及在南京期间，周、朱、叶与龙云进行了多次晤谈，就国共合作、团结抗战等问题，反复交换意见。周、朱、叶向龙云赠送中共《抗日救国十大纲领》，鼓励他多为抗日作贡献。龙云深受鼓舞，抗战信心大增；临别时，龙云还向朱德要了今后联络的密电码，并提出派人到延安学习游击战术。[⑧]中共领导人与龙云南京之行的历史性晤谈，对龙云政治立场的转变起到了十分重要的作用。

龙云对这次与中共领导人的见面和交谈亦非常珍视。他从南京回到昆明后曾对他的亲信马鈞（与朱德云南讲武堂丙班同学、曾任龙云第五军参谋长等职）说：“此次南京之行，朱德和我谈到中共中央坚持抗日民族统一战线、团结御侮的决心，还要我转告在滇讲武堂同学，共赴国难，自有出路。我们还编了密码，以后可用无线电联系。使我对中共抗战决心，深为感动。已往中央宣传说：‘中共借抗日之名，行割据之实’。纯系诬蔑，不可相信。真是‘与君一夕（席）话，胜读十年书’。”[⑨]

从此，龙云的思想发生深刻变化：与蒋介石拉开了距离，与中共拉近了距离。可以说，这是龙云反蒋、联共的发端。

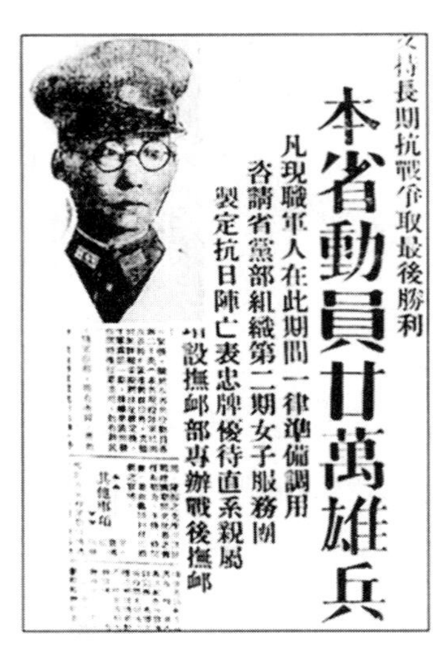
持長期抗戰爭取最後勝利

本省動員廿萬雄兵

凡現職軍人在此期間一律準備調用

咨請省黨部組織第二期女子服務團

製定抗日陣亡表忠牌優待直系親屬

設撫卹部專辦戰後撫卹

《云南日报》刊载龙云新闻
（图片来自网络）

龙云飞机到达南京，陆军部长何应钦等人亲到机场迎接，把龙云接到南京北极阁宋子文家中居住。龙云在南京对新闻界发表谈话说：“现在国难异常严重，已属最后关头，故奉召专程前来。”“本人除竭诚拥护既定国策，接受命令外，别无何种一句贡献。”“身为地方行政负责者，当尽以地方所有人力财力，贡献国家，牺牲一切，奋斗到底，俾期挽救危亡。”⑩

南京参会之行，蒋介石到龙云驻地探望，要求龙云出兵两个军来抗日。龙云当即答道：“云南地方团队素有基础，出兵二十万也可以办到，但目前只能先出一个军，另一个军要看战争情况再定。”得到了蒋介石首肯，龙云进一步建议：“国际交通应当预作准备，即刻着手同时修筑滇缅铁路和滇缅公路，可以直通印度洋。公路由地方负担，中央补助；铁路由中央负责，云南地方政府可以协助修路。”蒋介石表示同意，并望早日着手进行。⑪

8 月 22 日，龙云回昆明后，立即召集卢汉、孙渡等军政负责人开会，传达南京会议及所见所闻。他说：“日本是真的干起来了，中央却毫无准备，看局势很危急的。我们自己要迅速充分准备。大家不要怕，在北方有八路军，南方各省很多朋友也都有决心抗日。”为了履行在南京的诺言，支援全国抗战，他进一步声明：“云南准备出兵，完全出于自动，完全出于国民天职之义务观念。”应当迅速组编一个军，出师抗战。⑫

9 月，云南仅用 28 天就征调老兵组建 60 军（辖 182、183、184 三个师）。国民政府随即颁布命令：任命卢汉为 60 军军长，安恩溥为 182 师师长，高荫槐为 183 师长，张冲为 184 师师长。3 个师下辖 6 个旅 12 个团，官兵 4 万余人。

10 月 5 日，60 军在昆明巫家坝军营举行了盛大隆重的出征誓师大会，云南各界要员和群众数万人参加，盛大的规模，庄严的气氛，为云南所少有。会上民众献旗高呼口号：“卢军长，打！打！打！三师长，杀！杀！杀！誓灭倭寇，保卫祖国！”爱国热情之高，杀敌意志之坚，是继护国出师之后的第一次。会后，在昆明民众的夹道欢送下，60 军徒步 40 余日，从昆明到湖南长沙、常德一带集结待命。

昆明民众欢送滇军抗日出征（图片来自网络）

1938 年 4 月，在鲁南台儿庄会战中，卢汉统率的 60 军协同友军击败日军精锐坂垣、矶谷等师团，卓立战功，威震中外。但 60 军在台儿庄血战中，伤亡过半，官兵由 4 万减员至 2 万余人，12 个团仅剩 5 个团。⑬

同年 6 月 14 日，国民政府军委会升任军长卢汉为第 30 军团军团长。1940 年 9 月，日军占领越南，卢汉率 60 军奉命回防滇南，先后组成滇南作战军、第一集团军和第一方面军，镇守南疆，直到抗战胜利，并到越南河内接受了日军的投降。

1938 年春，为了挽救民族危亡，在日军大举进攻、中国守军不断失利的条件下，龙云再次组编第二支出征部队 58 军参加抗战。

孙渡临危受命担任 58 军军长，率部出征抗战，铸就了不朽的人生篇章！

三、誓师杀敌

早在 1938 年 4 月，龙云即着手组建第二支出征部队。4 月 28 日龙云复电蒋介石："本省继续出兵抗日杀敌，遵命积极准备三师以赴事机。为抗战全面所关，亦不得不举全力以奋斗。"⑭

5 月 2 日，国民政府军政部长何应钦电告龙云，"贵省增编之军，其番号规定为第 58 军"，"所属三个师之番号为新编第 10 师、新编第 11 师、新编第 12 师"，⑮并准拨一百万元经费，"要求以最迅速之时间完成准备"。

同年 6 月，58 军整编完成。58 军和 60 军是在云南原"中央剿共军第二路军第三纵队"（1936 年改为"滇黔剿匪军第三纵队"）的基础上改编。1937 年第三纵队的 1、2、3、5、7、9 六个旅改编为 182、183、184 三个师组成 60 军；1938 年 4 月余下部队和新征的新兵编组成新编第 10 师、新编第 11 师和新编第 12 师，3 个师组成第 58 军。58 军的编制、人数、武器装备、弹药配备和 60 军相同，都是按当时甲种军编组。

6 月 26 日，国民党政府正式任命孙渡为 58 军军长。58 军所属三个师分别为：

新编第 10 师，师长刘正富，副师长黄绶甲；新编第 11 师，师长鲁道源，副师长马鍙；新编第 12 师，师长龚顺璧。每师下辖两个旅，每旅两个团。各师直属部队有：工兵营、辎重营、通信连、特务连、卫生队。师辖两个旅，旅辖 2 个团，共 3 个师 6 个旅 12 个团， 4 万兵力。军容之壮，可谓盛矣！第 58 军初建时的编制和人员列表如下：

陆军第58军中将军长：孙　渡（云南陆良）

新编第10师少将师长：刘正富（云南安宁）

少将副师长：黄绶甲

第1旅　少将旅长：侯镇邦（云南宣威）

第1团上校团长：魏泽民(云南罗平)

第2团上校团长：朱　兆(云南祥云)

第2旅　少将旅长：和吉光(云南丽江)

第3团上校团长：杨　琇(云南宾川)

第4团上校团长：刘北海(云南西畴)

新编第11师少将师长：鲁道源(云南昌宁)

少将副师长：马　鍙(云南洱源)

第1旅　少将旅长：梁得奎(云南景东)

第1团上校团长：陆人耀(云南保山)

第2团上校团长：李卓然

第2旅　少将旅长：冯　云(云南龙陵)

第3团上校团长：张子佐

第4团上校团长：李　珑

新编第12师少将师长：龚顺璧(云南罗平)

少将副师长：韦　杵(贵州安龙)

第1旅　少将旅长：罗廷标(云南文山)

第1团上校团长：张华清(云南昆明)

第2团上校团长：冯天祥

第2旅　少将旅长：韦　杵（兼）

第3团上校团长：段灿奎(云南永胜)

第4团上校团长：杨绍曾(云南宾川)

58 军军部设参谋、副官、军需、军医、军法、军械 6 个处，每处设 3 个科。军直属部队有特务（即警卫）、工兵、通信各一营，骑兵一排，野战医院一所，担架兵一中队。还有由国民党中央政治部配属的军政治部。云南青年男女学生自动组成的战地服务团，也隶属于军司令部。

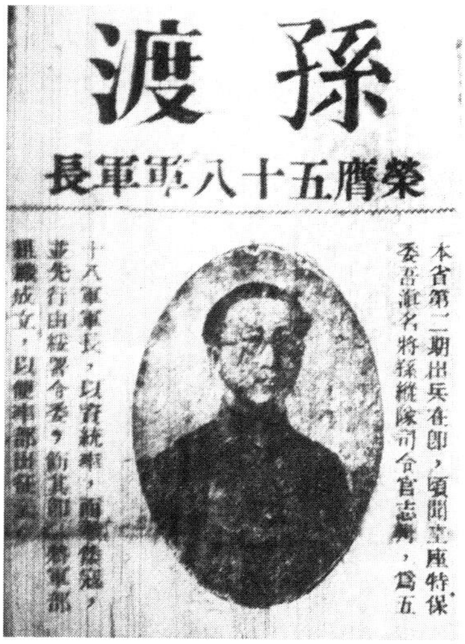

《云南日报》刊载孙渡任58军军长的新闻（图片来自云南省图书馆）

孙渡在云南陆军讲武学校时的同学廖行超将军[16]，得知他担任 58 军军长的消息后，兴奋异常，连夜谱写《金缕曲·赠孙志舟》一词[17]，盛赞孙渡的爱国情怀和军事才干，深切希望他为国家和民族建立不朽功勋。

“涧底潜蛟吼。正遭逢，者般时会，古今无偶。之子英英骍且角，欲舍山川能否。看骑马，中原驰骤。此去秋高沧海阔，薄扶摇，一展撑天手。前程远，九州九。

乾坤已自肮脏久。问平生，肝胆冰雪，功名刍狗。读史伤心庄烈语，世事而今依旧。应记取，青梅煮酒。华岳失灵江失险，有双肩，慷慨同担负。君行矣，我留守。”

6 月 25 日，即将就任 58 军军长的孙渡，接受了《云南日报》记者采访，回答了军部何日组织成立及出兵日期与我国抗战前途之观察暨国际形势演变等问题，阐述了其“最后胜利应于长期抵抗中求之”、“国际形势必于我有利”的真知灼见。[18]

对记者关于军部何日组成及出兵日期的询问，孙渡胸有成竹地说：

军部为一军令机关，其内部组织，依据中央之规定，仅有参谋副官两处，至军医、经理、军法等不在设虑，此实深为切合严密整活之军事妙用，以后即稍有出入，但是必以此为根据。惟余以为现时代之军队，须着重于政治训练，务使各个士兵，均能养成抗战必胜信念，然后以之摧敌，无敌不克。故对于本军今后政训工作，不能不特为注意也，此外对于参谋人才，更应特加慎重，盖一军之参谋，即一军之脑神经，如脑神经不健全，其何以审敌度势发号施令乎？现各项人选，正在物色，军部组成当在七月初旬，至于出兵之期，原定八月秋高马肥之时，兹则前方战局转紧。自应提前出征，恐最快亦七月下旬也。

对记者关于抗战前途观察的提问，孙渡满怀信心地说：

我国抗战，既谓长期，最后胜利，自应于长期抵抗中求之，然在此长期抗战过程中，余以为一方面须将现有战斗能力设法保存下去；另一方面，须将未来战斗能力，努力培养起来，夫如是，抗战日久，则吾国之抗战力日以强大之兵力，当疲敌之敌军，最后决战，必操胜算。

对记者关于国际形势之演变的提问，孙渡一针见血地说：“国际形势，固足以影响于吾国之抗战，然吾国之抗战，亦足以转变国际形势，制态尽其在我，则国际之变幻也必终有利于我也。”

6月26日，《云南日报》在孙渡就任58军军长的当天，发表文章说：

自全面抗战展开，本省决动员二十万雄兵，分期参加此伟大光荣之神圣战争，以期长期抵抗，同求最后胜利。其第一期六十军健儿，北上杀敌，已于鲁南战役，迭建殊勋，造成抗战之有利条件，现第二期出征部队，亦经整装就绪，并经主任龙公遴保滇中智勇兼资名将孙志舟氏为五十八军军长，以资统率，行见大军所至，指挥若定，将效六十军台儿庄抗战之英勇精神，以发挥我滇军之无限光荣，孙军长穿灰色中山装，态度雍容，和蔼可亲，年华虽逝，英雄不老，谈及抗战军事，则气态轩昂，神采焕发，同见解之超越，有如其目光注射之深远。⑲

7月10日，陆良同乡会在云南大学至公堂欢送孙渡挥师出征，抗日杀敌，特赠军旗一面，上书“邦家之光”，“以表乡谊，以资策励”。孙渡始终不忘家乡父老的期望，一直把这面军旗视为珍宝，爱护有加。

7月19日，正当58军秣马厉兵、整装待发之际，龙云应蒋介石之邀，前往武汉。蒋介石激动地说：“志舟兄（龙云），此次到武汉，等于带着百万雄师来的。”

龙云在返滇后接受记者采访时说：“国家自由平等，只有鲜血可以换取，为国家、为地方、为子孙，应奋斗到底，不胜不决，持久抗战，自由胜利之日。”为鼓励58军出征官兵，龙云特召集孙渡等将领，传达了武汉会议精神。⑳

7月23日，云南各族各界民众在昆明巫家坝为58军隆重举行誓师大会。孙渡率刘正富、鲁道源、龚顺壁三师长，代表全军将士庄严宣誓：

余谨以至诚，遵奉总理遗教，恪守国策，听从蒋委员长及龙总司令命令，督率所部，抗日救国，奋斗到底！若有违背誓言，愿受最严厉之制裁。

《云南日报》7月24日报道说：“大家努力，一齐作战！58军誓师杀敌。各师武装健儿，装备整齐，精神饱满，显示出钢铁般的意志与必胜力量。”[21]

7月31日，58军行将踏上征途，特于正午12时在省党部大礼堂，举行告别云南同胞大会，来自省市各机关团体的代表共二千余人参加，至下午2时许散会，会场气氛极为热烈。

在告别会上，孙渡慷慨陈词：“誓争取民族生存！”[22]《云南日报》8月1日头版头条对此作了长篇报道。[23]

孙渡告别云南同胞大会讲话全文如下：

各机关长官，各团体代表，各学校同学，各界父老兄弟，此次五十八军奉命出发抗敌，连日承各，热烈设筵欢送，现在行期在近，心中极为感奋，故特请各位到此举行告别会，在这大会中，自己代表全军有三点意思，借此机会提出来向各位谈谈。

此次五十八军继六十军之后，在奉命出发抗敌，本来军人以保卫国家为职志，今日国家遇到暴日侵略，全国均总动员对抗，而况我辈身为军人，岂能再度苟安，现在出发在即，乃承各机关长官，各界父老兄弟设筵相招，并赠剑赠旗，衣物用品，使全军将士精神上既获得无上之安慰与感奋，在物资上亦得到不少之充实，对于抗战力量之增加亦属不少，自己特代表本军全体将士向各界表示谢意。

本军部现已纷纷起程离滇，日内即将与三迤父老别离，而另一方面则日渐与敌人接近，甚而本军将士某一部分自与本省同胞别离后，今后将永无再见之日，亦为愿意中事，关于此点，就普通一般人恐将引以为无限留恋，但在此大时代之中、现在环境之下，吾人绝无丝毫留恋之意，因为我们如果再不认清所处的空间和时间，舍生取义，为国家民族奋斗，以争取国家民族之生存，则整个国家民族已化为乌有，安得尚能与家人父子和同胞们共生存，所以吾人现在和三迤同胞虽然是告别，实则为去争取国家和民族之解放，以期获得永久的自由生存。

自抗战发动至今，前方失地虽多，但多为点与线之放弃，并非整个抗战局面之失利，即或抗战过程中果有失败之情事，面对与整个抗战前途并无丝毫影响，因为国际战争，目的在争取最后胜利，中间一切小胜小败，并无关大体，前拿破仑将军有言，最后胜利在最后五分钟，现在我国抗战已过一年，今后之胜利与否，余以为但看吾国能否确实发动全面抗战，所谓发动全面抗战，即是全国一致总动员，不论前方后方，应皆各尽所能，各献所有，以增强国家抗敌力量，而后方同胞又能本爱护投军三迤子弟之热忱，随时极于优待，使安心向前，无内顾之忧，则最后胜利自必属于我也。

如今，走进云南省图书馆，翻开那发黄的报纸，70 年前的声音穿越时空，依然振聋发聩。孙渡在陈词中，既表达了自己对家乡父老的感激之情，又表达了自己“誓争取民族生存”的坚定决心，同时分析了抗战形势，表达了“抗战必胜”的信心。

在欢送 58 军出征的大会上，昆明市商会代表向 58 军军长孙渡赠送锦旗，并向孙渡军长、刘正富师长、鲁道源师长、龚顺壁师长赠送佩剑和其他慰问品。

58 军再一次承载着云南人民的重托，勇赴抗日前线。孙渡同学廖行超将军连夜再填《金缕曲·赠五十八军诸将士》一词，为 58 军将士壮行。[24]

“铁锁沉江口。看神州，山河色变，羽书星骤。亿万苍生归劫火，百二雄关谁守？正武汉戒严时候，风起云飞思猛士，请长缨，及早膚功奏。同尽此，一杯酒。

诸君佼佼南中秀。十年来，卧薪尝胆，忍辱含垢。好把殊勋追护靖，那肯甘居人后！应再显健儿身手。惯听人人呼努力，愿努力，莫待危巢覆。绝裾去，休迟逗。”

廖行超在词中深切期待58军，继承护国、靖国这样敢为天下先的凛然节义，奋勇向前，杀敌报国，读来令人心血澎湃。

“我们万众一心，冒着敌人的炮火，前进！前进！前进！进！”8 月 1 日，伴着雄壮的歌声，整个昆明市的空气变得格外悲壮，58 军将士在五华山接受了龙云检阅，在数万民众的热情欢呼下，开赴抗日前线。

从此，铁血部队 58 军 4 万余将士，以其勇往直前、血战到底的硬派作风，书写了气壮山河的不朽篇章！

此时的孙渡父母已逝，妻女早亡，孑然一身，他已了无牵挂，誓死为国尽忠。从此，他抛家离乡，离开云南长达 11 年之久，直到 1949 年 12 月 9 日才回到昆明。

国难当头，军令如山！ 58 军将士千里迢迢，将面临一次怎样的远征？

四、千里远征

8月，正是酷暑夏季，烈日如火一般炙烤着大地。这是一次悲壮的远征，58军4万将士行军途中，遇到了给养困难、霍乱流行、敌机轰炸等难以想象的困难。战地记者、58军随军秘书、《壮志千秋》的作者黄声远这样描写到：

这支庞大的队伍在重重叠叠的山谷中回环伸展，好像一根无尽长的带子移动，也好像一条古代神话中的巨龙，在迤逦游行。巨龙穿过原野，越过山岭，奔驰在左峙高山、右临河涧的险道上。路旁的啾啾鸟鸣，或者从林荫草丛里发出来的天然韵籁，也能给肃静的衔枚疾走的战士以听觉上的满足。

行行重行行，大军越过了层峰叠嶂的胜境关，翻过了高耸云表的江心坡，渡过了波澜湍急的盘江桥，经过了蜿蜒千里的关索岭，欣赏了瀑布如银练的黄果树。当走进贵州地界的时候，由于气候的变化，疾病这魔鬼就趁机向着战士们进攻。军中的医药设备缺乏，有的战士卧倒了，有的战士死了。然而为了赶赴祖国的号召，队伍还是继续前进。㉕

8月18日，新11师师长鲁道源电告龙云，报告行军途中遇到的给养、逃兵等五大问题。电文中说："滇境途中军纪稍差，经职赶到，分别训话，入黔后已较严肃，拟俟集中完毕后，切再约束。""黔境给养不差，惟价值概以国币为本，官兵伙夫均恐开拔费不敷抵常德。""各师逃逸不少，此种兵员若任其流散他方，不特减少抗战力量与虚耗训练库币，即各地治安亦顾忌。""所领五瓦特电机收发失效，等于废物，请另选发机力较大者。""贵阳黔东一带时疫盛行，并闻有汉奸不少，在贵阳一带散放细菌等云。"㉖

部队进入黔境，行动迟缓。8月20日，孙渡电告军团长卢汉，说明部队行动迟缓的原因。电文中说："以本军训练日期短促，速赶前方亦不能作战，须于行军实施教育，以图补救，故行动稍缓。刻已电令各师赶速前进，勿再延缓。"㉗

由于战事紧张，58军行军途中，还遇到集结地点的变化和改编问题。首先是各部到何处集中的问题。出发时奉军政部电令到常德集中，9月16日龙云电告孙渡"应遵照委座谕示，集中长沙"，10月13日蒋介石电令孙渡"到崇阳附近集中"。其次是58军归何指挥的问题。9月16日龙云电令孙渡"奉蒋

委员长令，第58军孙渡部归第30军团卢（卢汉）军团长指挥”。10月17日龙云再度电令孙渡“一切行动，应请示卢军团长办理”。[28]

行军途中的58军（图片来自网络）

为便于统一指挥、协同作战，部队一面行军，一面改组。9月27日，58军各部进入湘鄂境域时，国民政府军委会决定编组第一集团军，以龙云兼任集团军总司令，卢汉为副总司令，代行总司令职权。拟将60军、58军改编为三军，成立第一集团军，每军辖两个师，除卢汉仍兼60军军长，孙渡仍为58军军长外，以张冲任新编第3军军长，[29]并要求“务须在58军未加入战事以前办毕”。10月18日，龙云一日内两次致电卢汉，望速改组成立集团军总司令部，令58军“以后凡未经转令，无论何种命令，不能直接接受，以维军纪，而遵续统”。10月22日，在58军在崇阳通山一带集结布防时，卢汉方致电龙云“第一集团军总司令部遵令成立”。[30]

行军途中，58军新11师师长鲁道源身患重病。经贵州省立医院诊断，鲁道源系患肺膜炎，约两周后始可痊愈。9月2日，孙渡电告龙云：

第十一师师长鲁道源昨在黔染病，医药两缺，曾于东日电恳转请给假回滇治疗，以期早痊。职当以该师长责任重大，且职又仓促出发，当托廖总参谋长代电复不准。顷抵平彝，始悉该师长病体十分沉重，权准短期回滇治疗，病愈即速回部服务。至该师长职务，暂由梁旅长得奎暂代行折。

58军各部经富源到达贵阳后，正值霍乱流行，官兵死亡不少。9月3日，孙渡电告龙云说：

职军入黔以后，正值霍乱流行，盘江桥一地，十师三、四两团，即死去兵夫五十余名，沿途逃逸者为数亦夥。十一师先头江日可抵镇远，十二师后尾将出贵阳，十师及军部支日离安顺，向贵阳前进。安顺临时医院已死五十余名，多系十二师工辎营士兵，现尚有留医官兵二百零六员名，黔省派员到安顺注射防疫针水，职军各部均已注射，间有未注射者，到贵阳补行注射。[31]

9月15日，孙渡再次报告龙云入黔染疫伤亡即部队行止情况。孙渡在电文中说："职军自入黔境，时疫流行，经过黔东，官兵死亡尤众，当经电呈委座准予注射防疫，酌量休息。现先头部队于筱日（17日）抵辰谿，后尾部队抵镇远。"同日，孙渡还电告龙云："近来敌施放毒气，我军无法防御，马头镇昨以陷落，武汉局势未可乐观。"

58军开拔湘境途中，各师分驻指挥，遇到了联络困难、兵力分散等问题。10月15日，孙渡在湘报告龙云各师开拔情况。电文中说：

奉委员长寒申电，催令先到长沙之两师开赴崇阳、蒲圻两处集中，现已一面点验，一面渡江登车。龚师于寒日（14日）夜开赴崇阳、鲁师删日（15日）夜开赴蒲圻集中，刘师犹未指定地点。职军无线电全不能用，技术人员亦差，各师分驻指挥，联络困难。迭电请领，迄未奉发，恳诸转呈拨发，并将职军调与六十军集结使用，似觉种种便利。再，兵力分散，背临湖沼，如敌人将粤汉交通线从后截断，危险甚大，万祈随时关注指示机宜，匆任企祷。[32]

日寇猖狂！58军行进长沙途中，多次遇到日军空袭。10月16日，孙渡报告龙云："职军已输送部队，因昨、今两日遭敌机空袭，路轨毁坏，现尚停滞长（沙）岳（阳）途中，一俟路轨修复，仍遵原令前进。"[33]

10月18日，龙云为58军长途跋涉恳予稍事休整，致电军令部长徐永昌，概述了58军行军途中遇到的重重困难。[34]电文如下：

急。武昌，军令部徐部长次宸兄勋鉴：兹密。滇省此次出发之五十八军，因系仓促成立，新兵过多，经过贵阳，又遇传染病流行，死亡甚重。跋涉数千里之后，抵湘境时，已狼狈不堪。若不予以休息整理，决难应战。顷据报，先头始到长沙，未经集中点验，又已奉令开拔崇阳，实属困难，等语。查所呈尚系实情，闻之甚为焦虑。务恳吾兄设法维持，假以时日，俾略事休息补充，再为调遣使用，不胜感激之至。又，该军早奉明令，拨归卅军团指挥，以后一切命令均应由该军团长转饬遵办，以维系统，而免紊乱。并请饬注意为荷。如何，仍乞电示。弟龙云。巧秘。

10月18日，58军4万将士从昆明浩浩荡荡出发，经过近3个多月的长途跋涉，行程3500里，历经千辛万苦，终于到达长沙。

军令如山！此时，武汉大会战已经进入高潮。58军行装甫卸，喘息未定，即乘粤汉路车开赴崇阳，参加武汉外围的保卫战。

58军各部开赴崇阳途中，遭到了日军的大批轰炸。10月19日，孙渡再次电告龙云各部开拔情况：

职军奉命开拔，自寒夜起运输，因连日遭敌机大批轰炸，路轨破坏，连日电不通，故未呈报。现军部及十二师于巧日先抵赵李桥，十一师到荣家湾一带。第十师仍缺乏车，现尚在长沙。

10 月 20 日，孙渡电呈龙云，报告途中遇阻难以集结的情况。

连日路轨破坏及职军停滞情形已迭电呈报，顷据赵李桥车站长云：近日南下车颇多，十一师乘载车辆仍到荣家湾、黄沙街、高家坊一带，第十师因无车辆，犹在长沙。等语。如再遇空袭，则更难集结。除电委员长饬铁道运输司令提前运输以期早日集结外，特电呈赵李桥。[35]

10 月 21 日，卢汉致电龙云，告知自己“昏卧难起”“缝肠作脓，急待施治”，已到长沙湘雅医院检查治理，并建议其 30 军团职务“由副军团长高荫槐暂行代理”，养病期间，“由孙军长志舟暂负前敌责任为要”。10 月 26 日，龙云致电孙渡：“永衡（卢汉）入医院治疾期间，前方务希吾兄统为照料。”[36]

10 月底，58 军克服重重困难，终于到达指定地点，集结于通山县与蒲林桥之间。11 月 5 日，与日军激战中的孙渡致电龙云：“本集团军各军现右与 35 军、左与 11 军团，在通山崇阳间布防。”[37]

孙渡率 58 军将士千里迢迢来到崇阳，来不及休整就奉命仓促参战，面对气焰嚣张的日寇，他们将面临一场怎样激烈的拼杀？

五、首战崇阳

1938 年 10 月 25 日，日军进占武汉后，为了巩固武汉外围，长江南岸敌人先向岳阳、崇阳推进，以图继续南犯。

崇阳是武汉城东北外围的一个重要据点。由第 58 军、第 60 军及新编第 3 军组编的第一集团军，奉令在崇阳城东北郊高地崇武公路东西之线，构筑防御阵地，拒止日军南侵。

11 月 1 日，58 军战士下了火车便跑步前进，到达崇阳后立即进入备战状态，全军在钟铜山、浮溪桥、上天垅、桃花尖一带布防，修筑工事。此时的 58 军，武器弹药尚未领足，所领电台全部不能使用，其仓促上阵的窘况，由此可见一斑。

当天晚上，日军第 11 师团及奉文兵团数万兵力从粤汉铁路进犯，崇阳一时间被紧张的战幕覆盖。11月2日，正在加固工事的58军官兵又奉令向北推进，堵截咸宁、汀泗桥、官塘驿方向南犯的敌人。58军战斗阵营如下：

陆军第58军中将军长：孙　渡
新编第10师少将师长：刘正富
少将副师长：黄绶甲
第1旅　少将旅长：侯镇邦
第1团上校团长：魏泽民
第2团上校团长：朱　兆
第2旅　少将旅长：和吉光
第3团上校团长：杨　琇
第4团上校团长：刘北海
新编第11师少将师长：鲁道源（因病返滇）
少将副师长：马　鉴（代师长职）
第1旅　少将旅长：梁得奎
第1团上校团长：陆人耀
第2团上校团长：李卓然
第2旅　少将旅长：冯　云
第3团上校团长：张子佐
第4团上校团长：李　珖

58军原有3个师，部队抵长沙后，新编第12师拨归新3军建制，部队只有新10师、新11师两个师。孙渡采用机动防御的战术，下令：以新11师为右翼守备，占领冲天鹤、白杨林、蛇山一带阵地，并保持足够的纵深。右与新3军连接，对汀泗桥、官塘驿、碧云寺方面南犯之敌严密警戒；以新10师为左翼守备，占领蛇山、孙家山、五英岩、巴礁一线阵地，与11军第9师联系，对汀泗桥、官塘驿、碧云寺方面南犯之敌以严密警戒。

很明显，58军的任务就是守住汀泗桥、官塘驿、碧云寺一线的崇阳大门。孙渡要求新11、新12两师在3日8时以前占领阵地。

当时，代行总司令职权的副总司令卢汉患急性盲肠炎准假到长沙治疗，原第30军团副司令高荫槐在新编的第一集团军中未有新的职务，留在后方。前方司令部指挥所负责人是参谋长赵锦雯，副参谋长马瑛。卢汉临走时对司令部人员交代说："外事问赵锦雯，内事问马瑛。"

赵锦雯（1894—1965），又名锦文，号雨金，云南昆明人。保定陆军军官学校第6期工兵科毕业。1932年参加淞沪抗战，历任国民政府参谋本部少将高参、第60军参谋长、第30军团参谋长、第1集团军参谋长、军事参议院中将参议等职。1947年退役。1949年任云南绥靖公署中将参议，同年12月9日参加云南和平起义。新中国成立后任云南省军区参议、云南省人民政府参事等职。

马锳（1893—1975），字幼坡，白族，云南大理州洱源县茈碧乡大果树人。云南陆军讲武学校第14期毕业。抗战爆发后，历任国民革命军60军参谋处长、第1集团军参谋长、第1方面军参谋长、云南省政府委员兼保安司令、云南绥靖公署副主任及代主任等职，参加了台儿庄、保卫武汉、长沙会战等重大战役。抗战胜利后，随卢汉率部入越受降。1949年12月9日参加云南和平起义。1951年被捕关押，1961年获特赦释放。1975年12月在昆明病逝。1982年恢复起义人员名誉。晚年撰写《云南起义见闻》《抗日战争胜利后第一方面军入越受降前后》等史料。

赵、马这两个人对上对下不敢负责，也不可能指挥这支部队。部队除第184师外，全都是新兵。一部分中下级官佐，也没有作战经验，加上上级指挥系统更迭，最初是陈诚直接指挥，继由张发奎指挥，后归汤恩伯指挥，造成不少混乱。第一集团军就是在这种乱糟糟的情况下参战的。[38]

11月2日，第一集团军各部进入崇阳东北郊阵地。第58军在左，新编第3军在右。第58军的新编第10师左与第11集团军第9师直接占领蛇山、孙家山、巴礁之线；新编第11师左接新编第10师，占领白杨林、冲天鹤之线，新编第3军新编第12师左接新编第11师，占领赵家冲、大树林、九爬岭、镜面山、祖居寺之线；第184师左接新编第12师，向右横越崇武公路路口，占领洋港岩、马鞍山、得意岩之线，构筑工事，准备迎击敌人。第60军的第183师由阳新作战下来，暂归新编第3军指挥，为总预备队。两军作战地境为九爬岭、大树尖、赵家冲及崇通公路以西之线。

两军进入阵地后，暴露出不少问题。如新编第12师根本没有到达指定位置，使第184师路口到新编第11师冲天鹤间，出现很大空隙。经路口守军及时向新编第3军军部反映，竟未得到军部重视，这就给敌人大开方便之门，新编第3军的指挥关系是军长直接指挥团长，师旅长不起什么作用。新编第10师师长刘正富对此战没有信心，新编第11师师长鲁道源因病离职，由副师长马崟代行，他与部队无历史渊源，根本不能指挥冯云、梁得奎两个旅长。还有少数营连长不懂纵深配备和火力网编成。综上所述，第一集团军存在很多弱点，给敌可乘之机，失败在所难免。

11月4日午后，敌观测气球在阵地前方升起，敌炮兵开始向我军阵地试射。第58军正面，由左至右有敌武力搜索活动。15时，敌小型战车二辆，沿崇武公路搜索南下。驶抵路口前方，被第184师1087团特重机枪击中一辆，向北急转逃去。此后第184师阵地附近除有敌机侦察活动外，地面上并无敌人活动。入暮以后，敌一部由第58军与新编第3军间隙赵家冲潜入我军右后方柳林进行扰乱活动，到处放枪。

第58军孙渡军长打电话询问新编第3军张冲军长："据新11师报告，柳林附近发现敌踪，右后方崇武公路方面也发现枪声，你们前方是不是没有部队？"张冲坚决说："哪里会有这样的事？这是他们在造谣，请不要听他们的话。"孙渡说："这关系很大，不管有没有，查一下没有害处。"

隔数小时后，张冲回答孙渡说："张华清、杨时彦（新编第12师的两个团长）这两个东西，昏头昏脑，不会看地图，他们没有找到阵地位置，没有上去。"孙渡感到形势严重，急令新编第11师派兵到东面占领阵地，严加戒备。

5日拂晓，新编第10师的左翼发现有敌骑兵四五百名渡过陆水，孙渡又令该师到崇阳城郊占领第二线阵地。不久，敌在空军炮兵掩护下，向新编第11师阵地开始进攻，阵地右翼冲天鹤、赵家冲、柳林一带较为吃紧。白杨岭前后受敌，战斗极为激烈。孙渡急令冯云旅长率队驰援。

冯云率队抵达前线之际，见第一线守军被迫撤退下来。总部见新编第11师处于孤立地位，有被敌围歼之危，命令其从敌前逐次转向崇阳附近既设阵地。冯云未接到这个命令，在中途遇见新编第10师师长刘正富。冯问刘："我们怎么办？"刘答："不知道，你问军部去。"

刘正富不遵军部命令，没有把部队带到崇阳附近进入第二线阵地，擅自率队向石城湾方向撤退。马崟放弃职责，听任部队自由行动，师部旅部各自为政，散漫无纪。日军又紧追不舍，时机紧迫，不可能在崇阳城郊占领阵地。同时崇武公路白霓桥附近，已发现大部敌兵。孙渡为避免被包围，遂令全军向石城湾方向转移。

当日新编第3军正面无敌情，第184师左翼第1087团于10时许在路口发现第58军新编第11师阵地被敌占领，许多高地上竖起小太阳旗。新编第3军张冲据报后，乘夜主动将所部各师向九宫山方向柳林畈避战。7日行抵港下吴，8日全军及第183师到达九宫山麓白沙岭附近，改编队伍，停止各方面电报联络，宣布将在九官山区“打游击”。待了3天，始于11日由白沙移平江长寿街。15日又开浏阳集训。新3军未与敌接触，闻新11师战况不利，即将部队拖走，致使敌军兵力全压在58军四面。

11月6日，第58军指挥所尚在娄家岭，新11师师长刘正富到军指挥所向孙渡报告:“新10师黑夜移动，迷失方向，没有找到第二线阵地。”孙渡怒责道:“你们在崇阳筑工事多日，为什么会迷失方向？你不知道军法吗？”欲予制裁，继因情况不许可，乃令其在石城湾占领阵地，彻底破坏崇阳、通城间公路。

石城湾在战略上为敌我必争必得之地。孙渡令新11师第1旅长侯镇邦率部占领老霓山、乌龟山、万人山，第2旅旅长和吉光率部占领青岗岭南北之线。7日，新10师与大部敌军激战于石城湾，旅长侯镇邦负伤。阵地上“枪弹炮弹，织成一片火网，敌我双方在网里一会儿进、一会儿退，倒的倒下，血肉在空中飞舞。58军伤亡营连排长30余人，士兵500多，敌方伤亡更为惨重”。[39]

同日，敌另一部夜袭桂口市刘北海团，下午3时，刘北海站在阵地最前沿半身堑壕内指挥部队与敌作战，被日寇枪弹击中头部，壮烈牺牲，少尉书记江宏煌也同时阵亡。战地记者黄声远描述道：“刘团长的阵亡，激起了战士们的愤怒和斗志，他们齐声要求挥泪再战，因此造成了一连串壮烈的事迹：一连排长李坤甫、陈春坤等为阻击沿崇通公路南犯的敌人，以身殉国；机枪二连排长张织忠在掩护战友转移阵地中，连续两天两夜的苦战完成任务后，与全排弟兄同时牺牲在敌人密攻猛撞的战车下。58军牺牲越惨重，士气越豪壮，给予敌人的打击也越大；敌人伤亡越惨重，增援越多，反扑也越激烈。”[40]

战斗持续到夜幕降临，新10师伤亡极大，已难继续作战。

刘北海（1899—1938），又名文超，云南文山州西畴县西洒镇英代村人，牺牲时任58军新10师2旅4团上校团长，时年39岁。抗日出征前，他在训练中曾对官兵训话说:“日本人并不可怕，可怕的是我们自己没有胆略和勇气！八路军在平型关、十九路军在上海、滇军在台儿庄，不是都把日寇打败了吗？我们要向他们学习，要以他们为我军官兵的榜样，英勇杀敌，为祖国保江山，为滇军添光荣！”壮烈殉国后，蒋介石发出唁电，追授刘北海陆军少将军衔。西畴县政府在县中学召开追悼大会。1984年12月27日云南省人民政府追认刘北海为烈士。1988年西畴县人民政府内为刘北海建墓立碑，缅怀抗日英魂。

8日，孙渡到大沙坪，令新11师梁得奎旅占领公路两侧高地为掩护阵地，收容前线下来的部队。适右翼友军的一个师退到大沙坪，遭到敌机轰炸扫射，顿时混乱，与第58军部队混在一起，受到由公路南来的敌炮兵轰击，敌便由东南方向抄袭，部队乱纷纷地向南溃退。孙渡见势不可为，为避免全军覆灭，乃决定率部突围。

9日，58军抵达通城北港，又被敌袭击，通城又陷于敌手。孙渡被迫南走瓮江，始脱离敌人，部队安然突出重围。10日，孙渡率58军奉命到北港集结，之后又到平江，旋又奉令到醴陵整训待命。崇阳战役告一段落。

崇阳之战，历时近半月，第一集团军未能达成此次作战任务，蒋介石震怒，欲予严厉处分，“电令严办新3军军长张冲，革职枪决。”后因各方面反映强烈，才改变处分决定。

12月2日，已到醴陵整训的孙渡，电告龙云崇阳作战及突围经过。

职部此次在崇阳附近先后与敌铃木兵团部作战，官兵均能奋勇抗战，惟因左右两翼友军共十四师，多先行撤退，致各战役均系独立支撑，与配有多数机械之敌人血战五昼夜之久。因感势孤，侧后随时受敌威胁，乃遵上峰意旨，步步转移阵地，节节抵抗，尽量消耗敌之战斗力。殊至通城东北之大沙坪部署第三阵地时，适右翼友军第二十一师向西撤退，致通山方面前进之敌突然绕至我军右侧背。斯时，第十师既在桂口市以东支撑由汀泗桥南下之敌于前，十一师复受通山前进敌人之迂回，情形十分险恶，幸我军奋勇抵抗，待至夜间，始行撤退，均得安然突出重围，全部人员伤亡及武器损失，并不甚大。正清查中，战后随即奉命，到平江集结布防，刻复奉令到醴陵罐训。

孙渡还对龙云提出了补充兵员的请求：“惟职军自滇出发，至到达第九战区，士兵因长途跋涉，未得休息，致落伍病兵之退向后方及散失者比较稍多，且存沅陵武器亦无法携带。欲恢复固有实力，继续抗战，非由后方源源补充新兵不可。”[41]

12月5日，龙云电复孙渡说：“查该军千里远征，官兵疲劳尚未恢复，即骤然加入战斗，诚为可虑之事，又兼与大军混作战，受其影响，自所不免，而来电云损失不大，堪以为慰。以后务望振作士气，恢复精神，加紧训练。至补充一层，自当源源接济，勿庸过虑。”[42]

崇阳战役发生在武汉弃守之后，日军占着很大的优势。我方的目的是在迂滞日军行动，与消耗其战斗力。就战斗经过而言，58军重创日军，但自己损失也不小，全军伤亡官兵近两千人，失去武器千余件，器材装备丢失也较多。失利原因是多方面的，据当时战地记者黄声远分析：[43]

一是动员准备未完善。尤以远征部队长途跋涉，未遑喘息，就仓促应战。二是武汉外围退下的友军有如潮涌，敌军又以飞机大炮战车猛攻，第一次上国际战场的滇军在那突兀的形势下，骤然间面对强敌，不免张皇失措。三是本来是并立作战，忽然变为独立作战，捉摸不定，增加了指挥难度。四是作战期间频频奉令抽调部队，往往因战线远阔而顾此失彼，指挥掌握均感不便，士兵心理尤受影响。五是缺乏协同性及机动性，而通讯组织对于秩序及联系又时生故障，常予敌以各个击破之机。六是兵站组织不健全，未能及时补给各部队以应需的粮秣弹药，尤以伤兵的救护更欠周密，致影响士气而无法保持持久战斗力量。七是战地党政工作太差，军民绝少合作，以致汉奸活跃，影响军事行动。

崇阳失利，58军的形象受到影响。失败，不仅给58军官兵蒙上了奇耻大辱，也给他们一次很大的教训和激励。

军人只有上战场，以军功才能洗刷这奇耻大辱！孙渡如此告诫官兵。

六、醴陵整训

1938年11月21日，58军奉命全部开抵醴陵西北地区集结完毕。此时，孙渡一面整训部队，严肃军纪，以逸待劳，准备应战。一面急召在昆明养病的新11师师长鲁道源赶到前线。12月30日，鲁道源抱病抵达醴陵。[44]

鲁道源（1898—1985），字子泉，自号铁翁，云南保山市昌宁人，云南陆军讲武学校第13期毕业。历任连长、营长、团长、旅长等职。抗战期间，历任国民革命军第58军新编第11师师长、第58军副军长及军长，率部参加过反攻南昌、长沙会战、收复常德等500余次大小战役，战功卓著。抗战胜利时，在南昌接受日军投降。抗战胜利后，任整编第58师师长、第14绥靖区主任、第11兵团司令官兼武汉守备区司令等。1949年率残部退入越南。1952年赴台湾，任

鲁道源将军
（图片来自《壮志千秋》一书）

台湾国防部中将参议、光复大陆设计研究委员会委员等。1985年3月12日在台北病逝。著抗日军旅诗集《铁峰集》。

鲁道源中等身材，紫檀面色，虎背熊腰，说起话来虎虎生风，令人望而生畏。孙渡与鲁道源的性格、风度虽截然不同，但相处情感始终很好。云南组编第60军出征时，龙云即任命鲁道源为卢汉下属的师长，由于卢、鲁生过嫌隙，故鲁道源拒不就职，及至次年组编第58军，孙渡出任军长，他才慨然受命任新编第11师师长。并即兴赋诗《贺孙公志舟出任五十八军军长》(出自鲁道源《铁峰集》，未刊）一首，盛赞孙渡军事才干。诗曰：

“兵法传家熟比伦，出奇制胜妙如神；东山复起孚群望，领导吾侪喜得人。卫霍功名韩范资，天生名将为匡时；三军万里专征伐，我幸追随提一师。”

孙渡与鲁道源平时互相谏诤，战时互相信赖。1940年卢汉回滇新组第一集团军时，将鲁道源调升第58军副军长。鲁道源认为此事是卢汉用明升暗降之计解除他的师长兵权而大发牢骚，要与卢汉决裂。孙渡不假辞色地指责他“意气用事”，劝他“静以制动”，待机重握兵权。鲁道源才到军部就职。㊺

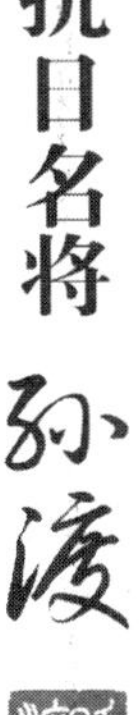

12月2日，蒋介石召集第三、第九两战区各高级人员在南岳召开军事会议，孙渡偕刘正富师长、鲁道源师长及58军团长以上人员出席会议。会议主要议题“即检讨敌我两军作战之优劣与我过去军事上之失败，以后改良军队教育、改善军队编组等”。㊻为了整军建军，会议决定废旅编制，每师3团，每团3营，每营3步兵连、一机枪连，外一迫击炮排。

刘正富（1892—1942），字懋卿，云南昆明市安宁县十六街乡大五岳村人。6岁丧父，11岁入伍当马夫，15岁出门谋生，后到昆明投军。长期在滇军任职，先后任连长、营长、团长、旅长等职。抗战期间，历任国民革命军第58军新编第11师师长、60军副军长，在3年的抗战生涯中，与日寇鏖战于

刘正富将军
（图片来自网络）

湘、赣、鄂地区，出生入死，屡立战功。1941 年 7 月因病请假回到云南。1942 年 1 月 5 日在昆明被其夫人雇佣刺客杀害。

孙渡一行返回醴陵，奉命立即对 58 军开始编并。新 10 师、新 11 师各 4 个团合并为各 3 个团；选拔军事过硬的骨干担任排连营长，负责训练战士；成立军官队，由梁得奎任队长，集训中上级军官，提高其综合素质。同时，把一些老弱病残官兵护送回家。

12 月 6 日，孙渡向 58 军官兵传达了蒋介石的处分令：崇阳之役，新 3 军军长张冲处置失当，不顾联系，58 军军长孙渡督率不严，致误驻防，新 11 师代师长马崟（师长鲁道源因病在后方）临阵畏缩，指挥无方，致所部遭受无谓牺牲，按军法均应严办。惟念各该部远道从征，向著战绩，且多新兵，因拟从宽处分，张冲撤职戴罪图功，孙渡记大过一次，马崟撤职查办，并将该部番号取消，所部拨交新 10 师补充，第 183 师归 58 军军长孙渡暂行指挥。

孙渡事后恳请龙云和蒋介石，对马崟“从轻议处”，并请保留新编第 11 师番号，获得了蒋介石的默许。12 月 27 日，蒋介石电告龙云，准予保留新编第 11 师番号。[47]

张冲（图片来自网络）

张冲（1901—1980），原名绍禹，又名维新，字云鹏，彝族，彝姓尼娜，云南红河州泸西县永宁乡小布坎（现划归弥勒县）人。1918 年赴昆明读书，后在滇军任职。抗战时期，先后任第 60 军 184 师师长、新 3 军军长。1939 年被撤去军长职务后回到昆明，经营云南水利。1947 年 1 月奔赴延安，同年 2 月加入中国共产党，先后任东北人民解放军高级参议、松江省人民政府副主席等职，其主要任务是策反在东北的滇军第 60 军、93 军。云南解放后，任云南省人民政府副主席、西南军政委员会委员、西南民委副主任兼凉山临时军政委员会主席。1954 年后任云南省副省长、云南省人大常委会副主任、全国政协副主席等职。1980 年 10 月 30 日病逝于北京。

马崟（1896—1979），字稚坡，白族，云南大理州洱源县茈碧乡大果树村人。云南陆军讲武学校第 10 期毕业。其父马金墀为“滇南名士”，其兄马鈖、马瑛为陆军中将，兄弟三人均系将级军官，故时有“一门三将，三迤一家”之称。抗战爆发后，1937 年上书国民政府军事委员会及滇省主席龙云，请缨杀敌。其代师长职被撤后，改任58军新兵处处长，屡上书请“戴罪立功”，均遭拒绝，遂告假返滇。此后离开军队，以经营手工业为生。1979年病逝于昆明。

醴陵整训（图片来自《壮志千秋》一书）

在醴陵集训期间，孙渡一再激励全军官兵：“我们要痛切总结崇阳失败教训，重整旗鼓，时刻准备英勇杀敌，报效祖国。”鲁道源则说：“本师番号撤销，相当于全师官兵被撤差开除。作为一个军人，到这份上已经玷污祖国、家人。现在只有一条路，那就是拼死在前进的路上，不辱于家乡父老。”“为抗日救国而死，虽死犹荣，立功受奖，逃亡者杀！”[48]

1939年初，国民政府军委会按南岳军事会议精神，对仓促组建的第一集团军进行了改制，集团军下辖3个军，每军改为2师，废旅编制，每师改为3团。

1月22日，蒋介石升任卢汉为总司令。2月24日，蒋介石委任赵锦雯为第一集团军参谋长、马瑛为副参谋长；2月25日，蒋介石升任高荫槐为副总司令并代行总司令职权（卢汉此时尚在养病）；2月27日，安恩溥升任60军副军长（代军长职）。[49]改制后的第一集团军建制如下：[50]

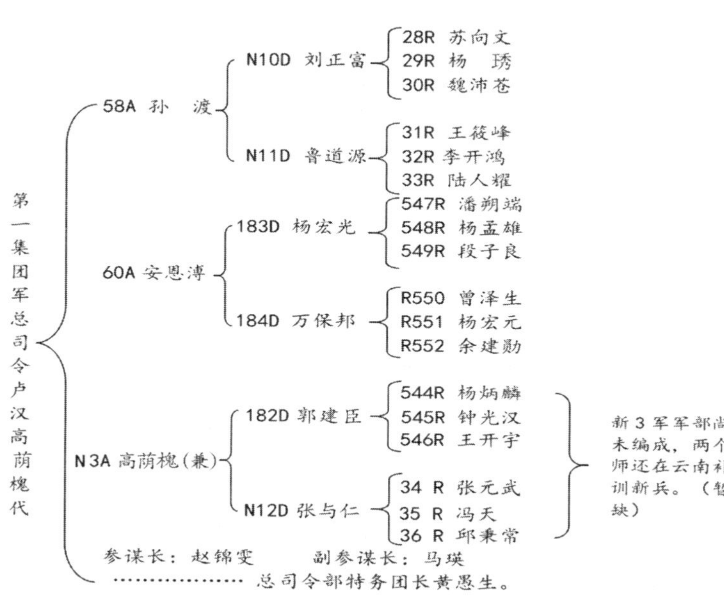

高荫槐
（图片来自网络）

高荫槐（1889—1976），号蕴华，云南昆明人。保定陆军速成学堂毕业，历任滇军排、连、营、团长等职。抗战时期，参加了包括台儿庄战役、武汉保卫战在内的大小战役，任第 60 军 183 师师长、第 30 军团副军团长、第一集团军副总司令兼任新 3 军军长，为抗战胜利作出重大贡献。1942 年 10 月，高荫槐因脱离滇军体系而被免职，由龙云下令调回云南，但他不服此令，落脚贵阳。国共内战时期他不为形势所动，不为国民党效力。1947 年退役，变服为民，不问政事。新中国成立后，历任云南省一、二届人民代表会议特邀代表和云南省第一届政协委员。1976 年病逝于昆明。

安恩溥（1894—1965），字恩溥，原名德鸿，更名德化，后名恩溥，彝族，云南省昭通市镇雄县花竹沟（今场坝乡麻塘村）人。1919 年入云南陆军讲武堂第 14 期，毕业后长期在滇军中任职。全面抗战爆发，率部开赴前线，历任师长、军长，率部在台儿庄会战、武汉保卫战、滇南防御战中英勇杀敌，功勋卓著。抗战胜利后，历任云南省民政厅厅长等职。1949 年协助卢汉推动云南和平起义。新中国成立后历任昆明军事管制委员会委员、云南省人民政府委员、云南省军政委员会委员、西南行政委员会委员等职。1958 年 9 月被错划为右派分子，1965 年 12 月病逝于昆明，1980 年平反昭雪。撰写《滇军第三纵队追堵红军的经过》等大量具有较高史料价值的回忆文章。

安恩溥（图片来自网络）

第一集团军各部整编后，张冲回滇，新 3 军军长由高荫槐暂兼，驻浏阳整训。2 月初，经国民政府军政部核定，新 3 军和 58 军由滇再征给补充兵各一团（人数 1750 名），每师补充营（人数 800 名）各一营，计两团四营，共 6700 人。2 月初底，58 军选新 11 师 2 团团附中校龙绳曾为补充团长、新 10 师选宦树清为野补营长、新 11 师选张正芳为野补营长，徒步回滇领运新兵；新 3 军派新 12 师师长龚顺壁率领三名团长，徒步回滇领训新兵。[51]

龚顺壁（1893 — 1947），字子义，云南罗平县富乐镇人。历任滇军排、连、营、团、旅长和58军新编12师师长。1939年2月回滇领训新兵途中，因与部下不和，被所部以匿名函呈蒋介石、薛岳和龙云。蒋介石下令查办，龚因此停职候查，由张与仁接任新12师师长职。[52] 此后，离开滇军，闲居昆明，于1947年12月30日病逝家中。

醴陵整训3个月后，58军军容改观，秩序良好，士气大振。2月12日，奉第九战区薛岳司令长官之令，58军开赴赣北铜鼓附近待命。

58军官兵铭记崇阳之败之辱，期待杀敌雪耻，以正名誉！

【注释及参考文献】

①③④⑪⑳ 孙代兴吴宝璋主编．云南抗日战争史 [M]. 云南大学出版社，1995.7： 17-43

② 中共云南党史研究室编．云南全民抗战 [M]. 云南大学出版社，1995.8：4

⑤⑦㉖ ㉗㉘㉙㉚㉛㉜㉝㉞㉟㊱㊲㊷㊸㊼㊾51 52云南省档案馆编．滇军抗战密电集 [M]. 1995.9：1-243

⑥ 现称埃塞俄比亚

⑧⑫ 龙云．抗战前后我的几点回忆 [J]，《文史资料选辑》（17）：53-55

⑨ 赵振銮．龙云和蒋介石的合与分之我见 [J]，云南历史研究所《研究集刊》1983（2）：52-53

⑩ 转引自谢本书《龙云传》第145页

⑬ ㊺㊻抗战中的云南 [J]. 云南文史资料选辑（50）. 云南人民出版社，1997.7：92-120

⑭《云南日报》1938年4月28日头版头条文章

⑮ 云南省档案馆编．抗战时期的云南档案史料汇编（上）[M]. 重庆出版社，2015.8：53

⑯ 廖行超（1895 — 1972），字品卓，云南华宁县廖家营村人，滇军著名将领；1912年考入云南讲武堂（丙班），与龙云同班学习，与孙渡同为第4期学员。

⑰ 欧小牧主编《求珠集第三集》，昆明富新春印刷厂1990年印

⑱⑲《云南日报》1938年6月26日头版头条文章

㉑《云南日报》1938年7月24日头版头条

㉒㉓《云南日报》1938年8月1日头版头条

㉔《云南日报》1938年7月24日头版头条文章；欧小牧主编《求珠集第三集》（昆明富新春印刷厂1990年印）《金缕曲》中“及早膚功奏”为“早系楼兰首”。

㉕ ㊵㊶㊹㊽黄声远．壮志千秋 [M]. 上海汉文正楷印书局承印出版，1948.1： 8-32

㊳50余建勋．滇军第一集团军八年抗战重要战役纪要 [J]，云南文史资料选辑（20）. 1982（5）：140-145；A为军长代码，D为师长代码，R为团长代码，N为“新”字代码。

㊴鲁元．国民党五十八军及十一兵团简史 [J]，云南文史资料选辑（27），1986（4）：11-13

第 8 章 精忠悬日月

抗日战争进入 1939 年，日军在正面战场上停止了全局性的战略进攻，转而致力于保护和巩固已占领区域，企图消灭占领区的中国敌后游击部队。正面战场上出现了短暂的寂静，盘踞于武汉的日军成了中国第五、第九战区的主要对手。

1939 年，孙渡率领的第 58 军，深刻总结了崇阳首战失利蒙羞的教训，先后参加了南昌会战之奉高战役、反攻南昌战役、第一次长沙会战、赣北锦江南北岸战役等著名战役，集小胜为大胜，取得辉煌战绩，威震第九战区。

“耿耿精忠，戠戠干城。起舞幕阜山下，挥戈洞庭湖滨。……养成铁血救国之壮志，抱定杀身成仁之决心，担起复兴民族之重任，完成国民革命之使命！”孙渡用自己的铮铮铁骨挺起民族脊梁，挽回了崇阳失利的被动局面，铸就了感天动地、不屈不挠的民族忠魂！

孙渡是怎样汲取崇阳失利蒙羞的教训？ 58 军又是怎样与日寇血战的？

一、会战奉高

1939 年，武汉会战后，入侵江西之日军，与我九战区部队对峙于修河南北岸。日军为了确保武汉的安全，决定占领武汉周围的战略要地。日军选择的第一个目标是江西省会南昌，它南有浙赣铁路，城郊还筑有飞机场，使长江方面的日军受到威胁。

江南春季多雨。3 月 3 日，连日降雨，河水暴涨，隶属第九战区的在修水河南岸的工事大部被水淹没。3 月中旬，敌之 34 师团等 5 个师团、独立 14 旅团，并海军一部，乘机强渡修河，进攻南昌。3 月 17 日，敌以一部在海空军掩护下，猛攻我吴城镇，守军与敌激战 7 日 7 夜， 24 日后吴城镇陷落。

23 日，我永修、虬津阵地，被敌之主力突破，敌机械化部队分头南犯，先后攻陷靖安、安义、奉新，主力猛攻南昌。我军与敌反复激战至 27 日，终因装备悬殊，伤亡甚大。27 日，日军只用了 10 天便占领了南昌。

日寇猖獗，继续向奉新、高安西南地区扩张，与第十九集团军总司令罗卓英指挥之18军、夏梦中79军、李觉70军、俞济时74军、宋肯堂32军，在锦江北岸靖安、安义、奉新地区激战。

军情紧急！第一集团军奉令由鄂调赣北驰援，经浏阳、许市转铜鼓、修水、九仙汤，于3月29日冒雨赶到奉新、高安西南地区，迅速插入敌背，投入战斗。

58军与敌激战于潦河南岸之奉新大禾岭、白塔路、上龙岗、新形山，60军与敌激战于米蜂东南之狮子山、莲花山等地区。

时任第九战区司令长官薛岳
（图片来自网络）

新11师奉新首战，旗开得胜！

4月1日，孙渡令58军新10师驻斜桥为总预备队，新11师占领白鹭桥、大禾岭一线阵地，右与60军、49军取得联系，对奉新方面的敌军严密警戒。中午，新11师正在白鹭桥、大禾岭构筑工事，日军一部向大禾岭以北的文笔山进扰，另一部则威胁上下村庄。

新11师师长鲁道源当即判断：敌迫扰意在牵制，立即捕捉时机，下令围歼。他勉励部属道："复仇雪耻，就在今天，后退者杀！"官兵听令后，为洗刷崇阳战役的耻辱，一个个奋勇当先，冒死杀敌，不到半个小时，便攻下了大禾岭北面要地——文笔山。

随军战地记者黄声远在《壮志千秋》中描述道：

除了正规的攻击外，32团迫击炮连陆排长、侯排副另率一部追击敌便衣队，演出了悲壮动人的一幕。陆排长在敌军反扑愈迫愈近的紧急情况下，挺身跃出战壕，手持轻机枪瞄准扫射，机枪一响，便有十个敌兵应声倒地。也就在这一顷刻，左面飞来一弹，将陆排长击倒在地。侯排副见陆排长已成仁，于是跃起追踪而上，大声呼杀。山顶敌军忽然一齐鸣枪，侯排副又在这密集的枪弹下殒命。全排兄弟更怒火中烧，一拥而上，冲到山顶厮杀，刀起头落，弹炸人倒，半小时后只见纵横都是敌人尸骨，残余的敌人已逃得无影无踪。①

58军新11师取得奉新大禾岭之捷，极大地激励了全体官兵。这一役，夺获敌军步枪70余支，战马4匹，小铜护身佛1尊。鲁道源风趣地说："这是敌人给我们的见面礼。”

新10师血战高安，再传捷报！

4月2日，高安城失守。58军奉命为第二线兵团，移至高安以西铜鼓岭、龙团桥、大家岭、台峰岭之线，占领预备阵地，防敌西窜。新10师由斜桥移动，新11师由大禾岭阵地逐次转移。

4月6日，58军奉命协同74军反攻高安。孙渡令新10师出动，同时以新11师为左侧支队，移驻奉新县属的甘坊市，阻击西犯宜丰、铜鼓之敌，掩护集团军的侧背。

4月7日，新10师刘正富师长率部进驻庙背、黄陂桥之线作反攻高安准备。晚8时许，29团进至敖家附近。常正学营首先与敌接触，接着全团卷入激烈的战斗中。

刘正富师长探悉敖家附近敌人不过七八百左右，一面下令29团杨琇团长加以歼灭，一面与74军取得联络。新10师反复攻击，到次日傍晚，敌方因伤亡惨重，同时发现新10师28团已进展至港平侧背，即退入城东北碉堡村落固守。深夜时候，新10师右翼联络队第6连乘机攻入高安西门，敌军据城以猛烈炮火射击，连长刘勋阵亡。因敌变换阵地，刘师在城西及西北与敌血战3昼夜。

4月9日，敌由奉新及大城增来步骑兵2000余人，炮10余门，向58军左翼28团反攻，并施放毒气，炮火与毒瓦斯均烈。段克武团长负重伤，何长春营长牺牲。苦战至晚间10时，孙渡始奉命不攻坚，令新10师转进至放溪岭、挂壁山、石宝山之线，撤城西20里，与敌对峙。

何长春，云南宜良人，云南陆军讲武学校第21期学生，1938年跟随58军出滇抗日，时任58军新10师一旅一团二营少校副营长。同年10月，部队抵达湖北，时值日军攻陷武汉，正向南进犯。58军转入守卫湖北重镇崇阳，新10师奉命守卫崇阳北部，何长春因指挥得力升任二营中校营长。1939年3月，58军奉命移防江西高安、奉新地区。一团在掩护60军转移新阵地时，与驻守高安的日军遭遇，何长春奉命阻击敌援军，激战中左肋部受重伤，4月9日因失血过多不幸牺牲，终年40岁。[②]

刘正富师反攻高安一役，敌人便只能据城固守，而不敢轻易出击。因此，新10师左翼得以在第2天进展至向家山、丁家凌之线。此战役计毙敌800余，马30余，师伤亡官兵14人，士兵517名，损失损坏步枪130支，轻机枪10挺。[③]

5月4日和5日，《云南日报》以《五十八军血战歼倭记》为题，连续详尽报道了高安一役的战况。④

正在进行毒气战训练的日军
（图片来自网络）

文章开头说："英勇的五十八军血战靖安奉新，歼敌无算消息。本报昨复接五十八军新十师政治部来讯，对作战情况，分别有所描述，特披露于此，以告我三迤同胞。"文章接着叙述了"战斗之前"58军官兵的思想状况：

用不着忌讳，五八军在去年十一月初的崇阳战役，是受过挫折的，这一件事情在每一个官兵同志心里，都留上一层阴影，每个人都感到说不出的羞辱。虽然是在那种来自几千里外，毫无休息及左右前后毫无联络掩护的情况下，而遭受到的。但大家总是说在日本强盗身上没有尽□消解我们的愤恨。这种愤恨在后来日日积累起来了，经过在醴陵三个多月的整训，又进一步的认清了日寇的残暴和无耻的侵略野心，所以以后开到铜鼓（仁次）转到前线后，有好多士兵就自动发出要爆裂的火热的话，说是：这次再不拼命，实在太冤枉，更谈不到为国家为民族 。同时军长师长……所以在高安附近有着激烈得多战斗。

文章详细生动地叙述了此次"战斗概况"，让我们今天切身感受到这场战争的硝烟：

这次与敌接触，仅战斗三日。四月七日本师命令向高安攻击前进，军长师长都亲临前线指挥督战。第三团（欠一营）在右翼，接到命令，于是日午后二时，沿公路攻击前进，首先击破敌之警戒线，至距高安城四里，遇敌约七百余人，正式战斗于是开始，但不久就被我军击溃，退入高安城内及城北村落，时已傍晚，战斗沉寂。乃派第六连向右游击，并与友军联络。然到高安西门，不见友军，亦无敌情，乃乘虚入城，城内已成焦土。时当深夜，城外枪声又起，炮火甚密，即转出与城西之主力集合，不幸该连连长于是时阵亡。第一团（在右翼）则向城北地区挺进。四月八日，敌据附城之堡垒及村落顽强抵抗。第三团在已占领之阵地修筑工事，维持已得之战果。在敌猛烈之火力下仍不断派队出击，至12时以后，敌之增援部队赶到，其数不详。而战况立时紧张，彻夜激战，敌我均有伤亡。第一团则于向家山附近发现敌步骑三百余，当即攻击前进，□敌驱逐。

复于杨家坊公路上，发现敌战车三辆，又派队截击，是日该团即固守向家山阵地。四月九日，第三天继昨日，日夜不停之战斗，至是晨八时，敌以炮火掩护步兵，屡向我阵地前行，终不得逞，敌我伤亡均重。第一团亦于晨八时与敌接触，发现装备整齐戴钢盔穿黄色制服之敌约三百余人，配合骑兵百余人，游击队千余，野炮五门，迫击炮六门，由左侧延伸取包围形势并以炮兵用催泪喷射性毒瓦斯向我射击。时至正午十二时，战况极为紧张。但我官兵咸报必死之心，一洗崇阳战役的奇耻大辱，以报国家民族，故伤亡极大，而阵地仍极巩固，至十四时许后，我团长段克武、营长何长春，均负重伤，其他官兵亦伤亡不少。闻战况亦渐缓，并奉命转移休息。

文章还以“敌军残酷之一般”为题，揭露了日军残暴的滔天罪行：

我们以前在电报上看到敌军惨无人道的施暴行为时，莫不切齿痛恨！这次到达高安，我们又眼见敌人之残暴兽行，更令人怒发冲冠！我们看见的事实是如此，在 × 城附近的村落，通通被烧光，所有的男女同胞，被杀死在路旁，对于妇女，有的被剖腹，有的把乳房剖去，有的把生殖器挖了挂在树上，亦有把木棍插在生殖器上的，形形色色，惨不忍视，还有一家老小五口，死在屋里，又在附近的一棵大树上看到很多人头。还有一对夫妇，年纪都在七十岁以上了，另外一个村子，有两个七八岁的小女孩，被绑在牛角上活活拖死，不仅对我们的同胞如此残忍，就是牲畜也遭殃，牛、羊、猪，都不剥皮刮毛，只把肥壮的地方刨去。杀人抢东西，索女人，故没有逃脱的老弱，多数惨死。经各方面查询，全属事实，杀人如此行为，实在足以揭示他们的兽性。全体官兵见到此种惨状，对于战斗，更引起深刻的刺激。

文章最后以轻松的笔调，描写了 58 军官兵战后高涨的士气：

战斗后，我们可以告慰同胞们的，就是此一次负伤的官兵，都完全很有秩序的抬了下来，有政工、医务人员逐段的向后方的医院移送。因原有担架不够使用，把辎重营和铁肩队都派出一部分来协助运送，每隔二三十里设有一个茶粥站，医药器材，事先就有充分的准备，所以负伤的同志，一点不感觉痛苦。阵亡人员，也已妥善的安埋，使他们的忠魂，不致有所遗憾！这次战斗的结束，虽未把当前的敌人完全消灭，但是也给了他一个很大的打击，所以我们的最高领袖和司令长官，对本师此次忠勇抗战，都先后来电嘉奖，这更使士气大大的增高。现在本军即将作第二次的进攻，情形如何？暂停吧！望亲爱的兄弟姐妹们努力帮助前线将士！

5月8日，《云南日报》再以《五十八军克战高安记》为题，对高安一役作了报道，为我们今天研究当时的战况，提供了重要参考：⑤

（陆军通讯）五十八军奉令开赴赣北参加南昌外围战，四月一日到达高安，（南昌东南一百二十余华里）奉令停止布防，时敌既进战南昌，复积极南进，企图攻破新济、宜丰、清江、万载一线，进攻萍乡，迂回长沙，此线必须确保，湘北赣西始可无虞，保卫长沙，必须确保此线，故此线之重要当不问而知也。××军奉命为此□中央守备队、五十八军控制于××地区，以阻敌进，四月三日十五时，敌之一零六师的约一联队，附野炮十余门，骑兵二百余，向我鲁师阵地猛烈攻击，我鲁师李（开洪）团适当正面之敌，奋力抗拒，官兵奋不顾身，十时的激战，敌始败退。是役我夺获战马一匹，步枪数十支，护身铜佛一。是此战役经验，敌之战术惯用侧背运动，避免正面攻击，敌之素质、□远不如前，敌之死非四十余岁之老者、即十余龄之幼童，当我方攻击激烈时，敌方并发现哀号之声，抢地呼天。其声甚惨！

敌既溃退，五八军乘胜追击，至四十余里，敌退守高安城内负隅顽抗，刘师杨团于六日到达距城二十里之××就攻占位置准备后，七日拂晓向敌攻击，段团于4时分进夹攻，自晨至午，炮声未断。十三时，我杨团乘势进占附城高地，至十八时敌不支，纷纷向东南溃退，我军团追击并进，进入高安城，敌仓皇而逃，当攻击进展时，团长段克武身先士卒，亲率一营直抵城垣，为敌机枪弹伤中胸部，伤势甚重，营长何长春营副李宗仁亦同时负创，杨团第六连长刘勋率兵以梯爬城，饮弹阵亡，至晚八时我队正式克复高安，是役敌伤亡二百余名。

八日□记者于兴奋之余，随×军长亲至高安城内视察，入东门见城垣一角，已为我炮毁，弹穿处历历可见，城郊附近，尸横遍野，城内浓烟未散，迨为敌人弃城时，放火焚烧，人民之惨死于枪杀者数百，血迹殷然，房屋除被焚烧之外，其余坍塌折毁□面□□，身历其境，不□凄然，敌人退□时，并于墙垣大书“只要和平，不要赔战费。”“□行中日经济□携□”等字样的标语，战后的高安，经过敌人蹂躏，四面笼罩着恐怖的阴影。

现在五八军已经越过高安向××乘势前进中。

文中以醒目标题特别强调高安一役：“暴日壮丁稀少趋老幼作战，退走时大书标语需要和平”。由此可见日本法西斯穷兵黩武的一面。

南昌会战奉高战役，激战9日夜，将敌压迫于潦河南岸之文家山、五步城、凤凰山、虬岭、莲花山、祥符观之线，敌我成对峙状态，稳住了南昌失守后的战场形势。由于敌我阵地太过逼近，各军阵线，戒备森严，局部战斗仍日夜不断地进行着。[6]

孙渡指挥58军会战奉新、高安，同仇敌忾，功勋卓著，挽回了崇阳失利的被动局面。龙云致电孙渡："此次我58军参加作战，忠勇奋发，战绩甚佳。""闻之深为欣慰。""应转饬所部，继续努力，忠实效命，是所殷盼"。[7]

崇阳失利才过半年，孙渡指挥58军将士奋勇杀敌，用战绩搏回了荣誉！

二、反攻南昌

南昌为江西省会、浙赣南浔铁路交汇点。南昌轻易失守，使浙赣路中断，关系西南抗战全局。蒋介石大怒，予第九战区副司令长官兼十九集团军司令罗卓英撤职查办处分。又责令其攻复南昌，予以戴罪图功机会。

4月初，赣北战局基本稳定后，第九战区决定中旬开始反攻南昌。

第一集团军奉罗卓英命令要旨如下：中路指挥为上官云相，指挥宋肯堂等军沿赣江西岸北进，直攻南昌。并先以预9师进入西山区，收容留落在该地区内北方部队流散官兵二、三千人后，以西山为据点，对虬岭、生米街、牛行之敌攻击。截断西山周围敌人的交通通信设备。左路由第一集团军代理总司令高荫槐指挥，以58、60两军向靖安、安义、奉新之敌进攻，并以一部进入南浔乐化地区，切断敌之后方交通联络；右路指挥为俞济时，率部东渡赣江，攻击南昌以东地区敌人。[8]

南昌会战中的机关枪阵地（图片来自网络）

全面反攻南昌开始之前，在赣北的部队，俱有所调整。第一集团军的部署是：以58军之新10师，接替潦河以南、大禾岭以北新11师阵地，以新11师集结甘防、上富待命；60军之184师仍位置于大禾岭南及米峰东南地区；新 3 军之 183 师，守备米蜂以南锦江北岸之线。此时，当面之敌 106 师团，据守靖安、安义，并有一加强联队，据守奉新地区。

第一集团军按计划，决心以作战能力较强的部队，先攻奉新之敌。以 58 军新 11 师，从安义、奉新间切断敌之联络，以主力由北南进；新 10 师之一部，从西向东进攻，摧毁当面敌之据点后，协力攻取奉新；183 师，以一部出击，牵制该师当面之敌。184 师主力由南向北，首先摧毁各师当面敌据点后，协力猛攻奉新。183 师以一部当面之敌出击，牵制其行动。

4月上旬，我各路军开始反攻，与敌激战于南昌与赣北地区。战斗极其激烈，敌我双方伤亡俱大。11 日，奉新之敌，沿潦河北岸西犯，陷邬家山、车坪、会埠、罗坊。13 日， 58 军新 10 师攻克邻家山、车坪、会埠、罗坊，并派部队切断奉新、安义交通，敌仓皇退守奉新。

16 日，为第一集团军左翼安全计，孙渡令新 11 师向奉新守敌发起进攻，主要目标是占领车坪。车坪是奉新、宜丰的重要据点，又是奉新外围的要隘。敌军为保卫奉新城，不得不在车坪死守顽抗。鲁道源师长深感非激励官兵勇往直前不足以收战果，于是召集全师官兵在会埠河畔讲活：

各位同志：本师自鄂南崇阳战败以后，举凡人间所有的耻辱和唾骂、讥讽、白眼、嘲笑，我们都一一尝过了。匹夫见辱，尚能拔剑而起。我们当军人的，试问还能受得下去吗？大禾岭战后，大家总算服从命令，贯彻了我的意志，虽说这还不足以洗刷崇阳战败的耻辱。

我们必须明白，国家已经到了生死存亡的关头了。简单地说，不是胜利，就是灭亡，子子孙孙都要做敌人的奴隶。今天就要和敌人展开大规模的战斗，希望大家本着有敌无我、有我无敌的精神去冲锋陷阵，去歼灭敌人。我们要救国家民族，我们要洗刷崇阳失败的奇耻大辱，现在就是大好的机会了。现在与大家约定，战败了，不必再来见我。因为我也没有面目去见军长和父老了。希望各位本着我的意思，有进无退，完成使命。⑨

鲁道源师长的讲话，把崇阳失利的耻辱，作为激励将士打翻身仗的鼓励，极大的激励了官兵的斗志。17 日午时，冲锋号响起，全师官兵，一鼓作气，奋不顾身，一举攻克车坪。车坪之敌溃退至官村山集结，据守不退，新 11 师跟踪向前追击，18 日攻克官村山。攻克官村山后，又乘胜追击，先后克复了李公垴、白塔等南北各高地。敌骑兵、战车，三度迂回反扑，均被击退。新 11 师浴血酣战，自晨至暮，共前进50华里。

21日，孙渡令鲁道源率部向奉新西北区敌军再次发起攻击。当日下午，战斗在冯川河北岸的蒋家坪展开，至晚间10时，敌军溃退，我跟踪前进，12时攻克廖克山、老温头。敌退守至狮子山山颠，固守等待援军，双方遂形成对峙形势。

当日午夜1时许，敌运输车队5辆，满载军用物资，由安义驶奉新，被新11师31团伏击，全歼车上之敌，虏获军械弹药物资文件甚多。

4月21日，孙渡令新10师、184师进攻奉新外围据点。22日，攻克白马庙，续攻五步城之敌。同时184师余建勋、曾泽生团，进攻陶仙岭与峦岗岭之敌，奋战多日，颇有所获。在敌大队长尸体上，获文件图书、日皇御赐佩剑、步手枪及其他军用物品。

22日，新10师全力进攻竹山正面敌之据点，官兵奋勇突人敌之阵地。23日晨，敌大部援军凶猛反攻，激战数日，部队伤亡甚大，阵地复被敌人攻占。

孙渡鉴于该线阵地之重要，增援严督反攻，与日军反复搏斗至24日午时，将敌击溃，复占领龙形山、骑马山线阵地。5月2日，孙渡令新10师向张公渡挺进，截断南浔路，策应南昌方面之战斗。第一集团军与敌在奉新、高安地区形成对峙。

4月28日，《云南日报》以《五十八军反攻奉新记》为题，报道了奉新一役。文章说："三迤健儿，自出发抗敌，在前线屡建奇勋，予敌人以重创，奠定最后胜利基础。最近反攻高安及赣北诸战役，使敌人闻声远扬，望风披靡，各情会迭志本战，兹再将五十八军之反攻奉新情形记夺获敌人之战利品刊载。"[⑩] 全文如下：

（奉新战地通讯）四月十五日，鲁师奉命由甘坊远出，向奉新西北挺进，牵制敌兵，十七日于车坪互东以东高地与敌激战三昼夜，毙敌三四百，毁战车三辆，获战利品甚多。二十一日，奉命率全部向奉新及其以北进攻。二十一日拂晓，以一部向奉新城开始猛攻，我官兵咸以战死为荣。由寅迄辰，已将东京附近乡包山、鄢家山之地攻溃，午间，夺取大老高地，并围官将山，因该山水准特高，仰攻数次不克，鲁师长亲往督战，士气激昂，蜂拥而上，指□夺下，与硝烟弹雨中，高树我大中华国旗于山巅，同时□号大作，官兵齐呼中华民国万岁，敌胆为慑。我遂勇往迈进，次第克复山口邻、西方，大栗树、北方互李公垴，及白塔徐，南北各高地，敌战车突击，骑兵迂回，均予击退。由寅至酉，浴血酣战，前进约十五里，连夺敌人五个阵地，每夺一阵地，我均以保卫迫其放弃，因我士气过盛，敌势为慑，致成被动，诚委座手令，精神胜物质之券证。

二十四日晨，继续猛攻，以一部包围五步城，主力远奉新近郊，冯川河左岸，已攻略蒋家坪、狮子山，同时左支队奇袭靖安、石马，均有斩获，惟右翼突出过多，侧背暴露。二十五日晨，为高安折回之敌包围，同时城内及五步城被围之敌，企图突围，猛烈反攻，我以□度不利，以致兵临城下，又被迫折回，八里河之役，已蒙极大牺牲，未竟全功，殊留遗憾。二十九日，我第三团之一排，在奉新北约五里，行□公路附近游击，与敌遭遇，即向敌猛烈进攻，当将敌汽车击毁八辆。击毙敌军官六员，士兵七八十名，夺取战利品极多。

自四月十六日迄二十七日，鲁师仅伤亡官二十余员，士兵七百余名，生死不明者二百余，伤亡近千名，虏获铜□一个，迫炮底火二十二个，白青马一匹，迫炮管三个，听音机一个，迫炮药包十八个，设营标识一个，战刀一把，防毒包一包，钢盔二顶，第十军渡边部队行布条一，炮弹壳三个，手摺一个，图囊一个，三八式步枪二十七支，日本国旗一面，九一曳火榴弹一箱，对支作战参考资料(教)十八、十九二本，手榴弹六十发，携行远迭物品取缔指导参考一本，八九式步枪榴弹七箱，陆军命令课通报三本，三八式步枪榴弹七箱，作战经理兵战等文件各一束，三八式机枪榴弹一八发，地图一张，弹夹一具，调升伤亡病表一束，背囊一个。

4月29日，孙渡令新11师奉命作为敌后挺进队，插入敌后之安义、靖安游击作战。5月3日午后4时，新11师连续两天行军与敌步骑兵遭遇，歼敌300余名，并俘获日军军官山田慎藏等5人。但连续3天攻打，未能攻克洋螺崖。

5月7日，孙渡令新11师主力由滩下出发经庙前街向白滩溪挺进，32团一二两营向焦区及塘口进攻，敌军尚在梦中就被击毙百余名。5月8日拂晓，新11师占领焦区，黄昏攻克塘口；晚间，歼灭洋螺崖顽敌大半。此时，孙渡捕捉战机，令新11师迅即转进至太子街，袭击安义，生擒倭酋106师团长松蒲。

从5月11日战至15日，新11师经过激战，逼松蒲退往靖安。敌松蒲师团由靖安绕迫该师之后，为免被敌包围，孙渡令其转移攻太子街之敌。16日，敌并力缓攻太子街，激战至晚，新11师伤亡过重，被迫且战且走。21日，新11师转移到屋后街受敌袭击，在反击中又毙敌百余名。5月26日，新11师安全返回上富镇。30 日，奉调高安盛庄整补。[11]

5 月 29 日，新 11 师师长鲁道源电告龙云："职师转战赣南，时将两月。官兵咸抱服膺钧命、尽忠党国决心，与敌奋斗。""已蒙极大牺牲，未竟全功，殊堪遗憾"。"自卯铣迄感职师共伤亡官 20 余，士兵 700 余，又生死不明者百余名。敌伤亡近千名，夺获马二匹，上新式步枪 27 支，及手榴弹步枪弹共 10 余箱，其他战利品甚多。"[12]

6 月初，第一集团军调整部署，孙渡率军部驻汪庄，新 10 师奉令守备米峰以南高安以北地区，新 11 师仍在高安盛庄整补。

罗卓英总司令指挥反攻南昌，立功赎罪之心固切，部队英勇牺牲亦甚重，究以敌我装备悬殊，未达克敌制胜的效果。

7 月中旬，第九战区为消耗敌人有生力量，决定在湘北、鄂南、赣北第一线部队守备区内，向日寇发动有限性的秋季攻击，攻击点由前线指挥部决定。

第一集团军决定以 58 军新 10 师攻击雷王殿之敌，183 师攻击安义潦河、源山地区之敌，184 师攻击奉新城郊之敌。在进攻战斗中，各师俱予敌以重创，卓有成果。

南昌会战，孙渡指挥 58 军新 10 师、11 师，在连续 2 个月的拉锯攻防战中，沉着应对，遇险不乱，甚至穿插敌后，孤军周旋，新兵们变成了勇敢战士，坚韧的 58 军在战火中重生。

7 月底，58 军新 11 师接替新 10 师阵地，新 10 师移锦江南岸守备。

三、会战长沙

对于战争而言，湖南北胁武汉，东面江西出皖浙，南护两广，西屏西南，是兵家必争的战略要地，著名的古战场。"湖南熟，天下足。"湖南是中国著名的天下粮仓。"无湘不成军。"湖南还是中国著名的兵源地。抗战爆发后，湖南就成了国民政府的粮食、兵源和工业资源的重要供给基地。

1938 年 10 月 25 日，华中重镇武汉陷于敌手；10 月 21 日，日寇侵占广州，切断、封锁了我沿海国际补给路线。1939 年 3 月 23 日又侵占我南昌名城，切断浙赣铁路，阻隔安徽与浙江，及第三战区与第九战区之主要交通联络线。至此，敌我双方进入了持久的战略相持阶段。

日军占领武汉，长沙成了捍卫西南各省的门户，只要占领长沙，打通武、广，相当于吃掉了整个中国南部。1939 年 9 月欧洲战场爆发，再一次刺激日本军国主义的野心，进而提出尽快结束所谓“中国事件”，并派西尾板垣来华主持新的攻势。企图迅速攻取长沙，然后占领衡阳、常德，把中国军队逼到黔桂边境，断绝中国军队的粮秣接济，打击中国长期抗战的意志，回应欧洲形势。

长沙是华中战略重镇，粤汉铁路之要冲，第九战区司令部所在地。武汉、南昌会战后，长沙的战略地位已经上升到特别突出的位置。中国特别重视长沙地区的防御，由第九战区（后分设第 6、第 9 两个战区）集重兵与日军在战线上对峙。

1939 年 9 月，日军集中在华 5 个半师团 18 万兵力，发动第一次长沙会战，1941 年 9 月、12 月又连续发动第二、第三次长沙会战。三次会战统称为长沙会战。

第一次长沙会战，日军指挥官是冈村宁次（南京大屠杀主谋）。1939 年春夏之际，冈村指挥日军第 11 军相继发动了南昌会战和襄东会战，攻占南昌击退第九战区军队的反攻，获得了武汉安全圈的东南屏障，并打通了通往长沙的通道。1939 年 8 月，日军直指第九战区防守的湖南。

岗村宁次（图片来自网络）

9 月 13 日，冈村宁次下令，调集第 6、33、106 师团，及第 3、13、101 师团各一部约 18 万兵力，在陆军航空兵团第 3 飞行团 100 余架飞机，海军第 13 炮艇队及第 11 陆战队的 120 余艘舰艇配合下发动第一次长沙会战。冈村采用“分进合击、长驱直入、两翼包抄”的战术，分别从赣北、鄂南、湘北三个方面同时进攻，企图在“一个星期内占领长沙”，在最短时间内将中国第九战区主力歼灭。

第九战区范围包括湖南、鄂南、赣两省一部，地跨湘、鄂、赣三省边区，东区以赣江、湘江为天然屏障，两翼又各有一湖，东为鄱阳湖，西为洞庭湖，恰成为整齐对称的战场，日军大迂回之战法无从施展，只能进行正面作战。代司令长官薛岳认为：只要利用这些良好的地理条件，再加上正确的战略战术，完全有可能打退日军的进攻，化被动为主动，于是提出：“后退决战，争取外翼”

作为核心战略，迎接日军进攻。

这种战略战术，薛岳将军称之为“无阵地、无方案”的“退避战法”。不呆守阵地，不死用方案，彻底集中使用兵力，采取绝对优势，以反包围破敌之包围。薛岳将军总结为：“拉大战线，扩大战面；转退为进，转守为攻。线线切断，面面包围。灵活机动，消灭敌人。”[13]

随着大战临近，薛岳开始调兵遣将，部署兵力。当时，第九战区共有21个军又3个挺进纵队，共52个师；国民政府军事委员会配属4个军（第4、第5、第99及新编第6军）又1个师（第11师），总计25个军63个师50万人，投入作战序列的部队有21个军49个师又3个挺进纵队（实际参战兵力为35个师又3个挺进纵队30万人）。

为了确保湘北我军主力侧背的安全，诱敌深入而全歼之，薛岳以必胜之信心号令全军：“我若在战斗中阵亡，立即由副司令长官罗卓英将军替代我指挥战斗，各级军师旅团，直到营连排班，都要明确，第一号指挥官若阵亡了就由谁接替指挥，军人为保卫国家而沙场捐躯，死而无憾。”

薛岳令第一集团军（附新15师）阻击赣北之敌援湘。58军奉命在赣北负责防守高安到奉新之间地区。

第58军编组及团长以上参战人员是：军长孙渡，参谋长缪嘉琦。新编第10师师长刘正富，第28团团长魏沛苍，第29团团长杨琇，第30团团长苏向文，师直属工兵营、轻重兵营。新编第11师师长鲁道源，第31团团长王筱峰，第32团团长陆人耀，第33团团长李开洪，师直属工兵营、辎重兵营。[14]

58军将士严阵以待。军长孙渡命令新10师防守小仙岭到大路王一线阵地，右与57师联系；命令新11师防守大路王到马奇岭之间阵地，左与新3军184师联系。[15]

9月15日凌晨2时，日军第106师团之147联队从赤土街、大城出发，首先向第一集团军第58军及60军之184师前进阵地小仙岭、土浮张等地攻击，拂晓后，敌复出动飞机及炮兵对我阵地轰炸炮击，并发射毒气弹。长沙会战的第一枪打响，58军参加长沙大会战的战幕由此揭开。[16]

是日，日军步骑200多人从高安向新10师右翼猛攻，敌人不断增加兵力，500多人大压过来，新10师28团2营郭有禄副营长率领2连，坚守小仙岭。当第一拨敌人进入射程时，下令开火，以火力封锁行进的大路，敌人骑兵无法通过，只有改由右侧迂回进攻，并用炮火对我阵地狂轰滥炸。

58 军战士顽强坚守，迭次打退敌人进攻，不让敌人越雷池一步。敌人伤亡 200 余，我守军也有伤亡，28 团一连连长负伤，第一、二排排长阵亡。敌复向阵地施放毒气，英勇的战士岿然不动，苦战迎击，完成迟滞敌人行动的战斗任务。

16 日，敌人占领小仙岭后，继续增兵，以优势炮兵火力向万岭、万步垴猛烈轰击，间发射大量毒气弹，同时敌机飞临阵地上空反复轰炸。58 军新 10 师 28 团于是转到大刀山、莲花山一线，拼死抵抗固守，致第一营营长吕自衡中毒，连长肖衍阵亡，官兵亦多数中毒失却战斗力。敌人以步、骑、炮兵联合行动，跟踪攻击。29 团与突入的敌人激战。刘正富师长命令 29 团杨琇团调一个营，经黄埔向万步脑袭击敌人右侧背；并命令 30 团魏泽民团调兵二营，控制狗笼港、下刘一带，准备歼敌。[17]

就在刘正富师长调兵遣将的时候，奉新方向的新 3 军 184 师正与敌人鏖战，炮声隆隆，震耳欲聋。16 日，刘正富师长调工兵营及 30 团的两个营全力向茅竹岭、城里之线反攻，同时命令 29 团一营向万步脑袭击，两路分进合击。这时，奉新方面的敌人一部已经由会埠向上富攻来，另一部向任桥河急进，新 3 军 184 师处境险恶，而 183 师的位置不明。敌人主力正一步步逼近我左后方，新 10 师正面的敌人，正是敌人左侧主力。

孙渡为了解除左侧背危险，命令新 11 师向该方面警戒，命令新 11 师鲁道源师长急以大部队向左翼移动，并占领岩山、钟鼓岭、马蹄岭一带阵地，阻击来自奉新、任桥河方面的敌人。

17 日，58 军接到命令，转进到于村前以南、锦江以北地区活动。当晚，孙渡率直属部队和新 10 师向黄陂道转移。当新 11 师正准备行动时，南山河方面突然发现敌人百余名，孙渡即令鲁道源师长率部攻击，并以一部占领凤凰岭支援。经过一夜激战，终于把敌人击退。

18 日，新 11 师自斜桥向杨公墟前进途中，敌人主力一部已由会埠过河，沿大禾岭山脉绕至村前一带，企图截断新 11 师的归路。在新 11 师之前，已经被阻滞在斜桥和马奇岭的 184 师万保邦师，派副官主任魏英与鲁道源师长商量对策。约定分两路出击村前之敌。由 184 师正面攻击，新 11 师进攻斜桥和马奇岭。

当天中午，鲁道源师长率部出击，起初颇有进展，到下午渐渐逆转。村前敌人增援逐渐向新11师合围，形势十分危急。鲁道源遂下令两个工兵连向左右敌人反击，限11时到达杨公墟集结；自己亲率部队向正面敌人发起总攻，打到深夜，终于突破敌人三道防线，跳出了敌人的重重包围。

9月20日，58军全军到达泗溪、官桥一带待命。敌军已经占领上富、甘坊、找桥等处。这时，敌人大部正向修水进攻，想与湘北、鄂南的敌人会师于汨罗、浏阳之间。58军奉命配合友军围攻甘防及附近之敌。

甘坊在修水之南、铜鼓以北，关系找桥和湘北战局的得失，孙渡果断命令新11师向甘坊进击。当甘坊敌军与183师相持之际，鲁师突以迅雷不及掩耳之势，将甘坊附近毛里源、羊及洞敌守兵悉数擒斩，后以泰山压卵之势，会同184师向甘坊猛击，激战2日，收复甘坊。敌主力遂迂回183师左翼，西窜找桥。

孙渡令新11师向甘坊发起攻击的同时，令新10师向找桥挺进。但该师部队尚未到达，敌军却已抢先了一步。孙渡于是紧急派29团占领水口坳、太子旗迎以及坳下山一线的阵地，命令30团占领东西岭一线的阵地，阻止甘坊与九仙汤的敌人在铜鼓相会。这时，新11师已经到达找桥以南的寒塘。孙渡立令新11师全力增援找桥西端。

10月1日晨起，西窜找桥之敌军步炮联合千余，向我新编第10师阵地太子迎旗、上百丈猛烈攻击，敌机七架盘旋我阵地上空，轮番轰炸，敌炮兵亦集中火力轰击我阵地，我守兵炸死甚多。我军誓死抵抗，官兵伤亡甚众，新10师29团二营营长费鄢生阵亡，第三、六两连连长身负重伤。

激战至10月2日，敌复倾其全力向新10师29团及30团太子迎旗、上百丈阵地猛烈攻击，战斗至8时，上百丈阵地被敌攻占，敌复出动飞机肆行轰炸，太子迎旗阵地尽毁，找桥附近村舍顿成瓦砾废墟。太子迎旗及找桥北端阵地被敌突破，截为数段，各部队之间失去联络，我30团副团长李光辅阵亡，团副杨辉汉身负重伤，部队牺牲甚重，新10师被迫向找桥以西转进，到达兰都附近收容整顿。敌军乃得通过找桥隘道向石街、观前溃退，继经九仙汤狼狈逃回南昌。

至此，赣北之敌妄图窜湘增援的目的终于幻灭，58军击破了敌人由找桥出铜鼓入湖南会师的企图。[18]

李光辅（1903—1939），自1923年到1926年就读于云南陆军讲武学校。

1938年8月出征抗日时任58军新10师30团副团长，牺牲时年仅36岁。省主席龙云亲笔批复："按例优待！切切此令！"以抚恤优待抗战阵亡将士家属。1939年11月7日，《云南日报》第二版作了如下报道："气盖山河！李光辅等壮烈牺牲。""本报高安6日专电：10月3日我军于赣北找桥之役，x x团副团长李光辅，x x团营长费鹭生，身先士卒，奋勇杀敌，竟作壮烈牺牲、沙场碧血，气盖山河……"

在湘北方面，9月29日敌军进攻至长沙以北永安市、土杉市、金井、福临铺、桥头驿一带，我第九战区在湘北兵团坚决抵抗痛击敌人，敌军攻势顿挫。10月6日，日军在湘北方面损失惨重，赣北方面也不能取得突破，不得不全线撤回，我军追击，以两侧兵团向敌反攻，敌军伤亡甚重，粮弹耗竭，乃向北败逃。至10月13日，敌退回靖安、奉新，双方恢复原态势。第一次长沙会战胜利结束！

历经20天的激战，58军及第一集团军各部予敌重创，迟滞其行动，有效阻止4万多敌人窜犯湘北，保障了长沙近郊与敌主方决战友军侧背安全，保证了此次长沙会战之胜利。军队士气得以提振，抗战必胜的信心进一步增强。

会战后，日军第11军司令官冈村宁次说："摧毁敌军的抗战企图，是至难中的难事。"日本军部也不得不承认："中国军队的攻势很大，其战斗意志之旺盛，行动之积极顽强，在历来的攻势中少见其匹。我军战果虽大，但损失亦为不少。"

第一次长沙会战结束后，日方和中方各自都公布了己方统计的战果：日方声称此战毙、伤、俘国军4.8万余人，而日方的伤亡数字仅为3600人；中方则宣称日军死伤4万余人，第九战区的伤亡人数为4万余人。

"长沙会战碑"碑文所记："鏖战二十四昼夜，遂奏肤功，歼寇四万，长驱两百里。"蒋介石得知，喜出望外，在一次演讲中说："自从月初湘北战争以来，我国抗战局势，已临近胜利的一个大转变，国际外交形势，亦随之一天天好转。"

此战，58军连续苦战血战，完成赣北阻敌任务，伤亡巨大。伤亡、失踪军官77人，伤亡、失踪士兵2185人。战后，第九战区长官薛岳下令嘉奖58军官兵。[19]

10月6日，第一集团军在甘坊、找桥、唐梓里各附近地区肃清残敌清扫战场后，第60军调万载县以北地区，第58军调万载县以南地区整顿补充。

四、高安备战

第一次长沙会战后，58 军军部奉令移驻高安新街，新 10 师驻傅家墟，新 11 师驻金堆罗。58 军各部利用战斗的间隙，进行整顿、补充和训练。

孙渡积极整顿战后部队之军风军纪，加紧作战训练，补充兵源及装备，筹划充实战斗力，以有力的措施积极备战。

孙渡令新 10 师、新 11 师同时举办了军官教育队和军士训练班。其整训重点为：一是技术训练，以加强战斗的力量；二是战术指导，以增进指挥的素能；三是政治训练，以鼓励杀敌的勇气。凡团长以下的军官，一律轮流受训。归还建制后，再训练其原有部队的各级士兵。

孙渡激励官兵说："大自然是我们的操场，战斗是我们的课本。"每一队、班的开学典礼，孙渡与鲁道源师长及刘正富师长都亲临训话。

"晓畅军事"的孙渡，深知"知己知彼，百战不殆"的道理，每次都对各级军官做《认识我们的敌人》的精彩演讲。时至今日，他的演讲仍不乏真知灼见。孙渡演讲全文如下：[20]

本军自云南出发以来，转战各地，到今天已经一年多了。现在上峰体念我们的辛苦，调我们在这儿补充、整理、训练。但是，抗战目的不达到，本军的任务就一天未完成。大家应该认识清楚！

我们抗战的目的是什么？为什么要抗战呢？总理遗嘱上说得很明白的一句话："求中国之自由平等。"这就是我们革命抗战的目的。日本帝国主义者压迫我们，侵略我们。为了国家的自由和在国际上和别人平等，便只有打倒日本帝国主义。在抗战中，一般民众冒着绝大的牺牲，忍受着绝大的痛苦，为的是求中国自由平等。一般民众能够这样，一般将士能够这样，是中国人民族意识的最大表现。也就是中华民国不会亡的绝大保证。

但是，我们还得问，要怎样才能打败敌人？兵法上说："知己知彼，百战百胜。"照现在的说法，就是要认识自己，认识敌人，才能打胜仗。现在，我就和大家讲认识我们的敌人。

我们的敌人日本，是我们的邻人，我们的兄弟之邦。我国对待这位小弟弟，一向是很好的；可是他们却恩将仇报，不断地欺负我们，要想灭亡中国。

为什么日本要侵略中国？他自己说是地小人多，非向中国发展不可。但是这决不成其为理由。第一，他的人口实在并不过多；第二，纵令人口过多，也应该与中国和平相处，在经济上合作谋解决，岂应该用武力侵略中国？

日本的经济问题其实是可以解决的，只是他们用错了手段。日本人想造成一个像样的资本主义国家，但因为它还没有脱去封建的农村经济的躯壳，便以工业制造可分的部门移到农村，用最低廉的工资引农村妇人、小孩做工，这样城市里的资本家大大发财，农村里的人却吃不饱肚子。但如果能够改变生产方法，农村就不会吃亏，经济上也不会感到有问题。不改变，完全是少数人的野心在作怪。

日本侵略中国毫无道理，而我们是为了生死存亡而战。古话说，“哀兵必胜”，当然一定可以打退日本人。但是，我们更要认识清楚，日本工业有基础，准备侵略也准备了几十年，物资方面比我们强多了。因为我们面对着的，是这样占优势的敌人，作战就要特别发扬革命精神。

敌人虽然有些优点，有些地方占便宜，但因为他是侵略别人，侵略别人一定会失败的。同时，他是工业国，我们是农业国，农业能够持久。又因为我们为自卫而战，是名正言顺的。所谓“得道者多助”，以后决不会孤立无援。根据这些，我们可以获得最后胜利。

认识清楚了我们的敌人，那么，也就应该记住这重要的几点：不轻敌，也不惧敌；学习敌人战略战术上的优点，克服自己的弱点。我们在一面训练、一面作战中，先应该有这样的认识。

整训中，鲁道源师长专讲《养成良好的军纪》，刘正富师长专讲《我们要有自信》。鲁道源强调：“纪律是军队的生命。”“一支最能够打仗的部队，也就是军纪最好的部队。”“要明白抗战的意义，因为不抗战就会亡国灭种，国亡了，种灭了，试问我们到什么地方去生存？”“要严密军纪，才能完成守土杀敌的神圣任务。”

刘正富强调：“不打败鬼子，中国人就要永远做奴隶。”“我们怎样打败鬼子呢？首先要有一定能够打败它的自信。自信是一种伟大的力量。有了充分的自信，我们的精神上就没有了敌人。”“我们在这里一面作战一面训练，就是要叫大家把打敌人的本领学得更好些、更多些。这当中，要首先有能够打败敌人的自信。没有自信，什么本领，都是空的。”

战地记者黄声远在《壮志千秋》中描述到：

当东方露出了鱼肚白，大地还弥漫着一层薄薄的白雾，万物还在模糊灰暗中的时候，起床号声冲破了空间的静寂，把战士们从酣睡中唤醒。随着这种召唤的声音，战士们集合到苍翠欲滴的草坪上、山坡下，升旗、早操，雄壮激越的歌声响彻了山谷。接着是练习打靶，以及各式各样的动作。早餐后，按照教程上课，或讨论战场上的问题。

在山谷中、在原野里，随处可看到一队队、一群群的健儿在活跃着。每当飞机在天空翱翔的时候，他们就实地做着防空演习。在黑沉沉的只有虫声满耳的夜里，山坡上、树林下，他们又在往来奔驰，原来这是在演习夜战。星期日是整理清洁和内务检查。每周一次的晚会，才是他们共同快乐消除疲劳的好机会。新的力量，就这样循环不已地继续生长着，以后自然是愈战愈强了。[21]

孙渡说，整训之目的，就是要从精神上、技术上、行动上，将部队改造得更坚强、更勇敢、更能够战斗。经过2个多月的整训，58军各部抗战胜利的信心大为增强，部队官兵团结，士气旺盛，军纪良好。

“耿耿精忠，戕戕干城，起舞幕阜山下，挥戈洞庭湖滨。服从我革命领袖，歼灭那残暴倭寇。养成铁血救国之壮志，抱定杀身成仁之决心，担起复兴民族之重任，完成国民革命之使命！”

这是孙渡亲自创作、亲自书写的《陆军第五十八军铁血干部训练班班歌》。斗转星移，如今它依然镌刻在湖南平江天岳幕阜山上狮洞一块巨石上。走近这十分罕见的摩崖石刻，看着那刚健雄浑的红色文字，让人仿佛看见孙渡胸膛里奔涌的热血！看到孙渡对国家和民族的赤子之心！

天岳关是古战场，有一夫当关，万夫莫开之险。1938年9月，日军在飞机大炮掩护下向天岳关发起了攻击，92师一个团的将士同仇敌忾，前仆后继，子弹打完了，他们用刀砍，刀卷了，他们用石头砸，身边没有石头了，他们用拳头揍，用牙齿咬，抱住敌人滚下悬崖同归于尽。800壮士壮烈牺牲，最后，仅剩七个伤病员，守住了天岳关……

蒋介石为此题词：气壮山河。薛岳题词：浩气长存。1939年5月，92师师长梁汉明为纪念在九岭等历次战斗中殉难的将士，主持修建了无名英雄墓。天岳关因此成为万人景仰的抗日纪念地！天岳关凝聚着烈士的凌云壮志和献身精神，激励着孙渡率领的58军将士。

58军官兵以视死如归的牺牲精神，决与凶恶的日寇战斗到底！

五、锦江血战

1939年10月，国民政府军事委员会在南岳召开第二次军事会议，要求各战区反守为攻，夺回重要的城市和据点，以取得战场上的优势，这是抗战正面战场唯一的一次全面攻势作战。1939年冬，第九战区奉命在江西锦江南北岸发动扫荡战、进攻战，对日展开了最为猛烈的冬季攻势。

第一集团军奉令重返奉高前线。以60军183师守备大禾岭以南骑马山、竹山、颜溪里、马奇岭、蛮岗岭、大路王、米峰以北之线。其左翼为预九师，安义靖安地区为74军王耀武部。184师左接米峰以南狮子山、沙簻岭、莲花山，南经湘赣公路至锦江北岸守备。军部在路下熊。以58军新10师在左，新11师在右，在锦江南岸守备。㉒

当时，守在最前线的战士，与日军相隔只有几百公尺。假设没有战事，彼此对着工事相望，趣味横生。敌我的举动可以看清，声音可以听到，不免就会喊起话来。“大大的中国兵，快吃早饭！”那边叫了。“小小的日本鬼，赶快回国！”这边回答道。那边呜啦呜啦唱着东洋情歌，这边就以洪亮的声音高唱：“大刀向鬼子们的头上砍去……”有时，那边抛了一盒牛肉罐头过来，这边也扔些酱油豆干过去。但前线也不是经常沉寂的，开起火来，举起枪就打，顾不得刚才还谈过话。㉓

锦江战役渡江（图片来自《壮志千秋》一书）

敌我对峙于锦江南北岸时期，敌岸据点比较高大。敌扼据制高点，对58军行动较易瞰制。特别是锦江北岸，敌京岗岭火力瞰制，对58守军行动造成巨大威胁。

58军军长孙渡决定攻克敌京岗岭据点。孙渡命令：即以58军新11师进攻京岗岭之敌。新

11 师奉命围绕京岗岭与敌 6 次反复争夺，京岗岭得而复失、失而复得，敌我双方展开了极为血腥、残酷的肉搏拉锯战。

12 月 1 日，新 11 师夜渡锦江南岸，向敌猛烈进攻，攻克搭岗山，12 日攻克九渡、余家；13 日 13 时，连克塔岗山、九渡、余家、高邮市等重要据点，残敌向京岗岭溃窜，新 11 师 33 团首攻京岗岭，连攻九次未获成功；33 团立即增加兵力，于 14 日天明攻克京岗岭。敌军对京岗岭炮击 4 小时，两路反攻，我军坚守不移。当晚日寇调集 500 余人增援，黎明后又增援 800 余人，我据守京岗岭的第五连连长张玉昌阵亡，余部突围，京岗岭落入敌手。

新 11 师鲁道源师长立即令李玉魁营限于 15 日上午 6 时前夺回京岗岭，李营长率领已残破疲惫的第五连，三攻京岗岭，又一次攻克。中午，日军施放毒气反攻，我军不得不再次放弃京岗岭。15 日下午 4 点，李玉魁营四攻京岗岭，经过一小时进攻，敌已然不支，便燃放催泪瓦斯，逼使我军不得不放弃进攻。16 日，新 11 师 3 个团分头出击牵制敌军，由 33 团发起猛攻，肉搏之后，第五次攻克京岗岭。

21 日下午 5 时，来龙山敌炮轰击我京岗岭阵地，连续 2 小时之久。下午 6 时，我守军恶战与敌肉搏，全部阵亡，京岗岭又陷落敌手。当日夜，鲁道源师长偕同 58 军参谋长安守仁率领特务连赶赴高邮市指挥，严令各团于当晚大举出击。“不论官兵，如若畏缩不前，一律就地枪决。”新 11 师大举出击，六攻京岗岭，经两小时左右的战斗，再次收复京岗岭。23 日，敌 4 架轰炸机滥炸扫射，乘机反攻，33 团抓住机会向敌果断逆袭，阻挡住敌人反扑。

京岗岭 6 陷 6 复，新 11 师伤亡惨重。21 日晚攻击令下达后，33 团 1 营 1 连连长孙悦率部攻入马溪，与敌巷战 3 小时，毙敌 60 余名，随即收复该地。次日晨，敌军分三路大举反扑，孙连长见敌众我寡，情况危急，大声高呼：“马溪是我们的坟墓！”官兵闻声，深为感动，跃起力战。

首夺京岗岭中受伤的战士（图片来自《壮志千秋》一书）

孙连伤亡过半，孙连长

腹部中枪，坐在血泊中继续呼喊杀敌，同时脱下征衣，以手指醮血在墙上书写出“新 11 师孙悦殉国处”。一刹那间，又一弹飞来，射中头部，孙连长便倒在残垣断壁之中，全连官兵杀出重围者仅 15 人。33 团王团长向梁得奎副师长报告京岗岭所部官兵大半殉国时，感怀袍泽之情不能自禁，竟至潸然泪下。

经过 20 余日血战，敌我伤亡均在 3000 名左右，新 11 师牵制敌两个联队兵力于锦江北岸，拔除敌之 3 个险要据点，为全军开拓出攻防极为有利之局势。

与此同时，孙渡令 183 师策应新 11 师之作战，攻击鸦雀岭、凤凰山、虬岭之敌，有力牵制敌人行动。

《云南日报》以《滇军在前线五打京岗岭》为题，作了详尽报道。㉔

（战地通讯）在去年十二月十一日的午夜，五八军 × 师趁黑夜朦胧，万籁俱寂的当儿，派遣袭击支队由夏江渡强行渡过锦江，扫荡北岸之敌，将占据塔前喻家、车塘、九渡喻家、下头喻家、岗头艾家、钓鱼台等处之敌，次第击溃，直向西山万寿宫挺进。右地区队，亦于同时由丁家渡之江，越过田美里，绕至敌之主力驻在地塔岗山后，进入敌炮兵阵地，敌人尚在睡梦之中，突然惊醒，仓皇应战，当被该师歼灭二百余名，内中被我手榴弹与刺刀杀毙者尤众，殊为痛快之至，左地区队由下葛村及唐村分头渡过北岸，自丑迄午，先后将盘踞韩村、狗头山、高邮市、磨子山、京岗岭等处之敌二千余名悉数击溃，并将该地克复。

两日中，敌被我击毙约五百余名，（内有倭军官二员），夺获山炮一门，重机枪一挺，洋马三匹，望远镜一架，枪械子弹、手榴弹、大衣、毛毯、皮鞋、防毒面具、钢盔文件书籍等数百余件，已如数呈缴。蒙上峰迭电嘉奖。现士气旺盛，异常兴奋，咸本有我无敌之决心，歼此倭寇。

自十四日起我袭击支队与敌血战于西山万寿宫附近，旋因左地区战况剧烈，该师即调赴左地区应战，右地区者亦在当日调到左地区参加作战，攻磨子山得而复失者两次，既而我左地区队于十二日所克复之狗头山、高邮市、磨子山、京岗岭诸要点，其中地势最优者，首为京岗岭，次为磨子山，在战略上，敌我必所争，经我克复后，十四日敌即大举反攻，敌众我寡，遂至仍为敌人占领，至十五日又经我夺回，十六日又失去，十七日夜复经我夺回，因敌施放毒气，我军乃为避免无谓牺牲而退去。

此次，为争夺一个京岗岭，双方伤亡约在千人以上，（惟）敌来攻我，有优越之武器，□盛之火力，故（较）占优势，我攻敌人，则仅凭手榴弹刺刀于黑夜之中冲锋肉搏，其艰苦殊难言状，京岗岭，几变作白骨岭一座矣。此岭因地势极为重要，故该师师长势竭全力，务须克复，亲临□指挥所督战，随时均在电话机上指示部下作战机宜。据该师护士兵云：“五夜未曾入睡，□有部属婉劝稍事休息，俱被斥笞”，其牺牲之精神，可窥一斑，截至通讯时止，已为五打京岗岭矣。吾人正以真挚之信心，祈祷更大的胜利之到来！

锦江北岸洒遍了烈士鲜血，它与京岗岭上的朝霞永远同在；锦江水面碧波荡漾，日夜不息地为英雄唱着挽歌。长眠在滨岸的英骨忠骸必将受到中华民族世代子孙的景仰！

1939 年底，我方结束冬季攻势，双方恢复战前态势。孙渡指挥 58 军与敌激战 20 余日，拔除江北三个据点，为第一集团军攻防创造了有利条件，一连串的嘉奖电纷至沓来。第九战区副司令长官罗卓英致电孙渡、鲁道源：“近日连克要点，斩获颇多，至堪嘉许。”

此时，新 10 师奉令接新 11 师战线，防守锦江北岸；新 11 师因伤亡甚大，开往金堆罗整补。冬季攻势后的赣北前线，表面上进入沉寂状态。

1940 年，面对穷凶极恶的日寇，孙渡又将如何率部与日寇血战？

【注释及参考文献】

①⑨⑮⑳㉑㉓ 黄声远．壮志千秋 [M]. 上海汉文正楷印书局承印出版，1948.1： 18−57

② http：//www.sina.com.cn 2010 年 10 月 26 日

③⑦⑫ 云南省档案馆编．滇军抗战密电集 [M]. 1995.9：247−255

④ 云南日报， 1939 年 5 月 4 日、5 日头版

⑤ 云南日报 ，1939 年 5 月 8 日头版

⑥⑪ 鲁元．国民党五十八军及十一兵团简史 [J]，云南文史资料选辑（27）1986.4：11−14

⑧㉒ 余建勋．滇军第一集团军八年抗战重要战役纪要 [J]，云南文史资料选辑（20）. 1982.5：147−164

⑩ 云南日报，1939 年 4 月 28 日

⑬ 薛岳，余建勋等著．正面战场　湖南会战 [M]. 中国文史出版社，2015.5： 4

⑭⑯⑰⑱⑲ 陆军第一集团军参加第一次长沙会战赣北方面作战概况 [J]，《文云南文史丛刊》1992（2）：88−94

㉔ 云南日报，1940 年 1 月 4 日

第 9 章　铁血铸劲旅

1940 年，日军的军事行动主要围绕切断中国与国际的补给线而展开。在停止了大规模的战略进攻以后，日本政府企图采取政治上“以华制华”，经济“以战养战”的策略瓦解抗战的中国。抗战的胜利显然还遥遥无期。

1940 年上半年，高荫槐（代总司令职）请假回滇，孙渡代理总司令职务。孙渡统率第一集团军，采取以攻为守、攻防结合的战略战术，机动灵活，挺进敌后，奇袭敌人，虏获颇丰。多次受到战区长官部的嘉奖，鼓舞了军民的抗日斗志。

1940 年下半年，60 军奉命由江西调回云南，第一集团军仅剩 58 军、新 3 军两军继续在华南中南战场抗击日寇。58 军的战斗经验远比两年前丰富。孙渡以高超的指挥艺术，指挥 58 军将士鏖战万寿宫，收复九岭失地，克敌制胜，威震华中，敌人闻风丧胆，58 军被赞誉为“抗日劲旅”。

孙渡是怎样指挥官兵，以热血铸就了 58 军“抗日劲旅”的美誉？

一、挺进敌后

从 1940 年开始，持久战的残酷已经出现端倪，除了军事外，战时社会、政治及经济政策都直接影响到民众与士兵的士气。抗战已经进入最难熬的困难时期，整个民族的战斗意志经历着考验。[①]

1940年初，第一集团军仍守备锦江南北岸，与日军对峙。1940年2月17日，高荫槐致电龙云，请辞第一集团军代总司令。电文如下：

即到。昆明主任龙钧鉴：暾密。职以轮材，受永公长沙之重托。当时以为权宜之计，暂代不过短期。不意永公病体久未康复，重负仍未解除，不得不竭尽绵力，勉为其难，兢兢业业，时怀恐惧。加以积弱多病，精力不济。故两年以来，只求应付，不克规划宏远。举凡重要事体，不得主官亲临整饬，以致抗战前途，毫无进展。内部调整，尤多愧负。迭电恳辞，仍本良心，乃蒙钧座一再慰勉，责以大义。当此国难严重之日，正军人效命之时。且职受恩知，誓图报称，曷敢置

身局外，转作不情之请。只以年力衰退，病体支离，实难肩此重任。且思永公尚未康复，并需较长时期之休养。以目前兵团之大，责任之重，绝非职才力所能负荷。更不敢仍前因循迁延，苟存侥幸之心，而自陷于艰危之境。若必勉强责难，影响将来，必致误己误人，贻害全体。万恳俯赐矜全，准予退休，以免贻误国家。并祈念及抗战为力，愈后愈坚，早筹枪械计划，以赴事机。前方职务，拟恳另简贤员前来负责，则孙、安两军长较职英锐，恳即择尤暂代，统乞钧裁。若必责暂负，静候永公返部，则请给一短假，俾得回滇面呈一切，以谋滇军在外集体之改进。掬诚电恳，伫候示遵。上高。职高荫槐叩。丑筱。印。

高荫槐在电文中以“积弱多病，精力不济”为由，恳请龙云“准予退休”或“给一短假”，并举荐“孙、安两军长”“择尤暂代”。龙云收到电文后，与仍在养病的总司令卢汉商量，准其短期请假回滇，并令孙渡代理总司令职务，鲁道源代理58军军长职务。[②]

3月初，代总司令孙渡离开58军驻地高安，到第一集团军驻地上高任职。为便利作战，孙渡相机对第一集团军进行了调整部署。

3月26日，孙渡在上高致电龙云获准，赵锦雯暂代新三军军长。电文如下：

昆明行营主任龙钧鉴：瞰密。查新三军高兼军长，已奉准短假回滇。值此作战期间，不可负责无人。在高兼军长未回部以前，新三军军长职务，业饬该军副军长赵锦雯暂行代理，以专责成。除迳电长官薛核示外，谨电呈请钧核示遵。上高。职卢汉，孙渡代。寅宥戌坚。印。

4月29日，代总司令孙渡致电龙云和卢汉，转告对第一集团军建制调整情况。电文如下：[③]

昆明。分送主任龙、新兵管理处译呈总座卢钧鉴：瞰密。奉长官薛诚敌制电开：第一集团军各军建制为便利作战计，调整如下：（一）第五八军仍辖新十师（师长刘正富）、新十一师（师长鲁道源）。（二）第六十军辖第一八二师（师长郭建臣）、一八四师（师长万保邦）。（三）新三军辖第一八三师（师长杨宏光）、新十二师（师长张与仁）。除分电呈报备案外，希饬遵照。等因。谨转饬遵照外，谨闻。宜丰。职孙渡。卯艳申韬沛坚。印。

时敌我对峙期间，日军采取大距离据点防御配备。为了弥补其防广、兵稀弱点，在前方后方大小据点间，修筑公路，连贯其间。利用汽车运输补给及机动部队，应付各方出现的战况。

在京岗岭战役后，代总司令孙渡针对敌人的阴谋，指示各部“须不失时机努力歼敌”。

孙渡抓住敌防广兵稀弱点，发挥滇军吃苦耐劳、善于跋山涉水的优点，迅速捕捉战机，特令58军、60两军各组织一支由步工兵、电台组成的混合挺进部队，挺进敌后，以攻为守，伏击敌人车队，破坏敌人公路桥梁及敌伪组织。④

孙渡要求挺进部队“以机动敏捷的姿态，深入敌人后方，割断敌人的动脉，使他不但不能统治‘面’，而且不能占据‘线’，只能困守孤立无援的‘点’”。⑤

这种正面精锐作战部队分组深入敌占区的作战方式，与现代战争中的特种部队潜入敌占区执行各种复杂任务非常相似。当时的新闻通讯称之为“鲁师（鲁道源新十一师）敌后交通破坏队”。

可见，孙渡当时指挥的滇军不但具有大规模阵地战的坚强实力，而且已经具备执行特种作战的能力，具有在各种复杂条件下作战的丰富经验。

由于交通线被敌军视为生命线，往往派重兵加以护卫，故这种特殊战斗所面临的风险有时更甚于阵地战，对部队的个人军事素质的要求更加苛刻。

为什么58军新11师要运用这一军事手段打击敌人呢？孙渡认为：

日军在敌占区的残酷统治，是其发动战争的保障。我军不仅要在战场上打击消灭敌人，而且要破坏其在沦陷区的统治，从而消耗其军事上的进攻能力。要达到这一目的，首先就要破坏日军交通，因为交通是便于联系与统治的唯一动脉。我交通破坏队就是要执行切断敌军交通线及破坏其交通工具的任务。

孙渡下令组建的交通破坏队，活跃在赣北敌占区内，像一把尖刀一样插在敌人的胸腹内，使敌人闻之胆寒。

交通破坏队是怎样在敌后开展作战的呢？当时由58军编写、孙渡题赠昆华图书馆（今云南省图书馆）、现仍珍藏在云南省图书馆的一本书——《突起敌后的一支神军》记录道：⑥

我们在一月十七日由××渡过锦江，十八日在黑夜中，以日行一百四十里的行军速率，很快地通过了敌人的警戒线和敌人的阵地，直达××，在这高度的行军速率中，不免有少数的士兵落伍了，我们到安全的地方，大家在担心落伍的士兵，但在第三天，落伍的十多个士兵，穿着普通衣、带着枪支找到我们了，我追问士兵落伍后的情形，他们说：落伍后，在山林里摸了三夜，后来碰到老百姓，……可爱的老表便在夜间把我们几十个人带到这里。

在敌人后方，走到一个村落，只见一片瓦砾，即使有剩余的房屋，也是十室十空。因此，我们住的食的，初到时颇感痛苦和不足，可是不到一个星期，我们都有了办法。住的，我们用山草树枝架屋，吃的也得到 ××× 和 ××× 等的供给，这不屑说，是从秘密的活动中得来的。同时，也足以证明，黄帝的子孙，是没有忘记了国家和民族的……

至于我们的情报，那是再确实不过的，爽快地说：“在敌后的同胞，每一个都是我们的情报员。”如像本月 × 日，强行破坏龙溪等大桥之后，我们便退到山里。这时，便有人民来报告我们那天打死了多少日本鬼子，炸塌了几孔桥洞。其次就是敌人住在什么地方，有多少人，甚至有几个掩体，散兵坑，我们都很清楚，这些消息都是从每一个忠实的老表口中吐出的。有几次，我们不相信，曾派了谍报人员去侦察，结果所得情报，也和老表们说的一样。

交通破坏队在敌占区得到同胞无私援助并屡屡成功的同时，也处于极其险恶的环境中，稍有不慎，将会使队员全部牺牲。

日军通过各种野蛮手段加强对沦陷区的统治。首先是笼络民族败类，组织伪维持会，再调查户口，编制保甲，然后发给“良民证”。敌人利用伪维持会统治沦陷区，强迫壮丁组织“警备队”，替日军守公路、当步哨。

孙渡组建的挺进部队深入敌后，不断破坏公路、桥梁后，令日军恼羞成怒，敌伪组织的势力也在不断加强。如在“西山万寿宫到南昌公路附近的大村镇，就有敌伪开设的贩卖部”，里面不仅充斥着大量日货，迫使中国百姓流通其毫无价值的军用票，而且是敌伪分子集中的据点。

交通破坏队深入敌占区后，克服了重重困难，在同胞的帮助下，当即组成严密的侦察网，对于敌情的搜集，巨细不遗，使孙渡做到了“知彼知己”。

交通破坏队挺进敌后，还收到了意想不到的战果！

二、奇袭日寇

1940 年初，交通破坏队机动灵活，挺进敌后，奇袭敌人，屡获战果，日寇闻风丧胆。

1 月中旬，由 60 军 184 师 550 团副团长郑祖志率领的挺进队进入南昌外围的西山区，以西山为根据地，先后在西山周围公路上多次伏击巡逻敌人，颇有斩获。又于2月25日深入到南昌西北万家埠，炸毁重要桥梁1座，破坏有线电通信设备，予敌不小威胁。

郑祖志（1906—1989），云南省曲靖市陆良县南门街人，云南陆军讲武学校第19期毕业。1937年随60军出征抗日，任183师541旅1081团第一营营长，先后参加台儿庄血战和武汉保卫战等重大战役，屡立战功。1939年9月随60军奉命从江西战场回防滇南，先后任550团团长、184师副师长。1945年9月随卢汉入越受降。次年1月，被蒋介石海运至东北打内战。1946年5月，和潘朔端一道在海城率184师起义，后任民主同盟军第一军副军长兼新一师师长。新中国成立后，任齐齐哈尔市副市长等职。

担任齐齐哈尔市人大副主任时的郑祖志（图片来自网络）

与此同时，58军新11师派杨剑虹、黄学文挺进队，于1月13日炸毁奉新、安义间桥梁3座，摧毁欧阳敌伪维持会，解除奸伪警察局全部武装，袭占该地敌伪贩卖部，掳获大量物资及日本香烟罐头食品。2月7日又破坏龙溪桥。

2月27日，新11师杨剑虹、黄学文挺进队接到情报，将有敌人卡车一批，运载重要物品，即将由奉新开来。挺进队遂乘雨雪纷飞之际，设伏于奉干公路花庙附近，待敌卡车6辆、小轿车3辆驶入包围圈后，伏兵一起跃出，机关枪、迫击炮齐发，敌军顿时被我军火网吞噬。

我交通破坏队此役伏击的是日寇的一支车队，共歼毁大车3辆、小车2辆，当场打死敌军少将佐藤金治、松岛部队千叶队长、近卫辎重联队森本波太郎等21名高中级军官，击毙士兵100多人。缴获步枪50余支，机枪3挺，“太阳旗”百余面，装有书籍、文件、信函的皮箱12只，军用物资、香烟食品罐头数担，千人针、护身符不少，取得了重大胜利。

在收拾战利品中发现，尸上身份证证明，遗尸中有敌军官少将主计佐藤金治1名（笔者注：击毙敌酋主计少将为抗战以来所罕见，主计少将系敌方管理军需兵站之高级官），7名校尉级军佐，各有姓名。日妇1名为日本爱国妇女会、丰岛区第二分会长松本梅子，1名为国防妇女会、神户本部消磨第二分会长金子董。

紧随其后，日军8辆装甲车赶来支援，挺进队一面抵抗，一面焚毁敌汽车内的笨重物品，安全撤退到隐蔽据点。来援之敌装甲车，只落得把所有敌尸抬上车而已。事后，敌在南昌举行空前未有之盛大追悼会。

《云南日报》以《滇军又在赣北歼敌》为题，报道滇军“攻占靖安及锦江北岸各重要据点，并在奉干公路花庙前毙敌官兵一伙，龙司令长官去电嘉勉孙军长”。全文如下：⑦

（军息）孙军长渡于二月宥日（笔者注：2月26日）在奉干公路花庙前击毁敌大小汽车五辆，毙敌官佐十三员，获战利品甚多。本月九日又攻占靖安，昨特电呈绥署报捷，龙司令长官接电后，当即去电嘉勉。兹探听来电如文：

孙军长来电 ： 二月宥日，于奉干公路花庙前击毁敌大小汽车五辆，毙敌少将以下官佐十三员，士兵七十四名。及酋女二名，获步枪及文件战利品甚多，并攻占锦江北岸马柳关、石头、高邮市各重要据点，又占领赤土街、昊朦及儒里、温村至奉新城东北之线，左翼一师九师，亦于佳日（本月九日）攻占靖安城，残敌现正追击中。

新11师师长鲁道源在接受战地记者采访时说：

本师从在休整期间，亦不时袭击敌人，交通破坏队之派遣可为证明。我们对日抗战，与其说是屡战屡败，不如说屡败屡战，我们虽然笨而主力不溃，天天在增强着。敌人虽在表面上占领许多地方，但其主力已被我歼灭殆尽。我们惟有恪遵总部的指示，胜小胜为大胜，以小胜奠定最后胜利的基础，而后自可收摧枯拉朽势如破竹之效果。

孙渡为此撰写了脍炙人口的通讯《突起敌后的一支神军》，开头写到：

（五八通讯）赣北孙军鲁师敌后交通破坏队，于上月中旬先后袭击龙溪、欧阳得手后，复于二十七日乘雪歼敌奉干公路，取得伟大战果。捷音传来，前方军民欢喜若狂，此时该队已派副官郝家贤解送大批战利品到达该师师部。

屡获战功的58军新11师于京岗岭血战之后奉命为针对敌人阴谋特派交通破坏队深入敌人后方，破坏敌人一切交通工具，目的在于斩断敌人的联系，割裂敌人动力，使敌人不能控制局面且不能占领这里，只能困守在孤立无援的点上。

敌后挺进队让敌人闻风丧胆。此通讯稿不仅详细记载了这次歼敌之经过，还记录了日军之胆怯。通讯稿写到：

没有到敌后的人，总以为危险很多，但这次我们到了敌后，却一点也感觉不到危险。相反地，却使敌人恐慌了，敌人怕我们袭击他，少数人在白天也绝不敢出现，夜间更加紧戒备。再经我们破坏了几次公路桥梁之后，从西山到公路上，最小的桥梁，也以一班兵力带着一挺机关枪把守，日间来往的汽车要集合三十多辆，要以多兵保护才敢开行。

部分战利品（孙沛提供）

如今这本小册子还静静地留在云南省图书馆。翻开这本已经沉睡了70多年的发黄的小册子，封面清楚地写到“突起敌后的一支神军——陆军五十八交通破坏队在敌后虏获之战利品照片及清册，昆华民众教育馆惠存，陆军第五十八军军长孙渡敬赠，1940年3月。”

细读其中的一字一句，让人仿佛回到了那战火纷飞、民族危亡的时代！

三、锦江克敌

1940年4月，继1939年冬季攻击后，第九战区又在锦江南北岸发动了最为猛烈的春季攻势。代总司令孙渡指挥所部，在锦江北岸及西山万寿宫、沙盬岭等地发动了进攻战，大量消灭敌人，并乘胜收复了奉新城。

4月初，在对锦江敌军发动的春季攻势中，58军各部步步为营，推进至日军南昌二道防线的核心阵地西山万寿宫，展开激烈拉锯战。

西山是幕阜山的南脉，南昌西境屏障，距南昌50华里，南有严家岭、西有白仙岭拱卫。万寿宫是西山山麓的一个寺观，军事上统称为西山万寿宫。万寿宫在赣湘线上扼守高安、奉新咽喉，是攻守南昌的要地。

4月2日至19日，代总司令孙渡指挥第60军、第58军夺取锦江北岸各制高点，经大岭、葫芦坽等地激战，又攻取白仙岭、掌扇岭、苏古岭、严家岭等高地，攻至万寿宫。20日，新10师30团从拂晓至下午7时，死守苦战，伤亡惨重，万寿宫、严家岭丢失。

21日，孙渡令反攻万寿宫。新11师31团攻克丁家塘、丁家山，继沿严家岭东北地区向万寿宫攻击前进，敌军惊魂丧胆，趋于动摇。31团龚德敏团长、30团邓礼副团长猛攻4次，伤亡成千，未能攻下。当晚，鲁道源亲上火线指挥，誓与“部下共存亡”，夺回西山万寿宫。

攻击万寿宫负伤勇士（孙沛提供）

22日，新11师与敌作激烈的争夺战，屡退屡进，失而复得，阻敌步兵骑兵700余人于阵前。同时，新10师29团数次在凤凰岭方面攻击严家岭，到下午5时终于将敌人击溃。

26日，敌人25辆汽车运送援兵赶到，我军牺牲惨重，被迫放弃万寿宫。同时敌向新11师毛家桥、东城里、大沙岭阵地攻击，我军迎头痛击，毙敌300余人。

58军鏖战西山万寿宫，对江西同胞是一种极大的鼓舞。4月28日，58军新10师、新11师奉令转移，集结待命。同日，江西省临参会公推代表到达军部，代表全省同胞向58军将士献旗、献致敬词。⑧

江西省临时参议会公推代表敬诸第五十八军孙军长、鲁师长、刘师长麾下：

献旗慰劳，并致辞曰：中华民族，自古峥嵘。攘夷御侮，累代成功。保佑滋壮，历史光荣。自收海禁，外患纷乘。三民主义，应运而兴；艰苦革命，国势蒸蒸。东夷黩武，侮我频仍；处心积虑，大陆经营；沈阳火起，华北横行；蚕食不足，鲸吞可惊。遘兹国难，激我民情。昔为睡狮，今也则醒；昔为散沙，今也则凝。弥天仇恨，骨刻髓铭。奋起抗战，战以求生。团结建国，国乃永宁。中枢定计，万众一心。芦沟七七，始举哀军；雪耻救亡，血泪纵横。伟哉诸公，党国效忠；统帅授命，驻赣防攻。倭寇所陷，极暴穷凶。共秉方略，以守以攻；孙吴心法，霍卫遗风。指挥若定，把臂攘凶；灭此朝食，其气如虹。公爱士卒，甘苦与共；军民一体，水乳交融。坚苦卓绝，智勇无穷。锦江喋血，倭寇魄散；西山歼敌，大著奇功！凡我赣人，感激钦崇；代表民意，慰劳英雄。愿为后盾，贯彻始终。再接再厉，迅奏膚功。还我河山，痛饮黄龙！ 议长彭程万 副议长王有兰。

致敬词盛赞孙渡及58军将士：“统帅授命，驻赣防攻”“以守以攻”“指挥若定”“坚苦卓绝，智勇无穷。”“锦江喋血，倭寇魄散；西山歼敌，大著奇功！”“凡我赣人，感激钦崇”，并望“再接再厉，迅奏膚功。”

《云南日报》同日以“赣省参会向滇军献旗慰劳”“军民一体水乳交融，三迤健儿奋勇前进，现已逼近南昌城”的醒目标题对此作了专门报道。报道说：“滇军在赣勇敢善战，纪律严明，爱护百姓如家人父子，赣民万分感戴，特公推议长彭程万、副议长王有兰为代表，向第一集团军献旗，并致辞慰劳。”⑨

在锦江春季攻势中，锦江北岸之沙藍岭，逼近敌人，西山公路环绕其间，是我军防线上一个突出据点，对敌行动威胁较大。代总司令孙渡命令：60 军 184 师务必死守沙藍岭。

4 月 3 日晨，敌炮 4 门、飞机 3 架，掩护步兵四、五百名向我进犯，沙藍岭南、北两翼随之发生战斗。552 团第六连杨焕明部，沉着应战，4 次击退敌人进攻。沙藍岭中弹数百发，敌机轮番轰炸扫射，我排长以下官兵三、四十人伤亡。敌军不断进攻，在险恶战况下，我守军要求增援，整日激战，又伤亡战士 10 余人。至晚，敌机逸去，炮火停止，我守军始得饮食。

552 团团长余建勋到阵地巡视，见工事全毁，官兵满身黄灰，面目全非，但战士斗志旺盛，吃饭的吃饭，修理工事的修理工事，准备再战。

余建勋（1905—1986），字铭新，云南保山市施甸县由旺镇大南村人。云南陆军讲武学校第 18 期步科毕业。长期在滇军任职，抗战爆发后任第 60 军 184 师 552 团团长、新编第 3 军 183 师少将师长等职。1947 年回云南，次年被卢汉委任省第七区行政督察专员兼区保安司令。1949 年 9 月任 74 军中将军长，同年 12 月 9 日率部参加云南和平起义。新中国成立后，任云南省政协常委、云南省人民政府参事室副主任等职。晚年撰写《滇军第一集团军八年抗战重要战役纪要》等具有较高史料价值的文章。1986 年 6 月 21 日在昆明病逝。

余建勋（图片来自网络）

入夜，余建勋令一小分队到沙藍岭右前方凹地附近侦查，得知敌人在挖掘以前埋藏在该地区内的大炮，人声嘈杂，判断有不少人群聚集。于是下令 552 团集中迫击炮向该地轰击，敌军全部瓦解。

4日拂晓，敌四、五百人三面环攻沙篮岭。7时30分，敌空军助战，激战至11时，杨连伤亡过重，沙篮岭失守。

孙渡责令余建勋团恢复阵地。4日晚，552团抽调一个营，进入攻击发起位置。于5日凌晨酉时向沙篮岭敌人反击，激战2小时，将敌逐出沙篮岭。

锦江前线（图片来自网络）

孙渡再令余团乘胜追击败敌。我掠获野炮炮座一具，炮兵工具箱2个，十字镐圆匙锄头10多件，步枪3支。是役我伤亡官兵71人。

奉新守敌与我迫近，对我威胁较大，代总司令孙渡决心相机收复奉新。

孙渡一面令部队不断攻击当面敌人；一面令58军、60军两支敌后挺进队，破坏敌后交通运输，削弱敌机动支援功能，动摇了敌人南昌外围据点防御体系。奉新城之敌，不断遭受我军重大打击，胆寒气慑，龟缩据点。[10]

4月下旬，奉新潦河以南守敌，终于偃旗息鼓，逐次向北岸移动，似有撤退模样。孙渡得知，命令各师挺进队乘机全线出击，命令184师前线部队截击敌之掩护部队，跟踪追击。次日清晨，敌退到潦河北岸与我对峙，奉新收复，各阵地完全恢复。

此役，我伤亡官20人，士兵627名，敌伤亡1300余人，击毙联队长1人。此后，奉高前线敌我距离增大，一般日常战斗大大减少。[11]

孙渡在前线的辉煌战绩，让龙云十分欣慰。4月15日，龙云致电孙渡："顷据报各师最近均各有胜利，闻之极为欣慰。当兹敌势渐衰，我士气颇振之时，尚望再接再厉，以建奇勋为盼。"[12]

4月18日，龙云再次致电在上高驻地的孙渡，询问"近日以来战情"，以及"南昌有无克复希望""新十二师被击破之说"。孙渡20日回电说：[13]

主任龙：皓秘电奉悉。暾密。（一）截至现刻，本集团军进展到达厚田、街南，西山万寿宫、琐石帅、靖安城东之线。尔后行动，正请示中。（二）南昌为敌战略要点，判断不致轻易放弃。若缩防据守，则在交通地形日利庇护之下，态势更利。能否克复，全视迫力推移，刻难遽下断语。（三）新十二师在万载整训，并未作战。其他各师亦无被其击破情事。显系敌人伪造，请释远念。职孙渡叩。卯号未智。印。

锦江春季攻势作战，代总司令孙渡指挥第一集团军各部，采取攻势大量消耗敌人，但自身也损失不小。经两个月的艰苦战斗，敌我阵线再次回到起点。

5 月底，58 军经过短暂整训后，奉命调离赣北，开赴湘北前线。

四、赣北烽火

1940 年 4 月 30 日，笔名鹤笙的作者以《滇军在赣西北》为题，报道了孙渡率 58 军官兵在赣西北的战斗生活。全文如下：[14]

（滇军战地通讯）在赣西北地带，自从湘赣公路、吉丰公路、奉铜公路和浙赣铁路破坏之后，这一区域的陆地交通是相当困难的，小民船、土车、轿子，随着抗战巨浪又回到它们的黄金时代，不用说正像其他战区一样，物价指数因着交通困难程度一天一天在飞涨，大名鼎鼎的樟树药材，万载夏布，乃至这一带特（产）的橘子、樟脑、桐油、大豆、（麻）……，也一船一船，一车一车或一担一担，慢慢地由成群结队的土商商人向四面八方运去，再把布匹、盐、洋火、糖、纸烟，一切文具和日用品一批一批地运进来。

半年以来，赣北战况很沉寂，老表和表嫂们——江西老百姓的统称—都异口同声感戴着英勇将士给他们保卫了靠着活命的田园和祖宗遗留下来的美丽故乡，帮着军队打鬼子。在农耕紧张的时候，还经常的要结伴跑到几百里外去“办军米”，他们笑嘻嘻地说：“饿着肚子怎能打仗呢？”他们希望军需人员也能作如是想！

江西本来不产盐，抗战以后，食盐早就成了问题，到今天，赣北民间是普遍的闹着盐荒，最近高安绅士们已自动起来组织一个食盐运销合作社，官商合办，讨论了一个时期，问题并没有得到初步的解决。军队看得不过意，只好把“军盐”特别节约下来，分给老百姓，好让有盐大家吃。

就目前论，中国产盐区的浙盐、闽盐、粤盐、川盐……产量和存量还是大有可观，只要分配得当，照理讲是不应该再有这现象存在的！

小学多半是照常上课，教师学生及其家长，也很沉静地准备上到“最后一课”，剩下的便是课本问题了。有些小学生只用“三字经”“百家姓”“四书”

来代替教科书，有的则很稳健地在“温熟书”。

一般军民都很关心国内外大事，可是后方的大报，最快得一星期才能送到这边。至于刊物、杂志，那更不用提了，在分宜出版的小型《华光日报》，销行甚紧，但因种种的客观条件的限制，还不够满足广大军民的□。

为着要抗战，要建国，树立系统的健全的文化供应机构，诚然急如星火！

前线露天小贩商场，生意十分旺盛，一切文具，日用品都不感到困难，表嫂们终天在河边蹲着替将士洗衣，在太阳下，在大门外安闲替将士们做鞋、补裤、上袜底，虽然敌人的大炮声不断地在晴空中远远掠过，儿童们也三五成群凑在一堆，“一二一、一二一”……模仿着弟兄们出操！

十天半月，当地驻军准会演一次戏，官长、士兵、老表、表嫂、小孩，杂到一堆，抬起（脖）子，张着□，兴高采烈观赏着一幕幕的好戏。

（孙军）鲁刘两师推进到锦江北岸，几次紧张的战事，老百姓帮着把子弹送到战壕里去，又从火线上把负伤的将士抬下来。

其实，早在去年的5月22日和23日，云南日报社特派战地记者怒江就以长篇通讯《锦江河畔的战斗》，连续报道了58军的战地生活。⑮文章以《杰作》为题，开篇描写了赣西北的地形地貌，以及和日寇的零星战斗。文章写到：

赣西是多山的，但高安附近已经没有修水、奉新那样的层峦叠嶂，只有一些波浪形的起伏的岗陵。莲花山、茅竹岭，便是属于这一类岗陵，它们在高安东边并肩的排着。离城十多华里，山势并不算大，也没有森林，只有一些杂树，像秃子的头发，稀疏得很，前面有一条小河，是锦江的支流，河面不怎样宽，流速又缓，可以徒行的。

当队伍刚从奉新境内移到这里的时候，敌寇一零六师团（松浦师团），开始向莲花山、茅竹岭进攻。我因时间短促，来不及构筑工事，并以连日行军，难免疲劳，敌人想利用这弱点，以迅雷不及掩耳的手段，以猛烈的炮火，实现其的“扫荡”计划，但是，我全体官兵的艰难的意志和激昂的情结，终于克服了困难，弥补了上述的缺点，和敌寇激战了几个昼夜，紧固了莲花山、茅竹岭这两个标点。

敌人曾几度释放毒气，这一方面证明了他的残暴，一方面也证明了他的“黔驴技穷”。中国军队在艰苦的战斗里锻炼出来了，成长起来了，谁也不怕飞机大炮了，同样，谁也不会因毒气的威胁而屈服的。强烈的民族意识与艰苦卓绝

58军哨兵（图片来自《壮志千秋》一书）

的战斗精神，是战胜一切危难，甚至死神的重要因素。

“避坚攻弱”是敌寇的一贯战法，他在莲花山茅竹岭壁復(后)，马上转移目标，向左右翼的友军进攻，但同样遭受□顽强的抗拒。这一来，敌人就不敢再作正面进攻，乃潜入空隙地区，企图扰乱我方阵地，结果被我发觉，密布大纲，把它全数消灭。之后，就连侧击和偷袭都不敢，每天只是无目的地乱轰几炮，表示他的野心未死而已。

在一个大雨滂沱的黑夜里，乘敌不备之际，我军曾几度冲过那条小河，实行反攻，喊杀声音，震动四郊，敌寇闻风而逃，不敢应战，这已足够证明，“皇军”的胆小如鼠了。这次夜袭，给予敌寇以大量的杀伤，并获取许多战利品，只可惜有些官兵的政法水准，□不免薄弱，不能大量的俘获。

从前，敌我伤亡率，是三与一之比，就是说，我们三个才换他一个，但此次作战，却恰恰相反，至少是一与二之比，敌人的伤亡率已比我们超过一倍。松浦师团和板垣、矶谷师团同样是“皇军”的劲旅，去藏在南薄线被我薛兵团消灭过半，曾有“撼山易，憾岳家军难的美谈”，经过那一次的挫败后战斗力日行锐减，攻击精神已没有从前那样顽强，时期和轻敌心理也没有从前那么□□了。

自然，此次战绩，远不及南薄线的空前，也没有禹王山排市塘诸战役的伟大，但无疑的，已给予敌寇以相当的打击，据第 × 战区司令长官部收获的情报，松浦曾几次请求增援，他的窘态，已经可概见了。一点不夸张，虽只是短时期的战斗，却已经显示了我军的英勇，取得友军的赞美和高级将领的嘉奖。然而，这只是处女战，只是第一篇作品，我们一点不能骄傲，也不应该骄傲。伟大的史诗，这需要我们以大量的血肉去创造吗?

在文章的第二部分，则叙述了 58 军“优良的作风”。文章说：

史沫特莱女士说过：×路军在和日寇作战时，还要和自然战斗，和饥寒战斗，和一切困难战斗。其实，这种作风已普遍于全中国的抗日军队，它是中华民族特性之一，是支持持久战，最后战胜日寇的要素。

拿破仑的字典里，没有难字，同样，怕死怕苦一类的字眼和观念，只生根与奴隶顺民的心里，绝不存在于抗日军人字典里的。在此短期的战斗里，已充分表现出我军的基本作风：吃□下，熬得住，干得□。自然，这种作风并不是从天降下，而是从实际斗争里学习得来的。

队伍从湖南境出发，半个多月，在迂回险阻的山崖上奔走，在风雨里煎熬，得不到一天的休息，加以物资的缺乏，说不上什么营养，但每个官兵的精神，却是那么旺盛，克服一切困难，谁也没有“开哼”。

依据经验，敌人与我作战，往往乘我阵地还没有巩固之前，就实行猛攻，突破一点，没有战斗经验的新兵，容易溃散，影响整个战线。□岁崇阳洛口之役，就是这么一回事。此次我军到达阵地，没有充分的时间来布防，敌人施其惯技，猛烈轰击，但我军沉着应战，固守阵地，虽毒气弥漫，亦屹然不动。

三四月了，赣西大气却还相当冷，特别是阴雨的时候。我官兵几天几夜没有合眼，甚至饿着肚子整天淋着大雨，伏在泥泞的地上，泥水透过衣服，冰肌肤，但因高度的兴奋，没有一个人感到饥寒和疲乏。有些负伤了，还支持着，不愿退下火线，必须经过劝告，才退下来，没有哼一声，没有说一句悲观的话，充分地发挥了殉道者的精神。

“初出茅庐”的官兵，是吃不下这种“大买卖”的，但看看老战士们的沉着、坚持、英勇，也渐渐坚强起来，没有一个“拉稀”。除这种传统的作风发扬到最高度外，由于三四个月的调整，新的力量在成长着，最明显的就是技术的提高。

一个士兵退下火线后，□自负地说：“前天六七个敌人向我这方面来，我一点不惊慌，精确地瞄准，到了距离约五百米远的时候，连发五枪，打死两个，别的就逃走了。”五颗子弹，两粒命中，已算特等射手了。

从前，好些士兵，不懂得什么叫米距，开枪时往往没有瞄准，知识（只知）一阵乱放，纪实（即使）瞄准了，也不会精确，但现在却大不同了。而且随着战争的延长，技术还会不断提高的。最末，当奉命转进的时候，许多士兵都懊恼着：“为什么不继续打下去呢？”自然，他们知识简单，不深切了解战略的意义，但这种精神、这种勇气、这种作风，是难得的，值得继续发扬的。

文章同时以《可怜的日本士兵》为题，揭露了日本兵的外强中干。文章说：

日本帝国主义和中华民族，是向着两个相反的方向走，前者一天天接近崩溃、灭亡，后者却向进步的光明大道迈进。同样，中国士兵和日本士兵也走着两条相反的道路。中国士兵虽从封建的农村里征调而来，却已从战斗中具备觉醒的意识，谁也不信天，不信神。长期的在炮火里，在艰险的环境里，艰苦奋斗，英勇牺牲，并不是为了天命或神意，而是为了祖国的解放，也为了自己的解放。没有哪一个要切（靠）超人力量的保护：坚强的民族意识和艰苦卓绝的精神，就是保卫自己和祖国的“护身符”。

日本士兵却和这个截然不同，差不多每一个都迷信神的积威和天皇的万能：被少数军阀开送到中国来当炮灰，自以为在执行神的旨意，因而随时随地要靠神的保护。毋庸讳言，从外表上说，中国士兵还没有十分现代化，现在观念上、意识上，却已渐渐现代化和科学化了。日本士兵在外表上已十足的现代化了，而在观念上、意识上，却还是（野蛮）时代的，他的观念意识，和他的武装，至少距离一个世纪那么远。

每一个日本士兵的身上，都藏着好几个护身符：有的是金属的，有的却是一块布或一张纸条，塞满了他们的鞋子里、裤子里、衣袋里，其精神武装的脆弱，确已到了可怜的地步。我们的武装同志，从敌尸上搜出这类护身符，谁也会发笑。是含有最高的幽默性和最大的讽刺性的。

其次，女色也是日本士兵的魔障。……我们曾从一位大尉的身上，搜出一张六寸照片，是昭和十三年一月间，他和他的女人，四个小孩子照的，上面标着“支那事变出征纪念”几个字，大概是官长的缘故，他和他的女人的神色都不见得怎样凄。但受了一年来炮火的教训，这位大尉于昭和十四年二月，在照片后面题着这样的字句：“天苍苍，海茫茫。战争的结束没有年月！我们的相会也没有年月！”这就充分显现出他的苦闷和悲哀了。现在，那位大尉，这位上等兵，和其他许多伙伴，已躺在中国的原野上，他们的女人、家属、朋友，还在惦念着他们吧？“可怜无定河边骨，犹是深闺梦里人。”这句古诗恰恰成了日本士兵及其家属的悲哀写照。

是的，几百几千的中国士兵，也抛弃了他们的妻子、父母，战斗在祖国的原野上，死在祖国的原野上，但这是人间最伟大的悲壮剧，它换来了祖国的自由和四万万同胞的生存，取得全世界先进人士的赞美。而日本士兵，为少数军阀财阀流血牺牲，从任何方面说，只见其悲，不见其壮：它换来了什么呢？只是少数军阀的嚣张和少数财阀的肥胖。全世界除法西斯走狗外，即使最劣等的欢呼，也绝不会讴歌这样的牺牲者的……

文章还以《敌人的奸计》为题，揭露了日寇极其可憎的狰狞面目。[16]文章说：

日本军阀不惟无比的残暴，而且也无比的阴险和狡黠：除武装掠夺外，还随时随地实施政治的进攻。此次作战，他曾散发了一些荒谬的传单，因篇幅关系不能摘录。在那些传单里的阴谋是比飞机大炮还要可怕的。然而它只会引诱汪精卫之流的民族败类，绝不会使真正的中国人走入圈套，更不会给站在最前线的抗日军人有所动心的。

自抗战以来，中国已达到空前的统一，中国军队也达到空前的统一，而且随着抗战的坚持，这统一的局面将继续稳固和扩大，除汉奸走狗外，任何人都信最革命的三民主义，竭诚拥护领导抗战的中央政府，拥护民国领袖蒋委员长。同时任何人也都了解到，日本不是某一个党派某一个军队的敌人，而是中华民族、全中国人民、全中国军队的共同敌人。打倒这个共同敌人的主要绝技，就是精诚团结，一致坚决抗战到底。

对老百姓，日寇也施行欺国的宣传，诬我政府和军队专门压迫人民、屠杀人民，自以为“皇军”是仁义之师，来替中国人民报仇。其实老百姓是有眼睛的，有脑筋的，谁也明白压迫他们，剥削他们，屠杀他们的，不是别人，正是“皇军”！而中国的抗日政府和抗日军队，才是保护中国人民的生命财产，祖先坟墓的坚固壁垒。

作者对抗战的前途充满信心，他在文章最后深刻地指出：“墨写的说谎，掩不了血写的事实，这是千古不易的真理。所以，日寇的奸计，虽然阴险可怕，结果恰恰证明了他的无耻与心劳日拙，更加提高全中国军队、全中国人民的抗日情绪和政治警觉性而已……”

今天，手捧发黄破烂的报纸，细读战火中用热血书写的每一段文字，回望国破家亡的烽火岁月，我们可从另一个侧面了解孙渡的治军之道，以及他率领58军与日寇血战的细枝末节。

五、开赴湘北

5月9日，代总司令孙渡在江西驻地——宜丰县东部的棠浦电告龙云，对第一集团军作了新的调整部署：

昆明。分送主任龙、新兵管理处译呈总座卢钧鉴：瞰密。谨将职部虞日后调整部署呈明如次：（一）六十军以一八四师守备米峰东北之瓦岭南麓，（含）经马奇岭、石子陵，上下翟山口调李公脑、寡潦河南岸之概略线主阵地，及陶仙岭、洪田、奉新城、蒋家陵、刘家山概略线各前进据点。以一八二师控置于会站、渣村间地区整训。（二）新三军以一八三师守备潭埠，（含）船下洲、丁巡埠、亘来堡北高地之概略各线主阵地，及燕子窠、高公陵、白云山、青山、靖安城东高地、亘雷公尖概略线各前进据点。新十二师仍在万载整训。（三）五八军在村前街及其西北附近地区集结整训。（四）总部在棠浦，指挥所在上芜南方约八公里之山田桥。谨呈。职孙渡代。晨佳知。印。[17]

孙渡一生“爱兵如子”，在军中颇具威望。旧历五月五日端午佳节，适值他45周岁寿诞，鲁道源师长及军部各处处长发起祝寿。一向低调的孙渡虽竭力谦辞，但官兵盛意难却，只得接受。

官兵们给他献的祝词是：孙军长寿比南山，统率官兵为国家努力抗战，立不朽的殊勋。就在端午节下午，因宜昌方面战事趋紧，58军奉命限五日内向长沙一带集结，祝寿典礼匆匆结束。

5月13月，蒋介石电告龙云：高荫槐准辞新三军军长，专任第一集团军副总司令职，杨宏光准升代新3军军长，李文彬准任183师师长。[18]

杨宏光（1892—1950），又名杨伯成，云南昭通市绥江县（今水富县太平镇古楼村）人。毕业于国民党保定军官学校第8期，曾任国民党第60军旅长、师长，新3军军长、第6兵团副司令等职。在台儿庄战役中，指挥1081团和1082团抗击日军。抗战胜利后改编到国民党第6兵团任副司令，在锦州战役中被人民解放军俘虏，释放后回到云南，任省保安司令部高参。1949年12月参加云南起义，1950年病故。

杨宏光（图片来自网络）

5 月 26 日，高荫槐由滇回到第一集团军总部江西上高，孙渡代理总司令的使命完成，由棠浦返回 58 军军部。高荫槐回滇期间，于 4 月 11 日出席了各界举行的欢迎宴会，举行了多场演讲，讲述了滇军在赣杀敌情形及最近敌我情况。[19]高荫槐在演讲中说："本军自转战台儿庄、阳新、崇阳各役而后，整铺未终，风云陡变，又匆匆奉命入赣，参加作战，光阴荏苒，突已逾年，在此一年中，与本军作战之敌，已疲惫不堪，数度换防矣。敌兵先为第一〇一及第一〇六两师团，现为三十三及第三十（师团），最近更有调第一〇九及第三七〇师团增援之说。更溯敌之攻略，由不战而屈人，而至速战速决，而至速和速决，而至以战养战，尤为逐溺衰弱之明徙。而本军历经激烈战斗，实力虽有消耗，斩获已经多多，获胜勿骄，受挫不馁，士气以此益越旺盛。"

高荫槐在演讲中分析"其能获此成果者"的原因时说："赣北崇山峻岭，道路迂曲，三迤健儿，生长山国，正适合此种地形，故能发挥其最大特长，此其一也；我官兵在我委员长蒋，及各级长官卓越指挥之下，与我主座军处随时殷殷训勉，故咸抱长期抗战之决心，促最后胜利之实现，奋勇无前，此其二也；本集团军各军师同仁，尤能本主席总座之期望，以革命人格相砥砺，精诚团结，养成上级信任下级，下级信仰上级，同级互信之三信心，脉络一贯，指挥敏活，无成见隔阂心理之存在，无丝毫个人利害之居心，所以有时虽陷局部于不利战况，亦因有此信心，互为救助，而得转危为安，转败为胜，且使槐得以轻才任重，年余来尚未致大有陨越者，要非各同胞精诚团结，匡逮不及，曷克臻至，此其三也。本军官兵，本坚忍祥和之调，兢兢戒备，恪守纪律，以先忧后乐之精神，爱护民众，以分甘共苦之行动，发动民众，故而师之所至，咸得民众之信赖协助，此其四也。"

高荫槐在演讲最后说："本军受四万万五千万同胞之寄托，我滇省父老兄弟姐妹之嘱望，负求民族生存独立战争之重任，来日艰巨，亦可讳言，誓本上述精神，发扬光大，与敌周旋到底，非达到抗战必胜不止，唯敌军一再换志，其能从容整理补充可知，而本军持续作战，其伤亡损失更可想见，人员补充，物资接济，此又为最迫切希望吾滇父老者也。"

孙渡代理总司令半年来，统率第一集团军，采取以攻为守、攻防结合的战略战术，机动灵活，克敌制胜，使敌闻风丧胆，取得了突出战果。

6 月 7 日，58 军奉命调离血战一年半的赣北，开赴湘北前线。6 月 8 日，

58 军官兵一路经过上高、万载、浏阳，冒雨急行军到达距长沙约 60 里的永安市附近。在长沙附近训练不久，又奉到接防湘北一带的命令，6 月下旬急行军 4 天，到达湘北永安市接防，7 月移驻鄂南南江桥。军部驻在南江桥藻溪，新 11 师驻上塔市，新 10 师驻灵官桥。

58 军官兵长途行军，正值骄阳似火、暴雨频袭的季节。“炎景流金六月天，征人路上足生烟。汗流浃背如汤沸，热滚心头似炭煎。天地炉中铸铁汉，阴阳火里种红莲。不炼金丹成九转，如何凡骨得飞仙。” 鲁道源兼师长触景生情吟出的这首诗，道出了行军的苦楚。

7 月初，新 3 军军长由杨宏光升任，辖 183 师及新 12 师两师。鲁元由第九战区司令长官部调任第 58 军参谋长，58 军新 10 师长刘正富调 60 军副军长，遗缺由高振鸿继任；新 11 师长鲁道源升 58 军副军长，梁得奎升任新 11 师长。183 师长由李文彬升任，新 12 师长张与仁未变。[20]

鲁元（1907 — 2000），原名荫宗，字子真，号十无生，晚号实无老人，白族，云南大理州剑川县金华镇西门街人。1927 年考取黄埔军校第六期。先后任连长、营长、团长、少将大队长、参谋长、战区参谋长、中将受降指导官、副军长、军长兼卫戍区司令、兵团左纵队司令等职。1949 年以家中“老母需要尽孝”，坚持不赴台湾。新中国成立后，任省政协文史委员、省政府参事等职，撰写出《国民党五十八军及十一兵团简史》等抗战重要军事史料。2000 年 1 月病逝于昆明。

鲁元（图片来自《壮志千秋》一书）

9 月 1 日，蒋介石致电龙云，分析了抗战面临的形势。[21] 蒋介石在电文中说：“我抗战已入第四年度，愈战愈强之基础，今已大固。而敌寇则陷入长期作战之苦闷，泥淖日深。在战略方面着着受制于我，加以国际风云变幻不测，更使倭寇惶惑不宁。其赖以弥缝其政治上与经济上之矛盾与缺憾者，全在夸张其局部之军事胜利，以眩惑其民众，增强其忍耐力与希望心而已。”

蒋介石在电文中要求龙云加强军事作战能力，争取抗战的胜利。蒋介石说：“故为完成我抗战建国之使命，必须彻底增强我军之作战能力，予敌以显著之打击，方可速敌之崩溃。而我军打击能力之增强，实赖全国文武上下皆须强化军事第一、胜利第一之精神，彻底集中意志、集中力量，视作战为凡百首务，力求增进军队之攻击精神，加强军队之战斗能力，进而击溃敌人，使敌民众彻底了解战争之失败，庶能获最后之胜利。”务望“督率所部，随时以便利军事作战为怀，并讲求增强军力战力之道而身体力行之为要。”

1940年上半年，日军南进政策迅速扩大，中国西南及东南亚各国受到严重威胁。8月，日军入侵越南，进占河内，滇越铁路这一中国对外通道完全被截断。日寇乘势北进，并侵占莱州、老街、凉山各地，围绕我滇南边境部署兵力，窥伺我滇南边境。在国难乡危之际，龙云即向蒋介石恳求，将第一集团军全部调滇，以加强滇南防线。蒋介石只准许调回60军第182、184师回滇。

9月中旬，安恩溥军长率60军挥戈南下，由江西经湖南、广西调回滇南文山，成立滇南作战军，以卢汉为总司令，后驻防开远、蒙自等地。年底，滇南作战军总部改为第1集团军总部，第1集团军总部在昆明成立，并由昆明移驻蒙自。原第1集团军总部改为前方副总部，高荫槐任副总司令，指挥在江西的部队。

从此，第一集团军只剩58军、新3军两军，继续在华南、中南战场抗击日寇。9月底，前方副总司令部及新3军调平江整训。58军新10师接替通城九岭阵地守备。

在湘北战场，养精蓄锐约略半年的58军，在作战中便以更崭新、更雄健、更勇敢的姿态与日寇拼杀。

六、收复九岭

在鄂南湘北交界的地方，有一个著名的山脉叫幕阜山。它的边缘绵延着许多山峰，造成了一个山岳地带，最高峰海拔1800米左右。这既是西南各省的屏藩，更是湘北战场上的一个坚强堡垒。在这万山环抱中，有一座奇峰突起的山巅，这就是曾国藩所说的“保长沙必先保九岭”的“九岭”。

1940年12月4日拂晓，武汉的日寇令驻在通城的部队，组成步炮联合的加强联队，用空军掩护，进攻我九岭58军新10师阵地。企图攻占我湘鄂战略要隘“九岭”，进窥平江、浏阳，威胁长沙。

日军视九岭驻军如眼中钉、肉中刺。武汉会战以后，日军曾拟一鼓作气从崇阳、通城进占九岭，结果被我军击溃。1939长沙会战，敌人夺九岭，以为有如囊中取物，但又适得其反。从此，敌军恼羞成怒，总图得以歼灭而后甘心。

九岭位于湖北通城县境内，距通城约十五华里，与湖南平江县属的上塔市一带高地连接，是湘北、鄂南交通要道。抗战以前，由武汉通长沙的公路曾蜿蜒于其间，地势险峻，风景优美。它既是幕阜山的有力屏障，也是湘北战场的重要前哨。

正因为如此，自日军由武汉上犯，占据崇阳、通城以后，无时无刻不想进攻九岭，以便籍以保卫通城、崇阳的外围。武汉等地则作为长江上游的一个大据点，作为据此进犯长沙、叩开西南内地的大门。

12 月 6 日，由通城经赛公桥向北港进犯的敌兵，一股由梧桐岭窜向黄岸市，另一股窜到了棉花坡附近。新 10 师 30 团与敌激战三昼夜后，该团奉高振鸿师长命令退守相师山，续奉命转进白家坳待命。另一部敌军窜到花凉亭，新 11 师 36 团同时向马港、上塔市撤退。右翼方面，一部敌人由锡山攻阳台尖，另一部由景山攻凤凰台、雪堂岭。这差不多是一边倒，局势愈演愈烈。

7 日下午，58 军军部与新 10 师的通讯断绝。情报报告说：九岭已有敌人。孙渡军长为应付当前紧急情况，令新 11 师 33 团向琉璃坳、保定关之线出动攻击，以便减少左翼所受威胁，而使新 10 师得以从容作战；又令 31 团接防右翼方面的阳台尖。同时令通信营速架电话与新 10 师联络。

通信兵派出去后，找不到新 10 师的人。电话架不成，发无线电也没有回信。直到 8 日下午 3 时，新 10 师师长高振鸿才从上塔市用电话报告孙军长："师部昨晚由马港转进到小坪，今天从小坪移到上塔市，各团情况不明。"

此时，敌已侵入九岭，几陷战局于不利，军情十万火急！

孙渡震怒！斥责高振鸿不该轻易撤退，严令他亲到前方掌握部队，迅速进入王家山第二线预备阵地，戴罪图功，拒止敌人，相机恢复九岭。高违令率部向右侧幕阜山地区转进，谓准备打"游击"。

8 日夜，军指挥部气氛异常紧张。夜色中，外面风狂雨暴，树林在呼啸，溪水在流响，前方炮声枪声隐隐传来，长沙第九战区薛岳司令长官频频询问战况的电话铃声不断。

为挽危局，孙渡接薛岳命令：令鲁道源副军长亲到前方督战。时鲁道源则以有病为由，欲予拒绝。孙渡不得已回报薛岳，薛岳严令："病了也要去，这是为国家民族！"

刹那间，电话铃声再次响起，薛岳再问孙渡："鲁子泉出发了没有？告诉他，有不服从命令的，准予斩杀！"鲁道源心中知道，国事不可当儿戏，乃表示服从命令。

8日夜12时，副军长鲁道源督直属部队及新11师迅速增援反攻。军情紧急，孙渡与参谋长鲁元也同时急赴前线督责新10师。该师后退官兵，慑于军令就地停止，奋勇回战。[22]

9日天明，鲁道源抵达上塔市，当日下午5时到达夏家洞，设立指挥所，立即部署反攻。3小时过后，新11师33团张惠之团长报告："正面敌人增加了千余人，难以固守，请副军长增派援兵。"

"敌军增加决不会到五百人，即使增一千，以你一团之众，还不能抵抗一千人吗？非死守不可！你如果要下来，先把头斩下。"鲁道源声色俱厉地答复张团长。不久，新10师高师长偕参谋长杨兆麒也来指挥所报告作战经过。

9日下午，鲁道源接到28团占领九岭的报告。因为前方枪炮沉寂，又不见伤兵下来，鲁道源未予置信，当即指派新11师副师长龚德敏及军部参谋处科长梅正雨前往观察。

10日拂晓，接到二人回报："宝盖山、华龙山仍有敌据守，新10师之28、29两团主力控制在杨家坳至上塔市的西南地区。"鲁道源非常愤怒，当即紧急命令28、29两团："限令日攻占宝盖山及华龙山，乘机攻占九岭。如有阳奉阴违或擅自后退者，杀！"随即下命随带的补充团一营封锁九岭到上塔市的退路，防止潜逃。

10日下午4时，捷报如雪片飞来：28团苏向文部攻占宝盖山，29团龙泽沛部攻占龙华山；后增派的30团正向九岭攻击；32团已占领田家山，正向杨家岭攻击前进；33团已将保定关、琉璃坳之敌肃清。友军123师攻占杨白尖，侧击九岭之敌。

11日，鲁道源遵照军长孙渡命令，立令32团由杨家岭、白石尖之线攻击前进；28、29、33共3个团仍攻九岭正面，五八攻击队

战斗中受伤之官兵（孙沛提供）

攻击九岭右侧。天色欲晓之时，冲锋号声大作，接着是炮声、枪声隆隆。在鲁道源全面督攻下，九岭之敌被全部击溃。敌抛尸弃械，仓皇逃遁，回窜通城。我九岭阵地，全部收复。

捷报一传，军民腾欢。薛岳司令长官以新 10 师高振鸿师长已撤职，立令鲁道源副军长即兼新 10 师师长。并令将临阵图逃的师长高振鸿递解长官司令部，交军法处审讯，判有期徒刑 12 年。

当晚，孙渡即电令新 10 师调回整补，新 11 师接防新 10 师阵地。

九岭战役结束后，中央社九战区随军记者组主任胡定芬一行 5 人，来到 58 军军部。他们此行的目的，是探询收复九岭经过，并要求前往战场视察。胡定芬一行视察九岭后，中央社刊发了他写的长篇通讯：㉓

八日起我军实施全面歼灭战，至九日晨将敌各个击破，不仅将进犯两翼之敌军驱逐尽净，即九岭正面各前进据点，亦悉复旧观。……以沿途所见敌之尸体与伤兵，再证以俘虏供状，证明敌此次进犯，死亡至少在三千以上，尤以町尻师团所属部队死伤最巨。凡敌迹所至之处，烧杀抢掠较昔更甚，遗弃之瓦斯弹壳到处皆是。

记者今日能重登九岭，不能不感佩太原部队（此处指云南来的部队）孙志舟（孙渡）军长以次全体将士的劳苦功高，不能不对着九岭阵亡将士英灵而致其永恒的崇敬。……记者在九岭四周任何山头，都看到敌人遗弃的营养食品、纸烟。头颅、枯骨，更是随处皆有。“上岭容易下岭难”，这是侵略民族应有的悲惨结局。记者走遍九岭全线，历访太原部队的各位将士，……“精忠救国”，成为他们思想的最高准则；“苦干必生，苦斗必存”，成为他们行动的一致信条。……记者坚信太原部队确已成为国家的干城、民族的劲旅。

胡定芬在长篇通讯中，由衷赞叹 58 军取得的辉煌战绩：

他们的战斗成绩，已经使通城一带敌人谈虎色变。夜袭奇袭、破坏交通，固然是他们的拿手杰作；他们另外训练了许多特种技术人员，常常钻进敌人营房，或是拿件呢大衣来御寒，或是牵匹马来代步。最奇怪的，有一次竟把敌人的电话总机都拆下来搬回来了，真是神乎其神！

“一寸河山一寸血，万家烟火万家春！”胡定芬一行临走之前，鲁道源特给他们写下了上述对联。同时还写下“养浩然之气，为大战而生”的对联，送给其他朋友。

中央社九战区随军记者组同时以《湘北前线访鲁副将军》为题，报道了58军收复九岭的战斗经过，以及胜利的原因。[24]还原了收复九岭的场景。

文章开头叙述了此役的重大意义，文章说：

本年月初，鄂南敌酋，挟万众鬼卒，分路南犯，突破我湘北防线——九岭，进窥三湘，彼时平浏一带为之震动，当斯战争逆转之时，我英明之战区长官，立派孙军副军长鲁道源督师前线，不两日，即击溃进犯之敌，直搏通城，湘北局势遂转危为安。

文中，鲁道源副军长叙述了整个战斗经过。鲁道源说：

敌酋町尻基量企图减除刻在通城所受我军威胁，集结万众于六日午分两翼向我九岭包围，其使用兵力，以一部由通城经赛公桥，窜北港直赴黄岭市，侧击我左翼，一路由通城出景山，攻我马鞍山，犯雪堂岭，威击我右翼，然后以主力攻占阳台尖，直赴九岭。我右翼各军，于敌窜扰时，经予强忍抵抗后，始逐步转移正面。我九岭守军，乃向上塔市一带转进，敌遂越过九岭，当前战局即成不利形势。

八日昏夜，孙军长接奉战区长官电话，派我到前线督战，当时我因胃病正发，精神萎颓，原不能胜任，但既奉长官命令，不能不力疾驰赴前线。当时我以进犯之敌，不过数千，且其后方并无后续部队，判定敌实无远大企图，但此时我高师部队已退集上塔市白家坳一带，战斗精神，异常薄弱。我为应付当前紧急局势，遵奉孙军长指示，以新××师所余之一个团预备队出动拒敌。

九日晨，调集高师各团官兵训话，晓以抗战为争取国家民族的生存独立，虽至全部牺牲，亦在所不惜。如只顾个人生死，不顾全民族的存亡则为不仁不义的民族败类，我必杀之以谢国人。况敌寇经我三年半的坚强抗战，已至精疲力竭，最后胜利决不在远。我辈军人，必须遵照总裁"有敌无我，有我无敌"的训示，抗战到底，牺牲到底。凡勇往冲杀，用命杀敌者赏，后退者杀。经此一番训话后，官兵激于大义，后感总裁暨战区长官德威，更得孙军长指示有方，于是人人效死。

孙军长后秉持战区长官的作战指导，重新布置新阵地，以重整之新×师攻击九岭，新××师两翼守备队侧击九岭之后，此时我左右翼友军亦乘势攻击。至十日晨六时，九岭侧后之敌，已为我两翼截击，死伤大部，九岭之敌以彼之两翼溃退，且遭我正面猛攻，遂狼狈溃窜通城；六时三十分，我克九岭，乘胜追击，直搏通城，我原阵地悉复旧观。

至于此役胜利的原因，鲁道源副军长告诉记者说：

第一，因我官兵久受三民主义的熏陶，总裁艰苦卓绝革命精神的感召，故一经淬励，即奋勇争先，反攻敌人。第二，为我战区长官薛公运筹得宜，明察敌情，指挥各军，分头截击，更兼赏罚分明，对擅自移动之高师长，迅予撤职查办之紧急措施，深合兵法“将听吾计，用之必胜，留之；将不听吾计，用之必败，去之。”之旨，故军纪肃然，命令得以贯彻，士气随之振奋。第三，我得克复九岭，此为友军协力作战所得之效果。

鲁道源副军长特别告诉记者说，此役胜利的另一重要原因是孙军长指挥若定，全军将士富有杀敌精神。鲁道源说：

本军孙军长能遵照长官指导机动使用兵力，处处予敌以致命打击，为我各个击破。我军士气旺盛，富有杀敌精神，如新××师××团与敌争夺阳台尖时，有班长一名，身负数创，仍不后退，直至将阳台尖攻克，又负一伤，方离阵地。又新×师××团由××山转进时，有士兵一名，仍坚守阵地，敌寇来犯，被其射杀多人，终以寡不敌众，于敌占领所守阵地时，为敌乱刀杀死。

文中，鲁道源副军长还滔滔不绝地告诉记者说，民众的大力支持、日寇的穷途末路，也是此役胜利的重要原因。

我阵地民众，因几度遭敌蹂躏，恨之刺骨，故于我军转进后，即将食粮藏入深山，家具桌凳亦抛掷河中，或水塘内，敌寇来时，无食无用，不能持久，再遭我军反击，迅即逃溃……敌酋以有数的兵力，在地形复杂的山岳地带使用迂迂包抄的战术已属不利，复遭我军处处包围截击，及我阵地民众坚壁清野的无形抵抗，故遗尸数千具，惶惶溃去。更兼敌兵抛妻别子，被逼来华作战，已历数载，精锐者已死亡殆矣，存者亦满怀思乡、厌战之心，于是出无斗志，一经我军猛烈反击，即行溃逃。而伤亡之众，亦为各战区所仅见，其捉襟见肘、日暮途穷之概已可想见。

收复九岭，是58军参战以来的重要一役。战后，58军特集资在南江桥建了一座阵亡官兵墓地。能书、能画，还爱吟诗的鲁道源将军口占七绝：“滇儿报国奋精忠，死去还能作鬼雄。万里挥戈经百战，洒将碧血大江东。”

九岭战役结束，58军与敌对峙于九岭、麦田、白羊田之线。全军在原驻地整训，秣马厉兵。鲁道源副军长激励官兵：“要干，大家实在点，拿出成

2017年建起的九岭抗战纪念碑林（图片来自网络）

绩来才是好汉，或是缴获枪械，或者是一个新鲜的敌人的头颅。”

孙渡勉励官兵，服从命令，以大无畏的革命精神，誓争取民族的生存独立！

【注释及参考文献】

① 李继锋著．中国抗日战场全记录（1930—1945）[M]. 21 世纪出版社，2015.6：335

②④⑤⑩⑳ 余建勋．滇军第一集团军八年抗战重要战役纪要 [J]，云南文史资料选辑（20），1982.5：154-1455

③⑪⑫⑬⑰⑱㉑ 云南省档案馆编．滇军抗战密电集 [M]. 1995.9：312-334

⑥《突起敌后的一支神军》，孙渡题赠云南省图书馆藏书

⑦ 云南日报，1940 年 4 月 16 日头版

⑧㉓ 黄声远．壮志千秋 [M]. 上海汉文正楷印书局承印出版，1948.1：54-68

⑨ 云南日报，1940 年 4 月 28 日头版

⑭ 云南日报，1940 年 4 月 30 日

⑮ 云南日报，1939 年 5 月 22 日

⑯ 云南日报，1939 年 5 月 23 日

⑲ 云南日报，1940 年 4 月 11 日

㉒ 鲁元．国民党五十八军及十一兵团简史 [J]，云南文史资料选辑（27），1986.4：19

㉔ 第九战区司令部 1941 年编印，抗战史料：《长沙大捷记》第 49-53 页

第 10 章　英名垂青史

1941 年是日本走向太平洋战争的关键一年，侵华日军对正面战场“积极实行短促突击作战”，发动了第二次长沙战役等进攻战役。孙渡奉命统一指挥 58 军和杨汉域之 20 军参加了第二次长沙会战，采用机动灵活之运动战术，予敌以侧击截击尾击，处处居于主动地位，克敌制胜，取得了永垂青史的辉煌战果！

在第二次长沙会战中，孙渡统率 58 军官兵，以旺盛的士气，远程急行，前仆后继，英勇冲杀，重创日军最精锐的第 6 师团，胜利完成了战斗任务。58 军第二次长沙会战结束后，高荫槐向龙云报告战况时称此役为“空前未有之胜利”，白崇禧向龙云发电报通报战况评价：“第一集团军奋勇杀敌，居功至伟！”

孙渡是怎样指挥 58 军取得会战长沙的辉煌战果？

一、长沙受训

1941 年 3 月，孙渡奉第九战区长官部命令，调陆军大学第 3 期干训团，赴长沙受训，并兼任将官班主任。军长职务由鲁道源副军长代理。[①]

陆军大学是中国近代唯一一所最高级别的军事学府，它自 1906 年创立于保定。据陆军大学校史记载：抗战爆发后，由于受战争的影响，陆大屡次搬迁，从长沙到遵义再到重庆，至抗战胜利后 1946 年始返回南京。陆大 1938 年春在长沙复课，将官乙级班第 1 期 1939 年 4 月在长沙开学。

陆军大学将官班始设于 1939 年，其目的为适应全国整军需要，训练编余的旅一级军官，藉以统一军事学术并提高各将领的军事才能，学制为一年，结业后另行安排职务。后又召集少将以上正副部队长、高级幕僚及各军事机关少将以上正副主官加入，称之为将官乙级班（或旅级将官班），该班共办了 4 期。

1944 年 10 月，对日战争转入攻势作战，为使各高级将领加强统帅能力及作战水平，陆大又增设了将官甲级班，召集军、师长和集团军司令等高级将领入校学习，该班每期 3 到 6 个月，共办了 3 期，全在 1945 年，毕业时间分别为 1 月、6 月、11 月。

陆军大学的教育宗旨是使高级指挥官及幕僚人员成为"智能兼备之士"，培养学员的目的是"为养成优秀将校与幕僚，以备国家干城之用，不特党国命脉所寄，而民族兴之与其负"。因此要求学员在学习中一定要完成"救国之签识，御外侮之本能"。

在此半年时间里，孙渡再次系统学习了军事理论，特别是结合抗战实例，大大提高了军事指挥能力和战略战术水平，更加坚定了抗战必胜的信念。

孙渡受训期间，按前将官班主任惯例，鲁道源副军长组织"金马剧团"到长沙公演，随后又在部队驻地公演，在长沙引起轰动。长沙报界以《金马跃滇中》为题，对"金马剧团"到长沙公演进行了报道。②

文章说："第某某军由部队官兵组织金马剧团，自通城前线，步行六日，来到长沙，他们为开展前线后方的剧团，四处播下文化的种子。"

文章以轻松的笔调写到："在清幽胜地的昆明城，有金马、碧鸡、忠爱三坊为滇中古迹，而金马与碧鸡，洽成直线。夏天，有那么一日，太阳尚未下山，月亮已经东升的时候，两坊的尖顶，恰相吻合，成为极有趣味神奇的传说。第 ×× 军全体将士，皆为滇中健儿，为着自己纪念故里风物，他们虽则离家万里，仍以'金马'名其所组成的团体，其意义乃欲以乡士宗族观念，激发同仇敌忾之心也。他们的队伍，如雄狮般蹲踞在鄂南前线，以全力克复通城，便是这种精神之表现。"

文章介绍说："这次来长沙的金马剧团，是由军政治部主任马匡国先生所领导的团内的中坚，有导演刘狮及谢化石，其下计分三股，总务张至诚，话剧许光中，国剧林石山。国剧之下，又有评剧、滇剧两部，滇剧由泰兴团负责。艺员计七十余人，一切服装、道具、布景、灯光、装置……都由他们自前线带来，即算是布景所用的门板，也是在战地利用工兵所制，既省费又精致，我们可以说这次他们的演剧都完全出自本身，并未假手于人。这样一个伟大健全的来自前线的剧团，使前方后方的剧连，得到交流，使我们万分欢迎。"

文章说："他们这次来长沙，完全是招待性质，不收门票，免券入场，使每个人都有观剧的机会，这是在过去不容易的事实。首先，在干训团演出，招待来自各方的健儿；以后，约于下月初旬先后分场在本连演出，每个热心的观众，一定有非常丰富的收获。"

文章详细介绍了金马剧团演出的内容：“话剧方面，他们准备演四个剧本：《绯色网》，三幕剧，由刘狮、谢化石导演，刘在此剧中饰一丑角潘自新。以其滑稽的天才，把一个严肃的剧本，表演得趣味横生……其次尚有《江南春天》《血海冤仇》《军用列车》三个独幕剧，

58军军乐队（图片来自《壮志千秋》一书）

前二戏为桑红痣（真名张玉成）所作，一位极富文学天才的青年。此二戏在前线各部队都有良好的印象，加以刘狮先生以日本的情形非常熟悉，导演的《江南春天》，对日女的装饰，极有讲究，拍出的戏装，使人看不出是中国人，这几个戏有惊人的成绩。”

“国剧方面，属于评剧的一部分，亦极有根底。他们有一个‘娃娃班’，是调集军中十二至十六岁的小兵，集中训练，时至今日，虽仅半年，但他们以军事的管理与合理的教育配合进行，孩子们进步迅速，他们能够唱全武行的戏，甚至有几个孩子的武打，较科班出身的戏子尤好，普通人习艺三年，他们都缩短六倍日程，还不是非常可贵的事么！除此而外，尚有各级长官临时组合的‘串戏’，他们平时没有训练，不过以性之所好，大家玩玩而已，但这才是军队中真正能够领略戏剧、提倡戏剧的人。”

文章盛赞金马剧团演出的滇戏：“我们认为此次金马剧团公演，最有意义、有价值，而且极为重要的部分便是滇戏。我们知道孙、鲁两将军既所属各将士，多为云南人，为国家为民族，他们离开故乡，有了很长的时间，平日能够有见家乡况味，便觉得仿佛自己也回到家乡，领略金马风情一般，其内心之快慰，又何异游子之思慈母？我只深感他们队伍中一团和气、融融乐乐的姿态，全都是此种精神生活联系所致。”

文章还称赞云南部队的战斗力，独具匠心地诠释了云南精神：“云南部队，有极坚强的作战能力，他们在锦江北岸，在通城前线，皆能予敌以严重打击者，便是他们官长士兵，全如人家父子，拥戴爱护，各得其宜的缘故。在湖南，我们看看远从万里而来的滇戏，真可以说是‘眼福不浅’了。我们知道湖南有湘戏，湖北有楚戏，广东有粤戏，河南有蹦蹦戏，蜀中有川戏，这种艺术，恰恰代表

这个地域内的民情风俗，因此而有其独特民族性之存在。我们知道抗战以来，大后方的云南，在人力物力上，不知负过多少责任，我们今日领略滇戏，鉴赏滇戏，其最值得庆幸者，还是我们借此了解云南精神，研究云南的精神，进而学习云南的精神。”

我们今天有幸读到这篇文章，真是别有一番情趣。从中既可管窥孙渡的治军风格，也可领略云南精神和抗战文化之要义。

与此同时，58 军新 10 师还开办了 3 期铁血训练班军士队，每期 3 个中队，训练两周，部队在充足的休整中，战斗力大大提高。同年 8 月，孙渡受训结束回到军部。

经过半年多的厉兵秣马，58 军又将会取得怎样的战果?

二、大云山颠

长沙是湖南省会，为我第九战区司令部所在地，粤汉铁路交通要地，有我精锐部队机动防守。敌军侵陷南昌及广州以后，就妄图攻占长沙，梦想摧毁我军之抗战力量。一则可以控制整个滨湖地区，再则可为尔后打通粤汉铁路南北交通之战略据点。

基于长沙重要战略地位，日军曾于 1939 年夏季第一次向长沙发动进攻；虽遭我军痛击而挫败，但其贼心未泯。1941 年 6 月，德寇进攻苏联，向莫斯科推进。8、9 月间，日寇与美国进行断断续续之谈判，北犯与南犯踌躇摇摆未决。日军利用这一国际形势变化，策划在 1941 年夏秋季节，以现有兵力对中国施加压力，发动军事进攻，梦想达到迅速结束侵华战争之目的。日军统帅部决定以占驻武汉之第 11 军主力对长沙进行进攻，企图围攻我第九战区主力部队，打击我抗战有生力量。

1941 年 4 月间，日酋陆军次官阿南惟几调充武汉日军第 11 军司令官后，为了向其国内外炫耀武力，确保武汉之安全，更加积极推进这一侵略企图。6 月以后，制定进攻计划，并着手各项作战准备。8 月下旬起，向鄂南、临湘、岳阳地区调集重兵。

9 月初，日军纠集其第 3、4、6、40 等 5 个师团及 14、18 等独立旅团、独立炮兵联队、工农联队、附海空军约 12 万之众，并在武汉以东强征民夫 15 万人，集中岳阳附近，一面修路，一面前进，稳扎稳打，向我第九战区发动极其猛烈之第二次长沙大会战。

日军新任“中国派遣军”总司令畑俊六和新任第 11 军司令官阿南惟几，鉴于第一次长沙会战失败的教训，这次采用“中间突破”“两翼迂回”的“雷霆战”战术，声称“打过长沙过中秋”，具显必取长沙的决心。

自第一次长沙会战后，我第九战区继续在横跨湘、鄂、赣三省的长江以南地区与日军第 11 军形成宽正面对峙。面对日军的嚣张气焰，我第九战区调集三个集团军 12 个军 33 个师 10 余万兵力，仍采取第一次会战时的“后退决战、争取外翼”的作战方针，诱敌于汨罗江以南、捞刀河两岸地区，反击而歼灭之。

阿南惟几（图片来自网络）

58 军自 1940 年 5 月由赣北调鄂南、湘北守备通城以西阵地，归第九战区司令薛岳直辖指挥。孙渡以新 11 师一部守备铁柱山、鼓鸣山、赛公桥、北港、詹家桥等前进阵地及肖家湾、药铺前进据点，与据守大沙坪、忠坊之敌第六师团对峙接触，以主力担任九岭、保定关、黄岸市之线主阵地之守备。右与陆军第 20 军（军长杨汉域）、左与陆军第 4 军（军长欧震）联系阻敌进犯。同时编组五八攻击队及第六挺进队经常深入崇阳、蒲圻敌后，破坏敌交通通信，并寻机不断向敌袭扰，以疲惫敌人，耗敌战力。新 10 师则结于上塔市附近地区整训，准备随时策应作战。

58 军编组及团长以上参战人员是：军长孙渡，副军长鲁道源，参谋长鲁元。新第 10 师师长鲁道源（兼），副师长侯镇邦，参谋长高时举，第 28 团团长苏向文，第 29 团团长龙沛霖，副团长常正学（代），第 30 团团长茅嘉谷，副团长郑礼（代）。新第 11 师师长梁得奎，副师长杨琇，参谋长安守仁，第 31 团团长张至刚，第 32 团团长郑社科，第 33 团团长李毓新，第六挺进纵队司令李精一。③

大云山地区的战斗是本次会战的前奏。大云山是幕阜山支脉，海拔 960 米，位于湘北岳阳、蒲圻间粤汉铁道南端，周围数十里，崇山峻岭，昌水横贯其间，北握粤汉铁道，南瞰忠坊桃林，是第九战区的重要前进阵地之一，一向为九战区前方游击根据地。北可遮断粤汉路，西可威胁岳阳。山顶由第 4 军 1 个加强营守备，其西侧为第4军第102师第306团，东侧为第58军新编第11师的1个步兵营。

9月1日以后，参加进攻长沙之敌师团，陆续运动到达岳阳、临湘地区集中，通山、白泥桥一带之敌40师团逐渐向羊楼洞西移，大沙坪之敌第6师团千余移向羊楼司、原驻羊楼洞之敌千余移向忠坊、桃林。9月5日，敌之阿南惟几第11军第6师团全部窜达岳阳、蒲圻间的大云山地区，掩护后续部队分头前进，意在确保其在岳阳集结兵力安全。

9月7日，窜据大云山第6师团一部，占领鸡婆岭、草鞋岭一带；一部以三千余之众，占领长安桥、甘田一带，向大云山58军第四攻击队扫荡；另一部三百余人，炮两门，由忠坊向58军新11师詹家桥据点进犯。同时，敌机数架，盘旋于该处上空。④

神田正种（图片来自网络）

纵横湘鄂赣的大云山，蜿蜒二百余里，自古为兵家所重视。大云山的得失，对湘北战局有决定作用。第一次长沙会战，日军刚插足平江，我大云山守军对敌尾击，同时将敌后方联络线切断，敌不得不仓皇溃逃。二次长沙会战，敌痛定思痛，急以著名的第6师团，配合骑兵共4万之众，附以飞机、大炮、毒气，向我大云山进攻，企图“扫荡”我大云山驻军，以解心腹之患，然后直攻长沙。

这次进攻大云山的敌军，是日本最精锐的第6师团，师团长神田正种。第6师团又名熊本师团，是日军在二战爆发前17个常备师团之一，和第2师团（仙台）并称为日本陆军中最强悍、最有战斗力的两支劲旅，日本侵华战争期间曾参与南京大屠杀。神田正种是日军的急进派，又名少壮派，生长于广岛，也就是生长在顽强的武士道地方，再就士兵的素质及装备来说，不愧为日军中的“精锐”。在过去的侵华战役里，几乎无役不胜。因此在侵华战争中，可以说占着非常重要的地位。

大云山之战先声夺人，揭开58军参加第二次长沙大会战序幕。孙渡将以怎样的斗志，迎击凶悍的日军！？

孙渡统率的58军奉令：立即进攻窜据大云山之敌第6师团，军指挥所由南江桥西移板江。孙渡当令第一线之新第 10 师严密戒备，特须注意左侧，第二线之新第 11 师即时准备应战。⑤

7 日下午 5 时，新第 11 师守备詹家桥之连被敌压迫退至燕岩山、碧眼坡之线，该师第 21 团队遂进入该线之战斗，与敌成对峙势。下午 6 时，据报第四攻击队被敌击溃，一部被围。又茆田、长安桥一带发现敌兵五百余。同时，孙渡转奉薛长官电话命令：着巩固右侧，并饬新第 11 师主力左移，以第 31 团集结朱港向敌侧击，第 32 团移琉璃坳、保定关之线策应。⑥

孙渡奉令当即转饬新第 11 师遵照。同时为顾虑该师右侧空虚，以新第 10 师第 29 团拨归指挥。旋奉副司令长官杨森命令：着新第 10 师派兵一团进驻黄岸市。下午 7 时，新第 10 师师长鲁道源奉孙渡军长命令：着派兵一团立开九岭、梧桐山、田家山、五斗山之线接替新第 11 师第二线防务，归梁得奎师长指挥。继奉孙渡电谕：左翼第四军方面情况紧张，着该师即向板江、黄岸市前进，准备侧击敌人。

8 日上午 10 时，第四攻击队一部在孟城附近被敌包围。孙渡奉令，当饬第 31 团派兵一部驰援。下午 1 时，奉杨森电令：着第 31 团向南冲急进，并以一部阻击大桥之敌。孙渡当以大桥原有警戒，遂命第 31 团向南冲急进。下午 5 时，奉薛岳长官电话命令，为确保八仙桥、大云山各高地，孙军之第 31 团务积极由孟城方面向大云山乘机痛击，策应欧军之作战。下午 7 时，敌五百余，炮四门，由孟城、茆田，另一部百余窜冷水坑。鲁道源师长当以协力第四攻击队恢复大云山之目的，以第 30 团在左，第 31 团在右，向茆田、冷水坑一带之敌攻击。

9 日拂晓，新第 10 师第 28 团由板江向黄岸市推进，第 30 团、第 31 团（各欠一营）分由南冲大桥向茆田、冷水坑附近之敌攻击。激战至午，先后克复茆田、冷水坑敌六百余，敌退横岭、彭家坳、张保洞、沙坪口一带顽抗，形成对峙。入夜， 鲁师长为明了敌情，准备续攻。乃令第 31 团严守白米山、皮坡里及北港方面。第 30 团严守来冲、拖板塘、乔家墩、油铺里之线，除筑工警戒外，并派小部队夜袭。

10 日上午 5 时，新 10 师鲁道源报告孙渡，第 31 团派队袭击殷家桥、张保洞之敌，激战一小时，敌不支，向大云墩、鸡鸣山方向溃退，我正跟踪追击中。孙渡当饬鲁师长确实侦察敌情，并与第四军时取联络。旋接副司令长官杨森电话命令：敌窜大云山后，续窜杨林街，我军决于明（11 日）拂晓向敌攻击。该军第五八攻击队向羊楼司，第六挺进纵队第十支队即以主力协同第五八攻击队向羊楼司，一部向大云山、第九支队向石城湾、第八支队向赵李桥分袭。

孙渡奉令，当即分别转饬遵照。上午12时，我第30团之一部向大云塅、鸡鸣山一带之敌攻击。敌我激战至下午3时，我第30团将横岭、彭家塅之敌击退，进占大云塅、鸡鸣山一带，复攻占大云山，敌向车家山方向退窜。斯时，昌水（新墙河上游）北岸敌军40师团2千余，与我第4军在甘田、和尚庄一带战斗至激烈，第4军伤亡颇重。

下午6时，孙渡接副司令长官杨森电话：奉长官薛令，以鲁张董三个师聚歼甘田附近之敌。孙军长当下达如次之命令：⑦

一、奉副长官杨十日下午三时电令：1、忠坊、西塘之敌占领大云山后，于本（10日）上午11时，以千余人之众由甘田向我压迫，其一部五六百窜抵公田、杨林街间之王安屋、昌水北岸，有继续向我进犯模样。2、奉长官薛命令，陈军董师归欧军指挥，即以鲁张董三个师聚歼该敌，并限立即行动，明（11日）拂晓会攻。孙军梁师之第31团，仍归鲁副军长指挥，应即到葥田东西之线，向孟城、谢家山之敌警戒，保护鲁师侧背。鲁师第29团，着归还建制，集结保定关附近作领备队，余部至长安桥由东向西，欧军张师由西向东，董师由南向北，将该敌围歼之，务协同一致，均限于明11日拂晓开始攻击，并在本（10日）日先派部队行夜间攻击。

二、为期协同确实计，鲁师应与左翼友军，预为此种协定，以期一致，而免迟滞参差，梁师仍守原阵地（必要时右翼由第133师派兵担任），严密警戒。并立饬第29团，务于本晚到达指定地点，除令各挺进攻击队在敌后分途活动，策应作战外，仰即遵照，并将部署情形具报。

10日晚，58军奉命以一部兵力占领大云山，守备燕子岩、棉花坡原阵地，向孟城、谢家山方向警戒，掩护军之右侧，主力西向昌水北岸甘田之敌攻击前进。迅即从大云山附近转入甘田一带，与日寇血战。⑧

三、血战甘田

9月11日晨，58军新10师两个团由冷水坑、长安桥之线向五龙桥、石塘坳之敌攻击前进。上午7时先后攻占五龙桥、石塘坳。敌以猛烈炮火掩护数度

反攻，我军奋勇冲锋，与敌肉搏，均将敌击退。

下午5时，58军复进展至蒋家冲、刘家瑕、甘田赵之线。时高家桥之敌猛向我左翼第30团炮击三百余发，掩护其步兵一大队逆袭，同时右翼蒋家冲方面，敌骑三百余向我侧背猛攻，我军奋勇迎击，与敌格斗，歼敌甚众。残敌六百余纷向高家桥、八百市溃退，另一部占领石壁桥、高家桥顽抗。我第30团一连，深入敌阵，向该敌猛攻，毙敌百余，毙敌马30余匹，敌死据不退。我连长赵超阵亡，连长以下士兵伤亡40余名。

下午7时，孙渡转奉薛长官电话命令：第29团立开长安桥，第31团以一部进驻大云山，大部经方山洞向白羊田攻击，第28、第30两团向甘田以东之和尚庄、胡野溪、港口由北向南攻击，对柳树厂、草鞋岭、西塘方向亦须注意，并与第四军密取联络。

12日拂晓，58军继续向八百市、白羊田、甘田以南地区再兴攻击，敌借炮火掩护，反复向我反扑，战至15时，始将敌击退，我先后进展八百市、黄泥塘、和尚庄之线，军指挥所移驻黄岸市。16时，58军奉令将新11师守备之棉花坡阵地，交由第20军123师接替，集中兵力，向和尚庄、胡野溪、港口之敌攻击。

13日凌晨4时开始攻击，鲁道源用电话向各团训话："现在是9时30分，请各位对表，如到10时不将指定各地攻下，杀团长营长！今日虽牺牲到只余一人一弹，也一定要贯彻上峰交下的任务！"在鲁道源严令下，我左翼方面进展顺利，10时攻占岳山冲、陈家垄敌阵地。15时先后将大唐坝、胡野溪、港口、彭家垄之敌击溃，敌一部向马嘶塅、团山退去，大部向西北逃窜。

战斗中的58军官兵（图片来自《壮志千秋》一书）

58军右翼方面，战斗开始即趋激烈，敌我在白羊田、郭家垄，大树坪、邓家桥一带，反复争夺冲杀，得而复失者数次。14时敌骑兵千余，复向我八百市、白羊田28团进攻，并以飞机助战，攻势甚猛，我军陷于苦战，被迫转移至周家冲、游家坳、大树坪之线固守。因敌以陆空联合攻击，白昼作战对我不利，孙渡乃命31团转移至邓家桥南北之线，29团推进至长石冲南北之线与28团联系，智取守势，30团集结于高家桥、黄泥桥附近为预备队。入暮后，孙渡令向敌逆袭，我28团复攻占八百市，夺取战利品甚多。

14日晨零时30分，敌由草鞋岭方面调集步骑兵千余，集中炮火，向邓家桥之31团第3营夜间攻击。邓家桥西北方面，人马嘈杂，有敌大部队移动，该团第1营即秘匿运动前往，向敌急袭。敌仓促应战，莫知所措，乃以火炮、手榴弹、掷弹筒盲目乱射，我乘敌混乱，奋勇冲入敌群与敌肉搏。敌伤亡惨重，遂不顾牺牲向我侧背逆袭，敌我混战激烈，以致我第3营营长李玉魁壮烈殉国，第1营营长段瑞生身负重伤，伤亡连长以下官兵500余人。孙渡鉴于该团伤亡奇重，一时恢复不易，即令其转移至高家桥附近，并以30团向敌左侧背袭击，始将敌击退。拂晓后，战况暂时沉寂，有敌机十余架出动更番侦炸。

上午10时，敌步骑兵六百余，向岳山冲、陈家垄58军阵地强烈攻击，团山之敌分向胡野溪、小塘猛扑。我守军28团陷于敌交织火网之中，血战三小时，我伤亡特重，被迫转移至学堂坡、游家坳、高家桥、田兰与马嘶塅相连之线，对敌警戒，准备续攻。

16日凌晨3时，为了完成歼灭计划，孙渡将全军实力加以集结，再兴攻击。敌军第40师团连日以来遭58军连续攻击，伤亡甚重，陷入苦境，敌乃增调荒木支队（第33师团215联队）前来支援。拂晓后，敌以浓密炮火向我阻击。敌我争夺胡野溪东端高地战斗更为激烈，我突击队50余人攻至山顶，受敌炮火轰击，全部壮烈牺牲。8时，我集中炮火，协力步兵猛攻，遂将占领高地据点之敌歼灭。入暮，敌集中兵力向我两团结合部田兰攻击，阵地被敌突破，敌一部窜抵南冲附近，形势甚为险恶，幸我官兵沉着坚韧，协力夹击敌人，将敌击退。

16日下午，孙渡奉副司令长官杨森电话命令：准备明（17日）再以全力向敌攻击。遂令新第11师余部向长桥推进，军部向黄沙田推进。转奉薛岳长官电话命令：第4、第58两军应于明（17日）上午3时猛烈向敌攻击，务将该敌歼灭。孙渡遵令，赴石塘坳新第11师指挥所，召集团长以上各员亲加指示，并下达如次之命令：[⑨]

一、敌人约二千，仍固守白羊田西南北及郭家垄、大树坪、小库冲、港口之线，一部突入马嘶塅附近，柳树厂有敌数百名，其指挥所似在草鞋岭。第四军主力刻位置于天眼冲、万家塅及昌水南岸、杨林街、箕口之线，决于明十七日上午三时开始攻击。

二、军以协力友军攻击当面敌军之目的，决于明十七日上午三时开始攻击，重点指向郭家垄，压迫敌于草鞋岭东南地区而歼灭之。攻击到达线为界山寨、草鞋岭、老树冲之线。

三、新第十一师（缺第三一团，配属第二八团）于明十七日上午二时以前展开于八百市、游家坳、高家桥之线。上午三时开始攻击白羊田、大树坪间之敌，重点指向郭家垄，一举突破敌阵地，进出于界山寨、草鞋岭之线。

四、新第十师（缺第二十八团配属第三一团）于明十七日上午二时以前就现在位置完成攻击准备。上午三时，协力新第十一师开始攻击郭家桥、小库冲之敌，重点保持于右，一举突破敌阵地，进出于王家垄、草鞋岭之线。但对马嘶塅附近之敌，须协力第四军先驱逐之。

五、作战地境规定如左，线上属右。新十师和新十一师高家桥、大树坪、草鞋岭之线。新十一师和第四军胡野溪之野字、岳山冲、门襄、草鞋岭之线。

六、第五八攻击队以大云山为根据，对忠坊、桃林方面严加警戒，使本军右侧背安全。

七、第七挺进纵队任务同前。

八、余现在黄沙田指挥所。

17日凌晨，58军战斗指挥所推进至黄沙田。凌晨3时，58军新第10、新第11两师全部展开于八百市、游家坳、高家桥之线，开始向白羊田、大树坪、小库冲之线之敌，全线展开攻击。拂晓后，58军左翼攻击队一再努力猛攻，攻占兰家冲东端高地，乘机扩张战果。33团第2营副营长赵家宝率一营兵力，由高家桥南端迅疾突入敌阵向前冲杀，毙敌数百，因深入敌阵地，被敌四处抄袭，激战至午，复行撤回。该营伤亡军官六人，士兵百余人。58军左翼队之攻击，遭敌炮火阻击，攻击无进展。午后，敌向我反击，敌步骑五百余向我沙坪、田兰突进，一部进至甘田赵南端高地，孙渡派队驱逐，战斗至暮，敌据守不退。

18日凌晨3时，孙渡以有力部队围歼突入甘田赵、兰田一带之敌。敌人鉴于与58军久战，伤亡甚大，乃转移目标，拂晓后左奔右突，拼命突围，并乘夜南窜杨林街袭击20军之阵地。[10] 大云山附近之战遂告一段落。

关于大云山战斗，日军战史中有如下记述：

在会战发起前，第11军曾令第6师团扫荡了横亘于开阔地东侧的大云山（标高1000米），因兵少山大，不仅没有收到多大战果，反而于9月10日引出了重庆正规军4个师的大攻势。按照作战部署，那一带被指定为第40师团负责扫清的开阔地。该师团自11日逐次进入，突然与上述之重庆军不期遭遇，各部被迫陷入苦战。15日夜，日军才得悉这一情况，立即把荒木支队投入战斗，吃到了没有预料到的苦头。⑪

《云南日报》以《大云山我肃清残敌》为题，报道了大云山之役。⑬

中央社汨罗17日电：我军在新墙河上游北岸，大云山西南麓地区之扫荡战，经旬日之喋血，现告一段落，该地区之零星残敌，已全部就歼。十七日起，我军正从事清扫战场，及抚辑流亡等善后工作。此次敌倾某师团主力由湘北南犯，目的在掩护抽兵，并企图于抽兵前予我以致命打击，减轻岳州外围威胁。我军连用磁铁战原则，吸引敌寇，血战旬日，匪（不）仅使敌某师团主力丧失殆尽，且使抽兵之企图全部粉碎。

中央社汨罗16日电：湘北我军，此次围击大云山南麓团山坡、港口等地之敌，奋勇血战，至七昼夜，卒予顽敌重创，兹查明敌死伤达两千名以上，我先后夺取大炮多门，及其他军用品无数。

湘北大云山之战，已于十六日晚止，告一段落，计前后共毙伤敌四千余，敌受此重创后，为挽救计，急由各战场抽调大量兵力，向岳阳一带增援，于十八日拂晓起，分数路再向南大举进犯，一路四千余，由港口（新墙东北）附近强渡新墙河南犯，其后续部队，正在陆续增加；中一路分乘敌机艇多艘，在荷花湖南端上肖山（营产对岸）强行登陆窜犯，经我军分别阻击，已展开激烈战斗；另一路复窜至沙港一带，亦与我军对战中。

如今，在湖南岳阳县大云山，仍存有第七批全国重点文物保护单位大云山三战三捷摩崖石刻，见证了日寇的可耻下场。为纪念在三次长沙会战中的死难将士，1942年秋，时任国民党第九战区副司令长官杨森决定在大云

大云山三战三捷摩崖石刻（图片来自网络）

山上刻石纪念，亲笔题书“三战三捷”四个大字和65字碑文。“三战三捷”四个大字，每字占2平方米。左边镂刻了64个注解文字：“倭寇侵我中国，在湘北相持五年，中经大举犯长沙三次，赖民众协力，将士用命，都予击溃。国人正精诚团结，矢志澄清，泐石共勉。杨森题。大中华民国三十一年十二月。”

在杨森刻石的下方10米处，还刻有一块石碑“三捷泉源”，由杨森部第20军第133师师长夏炯题。石刻现都保存完好。

瞻仰摩崖时刻，让人仿佛听到当年的隆隆炮声，看到那血肉横飞的战争场面！

四、侧击追击

18日晨起，我新墙河第一线守军之杨森部队，为南进日军之主力所突破，敌一部已抵达关王桥附近地区。杨森之侄杨汉域之20军，奉命转移到杨林街、关王桥、三江口侧击南犯敌人。

这时，奉薛岳司令长官令：以杨汉域之20军归孙渡军长统一指挥，主力速向关王桥方面侧击南犯之敌。[13]

孙渡当即令新10师就原阵地固守五龙桥、高家桥、和尚庄、胡野溪之线，牵制当面之敌，掩护军右侧背，并作随时待命转用之准备。军主力即向王安屋、朱公桥集结，第20军之134师亦到达朱公桥。

19日，敌军继续渡过汨罗江向长沙进犯，战区薛岳司令电令第27集团军编组为两个纵队：以第58军为右纵队，经王复泰、大荆街向归义攻击前进；以第20军为左纵队，经关王桥、渡头桥向新市攻击前进。58军新10师留置两连兵力守备原阵地，与在大云山之第六挺进纵队联络，牵制当面敌人，主力即随军纵队行动。

20日16时，我右纵队58军行抵西塘，有敌步骑兵数百人由杨林街、团山附近向我前进，并向我炮击。为避免与敌胶着，孙渡即派33团徐营担任掩护，与敌相持，军主力仍继续冒雨前进。入夜，阴雨绵绵，道路泥泞，敌为侦查我军行动，以探照灯四处照射。暗夜行军，地图与地形对照不明，误走西北方向，行抵粟塘冲，敌军猝急向我射击，孙渡即以新11师向敌猛攻，彻夜战斗。

21日拂晓后，敌复增加步骑千余、山炮二门向58军猛力攻击，58军伤亡增多。敌由正面进攻未得逞，乃以一部向右翼包围，58军浴血苦战，敌进攻未已。至午，58军新10师达到战场，由西塘桥乡花果园攻敌左侧后，新11师由正面猛力压迫，激战两小时，始将敌人全部击溃，向白羊冲方向退去。近晚，军改道向虹桥、大荆街前进。

22日上午5时，敌机两架低空侦察。6时许，敌机40余架飞临58军上空，由朝至暮轮番轰炸，投弹达500余枚，继以低空扫射。58军官兵伤亡达300余人，行进受极大限制。

上午9时，孙渡奉副司令长官杨森电令：窜汨水南岸敌东南窜，查瓮江敌主力向东北窜。着孙军向西南，务对当面之敌，发挥最大力量予敌痛击为要。11时复奉杨森电令：由长乐街、新市街南窜之敌，已向汨水北岸回窜，一部在瓮江附近，正被我第26军围歼中。

孙渡基于以上两电，决心星夜西进，侧击敌人，当下达如次之命令：

一、渡汨水南犯之敌，昨21日经我友军主力部分途截击，已向汨水北岸回窜。一部在瓮江附近，正被我萧军围歼中。现王复泰、关王桥均无敌踪，洪桥、大荆街一带时有敌出没，似为敌警戒部队，兵力未详。

二、军以截击北溃敌人之目的，决乘夜进出于大荆街东北地区。

三、新第11师立先遣一部相机进占洪桥，主力于下午7时由现地出发，经王复泰、白羊冲、新塘冲、白洪桥前进。如无特别故障，务于拂晓以前到达新塘冲附近。行进时，应有随时与敌遭遇之准备，右侧后并需注意警戒。

四、新第10师立先遣一部相机进占大荆街，主力于本日下午7时由现地出发，经鬼谷冲、周庆祖、彭贤冲向大荆街前进，如无特别故障，务于拂晓前到达杨应能附近。行进时，应有随时与敌遭遇之准备。

五、两师之作战地境为鬼谷冲、袁子城、黄仪淑之线，线上属左。

六、各师到达指定地区后，务严整战备，速侦敌情，如遇溃退之敌，应不失时机，果敢出击为要。

七、余现在五里沿。行进时与新第10师同行。明拂晓前，预定到达袁子城附近。

58军乘夜西进侧击敌人，又近敌侧行，沿途搜索敌情，以致前进迟滞。

23日拂晓后，58军冒敌空袭继续前进，击退石塘、胡少保、王复秦、渤义一带之敌，进致大荆街附近之西家冲、周庆祖、分水桥、袁子城地区。

25日拂晓，58军续向大荆街、三江口之线攻击前进。14时先头新11师前进至哲桥杨、河源坝一带，受敌炮火阻击，敌机空中助袭。新10师展开对敌攻击，突破公路向苦竹港猛攻，击毙敌军百余，击毁敌汽车15俩。旋敌步兵600余，配合战车增员反攻，58军于黄昏转移至哲桥杨东南之线。

26日，敌我对战于大荆街东南地区。南犯长沙之敌军，经我外围各军连日痛击，伤亡惨重，陷入困境。

自20日起，孙渡指挥58军第六挺进纵队，不断向敌后侧背攻击，积极破坏摧毁敌之后方交通通信等联络，威胁敌后方补给线，破坏公路运输，使敌军陷于补给困难、粮弹断绝之瘫痪境地，被迫不敢在长沙地区久留，迅疾北逃。敌之公路桥梁，日间筑好，夜间即被我军破坏截断。敌日间采取以飞机巡逻，夜间则用海军探照灯照明，企图减少我军之破坏活动，但终无法保障其后方之交通联络而大吃苦头。

26日，敌军集中兵力，不顾一切，冒险渡过捞刀河向长沙挺进。26日17时，战区司令长官通报：我第4军、第20军已南渡汨罗河，紧随敌尾痛击。我王、韩、邹各军均已先后到达战场，对敌形成包围夹击态势。

27日，敌强渡浏阳河，突入长沙东北角。28日，进犯之敌主力，终被我战区部队不断进退引战，诱入长沙近郊我战区布好的天罗地网中。

此时，我各路大军，其中包括由广东调来之香翰屏、叶肇等集团军，对长沙外围的反包围已经完成，开始配合长沙守军，在薛岳亲督下，内外协力猛攻，两日之间，将敌主力全部聚歼。⑭

30日，进攻长沙地区之敌军，血染郊原，死伤遍野；且后方补给断绝，粮弹耗尽，为避免全军覆灭之厄运，败将残兵，仓皇北逃。

10月1日，第九战区司令长官命令：各军由各方面向败敌跟踪追击、截击、侧击。下午4时，孙渡奉薛长官电令：第58军不失时机，迅速超越浯口以北，由长乐街、关王桥方面自东向西截击败退之敌。孙渡当令各师即时出发，并下达如下命令：⑮

一、新11师由现地出发，经三里坳、新田、凌家坊、长岭、领川、大屋冲、富贵洞向关王桥急进。

二、新第10师由现在地出发，经陈家坊、忘私桥、梓江、花桥、横山桥向王家坊急进。

三、各师到达目的地后，应速侦敌情地形，务不失时机，向北窜之敌尽力侧击截击，以收聚歼之效。

四、军指挥所随新 11 师前进。

58 军奉令迅速超越浯口市以北，向长乐街、关王桥方面截击败退之敌，一路穷追猛打，敌伤亡惨重，溃不成军。

10 月 2 日 16 时，58 军由平江附近夜行军向目的地急进；3 日上午 7 时，新 11 师第 32 团到达包湾附近，敌以炮火向我阻击。该团当以一部占领包湾东南高地，主力于下午 2 时改道九峰向关王桥、富贵洞挺进。下午 7 时，新 10 师到达梓江东端枫树坡，第 29 团暂编营在梓江附近与百余之敌遭遇，受敌炮火之猛烈射击，伤亡颇大。

4 日拂晓后，敌大部经刘公咀 、大荆街、洪桥之线方面溃退。孙渡决于本（4 日）夜举全力，向关王桥、大荆街间地区之敌追击，将敌压迫于新墙河南岸而歼灭之。严令：新 11 师即由现地出发，以一部驱逐或钳制得胜寨、桃花桥、南岭林敌掩护部队，主力向关王桥、王复泰方向猛力追击，并遮断敌之退路；新 10 师即由现地出发，向三江口、大荆街、洪桥方向猛力追击。⑯

5 日薄暮，新 11 师抵达胡少保、吴王桥西北之线，与占领袁子城、周庆祖敌掩护部队遭遇大战，敌我伤亡各百余人。下午 12 时，战争愈烈，敌我伤亡均重。时新 10 师正向洪源洞、向家洞分途西进中。

6 日晨 1 时，新 10 师进抵小洪源洞、刘家冲谷附近。由长乐街北溃之敌二百余进抵歧沙街，又步兵千余，骑兵六百余，炮八门，到达太平塅、三江口一带。该师当以选编之官兵多组，潜伏敌退路侧，占领据点，四处狙击。主力以狂风疾雨之势，向敌猛冲夹击。敌仓皇应战，人马拥挤杂沓，伤亡 500 余人，马百余匹。混战至拂晓，敌无计脱离战场，敌机亦飞临助战，并由长乐街继续窜来敌五百余，协助反攻，战况愈趋猛烈。新 10 师因伤亡过重，通信机构复被敌机炸坏，乃退守刘家冲附近一带。时 58 军新 11 师已驱逐红花尖、王复泰各附近残敌，杨林街已无敌踪。孙渡以右侧后无顾虑，遂令两师密取联系，迅歼当面之敌。

下午 1 时，58 军新 11 师向太平塅之敌威胁，策应战斗。新 10 师举全力向斗南尖、太平塅之敌攻击，敌势不支，退据汨水西岸高地继续顽抗，更集中炮火向我射击。我阵地工事全被炮毁，阵地线仍未动摇。下午 3 时，58 军新 11 师一部进抵晏喻，一部到达傅义，均与敌骑百余接触。同时白羊冲附近有敌数百名，大荆街、洪桥公路有敌汽车百余辆向北开驶。孙渡当饬新11师以一部钳制傅义、白羊冲之敌，主力急向长湖、洪桥间及其以西地区前进，截击窜敌。时我新10师仍与敌相峙于歧沙街、太平塅一带。激战至暮，仍无进展。

战斗中英勇负伤的58军官兵（孙沛提供）

7日夜1时，敌千余人经关王桥向王复泰北撤，58军指挥所在双石洞，距关王桥甚近，孙渡乃派新11师一营前往激击，毙敌甚多，敌向百羊冲撤退。7日3时，新10师攻占斗南尖、三江口一带敌阵，续向洪桥、大荆街追击前进。

8日拂晓，敌数百步骑兵窜到西皮坳与袁子城之敌向新11师反攻，晨8时敌复增千余猛力反攻。58军因久战伤亡过多，退守鬼谷冲、周家冲之线。孙渡复增兵向西皮坳、王复泰敌侧背攻击，战至14时，敌始向白羊冲、长湖方向退去。其一部退至观德冲、十步桥附近，被第六挺进纵队第十支队伏击，溃不成军。

9日晨6时，新10师奉命追击至忠坊、桃林一带。孙渡当以忠坊、桃林一带原为敌人守备地区，地形险隘，敌坚工固守，既不易攻，大部队进出亦不易，且右翼友军尚未到达，新10师战力损失过巨，遂令该师暂在原地相机截击。入夜，溃退桃林之敌，人马极其困顿，甫经接触，即退入桃林巢穴固守。

10日拂晓，新11师以一部在西家、曾家山、潘家冲之线与鹰嘴岩之敌对峙，互相炮击，主力控制方山洞附近。敌我在桃林侧背，数度激战，成对峙势。

10日以后，向北溃逃之敌军，连日经我各军追击、侧击、尾击，给予沉重打击之后，狼狈不堪，越过忠坊、桃林原据守地区，撤回原巢——湘北鄂南一带，仍以敌第6师团、第40师团担任守备，恢复以前之态势。

12日，孙渡以一部对敌实行佯攻掩护，全军奉令撤至黄岸市、长安桥地区集合整补。第二次长沙大会战，我复以大胜而结束！

此次会战历时33天，中国军队伤亡5万余人，毙伤日军2万余人。此役最大战果，是粉碎了敌寇妄想攻占长沙、早日结束对华战争之企图。日军的国际威望从此一落千丈，英泰晤士报讥称“日本抄袭华军的钳形战术，结果为华军的钳形战术所击破”。冈村宁次不由得发出“撼山易，撼薛将军难”的哀叹。

58军在作战中，击毙日寇1670人（其中将校122人），击伤日寇5184人（其中将校272人），击毙敌马匹1168匹、击伤1092匹。58军阵亡官兵1693人（其中官39人），负伤官兵2895人（其中官82人），士兵生死不明365人，马战死17匹，[17] 取得了辉煌的战果。

此次会战是在湘北地区秋季作战，遇数日阴雨，道路泥泞难行；作战一月多，58军官兵以高度的爱国精神、旺盛的士气，忍饥耐热冒雨，不眠不休，白昼冒着敌机轰炸骚扰，夜间行军攻击战斗，远程急行，不计生死，前仆后继，英勇冲杀，重创敌最精锐的第6师团，胜利完成了战斗任务。田中中佐在日记中写道："这次遇到这样强悍的对手，是我四年作战以来的第二次，58军这样顽强，实出意料之外。"[18]

第二次长沙会战结束后，58军在黄岸市、长安桥地区集合整补，20军杨汉域部恢复了湘北第一线阵地。高荫槐向龙云报告战况时称此役为"空前未有之胜利""实于最艰苦中得来"。龙云复电高荫槐表示："碣胜欣慰"并望"继续努力""以竟全功"。白崇禧向龙云发电报通报战况，称赞在此战役中"官兵作战，至为精神奋发，战斗技术亦有进步，战斗纪律尤能遵守"，评价："一集团军奋勇杀敌，居功至伟！"[19]

第二次长沙会战结束不到两个月，日军又发动了第三次长沙会战。孙渡将怎样迎接更为惨烈的战斗？

【注释及参考文献】

①黄声远．壮志千秋 [M]. 上海汉文正楷印书局承印出版，1948.1： 70

②⑱ 第九战区司令部1941年编印．抗战史料：《长沙大捷记》第49-109页

③⑪ 陶任之，段联珍整理．陆军第一集团军第五十八军参加第二次长沙会战概况 [J]，云南文史丛刊1992（3）：34-42

④⑩⑬ 鲁元．国民党五十八军及十一兵团简史，云南文史资料选辑（27）. 1986.4：20-21

⑤⑥⑦⑨⑮⑯ 南京档案馆资料：第五八军大云山白羊田一带之战斗（卷宗号：212-3）

⑧⑰ 陶任之，段联珍整理．陆军第一集团军第五十八军参加第二次长沙会战概况 [J]，云南文史丛刊1992（3）：34-42

⑫ 云南日报.1941年9月19日

⑭ 余建勋．滇军第一集团军八年抗战重要战役纪要 [J]，云南文史资料选辑（20） 1982.5：160-161

⑲ 云南省档案馆编．滇军抗战密电集 [M]. 1995.9：356

第 11 章　华中长胜军

1942 年，抗日战争进入相持阶段，抗战步入最艰苦的岁月，谁能在持久态势中坚持到最后成了关键。1942 年也是日军在太平洋战场实施大规模战略进攻的一年，日军调整侵华政策，坚持持久战态势，为确保和稳定占领区，发动了第三次长沙会战和浙赣战役。孙渡奉命统一指挥 58 军和杨汉域之 20 军，参加了第三次长沙会战和浙赣会战，再度威震华中，58 军获“长胜军”美名。

“倭寇不曾留片甲，英雄驻此障长沙。”在第三次长沙会战中，孙渡奉命扼据影珠山地区。蒋介石严令影珠山守军：“务须阻止、切断敌军退路，如敌从某军正面逃走，即将其军长枪毙！”薛岳告诫守军长官：“如影珠山放走一个敌人，上面如不严办部队主官，岳决辞职。”孙渡指挥部队把日军最精锐之第6师团打得落花流水，用血肉之躯完成了影珠山阻击战，谱写了壮丽的英雄史诗。会战告捷后，孙渡在烈士遗体前垂泪肃立，中央电影制片厂拍摄《喋血影珠》纪录片。1942 年 10 月，孙渡调升第一集团军前方副总司令部中将副总司令。

孙渡是怎样指挥 58 军赢得“长胜军”美名的？

一、汨罗江畔

第二次长沙会战结束不到两个月，1941 年 12 月 7 日，日军偷袭珍珠港，太平洋战争爆发。12 月 8 日，日军向香港发动进攻。为牵制日军对香港的作战，中国第 2 军、第 4 军由长沙附近南下。

12 月 23 日，日军为牵制中国向广东战区增兵，乘湘北第二次长沙战后补充未竣、兵力相对减弱之际，认为有机可乘，第 11 军司令阿南惟几决定先发制人，迅速集中湘鄂之敌第 3、第 6、第 41 等师团及其他部队约 6 万人，向我第九战区发动了第三次长沙会战。

我第九战区司令薛岳统帅部队共 30 余万人，采用“天炉战法”对抗日军。薛岳称：“天炉战法，就是在预定的交战区域，构筑纵深网的环形阵地，部署充分的守军，以伏击、侧击、截击等多种方法逐步消耗敌军，消磨锐气，然后再使用优势兵力，施行反击和反包围，对敌方部队予以歼灭。属于‘后退决战’之方法，因敌之变化而变化之歼敌制胜方略，如炉熔铁，又如炼丹，故名。”[1]

战前，薛岳向官兵下达命令：“第三次长沙会战，关系国家存亡。岳报必死决心，必胜信念。”蒋介石认为此战“关系国际观瞻”，飞到南岳衡山亲自督战。

12 月 24 日，敌右翼之 40 师团向金潭坡、仙人市挺进，主力向我长沙外围据点攻击，第 3、6、13、40 师团强渡新墙河，向我友军第 20 军 123 师阵地攻击。渡河之敌南窜，在王复泰、王伯祥、南岳庙、洪桥、熊家咀、谭家垄与第 20 军激战。

早在 3 个月前，20 军奉令归 58 军军长孙渡指挥，与敌转战于新墙、汨罗、捞刀诸江河地区之间，追奔逐北，战绩卓著。[2] 孙渡再次奉令：统一指挥 58 军和 20 军，对南下之敌人进行侧面攻击。

侧击、尾击战斗迅即开始。25 日晚，58 军指挥所进至马磅。新 10 师推进至五里沿、胡少保附近集结，新 11 师到达杨林街附近。入夜，雪雨纷飞，大地银装素裹，时我军穿着之冬棉衣外绿里白，为减少敌机发现，躲避敌机空袭，孙渡令部队在雪地运动时将棉衣翻着穿。

26 日，孙渡令新 11 师展开于王复泰、鬼谷冲之线，新 10 师展开于鬼谷冲南端迄双石洞之线，准备向周庆祖、关王桥攻击前进。27 日，我攻占关王桥及其西北高地，敌千余向大荆街方向退走，我跟踪追击至大荆街附近，毙敌百余名，并向南岳庙、长湖前进。

28 日下午，我新 10 师攻占洪桥，并将分水桥之敌击溃，毙敌百余名。新 11 师 22 团进至长湖东南，与敌二、三百人遭遇激战二小时，敌退守长湖街继续抵抗，我以迫击炮猛烈轰击，敌第 40 辎重联队长森川中佐乃率残部二百余退据长湖西北端之魏家祠，当被我 33 团第 1 营包围全部歼灭。是日，敌军主力分三路渡过汨罗江，与我战区守军在长乐街、归义以南一线激烈战斗。

29 日，孙渡率 58 军指挥所进驻水口桥。敌约千余人在分水桥、陈家桥、三江口一带利用我构筑之据点工事，占领阵地，掩护其后方交通补给线。

30 日拂晓，分水桥、陈家桥方面之敌继有增加。孙渡令新 11 师主力向敌攻击，敌扼守既设之据点工事构成严密火网，我进展较缓。新 10 师 28 团 9 时

第三次长沙会战中的草鞋岭阵地（图片来自网络）

先后攻占三江口及渡头桥西北高地，该两地敌人分向西南窜去。午后，分水桥、陈家桥之敌，向我新11师31团正面猛烈反攻，斗南尖右翼高地被敌攻占。该团第2营营长倪之楷率部勇敢逆袭，击退敌之反攻，营长倪之楷身负重伤。入暮战况沉寂。午夜孙渡令再次攻击，32团攻击分水桥、都王庙，得而复失者数次。31团攻占陈家桥敌两个据点工事后，再无进展。

31日拂晓，敌由大荆街方面增来，步兵平射炮四门，向我斗南尖猛袭，战斗激烈，我几度冲击，毙敌二百余人。我亦伤亡官兵百余。孙渡令新10师两个团同时向三江口渡头桥当面之敌攻击，8时将三江口附近及渡头桥西南各敌阵地攻占。15时敌增兵五百余，炮四门向28团三江口阵地反攻，全线敌我相持，激战至暮，始将敌击退。22时，敌增兵数百在苧麻生强行架桥，企图向我侧后攻击，被我32团击退。

1942年1月1日，敌全力攻至长沙外围“天炉”之底时，我各路大军已完成“围炉”部署。我第九战区决心将抵达长沙外围之敌军予以包围歼灭，命令各兵团即行对敌攻击。李玉堂军协同我岳麓山地区的强大炮兵群，给敌人以致命打击。激战至4日，敌攻势大挫，其后方之联络线，又被我外围部队所截断。

此时，我反攻之彭位仁、夏梦中、萧之梦、李觉等部，对长沙敌之包围已成，薛岳一声令下，众军奋起猛歼。敌始终陷于外围第二线战斗的死亡“天炉”中，死伤枕藉，残兵败将，惊魂落魄，于4日午夜突围向北溃逃。

连日来，孙渡奉命率58军由张家渡渡过汨罗江，经栗山巷、青山市、安沙向敌攻击。1日夜开始行动，2日晨由张家渡渡过汨罗江，一路激战至4日暮，军指挥所及新10师到达元冲，先头部队到达汉家山、影珠山附近及东坡冲、东坡坳一带。20军追抵栗桥、横板铺地区。

4日夜，孙渡奉战区司令长官薛岳电令：第58、第20军即在福临铺东西之线，扼据湘鄂大道之要隘影珠山地区，南堵北溃之敌，北击南援之寇。

影珠山阻击战，惊天地泣鬼神！

二、喋血影珠

影珠山是一道要隘，耸立在福临铺、栗桥中央，高500余米，周延30余里，它控制着长沙通往长乐街与新市的要道。“影珠山，离天三尺三，人过低头，马过卸鞍。”这是当地群众对影珠山险峻地势的形象描述。

影珠山是日军溃逃的唯一退路。日军通不过影珠山，就无法北逃。为全歼入侵之敌，给日军以猛烈的最后一击。蒋介石严令影珠山守军：“务须阻止、切断敌军退路，如敌从某军正面逃走，即将其军长枪毙！”

薛岳司令长官期待守军固守影珠山并据而歼敌，以万分坚决的语气告诫守军长官：“如影珠山放走一个敌人，上面如不严办部队主官，岳决辞职。”③

这时候，北逃的日军拼死要打开影珠山隘口，南下增援的日军也拼死要解救自己的友军，所以孙渡和杨汉域的两个军，在影珠山一带遭到日军南北两面的疯狂夹击，处境万分艰难。

孙渡当即命令：直属部队与鲁道源新编第10师占领影珠山东西两侧及南麓阵地，梁得奎新编第11师占领影珠山西侧延伸要点阵地为第二线。军指挥所设在影珠山山腰上的古禅寺养净园（真人庙），新编第10师的指挥所则位于军指挥所西面约五百米的小寺当中。孙渡同时督令杨汉域的第20军占领栗桥、横板铺、明月山等阵地，彻夜加紧构筑工事，以堵歼北逃的日军。④

日军通过前两次的长沙会战，对于影珠山在战略上的重要性，有了充足的认识。阿南惟几在指挥日军撤退时，马上想到了必须占领影珠山，北撤部队方能从影珠山东西两面的长岳大道通过。所以，在第58军和第20军奉命占领影珠山及其东西一线时，日军救援北溃部队的后续部队独立第五旅团也在急行军南下，渡过汨罗江后，便直扑影珠山。但是，他们仍然比第58军晚了半天。

58军将士影珠山战斗堵截日军（图片来自《壮志千秋》一书）

狭路相逢勇者胜。惊天地、泣鬼神的影珠山阻击战由此打响!

5日5时30分,58军新10师与北撤之敌千余遭遇,激战4小战,毙敌二百余,敌向东南撤逃。孙渡即令新10师诱敌北进,待敌进入影珠山地区时,截堵攻击;令新11师占领铜盆寺东西亘南岭冲之线阵地,阻击北退之敌。6日,敌进至福临铺附近,新10师29团、30团移至福临铺西北侧地区,协力20军堵击,该敌遭我痛击,企图北逃未遂。

7日8时,敌步兵400余由福临铺向四竹庙突窜,被新10师两团堵击,战斗至午,将敌击退,我乘势向福临铺、古华山攻击;15时许,古华山被我攻占,败敌先头部队窜达福临铺以南地区。

是日,孙渡奉薛岳司令长官电令:敌军主力必经麻林市、福临铺向北逃窜。20军扼制福临铺,58军扼制栗桥自北向南堵击敌军。歼敌之机已至,万勿轻易错过,倘有堵截不力,使敌逃逸者,即以各该军长是问。⑤

8日晨,麻林市已窜集五、六千人,续向北窜。新11师32团与当面之敌激战至午时,敌渐增至2千余人、炮4门,进攻愈为猛烈,敌机10余架反复对我轰击,我堵击阵地几全被敌机、炮火击毁,32团伤亡奇重,第2营营长杨彪阵亡殉国,然我官兵同仇敌忾,浴血奋战毙敌数百余人。

入暮,敌无空军助战,孙渡令新11师派队向敌夜袭,敌因猝不及防,仓促应战,激战约2小时,受创甚重。北溃之敌,为我军堵击,伤亡困顿,我追击大军又紧迫其后,敌狼狈至极,力图逃命,乃选精卒锐械,组成敢死支队(一个中队,相当于一个连的兵力),乘深夜潜窜至影珠山,决定在9日天明之前偷袭58军军、师战斗指挥所。

9日晨2时,敌独立第九旅团主力忽窜至东影珠山东北地区,敌旅团37大队由20军与58军新10师29团接合部突入。晨4时,敌敢死支队乘夜暗循我铺设之通讯线路,奔至东影珠山58军指挥所及新10师指挥所。一时间枪声四起,敌一部突入新10师指挥所,与警卫连发生激战,师参谋数人重伤。危急关头,鲁道源兼师长下令突围。军部与该师指挥所电话中断,情况极为恶劣。⑥

在58军指挥所,日军敢死支队直窜到指挥所附近,用机枪封锁了指挥所大门。面临日军偷袭,孙渡镇定不乱,沉着自如,他仍抽着竹筒水烟袋,坐在指挥所中打电话,指挥军、师特务连猛烈阻击,护卫全军指挥中枢,敌企图未得逞。

因影珠山扼制东西两侧之南北通道，其得失关系全局作战至为重大，敌人志在必得，山下的敌人，用探照灯给炮兵照明，向山猛轰，拼死猛犯，而敌我兵力众寡悬殊。孙渡乃先要求20军杨汉域军长派徒步搜索连就近协助，并令新10师、新11师各抽派部队迅速赴东影珠山增援。

9日拂晓，敌得飞机、火炮协力相助，愈显猖狂凶狠，不顾死亡，冒险冲突。我特务连也占有利地形及工事之掩护，任凭敌炮轰机炸，官兵皆抱与阵地共存亡之决心，誓用鲜血守住影珠山，保卫军、师指挥所。

为挽危局，孙渡身冒弹雨，亲自督率30团尹然第1营，占据制高点，与敌血战，陷敌于进退维谷之困境。尹然率营以大无畏之精神，直冲敌阵白刃拼搏，敌人伤亡枕藉，遗尸遍山。该营经此番血战，副营长寸守仁负伤，连长3人负伤、排长伤亡75人，全营士兵仅存90余人。

拂晓后9时许，受重创之敌军，又以大编队机群临空向58军轰炸，因敌我正短兵相接，敌弹多中敌阵，日寇慌乱。残敌突围无望，退入竹林丛中与我拼死顽抗。

孙渡立调附近之28团及30团之一部，将敌之敢死支队严密兜围，与敌白刃格斗于竹林之间。孙渡还与鲁元参谋长亲督各部，纵横砍杀，血战将近傍晚，除残敌10余人鼠窜外，敌之敢死支队悉数被歼，敢死队队长大池龟雄被生俘，东影珠山转危为安。

影珠山遍处弹痕累累、血迹斑斑。所有竹木为枪炮击毁，无不枝折干断。敌人尸体，狼藉遍地，布满腰子坡附近的隘道、丛林和山坡；日军军刀和短枪，零乱满山，到处可见。我守军缴获机枪八挺，步枪一百多支。

影珠山战斗的硝烟并未散去，一场更加惨烈的血战随即展开！

三、困兽犹斗

9日午，当东影珠山激战时，希古台村方面的日军，为救援南面的日军，策应敢死队袭击影珠山的行动，派屈内大队于9日拂晓前同时行动，迂回到第29团指挥所后方的高地，袭击29团阵地。

孙渡即令29团魏沛苍团长指挥部队，避开其攻击正面，同时令30团协助，前后夹击该敌，击破屈内部队策应影珠山计划，当场击毙屈内大队长在内的官兵数十人，日军失去指挥官，遗尸狼狈溃逃。

在右翼栗桥、横板桥方面，第21军在58军各团配合下，连日亦堵敌激战，奋力攻击包围圈内的日军。⑦ 一个穿黄呢大衣逃生无望的日本军官，在遭到炮火轰击时，手持战刀刎颈自尽。

在左翼方面，新编第10师第28团第2营，在郭有禄营长率领下，潜伏于福临铺一带，等候日军先头部队过去后，集中火力攻击其辎重骡马。日军遭袭，自相践踏，掩护部队四散窜逃。郭有禄营击毙日军小队长一名和士兵20多名，缴获大批骡马和战利品。

日军困兽犹斗！这时，影珠山下的日军弹尽援绝，拼死突围。他们休整半天后，决定于10日晨展开进攻，打算攻下影珠山，做最后的挣扎！

10日拂晓，阴霾四起，朔风砭骨，东影珠山再度硝烟弥漫。日军从武汉出动6架轰炸机，在影珠山阵地上空投弹，一时弹如雨下。此时，利用暗夜潜入东影珠山北坡隐蔽的日军，藉其飞机、炮兵之掩护，再度向东影珠山攻袭，与我30团第1营发生激战。该营牺牲甚重，兵员不足百人，情况至为危急！

孙渡急以28团张营两个连增援，敌仍疯狂猛扑恶斗，战况炽烈，我30团第1营营长尹然及机枪一连连长陈震东英勇牺牲，壮烈殉国。（尹然系云南宾川县人，牺牲时年仅34岁）。第一营官兵所剩无几，孙渡乃将28团全部调东影珠山归还新10师建制，阻击该敌。战至下午，敌遭28团沉重打击，牺牲过巨，残敌狼突豕奔、鼠窜乱逃。敌我连战至11日，日军在战场上遗尸三千多具。

被孙渡第58军和杨汉域第20军挡在影珠山脚下的日军，还有神田正种的第6师团。起初，日军的这个王牌师团，被彭位仁的第73军、欧震的第4军和萧之楚的第26军追到影珠山下，包围起来，又被挡住了北逃之路。

神田师团得不到接应，弹药缺乏，粮食断绝，处于困境，左冲右突一天，死伤无数，仍未能跳出包围圈。1月9日凌晨，前来救援的独立第9旅团的旅团长池之上贤吉率部来到影珠山下，决心占领该山，为神田师团的突围开辟通道。天亮之后，日机对影珠山58军阵地进行轰炸，炮火也向影珠山倾泻。

在日军强大的火力打击下，58军阵地出现了一阵混乱，山崎大队乘机占领了西影珠山东侧的一个制高点。神田正种在山崎大队掩护下，冲出了影珠山防线。与此同时，已经北逃的丰岛房太郎第三师团抽出三千多人，掉过头来接应第6师团，到达20军的阵地前。杨汉域的指挥所顿时三面受敌，险象环生。

山崎大队居高临下，瞰制着20军的侧后，构成很大威胁。

中午，孙渡果断配合杨汉域解除两面的威胁后，对池之上旅团进行反击。经过一整夜的激战，终于将这股日军击溃，并将该旅团的一个步兵大队围困在影珠山。好不容易突出重围的日军，丢下这个大队而不回救。孙渡和杨汉域两军对这支被自己人抛弃的日军，展开激烈的歼灭战。

这股日军被包围得严严实实，仍作困兽之斗。他们拼死突围，在阵地前留下大批尸体。在突围完全无望时，饥寒交迫的日军士兵开始神经错乱，无法战斗下去。日军指挥官看到情况无法收拾，便导演了一场集体自杀。在荒草丛中、乱石堆里和树林旁边，日军尸体横躺竖卧，遍地皆是！与此同时，中国军队的5个军继续围攻神田正种的第6师团，使该师团伤亡惨重。10日黄昏，在十几架日机的支援下，神田师团残部才突出重围。

影珠山战斗胜利结束后，清扫战场，狼藉不堪的敌军尸身覆盖山野，敌遗弃砸烂的无线电收发报机一架，砸断的轻机枪、步枪等武器器材遍地皆是。更为奇特的是，日军遗下用铁丝穿贯的手掌3串共40余支。这是日军来不及收尸，取死者手掌带回日本，竟至遗弃战场，此足以证明其惨败之狼狈相。

影珠山之战，足与长沙保卫战媲美！孙渡谨遵命令，在极其艰难的局面下，指挥58军和20军扼守影珠山，与敌展开5个昼夜的惨烈争夺战，始终未失一个山头，并使南北攻山之敌伤亡惨重。战斗中，战士们忍饥挨饿，两天未得一食，大战作困兽之斗的日军，付出了巨大代价。

影珠山之战，孙渡迎战的是三次长沙会战中日军最精锐的第6师团，是日本陆军有史以来最惨痛的一次失败；以从不遗弃尸体著称的日本陆军，这次例外地在长沙外围遗弃了数百具尸体，在影珠山上遗弃了数千具尸体。日寇最初集中沉尸于腰子坡水塘，塘水为之染红。孙渡指挥58军与日军的血战苦斗，为抗战中的中国陆军史写下了最光辉的一页。[⑧]

战场上的日军尸体（图片来自网络）

战斗结束后，在烈士尸体前，孙渡军长垂泪肃立，鲁道源副军长抚尸大恸。

影珠山上的指示牌

影珠山之战，俘获之多，为抗战以来历次会战所罕见。58军奉命清理战场时，杨森将军出于对军人的尊重和彰显我文明古国的泱泱风度，不忍心看着这些“因被夷酋误，殊谋枉丧生”的日本士兵抛尸荒野，遂下令在影珠山脚修建了一座藏魄之所。此冢由鲁道源设计建筑，由吴逸志将军题词刻石“倭寇万人冢”，它永远昭示着侵略者的悲惨结局！

会战告捷后，58军调驻长沙市东北的枫林市休整。《阵中日报》的战地记者伏笑雨、《中央日报》的战地记者胡定芬、《扫荡报》战地记者王淮冰等报道了58军将士浴血奋战影珠山，杀伤大量侵略军的战绩。国民党中央电影制片厂到枫林市拍摄了《影珠喋血》的电影纪录片。

影珠山之战，成为孙渡一生的辉煌篇章。一向低调的孙渡，在一块有“湖南省云竹（影珠）山抗战纪念”字牌下留影，成为现仅存的一张战地留影。

2015年8月，笔者踏勘了位于长沙县福临镇影珠山村的影珠山抗战遗址群。在这里目睹了当时遗留下来的战场遗址、腰子坡战壕掩体工事群、58军及新10师指挥所遗址、抗战阵亡将士墓群、简易行军灶、抗战石刻、九女冢等抗战遗迹群。其中，第20军军长杨汉域将军勒石刻位于一处崖壁上，为将军在取得影珠山大捷后亲手所刻。该石刻字体规整，笔力雄健，表达了抗日官兵取得影珠山大捷后的自豪和喜悦之情。

影珠山抗战工事遗址位于影珠山山顶，均由花岗石沿山坡垒砌，高约1米。影珠山抗战阵亡将士墓群也位于影珠山山顶，这是在“影珠山”大捷中阵亡的480名抗战将士的安葬地。据当地村民介绍，墓地原来建有纪念碑，上书“倭寇不曾留片甲，英雄驻此障长沙”，但现在已不存在。58军指挥所遗址位于影珠山东南麓，设于晚清时期修建的一座寺庙。据了解，指挥所遗址1958年被损，现仅存基址，平面呈长方形。

沿抗战阵亡将士墓继续前行300米，可以看到路旁的58军军部指挥所遗址。这里原本是山上的一座庙宇，从遗落的一些刻有精美图饰的石柱上可以看出，这里曾经香火缭绕。军部所处地势险要，有凌空而立的感觉，站在前台石壁上极目远眺，可以想见当年孙渡也一定在这里双眉紧锁，拿着望远镜观察着山下的敌情。

“君不见三次长沙会战兮将匝月，顽敌惨败兮如豺豖之奔蹶。又遭我福临铺之堵击兮，如障狂澜而无阙。敌作困兽之斗兮，乃大战于影珠山之岩穴。云密密兮天雨雪，风怒号兮声悲切。血肉横飞兮，炮火掀天而狂热。前仆而后继兮，嗟我战士之英烈。鏖战七日兮，弹尽而粮绝。乃白刃以搏斗兮，齐冲锋而浴血。敌终不支兮，竟被我一鼓而歼灭。尸骨枕藉兮，既盈万而累百。俘获无算兮，快寇首之斩馘。完成三次大捷兮，振国威之赫赫。冀死事之不朽兮，爰作歌以记石。更希后死者之再接再厉兮，还我河山而登同胞于衽席。”

在影珠山峰顶北麓烈士墓园中，鲁道源将军为牺牲烈士特别撰写的这首《影珠山烈士碑歌》((又名《血战影珠山长歌行》)的石碑，早已无从寻觅。然而，令人意想不到的是，直到今天，家住影珠山的一些老人仍能为我们背诵这首《影珠山烈士碑歌》。

历史刻骨铭心，永远不能忘记！2014年3月，长沙市人民政府将影珠山抗战遗址群、影珠山抗战阵亡将士墓等公布为第六批市级重点文物保护单位。2015年9月3日，经保护性修缮的“长沙影珠山抗战文化遗址公园”正式对外开放。2017年9月3日，长沙保卫战影珠山抗战史实陈列馆在长沙县福临镇正式对社会开放，长沙黄埔书画院影珠山创作基地同时揭牌。

前事不忘，后事之师。长沙保卫战是中国人民抗日战争和世界反法西斯战争的重要组成部分。影珠山系长沙保卫战的前沿阵地，当年曾书写了军民协力阻击顽敌的壮烈篇章。长沙保卫战影珠山抗战史实陈列馆对社会开放，必将成为缅怀抗日先烈、开展爱国主义教育的重要场所。

寒来暑往，年复一年，千年影珠山更显得古朴静谧。影珠山，几度在耳旁回响；影珠山，各方英杰汇聚于此；影珠山，多少抗日英烈长眠于此；影珠山，曾经见证了多少沧海桑田的变迁！影珠山，如一座永远篆刻着悲壮历史的丰碑巍然屹立！影珠山，长沙会战的光辉历史融进了血脉，在日夜奔流歌唱！

东影珠山战斗胜利结束后，58军奉命追击战斗！

四、乘胜追击

数九寒冬，天寒地冻。1 月 11 日，影珠山大雪纷飞，银装素裹。

11 日午后，58 军奉战区司令长官薛岳电令：着即经新开市、丰仓向黄谷市、关山超越追击日寇。第 20 军（杨汉域）在 58 军后紧随前进。

11 日 21 时，雪花纷飞，寒风凛冽。58 军乘夜冒雪由影珠山出发开始追击前进，孙渡以新 11 师为先遣兵团，新 10 师跟随前进。

12 日，58 军主力到达罗家坳、金家坳、丰仓一带集结。14 日入暮后由归义附近渡过汨罗江。15 日晨，军指挥所推进至花桥。

16 日，58 军先头追击部队到达王街坊、新墙、冷水湖之线。在 58 军与追击友军夹攻下，日军死伤载道，风声鹤唳，各顾逃命，残卒败寇，抛尸弃械，北渡新墙河，返回原巢，回到会战开始前的阵地。

18 日，薛岳下达结束会战的命令。我各路追击大军追至临湘附近，奉令停追。各部队恢复原态势，并将部署稍加调整。

第三次长沙会战又以我军大捷而告结束！中日双方恢复了战前的态势。事实证明，日本发布占领长沙的新闻只是一个国际笑话。由中国共产党在重庆创办的《新华日报》热情赞扬说：“此次长沙之捷，是有着国际意义的。”

此次会战，从 1941 年 12 月 18 日敌军先头部队与我军前哨部队激战起，至 1942 年 1 月 18 日我第九战区司令长官下令结束战斗止，前后共历一个月，日军再次以可耻的惨败而告终！日本战士也不得不写下这失败的一笔：“我军是完全跳入重庆军事先设置的陷阱而进行作战的……这次作战，动摇了一部分官兵的必胜信念。”

美军记者到前线采访（鲁以国提供）

会战胜利后，清理战场，我军以伤亡官兵 29217 人的代价，共毙敌 33941 人，重伤敌军 23003 人（总共毙伤日军 56944 人），其中有大队长、联队长以上军官 10 人，俘虏日军中队长松野荣吉大尉以下 139 人，击毙、缴获战马千余匹和大批枪炮、弹药及辎重。

这次胜利是在盟军战场一片失败、日军铁蹄肆虐东南亚的情况下取得的。苏、美、英、法等国外记者纷纷到长沙采访，国际反响强烈。英国《泰晤士报》对此评论到："12月7日以来，同盟国军唯一决定之胜利，系华军长沙之大捷。"英国《每日电讯报》也说："际此远东阴雾密布中，惟长沙上空之云彩，确见光辉夺目。"美国美联社记者福尔门也撰文说："中国第三次长沙大捷，证明了一个真理，这就是，如果中国军队的配备与日本军队相等，他们就可以轻易的击败日军。"

蒋介石评价说："此次长沙会战实为'七七事变'以来最确实而得意之作"。并向薛岳颁发了国民政府最高勋章——青天白日勋章，美国总统罗斯福也向薛岳授予了独立勋章。薛岳一战成名，成为高级将领中唯一可以对蒋介石发脾气的人。长沙会战胜利后不久，《中央日报》战地记者胡定芬报道说："长沙经一次大火，三度会战，与无数次轰炸疏散，乃能屹立如昔，风物依然，市民相率归来，日丽风和，名城若醉，无复往日穷巷之名，长沙市容全复旧观矣。"今天的读者由此可以想见其劫后新生的情况。

胡定芬在报道中说："大家都惊异：为什么长沙能够三战三捷，敌人却一次一次的惨败？其实这道理也并不深奥。兵法上说过：'知己知彼，百战百胜'，敌人错在'不知彼'，以致一败再败。""薛司令长官所以能够对敌情了如指掌，就在于他所说的一句话：'我知道敌人的性格。'美国武官包瑞德中校说得最妙：第三次长沙大会战，日本军队最服从薛长官的指挥……走到死路投入陷阱而不自觉。"

胡定芬在报道中还说："有了高明的作战计划之后，贯彻计划的各部队的必忠必勇、不惜牺牲、不辞艰苦，是决定胜利的另一个最重要的因素。当后人缅怀起抗日战争的光辉战绩的时候，一定会对三次会战中英勇守土的将士和惨烈殉国的官兵们，致以崇高的敬仰与悼念之忱的。"胡定芬由衷赞叹："官兵战斗精神的旺盛，亦为抗战以来所仅见。个个怀必胜信念，人人抱必死决心，没有一个散兵脱离战场，没有一个懦夫放弃岗位，官兵

当地民众用担架抬送伤员（孙沛提供）

不重伤不休养，杂役兵自请上战壕。”

还有，我军这次在战术等各方面的表现，都有惊人的成绩：一、任何包围圈里的歼灭战，官兵都能勇敢地达成任务，不让一敌脱逃；二、敌人对外宣传，初称元旦占领，继又改称五日占领，而长沙始终在我们确保之中，没有让敌踏进一步；三、上次会战，敌由长沙退过新墙河只费六天的路程，这次费了十二天，整整增加了一倍；四、诱敌南渡新墙、汨水予以适当损害，我们即安全转移侧翼，没有损失一枪一卒。此外，我们这次战略成就的美满，只要引证一位苏联军事专家的评语，就可以代表一切。他说：“日本军队这次是服从薛岳将军战略指导，是他忠实的部下。”

鲁道源（右）在58军军指挥所驻地与换防的57师施中诚师长合影（鲁以国提供）

第三次长沙会战的胜利，离不开民众的支持。由于敌人的残暴，实惨绝人寰。只要经过敌踪来去所及之村落，不闻狗豕之声，不见牛羊之影，只见废墟上在建茅屋，只有男女号啕奔张。每一个不愿做奴隶的炎黄子孙，无不同仇敌忾。人民受敌害越深，协助军队保卫家乡的情绪也随之激增。榔梨市有父子二人同任部队向导，子阵亡，父归家后另携一子续往。麻林桥一少年手刃三敌，还生擒一敌。影珠山山民献猪牛酒米慰劳驻军，并与部队并肩作战。这些民间的壮烈故事，可歌可泣，是助成第三次长沙会战胜敌的重要因素。

孙渡率第58军出省作战3年，首次在战斗中成建制全歼日军大队规模的部队——“山崎大队”，谱写了壮丽的英雄史诗，再度威震华中，并获“长胜军”美名。

第三次长沙会战后，58军奉战区司令长官部令，由战地移屯醴陵、官庄、枫林市，加紧整补训练。1942年4月，58军调赣北接替锦江南岸守备任务。新3军守备锦江北岸阵地。

五、赣东会战

太平洋战争爆发后，中、美两国共同对日作战。1942年4月18日，美军16架B–25型轰炸机从太平洋上的美军航空母舰起飞，轰炸了日本东京、横须贺、横滨、名古屋、神户等城市后，飞往位于我国浙江省的空军机场降落。

日本本土第一次遭到美机轰炸，朝野震惊。为此，日军大本营于4月21日决定：日军进行以摧毁浙赣两省飞机场、打击中国第三战区主力为目标的浙赣作战。5月15日，日军纠集约5个师团，从奉化、余杭开始进攻，向我第三战区（司令长官顾祝同）发动了浙赣会战。我第三战区司令长官司令部的作战方针是：坚固守卫衢州机场，以此为核心，诱敌胶着于核心周围，运用主力从南北两面夹击日军而歼灭之。⑨

日军气势汹汹。浙江之敌，沿钱塘江西岸进攻，连陷金华、衢州、江山、玉山、广丰，赣中之敌40师团及第3师团与14师团之各一部，沿浙赣线东进，6月2日攻占进贤，16日与浙中之敌会师贵溪，同时南昌敌34师团之一部，由赣江东岸南进，沿途击破江西保安部队之防线。

58军奉第九战区司令长官部令：由湘调赣赴战。即于6月2日驰达赣中丰城附近，孙渡根据当面敌之情况，决定以新10师及新11师之各一部据守丰城，堵击南进之日军。主力占领白马寨、张家冲之线构筑阵地，江西保安部队协守中林山、仙姑山及其东南附近高地。⑩

5日，敌之先头部队与58军警戒部队接触于白土圩。6日，大部敌军猛攻我白马寨，敌之战舰活跃于附近湖泊；另一股敌，由王家大道进攻仙姑山及其东南高地，经激烈战斗，仙姑山失守。增援白马寨之敌，战斗愈烈，同时以坦克步兵组合大部敌军，由大毛塘迂回白马寨左侧向我围攻，58军英勇战斗至8日，因伤亡甚大，遂以一部坚守阵地，主力转至桥东、秀东制敌南下。

8日当夜，敌忽转向临川、崇仁进犯，攻陷临川。58军孙渡遵司令长官部电，以新10师与第4军协攻击临川，相机进攻抚河东岸之敌，因大雨连日不停，河水暴涨，遂与敌隔河对峙。旋奉令与敌转战于临川、崇仁、丰城间。

30日孙渡复奉司令长官部令：全军集结潘家桥、秀才埠地区，以新10师对临川、崇仁之敌警戒，以新11师对许家渡、李家渡、三江口地区警戒，保障赣北战场侧翼之安全。

7月2日，崇仁之敌2千余人进攻58军新10师阵地，该师与敌展开激战，大挫敌之攻势。敌以伤亡过大，乃迭增援，战斗愈烈。

5日，大雨滂沱，战斗延至樟树镇东南之荷湖圩地区，58军当即迅速占领近大部险要高地，敌亦抢占金华山。在激烈战斗中，敌兵1800余名又向焦坑方面前进，1500余名向秀才埠前进，2000余名窜至荀芳墟，500余向白马寨前进，显有包围58军全军的重大企图。

孙渡当即部署全军向有利地区转进，经过力战，始冲出荷湖圩。[11]

58军官兵在阻击日军（来自《壮志千秋》一书）

6日，敌攻陷樟树镇，孙渡转进至金华山东侧时，与敌千余遭遇，亲率直属部队奋战，迅速地到达预定地区，粉碎了敌之包围计划。

8日，犯樟树之敌，沿赣江南岸窜至右口、永林附近，图进窥清江、新淦。此时，我各友军从敌后潮涌而至，均向赣江东岸推进，逐渐形成包围敌人于赣江东岸的态势。战至13日，将敌击败，敌溃越三江口而逃遁，浙赣会战由此结束。

7月21日，龙云致电孙渡，对58军赣东会战的捷讯，表示“快慰之极”。电文如下：[12]

樟树。孙军长志舟兄：巳皓电悉。特密。接伯陵佳申电，欣知战斗经过。我五八军亦参加此役，捷讯传来，快慰之极。滇省一切如恒。腾龙之敌仍无异动。越南方面亦沉寂。外传敌将大举进攻之说，似不确也。龙云。午马扑机。印。

8月5日，孙渡在前线致电龙云，呈报了参加赣东会战的战况：[13]

行营主任龙：午马办机、未江参一电奉悉。职军此次参加赣东会战，初奉令阻击由北南窜入之敌，经旬余苦战，幸达任务。继协友军攻临川、达城郊附近时，右翼友军失利，侧背感受威胁，至未能获得所期战果，深为出兵憾。敌乃乘机续有向崇仁西南进犯吉安企图。军复堵击、侧击，经旬日恶战，敌乃急由南向北回窜，军即痛击予歼击。敌伤亡惨重，刻下继续北退，军乘势猛予进击，敌无力再持，闻风而逃。计是役四十余日之战斗，敌伤亡颇重，我损耗甚少。聊可奉慰。刻军集结赣之新淦附近整训中。谨此奉复。职孙渡。未（八月）微（五日）酉行。印。

浙赣会战结束后，58军奉令屯驻新淦，以新10师之30团对三江口警备，主力驻樟树镇。9月，复奉令全军由新淦调驻分宜、宜春地区整训，新10师驻樟树附近整训，孙渡率军部及新11师驻分宜郊外整训。

国民政府以58军迭著战功，令增配野战炮兵一营、高射炮兵一营、辎重兵一团、骑兵一连、增设第二野战医院。同时，军部并请准成立一干部训练总队，以3大队、6中队编组之，分期轮训全军文武职干部，增强学术水平，充实军力，使本军在抗日卫国战争中，发挥更大之作用。

孙渡率第58军抗击日寇3年余，战功卓著。10月16日，孙渡奉命调升第一集团军前方副总司令部中将副总司令，鲁道源副军长升任58军中将军长，新11师师长梁得奎调任58军少将副军长（梁旋准长假返滇），军部参议侯镇邦调任新11师少将师长，兵站分监萧本元调任新10师少将师长。[14]

梁得奎
（来自《壮志千秋》一书）

梁得奎（1894—1951），国民党陆军少将，字星楼，云南普洱市景东县人。1928年云南陆军讲武学校第12期毕业后，先后在孙渡部下任见习排长、连长、营长。1934年任滇越铁路警察总局局长。抗战时期，先后任第58军新编11师1旅旅长，新编11师副师长、师长，58军副军长；1945年9月调任第一集团军总司令部高级参谋，旋在九江任南浔区日侨俘管理处主任。1947年7月退役回云南，任省政府参议；1948年8月任云南景东县县长兼三县联防指挥官，1949年12月在蒙化（今巍山县）宣布起义，任解放军暂编第12军参议。1951年5月在回景东途中病逝。2005年获“纪念抗日战争胜利60周年”纪念章一枚。

12月底，孙渡离开58军军部，由江西分宜到上高前方副总司令部驻地，就任中将副总司令一职（总司令卢汉1940年9月回云南抗战）。

1943年，孙渡统率第一集团军（辖58军、新3军）将怎样与日寇血战到底？

【注释及参考文献】

① 薛岳，余建勋等著.《正面战场·湖南会战》[M]. 中国文史出版社，2015.5：108

②④⑥⑩⑭ 鲁元. 国民党五十八军及十一兵团简史 [J]，云南文史资料选辑（27），1986.4：22-24

③⑪ 黄声远. 壮志千秋 [M]. 上海汉文正楷印书局承印出版，1948.1：95-103

⑤ 滇军史编委会. 陆军第一集团军长沙会战作战概况 [J]，云南文史丛刊 1991（2）：5-10

⑦ 余建勋. 滇军第一集团军八年抗战重要战役纪要 [J]，云南文史资料选辑（20）1982.5：164

⑧ 第九战区司令部 1942 年编印，抗战史料：《第三次长沙会战纪实》

⑨ 薛岳，岳星明等著. 正面战场·闽浙赣抗战 [M]. 中国文史出版社，2015.5：247

⑫⑬ 云南省档案馆编. 滇军抗战密电集 [M]. 1995.9：361-363

第 12 章　正气壮山河

1943 年，是第二次世界大战发生战略转折的一年，日军在太平洋战场被迫转入战略防御。为改善在中国战场日趋不利的战略态势，侵华日军对中国正面战场发动了鄂西、常德等大规模进攻战役。第一集团军前方副总司令（总司令卢汉在云南抗战）孙渡，统率 58 军和新 3 军，参加了常德会战等战役，取得了收复常德的不朽战果！

在常德会战中，孙渡三次致电 58 军军长鲁道源，激励官兵："战果之收获，在于猛烈之追击；会战之胜负，决于最后五分钟。"龙云得知收复常德后喜不自胜，致电 58 军："建此殊勋，曷胜光荣。"美国军事考察团武官实地考察常德之战后，写信表示："你们算得是抗战最有力量的英勇同志。"

正气壮山河之色，义征夺魑魅之心。孙渡将怎样书写气壮山河的辉煌篇章？

一、高安歼敌

1943 年新年刚过，刚刚上任的副总司令孙渡指挥新 3 军，在高安打响了一场漂亮的歼敌战。58 军参加赣东会战时，赣北广大战场由新 3 军防守。新 3 军之 183 师守备锦江以北地区，新 12 师守备锦江两岸地区。

1943 年 2 月上旬，日寇在太平洋战区遭受惨重失败，日本本土迭被盟国空军轰炸，人心混乱。日军为了眩惑国际视听，欺骗国人，在中国战区各战场，发动局部攻势，名为"扫荡战"。南昌之敌 34 师团一部 3 千余人，向新 3 军阵地全面进攻，重点指向奉新方面的 183 师。①

敌一部在空军炮兵掩护下，南渡锦江，击溃新 12 师守军，全力转向 183 师攻击。183 师遵照副总司令孙渡和军长杨宏光命令，顽强抵抗，同时掩护新 12 师收容整理、恢复阵地。经将士十余日之苦战，183 师由杨公圩村前街线转守为攻，终将日军击退，全军阵地完全恢复。

此战，是日军两年来在赣北遭受的前所未有之打击。新 3 军以伤亡官兵三百余人的代价，计共毙敌大队长以下官兵七百余人，击落敌机一架，击毁炮一门，并夺获炮闸一个及其他军用品甚多，取得辉煌战果。

2月20日，战斗还在进行中。孙渡向龙云呈报了湘北、赣北战况。[2]电文中说：

行营主任龙：丑铣办机电奉悉。湘北敌以六师团窜犯说不确。惟曾在岳阳方面结集兵力五六千，由临湘渡江北犯，该敌刻在窜犯松滋一带，与我六战区部队战斗中。至赣北方面，敌近由三四及四四两师团中，抽集步骑炮工联合兵种三千余，自寒丑分由安义，赣湘公路方面，向我新三军高安、奉新间阵地进犯，经我猛烈阻击，伤亡甚众，刻仍与我在前街村前街各附近地区之线激战中，尔后进展情形，容另随时报告。所嘱购寄薄油纸，已电本部衡阳办事处司主任彬和先购一百刀邮呈矣。谨复，职孙渡。丑咿亥安详。印。

2月26日，高安歼敌战斗胜利结束时，183师师长余建勋向龙云详细呈报了歼敌情况。[3]电文如下：

行营主任龙：丑养办机电奉悉。远承嘉慰，感奋无既。向职师窜犯之敌寒、删两日在马奇岭、狮子山、马鞍岭等地区遭受我严重打击，伤亡惨重，攻势顿挫。筱退集高安东北地区整顿补充后，复于咿子向我村前街南北地区猛犯。仰赖钧座德威及将士用命，诱至马酉，敌伤亡更重，攻势又顿挫。职即把握战机，全力反攻。敌不支，分两股向东溃退。以本师竭力前进，遗尸二百余具。现职师已于宥日恢复原态势。查寒至宥日，职师苦战十余日，所获成果实大。敌遭受之打击亦为两年来在赣北方面所未有。计共毙敌大队长以下官兵七百余人，击落敌机一架，击毁炮一门，并夺获炮闸一个及其他军用品甚多。我伤亡官兵三百余员名，武器略有损耗。谨电鉴核。高安，职余建勋。丑宥午决赞。印。

58军将领战前勘察地形（图片来自《壮志千秋》一书）

同日，新3军军长杨宏光、副军长张与仁也向龙云报告了高安战况。[4]电文如下：

昆明。主任龙：丑马午纬智电谅鉴

核。向我进犯之敌，经余师十余日之苦战，敌夜旗靡辙乱，全部溃逃，残余窜扰新十二师杨孟雄团正面，战斗竟日，仍不支，回窜老巢。宥日我已恢复战前态势。查此次进犯之敌为卅四师团二一六、二一七、二一八各联队所抽调，以二一七联队为主干，另附师直属部队、伪保安队，计四千余人，山炮数门，小钢炮十余门，骑兵二百余，飞机一队。是役敌伤亡七百余。我亦有相当伤亡。但掳获颇多，经连同击落之敌机起运呈缴。谨电鉴察。职杨宏光、张与仁，丑宥午纬智，印。

新 3 军军长杨宏光在电文中称赞，“此次余师获胜，实系钧座德威远播，孙公指挥若定，官兵用命所致。”，并表示将“与子泉共矢精诚，秉承钧座意旨，遵奉孙公指导，誓歼顽敌，以副厚望。”

3 月 5 日，龙云复电杨宏光，称“余师以十余日之苦战，竟能击溃四千余之顽敌，足见调度有方，闻之甚慰。”“希督励所属，用竟全功，是所厚望。”

二、整军备战

养兵千日，用兵一时。1943 年上半年，抗日前线处于相对的沉寂状态。孙渡积极整军备战，养精蓄锐。从去年底开始，孙渡到第一集团军前方副总司令部驻地江西上高就职，直到抗战胜利才离开上高。

第一集团军前方副总司令部指挥系统如下：[⑤]

副总司令：1AG孙　渡　参谋长：黄　雄

直配属部队：特务团团长：王有春

炮兵营营长：赵培垣

通信营营长：余　兴

骑兵连连长：郑泽远

高射机枪连长：飞志雲

独立工兵第11营营长：金　辉

第7布雷大队队长：何乃诚

第58军军长：58A鲁道源　参谋长：鲁　元

新编第10师师长：N10D萧本元　参谋长：熊化龙

28团团长：28R杨禄增

29团团长：29R常正学

30团团长：30R龚德敏

江西保安9团：唐仕林

新编第11师师长：N11D侯镇邦

第31团团长：31R段　经

第32团团长：32R郑社科

第33团团长：33R李育仁

新编第3军军长：N3A杨宏光　参谋长：杨兆麟

第183师师长：183D余建勋　参谋长：王少才

第547团团长：547R徐树民

第548团团长：548R王光纶

第549团团长：549R陈绍恒

赣保4团团长：郑执庆

新编第12师师长：N12D唐宇纵　参谋长：沈剑鸣

第34团团长：34R杨孟雄

第35团团长：35R刘贻净

第36团团长：36R关倬青

第一挺进纵队总司令：康景濂　参谋长：陈炳璜

第1支队队长：潘正中

第2支队队长：罗国良

江西保安12团：叶志凯

上高县隶属于江西省宜春市，位于江西西北部，赣江支流锦江中游，东连高安市，西接万载县，南邻新余市渝水区、分宜县、宜春市、袁州区，北与宜丰县接壤。上高历史悠久，是源远流长的千年古邑。东汉灵帝中平年间（公元184年），汝南（今河南）上蔡百姓迁到上高，始建上蔡县，为上高县之始，距今有1822年的历史。

1941年4月，闻名中外的“上高会战”，又称“上高战役”或“锦江会战”，歼灭日军2.4万余人，被誉为“抗战以来最精彩的一战”。电影《我的上高》以上高会战为背景，再现了上高会战时期，上高普通民众支援抗战、痛击日本侵略者的一段感人故事。

1943 年 4 月，江西上高春意浓浓，繁花似锦。在第一集团军前方副总司令部驻地——江西上高瀚唐乡，孙渡与苦恋自己 20 余年的唐继尧四妹唐芸赓举行了婚礼。孙渡早年有过一次婚姻。他 1913 年云南陆军讲武学校毕业后，奉父母之命与青梅竹马的李小四结婚。李小四自 1918 年病逝后，孙渡因军旅倥偬，从此无暇顾及自己的婚姻。

在抗日前线，孙渡的新婚夫人唐芸赓效仿宋美龄，成了家属援军的标兵和模范。抗战时期，宋美龄作为中国抗战的第一夫人，其一言一行，影响着一代中国妇女。宋美龄亲自踩缝纫机为战士们缝寒衣，亲自到医院为伤员包扎伤口，亲自奔赴抗日前线慰问部队官兵；在一次赴前线慰问中，遭遇日机轰炸，宋美龄乘坐的吉普车因躲避轰炸而翻车，她也因此跌断了几根肋骨……

唐芸赓仿效着宋美龄的这些行为，她率领随军家属在江西上高县瀚塘乡的一所祠堂中，办起了滇军总部家属缝纫工厂，还亲自为战士们缝制军衣；和部队战士一齐种菜养猪，真可谓“自己动手，丰衣足食”。孙渡率领滇军转战湘鄂赣期间，纪律严明，与当地老百姓打成一片，军民关系十分融洽，与唐芸赓的工作不无关系。

孙渡治军严明。第一集团军整训期间，官兵与当地民众和洽相处。58 军办的春秋剧团，以介溪为中心，活跃在赣西赣北，以文艺演出的形式，激发了民众支持抗战的热情。官兵生活严肃、紧张、热烈，在课堂上、在野外，勤操苦练，给当地民众树立了良好形象。在学术科目训练之余，部队还尽量扩大生产作业，利用荒地开垦种菜，养鸡鸭、畜猪羊，官兵生活大为改善，为迎接抗战培养了充沛的精力。

抗战前线，物资匮乏，药品奇缺。6 月，第一集团军官兵收到了龙云从云南送来的药品及土产，倍感家乡父老的温暖。龙云在给孙渡的电文中说：

驻湘我军，离乡日久。值湘赣气候炎热，每届夏季，时疾流行，辄念及官兵健康，早拟购寄药品，添补应用。乃自滇缅公路截断之后，不但大宗药无从购买，即少数亦困难。现在各处设法物色，始勉强买得少许药品，附以土产，原派张元养携出，代表慰问，因临时张元养以病不克成行，适林咨议永庆应调赴湘，特托就便带出，交副总部接收，代为主持分配，道远物微，聊以将意而已。⑥

1943 年冬，正值抗日战争处于艰难的时候，鲁道源率领驻防在萍乡的 58 军，经由湖南茶陵转到江西宁岗，军司令部设在井冈山脚下的宁冈县白石村。

抗战艰难的局势使鲁道源产生了“学朱毛建立根据地”的想法，他因此想到了井冈山。58 军自 1943 年冬上山，至 1945 年撤离，在井冈山屯垦一年有余。

战场的硝烟并未散去。短暂的沉寂过后，一场惨烈的厮杀随即展开！

三、驰援常德

抗日战争进入 1943 年下半年，日军在太平洋战场上节节败退，海空军力量已经遭到毁灭性打击。同时在亚洲大陆上，中国为了打通中印公路，先后从第六、第九战区陆续抽调 7 个军转用于云南及印度，准备反攻缅甸。

面对日益严峻的战争形势，特别是缅甸方面盟军的反攻、中国军队的策应和美国驻华空军实力的不断增强，侵华日军以挽救战局、提高士气、抢夺粮食为主要目的，决定在确保现有占领区的同时，于 1943 年秋季对第六战区（司令长官陈诚）和第九战区结合部发动常德会战。

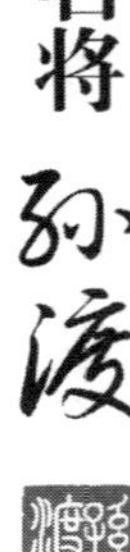

日军之所以选中常德，是因为常德不但是湘北重镇，更是通向贵州、四川的门户。武汉失守后，常德还是西南大后方唯一的物资补给线，同时又是湘西经济政治中心，其得失牵动抗战全局。日军一旦占领常德，就可以控制洞庭湖地区富庶的粮食产区，达到“以战养战”的目的，同时还可以乘机歼灭中国军队有生力量，迫使抽调集结云南的中国远征军回师救援，以阻止或推迟盟军在缅甸的联合反攻。

常德为第六、九两战区湘西北之接合部（常德、汉寿属第六战区，沅江、益阳属第九战区）。日军以第 11 军第 3、13、39、68、116 等 5 个师团主力，加上配属部队，共计 45 个大队，飞行第 44 战队及伪军，共计 10 万余人，气势汹汹进攻常德。

中国军队集中了第六战区的第 10 集团军、第 26 集团军、第 29 集团军、第 19 集团军、第 33 集团军和王耀武兵团的 66、79、32、75、44、73、18、86、30、59、77、74、100 军。第九战区的李玉堂兵团 99、10 军，欧震兵团的 58、72 军。总计 17 个军 43 个师，共计 21 万余人迎战。

11 月 2 日，日军兵分三路，开始全线进攻。左翼第 39 师团与第 13 师团，沿湖滨南进汉寿，直取第 10 集团军防线；中路第 68 师团和第 3 师团，沿临澧到常德的公路直下，在第 29 集团军当面渡江，企图一举歼灭 29 集团军主力。

反攻常德中新11师侯镇邦师长在德山郊外指挥作战
（图片来自《壮志千秋》一书）

右路第116师团为主攻常德的“奇兵”，则是横渡洞庭湖，在第29集团军的右翼澧县一带登陆，一面迂回包抄29集团军，一面兼程直取常德。于是，敌我双方便以常德为中心，以常德以西石门的山岳地带，以常德以东汉寿西北的湖沼地区，展开恶战。

日军这次动用了华中方面几乎所有的机动兵力，战役规模远远超过中国军队的预料。由于中国军队的作战计划是：诱敌深入，分散敌人，然后切断后路，迂回包抄，消灭敌人。所以，会战第一阶段出现一边倒的态势。日军3日攻陷南县，4日攻陷公安，5日攻陷松滋，15日攻陷石门，迫近慈利，16日攻陷津市。11月22日，中路敌人攻陷桃源，兵临常德城下，右路日军也占据汉寿进攻沧港。中国军队陷入生死攸关的形势之中。[7]

24日，各路日军均到常德四周，完成了对常德的合围，常德保卫战由此打响。

当日军打到常德城下时，第六战区守备常德之74军57师已经在常德驻守多日，早就构筑了坚固工事严阵以待，但57师8000官兵面对的是日军3个师团的主力，兵力对比处在1：4的劣势。然57师以一师之众防守强敌合围，全师官兵皆报“与城共存亡，宁战死不投降”之决心，与日军寸土必争，往复冲杀，不分昼夜血战。

12月3日，常德守军57师将士血战16天，最后只剩下300多人，面临弹尽、粮绝、工事被毁的险恶困境。凌晨，余程万[8]召集师团干部开会，最后决定由169团团长柴意新率百余人留守，余程万则率另外两百多人渡江突围，向德山方向移动，以图与友军会合。天亮前，余程万率两百多人冲出常德，找到了外围友军时仅存83人。柴意新和留守的百余人在打完最后一发子弹后又主动发起自杀性的决死冲锋，最后全部壮烈牺牲。常德城陷落！

正当第57师官兵在常德城内血战之际，我各路援军也在外线激战，力图靠拢常德，解救常德守军。会战初期，第九战区奉命抽调分宜之第58军、修水之第72军、衡山之第10军及暂2军暂7师，合编为“欧震兵团”，从江西驻地，千里兼程，驰援常德。

11月18日，驻江西分宜和樟树一带的第58军接到第九战区薛岳命令，限27日到湖南株洲集结，驰援常德。第58军接到命令当天即出发，提前2天到达株洲，然后顺江而下到湘潭，自湘潭而西，火速驰援。

12月2日，在常德弃守之际，58军全军赶到离常德60里的大福坪、马迹塘。

四、占领德山

攻常德必先取沅水之南距常德20里的德山。在第58军到达之前，第10军的3个师担任增援常德守军的任务，周庆祥师虽曾奋力占领德山，但很快被敌重兵包围，损折三分之一人马，文职军官全部投入战斗，才于12月5日突围。

12月5日凌晨，我西援各军，遵薛岳长官令，以58军为主攻军，第10军为左翼军，72军为预备军，即向沅江南岸之敌展开猛烈进攻。守敌以陆、空联合，凶顽抵抗，血战至8日午夜，我攻势益猛，前赴后继，浴血冲杀，敌渐不支，主力开始纷渡沅江而北退。我以步炮密集火力，乘敌渡江而猛歼之，沅水为之泛赤。友军继续扫荡沅水南岸之敌，58军以全部炮兵及友军配合之炮兵，掩护侯镇邦之新11师、萧本元之新10师由德山市强渡沅江，猛扑常德。[⑨]

侯镇邦
（图片来自《壮志千秋》一书）

侯镇邦（1890—1951），字靖臣，号守一、守愚，云南曲靖市宣威落水镇灰硐村人。18岁时因婚事受挫，负气从军。长期在滇军任职。抗日战争中，任新编第10师1旅少将旅长、新编第11师少将师长，奋勇作战，两次负伤，被授予云麾勋章并参加南昌受降仪式。1946年5月任整编第58师新编11旅少将旅长，1947年10月任国防部少将高参，1948年3月任云南省保安司令部少将高参，同年退役回到宣威老家灰硐村。1952年在土改中被错杀，2000年10月平反。2005年获“中国人民抗日战争胜利60周年”纪念章一枚。

萧本元（1895—1990），字士先，云南大理州祥云人。云南讲武学校第15期毕业。长期在滇军任职。抗战爆发后，先后任第60军183师543旅副旅长、少将旅长，1939年任第1集团军兵站分监，1942年10月任第58师新编10师师长。抗战胜利后曾任整编第58师副师长，1948年6月2日在宛东战役中被俘，后被释放回滇，任云南绥靖公署少将高参，1949年12月9日在昆明参加起义。后任云南省文史馆馆员。1990年4月18日在昆明病逝。

萧本元
（图片来自《壮志千秋》一书）

12月6日，第58军正面攻击德山，当面之敌在八斗湾附近有3000余兵力，刘家冲附近约1000人，二里港约2000人。拂晓，新10师（缺29团）配属战防炮一连，攻击八斗湾和坡望冲，7日下午2时占领七斗冲以北地区。新11师配属战防炮一连，于7日攻占土口冲、毛湾之线，恰遇从常德突围出来的余程万师长，将其搭救。

12月8日，新10师一路激战，拿下德山外围据点，乘胜挺进攻占德山市、乌峰崖，下午8时攻抵南站；新11师向敌猛进，下午6时攻占滕家渡。58军攻击部队在机炮掩护下，用竹筏、小船等，分别强渡沅江，乘势北攻。

9日凌晨2时，58军新10师第一线部队占领德山，新11师32团一部疾进到南沿，逼近常德！攻城战序幕由此揭开！[⑩]

五、克复常德

新10师拿下德山后，日军当即下达全军于12月11日撤退的命令。但是，因为第58军已发起对常德的攻击战，敌军想全身而退已不可能。

9日清晨，新10师以一部追击退往石公庙之敌，新11师32团主力向常德攻击前进。下午2时，32团便衣队首先攻入常德城，残敌一部北窜，一部仍在常德城西北角顽抗。

10日，败退之敌退至杨家桥、俞家附近会合增援部队，在飞机支援下向常德西北门猛烈反扑，窜入城内与我短兵相接，激战4小时，双方死伤奇重，新

58军进入攻克后的常德（图片来自《壮志千秋》一书）

11师32团被迫退出常德。

在急速逆转的形势下，鲁道源令新11师主力由德山连夜渡河增援，同时严令新11师师长侯镇邦："着限本（十）日下午11时前将残敌肃清，纵剩一枪一弹，务确保常德城，始有违误，即枪毙该团长，仰即转饬切遵为要。"

同日，新11师先头部队在侯师长督率下开始渡江前进。敌企图阻止我军前进，凭藉江岸工事，以机枪向江面猛烈射击，我炮兵营第九连立即发炮，摧毁了敌人掩体。11日晚8时，对常德的总攻开始。新11师主力由东门攻击，新10师一部攻南门。

军长鲁道源散发手令激勉各师全体官兵："望我全体官兵激励空前之智勇，发扬本军之荣誉，牺牲小我，完成国家民族大我之忠义精神，决死以赴。不歼此倭寇，誓不生还！"

攻城自晚8时许开始，至午夜11时，战事进入白热化。58军全体官兵前仆后继，有进无退，炮兵向城内猛轰。午夜12时，东北两面我军同时突入城内，与抵死顽抗之敌激烈巷战，白刃相接，反复格斗，持续到12日拂晓，到处是血肉模糊的敌寇尸身。

这时，敌后路被我迂回部队遮断，敌人恐全军覆没，即由西门奔突而出，向北溃窜。我侯镇邦师当即占领常德阵地，于城内外构筑坚固据点阵地；萧本元师向敌跟踪尾击，全力追歼北溃之敌。午后，常德完全收复。

常德克复之日，鲁道源军长骑着高大的日本战马进城时，眼看倾秃破败的墙屋，横七竖八的敌尸。且行且吟道："动地惊天泣鬼神，军称长胜克名城。月明江畔朔风起，似有嘶嘶倭寇鸣。"

12月12日，鲁道源驰电龙云，报告战役经过。电文如下：

行营主任龙钧鉴：此次敌军由洞庭湖西岸倾巢南犯，本军奉令自赣北驰援，兼程西进。亥月冬日，抵马迹塘。敌蹄已深入沅江南岸，进扰黄土店。势焰嚣张，凶顽异常。职军各部，誓以必死决心，励刚强之意志，向敌猛攻，激战四昼夜，当面之敌，伤亡惨重，狼狈北退，大部渡江。八日下午六时，我萧师占领滕家渡，我侯师同时亦攻占德山市、乌峰岭，八时进抵南站。即严饬各该师一面构筑工事，确保既得阵地。攻击部队在我机炮掩护下，一面用竹筏小船等，分别强渡，乘机北攻。九日上午二时续克德山，即日下午二时便衣队克复常德城，残敌被迫大部北窜，一部在城西北负隅顽抗。十日晨，敌回兵反扑，我亦增厚兵力，专心向敌猛击，遂在城区激战。巷战经两日夜，我奇兵断其后，主力攻其中，幸仗我钧座德威，将士用命，我军骤于十一日午夜，完全克复常德。残敌分向石首、公安败退，我正衔尾痛追中。是役敌我伤亡均极惨重，我获战利品颇多。现战地民众已由四方归来，知承锦注，特电奉闻。常德土填冲。职鲁道源叩。亥文。印。

常德会战，打退了日军的攻势，重创来犯日军。捷报传来，远近腾欢。孙渡在副总司令部驻地上高，三次致电鲁道源："藉知该军确占常德，欣慰无既！希将作战详情随时具报。""该军参战伊始，即挫敌锋，至堪嘉慰！希奋健战之勇名，扫顽寇于湘西，是所切盼！""该军忠勇奋战，击退顽敌，光耀全军，良深欣慰。仍希再予敌痛击！盼战果之收获，在于猛烈之追击；会战之胜负，决于最后五分钟。"

在昆明的龙云收到鲁道源的来电，证实是58军收复常德，喜不自胜。12月7日复电鲁道源："适接来电，欣快无既。万不料此种伟绩为我滇军所获……常德之重要关系，与其他战区不同。吾兄暨滇健儿，建此殊勋，曷胜光荣。"⑪

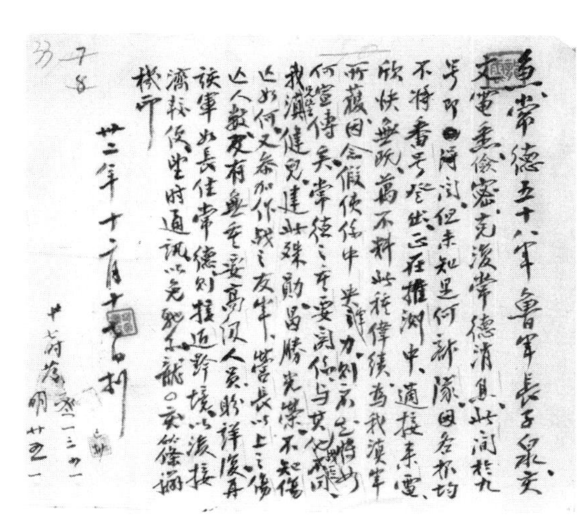

龙云得知滇军收复常德后给鲁道源的电文（1943年12月17日）（云南省档案馆提供）

常德克复后，各方均极重视，或派代表莅临慰劳，或函电祝捷。会战后不久，美国军事考察团及中外记者团十余人，前来常德视察。武官鲍尼尔实地考察常德之战后，写信给鲁道源称赞："你们算得是抗战最有力量的英勇同志。"⑫

六、劫后常德

常德会战中，日军烧杀极为残酷，桃源大街附近的深水港及沿江的竹筏均付之一炬；陬市附近，被杀的军民尸体横陈，途为之塞。[13]

收复常德后，城里老百姓好像噩梦初醒似的，从残破的房屋内走出来，流徙四乡的人也奔涌而回。但是这劫后的城市，原来的秩序全给破坏了，孩子找不到妈妈，妻子找不到丈夫，壮年人也找不到食粮。

鲁道源军长立即要求官兵们节约出一部分食米来，煮粥分给饥馑中的难胞吃。逃难归来的居民面对残破家园，衣食均无着落，58军将士节食省出军粮10万斤及所存冬衣数万件分发居民，派出军医和全军将士，到市郊乡村帮助民众看病、搭建临时住房，受到常德民众热烈拥护。

常德收复后，侯镇邦将军一边吸着云南特有的竹筒水烟袋，一边接受了重庆《中央日报》记者采访。1944年1月15日，《中央日报》以《侯镇邦将军口中的常德名城光复记》为题作了如下报道：[14]

【本报特讯】侯镇邦老英雄是第×战区第×集团第×××军新编××师长。常德城即是侯老英雄于去年十二月八日夜间亲率该师全体健儿冒着敌人轻重机枪及大炮射击与催泪、喷嚏性毒气阻挡，由南站强渡了浩荡的沅江，于翌日天将破晓时攻入了东城门的，敌我于东城关庙肉搏，白刃拉锯战不下三十二次之多，终将顽强的敌兵打得落花流水，抱头鼠窜。是时侮辱了名城七日之久的膏药旗，以被猛虎般勇敢之普保德上士班长折下来撕得粉碎。复将我大中华民国的青天白日满地红国旗，飘扬于常德东城门的上空。

一个阴冷下午，在一座已被炮火轰掉三分之一的楼房左耳房内会见了身经百战的侯老英雄。老英雄年约五十许，发秃，身体健壮，目光灼灼，举止文雅，他这天身着灰布制服，手拿云南特有的竹筒水烟袋，和冯副师长坐在熊熊炭火盆旁取暖。当他见伦敦泰晤士报记者福尔曼及本报记者走近，很客气的欢迎，接着便开始讲述克复常德的经过。

冯副师长一手指着地板上垫着的常德近郊地图，侯老英雄注视着副师长指的地方说："我们的士兵八日白天由常德对岸南站渡江二十七次之多，所乘的船被敌人重机枪钢炮击沉，结果，三十六个猛虎般的健儿为民族国家尽了忠，

只有六个弟兄生还。”副师长插言道：“我们于十一月 × 日自 ×× 省星夜赶来，增援守城友军，只能略知地形，但还不晓得何处是径路”。

常德会战后，市民返回断垣残壁的家园（图片来自网络）

侯老英雄听副师长这句话后，将竹筒水烟袋放下，面呈微笑说：“你要是不说，我还忘记了两位无名勇士。在八日黄昏时，我们奉鲁军长命急于渡江打鬼子，但鉴于白天因目标太显著，易被敌人发现，同时途经不熟，易中敌计，在踌躇时有两个熟悉常德地形的邮差自告奋勇愿冒着弹雨、炸弹、毒瓦斯之危险，在我军机枪掩护之下由南站渡江。”

侯师长举起大拇指向记者说：“据刘营长报告，他们二人乘两只小木船。那位留着分头的瘦瘦的一个邮差爬在船头，借着星光，指示渡江方向，当船甫靠岸，这位勇士左腿还未从船上提起，对面放过来一阵机枪，我们张班长爬下，口号还未喊完，这位受了主义熏陶而爱国家民族的勇士，便被射倒了。兄弟们向前救援他时，他口内说出末后的一句话：‘勇敢杀鬼子，替死难同胞报仇……’而断了气。”

久经战场的侯师长沉默了很久，才继续说：“据刘营长说：第二位勇士腿部已受伤，屡次被折回，但他仍一跌一跌地引着我军前进。可是距南门几许里地被敌军机枪阵地发现，他也就中弹而亡了！”侯冯二师长这个时候，面孔呈现着威容。

侯师长吸了几口水烟后，注视着地板上的军用地图说：“我们在九日拂晓，转而攻下东城门，率着三十二、三十三两团剩余的弟兄进攻顽守西北二门的敌人，与敌人肉搏二十余次，将敌人杀死相当数目之后，敌人退守到坚固堡垒内，而以机枪向我进攻弟兄扫射。我军于夜间，派敢死弟兄，爬过敌人铁丝网，以竹竿将手榴弹伸入敌占碉堡内将鬼子炸死了很多。我部队随而攻了进去。将未死的寇兵刺死后向前推进。战到十日夜间，敌大批增援队伍与我激烈巷战，至十二日黎明，此时东门攻入与西北打进大军，将敌军全部击溃。至十三日我追击队出城向太阳山、大龙站、嵩山渡口追击残敌”。

常德会战纪念牌坊（图片来自网络）

侯师长遂完克复常德经过，将炭盆的火中筷子整理一下后，答复记者对此蠢动敌军之目的的问题说：“敌军此次伐常目的有二：（一）占领常德、汉寿以控制洞庭湖，解决国内粮荒问题，转而进攻长沙。（二）消减我野战军牵制我反攻……可是他们所达到的目的，只是无数的敌军变了尸和灰，那种沉默的凯旋而已。”于外面传来地雷爆炸声中，记者便拜辞别了侯冯二师长。

常德会战后，友军各返原防。58 军回到江西旧驻地——分宜、宜春地区整训。

第一集团军前方副总司令孙渡仍驻江西上高。

【注释及参考文献】

① 余建勋．滇军第一集团军八年抗战重要战役纪要，云南文史资料选辑（20），1982.5: 170

②③④⑥⑩⑪ 云南省档案馆编．滇军抗战密电集 [M]. 1995.9：366−375

⑤ 南京档案馆资料：第一集团军前方副总司令部指挥系统

⑦⑨ 鲁元．国民党五十八军及十一兵团简史，云南文史资料选辑（27），1986.4：25−171

⑧ 余程万（1902 — 1955），广东台山人，毕业于黄埔军校一期，国民党陆军中将。

⑫ 黄声远．壮志千秋 [M]. 上海汉文正楷印书局承印出版，1948.1： 123

⑬ 薛岳，余建勋等著．《正面战场・湖南会战》[M]. 中国文史出版社，2015.5： 162

⑭《中央日报》（重庆）1944 年 1 月 15 日

第 13 章　忠义照千秋

1944 年，孙渡在湘鄂赣抗战步入了第 7 个年头。日本帝国已是西沉的夕阳。中国抗战由守转攻，最艰苦的日子似乎已经过去。国民政府主席蒋介石在重庆发表元旦讲话时说："中国胜利在望，围攻日寇，我须承担主要任务。"元旦刚过，日本困兽犹斗，孤注一掷，下达了"一号作战"命令，发动了豫中战役、长衡战役、桂柳战役。

黑暗即将过去，黎明即将来临。第一集团军前方副总司令孙渡统率在湖南、江西地区的 58 军和新 3 军，参加了极其凶猛之长衡大会战，与日军持续作战 113 天，伤亡官兵万余人，以血战到底的英雄气概铸就了民族忠魂！龙云得知收复醴陵的捷报后致电孙渡："我军入湘奋战，收复醴陵，茂赏迭膺，良堪嘉许。"

忠义照千秋，热血奇男儿。孙渡将怎样渡过黎明前最惨烈的抗战岁月？

一、长衡会战

1943 年 11 月 22 日至 26 日，美国、英国、中国三国首脑罗斯福、丘吉尔、蒋介石在埃及开罗举行会议，商讨太平洋战争和战后相关问题。12 月 1 日，中、美、英三国在重庆、华盛顿、伦敦三地同时发表《开罗宣言》，宣言宣示了协同对日作战的宗旨，承诺了处置日本侵略者的安排。开罗会议一致认为，中美英三国"决心以不松弛之压力从海陆空各方面加诸残暴之敌人""制止及惩罚日本之侵略"，宣布了中美英三国对日作战目标一致，承诺处置日本侵略，逼迫日本无条件投降。

1944 年，盟军进入积极反攻阶段。美军分两路越岛攻势，一路由麦克阿瑟统率，自西南太平洋出发，以陆军为主，从新几内亚到菲律宾岛；另一路由尼米兹海军元帅统率，由太平洋中途岛到冲绳岛攻击前进。美军推进势如破竹，彻底粉碎了日本水上"铜墙铁壁"的神话，日本海上防线全面崩溃，本土迭遭美空军强烈袭击。

在这种形势下，日本海上运输供给线被切断，日本本土与太平洋各岛的联系日益困难，随时可能陷入补给中断、孤立无援的困境。于是，日本妄图打通中国大陆运输线来替代海上运输，控制我南北区域，作长期之顽抗。日本计划从朝鲜经中国东北沿北宁路、平汉路、粤汉路、湘桂路进入越南直到马来西亚。

1月13日，日本大本营经过御前会议，核定了这个试图挽救日本命运的行动方案，也就是“一号作战计划”。1月24日，日本天皇批准了“一号作战计划”，下达了“一号作战命令”。按照日军计划，第一步先在河南境内作战，打通平汉铁路；第二步实施湖南作战，占领长沙、衡阳，打通粤汉铁路中段；第三步打通湘桂铁路后，再打通粤汉线南段。

进攻湖南，是日军“一号作战”的关键部分。截至5月25日，日军各作战部队部署完成。侵华日军由第11军司令官横山勇指挥，纠集华中、华北及沿海地区20余万众之陆空海军兵力，分由湘北、湘西、鄂南地区，沿粤汉铁路，以长沙、衡阳为进攻目标，孤注一掷，向我第九战区发动了极其凶猛之长衡大会战，亦即敌我最后一次在华中之大会战。[1]

长衡会战又叫湖南会战或叫第四次长沙会战，自1944年5月底至9月初，历经3个多月。是中国抗战史上敌我双方伤亡最多、交战时间最长、中国军队抵抗最为顽强的一次战役。这场战役纵贯中国南北，日军代号为“一号作战”，其参战兵力之多、作战地域之广，打破了日军侵华以来的空前纪录。

5月27日，日军以7个师团为第一线兵团，分三路南下进攻。正面之精锐第3、27、34、58等师团，强渡新墙河，越过汨罗江，直趋长沙、株洲；左翼之第40师团、116师团及17独立旅团，循洞庭湖西岸，下沅江、益阳，直趋衡阳；右翼之13师团突破我通城防线，径向平江、浏阳攻击前进，与左翼之敌构成钳形攻势。

抗战中的云南妇女战地服务团（图片来自网络）

日军在第一线兵团之后，第二线兵团3个师团又继续南下，击破我战区敌后侧翼兵团之抵抗，破坏了第九战区三次长沙会战的老战法。我第九战区第1、30、27、24集团军和战区直属部队共30余万兵力，在司令长官薛岳指挥下，于湘北、湘西、长沙、衡阳及湘东南各战场与敌激战。②

时第一集团军副总司令孙渡（参谋长黄雄），辖第58军（军长鲁道源、参谋长鲁元），第58军辖新编第10师（师长萧本元）、新编第11师（师长侯镇邦）；辖新编第3军（军长杨宏光、参谋长杨兆麒），新编第3军辖第183师（师长余建勋）、新编第12师（师长唐宇纵）。辖第一挺进纵队（总司令康景濂、参谋长陈炳璜）。

战役开始前第九战区的部署是：第一集团军新编第3军担任高安、奉新方面第一线阵地的守备，第58军控置于上高、万载方面（战役开始集结于浏阳河南岸普迹市、金刚头地区，归第30集团军指挥）。新编第3军以新编第12师在锦江口——淞湖——高邮市（含）之线占领阵地，与生米街方面的日军对峙，师部驻珠湖（高安南）；以第183师在高邮市（不含）——大城——赤田——奉新——草坪岗之线占领阵地，与牛行、安义方面的日军对峙，师部驻肖坊（在高安奉新间），军部驻卢家圩（高安西）。康景濂纵队仍以九仙汤为根据地，在靖安以西九岭山山区活动。总司令部驻上高附近。③

第一集团军与日寇的血战，首先在浏阳河畔打响！

二、血染浏阳

5月28日，孙渡奉第九战区司令长官薛岳电令：着58军全军即日开赴醴陵，限6月3日前到达。58军军长鲁道源即刻奉命率领全军，由赣北分宜、樟树镇地区急行西进，于6月3日先后到达醴陵城郊之五里墩、谢家塘、五里牌地区。④指挥所驻醴陵北郊五里牌。

战役开始时，58军驻扎在江西分宜一带。出发之日，鲁道源军长告全军将士说："此次敌军再犯湘北，企图与以往三次不同，不仅欲占领长沙，而且是要打通粤汉路，进犯湘桂路，阴谋之大，不可言喻。""这一战若失败，我们就怕难得翻身了，全国领土就要任人践踏，全国同胞就要为人奴隶。""我们要下最后牺牲的决心，和日寇拼命！""若不把日寇杀得片甲不留，便没有面目生回！""希望大家本铁血救国的精神，努力杀敌，保持我长胜军的荣誉，争取四次长沙会战的伟大胜利！”

6月3日，孙渡遵照司令长官薛岳命令：着58军鲁道源军长指挥21军及162师与99师，进攻浏阳及浏阳河南岸之敌13师团。鲁道源当即策定部署：以58军为主攻军，21军为左翼进攻军，99师为右翼进攻师，162师为机动师。⑤4日拂晓，58军向跃龙市、浏阳，21军向江背、小女市，95师向高坪，与当面之敌日夜激战，将敌压迫退守浏阳河北岸，敌我隔河炮战。

5日，新3军之183师奉第一集团军副总司令孙渡和第九战区薛岳令，由赣北调浏阳，归鲁道源军长指挥，该师当即加入战斗序列。随即情况变化，敌13师团主力，乘大雾弥天，偷渡浏阳河，潜窜上栗市，而图趋萍乡。58军及183师奉令追击南窜敌军的主力，一路激战，敌沿途南窜北击，东闪西突，我军猛追猛打，敌我伤亡俱大。

8日暮，敌主力节节逼近，窜抵浏阳河北岸，与58军及183师对峙，局部地区发生战斗。鲁道源令183师派548团于8日夜渡浏阳，进攻蒋埠江当面之敌。连日大雨滂沱，浏阳河山洪爆发，渡河非常困难，出击部队行动迟缓。渡河后，雨下个不停，无线电讯失灵，前后方失却联系。浏阳河谷两岸，南高北低，岭多谷多，草木丛生，地形极其复杂。183师防线长约50华里，师指挥所位置在南岸岭顶蒋埠江小镇。⑥

9日晨，183师与蒋埠江北岸之敌激战，58军刚派到183师的督战官张天举阵亡，该师师长余建勋腹部负伤，当即由该师参谋长王少才指挥部队，继续与敌作战。敌增加千人，我奋勇猛攻，战至10日凌晨4时，我攻占古港，毙伤敌人约400人，我伤亡官兵443人。敌我彻夜战至10日拂晓，敌始向北退走。至下午8时，敌复大举向我反扑，与我肉搏战斗，我军苦战至11日拂晓，被迫退至孙家塅附近。

12日，蒋埠江方面之敌2千余，子夜向我攻袭，被我击退，敌复发起猛攻十余次，至22时我官兵沉着奋勇力战，敌无进展。敌由狮子桥向文家市58军指挥所进袭，鲁道源军长以工兵营、搜索连阻击并令新10师派队向西攻击敌侧背，战至夜12时，敌向西退去。13日，我军分别向西、向南进窜之敌人堵击侧击，一路向上栗市攻击前进，17日进占上栗市。

在蒋埠江地区战斗中，58军新11师连长杨振华以一个连之兵力固守亭子岭阵地，阻击四面围攻之优势敌人，艰苦奋战不退。连长杨盖凡在横涧桥战斗中被敌砍伤左手，仍能以右手扭杀该敌。排长张辉与战士在五里坡战斗中身负重伤，仍坚持与敌拼搏，直至阵亡。我官兵舍身卫国的正气，敌寇亦为之震慑。

当醴陵方面我军与敌纠缠时，长沙正面的战斗已急剧发展。16 日，敌 34 师团及 68 师团之一部夺取了在长沙湘江西边岳麓山我军重要的炮兵阵地，使长沙守军失去支援。经过一天一夜激战，18 日拂晓，岳麓山核心被突破，担任长沙守备任务的张德能第 4 军所部完全溃败，长沙名城不幸陷于敌手。守备长沙的第 4 军数万官兵仅剩 2 千余人（军长张德能擅自放弃长沙于 8 月 25 日被司令长官部处以枪决）。

日军在攻陷长沙后的下一步，是想以追击战的方式，由正面一举拿下衡阳。

第一集团军奉命转入萍乡地区战斗，在萍乡郊外的赤山桥打响了长衡会战中最为惨烈的一场拉锯式的攻坚战。

三、攻占萍乡

6 月下旬，长衡会战进入第二阶段，敌我双方以衡阳为中心，在湘江以东山区（湖南攸县、茶陵、醴陵、安仁、耒阳和江西萍乡、莲花）和湘江以西的丘陵地区（宁乡、湘乡、永丰），展开了一场激烈的攻防战。

22 日夜，奉副长官王陵基电令：军转移至萍乡以北杨柳冲一带整顿待命。军于 23 日 3 时，向杨柳冲、罗家山之线转移。时，军先头部队到达杨柳冲附近。适遭由案山关南下之敌千余人向我腰击。我因部队密集，地势狭隘，部队展开困难，孙渡当即令先头部队折向西北，占领斜心桥附近高地阻击敌人。时，军主力先后到达杨柳冲、石塘之线，收容整顿。

23 日，军奉第九战区司令长官薛岳电令：以歼灭向衡阳进犯之敌、确保衡阳战略要地之目的，协同第 72 军即循萍乡铁路南北地区，向枧头洲、老关、登官、醴陵东郊之敌猛烈攻击前进。但 58 军当指挥所进到赤山桥时，敌人进攻萍乡，企图经莲花、茶陵与衡阳日军会合。于是，萍乡郊外的赤山桥成为敌我双方争夺的要点。

23 日 4 时起，58 军与敌激战于杨柳冲海形岭、罗家山、石塘之线，经历 6 小时苦战，敌向我猛扑冲杀 10 余次，均为我军沉着应战，反击肉搏将其击退。杨柳冲之敌一部 2 千余，经冷田突袭赤山桥军指挥所。军直属部队 548 团与 28

团迎头阻击，反复肉搏冲杀，我官兵顽强战斗，士气不馁。

至14时许，战斗更猛烈，敌炮火浓密如狂风暴雨，我亦倾泻火力予以还击，敌我伤亡均更为惨重，敌之五个中队各幸存十数人。血战至17时，58军指挥所转移新店指挥收容整顿，我各部队乃转移乡光岩、石婆岭、苏家湾、石庄之线与敌继续战斗。是役，伤毙敌约1500余人，内击毙敌中队长5人。我伤亡副团长以下军官70余员，士兵2千余名。

23日22时，孙渡、鲁道源接战区司令长薛岳电令：你军当面之敌，其目的为牵制我军，掩护其主力进攻衡阳。希58军及72军立即奋勇击破当面钳制我军行动之敌，速向醴陵东郊攻击前进，侧击敌人主力。

24日，军自奉命南进，索敌攻击，数日以来孤军作战，尤以20、22、23日之战斗最为壮烈，牺牲之惨重，为此次作战以来所未有。24日1时，军决心续向当面之敌攻击，各师遵即行动，拂晓前冷水塘南北之敌寇，尚在睡梦之中，受我突然围击及迫击炮集中轰射，梦睡惊醒，仓皇应战。曾向我反冲5次，均被击退，激战至11时许，敌骡马由赤山桥、彭家桥分向南运动，我全线部队乘机齐力阻击，至14时许，敌不支节节败退，退至赤山桥南北之线顽抗。6时，敌以炮火堵向我183师正面猛击，并施烟幕弹及催泪性与喷嚏性毒气弹，以其步兵一部分四股向我正面及两翼阵地反扑，数度冲入，均被击退。24时止，敌我仍在对阵。

25日，敌我仍在赤山桥南北之线争夺激战。战斗至26日午，敌始动摇，大部由彭家桥向南溃窜。4时，我攻占彭家桥、赤山桥、鸡神庙之线，与敌对战。

27、28两日，我军向萍乡攻击前进，与敌肉搏巷战，于13时攻入萍乡城。新10、新11两师续进至小桥下长潭各地区，军指挥所推进至高岗埠。

赤山桥战役是长衡会战中最为惨烈的一战，赤山桥前后左右枪炮声密如连珠。战斗开始时，鲁道源军长一面令号兵吹冲锋号，一面派参谋长鲁元亲到阵地督战。在最紧张的战斗中，鲁道源在电话中严令各部：“打完再讲，不听你的理由，谁退就杀谁！”并立派特务营罗营长在桥上堵守，没有伤的退下就杀。

鲁元参谋长在第一线督战时，目睹战士冲锋陷阵奋勇杀敌的场面，极为感动，曾当场吟诗道：

“急弹如雨飒遮地，浓烟若雾骤笼郊。人人挥血复挥汗，处处飞抢并突刀。更绕奇支突前后，分头急袭四包抄。伤官伤兵劝不退，但愿成仁义冲霄。滚滚前仆复后继，攻势奔腾似涌潮。吾卒可爱尤可敬，精忠义烈情相交。纷纷顽敌奏击灭，挺刀一笑马蹄骄。可怜倭儿万里地，桥北桥南尸骨抛。”

第一集团军从蒋阜江战斗至萍乡之役，共毙敌千数百名，生擒敌兵山下富田等十余名，获战利品七担。我方伤亡副团长以下官兵800余名。

敌人占我长沙后，即马不停蹄向衡阳进扑。28日，在粤汉路敌军于26日夺取湘江东岸之衡阳机场，开始攻击衡阳城，与我守军第10军猛烈战斗。

攻占萍乡后，孙渡、鲁道源奉九战区司令长官薛岳电令：应迅速击破当面之敌，向醴陵、泗汾铺地区之敌侧背，猛烈攻击前进，收复醴陵。

四、克复醴陵

醴陵是粤汉路外围的重要据点，南达衡阳，北通株洲。日军本图打通粤汉路，加以当时衡阳攻防战正紧，必须保持后方交通线，决心守住醴陵。

29日拂晓，孙渡令鲁道源率军由桐田、麻山、刘公庙，及葡萄岭、湘东、黄花桥、长春铺之道向醴陵攻击前进，沿途击破敌人之抵抗。7月2日，我军进抵老关附近快活岭、美田桥南北之线与敌对战。

7月3日拂晓，我军继续向醴陵当面之敌攻击前进。4日10时，183师进达丁家山，由塔岭迂回袭击敌右侧背，敌退据阳山石、永安亭之线抵抗。新10师攻至大树下、大坪里之线，敌增援五百余反扑，战至12时，新10师30团赶到参加战斗袭击敌左侧背，敌始向泗汾铺方向节节败退。我军奋勇追击，进迫东富、沈潭之线，向敌猛攻。

5日，新10师当面之敌被我击溃，继向泗汾铺方面攻击；6日17时，新10师攻入泗汾铺，与敌激烈巷战，将敌击退，占领泗汾铺。

5日，183师攻占塔岭、乱石垅、杉木山之线；6日拂晓，续向佛子岭、永安亭、大塘之敌攻击，突破敌阵与敌在阳山石、南正街巷战冲杀。敌退据马背岭、茅亭子及以西高地与我对战。

6日9时，新10师向烂泥冲、仙岳山之敌攻击，敌据险抵抗。仙岳山庙内有敌百余、炮二门死守。7日，新10师29团常正学团长组织敢死队，在飞机掩护下，向庙内敌人猛攻，将敌击溃。

7日，醴陵近郊之敌向183师反攻，我亦猛勇向敌痛击。3时许，新11师一部秘密由阳山石渡河，进入东门，增援巷战。

8日，我攻入醴陵城，敌由西门退据城郊西北高地。我以一部扫荡城内残敌，一部与敌在西北郊及西南郊、仙岳山一带继续战斗。

9日，敌增援千余名向我反攻战，至10日拂晓，敌又由白兔潭增援来2500余人，分向我醴陵城东门、五里堆183师阵地反扑。由晨至13时，敌我在醴陵城巷战拼搏，白刃厮杀争夺，血溅街屋。我守城官兵前仆后继，伤亡巨大，被迫退守醴陵城东南之阳三石、马背岭。在醴陵以南至泗汾铺地区，敌我在猿水岭、牛尾塘、船山冲之线与敌激战，敌先后向我反扑十余次，均为我击退。此役，我毙伤敌人骑兵联队副官及中队长以下官兵800余人，我伤亡官兵560余人。第九战区司令长官薛岳嘉奖洋三十万元。

58军攻击醴陵战斗，据战后日本防卫厅防卫研究所战史室所编资料记载及评价如下：

奉命守备醴陵的宫崎部队，自4日以来遭受优势的重庆第58军的攻击。4日夜半以来该敌先来攻打塔岭，继而来攻仙岳山。第一线干部不断伤亡，战斗极为激烈。我军展开白刃战以粉碎其顽强冲锋。师团长山本中将命令将阵地收缩到醴陵周围。又将从株洲赶来的辎重兵第三联队及步兵第68联队第一大队均配属于宫崎部队。宫崎大佐当即命令5日傍晚开到的杉本部队守备醴陵东方和北方的高地。另派一支部队进入仙岳山第一线附近。7月5、6两日战斗仍在继续，骑兵联队的副官、两个中队长和大部分小队长均负伤或阵亡。塔岭高地也终陷敌手。联队再度调整阵地。7日以后，断然出击。8日随着若林大队的到达，联队更加奋勇战斗，粉碎重庆军3个师连续数日的顽强反攻，以少数兵力完成了守备醴陵的任务。⑦

7月11日，孙渡致电龙云报告了克复醴陵的战况：

急。昆明行营主任龙：午支办机电奉悉。冬日余萧两师，分向醴陵及泗汾铺西进。数经激战，微午余师攻抵醴陵一带，卤获甚夥，同时萧师攻战泗汾铺，即派一团北进，协同余师围攻醴陵。鱼日各部攻占南正街，与敌发生激烈巷战。虞丑，由攸县方面窜泗汾铺敌三千余，经我萧师阻击，敌不逞，大部向西北窜，与醴陵敌会合，向我反扑。我各部奋勇阻击，并以余师于虞晚密由阳三石渡遮水，攻入醴陵东门，参加巷战，敌不支，于齐子由西门退家渡西北西南郊顽抗。醴陵城遂为我完全占领。长官薛据报后，特电奖，并奖函提三十万元以示鼓励。刻敌在提师塘仙岳山与余师、在豆田与萧师激战中。感日来，赣北方面平静如常。副总司令仍驻上高。职部与长官部经常联络。谨复。职孙渡。午真午策卫。印。[8]

龙云收到捷报电文，十分欣慰，致电孙渡嘉勉收复醴陵，并盼随时报前方战况：

上高。孙副总司令志舟弟：岁密。午真午策卫电未冬始到。我军入湘奋战，收复醴陵，茂赏迭膺，良堪嘉许。前方战况，仍盼随时电闻。龙云。未冬办机。印。[9]

7月11日，日寇增加援兵对衡阳发动第二次攻势。58军奉命向萍乡东南转进战斗。

五、奇袭淦田

8月4日，日军第11军开始第三次向衡阳总攻。敌酋第11军司令官横山勇为了指挥攻击衡阳作战，偕同参谋长中山少将等少数人员从长沙飞往衡阳，在机场防空壕内进行指挥。敌预期在3天之内，必下此城。

8月8日拂晓，我衡阳守军第10军军长方先觉率部投降，位于粤汉铁路战略要地衡阳陷入敌手。然苦守衡阳的方先觉[10]第10军3个师，皆以必死之决心，以孤立无援的疲惫之师，抗击近6倍于己的日军，血战了整整47天。其可歌可泣之事实，悲惨壮烈之牺牲，孤城奋战之精神，令人不敢回忆。

衡阳保卫战因持续之弥久、战斗之惨烈、影响之深远，而被誉为“东方的莫斯科保卫战”。其英勇战绩永远值得人民的怀念！日方承认，此役“牺牲之大，令人惊骇”，为“中日八年作战中，唯一苦难而值得纪念的攻城之战。”日军战史称方先觉为“骁勇善战之虎将”，第10军“寸土必守，其孤城奋战之精神，是令人敬仰。”

7月中旬以来，58军与敌军27师团及34师团激烈死战，敌我伤亡均极惨重。敌军第11军判断58军必向莲花方面退却，命令该两师团于7月30日开始行动，向莲花追击前进，企图围歼58军。故58军向醴陵前进时未与敌军发生大的战斗，8月11日，58军到达醴陵近郊马背岭、东门山。

8月12日，第一集团军副总司令孙渡奉九战区司令长官薛岳电令：着58军将醴陵城之防务交第72军接替后，带足弹药，立取山路，先攻古淦田、朱亭，

“衡阳保卫战”70周年纪念活动（图片来自网络）

再进攻渌口、株洲。15日，58军将醴陵城防务移交72军。

22日夜，各师及58军指挥所由现地出发，经两日的隐秘行军；23日，58军指挥所到达杨家源，183师到达双江口，新10师到达源头坳。

24日，鲁道源下达作战命令：一、183师由现地出发，经下阜、毛园里、蔡坝取桥头铺、汪子垅、弹子坑，双江口山路攻占淦田、昭陵，夺取敌辎重，封锁湘江。二、新10师由现地出发经牛皮岭、美田桥、横岭铺取贺家桥、邓家湾、马迹山路，一举攻占朱亭，封锁湘江，构筑工事对南对西严密警戒。三、新11师为军预备队，由现地出发，在军指挥所后经牛皮岭、美田桥、贺家桥至源头坳附近集结，派队警戒军侧背之安全。

25日，各师到达攻击准备位置，军指挥所推进至八斗湾。26日拂晓前，军开始攻击，183师12时一举攻占淦田、泗州站，续向昭陵之敌攻击。27日拂晓，新10师攻占朱亭，夺还民物数百挑，耕牛81头，交群众认领。

朱亭战役，新10师29团二营营长李文龙（云南顺宁人）扼守长岭之线，与敌恶战数日，坚持不退。李营长的指挥所被炮火轰毁，营部官兵同时殉国。李超华副团长从电话中命他将指挥所移向右翼，他说：“向右移，则阵地动摇影响全局，我准备以死报国！”后来，在保卫阵地的惨烈战斗中连负七伤，为国捐躯。[11]

此次奇袭淦田、朱亭成功，第九战区司令长官薛岳特电奖励58军20万元，

183 师、新 10 师各记大功一次。

58 军攻占淦田、朱亭后，即构筑防御工事，封锁湘江，破坏铁道桥梁，击沉敌汽艇数艘。31 日，新 10 师派张体贤营向石湾之敌攻击，与敌激战二昼夜，于 9 月 3 日 14 时将石湾攻占，此后与敌反复激战于石湾一线，9 日敌突击东窜。

9 月 17 日，第一集团军副总司令孙渡奉第九战区司令长官薛岳电令：着 58 军除 183 师执行原任务外，即向茶陵南之湖口市、浣溪圩集结待命。58 军即转令各师遵行，23 日先后到达湖口市、浣溪市集结整补。

10 月 23 日，孙渡转司令长官薛岳电令：命 58 军 24 日由现地出发，秘密取捷径，经资兴开郴县待命。58 军于 10 月 24 日出发，10 月 30 日全部到达郴县，接替第 4 军构筑郴县外围防御工事。11 月 26 日，58 军再次奉令，利用夜行军，经资兴、桂东、遂川西北黄坳，到达永新、宁冈，以军部率一师驻宁冈，一师驻永新整训。

第一集团军第 58 军自 5 月 28 日由江西分宜出发到达湖南醴陵，参加长衡会战。至 9 月 17 日脱离战斗，23 日到达茶陵以南湖口市、浣溪市集结整训。与日军持续作战 113 天，作战至此结束。

第一集团军虽经数月激战，但部队攻击精神旺盛，官兵均能服从命令，有牺牲奋斗精神，故此次作战伤亡与损失特大。伤亡（括号内为军官数字）：阵亡官兵 5495（含官 210 人）人，受伤 3789（含官 189 人）人，失踪 830（含官 19 人）人，合计 10118（含官 490 人）人。[⑫] 敌军伤亡统计无法核对。

战后，孙渡率第一集团军副总部仍驻上高。新 3 军直属部队及新 12 师依然守备赣北前线，新 3 军之 183 师驻防新淦。58 军新 10 师、新 11 师在永新、宁冈驻地整训。

【注释及参考文献】

① 鲁元 . 国民党五十八军及十一兵团简史 [J]，云南文史资料选辑（27），1986.4：27

②⑥ 余建勋 . 滇军第一集团军八年抗战重要战役纪要, 云南文史资料选辑（20），1982.5：173

③⑤ 薛岳，余建勋等著 . 正面战场・湖南会战 [M]. 中国文史出版社，2015.5： 219−237

④⑦⑫ 滇军史编委会 . 陆军第 58 军参加长衡会战概况，文云南文史丛刊 1992（4）：65−76

⑧⑨ 云南省档案馆编 . 滇军抗战密电集 [M]. 1995.9：378−379

⑩ 方先觉（1903 — 1983），字子珊，江苏省萧县人（今属安徽萧县），国民党陆军中将。

⑪ 黄声远 . 壮志千秋 [M]. 上海汉文正楷印书局承印出版，1948.1： 137

第 14 章 剩勇追穷寇

进入 1945 年，世界反法西斯战争出现空前有利的形势，德、日法西斯已日暮途穷。在欧洲战场，反法西斯战争已临近最后胜利；在亚洲及太平洋战场，盟军步步逼近日本本土。在中国正面战场，侵华日军发动了最后一次大规模的攻击作战——湘粤赣边区会战。

1945 年初，第一集团军总司令部改为第一方面军总司令部，前方副总部改为第一集团军总司令部；同年 5 月，孙渡升任第一集团军总司令。1945 年上半年，孙渡指挥第一集团军（58 军、新 3 军）将士，与敌转战于湘赣粤边区，在赣江两岸“追击日寇”，势如破竹追至南昌，取得了辉煌战果。

“安得壮士挽天河，净洗甲兵长不用。”正义必胜！和平必胜！人民必胜！孙渡终于实现了“为民族争生存”的铮铮誓言，迎来了最后的胜利！

一、边区阻击

长衡会战结束后，敌我两军形成犬牙交错的对峙局面，并没有严格的阵线，战斗一经停止，双方也就互不侵犯，整个战区都进入沉寂状态。

1944 年夏天，日军侵占长沙、衡阳。入秋以后，又沿湘桂铁路窜抵桂林、柳州，入冬并以一部沿黔桂铁路进入贵州境内，之后日军沿粤汉铁路分头窜犯。第九战区司令长官部，由长沙退到耒阳，再节节退避，最后退到湘赣交界之桂东附近。第九战区野战军多数转入湘赣粤边区。

1945 年 1 月，日军为打通粤汉铁路（广州至武汉）南段及破坏中国空军基地发起的战争，集中 4 个师团、两个独立旅团，在第 6 方面军司令官冈村宁次指挥下，向湘粤赣边区及海陆丰地区进攻；我第 7 战区两个集团军、一个守备区、第 9 战区 7 个军又两个师，在赣州行辕主任顾祝同统一指挥下，阻击日军进攻。湘粤赣会战由此开始！

湘粤赣地区是今天地理意义上的“湘（湖南）”“粤（广东）”“赣（江西）”

之交界地区，地处于南岭山脉中段。崇山峻岭连绵不断，湘江、赣江、北江水系从此发源。气势磅礴的骑山岭、大庾岭和九连山横跨其间，蜿蜒曲折的北江、东江、章水、贡水、耒水、舂陵水分布全区。其扼守着湘、赣入粤的咽喉，为岭南与中原沟通之要地，亦属历代兵家必争之地，具有极其重要的交通与战略地位。

1944 年秋，日军占桂林，进袭柳州，并进至独山后，其在湘南与广东的日军会攻韶关。因第九战区大部队多转进山区，时扼其后，如芒刺背。同时中国遂川机场邻近粤汉路，该机场是中国空军东线最大基地，为轰炸日本本土之根据地，日本势必攻取而甘心，乃于 1945 年初，兵分两路进犯。一路由粤北沿粤赣公路陷赣州；一路由湖南茶陵、攸县及江西莲花，攻永新、遂川，企图击破中国边区野战军。[①]

第一集团军第 58 军当时分驻宁冈、永新整训，孙渡令 58 军军长鲁道源，即派新 11 师 32 团驻砻山口、万古石附近，对莲花、茶陵方向之敌严密警戒，严阵以待。

高陇、桥头之战，揭开湘粤赣会战的序幕！

1 月 12 日，敌由茶陵向高陇附近窜犯，即与我新 11 师 32 团第一营发生接触。次晨，32 团全部到达高陇附近，将敌击溃，旋敌增援反扑，但未能动摇我军阵地，双方形成对峙状态。

13 日，日军作第三度增援，以山炮掩护步兵，向我猛攻。同时附近一带地区，均陆续发现敌军运动。鲁道源军长即令新 10 师萧本元师长，率部推进至路江、桥头间地区：并令莲花张县长派自卫队警戒功德岭九曲山、三斗岭之线，监视敌军行动；又令赣保安 6 团徐大队长迅即开赴南岳庙，暂归 32 团团长郑社科指挥。

16 日，敌我展开激战，高陇北面的冯家屋附近敌增至千余，在山炮、小炮协同下，猛攻我正面阵地，经我反击不得逞。敌复以大部向我侧翼迂回进攻，因徐大队长未能遵限到达南岳庙，使我侧背受到严重威胁。当即派部队阻击时，正面情况又紧，敌同时以后续部队向我右翼围攻，我官兵前仆后继，血战至 17 日晚，高陇、雷打石、界化陇之线，敌全面进攻，我主阵地被突破，主力转移，控制各大小道路，阻敌前进。

桥头在莲花之南、高陇之东、界化陇东南。

16日晨，约五、六百之敌，向扼守桥头之新编第11师侯镇邦部段经团阵地猛攻，另一股约四百余，绕至水岩山向段经团右翼迂回。段团长出敌不意，以精锐之一部，由桥头右方小鹤仙高地出击，几经肉搏，将敌击溃。

晚间，步炮联合之敌千余，窜抵桥头西南之朱岭坳，同时，桥头东之陇山口，敌与我守军激战。在连日战斗中，我军伤亡甚大，乃暂转第二线整补。

58军与日军的战斗，随即又在沙市、澧田打响！

沙市、澧田位于莲花、永新大道之要隘，为莲花通永新大道上的冲要。1月19日，鲁道源奉孙渡之命，令新编第11师侯镇邦师长，以有力之一部，据守该两地；并令对通向莲花之大小道路，全力死守，以确保永新。

20日，沙市附近发现敌蜂拥而来，莲花南郊有万余之敌向东运动。鲁道源再奉孙渡之命，令侯镇邦师主力，驰至永新，并指挥在该地之炮、工部队，阻敌进攻。

21日，沙市到敌约一千六七百人，会合路江西南、桥东以东文竹之敌一千五百余人，向侯镇邦师正面进攻，侯师电话线突被截断，在激战中敌陷沙市，并迂回至该师杨又斋团右翼，继续向东运动，杨团奋勇阻击。时侯师在澧田、路汀、五马山之线奋战，而敌主力自澧田以北直趋永新。

22日，五马山、路江、澧田我阵地先后失守。段经、郑社科、杨又斋各团，退至新阵地应战。自23日后，敌虽不断增援进攻，但我各团死力固守，相机转移攻势，一时成为对峙状态。

孙渡判明，敌之企图，显系声东击西之惯技，正面主力与我激战，另以一部绕道向攻击目标突进。果然，其后续部队即从沙市、澧田以北东窜，攻陷永新。随而经城南观音阁向南攻略南山，进窥遂川。

于是，孙渡决意分兵堵击，于永新、遂川置重兵守备，并派出突击队，捣其后方，使日军阴谋必不得逞。

二、收复永新

遂川原来由友军第40师守备，2月中旬，新编第3军之第183师（师长余建勋），自新淦（今称新干）来接遂川防务，并奉战区司令长官部薛岳和孙渡电令，暂归第58军指挥。

该师第549团接替城区及外围据点阵地，立足未稳，而于田方面战斗爆发，遂川机场顿遭突破，从而展开金山、银山之恶战。

敌我在金山展开激战时，鲁道源奉孙渡之命，派队驰援，被强敌阻击，山上守军伤亡达三分之二，军官多壮烈殉国，阵地不守。当金山方面苦战时，银山情况亦同时紧张。据守银山之杨保鸿营，反复冲杀，卒以伤亡殆尽而告失守。

银山是遂川城屏障，关系整个战局。孙渡严令余建勋师以全力反攻，夺回银山，以保遂川机场安全。余师长遵令执行，派陈绍恒团长督攻，高喊“不夺回银山，誓不生还”的口号，向白雪皑皑的山上顽敌进攻，一时手榴弹爆炸声、密集的步机枪声、双方喊杀声、人马倒地声，使银山成为从未曾有的血战场。我官兵同仇敌忾、奋不顾身，将大部敌军砍杀，少数残敌狼狈溃逃，遂将银山收复。

日军并不甘心失败，随即纠集步炮联合之大部队，环绕银山猛攻，敌众我寡，我官兵被紧紧围困，誓死奋战，终于全部忠勇殉国，事极壮烈！

是役，虽未能扭转局势，但我将士浩气丹心，将永垂不朽，典范后世。银山沦陷，迫使遂川易手，第183师继续在遂川城郊西南山地与敌战斗。

2月底，孙渡指挥58军及新3军之183师，打响了收复永新、遂川之战。

2月27日，与萧本元新编第10师对峙之敌，因被萧师不断攻击而开始出现动摇之势。孙渡、鲁道源据报后，电令侯镇邦之新编第11师，协攻澧田、永新之敌，萧师之第30团进至拿山附近，截击由永新南窜之敌。

28日，我军全面攻势转移，荷花塘、洋埠之线先后发生激战，里旗山、双乳山、州湖各地亦展开战斗，敌势不支，纷向南退。新编第10师之第30团协同新编第11师主力，于3月1日午夜，力克永新城。敌军南走，侯师之第31团，经观音阁跟踪追击，萧师之第30团扼拿山、白沙塘间堵击，毙敌甚众，并缴获大批战利品。

永新收复后，鲁道源奉孙渡之命，令萧师第30团、侯师之第31团，追击窜向遂川之敌，并令183师余建勋师长，迅速准备进攻遂川，并堵击由永新窜逃遂川之敌。

当日，孙渡致电鲁道源，传达蒋介石嘉奖之意：“奉委座豪令壬重发电，敌窜遂川，我傅、鲁两军奋勇迎击，殊堪嘉许，希传令嘉勉，再接再厉，予敌以重创为要。”②

3月3日，由永新南窜遂川之敌，甫达水口附近，即与余师堵击部遭遇。同时，侯师之第31团，萧师之第30团，亦将回窜盐山之敌包围。此时回窜与南窜之敌，狼狈万状。

永新奏捷后，薛岳司令长官来电："着即迅攻遂川而克复之。"孙渡当即部署第183师为主攻部队，并令萧师之第30团南下，归余师长指挥：猛攻遂川之敌。

反攻遂川之战，于3月5日开始，敌据坚固工事与险要地形顽抗，并多次出击。第一集团军将士，奋勇冲击。

7日，攻至镜下。8日，攻达枫树坳。9日，围攻金山、银山与象形坳。尤以象形坳制高点之争夺战，最为激烈，得而复失者再，将士死命战斗，夺下这个制高点，歼灭守敌殆尽。

10日，我全力进攻金山、银山，血战竟日，终于克复，残敌退守城内。

11日拂晓，我军攻达四里街并城区，与敌巷战，双方伤亡均大，我将残敌驱逐，光复遂川。其时，残敌奔洋村渡河向东南逃窜，我追击部队跟进痛击，敌军溺毙河中者甚多。12日，日军曾一度反攻，未逞。

13日，日军逃离赣州。湘赣粤边区激战，告一段落。[③]

遂川收复后，孙渡令余建勋师长督同地方行政机关，做好安抚群众、恢复秩序等工作。

14日，孙渡奉薛岳司令长官电令："第60师接防遂川，第183师交防后开驻吉安，第58军军部率一个师驻永新，以一师驻泰和。"

孙渡当即令新编第11师驻泰和，并派一个营驻兴国，构筑泰（和）兴（国）间据点工事，对雩都（今于都）方向严密警戒。

4月初，第一集团军总司令部改为第一方面军总司令部，前方副总部改为第一集团军总司令部；5月3日，孙渡升任第一集团军总司令。

三、赣江追击

1945年6月底，抗日战争进入最后阶段，中国军队在湘西反攻战和桂柳反攻战中都已取得了胜利。与此同时，盟军在欧洲已击败德意；在亚洲，美军大举反攻，在太平洋上的作战进展迅速，已全部占领冲绳，日本本土危在旦夕。

日军想要利用大陆交通线来扭转败局已不可能，因为该路的修复至少得花一年时间，而且时刻有被切断的可能。在最后失败的前夕，困守于赣南的日军赶忙收缩，沿赣江北退，湘赣粤边区之敌，亦沿赣江北撤，企图进入南昌，再转往长江三角洲集中，作最后的垂死挣扎。

对于日军准备撤退的意图，中国军队早已察觉。在日军尚未开始行动时，中国军队就已判定日军必沿赣江北撤。果不出所料，1945 年 7 月 6 日，赣州日军开始行动，右支队沿赣江右岸，主力及辎重沿赣江右岸大路，左支队沿赣遂公路，逐步北撤。

赣江追击路线图（图片来自网络）

在日军开始行动的同时，中国军队也做好了战斗准备，第九战区电令各军，严密堵截。7 月 12 日，第九战区向第一集团军第 58 军下达电令：“着该军即开赴安福、天河备战。”

16 日，鲁道源率新 10 师抵达安福，新 11 师抵达天河，一场激烈的追击战即将爆发！

日军向宜春蠢动，遭到 58 军迎头痛击！

鲁道源率抵安福、天河时，奉孙渡之命，当令新编第 11 师控制于天河及其以东地区，并沿永新河及其东南地区构筑工事，对西及西南警戒；新编第 10 师位置在安福东南地区，机动使用。

同时，新 3 军军长杨宏光奉孙渡之命，电令第 183 师，以一个团守备吉安，主力沿禾水北岸，由卢家洲、禾埠岭、鸡笼山、神岗山之线，占领阵地；并由禾水岭南岸天华山亘刘家岭、万花山、石井之线占领阵地，向泰和方面严密警戒。58 军指挥所位置于安福。

当第 58 军正严阵备战时，日军已窜达泰和地区，与我第 37 军激战中。沿赣江我各友军，均有严密部署堵击日军计划。敌亦知其北撤，必到处遭受我军堵击，为此采取四出窜扰，以进为退之策略，牵制赣江沿岸中下游之我军。

7月20日，为牵制赣江中下游我军兵力，醴陵敌军倾巢出动，向宜春进犯，窜至桐木。孙渡遵第九战区司令长官部之命，电令第58军，立即派队驰援宜春。

58军接到驰援宜春的命令后，随即派新编第10师28团第1营（营长张体贤）星夜赶往桐木。200余里路程，通常应分三日行走，但该营却于一夜之间行军即行赶到。

当28团第1营赶到桐木附近时，桐木之日军先头部队六七百正巧向宜春进窜。张体贤营长迅即率部迎击，出敌不意，我众敌寡，痛击日军。

敌在仓皇中应战，正拟突围逃窜，敌后续部队约六七百赶到，遂与我激战。我官兵勇往直前，杀得敌胆战心惊，夺路向万载方向逃窜。我当以一部进驻宜春。

不数日，复有数百之敌，窜抵洋桥，为我驻宜春之新编第10师张运柱部击溃，并将敌驱至万载方面，宜春局势因而安定。

宜春痛击日寇后，吉安保卫战随即打响！④

7月24日，沿赣江两岸北撤之敌，先头部队约六七百人，窜抵枫林桥附近，与我警戒部队发生战斗。夜间，敌退至凤凰圩以北地区。鲁道源奉孙渡之命，令新编第11师由天河经官田、栗桥向东搜索攻击，新编第10师以第30团由南山驱逐由泰和窜来之敌。

当新编第10师到达固江以南地区时，新编第11师全部亦到达横江渡、高塘圩一带，分别发生战斗。26日，追近禾水之敌，由耒埠桥附近泅水强渡，我第183师守军，乘敌泅渡时，集中火力扫射，毙敌甚多。敌陆续增至四千余，我凭河阻击，敌乃向我阵地两翼迂回，赣江东岸之敌，亦向我侧背攻击。

第183师第548团团长王光伦，以一部驰往增援，将敌大部击毙江中。敌旋向曲濑、卢家洲附近猛攻，以密集炮火，掩护步兵渡河。防守卢家洲附近之敌549团第六连，伤亡殆尽。

敌突过禾水后，新编第11师转移于梅塘地区，第183师移至曲濑、烈马山、南沙附近。当时，敌为达到安全北撤，以有力之一部，四出窜扰，牵制我军，使主力及辎重能迅速北撤。58军为指挥便利计，指挥所由安福进至固江，部署吉安保卫战。

鲁道源奉孙渡之命，当令第183师余建勋师长以第549团及新编第10师之第30团，部署吉安以西地区，担任外围战斗；以第548团坚守吉安城郊。

28日，敌先头部队猛攻第549团，因第30团尚未来到，兵力薄弱，敌得以中央突破，向两翼包围，将第549团围困于右花山一带。第549团团长陈绍桓，沉着应战，反复搏斗，终将敌军击溃，使敌不敢滞留吉安外围。

坚守吉安城郊之第548团团长王光伦，当敌溃退时，以一个营迅过浮桥袭敌，正有敌帆船三百余只，向神岗山驶来，遂在中山码头一带，向帆船猛烈射击，使敌无法登陆，船上敌军家属的哭喊声，震荡江面。此时岸上之敌，无法接近吉安城郊，遂向曲濑猛扑，曲濑防线被突破，使吉安四面受敌。

为确保吉安，鲁道源电令王团必须全力固守，王光伦团长当即表示“与城共存亡”的决心，并增强防御配备。183师549团奉令与新10师30团先攻破当面之敌，549团团长陈绍桓亲临前线指挥，苦战一星期之久，给予日军沉重打击，使其不敢在吉安外围滞留，减少了固守吉安城区的548团所受的威胁。

29日晨，盟军飞机飞临吉安上空，轰炸日军阵地并扫射沿江船只，给死守吉安的中国官兵以精神上的鼓励。王团长在空军轰炸敌军时，派队向文峰（文天祥宗祠所在地）之螺丝山敌军猛攻，颇有斩获，同时肃清十里亭之敌。第548团向敌进攻时，第549团派出部队协力战斗。吉安城在549团和548团的共同保卫下，终于免遭日寇屠城的厄运。

30日，吉安附近之敌，纷向北窜，吉安得以无恙。第九战区司令长官部，以第一集团军在作战中能英勇杀敌，完成任务，通令褒奖。

吉安保卫战结束后，孙渡奉薛岳长官电令：“吉安交由第37军接防，着第58军立即追击由赣江北退之敌。”

四、追至南昌

敌人越过吉安后，鲁道源奉孙渡电令：第183师向赣江西岸之敌追击；新编第10师由吉安渡江，向赣江东岸之敌追击；新编第11师沿赣江西岸向峡江前进。

8月1日，第183师开始向赣江西岸追击。183师549团追至二十七铺，第3营营长杨保鸿，与敌接战后，敌军猛扑反攻，七连连长张锡昌、八连排长张繁清等负重伤；第1营营长万寿机警出击，攻占虎形山、狼口时，二连连长邓定平、一排排长张一民，相继负伤，但杨、万两营，仍奋力追击，敌军连夜向北逃窜。

4 日，58 军指挥所进至村前圩。当日新编第 10 师第 28 团张体贤营，协同第 183 师右支队攻占阜田；陈绍桓之第 549 团，攻占 3105 高地。敌失去制高点，即分两股北逃。第 183 师尾追逃向峡江之敌，新编第 11 师尾追逃向罗田之敌。

58 军指挥所进至路口地区东北时，第 183 师已攻占峡汀城，新编第 11 师亦攻占罗田。孙渡判断：敌军主力，必经新喻（今新余）逃向高安。当令第 183 师向高邮市、高安方向追击；新编第 11 师经黄土湾，向清江追击。

10 日，军指挥所进至清江。奉薛长官电令："着军指挥所位置于樟树镇，督令各师相机进击南昌。"

11 日，新编第 11 师追至黄沙岗东北高地，一鼓作气将敌驱至锦江北岸。183 师实行对高安的"超越追击"，一路破敌抵抗。髻头山一战最为惨烈，548 团 1 营与敌人苦战，三失三得，越战越勇。549 团 2 营也加入作战，第 4 连长杨天善在率队猛攻中殉职，士兵伤亡过半。

12 日，赣江西岸追击战告一段落，第九战区司令长官部电示：第 183 师归还新编第 3 军建制，新编第 11 师调樟树镇整补。

在赣江东岸的追击战，也与赣江西岸同等速度在进行！⑤

8 月 1 日，我赣江东岸追击部队新编第 10 师师长萧本元，在吉安附近渡江后，时水东尚有敌后卫部队，我因缺少渡船，当令第 29 团团长常正学率部先行渡江。常团长立即向水东敌之后卫部队猛攻，并以一部迂回敌后，将该敌击溃。师指挥所及黄学文之第 28 团、龚德敏之第 30 团，先后渡江，常团在前，龚团跟进，敌之主力向吉水溃退。当退至八都圩后，因受我常、龚两团围击，乃分股北逃。

当常、龚两团进至雷公庙、黄江桥时，师指挥所进至水口。6、7 两日，我军在白姑岭、海仙山一带，与敌激战竟日，敌向北撤。8 日，我攻克新淦（新干）城。副营长杨思义阵亡，四名排长重伤。10 日，常团进至樟树镇。11 日，丰城之敌五百余，四出奸淫劫掠，常团即向丰城攻击。

13 日，追至小港口，遭到敌军顽强抵抗，我第 2 营连长王焕章、排长毕忠等阵亡。14 日，我进至大港口，第 2 营 6 连王焕章阵亡。

15 日，进攻潭岗寺、孙家庄时，敌增援千余反扑，双方均以全力拼搏，我连长张金龙、排长张辉汉、杨景春、韩伟、王加成、杨开勋、李志昂等在苦战中壮烈牺牲。

16日，常团与敌形成对峙状态，我正部署兵力，相机占领南昌时，忽奉薛岳长官电令，敌已全面无条件投降，孙渡当令各师停止攻击。

赣江追击战，遂告结束！

五、穷寇末日

作为抗战时期江西战场最后一役，赣江追击战消灭了日军大量兵力，迟滞了日军北撤速度，避免了沿江一些城市再受洗劫蹂躏之苦。⑥

据相关资料记载，赣江追击战从7月6日开始，到8月16日追击到南昌附近为止，历时一个月左右。孙渡指挥第一集团军第58军新编第10、11师、新3军183师，驰援宜春迎头痛击日军，苦战死守吉安，将日军驱至锦江北岸，“追”至南昌附近，使日寇胆战心寒！

日军在这次北撤中，充分暴露出流寇的特点，除了搜刮劫掠，每退到一处即纵火焚烧。沿途庐舍为墟，十室九空，路上尽是尸体和敌人丢弃的牛马猪鸡的骨肉，发出难闻的奇臭。然而我第一集团军作战英勇，不少官兵在激烈战斗中光荣殉职，军以自身伤亡千余人的代价毙伤日军5000余人。⑦

1945年，中国战场上的日本侵略军虽已走向穷途末路，但他们死不甘心，还要做垂死挣扎。湘鄂赣一带的日军经常会来大扫荡，实行所谓的“三光政策”，即抢光、烧光、杀光，血洗中国土地，日寇的凶残由此可见一斑。

第一集团军总部驻地在江西上高县翰堂乡，1942年10月孙渡升任副总司令后，一直驻扎在此，直到抗战胜利。

上高县隶属于江西省宜春市，位于江西西北部，赣江支流锦江中游，东连高安市，西接万载县，南邻新余市渝水区、分宜县、宜春市、袁州区，北与宜丰县接壤。

沧海桑田，今天，已难以寻觅总司令部驻地的踪迹。

日本人说来就真的来了。孙渡在上高县翰堂乡驻扎期间，就经历了一次日军大扫荡。据孙渡夫人张灿琪回忆：⑧

大概是1945年7月间，一股日军来到上高翰堂扫荡，孙渡亲率部队抵抗。

他先安排我们家属去比较安全的地带避难。他命令副官刘李智准备了两乘滑竿、两匹马，带着些简单的衣物和用具，要我们赶快离开翰堂，走西边的山路，径直去到都堂（一村名），并说这条路不会遇上日军。

我们下午出发，坐着滑竿叫人扛着，一步一颠地从山里的小毛路逃避，不时地听见炮声在后面响了起来。唐芸赓和我不约而同地说：我们要下来走路。副官刘李智说：太太们，不要害怕，总司令的安排不会错的，他是“小诸葛”。但我们在路上不能耽误，一定要到都堂才能休息。但话说在先，要是万一碰上日本鬼子，那我刘李智就顾不上二位夫人了。我带着手枪，背着大小姐往山里逃出去，要为总司令保住这点命根子。我们大家都不要怕。刘李智鼓励着我们一直在山里走到日落西山，才走到都堂。

到了那里一看，村子里空荡荡的。我们找到了一个没有出逃躲避的老大妈家里，老大妈说：“村子里的人大多已躲到山洞里去了。家中什么也没有，你们自己想法子找点东西吃吧！”这时，我才坐下来给孩子喂奶，但一点奶汁也没有，我感到心跳加速，头昏眼花。不知道刘李智在哪里找到两个鸡蛋，煮好了端到我面前，但我不想吃。这时，唐芸赓对我说：“灿琪啊！你不吃就更没有奶汁了。到这样的地步，能逃出来保住这条命，保住你的小女儿就是我们的祖德啊！”说着她紧紧地握着我的手。此时，我已倒在她的怀里泣不成声了。那一夜，我和唐芸赓一起睡在老乡家的一张破旧的大木床上。我整夜没有合眼，3个月的女儿却在我的怀里睡得很香。

第二天中午，孙渡和我们取得了联系，他让我们走小路到司令部驻地会合。当我们返回翰堂时，看到整个村庄已被日军烧成废墟，连一个老乡的影子都没见着，那种凄惨景象真是不忍目睹。后来，我们随同孙渡住在上高县。平时，孙渡并没有闲下来。每天，他都要去各地视察日军逃窜后留下的灾难。回来后，都要和县长商量，怎样处置这些灾难。当时，我不懂军事，不敢向他多问一句话。一个月之后，我们从收音机里听到日本政府宣布无条件投降的消息，全家人异常兴奋，沉浸在无比的欢乐与祥和之中。

“安得壮士挽天河，净洗甲兵长不用。”自1938年8月1日，孙渡率领58军由昆明出发参加抗日，至1945年8月14日日寇宣布投降止，转战湘鄂赣三省，浴血七年零半月，横扫千里，一路奏凯，威震华中，战绩赫然，参加大战役20余次、小战役500余次，58军被赞誉为“抗日劲旅”“抗日常胜军”[⑨]，捍卫了民族尊严，做出了巨大牺牲，立下了不朽功勋！

黄声远著《壮志千秋》一书

黄声远（安徽黟县人，原是《前方日报》战地记者，1939 年在江西加入 58 军，成了鲁道源的秘书）在《壮志千秋》一书中记载，58 军在抗战期间，伤亡将士人数达 10 万人（其中 8 万阵亡），伤毙敌军约 5 万。此外，官兵补充 12 万人，长假离散 2 万人。58 军与日军伤亡比为二比一，是中国军队中参战最多、最激烈，损失最小的军队之一，国民党爱国元老于右任曾欣然题词赠 58 军“壮志千秋”。[10]

历史刻骨铭心，往事不堪回首。那是一段悲惨屈辱的苦难历史，也是一部觉醒奋起的悲壮史诗。国耻，痛彻肺腑；抗争，同仇敌忾。中华儿女壮怀“我们万众一心，冒着敌人的炮火前进”的满腔热血，“四万万人齐蹈厉”“誓死不当亡国奴”，与日本侵略者进行了长达 14 年的艰苦卓绝的斗争，最终取得了近代以来中国反抗外敌入侵的第一次完全胜利，开辟了中华民族伟大复兴的光明前景，开启了古老中国凤凰涅槃、浴火重生的新征程。

如今，抗日的硝烟早已散去。但记忆从未褪色，历史仍有回响。每年的 9 月 18 日，在北京天安门广场，在人民英雄纪念碑前，人们伫立凝神，聆听镌刻在汉白玉上的历史回声；在沈阳 “九一八”历史博物馆，一份份新解密的文件，讲述着中华儿女奋力救国的传奇；在北京、济南、石家庄、昆明等全国各地，防空警报也如同往年一样再次响起……这些纪念活动提醒人们，不忘对历史的记忆，才能更好地捍卫正义。

今天，尽管“九一八”事变已经远去，但日本帝国主义侵华期间所有惨遭杀戮的死难同胞，值得我们永远悼念；抗日战争中所有英勇献身的英烈和为之作出贡献的人们，值得我们永远缅怀；中国人民反抗侵略的不屈不挠斗争，值得我们永远铭记。我们不忘记忆，并不是要延续仇恨，为的是牢记历史、捍卫正义，也是为了警醒全世界人民共同避免历史悲剧的重演，更好维护世界和平。

历史学家波普尔曾说：“（历史上）那些被遗忘的无数的个人生活，他们的哀乐，他们的苦难与死亡，这些才是历代人类经验的真正内容……”80 多年过去了，岁月的落英早已覆盖战争的遗迹，发展的潮流一点点清洗着历史的伤痛，但如果在车水马龙、霓虹闪闪中忘记了历史，则意味着割裂传统、割裂文明。保持记忆，不忘历史不忘痛，历史这个“前事”才能真正成为“后事之师”，成为捍卫正义的进步力量。

习近平总书记在2015年新年贺词中说：“对一切为国家、为民族、为和平付出宝贵生命的人们，不管时代怎样变化，我们都要永远铭记他们的牺牲和奉献。”同年9月2日，习近平在颁发中国人民抗日战争胜利70周年纪念章仪式上讲话指出：“一个有希望的民族不能没有英雄，一个有前途的国家不能没有先锋。包括抗战英雄在内的一切民族英雄，都是中华民族的脊梁，他们的事迹和精神都是激励我们前行的强大力量。”

中国抗日战争的胜利，是中华民族团结奋战的胜利。在这场战争中，云南各族人民在中国共产党倡导的抗日民族统一战线旗帜下，前仆后继，共赴国难。抗战胜利后，3支滇军劲旅——国民革命军第60军、新编第3军、第58军，分别代表国家、战区司令长官，在越南、九江、南昌接受日本帝国主义的无条件投降，洗雪了近百年来中华民族被侵略、侮辱的耻辱！

胜利之师最为荣耀的庆典——受降，即将来临了！

【注释及参考文献】

①③④⑤ 薛岳，岳星明等著．正面战场·闽浙赣抗战[M]. 中国文史出版社，2015.5：346－397

②⑩ 黄声远．壮志千秋[M]. 上海汉文正楷印书局承印出版，1948.1：145－173

⑥⑦ 南昌日报，2015年9月11日

⑧《往事仍美好——张灿琪女士回忆录》（未刊），2008年6月

⑨ 抗战中的云南．云南文史资料选辑（50）．云南人民出版社，1997.7：115－120

第 15 章　胜利大受降

1945 年 8 月 6 日，美国空军在日本广岛投下了令人震惊的第一颗原子弹。8 月 9 日，苏联对日宣战。8 月 15 日，日本裕仁天皇通过无线电广播发布“终战诏书”，宣布日本无条件投降。走过艰苦抗战历程的中国人民，终于迎来了伟大胜利的辉煌时刻，拉开了日军受降的大帷幕。

对日受降，将中国人民的最终胜利载入了史册。奉第九战区司令长官薛岳命令，第一集团军第 58 军、新 3 军接受了南昌、九江地区日军的投降。受降期间，孙渡率第一集团军总司令部先由上高经樟树到南昌，再由南昌到九江，主持了九江地区的受降工作，见证了中华民族胜利的光荣！第一集团军最为荣耀的庆典——南昌、九江受降永久载入了史册！

“八年烽火起卢沟，一纸降书落南昌。”抗日战争是中国人民一百多年来第一次取得完全胜利的民族解放战争。胜利的笑声洋溢神州大地。会笑的民族是不会失败的。58 军军长鲁道源说：“谁会笑，谁最后笑。”孙渡补充说：“最后笑才是真笑。现在是中华民族笑的时候了！”

抗日战争让中华民族付出了无比沉重的代价！历史不会、也不能忘记孙渡为国家和民族立下的不朽功勋！

一、受降时刻

日本宣布投降后，8 月 18 日，中国战区最高统帅蒋介石电令第九战区司令长官薛岳上将为受降主官，令其指挥所属各部队及 73 军负责接收南昌、九江地区日军。25 日，中国陆军总司令何应钦电示薛岳，日军投降部队为第 11 军所属第 27 师团、第 7 旅团（集中南昌），第 34、40、87 旅团（集中九江），投降代表为第 11 军军团长笠原幸雄将军，投降地点在南昌。

8 月 26 日，中国陆军总司令何应钦发布命令，将中国战区划为 16 个受降区。第一受降区以第一方面军卢汉为受降主官，日本投降部队的集中地点在越南北

南昌、九江日軍代表

向我簽呈降書

“中央社”关于南昌、九江日军投降的报道

（图片来自网络）

部，办理投降事宜的地点在河内。江西划为第 5 受降区，以第 9 战区司令长官薛岳上将为受降主官，负责接受南昌、九江地区的日军受降。薛岳收到上述命令后，开始了受降的准备工作。

8 月 31 日，第九战区司令长官薛岳连续发出第 1 号、第 2 号、第 3 号“备忘录”，致驻南昌、九江地区的日军第 11 军司令官笠原幸雄：立即执行本司令长官的一切规定，限令日本第 11 军及所配属陆、海、空军及其辅助部队，立即停止一切敌对行为，就现在驻地及指定地点静待命令；笠原幸雄应负责指挥所属日军投降。

“第 1 号备忘录”明确：特派陆军第 58 军军长鲁道源中将兼本司令长官南昌前进指挥所主任，监视日军执行本司令长官的一切命令；指派鲁道源中将为南昌地区受降主官，负责接收在南昌、涂家埠地区的日军投降；指派新 3 军军长杨宏光中将为九江地区受降主官，负责接收在永修、德安、星子、瑞昌一代地区的日军投降。[①]

“八年烽火起卢沟，一纸降书落南昌”。至此，中国军队在江西的两个受降区，即九江和南昌受降区，完全由云南抗日将士包揽，受降范围扩展到湖北、湖南和广西等地。多年与日军第 11 军交战的第九战区第一集团军得以受降第 11 军，本区接受日军投降官兵 66830 人。这是对第一集团军官兵勇敢作战的肯定，也是第一集团军将士无上的光荣。薛岳对鲁道源说：“此次我派你到南昌代表我受降，是你一生的荣耀”。[②]

对日受降，将中国人民的最终胜利载入了史册。孙渡和全国广大抗日军民一样，纵情欢笑，兴奋异常。是的，中华民族是一个会笑的民族，就是再有多少愁苦，也能用笑将它冲淡。58 军军长鲁道源说：“谁会笑，谁最后笑。”孙渡补充说：“最后笑，才是真笑。现在是中华民族笑的时候了！”

第一集团军是云南地方部队，隶属第九战区指挥，时统率第 58 军、新 3

军两个军。1940 年 9 月第一集团军总部由卢汉带回，第九战区设第一集团军前方副总部于江西上高。1942 年 10 月孙渡调任第一集团军副总司令，1945 年 5 月就任总司令。日本投降时，第一集团军建制及师以上指挥官姓名如下：[3]

第一集团军总司令：孙　渡

参谋长：赵锦雯

陆军第 58 军军长：鲁道源　副军长：梁得奎

参谋长：鲁　元　副参谋长：龚襄平

新编第 10 师师长：萧本元　副师长：魏沛仓

参谋长：杨协一

新编第 11 师师长：侯镇邦　副师长：冯　云

陆军新编第 3 军军长：杨宏光　副军长：张与仁

参谋长：卓　立　副参谋长：陶任之

第 183 师师 长：余建勋

副师长：杨兆麒　副师长 ：甄绍武（兼政治部主任）

参谋长：黄丽天

新编第 12 师师长：唐宇纵　副师长：关竹青

参谋长：沈剑鸣

据时在第一集团军总司令部担任警卫任务的手枪排副排长赵家祥[4]晚年撰文回忆：孙渡初任总司令时，曾召集司令部参谋和各处处长分析国际形势。孙渡认为，太平洋战争爆发后，日本国内空虚，已处于内外交困的境地，日本人民的生活也万分紧张。日本无条件投降是历史的必然，是全世界人民包括日本人民在内的呼声和愿望。赵家祥回忆说：

8 月 15 日晚 9 时，在江西上高翰堂总司令部驻地，无线电排最先从收音机中听到日本无条件投降的消息，当时大家惊异地问："怕没有这么快吧！"孙渡当时也疑惑地说："我判断明年二三月份日本才会投降。"但没过 20 分钟，日本投降的正式电报就来了，此时总司令部一片沸腾，所有的人彻夜未眠。人们奔走相告，将士们鸣枪庆祝，街上及附近各村落锣鼓喧天，鞭炮声、欢呼声昼夜不停。随后几天，在一栋新修建的戏剧院里，军民白天黑夜唱戏，共同欢庆胜利。

孙渡夫人张灿琪回忆道：[5]

1945年8月15日晚，我们从收音机里听到日本人投降的消息，全家都非常兴奋。八年的艰苦抗战终于取得了最后胜利，全国各地到处是庆祝胜利的欢呼声。上高县的百姓也组织起来，敲着锣打着鼓，汇集到县政府庆贺，要求与坚守在江西八年的抗日将领孙渡将军见面。那时，孙渡穿了一身洗得发了白的旧军服，微笑着走出县府。群众一片高呼声："劳苦功高的孙将军万岁！"他挥手向群众表示谢意，还说道："我们是胜利了，但以后要做的事情还很多。我们还要为大家过上安居乐业的日子而努力。"

穿越历史的风雨云烟，8月15日，这个特殊的日子深深地镌刻在中国人民的心间。因为中国人民在日本帝国主义侵华的14年战火和离乱中，受尽日寇的蹂躏、践踏和屠杀，付出了巨大的代价，蒙受了惨重的牺牲。

据不完全统计，全国军民伤亡超过3500万人，4200万难民无家可归，800余万劳工被强掳，财产损失和战争消耗折合美元5620亿元。

14年抗战，惊天地、泣鬼神，今天捷报传来，怎能不欣喜若狂呢？亲眼看见日本侵略者的可耻下场，压在心头的屈辱苦闷，怎能不至此一扫而空呢？

受降期间，孙渡率第一集团军总司令部先由上高经樟树移南昌，再由南昌移九江，[⑥]主持了九江地区的受降，见证了中华民族胜利的光荣！中国人民抗日战争和世界反法西斯战争正是通过对日受降，将人民的最终胜利载入了史册！

第一集团军最为荣耀的庆典——受降也永久载入了史册！

二、南昌受降

南昌是江西省会，是江西政治、经济、文化、交通中心，古有"襟三江而带五湖"的描述，为我国中南重镇，战略地位极为重要。当时为日军独立第七旅团驻守。

鲁道源接到第九战区司令长官薛岳命令后，立即电话通知58军团以上军官速到军部开会，各部队严密警惕，防止日军在解除武装前破坏捣乱。随后，军部移至丰城。一切安排就绪后，电令日军派人到58军军部听令。

8月底，58军开到南昌外围的生米街。与此同时，中国陆军总部转来蒋介石的命令，江西省政府主席曹浩森率省政府人员，由重庆前来南昌接受政权及

58军向南昌城进发（图片来自《壮志千秋》一书）

日本物资，命第58军协助。9月2日，南昌前进指挥所命令第58军新10师接管南昌。

9月7日，新10师第28团和第30团进入被日军占领6年之久的南昌，驻屯南昌的日军第7旅团解除武装，开往昌北牛行车站集中。进入南昌市区的新10师以第28团第1营张体乾部为先锋，第2营欧阳准部、第3营王泽民部等随后跟进，第30团于同晚进入。在大雨滂沱中，日宪兵在郊外迎导。进入市郊时，日军尚未缴械，长期饱受日军欺凌的南昌全城“百姓喜泪夺目，奔走相告，聚集在街道上，燃放鞭炮，彻夜不停”。⑦

9月8日，鲁道源率领前进指挥所进驻莲塘，笠原幸雄派参谋田中义男中佐来迎，送呈南昌、九江地区联队长以上名册和无线电呼号。到达南昌的华中受降指导部，当即电令当时在汉口的日军第11军司令官笠原幸雄，立即到南昌报到，接收指示。

9月9日，前进指挥所官兵进入南昌，日军派出数辆汽车在中途迎接。云南将士容光焕发，精神抖擞，掌旗兵掌着军旗走在队伍最前面，军乐队奏着雄壮的乐曲紧随其后，接下来是步兵第31、32团，骑兵排、工兵营、辎重营等队伍同行。

10万南昌人民倾城而出，欢迎58军入城。大家夹道欢呼：“欢迎抗战英雄”，掌声、欢呼声、爆竹声不绝于耳。迎接的人群从距城几公里远的地方就开始出现，此后绵延不绝一直到市中心。部队途经之处，两旁的街道上、窗口中、平房屋顶上都挤满了人。

当天，日军独立第7步兵旅团长生田寅雄少将（笠原幸雄特命其为南昌、九江地区停战交涉委员会委员长），代表11军司令官前来晋见鲁道源。鲁用告知必须严格执行9月2日日本在东京湾密苏里号主力舰上向中、美、苏、英盟国签了字的投降条款，并自10日起，率必要人员前来接洽有关事宜。

9月10日，生田寅雄率佐（校）级军官多人前来指挥所候命，第58军参谋长鲁元等在礼堂接见。双方连续两天用会议方式详细讨论并规定了日军应遵办的一切事项。

9月12日晚，鲁道源主持召开受降预备会议。出席人员由第58军副军长梁得奎、参谋长鲁元、副参谋长龚襄平、参1课课长周璜、参2课课长艾辉、参3课课长燕登稷、军务处长郑社科、军需处长成寿平、新3军副参谋长陶任之、军法官李屏苍、翻译黄辉帮等人。会议主要规定在南昌的日俘和日侨的集结地区，给养供应，收缴武装的日期，兵器存放地点等问题。

会上，生田寅雄少将以停战交涉委员长的身份，汇报了南昌、九江地区日军状况，并呈交了笠原幸雄的报告。日方顾虑日俘解除武装后惧怕我国人民报复，要求准其持木枪和木棒在集结地区警卫。我方答复：我国人民由我方进行教育说服，不使发生报复行为，所请不准。日方又提出日军军官的佩剑，许多是祖传的纪念品，请免予缴交。我方答复“不行”。日方又顾虑日俘在集结地如时间过久不能回国，衣服破烂后需要缝补，请发给针线。我方答复：“可以考虑供应”。总之，在会上我方如何规定，日方只能答复“是”，而不能说半个“不”字。至此，受降典礼筹备工作已全部完成。

9月13日，鲁道源在南昌江西大旅社主持洽降会谈。笠原幸雄由汉口飞抵南昌，当即率生田寅雄等晋谒鲁道源，对各项指示表示诚恳接受。鲁道源将一份备忘录交给笠原，要他回去通知日本军官把身上的佩剑一律呈缴。日本军官身上的佩剑多为天皇所赐，有的是祖传家宝，一向被日本军官视作军人的生命。笠原等听后顿感失去了侵华的武士道威风，脸色十分难看。呆了好一阵子，才由身后的生田恭敬地回答“遵办、遵办”。事后，笠原找了一个机会，请求鲁道源宽大为怀，免缴其个人佩剑。鲁道源当即答复：“这要等请示上级后再说”。

9月14日，薛岳以第9号训令指示笠原幸雄：日本派遣军冈村宁次已遵日本政府和日本大本营的命令向中国最高统帅投降；第9战区司令长官奉命接收南昌、九江地区日军的投降；日军应于9月14日切实施行。至此，受降典礼筹备工作已全部完成。

同日，第9战区司令长官司令部在南昌前进指挥所即第58军军部礼堂举行受降仪式。地点在中山路中央银行（现“八一”起义纪念馆斜对面已改建成中国人民银行大厦）。此地曾是日寇军队驻地，在这里曾囚禁过我国同胞，多少爱国志士在这魔窟里惨遭杀害。选择在这里受降，就是要让侵略者知道，中国人是以直报怨的国家，希望这些日本军人有所醒悟。

是日，南昌市戒备森严，从中正桥头（今八一大桥头）起直至会场上，五步一岗、十步一哨，整个中正路（今胜利路）禁止通行，桥头和洗马池口均置有两门新式大炮，炮口向北，会场对面胡琴街口亦置有机枪，俨然进入备战状态。据 58 军参谋长鲁元回忆，当时会场上连警卫士兵共有 333 人。

在中山路中央银行会场，大门口扎有松柏彩坊。会场门口彩坊上悬着写有“南昌地区日本投降典礼”巨大金字的红布，穿过走道踏上台阶进入二门，礼堂门口又有一座彩坊，上有“和平、胜利”四个金字，两旁是中、苏、美、英四个盟国的国旗迎风飘扬。签字大厅内彩旗环绕四周。会场上方正中悬挂孙中山先生画像，左右列有“和平”二字。

会场中置有两条长桌：上端的长桌较高是受降席，居中是受降官鲁道源，右为第 58 军副军长梁得奎、新 10 师师长萧本元；左为军部参谋长鲁元、新 11 师师长侯镇邦；后排 6 人是军部副参谋长龚襄平、新 10 师副师长冯云（字子梯）、参议杨治平、军务处长郑社科、军需处长成寿平和军法处长兼国际法官李屏苍；最后是全副武装的警卫士兵。左右两边长桌，左为盟军代表和第 58 军官佐，他们是军部办公室主任陈淑初、第 28 团团长黄学文（字兴周）、第 29 团团长常正学（字冀贤）、第 30 团团长龚得敏、日本秘书蒋宗琰、参谋处科长燕登稷等；右为省政府代表胡嘉诏（江西省省府委员兼建设厅长）、工商界代表余行鲁、中央通讯社驻第 9 战区随军组主任胡定芬、中央社南昌分社记者刘藻、第 58 军随军记者《壮志千秋》作者黄声远、《华光日报》摄影记者万人俊、《大众日报》记者周绍武和两名日语翻译官、国立中正大学的教授黄辉邦及省社会处的黄屈。下端的长桌较低为投降席，居中是投降官笠原幸雄，左右为其随员旅团长生田寅雄和参谋田中义男中佐、大贯中佐及七中中佐、夏国少佐、中森少佐，以及九江宪兵队长等 8 人。

9 时 30 分，中方代表和出席人员纷纷进入光荣座次。接着，笠原幸雄率日军代表共 8 人到场在休息室候命。片刻，隆重庄严的签降仪式开始，受降官鲁道源将军率参谋长、师长、处长等共 11 名军官在悠扬的乐曲声和鞭炮声中步入大厅受降席入座。投降官笠原幸雄等 8 人在众目注视下走入会场，鞠躬后入座。此时此刻他们的心情不言而喻。

会场沉寂了一会，除了受降官座前桌上的时钟滴答滴答的响声外，就是新闻记者先生们拨动照相机快门的声音。当司仪洪亮地喊出“呈递投降书”时，大家都把目光集中笠原幸雄身上。只见笠原动作迅速，提起毛笔，签字盖章，接着双手捧着投降书离座，走到受降官案前立正鞠躬呈上，鲁道源起身微微弯腰接受。这时，记者纷纷不失时机将这一刻永远定格在镜头中。笠原幸雄脸色阴沉，坐在下面的 7 名日本军官也跟着笠原起立、鞠躬、低头，站在中间的生田老将竟然闭上了眼睛。

笠原把投降书呈给受降官鲁道源后，双手紧贴裤缝直挺挺地立正，等待鲁道源签字认可。投降书是中、日各一份，由 58 军参谋长鲁元起草。内容是：

一、本官奉上司之命，统率驻南浔地区之一切所属陆军部队以及不久集结该地区内之各部队，并统制海军部队请向中华民国第九战区司令长官薛岳将军阁下投降。

二、本官当立即遵照中华民国第九战区备忘录九字第一号至第二号规定以及今后之命令实行。

三、解除武装俟调集完毕后，着令各地区投降部队指挥官立即遵照中国各受降主官之规定实施。

南昌、九江地区投降代表、投降部队长陆军中将笠原幸雄（官章）

昭和二十年九月十四日午十二时零分于中华民国南昌签字

中华民国三十四年九月十四日午十二时零分于中华民国南昌收到本投降书

中华民国第九战区司令长官陆军上将薛岳（鲁道源代）。

命令受领证内容如下：⑧

谨收到中国战区第 9 战区司令长官南昌前进指挥所第 9 号训令 1 份，当即遵照执行，业立即转达南昌、九江地区各部队（含现在之步兵第 7 旅团、独立混成第 84 旅团，及未到达之第 13、58 师团，独立混成第 22、87 旅团部队）照办，对于本训令及以往一切备忘录及决议之一切规定，本区各部队之全体官兵，均有完全执行之责任。此具。

鲁道源阅毕，满意地提笔签字，轻轻地盖了自己的印章，并向笠原点点头，示意接受他的投降。笠原鞠躬退回原位，站在后面一排的 7 名日本军官动作一致的同时坐下。鲁道源接收投降书后，向日军投降将领简短训话。他说：

吾人同集此间，缔结这一庄严之协定，裨将恢复和平，深盼自此庄严时刻以后，由过去流血中产生更完美之世界，以信义谅解为基础，同致力于和平光明之大道。余代表第九战区司令长官以正义及谅解，继续执行余之责任，深盼笠原将军能全部迅速忠实履行投降缴械之条件，使吾人之希望能得完满结果，最后盼吾人之和平永保不替。

鲁道源将军签署投降书（来自《壮志千秋》一书）

训话是按蒋介石战后广播“以德报怨”的调子拟定的，没有严厉谴责教训之词。这时全场掌声如雷，经久不息。在军乐凯歌声中，鲁道源宣布受降仪式结束。

这是一个值得南昌人民永远铭记的日子，南昌人民终于砸碎了日本侵略者的锁链，摆脱了长达七年之久的噩梦。“中国胜利万岁！”会场上立刻爆发出一阵又一阵欢呼。

当日下午 2 时许，当中国军队武装宪兵将笠原幸雄等垂头丧气的日本军官押至“中央银行”大门口时，早已聚集在此的市民抑制不住内心的愤慨，高喊着“要日本鬼子血债血还”、“打倒日本帝国主义”口号，不少人一边掷石子，一边喊打。有的甚至脱下脚上的布鞋，狠狠地砸到龟缩而行的日本人身上。

日本投降了，南昌沸腾了！受降仪式结束后，南昌 10 万民众举行了盛大的欢庆游行。南昌男女老少载歌载舞，欢庆胜利。鲁道源面对向他祝贺的各界人士和采访他的记者说：“8 年前，当敌人攻陷南京在东京狂欢时，我就说过：‘谁最后胜利谁最后笑。’现在是该我们笑的时候了！”⑨

也就在同一天晚上，鲁道源召见笠原幸雄，问他有何感想。笠原幸雄沮丧地说：“我来华之前，在东京盖了一栋小洋房，满植樱花。自从美国空军轰炸东京后，房子和樱花同时都毁了。我的军人生命也跟着房子樱花完了。”樱花是日本的国花，日本的国运和笠原幸雄的军人生命随着日本侵略战争的彻底失败而完蛋，这就是他的感想。

笠原幸雄在投降书上签名（来自《壮志千秋》一书）

8 年来，日本侵略者铁蹄所至，烧杀抢掳，奸淫妇女，无恶不作。58 军官兵同全国人民一道浴血奋战，日夜盼望胜利，得以重建家园。尤其是亲眼看到日寇头目俯首投降，感到说不出的喜悦！

受降仪式后，第58军驻南昌的主要任务是协助江西省政府接管政权及日军所缴物资进行管理，此任务于同年11月完毕。

三、九江受降

九江地区的受降工作，本来由新3军军长杨宏光负责，但该军9月15日遵令在3日内裁编完毕，故薛岳改派第一集团军总司令孙渡兼任第九战区司令长官前进指挥所主任和九江地区受降官，主持日军投降一切事宜。受降部队原派新3军负责，后改派所属拨编58军之183师继续负责。[⑩]

抗战胜利之初，蒋介石对云南问题及龙云的态度已经“忍无可忍”，决意强迫改组云南省政府，并加快了其最终解决的部署。8月10日，蒋介石下令杜聿明立即开始准备撤换龙云后需要解决的问题。8月18日，蒋介石采用调虎离山之计，电令第一方面军总司令卢汉为越南地区受降主官，统率滇军主力入越受降。新3军是龙云所建立的云南部队，蒋介石对这个部队素不放心，故在改组云南省政府的同时，仓促裁撤了这个军。

9月19日，九江地区接受日军投降工作在孙渡主持下开始进行。各部日军依次缴械和缴交物资。具体情况为：9月19日，日军独立混成第84旅团开始缴械，至9月26日接收完毕。10月1日，第13师团开始缴械，至10月9日接收完毕。10月10日，第58师团开始缴械，至10月13日接收完毕。10月14日，第11军司令部与直（配）属部队开始缴械，至10月19日接收完毕。10月16日，独立混成第22、87旅团开始缴械，至10月18日接收完毕。[⑪]九江日军的投降至10月19日全部完成。

第七章

江西抗日战场的坚守与胜利

九江地区的接收日军投降工作，在孙渡主持下从9月19日开始进行。各部日军依次缴械和缴交物资，具体情况为：

独立混成第八十四旅团9月19日开始缴械，至9月26日接收完毕；

第十三师团10月1日开始缴械，至10月9日接收完毕；

第五十八师团10月10日开始缴械，至10月13日接收完毕；

第十一军司令部暨配属部队10月14日开始缴械，至10月19日接收完毕；

独立混成第八十七旅团10月16日开始缴械，至10月18日接收完毕；

独立混成第二十二旅团10月16日开始缴械，至10月18日接收完毕。

九江日军的投降至10月19日全部完成。据《九江人民革命史》记载，在九江投降的日军有63000余人；接收的武器装备有战马7900余匹，步枪30000余支，轻重机枪2000余挺，山炮、野炮、海岸炮、守城炮以及各种步兵炮等1000余门，弹药器材以及其他军事物资200余库，各种汽车、摩托车300余辆，运输轮船包括商轮、小汽艇、小驳船、小火轮等100余艘。还有工厂、场站、修理所等100余所。

日军投降后，第九战区分别成立了昌北、九江日俘管理机构，在南昌投降的日军，被集中到昌北牛行车站（后移吴城）；在九江投降的日军，被集中到湖口、星子一带，统一管理。不久之后，在江西的全部日军和日本侨民，由中国政府派船遣送回国。

就在日军开始投降后，第九战区司令长官薛岳致电行政院院长宋子文，报告接收日军投降部署和该战区部队整编情况，称已遵令在9月底裁撤3军8师5纵队，部队整编为第四、四十四、五十八、七十二、九十九等5个军，共15个师，认为本战区抗战军事复员工作已经完成，请求将第九战区明令撤销，以便他在10月底“归还田间，重度平民生活”[①]。这个报告，反映了抗战胜利后部分高级军官对和平时局的期盼和心愿。

《江西通史》对孙渡主持九江受降的记载

在九江投降的日军数量远远超过南昌。据《九江人民革命史》记载，在九江投降的日军有6.3万余人，军马7900多匹，步枪3万多支，轻重机枪2千多挺，山炮、野炮、海岸炮、守城炮以及各种步兵炮1千多门，弹药器材及其他军用物资200多库，各种车辆（包括卡车、战车、小轿车、吉普、摩托等）300余辆，各种船舶（包括商船、小火轮、小汽艇、小驳船等）100多艘，还有工厂、场站、修理所等100余所。[12]

（第一張）　中華民國三十四年九月十七日

申報

今日本報壹張

張發奎長官蒞廣州

主持日投降儀式

顧祝同將軍在杭召見日軍代表

南昌新建

偽縣長被捕

王東原率員

乘輪赴漢

1945年9月17日《申报》对孙渡前往九江受降的报道（图片来自江西省图书馆）

然而，令人费解的是，孙渡奉薛岳之命到了九江，为何查找不出他主持受降仪式的有关图文史料？曾在第一集团军总司令部担任孙渡警卫任务的赵家祥晚年撰文回忆，孙渡亲自主持了九江受降仪式。赵家祥撰文回忆说：

> 第一集团军孙渡总司令到九江，缴械的是日本第11军军团长笠原幸雄。笠原幸雄个头似乎只有1米5多，很瘦，年纪近60岁，比孙司令还老一点。交涉地点在我们总部的办公楼上，有他的随从、参谋、侍卫等人员跟着。笠原幸雄午时12点才来，我们早就准备接受日本军队的投降，日本要员是由武汉到九江来投降，他们带来了两辆美造轿车。笠原幸雄等人一到我们司令部大营门，就下车低着头走到办公楼下大门前，拾级而上八九级，孙司令站在台阶上迎接，笠原幸雄站在台阶下低着头，立正姿势站着，三次仰头敬礼后，才低头跟从我方官员上会议厅。翻译者有我新12师师长唐宇纵夫妇，会议厅里各席位上已经写明各人的名字。会议厅的护卫由我负责，会议厅周围五步一岗，护卫人员选择1.7米以上的精干小伙子，都握有纯一色的德国造20响。招待员由副处长选调年轻的漂亮子弟，日本官员及侍从共8人，准入会场的有4人；军团长笠原幸雄及参谋长、秘书长、翻译员等，其余的留候在客室，会议进行了两个小时，散会后进招待所会餐……
>
> 来缴械的日军，由我方参谋处、副官处、军械处、军需处几家各在一个地点清理缴获物品。对待俘虏，政策是宽大的，设有三个招待所，日本官员到招待所会餐两餐，士兵按花名册，每人肉一斤、豆腐一斤、白菜一斤、粉丝四两、

酒半斤划拨。这些日本兵士，没有我们的人陪伴，他们就不敢上街，所到之处都被老百姓围着乱打。针对此种情况，我军又出了安民告示，说服百姓不准乱打乱骂。……在九江受降完毕后，我们在了两个多月，之后开往安庆，总司令部住孝肃路怀宁县府内，孙渡兼任鄂赣皖三省边区司令员。两个月后，总司令部开往上海，驻扎吴淞口要塞。

然而，据时任新3军参谋长卓立⑬、副参谋长陶任之等晚年撰文回忆，是新3军军长杨宏光主持了九江地区的受降仪式。⑭文章说：

1945年8月16日，新3军在高安接到向九江前进，接受日军投降的命令。奉命后，立即准备出发。原拟取道奉新、安义、德安向九江前进，但因当时驻义安的日军联队长山田乙三报称，他还没有奉到命令，不能让路。为着眼于大局，不为小敌牵制，新3军遂决心改经上富、干州、九岭、柘林渡修水，再经黄老门沿南浔路到九江。

敌人初降，敌对情绪一时未能消除。我军为了慎重起见，到达九江外围沙河即停止前进，并命183师经德安向九江前进（到达后进驻九江市）；新12师在九江附近地区作好作战部署。然后派军使持命令至九江，命令驻在该地区的日军指挥官前来沙河接受命令。……

次日晨，中尾小六及十二纠前来沙河晋见军长杨宏光，报告驻九江日军情况，并接受指示。杨军长当即指示将所有驻九江日军驻地绘成要图；武器一律缴存仓库；解除武装后的日俘、日侨集中在彭泽地区附近，让出军营，打扫干净，待我军进驻，统限3日内完成呈报，日军如期办妥。

9月3日，新3军的云南将士在杨宏光的率领下，浩浩荡荡进入九江。军长杨宏光、参谋长卓立乘车缓缓而行，人民扶老携幼，夹道欢迎我军入城，人山人海，道为之塞。门前、窗口、屋顶、树上到处都有观众，鞭炮雷鸣，欢声震地。人民有欢呼口号的，有举手表示欢迎的，有欢喜得落泪的。

9月4日，笠原幸雄由汉口乘专轮到九江，次日在九江柴桑港新3军司令部举行了受降仪式。受降官为军长杨宏光，陪同的有参谋长卓立、第183师师长余建勋、新12师师长唐宇纵、副师长关竹青，并有一部分团、营、连长及参谋、后勤人员参加了仪式。日军随同笠原幸雄前来的有该军参谋长福富半藏、步兵第84独立旅团长中尾小六及该旅团参谋长十二纠等。

日军主将笠原幸雄和两个陪同官，在庄严的气氛中面对主受降官杨宏光，恭敬肃立，聆听宣读用中、英、日三国文字写的中国战区第一号训示令。读完后，由笠原幸雄在受降证书上签字。从签字之日起，九江地区日军司令部改为善后联络部，日军各级指挥官即失去指挥权，不得发布任何命令，不得批示任何公文，只能按照中方训令遵办。在仪式上，笠原幸雄呈递了投降书，并在腰间解下佩剑，双手呈现给杨宏光军长，然后，按杨军长的指示退下……

卓立等人的回忆文章，有诸多疑点和矛盾，以下几点值得商榷：

其一，8月18日蒋介石才电令薛岳为南昌、九江地区受降主官，8月31日薛岳才指派杨宏光为九江受降主官，明确受降地点及投降部队长姓名、部队番号等；新3军怎么可能于8月16日就接到九江接受日军投降的命令？这显然令人难以置信。

其二，更为重要的是，据中国第二历史档案馆资料记载，新3军军长杨宏光9月15日才从高安到达九江[15]，怎么可能会在9月5日主持受降仪式？更何况在9月9日前，日本并未在九江缴械。

其三，日本8月15日宣布无条件投降，投降的对象是以美国为首的盟军，正式的投降仪式还没开始。9月2日，日本才在东京湾美国军舰“密苏里”号上正式向盟军签署投降文书。而在中国战区的正式投降仪式，则是9月9日才在南京举行。需要注意的是：只有签署了投降文书，才算正式投降。如此看来，新3军在9月5日主持九江受降仪式，是发生在9月9日前的仪式，显然不大可能。

其四，南昌受降在先，而九江受降在后。南浔地区之所以会有两次受降，原因之一是薛岳没有到场，南昌受降时薛岳还在吉安，直至9月25日才抵达南昌，监督南昌、九江的受降工作；原因之二是绝大部分投降日军（第58师团、独立混成第22、84、87旅团，中国派遣军直辖第13师团）在九江附近长江沿岸，而中心城市南昌仅驻有独立步兵第7旅团。加之裁编新3军，薛岳才改派孙渡在九江地区主持受降事务。所以，九江受降怎么可能会在南昌之前？

其五，在回忆文章中，第一集团军总司令孙渡变成了“副总司令”，这显然是不该有的常识性错误。此外，第一集团军总司令孙渡到九江的活动情况，没有任何交代，实在说不过去。

更令人不解的是：卓立作为新3军参谋长，应该知道九江受降的前前后后，难道他真不知道九江受降主官已由杨宏光改为孙渡？卓立在回忆文中结尾特此说明：“本文资料，除凭撰稿人的记忆外，还请当时58军参谋长鲁元、新10

师师长萧本元、183师师长余建勋等核实。”既然是回忆文章，又已时隔数十年，加之年纪较大，难免会有出入。十分遗憾的是，孙渡对自己参加抗战的经历，至今未见留下任何只言片语，使九江受降诸多细节的考证更加艰难！

综上所述，新3军参谋长卓立等人的回忆文章是否可信，留待进一步考证。孙渡贴身警卫赵家祥的回忆文章虽有依据，却不够全面。然而，有一点可以确信不疑，那就是孙渡担任了九江受降主官，主持了九江受降工作，这是不争的事实。

中华儿女不屈的抗争，终于换得侵略者低下头颅的这一天！新中国成立后，曾以8月15日为抗日战争胜利日；1951年8月13日，政务院发布通告，将抗日战争胜利日改定为9月3日；2014年2月27日，十二届全国人大常委会第七次会议以国家立法的形式通过决议，确定每年9月3日为“中国人民抗日战争胜利纪念日”。

2015年的9月3日，盛大的胜利日阅兵在北京举行，耄耋之年的老兵们首次受阅。那一个敬礼，让我们热泪盈眶。一面面英模部队的红旗，浸透着英烈的鲜血，诠释着中国军人的铮铮铁骨。不可磨灭的光荣历史，令人肃然起敬。

当今寰宇，和平与发展成为主旋律，但战争阴影仍盘绕在世界人民的心头，地区纷争不断，又产生了新安全威胁，世界并不宁静，枪声仍不时响起。身处和平国度，有强大国家做后盾，我们倍加珍惜、倍感自豪！

好战必亡、忘战必危！铭记历史，不是为了延续仇恨。经历过苦难的中国人民最懂得和平的可贵。这和平，来之不易！今天，我们致敬先辈，致敬那场永不妥协的抗争，更提醒你我：勿忘历史，珍爱和平！

四、日俘管理

南昌、九江地区举行受降仪式后，日军的集中与接受工作随之开始。

日军独立步兵第七旅团原在南昌、安义一带，向南昌集中。独立第84旅团原在德安、瑞昌、九江一带，向九江集中。第13、58师团，独立混成第22、87旅团均由湘桂线经衡阳、长沙、岳阳、崇阳、大冶逐次向九江集中。[16]

在南昌，9月10日已经成立接受委员会。15日，被集中在南昌昌北地区的日军独立步兵第7旅团，开始向58军缴交武器弹药、交通通讯器材、卫生粮秣等一切军品。至10月22日，南昌地区接收日军投降的工作完成。

在九江，从9月19日至10月19日，在孙渡主持下，接收日军投降的工作完成。为了搞好接收日军所缴物资的工作，孙渡特成立了接收处，下分武器、弹药、器材、车辆、船舶、马匹等组。接收分两步进行：第一步，先派军官视察日军状况，看其是否已全部解除武装，有无异状，以防不虞；再视察仓库情况，若发现守卫仓库的日军尚持有步枪，当即令其解除，不准留一枪一弹，然后在仓库上贴上封条。第二步，开仓按照日军册报数逐一清点。正因为接收物资较多，所有接收事宜进行了一个月。

在接收中，我方感到困难的一个问题是军马的管理。因我军所接收的日军马匹共7900余匹，没有饲养调教的经验，故规定日军交马时，连饲养兵一同交给我们。等到我方饲养人员习惯后，再使日方饲养兵归还集结地点。同时，还规定日军派兽医随同工作。

日本官兵、侨民解除武装后，第九战区选择接近江湖便于尔后乘船回国之地区，命令其分别集中。同时在九江设立了兵站总监部指挥所，负责对日本官兵之补给，其待遇与我当地官兵同。但集中九江彭泽之日本侨民则由江西省政府、集中石灰窑者则由湖北省政府负责补给。

为了管理日俘、日侨，1945年11月，第九战区司令长官部成立“南浔地区日本官兵、侨民管理处及各分处”，任命58军副军长梁得奎为管理处主任兼九江小汜口管理分处主任，同时在吴城、都昌、湖口、彭泽、武穴、黄梅等地设立管理分处。

日军缴械投降后，南浔地区日军7万多人成为战俘，进入指定的集中营。孙渡深知，这是一个文明的世界，中国自古就是礼仪之邦。日本人民也是那场战争的受害者。我们不能用报复代替胜利，也不能用同样的杀戮去祭奠另一场杀戮。抗日战争结束后，中国人民以德报怨，帮助百万日侨重返家园，把数千名日本战争遗孤抚养成人，显示了中国人民的博大胸怀和无疆大爱。

日俘日侨被遣返（手捧骨灰盒）

（图片来自网络）

为管理好南浔区日本官兵和侨民，体现中华民族的人道主义精神，孙渡自主持制定了《南浔区管理日本官兵侨民守则》及《对日本官兵侨民之重要规定》。[17]

孙渡主持制定的《南浔区管理日本官兵侨民守则》，内容如下：

一、各集中地区日本官兵及侨民，除担任警戒或勤务公差者外，应规定每日午前六时以前午后八时以后为留营时间，在此时间内不得外出。

二、各集中地区之日本官兵及侨民，各管理处应切实察核实有人数是否与所领粮盐人数相符，并有无中国人民及妇女掺杂其间。

三、各集中地区之日本军官侨民，应商同县政府指定各该县城郊寺庙及其他公屋驻扎，不得任意占据市区民房与商店。

四、各集中地区日本官兵及侨民之行动，各管理处应与各地区日本联络部部长协同负责监督，不得听其放肆或酗酒滋事及强取强买民物。

五、各地区日本军官侨民之对外通信，应严密监视，不许采用密码，并通知当地通信机关特加注意，必要时应予检查。

六、各集中地区日本官兵佐，如有眷属，应与日侨之眷属集住于指定地区。

七、各集中地区如有日本营妓与歌女等，必须集中于另一指定地区，不得混杂一处。

八、各集中地区日本官兵及侨民，所有雇佣之中国人民或苦力，应连令其解雇。

九、各集中地区日本官兵及侨民，如有不法行为，各管理处不得自行处理，应报请本部依法议处，并令行日军联络部队转饬各该支部长执行。

十、各集中地区日本军官侨民等现有人马、武器、通信、器材、卫生材料、被服装、交通工具及家具等，均应切实调查数量，列具清册，报部备查，如日后遣送回国时，均应照册缴收。

十一、各管理处对日本军官侨民，应施以民主政治，消除军阀之宣传，并阐述日本侵略乃日本政策最大之错误，此其所以失败。

十二、各管理处官兵之行动、服装、仪容、礼节等，应特别庄重严肃，不可使日军有所轻视。

孙渡主持制定的《对日本官兵侨民之重要规定》，内容如下：

一、对日本官兵善后联络部及支部名称之规定

1. 原日本第十一军团司令部着改称南浔地区日本官兵善后联络部以笠原幸雄为联络部长，其所属原师旅团如原独立步兵第七旅团，着以现集中制地名

改称吴城地区日本官兵善后联络支部以生田寅雄为联络支部长，余类推。

2. 集中营内日军部队长不得再用部队长名义，可称其阶级例如某大尉某中尉等。

3. 日本徒手官兵在某地区集中即称为某某地区日本徒手官兵集中营，如一地区设有数处时，可称为某某地区日本徒手官兵第几营。

二、对日侨邮信之规定

1. 对外通信应受日侨集中管理所之检查。

2. 检查后贴足邮资投送邮局。

3. 前项邮件遇有船只开往日本时准予搭载递交日本本土邮局。

三、对日俘日侨归国时应缴交及携带物品之规定

1. 日本官兵侨民由港口输运归国时，准官佐每人携带五百日元、士兵每人二百日元、侨民每人一千日元。

2. 日本官兵侨民每个人行李以能自行携带者为限。

3. 日本官佐之私人军刀一律缴交当地管理处或分处接收。

4. 借给日本官兵自卫之枪弹一律缴交当地管理处或分处接收，徒手向港口集中准备乘船。

5. 南浔区日本官兵善后联络部及各地联络支部准备留用无线电机一部、电话机四部、交换机一部、被覆线若干，以维由内地输送至港口途中通信，到达港口后该项通信器材应缴交当地管理处接收。

6. 超出规定之金钱物品饰物及借用车辆马匹通信器材（除第五条准留用者外）及其他，由南浔区日本官兵善后联络部及各地联络支部列册缴交当各地管理处接收。

7. 南浔区日本官兵侨民将来输送至上海转轮归国时，以武汉九江湖口彭泽四地为登船地点。

8. 由各当地驻军、各登船管理处兵站前进指挥所及运输机关会同派员，分设武汉、九江、湖口、彭泽各检查机关，于登轮时实施检查，如有超出规定疑物，一律没收，交由各当地管理处接管列册报部。

据新3军参谋长卓立回忆：在九江地区之彭泽集结的日俘，主要是在九江投降的日军独立团第84旅团所属部队，另外还有日侨约3千人。所有日俘、日侨的住所，都是临时搭盖的草棚，中间区为日侨居住，四周是日俘居住。日俘、

日侨负责人每周向管理处汇报日俘、日侨情况，其中包括工作及遵守纪律情况。日俘、日侨都是等待中国政府派船遣返回国的。在彭泽期间，管理处规定日俘、日侨在集结地开荒种植粮食作物及蔬菜，并修筑该地区的交通道路。管理处还对日俘进行教育，使他们认识侵略中国所犯下的滔天罪行。

南昌地区的日俘集中在昌北牛行，也有少数饲养军马者暂时住在城南史村。日军投降签字后一天，有一日本军人在南昌市中正桥（今改“八一”桥）头下面空地上摆一香案，跪拜东方后剖腹自杀。在南昌等待遣返的日俘、日侨，其中有不少新兵军衣破烂，脚穿用旧黄布贴底做面的“军鞋”，面容憔悴得像叫花子一样。不久，这些日俘在58军监视下身背行李小袋和战死者骨灰陆续回国，其状极为狼狈。

曾在南浔日俘管理处担任日语翻译官的黄屈回忆：南浔日俘管理处成立后，日军司令官笠原幸雄中将、旅团长生田寅雄少将，先后到管理处晋谒该处梁主任（梁得奎将军），表示敬意，并请示机宜。梁主任告诫笠原幸雄等人：“你们要好好管束部下，不得胡作非为，不准再有侵害我国人民的行为，静候我国政府派船遣送回国。”笠原幸雄等听后，都表示遵照办理，并邀请梁主任亲赴实地视察，梁主任也答应了他的请求，并吩咐他们派汽艇来接。

黄屈在回忆文章中说，当时，所有日俘官兵都能遵守纪律，安心静候遣送。一直到全部日军、侨民遣送完毕为止，“日俘日侨管理处”未发生一起违纪事件。因此，《第九战区南浔地区受降经过报告书》结语中也特别指出：“默察日本投降官兵虽当国破家亡之会，但其纪律之良好、团结之坚固，不辞任何艰难牺牲、勇敢负责之精神，至堪借取，惜乎所用不当，不然绝无亡国之祸。”⑱

孙渡贴身警卫赵家祥撰文回忆说：

在南浔受降区捕获的日军战俘（图片来自网络）

在遣送日侨回国时，允许每人带被盖一套、衣物二件、日币一元，其余一律没收，所有余物全部集中在铁道北的建筑屋里。时值8月，气候又热，卫生不好，鼠害肆虐，拉稀屎而死者不少。在遣送的那一刻，日本女子都想找一个中国男子做依靠，她们的父母也都想把自己和女儿留在中国。但那时候，上级下令不准任何人留下日本女子，一旦发觉，严肃查处。因此，虽然有的中国军人爱上了日本姑娘，也没有哪个敢留下。

日本人的回国是分三批走的，除规定带回国的东西外，其余的丝毫不能拿。有很多多年经营的家庭，尤其是那些公职官商的住宅，内部装修豪华漂亮，临别时依依不舍，老老少少哭成一团。他们侵华抢来的财产珍贵价昂，突然间要赤手空拳离开，内心十分痛苦。对日本技术人员，中国方面也留下了一部分。

1946 年 6 月，日俘、日侨遣送完毕，管理处也就结束了。

五、整编北上

受降仪式后，第 58 军驻南昌的主要任务，是协助江西省政府接收政权及日军所缴物资，于同年 11 月任务完毕。

9 月 15 日，新 3 军接到薛岳转达蒋介石的命令是：撤销新 3 军，把军司令部、军直属部队和新 12 师一律归并第 183 师，然后把 183 师改属第 58 军建制，限 3 日内整编完毕具报，不得延误。

与此同时，薛岳于 9 月下旬派第 99 军由南昌兼程向九江前进，接收新 3 军九江防务。这显然是派来监督新 3 军裁编的。为避免发生冲突，新 3 军只好依令裁编，并如期完成了部队编并手续。

战争结束，部队复员本是一件常事。但新 3 军官兵却因突然裁撤，心里非常气愤。在整编复员中，官兵都感到发给复员回乡旅费不够，非沿途乞讨回家不可。军参谋长卓立到场讲话说：“弟兄们，我们八年抗战，九死一生，不料我们竟先日寇而被消灭……”说着竟掉下眼泪，再也讲不下去了。蒋介石嫡系部队和滇军的矛盾由此可见一斑。

9 月底，薛岳致电行政院院长宋子文，报告接收日军投降部署和该战区部队整编情况，称已遵令裁撤 3 军 8 师 5 纵队，部队整编为第 4、44、58、72、99 等 5 个军，共 14 个师，认为本战区抗战军事复员工作已经完成，请求将第九战区明令裁撤，以便他在 10 月底“归还田间，重度平民生活”。这个报告，反映了抗战胜利后孙渡等部分高级军官对和平时局的期盼和心愿。[19]

10 月 1 日，新 3 军 183 师奉令正式编入 58 军建制。新 3 军新 12 师师长唐宇纵奉令继任58军副军长，原任副军长梁得奎将军改任第6军官总队附，后任南浔区日本官兵侨民管理处长。军部参议杨兴国，同时改任军部副官处长。这样，58军很快完成了战后的初步整编。

初步整编后，58军奉令北开。10月末，58军自南昌经南浔县移至九江，横渡长江进入湖北。再经湖北的黄梅、广济，折向东面，而入安徽境。进入安徽后，又奉命自桐城、合肥，开赴津浦线继续北上，驻守徐州以南宿县、蒙城地区。

1946年4月，58军再次接到整编命令，改称整编师，所属各师改称旅。国防部先后派专员谢昌森少将及检阅官来58师考核视察，评判结果列为甲等第一。

同年4月，云南入越受降的60、93两军调东北，孙渡也奉命率司令部各处及直属部队特务团（团长王有春）、通信营（营长李国梁）开往上海，船运经葫芦岛到锦州。

孙渡贴身侍卫赵家祥撰文回忆道：

我们是1946年4月上旬由上海吴淞口上船，坐的是英国招商局的万吨远洋轮到葫芦岛登陆，时间两天两夜，下午7点才到，到葫芦岛时正逢涨潮，不能登陆，两小时后潮退才登陆，当晚就在葫芦岛露营，港内有20多艘美国巡洋舰和其他大小不等不同型轮船。晚11点多钟又上火车，途经锦西瑞中，到达锦州。一路上有军警、学生、商人等各团体欢迎。人们喊着："民主主义万岁！""拥护三民主义，重建祖国！""抗战胜利万岁！"等口号，火车到锦州时，已是次日午间12点左右。开初到前日本军人招待所住了六七天，又迁伪锦州省政府，驻扎在中央路，是两层楼的瓦屋面，很整洁，设备齐全，住宿楼呈"工"字形，内部有暖气管，地板全是水磨石，有抽水马桶，大锅炉。锦州市里的风景区是伪满时开辟的，南通山海关及秦皇岛、葫芦岛。因此，锦州是关外的门户，市里有闻名的京奉铁路，市场比较繁华。

孙渡夫人张灿琪回忆道：

我们乘大轮从上海码头起航，经黄海至青岛、烟台、在天津塘沽码头停泊。上岸后，乘坐火车出了山海关就到了辽宁。此行，我们经过了许多大城市，真是开了大眼界，同时，也享受了抗日战争胜利带给我们的无限喜悦。到了锦州，我们住进了日本海军司令留下来的一幢花园洋房，房间的设备都是日本式的。孙渡住在日本人留下的房子里感觉不舒服，白天都去驻地司令部办公，家里由我和唐芸赓共同料理。

孙渡去重庆参加会议。不几天，回到锦州家里，他对我说：和谈未成，可能要打内战了。听说要打内战，我就对他说：你在抗日战争中劳苦功高。现在要打内战，自己人打自己人。这太残酷了，不如告假回云南吧！他说：我是个职业军人，一向以服从命令为天职。目前老蒋的嫡系部队已云集东北，我怎能中途退伍啊？再说回到云南，你不知道龙云、卢汉一向容不下我的。你太年轻，不懂政治，不懂军事。万一打起来是突围不出去的，你们就先回云南去吧！你带好我们的两个宝宝，我就满足了。

1947 年夏天的锦州，气温酷热难耐，战火硝烟弥漫。张灿琪与孙渡挥泪告别，带着年幼的女儿孙沛、儿子孙锦，离开了战火中的锦州，回到了不平静的昆明。

孙渡率领滇军从昆明出征，在湘鄂赣地区与日寇血战 8 年，终于赢得了胜利！来自云南的广大官兵盼望和平，思乡心切，不愿内战。但军令难违，1946 年初，云南部队就这样被蒋介石一步步胁迫，调往东北参加内战！

国共谈判破裂，内战一触即发！又一个历史关头，孙渡将何去何从？

【注释及参考文献】

①⑫⑲ 何有良著．江西通史（民国卷）[M]. 江西人民出版社，2008.1：394–399

②⑨⑯ 李楷编著 .1945 中国大受降 [M]. 长城出版，2015.8： 264

③⑭ 卓立等．第一集团军在南昌九江地区受降纪要．云南文史丛刊 [J]. 1985（1）： 11–15

④ 赵家祥，陆良板桥旧州人，1939 年 8 月在曲靖沾益整训后，徒步到湖南衡阳，到达江西万载后，补充到 58 军新 10 师 28 团参战，在第一、二次长沙会战及赣东、湘北战役中英勇作战，曾在珠山阻击战中一次性打乱 7 挺新机枪；1943 年 8 月调第一集团军总司令部工作，任手枪排副排长（排长太光明，陆良三岔河人），成为孙渡贴身警卫。抗战胜利后于 1949 年 6 月回到陆良。晚年撰文《孙渡将军》。

⑤ 往事仍美好——张灿琪女士回忆录（未刊），2008 年 6 月

⑥ 滇军出省抗战记．云南文史资料选辑（47）[J]. 云南人民出版社，1995.2：305–312

⑦《南昌市志》第 5 册第 308 页

⑧⑪ 胡菊荣著．中国战区受降始末 [M]. 南京出版社，2016.8：100–105

⑩⑮⑰⑱ 中国第二历史档案馆编．中国战区受降档案（陆）[M]. 南京出版社，2005.8：209–281

⑬ 卓立（1901 — 1988），国民党少将，字子魁，云南盐津人。1938 年任第 60 军 182 师参谋处长，1944 年任新编第 3 军参谋长，1949 年 12 月 9 日在昆明参加起义。

第 16 章　儒将声名扬

“上马击贼寇，下马草露布。”这是对古代儒将的写照。孙渡出身寒门，自幼深受儒家传统文化的熏陶和家风家教的影响，少年时代立下“从戎报国”的远大志向，民族危亡时期发出“为民族争生存”的铮铮誓言。曾在云南陆军讲武学校、陆军大学将官班学习毕业，曾任南京国民政府军事参议院参议，先后追随唐继尧、龙云、蒋介石，历任要职，颇得器重是云南有名的“小诸葛”。抗日战争时期，督率所部，与日寇浴血苦斗，为国家民族建立不朽功勋！

孙渡文武双全、智勇兼备，一生酷爱读书、手不释卷，一生忠于国家、忠于民族。既是读书成才的榜样，又是矢志报国的典型。世人称赞他“沉着机智，料敌入神，算无遗策，是以百战百胜，成为时代的名将。”盛赞他“平居好学，手不释卷，故学问渊博，谈锋甚健，古人所称的儒将，氏当之洵无愧色”。[①]他不仅以不朽的抗战功绩垂范后世，还以“一代儒将”的美誉著称于世！

时至今日，他的儒将风度，依然令人肃然起敬！

一、大将风度

在抗日战争中，孙渡身经百战，克敌制胜，颇具举重若轻、指挥若定的大将风度。黄声远（先为前方战地记者，后为58军军部秘书）在其所著《壮志千秋——陆军第五十八军抗日战史》一书中介绍说：

在云南，他做过龙云将军的参谋长，羽扇纶巾，策划谋略，早就有“小诸葛”的称号。……将军处事从大处着手，提纲挈领，不拘细微末节，是综合性的领袖人才。[③]

黄声远称赞孙渡“用兵注重一个‘稳’字，计出万全，百无一失；而鲁道源将军则在作战时企图心特别旺盛，和他的作风两样。”“抗战中，他率领三迤健儿，转战湘鄂赣三省，战绩赫然。他沉着、从容而勇敢，用泰然的态度，应付了许多突来的危局。”[④]黄声远说：

第二次长沙会战，在敌人包围下行军，紧急的时候，敌人的子弹频频从他身边擦过，他还是照样行军，毫不变更计划。第三次长沙会战，他在影珠山堵击敌人，敌人的敢死队在浓夜中冲上山，直窜到他的指挥所附近，指挥所的门已经被敌人的机枪封锁了。他还是坐在指挥所中打电话，调动队伍。最后敌人被击退，他从容完成了伟大的歼灭战。⑤

孙军长谈论天下事，广征博引，每每教人心折；他有着羽扇纶巾的风度，沉着于仁义之中，决胜于疆场之上。……⑥

五十八军这支云南部队的领导者孙渡、鲁道源二将军，不但在部队里受到敬仰，在民众间也逐渐传出了声誉。孙军长像是一位学者，终日埋头沉思，手不释卷。鲁副军长的严肃，与孙军长的温厚宜人，正好相济。孙军长对部下要求，只问效率，不拘形式；鲁副军长则明察秋毫，事不问巨细，必做到命令贯彻。他俩的领导风格正好相辅相成。⑦

在 8 年抗日战争中，孙渡在平时整训中很注重培养官兵不怕牺牲的勇敢精神，但在每次指挥作战时，却特别强调不能单纯讲勇敢，还须力求以智谋取胜，在保证完成上级战略任务的原则上，应注意机动灵活的指挥方法，力避日寇的优势火力，弥补我军的劣势装备，尽量减少我军官兵的伤亡。反对不讲智谋，不考虑官兵的伤亡，只凭勇敢、蛮拼的指挥方法。

据孙渡身边的少尉通讯排长张士绩（孙渡的陆良老乡）回忆：

在高安县的某年秋末，有 3 天连下暴雨，各下属部队均未联系上，孙军长指示通讯排派员由我带领，去找 183 师联系，途经一个大的集镇，遇上一位老百姓说：你们赶快走开，这儿已被日本人占了，村里有千多名日本兵，岗哨就在前面。我听后立即向孙军长报告，请派兵来营救，军长随即派了一个加强特务营来救援我们，乘夜跟敌军展开了一场闪电战，日军还在梦中就被全歼，此战出其不意，取得了意想不到的战果。战斗结束时，我们继续绕道前进，找到了 183 师，完成首长部署的任务。⑧

据孙渡贴身卫士刘李智撰文回忆：

在常德战役中，孙渡在一个月明星稀的夜晚亲率身边的 4 个卫士，悄悄地摸出去侦察，可能是有特务告密，日军即刻用大炮猛轰山头，他靠在一棵大树下避难，炮弹碎片刺伤了他的左膀，卫士多次催促他离开，可他还是悠哉乐哉，一副如无其事的样子。

孙渡善于捕捉战机，“运筹帷幄之中、决胜千里之外”的大将风度，由此可见一斑。

二、爱民爱兵

在长期抗战中，孙渡“带兵如带子弟”，始终如一爱护人民、爱护士兵。抗战时期，无论走到哪里，在司令部礼堂，都会挂着这两句标语：“以军队之纪律，定民心之向背”，“大将以救大局为主，并以救他人为主。”他矢志力行，深得官兵钦佩和民众拥戴。美军参谋考察团全体人员到58军时，称赞说：“我们从未看见如此和气的部队，也从未看见如此有力量的军士。”这种赞誉，使全体官兵更加自励，更加奋勉。

《新闻快报周刊》记者易春风在《云南儒将孙渡》一文中称赞孙渡：

孙将军是在抗日战争打出来的名将。……薛岳因历次长沙会战打成国际名将，孙渡也是在长沙打出风头的人物。……从表面上看，倘使他是穿着长衫马褂，很不容易看出他是叱咤风云的长沙名将，头发生在头顶上，向左右分梳，印堂很宽，眼光温存，似乎永远关心部下和朋友的生活，向你投射慰藉的光彩，他经常被人亲近，其原因是在于他能亲近人，也愿意接受别人的亲近，这是造成他在湘北被称为儒将的缘故。⑨

孙渡对士兵如对自己的子弟一般，使离开故土、千里远征的云南士兵们，平时得到极好的精神慰藉。在抗战的艰难环境中，他每年冬季都会给士兵发放一套棉衣，驻军时每隔一周都会给士兵加赐肉食一餐。因其平日待人，极为和蔼诚恳，故一旦有事，无论将卒，皆能用命。在战时，将卒自然人人奋勇，个个当先。

孙渡爱护士兵和民众，还表现在他严以治军的一面。抗战时期，孙渡严令各部官兵，行军的時候，他们不能雇夫，官长亦不能乘轿，除生病之外，有乘轿的，执行枪决。这命令无人敢违抗，也无人敢以生命作儿戏。不雇夫、不乘轿的命令发布，完全是为免除对民众的麻烦，也为增强对部队的锻炼。既融洽了军民关系，又提升了部队战斗力。

孙渡对驻地的老百姓，就像对待家乡的父老兄弟一样，和蔼可亲，关心备至。他尤其同情贫穷的农民，因此，转战江西、湖南、湖北7年多，那里的人民都一直最喜欢滇军。他一再强调“军纪是军队命脉”，严令官兵“不随便闯入老百姓的家，不随便向老百姓借东西”，号召官兵要把驻地的老百姓当成家乡的亲人，尽量给予帮助，共渡难关。战火间隙，他发动士兵协助农民耕耘栽种，使军民打成一片，互爱互助。黄声远在《壮志千秋》一书中描述说：

他们驻扎的区域，有了一番新的气象。凹凸不平的路给修平坦了，四周的广场打扫得一干二净。他们自己的内务当然是更整齐了。墙壁上写上了大字标语“国家至上”“民族至上”“坚定抗战意志”等。士兵们进老百姓店里买东西，未走进店门先掏出一把钞票，在门口低声地问。如果有他要买的东西，才走进去。⑩

正因为孙渡治军严明，以致每次移师，都受到当地广大民众的洒泪送别。孙渡对待部下、对待士兵，更是亲如兄弟。据孙渡夫人张灿琪回忆：⑪

他喜欢一个人出去散步，去访问下层的士兵和调查人民的疾苦。有一次他出门到院心里，亲眼看到他的勤务兵（张灿琪的丽江老乡）取他的钱物，但他却装成如无其事，置之不理，而悄悄地走出大门。事后他问勤务兵：“你家里发生了什么事情？”回答说：“母亲死了。”孙渡便问道：为什么不告诉我？现在还有什么困难？问话的语气十分诚恳，使勤务兵深受感动，便说出偷钱物之事。孙渡连忙解释说：“那怎么这样讲呢？至多是你急需用钱，一时找不到我，当作暂借而已，不能叫偷。”

这事由勤务员传开后，有人在闲谈中便不理解地问孙渡：“孙军长，您为什么不当场抓住教育他？”孙渡不以为然地说：“帮助每一个战士解决家中疾苦，是每一个指挥官应当尽到的责任”，“当官的不能随便伤害部下的人格。”让其“勇敢杀敌就行了”。此后，那位勤务员更加忠实地跟着孙渡出生入死。

孙渡常与士兵打成一片。他自云南陆军讲武堂毕业后，一直在部队带兵打仗。平时不习惯在司令部办公，经常到阵地上指挥打仗。在江西奉新前线的战壕里，没有战火时，士兵们常能看到他穿着旧军服，和战友们谈心。这让当时慕名而来、又不敢上阵地的记者常常无所收获。

第 58 军新编第 11 师秘书杨世英撰文描述他“银盆脸，额上有一道浅浅的枪弹伤痕”。杨世英称赞道：⑫

他平易近人，常与士卒为伍。1940 年 7 月在赣北防守时的一天下午，当前线炮声沉寂时，他身穿汗衫，悄悄走出单家圩军指挥所向锦江前沿阵地信步走去。吃晚饭时，副官长马子良找不到他，急切摇通各师电话，询问军长踪迹，各师均茫然不知。于是逐级下达询问，最后在新 11 师前沿阵地的一个机关枪掩体内找到他。此时，天色已近黄昏，他还蹲着跟机枪射手聊天呢。

昔日，滇军中军阀习气较深，时有体罚士兵的现象，孙渡对此非常反感，极力反对，严令禁止。他经常教育军官“无论官兵都是父母所生，共同为国效力，有了错误，应该好好教育开导，不应随便打骂。如果没有士兵，我们如何带兵打仗。我们都是来自边疆云南；为了抗日才会一起来到这么遥远的地方，上下级和士兵之间都应该互相体贴，互相爱护。”孙渡身边的少尉通讯排长张士绩回忆说：⑬

孙军长在体贴和理解下级士兵方面，更是大得人心，有“爱兵如弟兄”之说。由于他关心体贴下级，部下很多将士都说：“跟着孙军长放心！”他常有一句口头语：“我们都是云南人！”有一次鲁道源师长在电话上向他汇报，不知为啥事，有个士兵犯罪被枪毙了。孙军长当即就批评说：“对下级犯点错误关他几天就可以了，何必枪毙呢？大家都是云南人嘛！”……

在奉高战役中，孙军长率部到宜丰与五倍于己的日军鏖战，两位营长冲锋陷阵、不幸壮烈牺牲，一位是少校营长李兴方（云南陆良三岔河人、孙渡老乡），一位是中校营长李仁尉（云南鹤庆人），军所属炮兵营将士 400 多人也全部壮烈牺牲。在开追悼会时，全师将士都为死难烈士流泪致哀。孙渡亦为自己的老乡、老部下、老战友的捐躯殉国而痛哭数日之久，他几天不思饮食，沉浸在对战友的缅怀与哀痛之中。

中央社第九战区战地记者，多次到 58 军采访，在《滇军横断面》一文中饶有兴趣地介绍了滇军的装束、体格、特点，以及精神状态，让我们今天可以深切感受孙渡的为人及治军之道。文中描述到：⑭

当记者由各战地转入到湘北前线，尤其是幕阜山附近一带战场上的时候，发现在这些地方活跃的健儿，有三个不同的特征：第一是十之八九的官兵都拿一个一尺多长的竹质烟筒。第二是无论官兵都穿上一双带绊的布鞋。第三是他们所戴的帽子里面，都有一个竹织的大约是理汗的小帽。后来察觉这些武装同志都是远从数千里外为祖国的自由与解放奔驰到沙场上来的云南健儿。

滇军的体格一般地说，并不能算是很强，但也不容易找到一点羸弱的特征，他们都很年轻，他们的病兵比较的少，这自然一面是由于他们对于生活环境的改良，对于生活方式的注意与严格的训练与锻炼的结果，然而另一方面，是经过长途行军与几度战役的锻炼与淘汰。……这样说来，滇军也许是一支最有精力的队伍！

滇军似乎有种爱吃的本性，这我们只要注意到前方那许多新开的饮食店，便可知道，只要是滇军驻防的地方，无论距离火网地有多远，总有许多老百姓来搭建一个小小的茅屋作为饮食店的地方，……我们可以推测到他们的军风纪一定是很好，不然，老百姓是不会大胆地来和他们打成一片的。

在滇军方面，记者另外发现他们有一种特别的美德，就是一种亲爱精诚的精神，这种精神不独流传在他们官长之间或者士兵之间，就是官兵之间也是非常亲熟，毫无一点隔阂，除掉在作战的时候，彼此遵守着“军令如山，军纪似铁”的两句名言以外，平时是完全打成一片的。……士兵对于长官非常的信仰，这是记者好几次从士兵的嘴角里听出来的。

孙渡爱民爱兵，源于自己强烈的爱国情怀。抗战8年中，在日寇的疯狂进攻中，有些地方常常失而复得，得而复失，当地老百姓苦不堪言。他看到中国老百姓惨遭日军蹂躏，深受战争折磨，目睹战后残垣断壁、瓦砾遍地、庐舍为墟、人民流徙的惨状，内心常充满难言的痛楚。他看到云南官兵远离家乡，在烽火漫天中驰骋沙场，英勇杀敌，流血牺牲，更加坚定了抗日救国的信念。

孙渡爱兵爱民的故事，脍炙人口，令人感佩！

三、生活简朴

孙渡生活简朴，不喜排场，不愿沽名钓誉，但愿人民理解。他给人留下的深刻印象是：并非是一个衣冠华丽、前呼后拥、威严十足的将军，而是一位和蔼可亲、朴素真诚的长者，具有十足的儒将风度。

第58军新编第11师师部秘书杨世英撰文称：

孙渡生活俭朴，不讲排场，不尚虚荣。他常年穿一套黄呢军服，不论到哪里，随身只带两个卫士。日食两餐不求丰盛美味。每个战役告捷之后，当许多报社的记者去访问他时，常吃“闭门羹”。对军政部或战区长官部派到军里的点验官、督战官也只淡然处之。⑮

黄声远说：“云南健儿们的生活，比较不讲究穿。上自高级将领，下至士兵伙夫，大家都是一套布军衣，一双扣绊鞋，很少尼衣革履的”。

在滇军高级将领中，绝大多数在昆明市区都置有可观的财产，生活享受极其讲究，各自有豪华的官邸，出入有高级轿车和华丽入时的衣着，吃的是佳肴美羹。唯有孙渡与此相反。直到抗日战争中期，才有一辆部队配发的吉普车。

他平素生活非常简朴，日常每餐只是两三样家常便菜，最多是一点串荤。特别是抗日战争时期，当他看到餐桌上摆着丰盛油腻的菜肴，便要批评伙食人员：“伙食只要能吃饱就行，何必太讲究，糟蹋老百姓，处此国家多难之秋，全国养着多少军队，老百姓的负担是如何的沉重，你们看看士兵的伙食怎么样？”

当时孙渡身边的一位侍从副官听到此话，认为军长不会享福，便在旁边嘀咕：“炒菜，油总是要搁点，如果油都不搁怕不行？”旁边的人都认为他竟敢冒犯军长，替他担忧。可孙渡毫不介意，给他讲一些体念国家和百姓困苦以及俭朴节约的道理，耐心地开导这个副官。

孙渡在调离第一集团军总司令，即将到热河就任省主席时，住锦州的部分陆良同乡曾互相约商，到松竹梅饭店包几桌普通的酒席为他饯行。约莫上午 10 时，同乡们齐聚等候，一辆普通的军用吉普车驰至饭店门口停住，从车上下来的并非是大家所想见的身着笔挺毛呢军服、神态威严的将军，而是一位身着普通草绿色布军服，脚穿一双笨重的印度士兵皮鞋的朴素老军官。几位熟悉的同乡连忙上前迎接，孙渡频频点头向大家招呼，众同乡方才知道这就是久闻其名的孙渡总司令。

孙渡在众同乡的陪同下走进餐厅坐下，以一口乡音向大家说明，当天还有公务在身，没有时间陪同大家进餐，非常抱歉！接着分别询问每个人的姓名，记了个通信地址，和大家一起合影留念，便告辞了。在孙渡身旁的人忙往衣架上为他取军帽，都认为他的军帽一定是非常讲究的，尽拣漂亮的尼军帽递给他，可孙渡都摇头说：“不是！”最后他的侍从才亲往衣架上，取了一顶普通的布军帽递给他，孙渡才戴上军帽与众同乡告别上车。[16]

1946 年 6 月孙渡被调往东北任东北保安副司令长官兼第一集团军总司令，驻扎东北进出门户锦州时期，一些国民党军政要员经常路过锦州，孙渡从不迎接或主动拜访，更不愿攀附。除非这些要员主动召见或拜访他，他才不得不会一面。否则管他来来往往，装作不知，一律回避之。还有一些报社或通讯社记者也常纷至沓来采访孙渡，他总是回避不见。若在某些公开场合中，被记者发现，蜂拥包围，向他采访，他则笑答之："很抱歉，实在无可奉告。"谢绝采访，往往弄得记者扫兴而走。

在孙渡身边工作的一些僚属对他此举则不理解。他们都认为孙渡为什么如此孤傲？有这么多的好机会可以接触高层要人和新闻记者，既可以攀附和密切与高层要员的关系，又能扩大个人的社会声望，这是非常难得的机会，何乐而不为呢！甚至个别僚属竟埋怨他："老倌（指孙）老昏了，中央（指当时的国民党）的达官要员他都不买账，记者他也不愿接见，这还当什么总司令……"

孙渡身边的少尉通讯排长张士绩回忆说：

他有一次生病，要住进长沙市美国人办的国际医院治病（现湘雅医院）。因为他生活简朴，穿着一般，只穿一般士兵服，去登记时，陪送的一位副官问护士："有病房吗？"那护士一言不发。过了几分钟又问另一位医生："有没有病房？"那人答道："等一等！"这一等就是一个多小时。再问一医生，才叫登记，登记时，他叫副官登记上"58军A"的名称，而不写上真实姓名、职务。孙渡的低调为人由此可见一斑，"58军A"的故事也由此传为美谈。⑰

"58军A"，即孙渡在抗日战争时期任58军军长的代码。孙渡不用自己的"中将军长"炫耀自己，其低调为人的品德值得世人敬重！

四、唯才是举

孙渡在滇军中可算是官高位显，但他却从不以自己显赫的官位职权，随便任用自己的亲友、同乡。而是重用能人，唯才是举，任人唯贤，保持清廉本色。

每当亲友或同乡向他谋求职业时，他都遵守人事制度，批示给人事主管部门按才录用。至于录用以后的升调前程，那就凭本人的才能和工作成绩，由所属单位秉公决定，从不直接插手干预。如果没有实际才能和勤恳实干精神，想以亲友同乡的特殊关系得到提拔，以致平步青云，在孙渡这里是万万不可能的。⑱

孙渡胞弟孙崑，以当时他在云南的地位，带到省里安置个像样的官职是完全可以的。而且也曾有孙渡的同僚朋友建议他，将其弟带到身边安置提拔。但孙渡不愿这样做，他希望弟弟在家无论是务农经商，还是做别的工作，必须安分守己，好好为人。

1938年抗战前夕，孙渡回家奔丧，其弟孙崑推荐给他一位姓刘的亲戚，此人跟随他经历了抗日战争，仅是一名中尉副官（相当于排级）。其弟推荐的另一位姓太的同乡，为人忠厚诚实，在一次抗日战役中，58军突遭日军袭击，军部处于危急中，太沉着机智护卫孙渡突出重围，后也仅被提升为警卫团第一连上尉连长。

另一位姓熊的嵩明籍人，系黄埔军校毕业生，曾在他所属某部担任过排、连长等职，颇有才能，机智灵活，抗日战争中有一定战绩，论军龄没有上述两位长，论关系不及上述两人近。但孙渡发现熊的才能，便将熊调往身边升任少校（营级）侍从副官，朝夕伴随他处理公务。

此外，孙渡直属警卫团还有3位黄埔军校毕业生：一位是11期军官队毕业生计某，孙渡胞弟的干儿子，俊秀聪明、善琴书，但性格好逸苟安，58军出征时即追随孙渡，在军直属团任排长，先升调为连长，最后仅升至少校副营长。另一位是黄埔军校14期毕业生钱某，以军龄资历没有计某长，而且与他并非亲戚，但钱某工作勤恳，作战有功，被提升为少校营长，比计某职务还高。还有一位是玉溪人王某，学历军龄与计某相等且是同期同学，与孙渡一非同乡、二非亲戚。但王某老成持重，有实干精神，练兵作战皆能，被提升为直属警卫团上校团长，成为计某、钱某两位的上司。

由于孙任人唯贤，不讲同乡亲戚私情，所以在往昔陆良人中流传着“孙渡不顾同乡人”的流言蜚语。孙渡听后，对此只是淡然一笑。

五、酷爱读书

孙渡爱国、爱民、爱兵，来自他广博的知识和高尚的操守。他酷爱读书，余闲暇时别无所好，总是手不离卷。一边吸着云南广南县特产的竹节水烟筒，一面津津有味地阅读着书卷，他认为人间最大的乐趣莫过于读书。黄声远说：

他是军人，但他却带着极浓重的文人气质，最多的时间，都花在读书里。正如大文豪鲁迅喜欢在夜晚写作一样，他也习惯于白天睡觉，夜晚读书。他的仪表，更有十足的大学教授风度，温文儒雅，轻言细语。他所读的书多，几乎无所不晓，真可算得是博学的人。一次，与西班牙记者谈及西班牙事，他如数家珍，历历指陈，使这位记者疑心他曾侨居彼邦多年。[19]

从进步的哲学、科学理论，追寻到了真理，而且能够把握真理，这更是孙将军在学术上的特殊造诣。他很健谈，一面吸着云南的水烟筒，一面沉静从容地和别人谈话，谈得投机，可以夜以继日不断谈下去，有些像沉在云雾里。不相信客观真理的人，思想上先入为主，反会认为他的成见太深。其实他的一切论点的出发，并不是凭着主观想象，而是有着客观根据的。[20]

中央社第九战区战地记者在《滇军横断面》一文中描述道：[21]

孙将军是十足的儒将风度，举止非常文雅，据说他还是没有夫人，说起话来，从从容容，是爱谈理论，尤其是哲理，从中国的老庄哲学谈到亚里士多德，海格尔以及晚年的罗素诸人的学说。在科学方面，他最后谈到中外度量衡的沿革和优劣的比较方面来了，这几乎把记者为难了，他有一种坚强的记忆力，他将中国近代名人文学作品中有些将“的、地、底”三字误用了的句子提了一些出来研究，其实，这都是我们平日看过而没有去注意的地方。

孙渡除了博览经史典籍、古典文学、兵法、中外著名战史外，还阅读其他进步书籍，如马克思、恩格斯、列宁著作等。抗日战争时期，在他所属的司令部政工处任中校科长的杨守洙（中共地下党员）以同乡亲戚的特殊关系，将某些进步书籍乃至毛泽东著作《论联合政府》《新民主主义论》等书送给他看，他仍然阅读。他对私人钱物从不计较，也不过问。如果他的几箱线装古书少了一本，却要刻不容缓地追回。

孙渡夫人张灿琪回忆说：

他非常爱看书，精通马列。最喜欢看《资本论》等书籍，喜欢看高尔基的书，喜欢看曾国藩的书籍，还喜欢看《孙子兵法》、《复活》等书。他思想是进步的，但不得不听从蒋介石的命令。他自己说，自己很痛苦。他最喜欢散步，每天手不释卷，教我学习写作，诗情很浪漫、很有趣。他还喜欢写书法，尤其喜欢写大字，写得很好，如“气壮山河”。参加宴会，谈笑风生、活泼幽默。

孙渡平生淡泊名利，注重操守，生活简朴，学识渊博，可说是受益于博览群书。在滇军高级将领中，他平生没有置得任何财产，可算是高级将领中最穷者。但在学识精神财富方面，他却是最充裕者，故有“儒将”之称誉。

孙渡身边的少尉通讯排长张士绩回忆说：

自认识孙军长并与之转战江湖（江西、湖南、湖北）地区一年多时间，孙军长给我留下很多好的印象。如他好学习、求上进。每行军到一个新的地方，他总是带上两个保卫员逛书摊、购新书。当下级向他汇报情况找到他的办公室里，总见他手拿书本学习，有时还见他一手拿书本，一手拿烟筒，边看书边抽烟。可见他的学习精神之好，从不放弃宝贵的时间。

张士绩回忆说：

在他这种刻苦学习的精神带动下，下级军官和士兵也有了看书学习的好习惯。……由于他好学识广，很多军事名著他都看过。有一次他到江西庐山开会，其他军都是带参谋长去开会，汇报工作是参谋长汇报、军长补充，58 军却是军长直接汇报，讲得头头是道。……在一次会上，某专家讲《孙子兵法》，别人忙记笔记，孙军长却不记笔记。他说：我已读过多少遍，有些部分已记得烂熟了！

张士绩回忆说：

由于我 58 军在江西等地对日作战有功，曾有苏联顾问代表团带上记者访问了孙军长，当孙军长交谈即将结束时，苏联顾问很敬佩地说："你这位中国将军，不仅是位著名的武将，也是一个博学多才的文官，谈军事懂军事，谈政治懂政治，谈哲学懂哲学，具有大学教授之才能，我们很赞赏、很敬佩呀！"接着杨森受国民党中央委托也到军部慰问，杨森说："58 军抗战有功，孙军长领导有方，是位很有本事的将领！"还说："我们云、贵、川的军队，作战勇敢，本是一家人嘛！今后要互相支援，协同作战，才能取得更大胜利！"㉒

第 58 军新编第 11 师秘书杨世英撰文描述他：㉓

与孙渡接触过的人都称赞他"博学多才""谈吐风雅"，有"儒将"风采。孙渡有陆军小学及讲武学校的学历，有多年带兵作战的经验。他好读书，就是在戎马倥偬的行军途中，也少不了一匹骡马为他驮书。他的读物有：《孙子兵法》《中外战史》《操典》以及社会科学、文艺杂志。

杨世英称赞："孙渡与鲁道源统率五十八军，可谓'文经武纬'，相得益彰。在赣北、湘北的历次攻防战斗获得了'长胜军'的荣誉称号。"并说："孙渡与鲁道源的性格、风度虽截然不同，但相处情感始终很好。"

1940 年 6 月 9 日，《东南日报》以《滇南名将孙渡会见记》为题（作者不详），这样描述他：

没有见孙将军以前，在 ×× 军官兵们的谈吐间，时常听说将军"做事好精明""作战好胆略""真厉害""真勇敢"……以为孙将军是性情刚烈、威仪可畏的一个勇将。但是会见后，才认识将军的温柔儒雅，有如大学教授的风度，同时在将军上额的一颗光荣的伤痕，更显得他作战的英勇。

将军的身材不高，扁平的脸，圆满的脑骨，一双清朗的眉目，与一张坚决而善讲的嘴，衬（衬）出了一副典型名将又兼有学者风度的面容，现在的年岁大约四十多点，自从 × 集团代总司令高荫槐将军因公回滇后，孙将军就以 ×× 军军长的名义，兼代总司令职权，他率领着 ×× 军，×× 军与 ×× 军的云南健儿，转战在赣北前线，这次我军的春季攻击，大部分是在孙代总司令领导指挥下的云南健儿所创见的功勋。

将军不但是百战百胜的名将，而且是精通古今中外的一个学者。不论是军事学、政治学、经济学……以至于社会主义的书籍，他是无不涉獵（猎），就是军书旁午，或是军事转进时，将军的书担子，是随身必带，时刻不离，他对于每种学术，都有深刻的研究与心得，每个问题论谈所得的结论，总是以三民主义为依归。

黄声远在《壮志千秋》一书中，饶有兴趣地描述道：

文人在军中虽只占着一个极其渺小的数目，但被视为特殊人物。普通军人自视极高，以为救国救民唯一的依靠枪杆。但一般有政治家头脑和富有文学修养的高级将领，对硕学饱德的文士则甚为重视。

黄声远满怀敬意地称赞道：

孙军长是一位儒将。旧时儒将的含义是能够“上马击贼寇，下马草露布”的将军，而这位儒将却对新哲学、社会科学、文学艺术的研究都有相当心得。㉔

孙渡遗作（云南省档案馆提供）

孙渡将军是军人中能够运用进步的科学思想方法、富有社会科学修养的明星。他与权威报纸的记者们娓娓倾谈的时候，完全不像一位将领，而像是一位饱学的教授、学者。他从作为政治之延长的军事，谈到政治本体，谈到作为政治、法制之基础的经济，谈到作为社会第二上层建筑的文学、艺术，好像泅泳于学问的大海中，旁征博引，津津有味。㉕

黄声远如数家珍地说：

赣东会战结束时，《大公报》记者杨刚偕《伦敦快报》记者贝却前来东南战场采访。他们曾亲至五十八军军部及鲁、梁两师师部访问。杨女士访问时，孙军长畅谈了战局。杨女士是国内记者中文学修养极好的一位，态度潇洒大方，操流利英语，为同行的外籍记者翻译。他们采访谈话的时间很久，范围极广。两位记者对孙军长的学术修养，感到异常惊奇，在很多方面都表示折服。[26]

遗憾的是，由于历史等多重原因，孙渡留下的诗词文章微乎其微。据说在戎马征战中，有次他路过某村镇，见一麻面女子卖麻花，后来再过此处，见卖麻花的人已非，竟效古时崔护的人面桃花诗作诗一首："去年今日此处过，麻面麻花对面搓。麻面不知何处去，麻花依然下油锅。"[27]其诙谐幽默跃然纸上。

"弘农名媛，渤海贤妇。敬嫂孝翁，勤操井臼。相夫起家，货殖丰厚。孝子成人，韬略富有。既多其惠，何促其寿。载瞻遗像，誌示厥后。"这是孙渡题《欧阳母杨夫人像赞》一文。[28]赞是古代的一种文体，此文从杨夫人的品德立意，高度肯定对方德行，可谓言简意赅，反映了孙渡的古文学功底。

六、忠诚爱国

孙渡自幼聪明好学，深受儒家思想的熏陶和家风家教的影响。他一生忠于民族、忠于国家，有强烈的民族责任感、使命感和危机感，以民族复兴为己任，为国家独立和民族解放矢志不渝、甘洒热血。

抗战时期，孙渡最爱提及"国家民族"四个字，这自然是由于他对国家民族有一种深刻的认识和坚定的意志。中央社第九战区战地记者，在《沙场秋点兵》一文中描述他：[29]

孙军长待人接物，治军处事，均富儒将风度，这是我们一行数人的共同观感。我们深切地相信，无论谁见过孙军长，一定有这显明的感觉。他的行动言论，无不以大局为前提，我们在君子堂住过两天，绝未听到他对人加过批评的语意，部队中所应进行的工作，他都在默默进行，当然这不是单纯的"独善其身"的自修问题，而是"兼济天下"的训练问题。一支队伍，也如一所学校，学校陶冶的人才，是为国家扶植元气，军队的教育，完全是为着救大局救民族。今天，民族战争激烈的时代，正是军队为国家大显身手的机会。

我们在君子堂向孙军长献旗，队伍的整齐焕发，民众的热恋忠诚，无一不表现龙江部队（指云南部队）在此数月的成绩。“用遏蛮方”的锦旗，由朱团长敬献于孙军长后，孙军长高高扬起这光辉的旗帜，用愤慨决断的口吻说：“我们要把日本鬼子赶出中国去。”

1946年复兴出版社出版的《中国抗战名人图史》（作者不详），较为详细地概括了孙渡的前半生。文中充满敬意地描写他：

孙副司令长官渡，字志舟，云南陆良县人，现年五十岁。民二卒业于云南讲武堂四期工兵科，服务部队，经过了护法、靖国、援桂诸役，冲锋陷阵、迭著战功，由排连营团长、迁升到旅长。那时，年仅二十有七，为滇军青年将领中最负时望之一。二十三年，任剿匪军第二路第三纵队中将司令，贵阳之役，深为委座所激赏。

到了抗战军兴，氏更负荷重大的使命，担任第五十八军军长，转战湘、鄂、赣北、赣东一带，督率雄师，与日寇浴血苦斗，三解长沙的危急，蒙最高统帅记大功三次。三十一年的十一月，升任第一集团军副总司令，坐镇赣北，捍击顽敌，指挥若定，屡建殊勋。三十四年的四月，晋升第一集团军总司令，总统大军，膺功迭奏。胜利以后，奉命赴九江受降，完成了光荣的使命。旋又奉调赴东北，参加接收的重大任务。三十五年，升任东北保安司令长官部副司令长官，仍兼集团军总司令，……功名是更震轹了。

氏为人，沉着机智，料敌入神，算无遗策，是以百战百胜，成为时代的名将。平居好学，手不释卷，故学问渊博，谈锋甚健，古人所称的儒将，氏当之洵无愧色了。

孙渡忠诚于国家和民族，有坚定的信仰和操守。《新闻快报周刊》记者易春风在《云南儒将孙渡》一文中称赞孙渡：

无论时局如何变？事态如何变？人心如何变？孙将军一贯的做人态度忠诚恳挚，绝无变动。……仍然保持着他那种温文尔雅的儒将风度。这种气节的养成，这种每到成败关头即能分辨是非的睿智敏慧，实在是超人的举措。[30]

事实的确如此。孙渡鄙视变节和叛逆。无论是1926年龙云等四镇守使发动的推翻唐继尧的“2·6政变”，还是胡若愚发动的推翻龙云的“6·14政变”，或是1931年卢汉等四师长发动的“倒龙政变”，他谨遵“为忠为良”“不作风波于世上，犹留阴德荫子孙”的家训，置身事外，冷眼旁观，没有参与其中，并因此受到诽谤和排挤，甚至被逐出云南。

不容否认，孙渡同时又是一个饱受争议和被边缘化的人。青年时期，他在云南陆军讲武学校受到良好教育，勇敢站在时代的潮头，反对封建帝制，参加了重九起义、护国讨袁、靖国护法等革命战争，其爱国情怀天地可鉴。抗战期间，他临危受命，出任58军军长，立下“誓争取民族生存”铁血诤言，以身许国、出生入死，为国家独立、民族解放立下不朽功勋，其英雄壮举可歌可泣！然而，红军长征过云南时期，他奉命率部防堵红军入滇；国共内战时期，他被调到东北参加内战，后来又没有响应云南和平起义，这些却成为他人生最大的败笔，成为世人对他诟病最多的原因。

历史人物总有其局限性，孙渡并不例外。他自幼深受儒家思想濡染，谨遵“诚正修身”的传统操守，视名利若浮云，同情劳动人民，博览群书，见识宽广。这是难能可贵的。然而，由于“忠君”思想的根深蒂固，束缚着他的进步。他认为“朝秦暮楚”会失去军人的气节，一直无法摆脱“忠臣不事二主”的思想桎梏。他既对国民党的腐败无能厌恶反感，也佩服共产党的远见卓识和民族大义。但却始终没有勇气脱离国民党、投身共产党，这种矛盾心理一直萦绕着他，成为挥之不去的阴影。

“戎马沙场谋略深，指挥战斗奉忠忱；南昌武汉阻倭进，赣北高安抵日侵。湘地长沙歼劲敌，长衡捷报送佳音。为争民族生存战，保卫山河献赤心。”

此诗称赞孙渡对国家和民族的赤胆忠心，高度评价他在抗战中为民族立下的不朽功勋，是对孙渡的真实写照。

【注释及参考文献】

①1946年复兴出版社出版的《中国抗战名人图史》（作者不详）

③④⑤⑥⑦⑩⑲⑳㉔㉕㉖ 黄声远．壮志千秋．上海汉文正楷印书局承印出版，1948.1：1–174

⑧⑬⑰㉒ 张士绩口述、何金振整理．对孙渡将军的回忆 [J]. [J]. 陆良文史资料（3）：83–86

⑨ ㉚ 易春风．云南儒将孙渡 [J]. 新闻快报周刊．1949.11：5–6.

⑪ 采访孙渡亲属手稿（未刊），2015年7月26日

⑫⑮㉓ ㉗ 抗战中的云南．云南文史资料选辑（50）．云南人民出版社，1997.7：93–118

⑭㉑ ㉙ 抗战史料：《长沙大捷记》第29–39页，第九战区司令部1941年编印

⑯⑱ 俞智英．滇军儒将孙渡轶事 [J]. 曲靖文史资料（5）：122–136

㉘ 云南省档案馆资料

下篇　走向光明

中国人民抗日战争的伟大胜利，是近代以来中国抗击外敌入侵的第一次完全胜利。这一伟大胜利，洗刷了近代以来中国抗击外来侵略屡战屡败的民族耻辱，开辟了中华民族伟大复兴的光明前景，开启了古老中国凤凰涅槃、浴火重生的新征程。图为中华民族的象征——长城图景。

第 17 章　内战失兵权

抗战胜利后，中国面临着光明还是黑暗，进步还是倒退两种命运、两种前途的生死抉择。1945 年 10 月 10 日国共双方签订了《双十协定》，1946 年 1 月 10 日签订了《停战协定》。但以蒋介石为首的国民党统治集团，却在虚假地与中国共产党进行和平谈判的同时，积极进行内战的准备。

1946 年 6 月底，在美帝国主义的支持下，国民党撕毁停战协定和政协决议，悍然对解放区发动全面进攻，国共内战由此爆发。孙渡被迫奉命率部调往东北参加内战，朱德再次给孙渡来信，望他“再举义旗……”初到东北未及一月，第 60 军 184 师就在海城宣布起义。

孙渡又一次处在历史的转折关头，他的命运将会发生怎样的转变？

一、调任东北

东北地区物产丰富，工业发达，交通便利，是当时全国唯一一个有着完整工业布局的区域，也是全国最为重要的粮食产区。如中共控制东北，就可以背靠苏、朝、蒙，南与冀热辽解放区以及整个华北解放区连成一片，并且可有一个可靠的战略后方基地。反之，如国民党抢占了东北，华北解放区将处于国民党南北夹击之中。所以，无论双方谁在东北站稳脚跟，在将来争夺全国的斗争中都会极为有利。

其实，早在日本败局已定、还未投降之际，国共双方就已把目光投向了东北大地。毛泽东说，如果我们把现有的一切根据地都丢了，只要我们占有了东北，中国革命就有巩固的基础。蒋介石表示，党国命运在东北，盖东北之矿产、铁路、物产均甲冠全国，如东北为共产党所有，则华北亦不保。

但当时国民党在东北，并无一兵一卒。国民党妄图独占东北，从 1945 年 9 月起，就采取了一系列措施，成立了以熊式辉为主任的东北行辕，负责东北的一切党政军事务，任命杜聿明为东北保安司令长官，委任东北各主席和各

市市长。

与红军长征过云南时如出一辙。就在国共争夺东北之际，蒋介石决定再次来个“一箭双雕”，剥夺“云南王”龙云的一切军政权力，胁迫滇军到东北参加内战。

龙云与蒋介石的矛盾由来已久，抗战胜利后更是愈演愈深。早在红军长征过云南时，蒋介石就想拔除龙云这颗“眼中钉”，可惜一直未能如愿。

1945年8月21日，蒋介石一方面令卢汉率领60军和93军开赴越南受降，一方面令进驻云南的嫡系部队做好战斗准备，图谋一举解决云南问题。龙对蒋的一系列阴谋活动始终未加注意，甚至有人向他报告第5军即将行动时，他还认为“这是无稽之谈”。①

杜聿明（图片来自网络）

蒋介石以派卢汉赴越南受降为名，抽空了云南的部队，削弱了龙云的武装力量，为解决龙云地方势力创造了有利条件。9月30日，蒋介石嫡系第五集团军总司令兼昆明防守司令杜聿明趁滇军主力赴越受降、昆明兵力空虚之际，部署第五军（军长邱清泉）发动兵变，10月2日将昆明城内滇军缴械，发动“驱龙事件”。

10月3日，蒋介石下令免去龙云本兼各职，调任有名无实的国民政府军事参议院院长；4日晨龙云被困于省政府所在地五华山，旋即接受命令下山，5日正式交卸，6日被挟持到重庆，10日授予抗战胜利勋章，15日就任军事委员会军事参议院院长，形同软禁，从此失去了对云南的控制权。12月初，龙云秘密策动到重庆开会的滇军将领，要他们抗拒调滇军到东北作战，保存实力，等待时机。

然而，“软禁”中的龙云，其愿望不可能实现。蒋介石“拆散云系，消灭滇军”阴谋，则步步得逞。两面三刀、尔虞我诈的权力争斗，再次在孙渡内心留下了挥之不去的阴影，不仅加深了他长期以来不愿内战的心结，更加剧了滇军与中央军的矛盾，为滇军反蒋起义埋下了伏笔。

蒋介石为达其“一箭双雕”之目的，在强迫龙云下台后，于同年11月对云南部队进行了整编，12月卢汉继任云南省省主席。次年4月，将入越受降的滇军 60 军和 93 军调往东北，参加反人民的内战。

孙渡回忆道：

日本投降之时，云南部队在两个方面担任受降。第一方面军由卢汉率领，由云南开赴越南受降；原在江西北部守备的第一集团军，奉命开赴南昌、九江受降。在受降期间均进行了缩编，第一方面军编辖 60 和 93 两个军，第一集团军将新编第 3 军并入第 58 军，编为一个军。这三个军后均奉命隶属第一集团军总部。

1945 年 12 月，第 58 军在开到安徽安庆及其附近地区后，又奉国民党陆军总司令何应钦电令，准备开往山东青岛、烟台、龙口一带。于是，第一集团军总司令孙渡率领必要人员赴南京向何应钦请示。何应钦对孙渡说："先将集团军总部及直属团队开到上海吴淞、宝山一带等船，第 58 军可暂驻安徽，俟第 60 军和第 93 军运到山东后，再将第 58 军调往山东。"②

孙渡回忆道：

1946 年 2 月，第一集团军总部及所属各团队，即由安庆开到吴淞口、宝山县附近集结待运。可是在待船北运的时间，又奉令改开东北，暂归国民党东北保安司令长官部指挥。至 4 月底就开始由上海和越南两地向东北运送了。③

蒋介石的本来意图，就是将云南部队调出，离云南越远越好，其所以不先直令开赴东北，是恐云南官兵明了其意图所在。于是一而再、再而三地故意变更调令，一步一步地胁迫生长在我国西南的云南部队，到我国东北的内战前线充当炮灰。

孙渡回忆道：

云南部队首先运到东北的是第 60 军。该军到达后，即由东北保安司令部直接指挥，开赴抚顺、鞍山一带驻防。其后，第一集团军总部和第 93 军陆续到达，驻防锦州及其附近地区。暂驻安徽的第 58 军就从此脱离第一集团军的指挥。

滇军广大官兵，对于离乡背井去东北打仗，惶恐不安，士兵纷纷逃跑，军官怨声载道，士气十分低落。在 60 军担任地下党组织负责人的杨滨回忆说：④

60 军到东北后，军部驻新民，182 师驻铁岭，184 师驻海城，暂编 21 师驻抚顺。三个师都被分割出去分别配属其他嫡系部队，实际上三个师的指挥权都控制在杜聿明手中。曾泽生对此极为不满，满腹牢骚，抱怨杜聿明不信任他，架空他，当了“空”军司令。

蒋介石一贯以制造矛盾、利用矛盾、分而治之为其反革命统治的法宝。他的目的十分明确，就是在利用龙云、卢汉、孙渡三人之间的矛盾，采取各种手段，把孙渡所带的第一集团军缩编为一个军，脱离第一集团军的指挥，又把龙云、卢汉在云南的部队编为两个军，拨隶第一集团军归孙渡指挥（后来，事实上这两个军又分开了），这样一来，就把云南的部队一齐投入内战而又分散在各地，不怕你不唯命是听了。

为了牢牢掌控孙渡等滇军将领，蒋介石还对第一集团军进行了重组。国民党第一集团军总部已有副总司令二人（一为欧震，一为杨宏光），蒋介石又委陈铁为副总司令（陈铁为贵州人，黄埔军校一期毕业，原在胡宗南部任14军军长，系何应钦的同乡）。原来的参谋长黄雄（浙江温州人）被调走，另委兵役司司长翁国柱（贵州人，为何应钦的亲戚）前来接替，表面上标榜云贵大同乡，人地相宜，实则不过以此为幌子，进行吞并或消灭异己军队。

1946年6月，蒋介石任命孙渡为东北保安司令长官部副司令长官，数日后才又补来一电，言明孙渡仍兼第一集团军总司令，其主要意图是暗示将要更换孙渡的第一集团军总司令职务。果然，次年9月，第一集团军改编为第一兵团，孙渡任第一兵团司令。

杨滨回忆说：⑤

蒋介石及其嫡系将领，对滇军素怀戒心，处处防范，多方掣肘，并把他分割配置在第一线，用借刀杀人的办法来削弱滇军，从而加剧了滇军同蒋系的矛盾，滇军上层对蒋介石集团的歧视、排挤屡表不满。广大官兵远离家乡，思乡恋家，士气低落，厌战情绪不断增长。因此，在东北战场上，滇军成了整个国民党军事链条上的最薄弱环节。

孙渡虽任东北保安司令部副司令长官等职，但司令长官杜聿明，副长官郑洞国、范汉杰、梁华盛、陈铁都是蒋介石的嫡系将领。58军又脱离了孙渡指挥，孙渡实质上成了一个脱土离根的“光杆”司令。其副总指挥的职务不过挂了一个虚职而已，他真正能指挥的部队其实只有手下的一个警卫营。

蒋介石嫡系与滇军不断加深的矛盾，却给共产党分化瓦解敌人、争取滇军创造了条件。

二、海城起义

内战不得人心。1946年5月30日，面对解放军的强大军事压力和政治攻势，以及中共地下党组织的积极争取，第60军184师初到东北未及一月，就在海城宣布起义，开了东北战场起义的先例。《解放日报》在同一天发表社论赞扬“海城的光荣起义”是“不可抗拒的力量。”

孙渡回忆道：

1946年4月间，我到达东北后，曾去沈阳见国民党东北行辕主任熊式辉和国民党东北保安司令长官杜聿明。当时熊、杜两人对东北局势均抱乐观态度。杜聿明曾对我说：他准备不久就要转移长春，嘱咐我准备移往沈阳坐镇。

接着东北长官部即明令发表拨隶第一集团军指挥的部队为第13军、第71军和第93军，葫芦岛、秦皇岛两个港口司令部，以及其他独立师、保安总队、交警总队、各部骑兵支队等部队甚多（及所辖辽宁省西部、热河省至河北省滦河的地境线以内所驻的各部），而第60军又不在其内了。

孙渡心里明白：早在抗战胜利之初，蒋介石嫡系为了消灭各省杂牌部队，达成其清一色的法西斯统治，就主张那省军队不准再驻那省；那个带的部队不准那个再带。就这两句话来说，蒋介石的阴谋，在云南部队中已成了现实。

第60军和第93军这两个军，原系由云南国民党地方实力派龙云和卢汉的部队编成的。但在越南经卢汉一度调整人事后，两军的干部完全以他的幺叔卢浚泉所办的军士队（军官后补生队）培养的人员为骨干。故当时云南部队中有人曾将抗战期间所用“军事第一”的标语改为“军士第一”以讥之。

在龙云被蒋介石搞下台之后，紧接着又解除了卢汉的兵权。龙云和卢汉的部队存有戒心，是极自然的。尤其是远调东北，又归直接把龙云搞下台的杜聿明指挥，更感不安。第93军军长卢浚泉初到东北时就曾愤慨地说：“真是奇怪！我们在云南所碰到的就是老陕（指关麟征而言，关是陕西人，曾任国民党云南省警备总司令），来到东北碰到的又是老陕（指国民党东北保安司令长官杜聿明而言，杜亦是山西人），简直是老陕的天下了。”

孙渡回忆道：

解放军很清楚地知道云南部队与国民党中央军有矛盾，故云南部队一到东北，解放军就向之进行争取工作。将1945年国民党中央解决龙云问题及同年

12 月 1 日在昆明屠杀反对内战、反对美国干涉中国内政的学生和教员的惨案，印成文字兼图画的大量宣传品，在云南部队驻地散发，扩大了国民党嫡系部队与云南杂牌部队的矛盾，卒导致第 60 军的第 184 师尔后在海城毅然起义。

1946 年 5 月初，第 60 军 184 师到达东北，驻防鞍山、海城、大石桥、营口一带，师部驻海城。该师到防后不久，即遭到解放军的进攻。在战争爆发之初，该师师长潘朔端尚决心顽抗，有个连长作战不力曾被潘枪毙。

后来，因战况愈来愈紧张，感到不能支持，该师长曾向沈阳东北保安司令长官部请求退出海城，未获许可，并严令死守，不得撤退，又迟迟不予增援。这明明是有意将该师置之死地，使之与解放军相互厮杀、相互消灭的诡计。

5 月 30 日，东北民主联军包围海城，面对强大的军事压力和政治压力，在情况危急、解放军又积极争取的形势下，潘朔端与副师长郑祖志、参谋长马逸飞和 552 团团长魏瑛商量后，毅然决然地率领该师 552 团及师直属部队约 4000 人，在海城宣布起义，开了东北战场起义的先例。

5 月 31 日，潘朔端与副师长郑祖志等率全师将士通电全国。电云：[6]

朔端等籍隶云南，多年从军，每以卫护桑梓，救国救民为己任。……惟事与愿违，本师自安南奉命航海北上，名曰接收主权，实则为进攻中共在东北之武装。身为中国人，用美国武器进行内战，残杀自己同胞，朔端等每念及此，莫不悲愤填膺。……俯念东北沦亡 14 载，人民已血肉枯竭，复何忍大动干戈，杀人遍野？……因此朔端等思之再三，乃于海城火线上实行反内战起义，决心与民主联军合作到底，不再执行兄弟自残之乱命……

1946年10月，同盟军领导在松哈地区。左起为郑祖志、潘朔端、魏瑛、徐文烈。（图片来自《海城起义》一书）

潘朔端海城起义，对瓦解东北国民党士气起到巨大作用。台湾国民党党史编纂委员会编写的所谓《戡乱战史》写道：“当东北戡乱始进入关键时刻之际，不意国军一八四师师长潘朔端受共党蛊惑，临阵倒戈，大局遂不可收拾矣！”

潘朔端（1901—1978），云南昭通市威信县人，黄埔军校第四期学员。抗战爆发后，升任183师1081团团长随60军出征抗日，在台儿庄战役中身先士卒，中弹负伤，因战功获一级宝鼎勋章。1945年抗战胜利后，调任60军184师师长，师部驻海城。1946年海城起义后，184师改编为“中国民主同盟军第一军”，潘任军长。1949年底，调随宋任穷、周保中南下云南，接管昆明；1950年3月28日昆明市人民政府成立，被任命为市长，后又被选任市长直至1968年。1972年以昆明市革命委员会副主任的身份，再度主持政府工作。

潘朔端参加北伐战争时留影
（图片来自《潘朔端将军》一书）

潘朔端成为内战初期第一个起义将领，令蒋介石咬牙切齿。孙渡回忆道：

第184师到东北尚未及一月，就宣布起义一事，不能不使蒋介石感到震惊。他深恐云南部队受184师的影响，乃又利用原已不想利用的卢汉亲自到东北对云南部队进行安抚和慰劳，以安定军心。⑦

辽宁海城起义，不仅在孙渡内心产生强烈震撼，也引起了中共中央和中央军委的高度关注。朱德驰电祝贺他们反对内战，参加革命的行动是“揭和平之义旗，张滇军之荣誉”。

三、进攻热河

在东北战场，国民党军队和人民解放军交手，并没有取得意想中的战果。1946年9月至1947年6月，孙渡奉命指挥部队三次进攻热河，连吃败仗，陷入被动挨打地位。

1946年9月间，孙渡奉东北保安司令长官部命令，指挥第13军、第43军、第93军及第71军的第91师进攻热河。由于当时解放军的战略方针不以保守地方为主，而以保存有生力量伺机歼灭敌人之有生力量为主，故到处都遇到解放军的主动撤退。于是，孙渡指挥的国民党军队未经激烈战斗就先后占领了热河的重要城市承德和赤峰。此后，由于所占空间增大，兵力分散胶着，即陷入被动挨打的地位。

1947年3月间，在辽东通化（今属吉林省）方面的国民党军为解放军所包围，因附近已无充分的机动部队可调，东北保安司令长官部乃令远驻热河承德的第13军抽调部队往援。该军增援部队开抵辽东的新宾县时，就进入解放军预设以待的袋型阵地内，该军的一个师及一个团全部被歼。孙渡回忆道：

第13军军长石觉因此恼羞成怒，认为他这次失败不是他的过错，而完全是东北保安司令部指挥失当所致。于是他就径往北平，恳求国民党北平行辖主任李宗仁（石与李系广西同乡），将第13军改隶北平行辖指挥。从此该军就与东北保安司令部不相往来。

同年6月间，解放军又向四平街进攻，战况十分激烈，孙渡又奉东北保安司令长官部令，将热河赤峰一带的第93军撤出赴援四平。可是该军到达尚未接触，解放军又主动撤走，于是守四平街的第71军残部幸而免于被全歼。但热河方面，因一再抽调部队即逐渐缩短防线，以致承德、平泉至朝阳之线以北地区完全为解放军收复。

陈诚（图片来自网络）

孙渡回忆道：

当时我任东北保安司令部副长官兼长官部辽西指挥所主任及第一集团军总司令，也就从热河开始撤至辽西锦州了。可是蒋介石来到沈阳对东北干部讲话却说四平之役是一个“伟大的胜利”，其意义“比抗日胜利还要巨大”。所以特别授予守四平街的第71军军长陈明仁以青天白日勋章。⑧

东北战场，国民党危机四伏。7月间，为了笼络人心，国民党国防部参谋总长陈诚，到沈阳向东北将领打气。陈诚装模作样地反对官僚资本，说共产党是老虎，官僚主义只是一只苍蝇，只要把老虎打死了，那些苍蝇是很容易消灭的。

陈诚是蒋介石的亲信，有“小委员长”之称。“中华民国国军”内部由陈诚领导的派系亦有土木系之称。东北行辕主任熊式辉知道此来是别有用心，在陈到达沈阳后，即电蒋介石请辞东北行辖主任职。

8月，陈诚被蒋介石正式委任为东北行辕主任，接替熊式辉的职务，并以参谋总长名义指挥东北的一切。

9月，陈诚对东北国民党部队进行了改组。孙渡率领的第一集团军改编为东北第一兵团，孙渡任司令官，梁恺任副司令官。该兵团辖第93、第60军和葫芦岛港口司令部、骑兵第三军以及地方保安团队，司令部驻锦州。

同月，孙渡到沈阳见到了他这位新的顶头上司。孙渡回忆道：

当时我任东北保安司令部副长官兼东北第一兵团司令官，他问我："云南在东北的两军那一个好些？"我答："第60军成立较早，战斗力比第93军强。第93军成立不久，军容风纪又比60军好。"陈要到锦州去看看云南部队，嘱我与他同机前往。过后几天，我即与陈同飞机往锦州，当天即召集锦州的云南部队干部训话。陈诚特别强调军风纪。

国民党并非没有信仰。陈诚要求云南部队要进行"随时随地地进行主义教育"，"使之明辨是非，才能效忠党国"。但他的一套陈词滥调，并没有打开云南部队被迫参加内战的心结。

随后，陈诚指挥国民党部队向东北解放区发起的进攻，均被击溃。

四、扫荡辽西

蒋介石亲信陈诚以参谋总长指挥一切，国民党部队照样没能打胜仗。1947年9月至10月，新改编后东北第一兵团司令官孙渡奉陈诚之命，指挥部队扫荡辽西，再吃败仗，暂编22师和第49军先后被歼。

1947年9月间，陈诚令孙渡转令驻防新民沟帮子的第93军暂编第22师开往辽西的绥中、兴城以北地区，向热河边区的解放军进行扫荡。该师抵热辽边境立足未稳，而东北解放军已发动秋季攻势，所以热河及冀东的解放军正大举东进。

暂编第22师开到杨家仗子附近即被解放军全歼。结果，该师副师长苏景泰(师长龙泽汇请假去北平，由副师长代理)及全师官兵大部被俘，重武器全失。而山海关以东的北宁路，亦遭解放军的战略破击，一时不易修复。

本月，国民党云南省政府主席卢汉又奉蒋介石之命，再度来到东北慰劳云南部队，希望云南部队继续为他们卖命。孙渡回忆道：

陈诚知道卢汉前来慰劳，即电话告知我说："现在辽西军情紧急，你须常在锦州，不必偕同卢主席到各处去慰劳。"我答应照办，并将所得情报报告陈诚，我说：“现据各方情报，知道前与暂编第22师遭遇的解放军人数约5万人，且各方报告均言解放军准备千里长途行军，要到平原地带去作战云云，似乎有向沈阳方面进攻的模样。”

10月间，第49军由苏北调来锦州，归孙渡指挥。该军的两个师到达锦州（有一个师尚在海运中）时，陈诚就着孙渡令该军由锦州出发经江家屯（锦州西南数十里）向杨家仗子、新台门（江家屯西、热辽边境附近）前进，求敌攻击捕捉而歼灭之。

该军即遵令行动，但到杨家仗子、新台门附近地区后，转来转去数日，只遇有少数解放军，并且稍一接触，便即退去。该军就认为解放军不多，战斗力也不强，并对暂编第22师的被歼灭暗含有讥笑之意。

孙渡回忆道：

第49军军长王铁汉与锦州第一兵团司令部参谋处联络时，就曾数说敌情并不如讲的那么严重。可是当该军再度转到杨家仗子时，却发现了解放军，经过接触后战斗力并不弱，且人数也越来越多，战况渐呈紧张。该军的第26师海运到锦州后，当即令其径向杨家仗子前进，策应该军的作战，但中途被阻，无法进展。该军得知第26师由锦西沿铁路线向杨家仗子北进的情况后，亦曾数度向南猛攻，企图打开通路，与第26师会和，均遭解放军的沉重打击，卒未获逞。最后被解放军包围在方圆不过数公里的狭小地区内，前后经过3天的战斗，除该军军长王铁汉及参谋长等很少人换便衣逃脱外，其余悉数被歼。⑨

1947年10月，东北人民解放军结束了秋季攻势之后，又于12月发动了强大的冬季攻势。国民党在东北的军队被迫收缩在沈阳、长春和锦州三个孤立地区。

五、驻防锦州

1947年12月至1948年2月，驻防锦州的国民党第一兵团司令官孙渡再奉陈诚之命，以第92军前往解北票之围，然事与愿违，北票被解放，随后王加善在营口起义，营口又被解放。陈诚指挥的东北国民党军队处处碰壁，再次陷入招架之境。急得蒋介石再次换将，调卫立煌指挥东北国民党军。

国民党第93军暂编22师和第49军（缺第26师）的先后被歼灭，严重地威胁到其在辽西的海上门户——葫芦岛的安全。陈诚急电华北抽调两个军开来东北，但因铁路遭破坏，步行迟缓。华北方面派来的国民党第 92 军和暂编第 3 军虽步行缓慢，但没有中途被阻，且日渐向锦西方面逼近，转使解放军侧背感受威胁，解放军不得不以一部向锦州佯攻，掩护其主力由辽西走廊移向热河朝阳方面。

华北方面开来的两个军到达锦州后，陈诚当即将暂编第 3 军调走，只留第 92 军开驻锦州，归入孙渡第一兵团指挥。旋闻驻热河朝阳县的骑兵第 3 军李守信部已被解放军解决，同时东北十大煤矿之一的北票（在热河朝阳县境的东北）的守军，复为解放军所包围，情势十分严重，待援甚急。陈诚复饬孙渡以第 92 军前往解北票之围。孙渡回忆道：

惟朝阳方面的解放军的兵力较之该军（尚缺一个师）实居于绝对的优势，且沿途地形尤为危恶，须循大凌河谷很大的隘路行军，沮洳泥泞，车马时有隔落之苦，若不加警惕，一旦有事，即会四面受敌，有坐以待毙的危险。该军所负任务的不易达成，原是十分明显的事。当该军行抵金岭寺附近时，已发现朝阳方面的解放军正纷纷前来更番向该军进攻，该军大有陷杨家仗子第 49 军覆辙的可能。[10]

在此千钧一发之际，孙渡即着令副司令官赵家骧（赵原是东北保安司令长官部参谋长，陈诚到东北后，长官部撤销，也不另行安排其职务，孙渡即将他请调为兵团副司令官。），电话通知第 92 军军长侯镜如说：不要为解放军的攻击所吸引，迅即准备向义县撤退，并询他脱离战场是否容易，据答并无问题，乃补发正式电令，着 92 军撤退，并令驻义县的第 93 军派出部队准备接应。

孙渡事前虽有准备，但由于解放军猛烈的攻击和追击，92 军仍被歼灭了两个团，一个师长被俘。至于炮兵部队的车辆，则悉数损失，北票也跟着被解放，守军一个团也全部被歼灭。从此以后，辽西方面的解放军真正可以千里行军，向平原地区长驱深入地东进作战了。

锦州第一兵团司令部因锦州已无作战部队，孙渡决定将义县、朝阳间的一个交警总队调驻锦州担任城防。但陈诚闻之在先，遂即电令孙渡将该总队调往营口，反而促成了王家善部队的起义。

王家善系东北人，为日本士官学校毕业生，历任东北保安总队司令和保安师师长等职，后来又改编为正规师归第 52 军建制，任第 52 军暂编第 58 师师长，担负守备营口之责。当得知陈诚派交警总队前来营口时，他感到陈诚对他不信任，又因处处受到排挤，心中万分恼火。加之该师原有进步人士又在暗中策动，解放军又打又拉，遂决心弃暗投明。

1948 年 2 月 25 日，王家善乘召集开会之机将第 52 军副军长郑明新和交警总队长及营口市长等一并扣留起来，随即宣布起义，解放了营口。这是人民解放战争进入战略进攻阶段后，东北战场国民党军的一次重大起义。

王家善说："过去我对蒋介石曾抱有幻想，后来看到蒋介石的反动统治，已日暮穷途，不能再替他卖命，必须为全师官兵选择一条光明的道路，所以，我才率师起义。"王家善1955年被中央军委授予中将军衔，荣获二级解放勋章。

陈诚在东北到处碰壁，接连败仗。孙渡回忆道：

由关内调来的三个军（第 49 军、第 92 军和暂编第 3 军），由于陈诚轻敌无谋，求胜心切，逐次分割使用兵力，以致接二连三地被各个击破，弄的垂头丧气，给他那种六个月甚至三个月即可"消灭"共产党的速胜论调，打了一连串的耳光！跟着辽西的解放军，又一往直前地向东逼近，使他更是手忙脚乱。

沈阳陷于被动招架境地时，他先调第 49 军来沈阳负守备责任，委王铁汉为沈阳防守司令。后又闻国民党第八集团副总司令楚溪春富有守备山西大同的守城经验，又调楚溪春为沈阳防守司令。凡是各地可以调往沈阳的部队，都一概调走，到后来只调剩下一个兵团司令部驻守东北军事要地锦州。[11]

真是"屋漏偏逢连夜雨，行船又遇打头风。"1948 年 1 月初，国民党新编第 5 军又在公主屯为解放军所歼灭。陈诚震慑异常，每日呻吟床头叫苦连天，要求蒋介石准他回南京养病。同时并令将飞机随时发动着，以免天寒临时不易发动，必要时才好逃跑。

为挽回东北战场的颓势，1948 年 1 月 10 日，蒋介石亲自到沈阳召开军事会议，讨论国民党东北战场形势，决定成立东北"剿匪"总部。1 月 17 日，特派卫立煌为东北行辕副主任兼"剿总"总司令，任命孙渡、范汉杰、郑洞国等为"剿总"副总司令。

与此同时，第一兵团改编为第六兵团（孙渡任司令官，梁恺任副司令官），仍驻锦州，但仅辖93军1个军。第六兵团司令官6月后由93军军长卢浚泉继任。很明显，蒋介石对孙渡已不放心，开始削弱其兵权。

同年2月底，陈诚走后，卫立煌代理东北行辕主任，孙渡即到沈阳见卫立煌。孙渡回忆道：

卫（立煌）到沈阳之后，我以东北“剿总”副总司令兼第六兵团司令官身份曾往沈阳见他，并向他建议酌为缩短防线，多控制一点机动部队为好，必要时，总部亦可移驻锦州。他未置可否，只说沈阳外围现构筑据点工事甚多，万无一失，你可同工兵指挥官一道去看看，大有满不在乎的神情。⑫

卫立煌（图片来自网络）

卫立煌并没有挽回国民党在东北失败的命运。3 月，四平街被解放，国民党在东北的寿命不长了。

5 月间，蒋介石决定剥夺孙渡兵权，急召孙渡到南京，随后委任他为热河省主席。6 月，孙渡离锦州到沈阳交卸第六兵团司令官职，再次与卫立煌晤面，随后赴任热河省主席。

在沈阳，孙渡看到卫立煌邀约北京的若干教授到沈阳参观讲学，犹在盲目乐观，不知末日将至，心中不免凉了半截，对“党国”前途感到莫名的失望。

孙渡被蒋介石解除兵权，原因十分复杂，但不能不说与朱德的来信有关。

六、朱德来信

国民党发动反共反人民的内战，违背了抗战胜利后和平民主的历史发展趋势，违背了中国人民的要求和意愿，不得人心。不仅引起了全国人民的反对，也引起了国民党军队内孙渡等爱国将士的强烈不满。

中共中央对争取国民党军队的起义极为重视，先后成立了中共中央东北局滇军工作委员会等组织，决定利用朱德在滇军中的威望和同国民党高级将领孙渡等人的关系，开展对滇军的策反工作。

1946 年 4 月下旬，就在孙渡到达东北不久，中共中央决定从延安中央党校选调云南籍干部刘浩（云南罗平人）等前往东北，待机策动滇军起义。1947 年初，又派于 1946 年 12 月奔赴延安的张冲到东北开展对滇军的策反工作。

刘浩（1918—1996），原名刘若坚，又名刘建，云南曲靖市罗平板桥人。1933 年至 1935 年在昆明云瑞中学读书，期间受到进步思想影响，积极参加昆明学生爱国活动。1937 年 9 月加入中国共产党。抗日战争时期，在昆明从事地下工作，先后担任中共云南省工人运动委员会负责人、省工委秘书等职；1942 年调中共南方局工作，任重庆《新华日报》记者、编辑，发表《烽火话云南》《滇边形势》等有影响的文章；1943 年底，奉命到延安中央党校学习。解放战争时期，任中共中央东北局滇军工作委员会副书记等职，在毛泽东、朱德、刘少奇的指示下，潜入滇军 60 军做策反工作，争取 60 军在长春起义，为东北解放做出了贡献。新中国成立后，先后担任云南省人民政府秘书处处长、东川矿务局副局长、云南省人民政府参事室副主任、党组成员等职。

策反东北滇军时的刘浩
（图片来自罗平县政协）

中共中央之所以委派刘浩去做争取滇军的工作，是因为早在抗日战争中期，中央南方局和云南地下省工委就决定让刘浩在云南做统战工作，刘浩在不暴露自己身份的前提下，同国民党云南地方实力派的龙云、卢汉、孙渡、卢浚泉、曾泽生、潘朔端、陇耀等上层人物，曾有过接触与交往。

4 月 26 日，朱德总司令在延安王家坪总部接见了刘浩夫妇，开门见山对他们说："你们都是云南人，我也称半个云南人，我们是老乡相会分外亲呵！今天找你们来，就是要商量一下怎么做好滇军工作的问题。"随即给他俩讲了全国的形势和东北的情况，以及党中央的战略部署和做好滇军工作的重要性。[13]

4 月 29 日，刘浩再次接到中央组织部通知，中央首长专门找他谈话，交代任务。毛泽东握住刘浩的手说："你的任务很艰巨、很光荣呵！做好滇军工作是我们战略部署中的一个决策。"

刘少奇交代刘浩："对滇军的策反工作应着重从三方面进行：一是依靠我在滇军中的地下党组织，广泛结交朋友，从滇军内部做好工作；二是依靠我军事力量和党的政策，在前方积极开展对滇军的政治攻势；三是利用各种可能，直接与滇军上层接触，公开对他们进行策反。"

朱德在刘浩出发时，面授机宜："在东北我们要着重做好滇军的工作，因为滇军受歧视，同蒋介石的中央有矛盾，对蒋介石和国民党有不满情绪，有些军官受当年护国讨袁影响还有爱国思想，他们迟早会看到，跟着蒋介石打内战是没有前途的。现在在东北的滇军，占全部东北国民党军的三分之一。争取滇军大部分起义，对于我们集中兵力消灭其他国民党军是有重要意义的。”⑭

中央首长给刘浩交代完任务，中组部的同志就把滇军60军、93军中的共产党员杨重（回解放区后改名杨滨）、张士明、宁坚、杨守沫、王立中、黄致平6人的组织关系交给刘浩。告诉刘浩说：中央已同南方局商量过，滇军中的地下党员的关系，由你负责联系。

刘浩到东北后，不久就找到时任第一集团军司令部军法处中校军法官的中共地下党员杨守沫。

杨守沫（1917—1994），1939年加入中国共产党，与孙渡同乡，出生在陆良马街，小学毕业后考入昆明承德中学。1937年秋，杨守沫受中共地下党员樊子诚的邀请，前往沾益县播乐中学任教。

1938年8月，杨守沫给抗日出征的孙渡写了一封长长的自荐信，信的最后写道："得追随军长驰骋于抗日疆场之上，实乃守沫之幸。"孙渡收信后很高兴，写了一封亲笔信带给补充二团团长熊鸿钧，介绍杨守沫去昆明西山58军补充二团报到。8月中旬，杨守沫父亲杨世勋带着次子杨守笃从陆良赶赴昆明为他送行。

1939年春，杨守沫参加了武汉外围崇阳之战后，化装成平民进入沦陷的武汉，准备找八路军办事处联系奔赴革命圣地延安，结果巧遇其中学同学——中共地下党员尹冰。1939年3月，杨守沫在江西修水经尹冰为他补办了入党手续，正式加入中国共产党。因时任中尉秘书的杨守沫和58军军长孙渡有社会关系可以利用，党组织决定并将杨守沫派驻国民党第58军中，开始了10年之久长期潜伏的地下工作。⑮

1942年10月，孙渡调任第一集团军副总司令，同时兼任国民党特别党部特派员，指挥第58军和新3军对日军作战，杨守沫即在副总司令部国民党特别党部工作，直到1945年日本无条件投降，特别党部撤销为止。

1946年，杨守沫返回昆明，与中共云南地下党成员张子斋取得联系后，又于同年8月末返回东北。杨守沫抵达锦州，住在第一集团军总司令部（后改为第1兵团部，其后又改为第6兵团）军法处。孙彬以军法处代理处长之职向兵团司令部孙渡上了一个"签呈"，请调杨守沫到军法处任中校军法官。

杨守沫回忆到东北后初次见孙渡的第一印象时说：

我见到孙渡时，怀着一种好奇心，想看看这位在抗日战争中曾是我作为长期统战对象的滇军将领，在被迫参加内战后的思想和精神状态是个什么样子。但是稍坐片刻，仅仅谈了点家乡的情况，同他非常接近的少将参谋处长安守仁进来，孙渡就把话题转到人物讨论方面。……他赞扬张学良说：“中国将领中张学良是个不一般的人物”。流露出对张的钦佩。⑯

杨守洙到锦州不久，就同在93军暂22师新任团长的地下党负责人张士明见面，并得知中央从延安直接派刘浩领导60军、93军两个地下党支部的工作，刘浩已于3个多月前到锦西同张士明接上组织关系，现可能在吉林杨重（杨滨）那里。张士明对杨守洙传达了刘浩所述中央指示精神和有关情况以及今后的八项具体任务。

1947年1月，刘浩到锦州找到杨守洙，决定杨守洙今后重点抓三项工作：

一、继续做好孙渡的工作，包括孙最信任的参谋长安守仁的工作以及孙渡直属警卫部队营、连、排长工作。二、抓紧情报工作。三、掩护和营救中共人员的工作。除这三项重要工作外，其他如广交朋友、团结进步、争取中间、孤立顽固，利用敌人内部矛盾和不满情绪，煽风点火、泄气搭桥等应属日常工作，随时随地都要相机而行。

杨守洙回忆道：

我从吉林返回锦州不久，刘浩同志就找我来了。我同他曾是初中时的同学，又同在云南罗平一个小学当教师，同住一间宿舍，共同致力于抗日救国的工作，彼此非常接近，很是了解。……他肩负着党中央交给的任务，从延安经辽西通过封锁线，闯进敌营与我们接上了组织关系，领导滇军中历时8年后保存下来的地下党组织，今后他将进出于敌区封锁线，来往在60军与93军两个敌营之间开展活动。……我是93军地下党组织的一个成员，但我的公开职务在锦州敌兵团司令部，从两个军各方面的关系和地理位置上看，对今后刘浩的活动，我这里实际可以起到中间站的作用。⑰

1947年春，第一集团军（后改为第一兵团）总司令部奉令成立新闻处，杨守洙由军法官调升为新闻处二科（宣传）科长，下设一个宣传队。对杨守洙来说，新的职务和工作环境，在搜集敌情方面，不论是业务范围内的接触，或对外活动的机会，都比在军法处要方便和广泛得多。特别是通过参加以兵团司令部名义定期召开的“党政军联席会议”，得到的敌情非常丰富。

1947年5月前后，刘浩第二次来到锦州，同杨守沫谈了当前形势、东北战局以及工作情况和任务之后，指示他今后对孙渡的工作不宜操之过急，须相机行事。要在将来形势处于紧要关头之际，才能利用自己的条件，站出来提醒孙渡站到人民一边。不到紧急关头决不能轻易暴露自己。

在东北锦州工作时的杨守沫
（杨立伟提供）

根据对孙渡的了解，刘浩同意杨守沫的建议，决定先让杨守沫出面去见孙渡，并把见面方式、措辞和注意事项交代清楚，要他在绝对保密的情况下，第二天向孙渡转达，争取安排孙渡对他的接见。

杨守沫回忆道：

刘浩第二次来到锦州，再次向我谈到做孙渡工作的问题。为此先讲了他两次见到93军军长卢浚泉的谈话经过。卢对刘说："滇军是受国民党中央的排挤，被迫到东北打内战的，如果和平谈判成功，不打仗就好了。"又说："滇军到东北就受特务监视，部队被分割开，要是采取行动，就会影响到云南。"卢还建议刘浩去找孙渡，争取孙渡出来号召和领导起义，他一定拥护。刘浩把这个情况向北平"军调部"中共代表团叶剑英汇报，请示中央同意，经剑英指示，要刘浩设法去见孙渡，做争取孙渡的工作。[18]

杨守沫回忆道：

当晚我返回宿舍，考虑明天去见孙渡的问题，不禁兴奋异常，也充满希望。……过去把他作为统战对象，做过许多工作，今天不正是到了需要检验的时候了吗？想到此，使我产生了一个念头，决定借这个机会冒险地超过刘浩给我的任务范围，在转达刘浩求见孙渡这件事的同时，向孙渡表明一下我的态度。

第二天我去见孙渡。为避免客厅大屏风后面还有警卫人员走过，听到谈话内容，我把要讲的话预先写在一页纸上。大意是：昨天有一个和我分别多年的初中时期同学，突然找到我，自称他是从延安专程来的中共中央代表，携有他们朱德总司令的亲笔信。求见"钧座"，有事面陈，要我代为转达。该代表是云南罗平人，确系我早年很熟悉的一个同学，与我见面后，除上述情况外未谈及其他，如能接见，我当负责把他带来一谈。[19]

杨守洙回忆道：

见到孙渡，坐下之后，我把写有上述内容的信纸递给他。他先浏览一眼，又仔细阅读一遍，然后递还给我。我接过后，把信纸折叠起来，放进桌上的烟灰缸里，燃起一根火柴，小心地把信纸烧尽，然后转过头来看看孙渡，等待他的答复。他似乎不假思索地对我说："你告诉他，我同情他们，但我目前有困难，来的人就不用见了。"我稍微犹豫一下，小声地问道："那个代表说，他带有朱德的亲笔信，是不是拿来看看？"孙渡立即说："可以。"我站起身说："我就去拿来。"然后退出，径直走到刘浩住的旅店楼上房间里。

杨守洙随即来到刘浩住的旅店，把同孙渡谈话的内容和经过情况原原本本作了汇报。刘浩听过后说："他能做出同情我们的表示也就很不错了，他不愿见我，也听其自然吧。"随后把一封以朱老总的名义写给孙渡的信拿了出来，杨守洙一看不是朱老总的亲笔信，觉得不妥。

刘浩说："朱老总原来只写了给卢浚泉和曾泽生的信，我马上就去北平向叶剑英同志反映，利用军调部去延安的飞机，向朱老总汇报孙渡的情况，几天的工夫，就会有朱老总的亲笔信送来。"

按照刘浩的吩咐，杨守洙匆匆赶回去对孙渡说："为了安全起见，那封信未便随身带来，须专门到存放信件的地方取来，再交给我送呈。"孙渡"嗯"了一声，表示知道了。

刘浩离开锦州后大约十多天，一封朱德写给孙渡的亲笔信由专人送来交给杨守洙，这是一张毛笔直书的"八行"信纸，以志舟（孙渡的"字"）吾兄称呼，开头说了"相别多年，怀念殊殷"之类的话，中间谈到云南护国起义的往事，然后转入正题"希吾兄再举义旗……"言简意赅，非常得体。看过信后，杨守洙大喜过望，考虑一番即交给孙渡的副官刘李智。刘李智即将信送去，不一会出来说："司令官看过后，把信放到抽屉里，什么也没说。"

由余玮先生所著的《真情朱德》（人民出版社 2013 年 3 月出版，）一书中，有这样一段描述："朱德还致函国民党第一集团军总司令孙渡、第九十三军军长卢浚泉、第六十军军长曾泽生，力劝诸位昔日滇军同人发扬云南护国运动的光荣传统，站到人民一边。刘浩到东北后，与第 60 军中的地下党一起做统战工作。"这印证了朱德给孙渡的来信是确切无疑的。

1947 年 8 月前后，刘浩再次来到锦州。同历次一样，杨守洙先向刘浩提供敌情材料，刘浩向杨守沫传达党的指示和工作要求。刘浩对杨守沫说，开展对滇军上层争取工作的重点今后将转到60军方面，那里内部条件较好，随着形势往好的方面发展，对滇军工作要加强。

刘浩还传达说，东北局已成立滇军工作委员会，李立三兼书记，李立果、刘浩任副书记，刘浩直接领导两军工委开展工作；在滇军内部决定把两个地下党支部改为60军、93军工委，张士明任93军工委书记，杨守沫和宁坚为委员。[20]

1948年5月，孙渡奉召飞赴南京，返回锦州后，随即调任热河省主席。孙渡一走，使杨守沫不仅失去了在紧要关头站出来争取孙渡起义的机会，无从完成刘浩交给的任务；同时，也在客观上将失去无形中存在着的孙渡这把“保护伞”。在充分估计不利情况之后，杨守沫决定去面见孙渡，请求同他一道离开锦州去热河省政府工作。杨守沫事先写好一封短信以示慎重，但孙渡见信后不愿让他同去。

1948年8月，热河解放，孙渡调任西南军政长官公署副长官，杨守沫在政工处的处境更为困难。1948年10月15日人民解放军攻克锦州，杨守沫结束了在国民党滇军中长达10年从事中共地下秘密工作的生活。

其实，早在红军长征时，共产党就往滇军派遣了力量，并在抗日战争和解放战争中不断积蓄壮大。之后曾泽生率60军反蒋起义，开创了解放战争中迫敌整军起义、并实现大城市和平解放的光辉战例，这都有中共地下党组织策反滇军工作的功劳。

国家和民族利益高于一切！对共产党的民族大义，孙渡历来表示拥护。他对中共地下党组织在滇军的活动，能一点都不知晓吗？

【注释及参考文献】

①朱志高.龙云下台前后记南京出走的真象[J].云南文史丛刊，1988（1）：36-46

②③⑦⑧⑨⑩⑪⑫孙渡.云南部队到东北打内战始末[J].云南文史丛刊，1987（1）：1-9

④⑤杨滨.在滇军中秘密工作十二年[J].云南文史丛刊，1986（4）：16-23

⑥刘晓颖，王必仕.侠义市长潘朔端.滇池晨报2004年12月04日

⑬刘浩.参加对滇军策反的回忆[J].云南文史资料选辑，1984（22）：84-101

⑭余玮.真情朱德[M].人民出版社，2013.3：249

⑮⑰⑳沾益播乐中学校志：播中志——杨守沫传略（未刊）

⑯⑱杨守沫.回忆与孙渡的接触（未刊）

第 18 章　昆明不依旧

国民党挑起的内战不得人心。正所谓得民心者得天下，失民心者失天下。解放军势如破竹，节节胜利；国民党节节败退，兵败如山倒！

国民党大势已去。1948 年 5 月，孙渡应召到南京与蒋介石共进早餐，被削去兵权，调任热河省主席。不到半年，热河全省解放。在张群举荐下，1949 年 9 月他被任命为西南军政长官公署副长官。

1949 年 12 月 9 日，离开云南 11 年的孙渡，随张群同机回到昆明。当天夜里，卢汉在昆明宣布云南和平起义……昆明不依旧，换了人间！

在静悄悄的夜晚，孙渡的命运将发生怎样的惊天逆转？

一、调任热河

1948 年 6 月 22 日，蒋介石正式委任孙渡为热河省主席。孙渡成为国民政府时期继汤玉麟、缪澄鎏、刘多荃、范汉杰之后的第 5 任省主席，也是最后一任省主席。

国民党一败涂地。孙渡的前任省主席范汉杰自 1948 年 2 月任职不到 4 个月，孙渡任省主席不到半年，11 月 12 日人民解放军收复承德，热河全省解放。

关于调任热河省主席经过，孙渡回忆道：

1948 年 5 月间，国民党参谋总长顾祝同来电，要我到南京一行。我到南京后，蒋介石即邀我共进早餐。席间蒋对我说，你带兵太久，也太辛苦，我想调你当省主席，换一换工作要好些。内地各省党派太多，不易应付，东北各省又太小了，也不适当；我想暂调你到热河去负责，如果需要云南部队，将来也可调去。你可考虑一下。我说，别无困难，只是兵团司令部官佐等太多，我要带往热河安插他们比较安心点。蒋说那可以，除了民政厅厅长于国桢一人你可留用外，其余的人你都可以调换。①

此时仍在重庆的龙云，劝说孙渡不要放弃兵权。孙渡回忆道：

后来龙云又约我吃饭，劝我不要放弃兵权，并言去年朱总司令写给我的信是真的，用不着怀疑（当时我没有接见来人而收了信），还是想办法向蒋介石推辞为好。我迟疑数日，想不出好的措辞可说。又遇总统府军务局长俞济时约我吃饭，我正拟托俞济时向蒋转报，请将主热事暂缓发表。我尚未开口，俞即向我转达蒋的意旨说：现在总统已决定你原任东北"剿总"副总司令仍旧不变，你兼的第六兵团司令官由第93军军长卢浚泉升任。人事上不用顾虑，你可安心准备到热河去。后由总统府代购飞机票，催促我离京赴热河。②

孙渡夫人张灿琪回忆道：

我曾劝他(孙渡)说，不要参加东北内战，你是抗日英雄，趁此告老还乡吧？他说，自己是职业军人，服从命令是天职。蒋介石嫡系都在锦州，回去不得。他与参谋长安守仁商量与朱德联系，朱德也有信给他，后来有人告密，马上削了兵权，成了光杆司令。蒋介石算是手下留情，没有杀他，马上让他去当热河省主席。

孙渡回到锦州后，当即将经过情况告诉了卢浚泉。卢浚泉问孙渡以后怎么办？孙渡说，照目前情况看，你只有两条路可走：一条是准备起义；一条是准备当俘虏。卢浚泉说，禄国藩（云南人，与卢同是彝族又是亲戚）有个女儿在热河，系共产党员，我以后派人找她接你。卢并向孙渡建议到热河三个月后，可托人代理省府职务，再回东北来。孙渡表示一定照办，并嘱咐卢浚泉"你可多与解放军联络"。③

热河，名称来源自蒙语"哈伦告卢"，意思是热的河流，流经承德市的武烈河，上中游有温泉注入，故而冬日非严寒而不封冻。冬日清晨，水汽遇寒冷空气而凝结成雾，故称热河。

热河省的历史可以追溯到民国时期。1914年2月，中华民国政府设立热河特别区域，脱离直隶省直属于民国政府。同年7月，成立热河道。1928年9月17日，国民政府正式公布将热河改为省，属于关外东北四省之一，由奉系军阀汤玉麟担任热河省主席。

热河全省解放后，1949年1月10日成立热河省人民政府，归东北局领导。1949年10月1日，中华人民共和国成立后，保留热河省，重新划分为2市、16县、4旗。两个市为承德市、赤峰市；16个县为承德、赤峰、凌源、平泉、建昌、建平、宁城、围场、乌丹、青龙、隆化、丰宁、滦平、兴隆、北票、朝阳；

4个旗为喀喇沁右旗、敖汉旗、翁牛特旗、喀喇沁左旗。

1955年7月30日，全国一届人大二次会议决定撤销热河省。原热河省所属承德市及承德、平泉、青龙、兴隆、滦平、丰宁、隆化、围场等8县划归河北省；建昌、凌源、建平、朝阳、北票等5县及喀喇沁左旗划归辽宁省；赤峰、乌丹、宁城3县及敖汉旗、喀喇沁旗、翁牛特旗3旗划归内蒙古自治区。

热河省撤销的理由是“恢复内蒙古历史上的本来面貌”，是由中国共产党在新民主主义革命时期酝酿并提出的。1935年12月20日，中华苏维埃中央政府发表《对内蒙古人民宣言》，提出“取消热、察、绥三行省之名称与实际行政组织”。1955年7月30日，热河省在中国版图上正式消失。

2013年，一部《打狗棍》让热河重回世人视野，也让世人了解了那段热血往事。热河战役，又叫热河事变，热河抗战。发生时间为1933年2月至3月。热河抗战以中国军队的急剧溃败和退出热河全境而被载入史册。战后热河全境沦陷，东北全境至此沦入伪满统治之下。热河省在被日占期间的破坏程度在全国绝无仅有。一度以“八沟哈达，御道滦水”为标志的繁荣热河，在1938年至1949年间的纷繁战事，成了永久的回忆。

如今，除了一些历史剧和历史书中提及，很多人都不知道这个省份，知道了也只是“热河”这两个字。热河省作为一个存续了30多年的身份，在新中国建立后，因政治原因被迅速撤销。在历史的长河中，30多年不过是短短的一瞬，也许再过几百年，已无人能记起这个省份了。

孙渡赴任热河省主席期间，东北战事发生巨变。孙渡回忆说：

9月中旬，我到热河尚未满月，锦州即发生战事，我连日接卢（卢浚泉）来电报，最初谓战况并不紧张。但至10月14日，卢（卢浚泉）的电台忽不通，锦州电报局也叫不应，就知道已被解放了。后来闻知，锦州解放时，经连日激战，第93军及所有防守锦州的国民党军全军覆没，东北“剿总”副总司令兼锦州指挥所主任范汉杰及其以下军官全部被俘虏。卢浚泉终于当了俘虏。④

10月下旬，不甘心颓败的蒋介石亲临热河承德，为国民党官兵打气鼓劲。蒋介石对孙渡说，锦州的仗打的不甚好，倒是93军的暂编第20师在义县打得不错。后来，蒋介石向第13军干部训话，讲到东北战争时，激励官兵在党国生死存亡之秋，继续为国民党卖命。

蒋介石为造成他的亲一色的独裁统治，对嫡系部队是想方设法使之成长与壮大，而对杂牌部队，则千方百计地使之削弱或消灭。93 军副军长谢崇文回忆说：滇军在东北归杜聿明指挥，不但伤亡不给补充，武器、器材也不拨给，日子很不好过，孙渡对此也无可奈何。⑤ 这无疑加剧了蒋介石嫡系部队与滇军的矛盾分化，更加据了蒋家王朝的溃败覆灭。关于云南部队在东北被排斥的情况，孙渡回忆道：

曾泽生（图片来自网络）

云南部队到东北的两个军，一开始就被调开各驻一方，第 60 军（缺新建的 184 师在锦州）以驻永吉附近的时间为长，在驻军期间，与国民党吉林省主席梁华盛处的极不愉快。因为梁以长官身份自居，权责不分地随时干预 60 军的事，使该军军长曾泽生常有不甘心忍受而不得不忍受的愤怒心情。至 1948 年 3 月，奉令由永吉撤长春，与原驻长春的新编第 7 军共同担负长春的守备。该军到达后，长春的所有物资已为新编第 7 军所把持，样样仰人鼻息，简直在过乞讨生活，困难与日俱增。⑥

孙渡回忆道：

后来，长春居民到了以吃草根树皮来充饥，拆房屋及挖柏油马路上的柏油来作燃料的程度。而包围长春的解放军，又加紧对敌政治攻势，宣布凡出城向解放军投诚的国民党官兵都予收容，愿回家者发给路费，携带武器投诚的有奖。居民逃出城投靠解放区的给以粮食救济，以致军心民心逐渐瓦解。在锦州解放之前，尚有一线生机的希望，到 10 月 14 日解放军对锦州发动总攻，15 日锦州解放，则一切希望变成绝望。同时，解放军及原埋伏在 60 军内的地下工作人员又内外争取，至 17 日便爆发了第 60 军的起义。该军起义又促成了新编第 7 军及国民党东北“剿总”副总司令郑洞国先后放下武器，长春解放。接着，整个东北就完全为解放军所收复。⑦

解放军势如破竹，节节胜利；国民党节节败退，兵败如山倒。

热河解放前夕，孙渡几经辗转到达重庆，谒见蒋介石。此时的孙渡，感到自己已失去了党国信任，于是向蒋介石提出：“家有弱妻幼子，请求告老还乡，解甲归田。”蒋介石念他当年“贵阳救驾”，动员他去台湾。孙渡婉辞恳求说：“我有家小，唯有留下。”蒋介石见孙渡去意坚决，得知他不谋私利，一生清苦，又念其抗战功劳，当面给他 20 根金条，嘱咐“留下备用。”但孙渡婉言相谢，分文未取。

孙渡夫人张灿琪回忆道：

当时滇军都调往远远的前线长春一带，孙渡身边只剩下一个营保卫锦州，周围全是军统特务。但突如其来的命令，调孙渡去人生地不熟的热河当省主席，他因此成了光杆司令，去上任时，原来的主席都还没走。孙渡一气之下，带着一个贴身随从坐火车到了上海。在上海坐三轮车时把大衣毛毯等物品都丢失了。然后，从上海坐轮船到了重庆。后来，去拜见了蒋委员长。蒋委员长一向对孙渡不错，问他是否愿意去台湾，并安排相应职位，但孙渡说自己还有妻室儿女，请求告老还乡。蒋介石当时给孙渡 20 根金条去安家，但孙渡没有要。⑧

1949 年 9 月 21 日，在西南军政长官张群的举荐下，国民政府委任孙渡为西南军政长官公署中将副长官。这成为孙渡一生中担任的最后一个职务。

覆巢之下，焉有完卵。蒋家王朝垮了，孙渡安能自保？

二、军政长官

国民党土崩瓦解。从 1949 年 9 月 21 日至 12 月 9 日，孙渡担任西南军政长官公署中将副长官期间，共产党领导的新中国宣告成立，孙渡走到了人生最后一个十字路口。

西南军政长官公署，1949 年 5 月 1 日由重庆绥靖公署改编而成。抗日战争胜利，国民政府还都南京，蒋介石为了把西南区川、康、云、贵、渝四省一市牢牢控制在他手中，作为他发动反共反人民内战的最后根据地，1946 年 5 月间成立了“国民政府军事委员会委员长重庆行营”，机关设在林森路原“军委会”地址（现解放日报重庆日报馆），其人员是由原军委会成都行辕和陆军总部部分人员合并组成。主任何应钦（从未到任），代主任张群，参谋长萧毅肃，副参谋长余中英，秘书长刘寿朋。军委会撤销成立国防部后，改称为“国民政府主席重庆行辕”。⑨

1948 年 5 月 19 日，“国民政府主席重庆行辕”改为“重庆绥靖公署”，朱绍良任主任，王缵绪、贺国光、杨森为副主任。辖整编第 24、26、39、57 师和重庆警备司令部以及整编新编旅等。1949 年 1 月 16 日张群接任绥署主任。

同年5月1日改为西南军政长官公署，仍以张群为军政长官，以杨森、贺国光、邓锡侯、王缵绪、孙震、钱大钧为副长官，7月任命萧毅肃为参谋长。所辖地区为川黔滇西康鄂西和陕南地区。

张群与周恩来握手（1946年）
（图片来自网络）

1949年春，西南军政长官公署辖第7、第8、第10编练司令部和第20、第95军。是年秋，所辖军队有：由西安绥靖公署退至该地区的胡宗南川陕甘边区绥靖公署指挥的李文第5、裴昌会第7、李振第18兵团所辖各军；孙震川东绥靖公署所辖的第16兵团；贵州绥靖公署（主任谷正伦）所属何绍周第19兵团；云南绥靖公署（主任卢汉）指挥的第8、第26军和新编第13军等；宋希濂川湘鄂边区绥靖公署所属钟彬第14、陈克非第20兵团等；另外还有西南军政长官公署直接指挥的罗广文第15兵团、郭汝瑰第22兵团；以及属于西康刘文辉的第24军，属于邓锡侯的第95军。

以上所属各部除少数外，大部为被歼后重建补充的部队。1949年11月1日至12月27日上述各部，除少部退入缅甸境内，或被歼，或起义。该长官公署消失。

1949年5月18日，云南绥靖公署成立，卢汉为主任。6月任命孙渡为副主任，7月任命马瑛为副主任，9月任命谢崇文为副主任。所辖军队有第8、第26军。10月又以云南地方部队扩编了第74、第93军。该绥靖公署于12月9日起义。所属一部随绥靖公署起义，另一部至1950年2月除一小部逃往国外，大部被歼。⑩

由“行营”到“长官公署”都是国民党政府和国防部在西南的派出机关，对各省市地方军政机关是指导关系，不是隶属关系。对辖区内的部队有督练、命令、指挥、调遣之权，但无人事和经理之权。各部队的人事经理直属于国防部。

据长期“潜伏”在国民党军中、时任长官公署参谋处处长的刘宗宽回忆：

西南军政长官公署成立时的编制为：设主任办公室：主任周君亮；参谋处：处长刘宗宽；情报处：处长徐远举；军务处：处长李汝炯；交通处：代处长袁进机；民事处：处长曾扩情；军法处：处长王郁芬；经理处：处长贾宝山；总务处：处长刘踽璜；政治部：主任张元良；高参室：主任×××（未到职）；少将高参四人：李介民、白鉴宇，任得鋆、刘元瑭；警卫团：团长张涛，由原陆军总司令部警卫团改编。之后又仿美国编制进行了改编。[11]

1949年西南军政长官公署成立后，张群为了把西南四省一市的政治首脑人物，死死捆在蒋介石的战车上，做垂死挣扎。大约在四、五月间，另外成立了一个"西南军政长官公署政务委员会"。以四川、西康、云南、贵州四省主席、重庆市市长及各该省市参议会议长为委员，张群自任主任委员。该会在西南军政长官公署内另外成为一个系统，设有专门机构，设秘书长一人，由张笃伦担任，秉承主任委员之命，主持该会日常工作。刘宗宽回忆道：

政务委员会成立后，其主要精力集中于对付反内战、反"政府"的政治活动、控制舆论，掌握金融市场，防止黄金、银圆的黑市交易，以及紧急处理货币贬值带来的市场危机、防止粮食囤积涨价等。自该会成立后，长官公署内形成军事、政治两个系统。张群以主要精力集中于该会工作，原长官公署机构则在副长官钱大钧坐镇下负责军事业务工作。[12]

在重庆行营成立之初，提出的作战方针是"据'匪'以境外，歼'匪'于境内"，确保大西南。后来，由于作战形势不利，在这个作战指导方针的前提下，逐渐改为以川、康、云、贵为根据地，以重庆为据点，固守西南，以待国际变化，重整旗鼓，若形势不利，则退守云南，争取国际援助，等待时机，反攻复国；若再无法存身，则逃往国外，纠集残部，向边境扰乱破坏，使之不得安宁。

1949年10月14日人民解放军攻占广州后，国民党政府代总统李宗仁把国民政府匆匆搬到重庆，准备盘踞重庆，以大西南为根据地，做垂死挣扎。重庆市政府为此还专门成立了一个接待委员会。蒋介石看到李宗仁到了重庆，心头发紧，于11月初，跟踪前来，逼走李宗仁，亲自坐镇。国民党军委会参谋总长顾祝同，副参谋总长萧毅肃也把国防部各厅局搬来，企图负隅顽抗。

11月15日，贵阳解放后，重庆震动很大。蒋介石在林园召集顾祝同、张群、钱大钧、萧毅肃等举行紧急会议，对防卫重庆进行军事部署。

蒋介石下定决心，要确保重庆，撑持危局。下令撤销重庆警备司令部，成立重庆卫戍总司令部，特任杨森为总司令。以内警第二总队、宪兵第24团及第20军为卫戍基干部队。以20军最精锐的79师摆在涪陵，加强重庆外围防御。为了防止解放军逼近长江，危及市区安全，又由长官公署命令卫戍总司令部，以三个师的兵力，占领防御阵地，构筑工事。蒋介石还亲自下令，将在川北地区的胡宗南的王牌部队第一军赶运重庆，企图来一个大决战。

蒋介石口喊保卫重庆，内心却十分空虚。在他决定进行重庆保卫战的同时，已经作了逃跑的准备。决定凡非军事机关和非作战人员一律撤退。由于贵阳、遵义相继解放，向云南撤退的道路已面临被截断的威胁，只好向成都方面撤走，妄图在放弃川东后，到川西继续顽抗，不得已时，再经西康向云南撤退。

刘宗宽回忆道：

成都方面事前毫无准备，大批机关和人员突然到达，吃住都成问题。因此，决定由张群提前一天于11月27日飞往成都，亲自面告省、市当局，紧急做好住宿安排和供给准备。28日清晨，长官公署和其他所有撤退机关和人员，才纷纷离开重庆，逃往成都。⑬

由于外围作战越来越不利，解放军不断向两翼迂回包围，重庆已受到严重威胁。卫戍总部向南岸布防的军队，布防还未完成，29日就撤退下来。胡宗南第一军的先头部队，刚刚到达南泉附近，就被击溃。蒋介石感到形势不妙，11月30日天不亮，就率领顾祝同、钱大钧、张群、孙渡等上飞机逃往成都。杨森的卫戍总部和所属部队，也于30日全部撤离重庆向成都方向逃跑。

1949年11月30日下午，向重庆挺进的人民解放军于占领长江南岸之江津、顺江场、鱼洞镇、南温泉、木洞镇后，乘胜由上列各地强渡长江，并在下午解放重庆。

蒋介石不甘心失败，孙渡随后被派往云南，终于回到了阔别11年的昆明。

三、回到昆明

1949年12月9日午后5时左右，孙渡与张群、余程万、李弥、龙泽汇、石补天等人同乘坐专机从成都飞抵昆明。

飞机刚刚降落昆明，卢汉派来迎接张群等人的杨适生，便主动迎上前来寒暄。随后在暮色苍茫中，张群一行被接到卢汉新公馆内。

卢汉新公馆与孙（渡）公馆近在咫尺，相距不到200米。接送张群、孙渡的汽车就停在孙渡家门口。孙渡渴望与家人团聚，急匆匆回到了自己在翠湖东路6号的家中。

从1938年8月出征抗日，孙渡离开昆明已整整11年多。经历辉煌与苦难、胜利与失败、正义与邪恶，内心百感交集。孙渡夫人张灿琪回忆道：

1949年12月9日，孙渡从重庆与张群、龙泽汇一同乘飞机回到昆明。我为他能回到云南非常高兴。一回到家，见了沛沛和锦儿，他亲了又亲。孙渡对我的亲人也和蔼可亲。妈妈和阿孃做了几道丽江口味的菜，他说十几年来都没有吃到过这样好吃的菜了。那一晚上，我们全家沉浸在天伦之乐中。⑭

然而，此时的卢公馆气氛非同寻常，一场惊天动地的大事正在酝酿中爆发！

对于张群来说，这是他第4次飞抵昆明。前3次飞到昆明，他均为奉蒋介石之命，与卢汉商谈，要把国民党的国防部等重要军事机关搬来昆明，像抗战时期一样，便于接受美国的军事物资，成为反共的基地。就在昨天，他才和龙泽汇、李弥、余程万三位军长一齐从昆明飞抵成都，向蒋介石面报云南情况。

傍晚时分，卢汉随即以本日张长官莅昆，发出通知，邀请国民党中央驻滇军事首脑开紧急会议。时间定为当天晚上9时，地点在青莲街卢公馆。被邀参加开会的有第8军军长李弥、第26军军长余程万、师长石补天、空军第五路副司令沈延世、宪兵副司令李楚藩、保密局（军统改组后的名称）滇站站长沈醉。

9点整，所有参会人员到齐后，绥署警卫营营长龙云青按照卢汉的事前指示，以一排人把招待在外会客室里的李、余等人的副官、卫士和司机全部缴械扣留。龙云青率领十几个警卫走进会客室对李、余等进行检查，在几十支手枪的威逼下，李、余等只好举起手来，服从缴械，然后分批押上汽车，解到五华山光复楼三楼扣押。⑮

与此同时，住在卢汉新公馆的张群，也被两个警卫搜查缴械，扣留在住所里。事毕，9点50分卢汉驱车上五华山。

10时正，卢汉在光复楼的电话总机上，向各机关部队发布命令：“现在宣布云南起义了。昆明全市实行紧急戒严，各单位按照命令开始行动。”

卢汉紧接着向全省发表了广播讲话，其要点是：

兹为保全全省1200万人民之生命财产，实现真正和平和民主统一起见，特自本日起脱离国民党反动中央政府，宣布云南全境解放。发布命令如下：第一，国民党驻滇的中央各部队应明白大义，停止抵抗，一律驻在原地，听候中央人民政府改编；第二，驻滇人民解放军或民间义勇自卫军，应驻扎原地维持地方秩序，听候中央人民政府军事委员会处理；第三，各专员、县长应坚守岗位，照旧维持地方秩序，听候人民政府接管；第四，全省民众应各安生业。倘有不遵命令，乘机扰乱破坏，损害人民利益者，定予严惩，决不宽贷！⑯

10 日黎明，在五华山瞭望台上，第一次升起了五星红旗。

卢汉宣布云南起义的时候，在场的有代主席杨文清、绥靖公署副主任马锳、参谋长谢崇文、第 93 军军长龙泽汇、原财政厅长林毓棠、昆明市市长曾恕怀、昆明警备司令佴晓清等。随后吴少默、杨青田、宋一痕来到光复楼，与卢汉热烈握手表示祝贺。

卢汉以国家民族大义为重，率部起义，终使昆明得到和平解放，其根本原因在于中国人民解放军的强大攻势和我党的多方积极争取。1949 年初，中国人民解放军经过三大战役后，已将国民党军队的主力基本歼灭。1 月 14 日，毛泽东代表中共中央发表了关于时局的声明，提出以彻底消灭反动势力为基础的八项与国民党的和平谈判条件。

在强大的革命力量面前，以国民党云南省主席、云南绥靖公署主任卢汉为首的云南地方实力派清醒地认识到，国民党统治行将垮台，如果继续跟蒋介石走，肯定是死路一条，必须着手为自己的前途寻找出路。卢汉当即秘密派人到香港，与中共中央华南分局取得联系，了解了共产党对国民党军队起义的政策和态度，表明了自己和平起义的愿望。中共中央对此十分重视，进行了具体的筹划和安排。同年 4 月，卢汉又专门派出代表赴北平，向中共中央领导人进一步表明了云南准备和平起义的政治立场和态度。

1949 年 8 月，中国人民解放军实施大迂回、大包围的作战方针，开始向华南、西南大举进军。此时的蒋介石内外交困，他明白只有稳住云南，才能稳住西南，建立反共基地，为日后卷土重来打下基础。他专门从台湾飞抵重庆，两次派侍从室主任俞济时到昆明邀请卢汉赴渝商讨大计。在被卢汉拒绝后，他又提出愿意让儿子蒋经国到昆明做人质，希望卢汉一定要亲赴重庆。与此同时，蒋介石也做了两手打算，连续增派军队向云南集结，准备一旦拉拢不成，就用武力解决云南。

卢汉经过激烈的思想斗争，权衡利弊，认为立即起义火候未到，解放军相隔较远暂时难以策应，倒不如委曲求全，冒险前往重庆。蒋介石见了卢汉后，一边拉拢他，给钱给军队，一边又提出要对昆明进行“整肃”，派出大批军统特务大肆搜捕昆明城内的共产党员和进步分子，企图借卢汉之手屠杀共产党员，从而把卢汉拴在国民党反动政权的战车上。

对此，卢汉保持着清醒的认识，一面采取拖的办法，与军统特务周旋，保护被捕的共产党员，一面加紧起义的筹备。后来，军统头子毛人凤因时局紧张不得不匆匆离开昆明，卢汉趁机释放了所有被捕的共产党员。

1949 年 11 月下旬，解放军进入云南境内，兵锋直逼昆明城下。面对这种形势，卢汉认为起义已刻不容缓，并把起义时间初定在 12 月。就在卢汉紧锣密鼓准备起义的关键时刻，12 月 7 日，时任国民党重庆“绥靖”公署主任的张群奉蒋介石之命，突然飞抵昆明。

张群与卢汉有着非同一般的关系。当年国民党内军阀派系斗争时，李宗仁等借卢汉对中央有异心为名，要用武力解决卢汉，张群以身家性命力保，才使卢汉得以保全。1948 年，张群为迎合蒋介石以西南为最后反共根据地的阴谋，自告奋勇要组织重庆“绥靖”公署。对此，川康的邓锡侯等人反应冷淡，使得张群心灰意冷。卢汉得知后，立即公开声明坚决支持成立重庆“绥靖”公署，并拥护张群为公署主任。其他人知道后，也只得纷纷效仿。对卢汉的雪中送炭，张群自然感激在心，因此一直把卢汉视为自己人，并多次在蒋介石面前替卢汉美言。

张群抵达昆明后，把蒋介石准备在云南建立反共基地等谋划说了一遍。面对起义在即，卢汉为稳住张群，便谎称昆明近来一切正常。张群信以为真，第二天便飞回向蒋介石汇报。但是张群仍然从蛛丝马迹中感觉到了昆明的异常，于是在 12 月 9 日下午又飞回了昆明，哪知他一到昆明，就被接到卢汉的新公馆，并由专人看守，实际上被监控了起来。当天晚间，卢汉即宣布云南全省起义。

张群得知起义的消息后，神情沮丧，心有不甘。在提出面见卢汉遭拒后，他给卢汉写了一封请求面见的信，请人转交给卢汉，详述近几年来，他维护云南，维护与卢汉的深厚交情，表示今后不再过问政治，希望卢汉让他去香港侨居。

第二天中午，卢汉看到信后，派杨文清去和张群说：“起义是云南人民的强烈愿望，我们是顺应民意，弃暗投明，希望张先生和我们一致行动”。张群说：“我一生是国民党员，我和蒋先生的私人关系，你们也是知道的，我不能和你们一致行动。你们让我走，我很感激。”在此情况下，卢汉心有不忍，找来监视张群的警卫说：“告诉他，就说我上前线去了，让他明天乘飞机走。”

12 月 11 日上午，张群在卢汉派人护送下到达昆明巫家坝飞机场，准备乘卢汉特许放行的一架英国航空公司的飞机前往香港。临行前张群提出，把他随身携带的黄金 120 两，委托林毓棠兑换成港币，在香港交付给他。卢汉同意交林照办。到飞机场给张群送行的有杨文清、龙泽汇、林毓棠、杨适生等。张群对卢汉的关照特别感谢，一再托杨文清代他致意，并和送行人员一一握手道别。

但守卫机场的军官由于没见到卢汉的手令，不准飞机起飞。张群被安排在机场休息室，等待请示结果。不久，卢汉派人赶到了飞机场，当面向机场守卫军官出示了他的手令，特准飞机起飞。由于事发紧急，还没等特准起飞命令传达到警卫部队，飞机就匆忙滑上跑道，当飞机腾空而起时，机场四周的警卫部队朝飞机开火，不过张群最终还是侥幸逃走了。

张群与蒋介石1908年相识于日本，为日本陆军士官学校——振武学校的同期同学，并一道加入同盟会，1912年二人结拜为生死兄弟。政见的不同，与蒋介石多年的深交，终使张群与卢汉和平分道。

张群并未兑现其“今后不再过问政治”的诺言，于1949年底自香港赴台，先后担任国民党革命实践研究院主任、国民党中央改造委员会委员、行政院设计委员会委员、总统府秘书长、国防会议秘书长等要职。1989年，张群退休离职后，被聘为“总统府资政”。1991年12月14日，104岁的张群病逝台北。

卢汉宣布起义后，国民党中央在滇军政机关负责人纷纷通电响应，拥护卢汉起义。孙渡胞弟、时任云南省保安第11团团长的孙崑，也随即响应卢汉起义，奉命在陆良率部狙击逃窜的国民党陆军等残部。

贵州省代主席何朝宗致电卢汉，为顺天应人，解民倒悬，拥护卢汉将军的国是主张，宣布自12月10日起脱离反动政府，接受人民政府领导。

保密局云南站站长、云南绥署保防处处长沈醉于12月10日也致电所属军统工作人员，称他本人也绝对服从卢主任命令，望所属工作人员一致遵照，自即日起停止一切活动，所有武器立即交出，所有通讯器材不得破坏，遵照呈缴，自动出面办理登记手续，切勿逃逸。

孙渡在家中得知卢汉起义的消息，感到十分震惊！云南政局变化如此之快，既在他意料之中，也在他意料之外。孙渡的部下、故旧，包括自己的胞弟孙崑纷纷靠拢人民、靠拢共产党，响应卢汉起义，走上了一条新生之路。

历史转折关头，自己何去何从？孙渡无法解开自己的心结，在焦虑不安中静观其变。

四、卢汉来访

卢汉宣布云南起义时，没有忘记此时还住在翠湖东路 6 号的孙渡。孙渡的住宅与卢汉公馆近在咫尺，都在风景如画的翠湖边。

如今的卢汉公馆作为见证云南和平起义的历史文物，依然静静地矗立在翠湖南路 4 号，而孙渡的住宅则在 20 世纪 90 年代城建改造中被拆除，早已不见踪影。

12 月 10 日下午，卢汉登门劝说孙渡，望他“弃暗投明”，“一同参与云南和平起义”。孙渡百感交集地说：“多谢永衡兄，我没有起义资本了，今年 55 岁，已经老了，还是回家为民吧！”表示自己愿做一个“奉公守法的好公民”。

孙渡一生饱受儒家“忠君爱国”和关云长“忠义”思想的熏陶。讲武学校“食君之禄，忠君之事”的训条，在他的心目中没齿难忘；“仕于朝也，为忠为良”的家训，在他的头脑中根深蒂固。

历史人物都有他的局限性，后人不能苛求他们。此时的孙渡，怀揣一颗“归隐世外，不问时事”的信念，坚守自己“忠臣不事二主”的信条。他思想的局限性，就在于把一场改天换地的革命，狭义地理解成了旧制度的“改朝换代”，这注定了他今后的人生之路！

卢汉见孙渡态度坚决，临走时嘱咐他：“志舟兄，您就安心在家休养，出了这个院门，您的安全我就难以负责了。”随即派警卫“保护”。在此后的一段时间，孙渡失去了生活来源，其家庭的生活开支全靠张灿琪夫人典当家产度日，卢汉得知后，还派人送去了生活费。⑰

孙渡自 1912 年进云南陆军讲武学校读书时，就与卢汉相识相知，两人有长达 37 年的交情。其间的明争暗斗，貌合神离，是非恩怨，真乃一言难尽。孙渡再也不愿在政治的漩涡中随波逐流，他希望平静地渡过自己的后半生。

孙渡是一个有政治操守的人。从顾品珍“倒唐（唐继尧）”，到龙云、胡若愚“倒唐（唐继尧）”，再到胡若愚“倒龙（龙云）”，以及卢汉“倒龙（龙云）”，孙渡备受排挤，多次成为受害者，在夹缝中艰难生存。他看清了一切反叛者的嘴脸，不屑与之为伍！

作为一个身经百战的将军，孙渡认为投降敌人就是军人的耻辱。看到党国失去民心，走向失败，他一方面哀叹“党国不忘没有天理”，一方面又不愿背

叛自己作为军人的气节和操守。

孙渡夫人张灿琪回忆道：

1949年12月10日晨，我在收音机里听到了卢汉起义的消息，昆明和平解放。我凭着感觉和正义感认为卢汉做了件大好事。国民党的腐败谁喜欢？连孙渡也经常说国民党太腐败。但是那段日子，孙渡事事处于被动或无可奈何的境地，我们都向往着将来会有一种新的局面。但是，孙渡考虑到这突如其来的变化对他不利，整天坐在屋子里烦躁郁闷。看到他这样，我尽量安慰他："现在你已经回到家，就安心休息吧！"⑱

云南起义后，原云南省政府、云南绥靖公署及所属军政机关，均停止行使职权。为了建立新的革命秩序，统一军政指挥，成立了云南人民临时军政委员会，作为临时最高革命权力机关，以处理起义后和接管前这段过渡时期的全省军政大事。卢汉为争取李弥、余程万率部参加起义，将李、余两人也列为军政委员会委员。孙渡理所当然地被排斥在外，不可能有他的一席之地。

五、赋闲在家

1950年1月初，中国人民解放军滇桂黔边区纵队在副司令员朱家璧率领下进驻昆明。昆明市民张灯结彩，鸣放爆竹，打着红旗，在西站外欢迎云南人民的子弟兵。当晚，卢汉在五华山礼堂举行欢迎大会，"边纵"领导勉励起义部队官兵为建设新云南而继续奋斗。

卢汉在讲话中，对参加起义人员说："为了靠拢人民，靠拢共产党，我忍辱负重，委曲求全，冒了多少危险！今天总算把你们领上光荣起义的道路。希望你们认清革命道理，接受革命思想，永远跟着共产党，努力为人民事业贡献力量。"在座的起义人员为之感动。

同年2月中旬，陈赓、宋任穷两将军率领解放大军入滇，卢汉派龙泽汇和林毓棠作为代表到宜良迎接大军进驻昆明。2月20日，解放大军举行入城式。

这天清晨，昆明各人民团体，各机关，各学校，起义部队及各族人民30万人组成长达10余里的夹道欢迎行列。云南人民临时军政委员会主席卢汉及各委员、各处处长、起义部队各首脑等均到三里外迎候。

当大军进入市区时，拥满街头的欢迎群众争向陈、宋两将军及大队指战员献花，献旗献舞，掌声如雷，“欢迎解放大军！”“毛主席万岁！”等口号，声震云霄，盛况空前。

22日下午2时，昆明市各族各界人民10余万人在拓东运动场举行欢迎大会。陈赓将军在持久的欢呼声中向全市人民致辞。他指出：现在云南全境公开的敌人武装已经歼灭，和平建设时期已经到来，云南目前主要任务是，认真执行刘、邓两将军的三大号召，建立革命秩序，恢复和发展生产，开展文化教育工作，为建设新云南、新中国而奋斗。

3月4日，昆明市军事管制委员会正式成立，由陈赓任主任，周保中任副主任，郭天民、郑伯克、安恩溥、潘朔端、谷景生、谢崇文、曾恕怀、胡荣贵为委员。同时成立了云南省军政委员会，由卢汉任主任，宋任穷、周保中任副主任。开始了全面接管工作。

云南省人民政府正式成立后，云南起义部队经过整训，光荣地合编到中国人民解放军内。中央军委正式任命起义将领余建勋为中国人民解放军第14军副军长，龙泽汇为中国人民解放军第13军副军长。所有参加起义的官兵和全体军政人员都得到共产党的妥善安置。

无官一身轻。赋闲在家的孙渡，度过了一段平静的日子。因长年征战在外，多年不见的昔日同僚好友，不时前来拜访。卢汉也多次找到孙渡，要他交代历史问题。张灿琪回忆道：

自从孙渡回到昆明后，许多过去的同僚好友都来拜访过他。特别是卢汉先生，穿着一身全白的便服，拖着拖鞋，手里捧着痨病筒（一种竹制的烟筒），带着一个便衣随行就来找孙渡闲谈，有时张冲先生也来。客人走了之后，我都喜欢问问他们说什么。孙渡说：“他们说，孙志舟，你的问题很多啊，快些写检查，好好交代吧。”我也趁他心情好的时候催他写写。一天，他满

1949年12月9日卢汉率部起义，云南和平解放。图为解放军举行入城式后，卢汉（前右）和陈赓（前左二）、宋任穷（前左一）见面（图片来自网络）

云南人民欢庆云南和平起义（图片来自网络）

脸红红地、瞪着眼睛把手甩在一边，对我说："你懂什么？叫我交代什么？"看到孙渡发怒，我急忙劝说："你是抗日将领，民族英雄，出了名的小诸葛，谁不知道？你就交代那些和红军对抗的问题嘛！"在我的劝说下，他才语气缓和地对我说起自己的经历……最后，跟我谈起了为民族生存而战的8年抗战经过。[19]

孙渡矛盾重重的内心，由此可见一斑。他作为国民党高级将领，戎马一生，为党国为民族出生入死。现今，共产党执掌天下，要他交代历史问题，他不知该作何交代？

历史潮流，势不可挡；顺之者昌，逆之者亡。短短三年多，可谓天翻地覆，国民党摧枯拉朽，共产党一路凯歌。孙渡在历史的惊涛骇浪中颠簸起伏，从国民党第一集团军总司令到东北保安司令部副司令长官，再到热河省政府主席和西南军政长官公署副长官，如今成为一介布衣，经历了人生未有之变数。

"水能载舟，亦能覆舟。"孙渡对共产党并不陌生，他在欢迎解放大军的口号声中，在人民群众喜气洋洋的笑脸中，感受到了"人心向背"。他心中明白：国民党失去了民心，必然会失去政权。共产党赢得了民心，必然会赢得政权。

曙光在前，孙渡是否有勇气去拥抱这个崭新的世界？

对新生的人民政权，孙渡难道无动于衷吗？

【注释及参考文献】

①②③④⑥⑦ 孙渡．云南部队到东北打内战始末 [J]. 云南文史丛刊，1987（1）：1-9

⑤⑮⑯ 谢崇文．云南起义的前前后后 [J]. 云南文史资料选辑，1984（22）：41-60

⑧⑭⑱⑲ 张灿琪．往事仍美好 [J]. 爨乡陆良，2012（11）：45-50

⑨⑪⑫⑬ 刘宗宽．我在国民党西南军政长官公署的见闻 [J]. 文史集萃，1984（2）：90-118

⑩ 摘自《国民革命军沿革实录 1925 — 1949》

⑰ 周康林．抗日儒将孙渡·爨乡骄子 [M]. 云南科技出版社，2009：587-591

第 19 章　改造获特赦

天若有情天亦老，人间正道是沧桑。1949 年 10 月 1 日，中华人民共和国中央人民政府宣告成立。新中国的成立，结束了中国一百多年被侵略被奴役的屈辱历史，开辟了中国历史新纪元，开启了中华民族伟大复兴的新征程。对民族复兴的梦想与追逐、对国家兴亡的责任与担当，几十年的流血与牺牲，不正是孙渡一生的信念和追求？

云南和平解放后，孙渡在昆明参加了由李雁宾发动的“拥政会”。1951 年 3 月被捕后，先后关押在昆明监狱、重庆白公馆、北京功德林和秦城监狱，接受了长达 12 年的改造……

在一个充满生机和希望的新中国，孙渡将交出一份怎样的答卷？

一、参加拥政

1950 年，云南和平解放后，李雁宾、白小松发动地方名人筹组拥护人民政府的“拥政会”，李雁宾任会长，后由白小松任会长，李鸿谟任副会长（孙渡同窗好友），廖行超（孙渡同窗好友）等任常务干事。

孙渡由白小松、陈荫生介绍在昆明参加拥政会约半年。[①]在半年多时间里，孙渡的思想发生了积极变化，他拥护新生的人民政权，利用自己的影响为新政权的稳定，做了一些有益的工作。

李雁宾[②]1909 年考入云南陆军讲武堂丙班，因成绩优异而同朱德等人被选入特别班。1918 年任贵州警察厅厅长，后任云南驻沪代表等职，以军功累升为陆军中将。龙云任云南省主席后，曾委李雁宾为云南省政府总参议等职。1948 年昆明学生举行反美运动，遭到政府镇压，李雁宾、白小松、徐嘉瑞等名人联合上书云南省主席卢汉，声援学生。

1949 年，中国人民解放军滇桂黔边区纵队（简称“边纵”）副司令朱家璧致信李雁宾，请其多做上层工作，并请其四子李师纲为“边纵”提供军事情报，李雁宾均答应。云南起义之前，李雁宾在家中养病，但仍同白小松商议支持新政权的计划。1950 年 1 月 18 日，李因心脏病在昆逝世，终年 63 岁。各界人士前往吊唁，省临时军政委员会主席卢汉参加送葬。[3]

李雁宾与朱德总司令系云南讲武堂同学，私交深厚，在讲武堂读书时结为金兰，李还将三子李师弼作为朱德的义子。1922 年，朱德离滇赴德国前，将其在昆的红花巷四号及小梅园巷三号的一半房产送给李，所用家私书籍亦一并赠送。

白小松[4]幼年丧父，靠母抚养上学。曾入贵州都督府任译电员，1913 年随唐继尧调云南都督府，不久提为唐继尧秘书，两人私交甚深。1923 年起任贵州省筹饷局长，云南省都督府秘书长等要职，尤为唐继尧所信任。还被龙云聘为昆明行营中将秘书长之职。在云南大学任过多年教授，习诗文书法，其诗联被报界推为第一。

白小松（图片来自网络）

中共云南地下组织鉴于白小松在云南军政界的广泛交游和影响，特别是进步的政治表现，特派严达夫与其接触。1947 年，白小松两个儿子分别在北平和昆明加入地下党。1948 年 7 月由于带头签名支持昆明学生运动，联名致电国民党当局，要求立即释放被捕学生而受到国民党警备司令部的严密监视。1950 年 2 月，陈赓、宋任穷率军进入昆明时，是第一个被接见的民主人士。曾任西南军政委员会委员、云南省监察委员会主任、云南省政协副主席、第一届全国人大代表。1959 年在昆明逝世，享年 67 岁。

白小松之子白祖诗回忆道：

郑伯克（1941 年经周恩来派遣到云南任云南省工委书记，1949 年成立滇桂黔边区党委时任副书记）在赖卫民陪同下到我家拜会了父亲白小松。我父亲是云南护国起义的参加者，在唐继尧时担任过都督府秘书长。辞官后，一直在云南大学任教，诗词文章一时独领风骚，才名鹊起，享誉三迤。他同情并支持学生的爱国民主运动，郑伯克曾说他："大义凛然！"郑来拜会父亲，主要是建议父亲，如果不幸发生国民党部队攻入昆明或在各种条件下昆明出现权力真空状态的情况，请父亲出面联络地方社会名流，维持社会秩序，保护人民正常生活。为此，建议父亲出面组织拥政会，团结云南各界，帮助共产党控制形势。

孙渡从进入云南陆军讲武学校开始，就与李雁宾、白小松相识，友谊长达40年，他们都对唐继尧颇为敬重，并都与唐继尧私交甚深。孙渡作为唐继尧妹夫，李、白二人对他更是刮目相看，他们志趣相投，交往甚多，感情深厚。

李雁宾、白小松、李鸿谟对孙渡晓以大义，劝他顺应历史潮流，拥护新生政权。素以民族大义为重的孙渡，思想随之发生深刻变化，积极响应和参与了“拥政会”，做了自己力所能及的工作。在此阶段，“无官一身轻”的孙渡，度过了一段闲适而平静的短暂时光。

孙渡夫人张灿琪回忆道：

这一年来，孙渡心情十分不好，但能在家里和孩子玩玩，和他挚爱的妻子谈谈心，这样平静的日子他觉得是他一生都未有过的享受。1950年8月28日，我们的第三个小女儿溶溶出生了。他不无幽默地说，生儿育女是最美的事，要爱惜新的生命。这时，家里的经济已入不敷出。我和孙渡决定把家里的人员分散一些，减轻经济上的压力，能走的就走，能留的则留。家庭的困境，迫使我们只好与几位亲人挥泪告别。⑥

孙渡长女孙沛回忆道：

父亲和我们在一起的时间太短了，那时我才四、五岁，父亲经常在家，当时我最感到好奇的就是从来没有见过父亲穿军装，他总是穿着长衫、戴着礼帽，家里也没有军人来往。他喜欢字画、古董，经常去外面买了回来，挂在家中自己欣赏。有时他也带我们去他的朋友家中做客，他的朋友也没有穿军装的。后来长大了，身边不少人都说我父亲是一个旧军阀，可是我从来都没有看见他穿过军装。⑦

在大变革时代，人的命运似乎捉摸不定。孙渡在家中享受的清闲时光不长，一场疾风暴雨说来就来，不以人的意志为转移。

二、家中被捕

时代洪流，滚滚向前；革命风暴，席卷而来。1951年3月5日夜11时左右，随着一阵急促的敲门声，4个军警冲进孙渡居住的翠湖东路6号房中，宣布孙渡被捕。⑧孙渡从此与娇妻幼子诀别，天各一方，一生未曾再见。

该来的迟早会来，谁也无法挡住。孙渡对这一天的到来，其实已有思想准备。早在一年前，云南就开展了镇压反革命的运动。在这场疾风暴雨式的运动中，曾参加云南和平起义的胞弟孙崑被判处死刑，执行枪决。孙渡在极度震惊之余，预感这一天迟早会来，绝不会以人的意志为转移。

孙崑（1905—1950），字玉山，生于1905年5月18日，1950年7月28日在昆明被执行枪决。1941年前在陆良任团防大队长；1941年奉云南省主席龙云之令在陆良训练军士队输送抗日前线，历时四年的军士队训练于1944年完毕；1945年后任陆良县参议会议长。1949年初夏，任云南保安11团上校团长，后改任云南省保安司令部直属一总队（由保安11团改编）上校总队长、国民党74军上校副师长。

孙崑与夫人合影（孙琼娥提供）

1949年12月9日，孙崑随卢汉起义，奉命在陆良率部狙击逃窜的国民党陆军等残部；同年12月22日至26日，他亲自指挥部队激战28个小时之久，在战争中身负重伤，后在昆明市国立医院医治（身上取出38片弹片，多日卧榻不起），随后部队改为中国人民解放军暂12军37师，任副师长。⑨

1950年4月24日深夜，孙崑在昆明西坝养伤时被捕，关押在昆明陆军监狱。同年7月28日被昆明市临时人民法院（现昆明胜利堂）判处死刑，在昆明小虹山（现红山新村）执行枪决。宣判死刑时，孙崑背上插着一块“反革命分子孙崑”的牌子，他不服判决，欲撞柱而亡，后被看押制止。

孙渡闻讯，无力回天，让夫人张灿琪出面帮助处理后事。孙崑被枪决后，其妻李金銮及大女儿孙琼芝变卖自己的首饰，在昆明太平村买了一块地安葬了他，并在碑上刻上他的名字及所在部队的番号。孙崑当年埋葬之地，至今已全无踪影。

1951年5月初，孙崑之妻李金銮被从昆明押回陆良，关在县城北门外的女子监狱，不久被押到三岔河海子执行枪决。李金銮被枪决时，身着白色旗袍，镇定不乱。其长子孙中正惊魂未定，把她匆匆埋在荒野，第二天尸骨被野狼叼走，坟茔全无踪影。

孙崑夫妇被枪决后，其5个子女无依无靠，最小的两个被昆明一家孤儿院收养。全家人从此过着孤苦伶仃、受人白眼、不堪回首的生活。

历史总有昭雪的一天。1985年3月12日，中国人民解放军昆明军区政治部落实政策办公室给孙崑家人开具了一份证明信。信中说：

在落实党对起义投诚人员的政策中，经查明：孙崑同志原在国民党74军担任上校副师长职务，于1949年12月9日，在昆明地区向我军起义，应属起义人员。对其家属子女要一视同仁，不得歧视。特此证明。昆明军区政治部落实政策办公室，一九八五年三月十二日。（信中注：暂十二军司令部主官名册第一页）[10]

孙崑终于被平反昭雪，可瞑目于九泉之下。然而，这一天的到来，家人苦苦等了36年。他大的3个子女，当年被强制带回陆良羁押"劳动教育"，经历大大小小的"运动"，被以"出身问题"进行了无数次批斗，尝尽了人间的辛酸苦辣。

孙崑的长子孙中正在陆良三岔河当农民，父亲平反后，已经59岁的他才开始娶妻生子，听来令人难以置信。他的幼子孙中凡在昆明当工人，"文革"中被吊起来批斗，要他交代伯父孙渡的罪行。一个得小儿麻痹症的弱女子，看到他已奄奄一息，偷偷用一个馒头救活了他。为了报答这个弱女子的救命之恩，他们结为夫妻，一生相依为命。

云南的"镇反"运动似乎来得要早些。其实，从1950年冬开始，"镇反"运动才在全国范围内广泛开展。运动的目的是为稳固新生的中华人民共和国政权，镇压一切反革命分子对新生政权的猖狂进攻。运动打击的重点是土匪、特务、恶霸、反动会道门头子和反动党团骨干分子。为了加强对运动的领导，1951年2月12日，中央人民政府颁布了《中华人民共和国惩治反革命条例》，规定了处理反革命案件的原则和方法。

在镇压反革命的运动中，采取群众路线的方法，坚持首恶者必办、胁从者不问、立功者受奖的原则。贯彻惩办与宽大相结合的政策和"既不放过一个反革命分子，也不冤枉一个好人"的精神，力求做到"打得稳、打得准、打得狠"。

在中共中央的方针政策指导下，"镇反"运动在全国范围广泛深入地开展起来，通过群众检举揭发，人民政府依法公开惩处了一批反革命分子、恶霸、土匪、反动会道门头子。1952年底镇反运动基本结束。云南同全国一样，开展了轰轰烈烈的"镇反"运动。

孙渡夫人张灿琪回忆道：

那段日子，孙渡订了一份《云南日报》，每天必看，甚至连报纸每个角落都要看个清楚，看完之后都要和我交谈。一天，他对我说："镇压反革命的运动就要开始了。"不久，镇压反革命的运动真的开始了。每天大约十点钟，就能看到轰隆隆的大卡车上面，五花大绑的"反革命分子"被扛枪的军警押送到北门外刑场枪决。一听到有反革命分子被枪决，我就感到毛骨悚然。就在这段艰难的日子里，万万没有想到唐芸赓突然提出与孙渡离婚。我二舅陪着孙渡到昆明地方法院，经调解协议离婚，把太和街西门的房子产权划给了唐芸赓。[11]

此段时间的孙渡，密切关注着时局的变化，对自己未卜的前途既感到担忧，又表现得十分坦然。历经枪林弹雨、刀光剑影的孙渡，以一个军人的从容气度，做好了各种思想准备。

张灿琪回忆道：

一天夜里，孩子都静静地睡着了。妈妈为我们添了火盆里的炭火。孙渡在火盆边紧紧握着我的手说："现在这局面，对我非常不利，如果我被抓走了，你怎么办？"我答不上来，扑在他怀里泣不成声。他轻轻地用手擦掉我脸上的泪水，很镇定地说："家中没有现金，没有存折，没有股份，只有这所当年做龙云秘书长时留下的房子。今后，生活上如有困难，你可以变卖家里所有的物品（其时，家里只有一箱英国毯、一些名画、银器、皮衣，还有锦儿出生时同僚们送的那些金锁）。我想维持两三年的生活不会成大问题吧。"你的母亲是个好人，请她帮着你把我们的三个孩子拉扯大吧！我想你的三妹四妹也会帮助你的。我所担心的是你还年轻，太让我牵挂。他一边说一边掉着泪。面对如此情景，我只好安慰他说："我都不怕，你怕什么？只要你心里有个准备。"

天要下雨，娘要嫁人。在一个令人不安的深夜，孙渡担心的这一天终于来到！

张灿琪回忆道：

1951 年 3 月 5 日夜里 11 点左右，家里的铁门突然被敲打得砰砰作响，妈妈去开了门。四个军警冲进了我的家里，手持逮捕证，举着小手枪，上楼来到正屋喊道："孙渡出来，你已被捕。马上就走！"此时的孙渡反而显得从容而又镇定。他穿好衣服，接过我递给他的博士帽，看了我一眼，下了楼。随后，听到轰轰的小吉普车声渐渐地远去了。这时，我只感到眼前一片漆黑，觉得掉进无底的深渊里，当即晕倒。当我清醒过来时，躺在慈祥的母亲怀里。母亲坚定地说：我的小灿，我最心疼的姑娘。妈妈要永远伴着你，把你的三个宝宝领大。你放心吧！[12]

孙渡长女孙沛回忆道：

1951年，“镇反”运动开始。听母亲说，卢汉、张冲来找过父亲，说：“孙志舟啊，你的问题很多啊，要好好交代。”母亲也劝父亲说：“那你就好好交代一下嘛！”但父亲说：“当年千军万马不起义，现在纸上谈兵有何用！”父亲预感形势对自己不利，与母亲交代说要做好思想准备。3月的一天，公安局来了4名警察，逮捕了父亲。父亲走出家门时，叫我母亲把他的帽子拿来戴上，回头看了我们一眼，母亲经不住这样的打击，昏死过去……[13]

张灿琪回忆道：

他被捕时，大女儿孙沛6岁，儿子孙锦4岁，小女儿孙溶才7个月。他入狱后，我通过舅舅、他的高参李伦谷给他送东西、送杯子、送换洗衣服。后来，他与沈醉一道到了重庆。之后，我带着三个孩子，生活无保障，陷入绝境，为了生存，我去找工作，到地方法院申请与他离了婚，之后考取西南革命大学，后来分到路南教书，与他划清了界限，不可再通信。

1954年，迫于生计，张灿琪宣布与孙渡离婚，并到法院办理了离婚手续。这正应了“夫妻本是同林鸟，大难临头各自飞”那句俗语。1956年下半年，张灿琪和年幼的子女，先后回到老家丽江，从此在丽江安定下来。

三、关押重庆

1951年3月，孙渡被捕后，被关押在昆明陆军监狱。走进云南省档案馆，1951年3月唯一存入的一份材料（档案号：772507），对他的基本情况记录如下：

孙渡，号志州（舟），50多岁，云南陆良人。云南讲武堂出身，很早就做伪旅长，后做伪纵队长、龙云的参谋长、伪58军军长、伪第六兵团司令官、伪热河省主席等。

在做伪纵队长的时候，正值红军长征路过滇黔，就是由他率领三旅伪军，做阻击和追击任务的。解放战争时期，在东北的云南伪军也是由他统率，后来由于184师海城起义，才把他调热河省主席。解放前夜跑回云南，据说也有把他调云南伪省主席的传闻。他一直是和我党作敌对的行为。

昆明有房产两处没有报资。中式房一院坐落翠湖东路6号，中式房一院坐落环城东路。⑭

今天看来，这样如此草率的笔录，带着明显的主观色彩，甚至是个人猜想，具有鲜明的时代印记。

孙渡关押昆明监狱期间，和一般的犯人不同，家属和朋友可以探望，送吃、穿、用的，监狱对他的生活也照顾得较好。和他同期关押在昆明陆军监狱的还有国民党国防部保密局云南站站长沈醉等人。

沈醉回忆道：

我在昆明监狱时，有家眷在昆明，还可以由家中送饭菜，大吃大喝，我当时因家眷全都送走了，便去揩老朋友们的油，天天吃他们的。如云南保安副司令柏天民、滇越铁路局局长唐宇纵、中央日报社副总编辑陆铿、滇黔绥靖公署政工处长罗春波等，曾供应过我很长一段时间，直到"镇反"开始，不准犯人家中送饭菜，大家才洒泪吃了最后的晚餐，互道珍重而别。

沈醉回忆道：

当时，由于没有一个统一的规定，各地区完全不相同。如集中在山东的大小军官，一律和战士一样，按时发衣服日用品，也穿解放军士兵一样的衣服，只是没有帽徽、领章，每月还发五元津贴。有的地方就把这些被俘的高级军官当成"要犯"，不但脚镣手铐，晚上起来解小便，甚至翻一个身，都要先喊"报告！"一定要等站在窗口的战士问明白了要做什么，得到同意，才能去做，否则就是犯了狱规，还要受到比手铐脚镣更重的处分。不过大多数还可以，只要不走出指定的散步范围，每天还能出房间走走，也不随便打骂。不过一到夜间，看管都是相当严格，不准随便走动，也不准在晚上谈什么，可能是怕这些人商量越狱吧！⑮

1951年底，孙渡和沈醉等人从昆明被押解到重庆，关押在白公馆看守所。同时关押在此的还有四川省主席王陵基上将、川湘鄂边区绥精公署主任宋希濂中将、国民党四川省党部主任委员曾扩情、保密局西南督察室主任兼重庆卫戍司令部保防处长周养浩少将、保密局西南特区区长兼西南军政长官公署二处处长徐远举少将、兵工署稽查处处长廖宗泽等人。

解放后的重庆，是西南地区党、政、军首脑机关的驻地。西南军政委员会公安部也设在这里。为改造在西南地区捕获的国民党战犯，西南公安部下设两个看守所和一个集训大队。四德村看守所为第一看守所，白公馆看守所为第二看守所，嘉陵大队为集训大队。

1956 年 1 月 6 日，重庆战犯管理机构组建成立。[16] 在重庆关押 5 年间，孙渡和沈醉等人同样受到了政府的优待。孙渡长女孙沛回忆道：

父亲先被关在昆明，后关在重庆，他还写信回来说，他很好，要我们听母亲的话，好好学习。父亲被捕后，家中连一个存折都没有，生活很困难，这样我们一家于 1956 年搬回了丽江。而关在狱中的父亲，情况反而好些，从重庆到后来关押在北京，和他关在一起的都是些（前）国民党高级将领，他们都受到政府的优待。生活起居有规律，平常进行政治学习与思想改造。他也时常给我们写信，说他很好，要我们保重身体，好好学习……[17]

沈醉回忆道：

我解放后从昆明监狱送重庆白公馆监狱的第二天，在楼上与王陵基、徐远举凭栏聊天，忽然发现扩大哥（指曾扩情）在楼下和一些“军统”小特务在下棋。我便问徐远举，为什么他没有得到和我们一样的待遇？徐笑着说：扩大哥太天真了，因为楼上住的都是高级犯人，待遇很好，下面那些犯人就发牢骚，说过去这些人高官厚禄，过着舒适的生活，今天当了犯人，还比他们待遇好得多，很不服气。后来经管理人员说明：这些人年龄都较大，而且囚禁的时间肯定比下面一般犯人要长，用不着和他们去比。他一听囚在下面的时间比上面的短，便坚决不肯搬上来过较好的生活。

白公馆看守所旧址位于重庆市歌乐山松林坡南山下。白公馆原为四川军阀白驹的郊外别墅。1939 年国民党军统局将此改建为看守所，关押政治犯。原一楼底的十余间住房改为牢房，地下储藏室改为地牢。1943 年中美特种技术合作所成立，白公馆作为中美合作所第三招待所，关押人员被移往附近的渣滓洞。

抗战胜利后，白公馆被作为特别看守所。1947 年春，渣滓洞“人犯”又迁回白公馆关押，在此关押的政治犯最多时达 200 余人。抗日爱国将领黄显声、同济大学校长周均时、共产党员宋绮云夫妇及幼子宋振中（被难友们称为“小萝卜头”）都曾被囚于此。1949 年 11 月 27 日，军统特务对关押在此的革命志士实施了疯狂残暴的血腥大屠杀，仅 20 人脱险。

历史往往喜欢和人开玩笑。当年国民党关押共产党人的地方，如今变成了共产党关押国民党战犯的地方。但共产党和国民党有本质的不同，共产党最讲革命人道主义，不是以牙还牙，而是以德报怨。沈醉回忆道：

我集中在重庆原来属中美合作所范围的、军统局缫丝厂办事处改成的战犯管理所（也称作四川省公安厅第二监狱，对外则称训练班）时，附近许多人看到我们厨房办伙食的，每天采购那么多的荤菜，非常羡慕。因为当时四川物价低，16元一月的集体伙食，可以每餐一荤一素，量相当多；除了鱼、肉、蛋一类外，还常常买鸡鸭等。加上集中后，都发了新的服装，还可以在附近一定范围活动，许多没有找到合适工作的人和收入不多的人便去打听，这是一个什么训练班？有的还直接去询问要什么条件的人，才可以参加这个训练班受训？得到的答复，当然是不能使他们满意，一般总是说他们不够条件参加这个训练班。[18]

在白公馆看守所，共产党在管理上取消院内警卫和进出舍房、同干部谈话要喊“报告”的规定，他们在院内可以单独自由行动。每月15日、29日为“接见家属日”。为便于他们与家属亲朋通信往来，管理所专门租用了“2306号信箱”。在生活方面，每人发了新衣服、日常用品和零用钱。伙食费每月16元，30斤定量粮。同时，加强了对慢性疾病患者的治疗。为了活跃文化生活，增加了阅览室的书报，添置了文体活动用品。每逢周末，由松山农场派人来放映电影；有时还整队去附近的新建劳动工厂礼堂，参加京戏清唱等节目演出。[19]

沈醉回忆道：

被俘的国民党高级军政人员，有些是由军队看管，所以各个地方的待遇不统一，管理办法也不统一。自战犯管理所成立，由公安部直接领导，并负责对战犯进行教育改造后，便完全一致了。集中后，首先是提高生活待遇，各地都是16元一月的生活费，行动也只要不离开管理所，可以不再锁房门，互相间能自由往来和交谈。戴有脚镣手铐的也统统去掉。规定的作息时间也比较合理，每星期可以看一次电影，而最使人高兴的，还是伙食费比一般犯人增加了一倍。

白公馆看守所倡导自我教育管理，两个中队4位中队长、8位小队长由管理所选派战犯自己担任。小队长负责综合管理全队的学习、思想、生活、劳动等各项工作。此外，还民主选出5人组成学习辅导组（后增至9人），订出生活、学习制度。政治学习以形势政策教育为主，学习方法以自学为主，结合由管教干部参加的小组座谈进行引导。每个单元学习结束后联系思想实际进行小结。[20]

解放初期，关押在四德村、白公馆看守所的国民党战犯，他们长期反共反人民，双手沾满了人民的鲜血。他们又多是蒋介石嫡系，形成“各为其主”的思想基础，不仅对蒋介石抱有幻想，有的还妄图东山再起。加上初到看守所，对共产党的政策不相信，存有各种各样的疑虑，心态是复杂的：什么“人为刀俎，我为鱼肉！”“天之亡蒋，非我之罪也！”“不成功，当成仁！”“只有公罪，没有私罪”等等，处在既不认输服罪、又畏罪惧死的矛盾之中。王陵基写的牢骚诗“上将不可当，宁可挨一枪”，折射了其中一部分人的心态。

在看守所内，共产党对关押战犯用摆事实、讲道理等说理方法，辩明是非，指明前途，使孙渡等国民党战犯，切身感受到共产党的宽大政策和革命人道主义，思想逐渐发生了积极变化。曾扩情、沈醉等人主动提议并经批准，在3个多月时间内写出国民党特务系统资料20余万字；其他人共写出材料3315份。

“共产党与国民党是不同，对己严对我们宽大。我们虽然关了很久，还没有尝过脚镣的滋味。”“共产党对我们这些人确实够宽大的。论罪行，多半都是严重的，但共产党对我们却不打不骂，在生活上还百般地照顾，希望我们能够通过改造思想，成为一个新人，这种做法恐怕在世界上也是少有的。”[21]

这就是孙渡等被关押战犯当时思想和生活的真实写照。共产党的阳光照在每个犯人身上。在这个没有硝烟的战场上，共产党以博大的胸襟，改造着每一个犯人，创造着新的人间奇迹！

四、调押北京

新政权巩固后，处理战犯问题提上了中国共产党的议事日程。1955年12月，中国人民解放军总政治部和公安部联合下发指示，要求将分散羁押在全国各地的国民党战犯集中起来，统一移交公安机关教育和管理，这一工作在1956年1月完成。

北京功德林监狱，成为自全国各地调押国民党首要战犯的地方，调押级别为：军队将级以上军官，文官则须到省主席一级。负责功德林监狱管理的机构是公安部十三局。日常工作由凌云（公安部政治保卫局局长）、姚伦（公安部政治保卫局预审科科长）、杨荫东（中央调查部对台办公室负责人）等负责。为了便于对战犯的日常教育和管理，公安部在该部预审局内设战犯监管处，首任监管处长为孙鹏飞。[22]

1949 年，中国共产党公布战犯名单。最初公布的两批战犯分别为：1948 年 12 月 25 日毛泽东以“陕北权威人士”身份提出的 43 人名单（随后又加黄维 1 人），以及 1949 年 1 月 26 日又补充的 37 人，共 81 人，均为国民党内的上层决策人员，孙渡未列其中。到 1956 年，国民党战犯这一名称，扩充到被俘被捕的高级军政人员，并最终确定战犯身份，经审定列为战犯的总数为 926 人。其中军队系统 736 名（中将 72，少将 388，校级 276），政府系统 46 名，党务系统 27 名，特务系统 117 名。[23]

根据罪行轻重，中共把国民党战犯分为三个级别：第一个级别为头等战犯，即中共最初公布的 80 人，但真正被关押的仅有徐州“剿总”中将副司令杜聿明、四川省主席王陵基和第 12 兵团中将司令黄维 3 人。第二个级别就是“首要战犯”，共 66 人，其标准是中将师长、军长、副军长、兵团司令、省主席、省党部书记及特务中的骨干。孙渡因曾担任过省主席等职，被列为“首要战犯”。第三个级别就是普通战犯，前两类战犯之外的国民党战犯均列为此类。

1956 年 1 月 10 日，列为首要战犯的孙渡和沈醉、西康省保安司令部中将副司令王靖宇，以及曾任江阴要塞中将司令的孔庆桂四人一起，从重庆被“调到”了北京德胜门外的功德林。在这之前，来自沈阳、济南、抚顺、昆明、西安、武汉、天津、保定等地的 200 多名国民党高级军官，也陆续进入北京功德林监狱的大门。[24]

沈醉回忆道：

集中到北京来“加速改造”后，生活待遇提高了，有脚镣手铐的也统统去掉，每星期可以看一次电影，伙食费比一般犯人增加了一倍，“这等于过去中了举人后，选送太学来学习差不多。”引得被俘的国民党下级军政人员为之眼红。

功德林监所，坐落在北京德胜门外功德林 1 号，因此地原为“功德林”古刹而得名。占地近百亩，监房能容纳千人以上，是现在公安部秦城监狱的前身。

功德林旧称“石佛禅林”，始建于清。清光绪 31 年，朝廷在此创设“京师习艺所”，由此成为中国第一个劳改机关。1915 年，北洋政府统治时期，更名为“京师第二监狱”，后又加以改建。1928 年后，功德林被国民政府用来专门关押政治犯，即“北平第二模范监狱”。共产党创始人之一李大钊就是在这里被杀害的。

新中国成立后，这座监狱被公安部接管，成为关押和改造战犯的一座监狱。1986 年 8 月，功德林监狱被拆除，原址变为北京市公安局治安总队驻地。如今，旁边的几栋居民楼仍叫“功德林小区”，但除了新民胡同外残留的一段斑驳围墙，昔日模范监狱的旧貌已无迹可循。

关押在此的国民党49军中将军长郑庭笈回忆道：

功德林占地百亩，四周有丈余高的围墙，大门进去是一个广场，地上还存有插放绞刑架木桩的洞穴。大门南边有3幢房子，房屋之间有两个花园，花园里有株名贵的梅花，枝繁叶茂，开花时更是可爱。我常踱到这里，捡起几片飘落的粉红色花瓣放在鼻孔，享受大自然清鲜甜润的气息。大门东侧，是成排的平房。监狱中心是呈放射状的八条胡同，胡同的交叉口是一座几十米高的八角楼，一个哨兵站在楼上，胡同里的情形便可尽收眼底。八角楼脚下还有几个小八角楼，小八角楼的大门正对着胡同，每个胡同都有个铁栅，胡同大门上方的灰色墙壁上分别挂有写着“甲乙丙丁戊己庚辛”字样的圆形黑底白字木牌。㉕

1956年开始调押在此的战犯中：有国民党第二绥靖区中将司令官兼山东省政府主席王耀武、国民党第二绥靖区中将副司令官李仙洲、国民党第二绥靖区中将副司令官牟中珩、国民党中央执行委员兼山东省党部主任庞镜塘、国民党东北“剿总”中将副总司令兼锦州指挥所主任范汉杰、国民党第6兵团中将司令卢浚泉、国民党云南绥靖公署中将副司令马瑛、国民党第9兵团中将司令廖耀湘、国民党17兵团中将司令刘嘉树、国民党49军中将军长郑庭笈、国民党新5军中将军长陈林达、国民党整编第96军中将军长陈金城、国民党陆军中将副总司令唐垚、国民党华中军政长官公署中将副长官兼第3兵团司令张淦、国民党浙西师管区中将司令兼金华城防指挥周振强、国民党第3军中将军长罗历戎、国民党第3军中将副军长杨光钰、国民党第79军中将军长方靖、国民党太原绥靖公署中将副主任孙楚、国民党第73军中将军长韩濬……以及王陵基、黄维、杜聿明、宋希濂、李以劻、汤尧、邱行湘、曾扩情、徐远举、杜建时等人。㉖

1956年1月11日上午9时，功德林大礼堂里鸦雀无声。孙渡等200名国民党战犯集中在此开会。这是大陆上国民党高级军官的一次大集中、大团圆，每个人都按捺不住重逢的激动。然而，这毕竟不是一次胜利的大会师，每个人的内心都悲喜交加、感慨万分！

沈醉回忆道：

1956年，战犯们从各个监狱、劳改农场和看守所等处调集到一起的时候，许多熟人一见面，无不感到惊诧和悲喜交集。因为在国内战争中，国民党军队纷纷被击溃后，被俘的高级军官，大都是分别囚禁在各个不同地区，有的还被送到很远的后方去了。……有的囚禁在同一地区同一监狱的单人房内，邻居是什么人？几年来都不知道；所以一旦见面，无不兴奋异常。一些先去的，看到后去的熟人，见面第一句话便是用惊诧的口吻高叫一声："你也来了！"有的见了老朋友、老同学和老同事、老长官、老部下，还禁不住很关怀地说上几句："真想不到你我还能见面！"或说一声："想不到我们都还能活着！"……谈得最多的，还是精神上的待遇。[27]

功德林监管处姚伦处长对大家说：大集中的唯一的目的，是为了加速改造。这是党中央和毛主席亲自拟定的促进改造的具体措施。……于人民有罪的人的改造，有一个由强迫改造到自觉改造的过程。如果没有这个过程，是不可能真正改造好的。现在，强迫改造的阶段过去了，自觉改造的阶段来到了。姚伦继续说：今后的学习、劳动、生活的管理，由你们当中自由民主选举产生的学习委员会来承担。学习委员会与管理处之间的关系，你们和管理人员之间的关系，应该是建立在自觉改造的基础上的关系。从现在起，可以与家属自由通信，可以接待亲友访问……彼此之间的称呼，一律称同学。不久将要组织大家参观祖国的建设。

此后，北京战犯管理处在战犯内部成立了管理机构——学习委员会。当选的学委会成员是王耀武、宋希濂、曾扩情。王耀武任学习委员，宋希濂任文娱委员，曾扩情任卫生委员。

全体国民党战犯分为13个组。第一组组长是邱行湘。组员有：杜聿明、宋希濂、康泽、王陵基、范汉杰、廖耀湘、杨伯涛、陈林达、溥仪等人。第二组组长是宋瑞珂。组员有：王耀武、黄维、覃道善、方靖、沈醉等人。第三组组长是陈长捷。组员有：杨光钰、徐远举、文强、庞镜塘等人。

第一组、第二组、第三组、第四组同在戊字胡同内。第一组与第二组、第三组与第四组分别门当户对，中间隔着一条窄窄的甬道；第一组与第三组、第二组与第四组又分别紧紧相连，中间隔着一堵薄薄的墙壁。战犯们从此集体生活在一个天地里。[28]

三名"战犯"阅读《人民日报》（图片来自网络）

把战犯关押起来，怎么办呢？如

何改造和处理这些战犯？当时，在押的除926名国民党战犯外，还有日本战犯969名，末代皇帝溥仪等伪满战犯61名，伪蒙疆自治政府主席德穆楚克栋鲁普等伪蒙战犯10名。这么多的人，这样复杂的情况，如何正确制定处理战犯政策，成为中国共产党和新生的人民政权遇到的一个重大问题。㉙

1956年3月，第二届全国政协常委扩大会专门讨论了处理战犯问题，会上周恩来传达了毛泽东关于对在押战犯“一个不杀”的主张。4月，中共中央下发专门通知，决定对在押的所有国内战犯实行“一个不杀，分批释放，来去自由，言论自由”，以及“不审不判，分期释放”的处理方针。为保证这一方针的妥善实施，中央还成立了由公安部长罗瑞卿任组长的“处理战犯专案小组”，负责有关政策问题和其他重大问题的研讨和处理。

功德林1号关押的这些国民党战犯，情况比较复杂，改造难度很大。这些人长期为蒋介石国民党效劳，甚至直接参与了蒋介石集团的诸多重大决策，是蒋介石最可靠也最有实力的人物。他们中不少人自命为蒋介石的信徒，认为蒋介石才是中国的“正统”，是“为国为民”的。他们对于战败不服气、不认输，认为今天所以成为战犯，是因为打了败仗，“胜者为王，败者为寇”。他们认为既然为蒋介石国民党效劳，就不应在共产党面前低头，“忠臣不事二主”的思想长时间转不过弯来。他们中的不少人曾在抗日疆场上与日寇浴血奋战，为民族独立建立了功勋，有的以此作为对抗改造的资本，处处流露出一种委屈情绪。

这是一场没有硝烟的特殊战斗。几乎所有战犯的思想都经历了由对抗、观望、迟疑、动摇到认罪改造的复杂进程。在北京功德林，共产党采取历史唯物主义的态度处理问题，管教人员组织战犯读书学习，耐心细致地做他们的思想政治工作，教育引导他们重新认识过去。对他们犯下的反人民的罪行，要求必须做出清楚的交代；对他们曾经做过的好事，有益于国家和人民的事，尤其是他们的抗战功绩，则给予充分肯定和承认，主动要求他们写出一生光辉的历史。共产党是非功过分明，顾全民族大义，使战犯们气理顺了、心踏实了。

在功德林里，国民党战犯要写的不只是悔过书。戊字胡同走廊西侧的墙壁上，挂了一张白布大床单，床单上方贴着一张白纸，上书“新生园地”四个篆体大红字，床单两侧的红纸上，写着“改恶从善，前途光明”八个大金字——这是文强写的正楷，他把金字下面的红纸，分别剪成象征着心脏的桃尖图形。

这就是功德林学习委员会的机关刊物。主编是国民党第41军少将副军长陈远湘；美术编辑是国民党徐州“剿总”办公室中将主任郭一予。“新生园地”有四个专栏，理论学习专栏编辑是宋希濂、廖耀湘、陈林达；挑战应战专栏编辑是国民党新疆省党部代理书记长李帆群；批评表扬专栏编辑是徐远举；文学艺术专栏编辑是文强。投稿者用32开的白纸将稿件抄好，然后送到“新生园地”编辑部去。

沈醉回忆：

为了表达学习心得体会和暴露思想，他们每学习一篇文件，一篇重要社论，听了首长一次讲话，甚至是看过一次电影，都要写一张墙报贴到“新生园地”。写多了，有人总结出一种模式：说形势时，便是当前形势一片大好，而且越来越好；读文件时，便写这是一篇重要的历史文献，是放之四海而皆准的真理。

毛泽东对改造战犯十分重视，一再强调处理战犯问题“一个不杀”的方针，对战犯提出了“经过劳动改造，使之成为自食其力的劳动者”的要求。在北京功德林，集中改造后，对战犯以思想改造为主，劳动改造为辅，开始只是象征性地劳动一下，以示“思想改造与劳动改造相结合”。对战犯的生活管理，做到保证人格、保证生活、保证健康，切实尊重他们应当享有的各项权利，对于他们的饮食、卫生、生活必需品、文艺活动和体育锻炼等，都保证搞好。对他们的身体定期检查，有病及时治疗。共产党承认人的价值，尊重他们的人格，每时每刻都在叩打着他们的心扉，从而促进他们思想的蜕变。

沈醉回忆道：

我1956年从重庆转送到北京德胜门外功德林监狱改成的北京战犯管理所不久，在从华北、东北等地参观回来后，所方宣布要在每一星期中，从事一定时间的劳动，如缝纫、理发、洗涤、挑饭菜、烧开水等，并采取“自动报名，量力而为”的办法，听凭自己选择一项或两项，自己认为身体不好或对这些不感兴趣时也可以不参加。规定虽然说“可以不参加”，但谁都知道一项都不参加，管理人员即使不说什么，而一些想求表现的“同学”也决不会不利用这一机会来“帮助”一番的。所以哪怕是不愿意或身体不太好的，也得象征性地参加一项。

在战犯管理所的战犯，彼此都称呼为“同学”。其主要目的是要提高战犯们的自尊心，让身居狱中的战犯，忘记自己是在坐牢，像在什么训练班学习。因为按照旧的老习惯，监狱里犯人们都彼此称呼为“难友”，以示是患难中结识的朋友。解放后，在中共管辖下的监狱中，禁止再称难友而改称“同犯”，意即同是犯了罪的人。战犯管理所成立后，让战犯们互相称呼为“同学”，虽然还没有得到自由，这也算是一种“安慰”吧！[30]

北京战犯管理所的这200多名国民党党、政、军、特高级骨干，每个人的一生都是一部传奇。他们身居高位，久闯江湖，擅长两面三刀。在功德林，他们虽然都穿上了统一的囚服，但原本内部存在的派系斗争和矛盾并未消除。沈醉回忆道：

在重庆战犯管理所近百名战犯中，我与前热河省主席孙渡（唐继尧的妹夫）等几个人是受人注意的。本人虽然是在快解放时才当上当年国民政府国防部云南游击总司令的，但还是被人列入总司令这一级的范围，处处都得留心点，怕被那些“假积极”作为靶子来射击，以表现他们比别的人“思想进步”和“立场坚定”。我一到北京，怕当靶子的包袱立刻放了下来。这里当过总司令、集团军总司令、兵团司令、省主席等一类大人物多的是，我就变成了一般“群众”了！[31]

学习之余，“同学们”凑在一起，总有说不完的故事。沈醉回忆道：

战俘之中“关公”特多……在战犯管理所，有位姓刘的管理干部，他在领着我们挑饭组去厨房挑饭菜及开水时，常有意无意地和我们聊聊天，有时还开开玩笑。他常说我们这些人当中，不少是三国时代的人物，而且关公关羽字云长特别多。开始我不理解他这两句话的意思，久了，我才弄明白，因为我们当中不少人是单名，如汤尧、张淦、孙渡、孙楚、韩浚、黄维等。这与《三国演义》中许多人都是单名一样。说关公多，则因为这些人闲聊天时，都爱讲自己“过五关、斩六将”那些得意事。

为了加速对国民党战犯的思想改造，毛泽东、周恩来在1956年年初作出指示：“组织在押的中、外战犯到各地参观”，让他们亲眼目睹新中国成立后的变化。理论的说服力毕竟有限，事实胜于雄辩！共产党人要让这些国民党战犯心服口服！

1956年4月前后，孙渡和“同学们”赴吉林、长春、沈阳、天津、武汉等地参观工业生产，先后参观了长春第一汽车制造厂、沈阳闸阀厂、天津南开大学、武汉长江大桥、北京四季青农业合作社等地，一路还看新闻纪录片、电影等，亲眼目睹了新中国发生的天翻地覆的变化。

这是一次灵魂的行军。他们在新中国面前第一次睁开眼睛。一切都是熟悉的，一切都是陌生的！他们目睹了一个全新的中国，从心底发出了由衷的赞叹。文强脱口而出：“我身不觉在霄汉，睹此宏图暗叫惊！”1956年五一国际劳动节，

按照毛泽东的提议，功德林管理处又组织孙渡和“同学们”到公安部临街大楼上，观看了天安门广场举行的群众性庆祝和盛大游行。百万群众的载歌载舞、雄姿英发的游行队伍、绚丽多彩的欢乐场面，孙渡和“同学们”从没见过！

天安门上空的焰火，震撼了他们的心情，融化了他们心中的坚冰，为他们展现了光明的前程。功德林学习委员会决定顺应“民意”，给毛泽东主席上书一封感恩信。1956 年 6 月，学习委员会第一次发起了致毛主席的感恩信，并推荐庞镜塘起草、邱行湘书写。[32]

敬爱的毛主席：

我们是罪大恶极的蒋介石集团战争罪犯，为了维护蒋介石的反动统治和腐朽黑暗的社会制度，有的一贯拿着枪杆屠杀人民，有的一贯干着无恶不作的特务勾当。我们是人民的罪人，是民族的罪人，我们怀着沉痛的心情向全国人民请罪，向敬爱的毛主席请罪……

政府对我们的关怀和教育，使我们万分感谢！我们只有改恶从善，重新做人，才能对政府对人民报恩于万一。

我们谨向敬爱的毛主席保证，认真学习毛主席著作，好好改造自己，彻底转变世界观，改造成一个自食其力的新人。一定坚决听毛主席的话，跟着共产党，永远走社会主义道路。把我们后半生献给人民，立功赎罪。

最后，我们想到美帝的无耻奴才蒋介石匪帮，今天还盘踞在台湾，我们无比的愤恨！我们相信一定要解放台湾，我们愿意为解放台湾贡献一切，甚至我们的生命。

我们以无比激动的心情，写这封感恩致敬的信。

谨致最崇高的敬礼！

蒋介石集团战争罪犯

1956 年 6 月 1 日于功德林一号

我们今天读到这封信的时候，除了惊讶之外，或许还有一点“失望”。倘若把这份给共产党领袖的感恩信与 9 年前（即 1947 年）国民党政府最高法院发布的“通缉”毛泽东的“平字第一九〇六号训令”并排放在一起，我们就会立即感悟到这个时代迸发出的伟大力量！

真理面前无敌手，正义的事业是不可战胜的！这是共产党与国民党决战决胜的另一个战场。无论是针锋相对的思想交锋，还是和风细雨的感情交流，都凝结着共产党人的高风亮节和博大胸襟。

1957 年 8 月，学习委员会第二次发起致毛主席的感恩信，推宋希濂、曾扩情、梁培璜、文强为起草人。四稿择优录用，文强文之为强。书写者未经荐举，邱行湘当仁不让。[33]

敬爱的毛主席：

我们蒙受党和政府的教养，深深的体会到，没有伟大的中国共产党，就没有新中国。两大革命的基本上完成，人民生活日益改善，国家建设日益繁荣，国内民族大家庭的空前团结和国际威望的空前提高，这是党领导全国人民艰苦奋斗的伟大成就。我们虽仍处加速改造中，无时无刻不以重做新人、在毛主席教导下而感到自豪。

然而，高墙内外的空气是相通的。此时发生的匈牙利右派暴乱和中国大陆上的反右斗争，毕竟冲淡了此刻功德林的气氛。这些曾经的国民党将领坐卧不安，心神不定。这封感恩信继续写道：

我们最能明辨和愤慨的，是右派分子对肃反成绩的诬蔑中伤，由于我们都是反动派中的罪大恶极者，早已死有余辜，而竟蒙受改造，在教养中受到革命人道主义的待遇，不但个人身受其惠，连同家属亦无不在党和政府的照顾之下，从无歧视地随着整个社会的改造而进入了社会主义的大门。因而我们不但是身受其惠的人，也是驳斥右派分子有意诬蔑中伤的见证人。

这些曾经的国民党将领心潮起伏，众志成城。这封感恩信最后写道：

我们敢以热烈的心情，坚定的意志，向党和政府及你提出三项保证：第一，我们要和一切右派分子划清敌我界限，严格的检查和批判我们在整风运动中的一切不正确的思想，来自觉自动的争取改造好，成为新人；第二，在反右派斗争的行动中，我们抱定知无不言、言无不尽的态度来写述右派分子的材料，提供作参考；第三，我们认识到右派分子的立场，就是一切资产阶级反动派的立场，它的复辟思想就是拥美拥蒋、反共反人民的思想根源，因而我们早具决心响应党和政府的号召，为解放台湾的伟大事业尽一分力量。

谨致崇高的革命敬礼！

蒋介石集团战争罪犯

1957 年 8 月 7 日于北京功德林一号

柏树本有霜色，梧桐正该落叶，功德林依旧是功德林。如今仍在功德林内的一块石碑，上面记录着国民党将军们饱蘸心血写下的全部文字。他们在这里完成了人生的战略突破，开始了向生活的战场转移，并肩站在一条看得见的起跑线上。

1958 年 10 月，功德林监狱管理处宣布，让犯人们自愿报名，到京郊秦城农场参加劳动。率领这支将军队伍的统帅，是木匠出身的北京战犯管理处李科长。他在宣布管理处的决定之后，补了一句：“希望大家不要背包袱。”

话音刚落，队伍中一位将军举手“报告”，哭丧着脸说：“请贵军体察：我是战场火线上被俘的，除了一件大衣，别无行李，实在没有包袱可放啊！”“包袱”——国民党将军们对此二字不解其意。

用沈醉的话说，消息传来，立刻引发一阵暴风骤雨般的思想波动，个个都紧张而又兴奋异常，几天都没有平息下来。进行农业劳动改造之后，孙渡和大多数“同学们”都认为，这就是对战犯“给出路”做准备工作了。

公安部秦城农场所在的燕山东麓，山间潺潺清流，自燕山汉白玉石湖中冒出，涓涓温润，半山腰有一处龙泉寺遗址，公安部绿化队在寺前建平房数十间，是犯人们在秦城的居所。

孙渡和 “同学们”从功德林到秦城，接触到青山绿水，极目碧空蓝天，栖息农村旷野，顿觉耳目一新。

按照体力强弱，来到这里劳动的犯人被分成五个生产队，每队 10 — 20 余人不等。第一、二生产队承担大田作物的农活，主要栽培蔬菜；第三队负责拆作废的砖窑，垒猪圈鸡窝，被称为“建筑队”；第四队负责果树葡萄的栽种管理；第五队是象征性的半劳半休队，队员都是年迈的“老将军”，负责饲养鸡鸭。

63 岁的孙渡是年迈体弱的“老将军”，被分到第五队，负责饲养鸡鸭。他从小在农村长大，对他来说，饲养鸡鸭简直就是“小菜一碟”。孙渡乐在其中。

53 岁的郑庭笈被编入体力较好的第一组。这个在战场上指挥千军万马的将军，在田地中却束手无策。挖鱼鳞坑，要求每人每天挖一个两米方圆、一米多深的大土坑，没想到到了第三天，他才挖了一个半，还算中上水平，可第四天就直不起腰了。[34]

这一年，孙渡和他的“同学们”在秦城农场度过了第一个春节。大年三十晚上，对上床睡觉时鞋子的摆法，“同学们”尤为注意：鞋尖一律朝外，因为这样第二天一下床，就可以很顺利地把鞋穿上向外面走，象征来年可以交上好运“走出去”；如果把鞋尖朝里，下地穿鞋脚尖还朝床不朝外，这等于来年还是没希望出去。[35]

巧的是，当第二年的秋天来临时，他们都看到了“走出去”的希望。

五、特赦释放

1959 年 9 月 14 日，毛泽东主席代表中共中央向全国人大常委会提出书面建议：“在庆祝伟大的中华人民共和国成立 10 周年的时候，特赦一批已经改恶从善的战争罪犯、反革命罪犯和普通刑事罪犯。”

9 月 18 日，《人民日报》在头版位置上，发表了中共中央主席毛泽东的建议、全国人大常委会的决定和国家主席刘少奇签署的特赦令，同时配发了题为《改恶从善，前途光明》的社论。在特赦令中，第一条便是：“蒋介石集团和伪满洲国的战争罪犯，关押十年，确实改恶从善的，予以释放。”

最先看到这一喜讯的是徐远举（原国民党保密局西南特区少将区长，黄埔七期），他负责当天下午收工后分发报纸。徐远举一字一句地念着报纸上的内容，当“特赦”两个字读出后，在场的所有人都沉浸在一片寂静中。

忽然，传来一声尖叫：“这下好了，我可以和老婆在一起了！”只见站在最后的宋清轩（原国民党晋陕边区挺进纵队中将司令）大叫一声后，脱掉上衣，赤膊在附近的柿子树林中狂奔乱跳，边跑边不停叫着这句话。文强回忆，听到这一喜讯后，康泽紧紧握住他的手，嘴里呢呢喃喃说不出话来，猛然一斜身，差点倒下，当晚即送进了医院急救。[36]

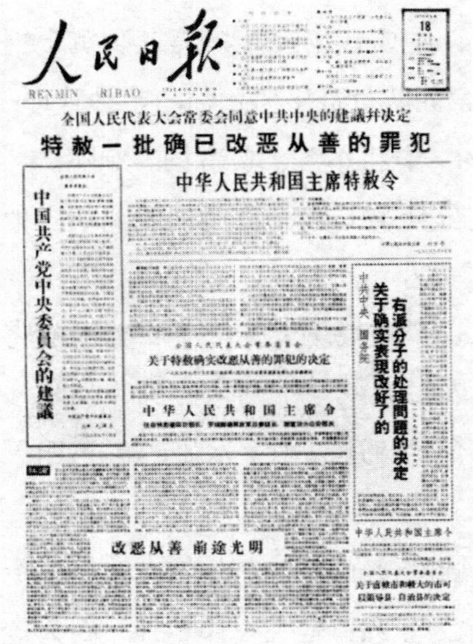

《人民日报》刊发特赦令（图片来自网络）

但由于没有公布特赦名单，患得患失的心态在犯人们的心灵深处打着秋千。郑庭笈连续几天睡不安稳，一闭眼总看见一名正颜厉色的法官站在眼前，一睁眼总不由得想自己会不会被释放，吃饭时也总发呆。廖耀湘说，那几天人睡不着觉，小便也多了起来，一夜起床六七次。

10 月 1 日，孙渡和“同学们”受邀参加新中国成立十周年国庆观礼，与首都人民共同欢庆新中国的诞生。他们登上东长安街的观礼台，倾听着中华人民共和国国歌，领悟了雄壮、深邃的旋律。

以铜为镜可以正衣冠，以人为镜可以知得失。孙渡等 200 多位曾经的国民党将军，横跨着历史和现实，携带着悲哀与欢乐。在国庆观礼台上，他们看见了一个生机勃勃的新中国，难掩内心的兴奋和激动。他们扪心自问：“为什么同一个神州大地，共产党可以建造一个幸福的国度？”

10 月 2 日，国庆节后的第一天，一种难以平静的心情，一种愈加强烈的欲望，一种内心真正的信服，促成全体国民党战犯第三次发起了呈献给中共中央主席毛泽东的感恩信，并由宋希濂起草、邱行湘书写。[37]

敬爱的毛主席：

当此伟大祖国国庆十周年之际，党和政府对我们这些罪大恶极的战争罪犯颁布特赦令，对确实改恶从善的给予释放，这是无产阶级崇高的革命人道主义的体现，是中外历史上对于罪犯从来未曾有过的深恩厚德，使我们深深的感到无比的兴奋和无限的感激。

我们过去都是蒋介石集团发动反人民内战的实际执行者，破坏民族民主革命，用各种手段残酷地压榨和残害人民，严重阻碍社会生产力的发展，把国家拖到了绝境，论罪真是死有余辜。十年来在党和政府的耐心教育下，使我们逐渐恢复了人性，明辨了是非，从而树立了认罪服法、改恶从善的思想基础。党不仅宽恕了我们的罪行，而且把我们的灵魂从罪恶的深渊里拯救出来，使我们得有今天的新生，党之于我们，真是恩同再造！

……

今天当我们将要走向新生活的前夕，我们谨向您庄严地保证，今后在思想上、行动上、积极拥护党的领导和社会主义道路，永远跟着共产党走，在工作和劳动中，诚恳踏实，力争上游，在祖国的社会主义建设和解放台湾的斗争中，贡献出自己的全部力量和生命。

最后，我们谨以无限感恩图报的心情向您致崇高的敬礼！

蒋介石集团战争罪犯

1959 年 10 月 2 日于功德林

国庆观礼两个月后，功德林监狱礼堂，孙渡和“同学们”终于盼来了特赦大会！

特赦首批战犯大会（图片来自网络）

1959年12月4日，由中华人民共和国最高人民法院执行的首批特赦蒋介石集团战争罪犯大会，在功德林大礼堂隆重举行。会场的布置显然带有喜庆的色彩，高悬在礼堂上方的横幅，是用富有光泽的大红绸做的。只有剪贴在上面的白色的仿宋体字，显示出这个会场气氛的严肃。主席台正中，坐着面容端正的首席法官，台前两侧，分坐着中央统战部、国家公安部的衣着整齐的高级干部。来自八条胡同的200多名国民党战犯，排成两路纵队，步调混乱地走进往日出出进进看电影的地方。[38]

首批特赦的名单到这时才公布，法官唱名时一字一顿：杜聿明、王耀武、郑庭笈、宋希濂、杨伯涛、陈长捷、邱行湘、周振强、卢浚泉、曾扩情。十个人的名单很快念完，其中有8人出身黄埔。台下凡是没有被点到名字的人，几乎不约而同地叫了声：“完了？！”被点到名的则激动不已。

“我的血液好像凝固了。”郑庭笈回忆，此时此刻，在他的耳畔，黄埔军校教官的喝令、战场上枪炮的爆鸣、逃难人群的哭号、秦城农场的鸡、锄头落地的铿锵声……交织在一起，“我好像从血雨腥风中走来，蹒跚地走到荆棘小路的尽头，终于看到了康庄大道……”

代表获赦人员家属讲话的是杨伯涛的儿子杨建华（北京师范大学学生）和郑庭笈的女儿郑心楠（北京十二中学学生）。他们从新一代的角度，对父亲提出忠告：“回家以后，我们要继续监督爸爸的思想改造。”

代表获赦人员讲话的是杜聿明。他从新生者的角度，对政府表示感激：“只有永远跟共产党走，我们对毛主席才能感恩图报。”代表改造机关讲话的姚处长说：“我们祝贺第一批获赦人员，希望你们以人民为榜样；我们等待第二批获赦人员，希望你们以新生者为榜样。过去常对你们说，‘亡羊补牢，未为晚矣’，现在应该说，‘百尺竿头，更进一步’……”[39]

讲话结束后，法官开始颁发特赦证。那是一张八开大小的白纸，上方用毛笔写着获赦人员的姓名，下面盖着最高人民法院的红印，中间则是铅印的有关特赦的其他说明。十张特赦证依照了方才的顺序，一张一张地重叠在褐色的讲台上面。法官伸出双手，迅速地递交，十人伸出双手，缓慢地承接……功德林特赦大会的第二天，即 1959 年 12 月 5 日，全国各大报纸均以头版头条位置，报道了我国首批特赦33名战争罪犯的消息。除北京而外，抚顺、济南、西安等地，也于同一天举行了特赦典礼。报纸所公布的 33 名获赦人员中，尤以伪满洲国皇帝爱新觉罗 . 溥仪的名字惹人注目。

特赦大会 10 天后，即 12 月 14 日下午 3 时，周恩来总理在中南海西花厅，接见了35年前的清末皇帝和10年前的国民党将军共11人。11人当中，除溥仪、陈长捷、卢浚泉而外，是清一色的黄埔学生。陪同接见的有副总理陈毅、习仲勋，统战部副部长徐冰、张执一，国务院办公室主任屈武，人大常委会副委员长张治中，水利部部长傅作义等人。

11 人刚刚走进客厅大门，周恩来第一个站起身走到他们面前，依次握手，一一祝贺："你们是当标兵的！"曾扩情这位黄埔一期毕业的"扩大哥"说："周先生，我走错了路，对不起你！"周恩来红着眼圈对他们说话："不怪你们，怪我对你们接近得太少……"[40]

第一批"战犯"获释几个月后，管理处宣布，功德林所有在押人员全部迁往秦城农场关押，不少人高兴得喊出了：别了！功德林！别了！监狱！有人双手合十："阿弥陀佛，这回总算是功德圆满了。"

1960 年 3 月 14 日，孙渡和沈醉、范汉杰、曹天戈等全体战犯搬往新建的模范监狱——秦城监狱。当天下午 3 点左右，孙渡和全体战犯一齐，各组按顺序带好行李，一个挨一个，秩序井然地乘坐大卡车，经过小汤山温泉，驰向一座庞大的楼群大院，通过两层大铁门两道岗哨之后，住进了秦城监狱。[41]

黄维接特赦书（图片来自网络）

沈醉回忆道：

这是一座庞大的楼群大院，四面耸立的高墙上满布铁丝网。虽然这里的设备比功德林好得多，每个房间窗子很大，不过都是带白色的玻璃，只能透光而里外均看不清楚。每间房内都有卫生间，有洗脸盆和抽水马桶，每层楼有淋浴设备……按照当时的条件来说，这里可称得上是第一流的高级监狱了。而在战犯们心中，不管你多高级，总还是监狱。[42]

但转移在这里的战犯已经自由许多。秦城监狱共有四座楼房，战犯被安排住在后方那一座的楼下面。规定大家在休息时，可以在楼前后空地上活动，但不许到别的院子去，也不准上楼。

1960 年 11 月 28 日，沈醉作为第二批特赦人员释放。此后在周恩来的亲自安排下与杜聿明、宋希濂、王耀武、陈长捷等一起，任中国政协文史资料委员会文史专员。1980 年，经有关部门调查证实，沈醉在卢汉的起义通电上签字，并亲笔颁布命令，要下属特务组织上缴特务器材并到指定地点报道，身份由战犯改为起义将领，享受副部级待遇，任第五、六、七届中国政协委员，1996 年 3 月 18 日因肺癌病逝于北京。

从 1960 年起自 1966 年“文革”前，中共先后特赦了五批国民党“战犯”，几乎每年一次。每批特赦的战犯都经公安部长审核后报国务院总理周恩来批准。1975 年 3 月 19 日，最后一批国民党在押人员出狱。至此，内战中被俘的国民党“战犯”全部处理完毕。

历史的钟点，一刻也不会停留。孙渡终于等来了特赦释放的这一天！

1963 年 4 月 9 日，《人民日报》刊发了孙渡等人被特赦释放的消息。

新华社九日讯　最高人民法院根据中华人民共和国主席特赦令，今天特赦释放一批战争罪犯。这批被特赦释放的战争罪犯共有三十五名，其中属于蒋介石集团的战争罪犯三十名，属于伪满洲国的战争罪犯四名，属于伪蒙疆自治政府的战争罪犯一名。

这批被特赦的战争罪犯过去曾经犯下了严重的罪行，他们已被人民政府关押了十年以上。在关押期间，人民政府对这些战争罪犯进行了耐心的教育和改造工作，促使了他们悔悟认罪，并且确实有了改恶从善的表现，因而获得特赦释放。这是中华人民共和国成立以来第四次特赦释放战争罪犯，这再一次显示了我国人民民主专政的强大和巩固，显示了中国共产党和人民政府一贯坚持实行的惩办与宽大相结合、劳动改造与思想教育相结合的政策的伟大胜利。

今天被特赦释放的三十名原属于蒋介石集团的战争罪犯有：国民党第十五绥靖区中将司令官康泽，国民党第四十七军中将军长严翊，国民党第八兵团第五十五军第七十四师中将师长李益智，国民党西南军政长官公署中将副长官孙渡……在这些特赦释放的战争罪犯中，原国民党第十五绥靖区中将司令官康泽已于一九六一年十二月被准予监外就医。

……

这一批战争罪犯的特赦，是最高人民法院和有关地区的高级人民法院今天分别在各地战犯管理所召开的特赦释放大会上宣布的，全体在押的战争罪犯参加了特赦释放大会。被特赦的战犯接到特赦通知书时，都表示衷心感激中国共产党和人民政府给予他们重新做人的机会，许多人在会上表示要跟着共产党走，继续改造自己的思想和立场，为社会主义建设贡献力量，报效祖国。

在各地的特赦释放大会上，最高人民法院和有关地区高级人民法院还同时宣布一批悔改较好的被减刑的战争罪犯名单。这批受到减刑宽大处理的战争罪犯共有二十七名。

这是第四批被特赦释放的人员，孙渡内心充满无限感激！因为他终于等到了这一天。他心中明白，若没有共产党的宽大政策，没有管理人员对他无微不至的关照，没有医护人员对他的精心治疗，病弱不堪的他，不可能等到这一天！是共产党给了自己再生的机会！

“滚滚长江东逝水，浪花淘尽英雄。是非成败转头空，青山依旧在，几度夕阳红。白发渔樵江渚上，惯看秋月春风。一壶浊酒喜相逢，古今多少事，都付笑谈中。”孙渡在长达 12 年的监狱生活里，常吟诵这首词，聊以自慰。

江山永恒，真理永存。12 年的监狱生活，使孙渡对人生的体悟和对时代的认识，进入了一个全新的境界。他从心底深处感恩这个伟大的时代，感恩共产党，感恩新社会！他以淡泊宁静的心态，坦然面对着眼前发生的一切变化！

六、总理接见

光阴似箭，岁月如梭。被关押改造 12 年的孙渡，已到古稀之年。由于早年长年在外征战，他患上了高血压、风湿病、心脏病等疾病，身体每况愈下。党和政府对特赦后的孙渡充满关怀，继续安排他在北京小汤山疗养院疗养。

早在半年前，孙渡就因病被送到这里疗养。2018 年 8 月，也许是机缘巧合，我有幸找到了孙渡从小汤山疗养院寄给秦城监狱“各位同学”的一封信。这封信落款日期为1962年10月8日，信中详细记录了自己到小汤山疗养的前因后果，从中我们不仅可以窥见孙渡关押北京期间的身体状况和思想情感，而且可以了解共产党改造国民党战犯所体现出的人文情怀。信中开头饶有兴致地写道：

严毅、曹天戈和各位同学：

八月廿四日，我离开您们，约半小时后就到了小汤山疗养院。车一进入疗区，首先映入眼帘的，就是看不到尽头的树林。……其次看到的就是住院的一些男女病员，在附近四处活动。……整个院疗区，环境整洁，空气清新，使人心旷神怡，称之为疗养胜地，真是名不虚传。

信中台头所提到的曹天戈（1901—1995），为浙江镇海人，陆军中将，一生经历颇具传奇色彩。早年毕业于黄埔军校第四期（1926年），参加过北伐、抗日战争；在国共内战时期的滇南战役中（云南元江）被俘（1950年1月24日）。1964年12月28日获特赦。从昆明监狱到重庆白公馆，再到北京秦城监狱，孙渡就和曹天戈、严毅关押在一齐。

在信中，孙渡充满感激地叙述了自己到小汤山疗养的原因和经过，表达了对管理人员的由衷赞许，对共产党人道主义关怀的由衷钦佩。信中细致入微地写道：

这次政府送我到小汤山疗养，在我心目中总认为仍像以往送我到复兴医院一样的简单，即何时有病何时就送往。殊不知此次并不是那样容易。……这次来，是政府很早就与此间随时联系，才算得到一个床位……政府对我这样耐心的无微不至的照雇（顾）和关怀，真令我感戴不尽！……我这次到小汤山，本来出乎我的意想之外，想来也会出乎各同学的意想之外，因为大家都晓得，疗养院是为在革命工作和建设工作中的积劳成疾的人员开设的……这次易地疗养，政府人员对我深挚的照顾，使我的印象甚深。……他们几位，处处都替我想到，实在亲切到比亲人还亲的境地，不能不令人从心底感动！

在小汤山疗养院，政府专门安排孙渡住单人房间，给予他精心照料和治疗，让他深切感受到共产党和社会主义大家庭的温暖，受到最深刻、最信服的教育。在信中，孙渡详细介绍了小汤山疗养院的设施设备和疗养情况。信中写道：

入院后，我住的地方为第二疗区第245号病房，是一个单人房间，约有我们在秦城时住的寝室的一半多点这么大，里面的设备，可说应有尽有，比那些上等旅馆还要讲究。里面的护士和服务员们都很负责认真。……在全院约千人左右的工作人员和休养人员中，以我的年龄为最大且衰老不堪。因此，我得到工作人员的照顾比较多。如盥洗室和厕所距离住处只隔两个房间，而大夫都以我的小便多和行动不便为虑，特指派一个护士每日替我打水和倒小便。每次检查身体，亦近在咫尺，我本要自行前往，但护士们都要搀扶。……真是生活在祖国的今天，到处都感到社会主义的温暖。……这是给我最深刻、最重大的一次教育。

1963年11月初，还在小汤山疗养院疗养的孙渡，接到中央统战部的通知，要他到北京人民大会堂参加周恩来的接见。周恩来对特赦释放人员一直很关心，对每批特赦后的人员从生活、学习、参观、探亲访友以及工作安排各方面，都作了很多具体指示。根据他的指示，中央统战部组织了第二次比较大规模的接见。

11月10日，在中央统战部的安排下，周恩来接见了孙渡、康泽等第四批特赦战犯。（见《台海风云》九州出版社2011年10月版，童小鹏回忆选自该书。）曾任国务院副秘书长兼总理办公室主任的童小鹏，具体负责安排这次接见。他回忆道：

这次接见的是康泽及前四批特赦的留京人员及家属40多人。陈毅副总理及张治中、傅作义等爱国民主人士，中央统战部副部长徐冰，北京市委统战部部长廖沫沙，陪同周恩来接见，我和罗青长也一同参加。

下午4时，周恩来等一行来到人民大会堂福建厅。大家就座后，陈毅首先说："总理很惦记各位，特邀请大家来这里见面谈谈。总理为此亲自打电话通知我，要我来参加。我也是政协副主席，对各位也负有责任，很愿意来参加这次集会，和大家见见面。"他谈到台湾最近放出一些流言蜚语，说特赦人员还没有得到真正的自由，表态说："请大家不要有顾虑，把话讲出来，以便采取措施。"杜聿明等人立即表示："我们的生活、行动都很自由，一切统由自己安排，没有任何人干预，请两位总理放心。"

周恩来接着讲话，说明了接见的缘由。他说近两年由于国内国际的事情较多，没有机会同大家常见面，现在前三批特赦释放人员的工作已得到安置，第四批人员集中学习参观也即将结束，有几位要离开北京回家乡去，因此，找这个机会见面谈谈。童小鹏回忆道：

周恩来还进一步解释陈毅提到的"自由"二字。他说："大家对于陈毅副总理提出的'自由'这两个字，要有正确的理解……对于'自由'问题，陈毅同志提了出来，提得很及时，我希望大家多多考虑，最好多学点马列主义哲学理论，从根本上解决这个问题。”

周恩来随后介绍了有关台湾的情况，并又一次强调了立场问题的重要性。谈话中再次表达希望蒋氏父子和陈诚团结一致共同对美、早日回到祖国怀抱的真诚愿望。接见结束后，周恩来还邀请全体人员合影留念，并在新疆厅设宴招待了大家。

周恩来讲话中提到的“要离开北京回家乡去”的人就是孙渡等人。孙渡等被特赦释放人员，被周恩来、陈毅的真诚所感动，被中国共产党的真诚所感动。他们由衷感激党和政府的宽大政策，认为党和政府给了他们第二次生命，表示要继续学习、改造，为祖国建设和统一大业贡献余生。

故土难忘、叶落归根。早在几个月前，孙渡就从北京小汤山疗养院给远在丽江的家人写信，说自己在小汤山疗养一段时间后，随即回昆。几经辗转接到孙渡来信的家人，可谓喜从天降。他的岳母用颤抖的双手捧着苦等12年的书信，满面泪水，双手合十，口中念到“阿弥陀佛，菩萨保佑！孙渡啊！我也对得起你了，你的3个孩子都好好的长大了”。

孙渡的三个子女喜极而泣！虽然对父亲早已陌生，但血脉相连，终难割舍。他们渴望着与父亲早日团聚！

然而，此时物是人非，家园不堪回首。沧海桑田，岁月无情，父子始终无缘相见！

七、政协工作

1963年11月底，孙渡回到昆明，他的两套房产早已被征收，夫人离婚再嫁，子女远在丽江，自己没有落脚之地。他被安排住在云南省政协招待所，如其他被特赦释放的国民党战犯一样，在省政协文史委和云南省文史研究馆担任“文史专员”。

孙渡侄女孙琼娥回忆道：㊸

伯父特赦回昆后，先住省政协招待所二楼（现昆明胜利堂边），“文革”开始时搬到平政街红砖房一楼居住，直到去世。我当时在昆明农场工作，得知伯父回昆后，和哥哥中正到省政协招待所看望伯父。当时还遇上去看他的堂伯父孙辅。他问我的第一句话是："你给记得小沛（孙渡之女孙沛）"，并从笔记本中拿出小沛的相片给我看，说小沛长得可漂亮了。接着问我："你现在整哪样？"我说："在农场学医。"他鼓励我说："学医最好，治病救人。你一定要好好学习，好好工作。"伯父很孤单，笑称自己是："孤家寡人。"他平时在招待所食堂吃饭，遇到我们去看到他，就带我们去小馆子吃饭。

孙渡特赦后与侄子在昆明合影（前排左为孙琼娥）

（孙忠武提供）

孙琼娥回忆道：

伯父身着一件蓝色中山装，脚穿一双黑色布鞋，与其女孙沛的个子一模一样。他住的房间约 18 平方米，呈长方形，房间里有一张单人床，一张木桌子，两把简易的有靠背的木椅子，一个衣帽架，一个铁皮壳热水瓶，桌上摆着一个喝水用的白色瓷杯（有盖子）和他喜欢看的报纸。伯父回昆后，我和在昆工作的哥哥中凡几乎每周都去看他一次。有一周去看他，发现敲不开门，也喊不答应，从窗户中也看不到人。后打听才得知，他已去世几天了。

孙渡侄孙女邓晓楠（孙琼美之女）回忆道：[44]

外公回昆后，住在省政协招待所（胜利堂斜对面），离我家（顺城街）比较近。我妈（孙琼美）几乎每星期要去看望外公一至两次。那时我在上小学，每三至五天就要去帮外公洗一次衣物，被褥是半月多洗一次。每次洗完衣物后，都要收拾一下外公简单的房间，然后到外边不远处的开水房打好开水后才离开，每次都这样。在做事的过程中，外公都会跟我说，你现在年纪小，要好好学习，帮家做一些力所能及的事；长大要对父母好，父母扶养我们不容易……都是讲一些礼节礼貌、生活和学习上的事。

外公对我很关心，我每次去给他洗衣物，他总是说，你不要来了，我自己能洗。我每次给他洗衣服，他总是在边上看着我洗，并叫我慢慢洗，还夸我洗得好。外公的衣服旧得泛白，衬衣和外衣只有三四件。外公走路慢，显得老态龙钟，但说话思路清晰，乡音未变，一口陆良腔。他很注意自己的仪容仪表，颇具军人的风度气质，即使见到晚辈，每次都要扣好风纪扣，系好鞋带，穿戴整齐。

外公很细心，对晚辈十分疼惜。有一次，我和弟弟（邓纪岚）去看他，他发现我弟弟的鞋子破了，大脚趾露在外面，走的时候给了我们十元钱，说让我们每人买双鞋子（当时一双鞋子仅一元钱）。还有一次，他得知学校组织我班外出旅游，又给了我5元钱，并嘱咐我要好好学习，外出要注意安全。

外公常住在自己的屋子里，和亲戚来往较少，特赦后也从未回过陆良。他第一次来我家（顺城街）时，看到我们全家住在一个8平方米的破旧昏暗的土坯房里，家中除了一张床和两个小凳子外，一无所有。外公当时很难过，他和我妈都很难以言表，我妈就让我带弟弟到院里玩。大概就二十分钟左右，我妈就送外公回去了。外公走时，两位老人都满眼泪花，我当时还小，两位老人的心情也无法体会。

张灿琪回忆道：

他第四批特赦后，非常高兴。来信说，你们不必挂念，我不久将回云南。他回云南后，住省政协招待所。他非常关心孩子读书，经常主动寄钱来给孙溶（孙渡小女儿）读书。我当时在学校教书，本来请假上昆明去看他。但学校不准去，告诉我要讲立场，不要讲感情；他是军阀，是国民党高级战犯，怎可去看他？[45]

孙渡长女孙沛回忆说：

父亲1963年4月特赦，后因患高血压、风湿心脏病等病，曾在北京小汤山温泉疗养了一段时间，之后才回到昆明，被安排住在云南省政协招待所。由于他已是68岁高龄、且患疾病的一位老人，所以只偶尔为云南省文史研究馆撰写一点回忆文章。[46]

时光如水，岁月如歌。如今，走进昆明市档案馆，在一份发黄的档案中，可以查到1964年6月23日，孙渡亲笔填写的《中国人民政治协商会议云南省昆明市委员会社会人士登记表》。

在这份表中，在“熟悉何种业务能担任何工作”一栏，孙渡填写：“旧职业军人，别无专长，只可勉任军事工作中之不甚繁剧业务。”在“健康状况”一栏中填写：“患高血压、风湿心脏病等病”。在“经济状况”一栏中，孙渡填写：

解放前，我原籍陆良，寄籍昆明翠湖东路六号。不动产业有翠湖东路六号及太和街585号中式楼房各一栋，外有五家堆小楼避空袭用之茅草房三小间。动产有存入昆明商业银行股款伪法币六百万。外欠有黄鹤龄黄金四十两。解放后，一九五一年被捕改造，六三年蒙特赦。每月领生活补助费六十元。再一九五一年曾买胜利折实公债壹百贰拾份。[47]

作为国民党陆军中将的孙渡，尚有“外欠”，实在令人不敢相信。在“家庭情况”一栏中，孙渡填写的“直系亲属”是：

长女，名沛，高小毕业，丽江大研镇打线生产合作社，系学徒工、工资不多，不时接济；次男，名锦，高小毕业，红河州元阳县六区公路一处106工区，系学徒工、工资不多，不时接济；三女，名溶，在初中读书，经常接济学膳等费。[48]

孙渡此时无家可归！但他对子女的疼爱之心和殷殷期盼，由此可见一斑！

在此期间，孙渡撰写了两篇回忆文章，对防堵红军和东北内战，算是作了一个历史的交代：一篇是《滇军入黔防堵红军长征亲历记》（刊载云南文史资料选辑第28辑，云南人民出版社1986年4月印刷出版）；一篇是《云南部队到东北打内战始末》（刊载云南文史丛刊1987年第1期）。云南文史资料选辑第28辑同期刊载了安恩溥的文章《滇军第三纵队追堵红军经过》，印证了孙渡的 “亲历记”。

个人是非功过，自待后人评说。博览群书的孙渡，唯独对自己参加抗日战争的经历，没有留下一字半句，这也许可以看出其低调为人的一面。

曾跟随孙渡抗战的鲁元，撰写了回忆文章《国民党五十八军及十一兵团简史》（云南文史资料选辑第27辑，云南人民出版社1986年4月印刷出版），在长达1.6万余字的篇幅中，客观、详实叙述了孙渡率领58军抗战的英雄业绩，对孙渡抗战立下的功绩给予高度评价。

同样跟随孙渡抗战的余建勋，撰写了回忆文章《滇军第一集团军八年抗战重要战役纪要》（云南文史资料选辑第20辑，云南人民出版社1982年5月印刷出版），在长达3.4万余字的篇幅中，以自己的亲身经历回忆了孙渡指挥的所有重要战役，成为研究孙渡抗战的重要文献。

鲁元、余建勋在文章末尾注释中声明，这两篇文章稿成之后，都承孙渡、高荫槐、安恩溥、卓立、萧本元、魏沛苍诸先生审阅过。历史给后人留下了又一个大大的问号。现在，已无法考证孙渡当时“审阅”自己抗战文稿时的所思所想。

58军随军记者黄声远先生1947年7月在台湾出版的《壮志千秋——陆军

第五十八军抗日战史》，则是一本关于孙渡率部抗战的历史记述。在这部长达30万字、图片300余帧的著作中，我们似乎听到了空前伟大的民族抗日血战的怒潮，曾经震撼天地、席卷宇宙，使中华民族转危为安，并奠定了民族复兴的基石。

硝烟虽然散去，历史不容忘却！伟大的抗战精神必须世代传承！孙渡等一大批中华民族的优秀子孙，他们为抗战胜利立下的功绩，将永昭日月，永载史册！

【注释及参考文献】

① 孙渡填写：中国人民政治协商会议云南省昆明市委员会社会人士登记表，昆明市档案馆资料

② 李雁宾（1888—1950），字云鹏，云南永善桧溪人，中国民主革命家，滇军将领。

③ 护国功臣李雁宾，永善党建网，2013-08-17

④ 白小松（1893—1959），字之翰，贵州贵阳人，著名民主人士。

⑤ 欧小牧．白小松轶事[J]. 贵州文史丛刊，1981（1）：67-69

⑥ 张灿琪．往事仍美好[J]. 爨乡陆良，2012（11）：45-50

⑦⑬⑰㊺㊻《采访孙渡亲属手稿》（未刊），2015年7月26日

⑧⑪⑫ 张慧琪．丽江古城往事[M]. 云南民族出版社，2010.5：66-94]

⑨ 杨辅．1949年陆良县城阻击战始末[J]. 陆良文史资料，1994（6）：41-60]

⑩ 昆明军区档案资料

⑭ 云南省档案馆资料

⑮⑱㉗㉚㉛㊶㊷ 沈醉．战犯管理所见闻[M]. 中国文史出版社，2015.1：1-336

⑯⑲⑳㉑ 孙曙．曾经为敌——西南地区国民党战犯改造纪实[J]. 人民公安，2000（13）：54-57

㉒㉙ 纪敏．改造战犯档案全公开[M]. 中国文史出版社,2011.7：33-39

㉓ 史文．国民党首要战犯改造密档[M]. 台海出版社，2013.6：1-7

㉔㉖㉘㉜㉝㊱㊲㊳㊴㊵ 黄济人．将军决战岂止在战场[M]. 解放军文艺出版社,1991.7：1-368

㉕㉞㉟ 金可镂．北京功德林：被俘将军们的"监狱风云"，南方都市报2014-12-23

㊸㊹《采访孙渡亲属手稿》（未刊），2017年12月30日

㊼ 为支援人民解放战争，迅速统一全国，以利安定民生，走上恢复和发展经济的轨道，中央人民政府委员会决定于1950年度发行人民胜利折实公债。这是新中国唯一发行的实物公债。

㊽ 昆明市档案馆资料

第 20 章　无处不青山

夕阳西下，残阳似血；大山巍然，林木肃穆。1967 年 4 月，饱经沧桑的孙渡，在孤独寂寞中走完了自己的人生历程。孙渡去世时，身边无一个亲人，遗体被及时火化。3 个月后，长女孙沛从丽江赶到昆明，手捧用小陶罐装着的骨灰盒，含泪埋葬了父亲。

古今多少事，都付笑谈中。也许是冥冥之中的某种巧合，孙渡生前在陆良龙海山下的白玉龙潭长大，死后静静地长眠在昆明市黑龙潭五老山麓。如今的五老山麓，树木葱郁，杂草丛生，坟茔遍布，孙渡之墓早已淹没其中，难觅踪迹。

青山处处埋忠骨，何须马革裹尸还。在日寇入侵、民族危亡之际，孙渡和无数中华民族的优秀儿女正是抱着这样的信念，赴汤蹈火、精忠报国，书写了一段可歌可泣的人生传奇！他的抗日英名必将永远闪耀在民族复兴的历史星空里！永远矗立在国家富强的精神丰碑中！永远留在亲人的思念记忆中！

“誓为民族争生存！”这是孙渡出征抗日时的铮铮誓言，如今依然响彻环宇！

一、病故昆明

1967 年 4 月的一天，在昆明市政协招待所食堂，孙渡打开水时不慎滑倒，患有高血压的他因此突发脑溢血，不幸去世，享年 72 岁。孙渡去世后，身边无一个亲人，遗体被及时送往昆明市跑马山火葬场（现昆明市殡仪馆）火化。

在云南省政协和昆明市政协，查不到孙渡去世后的任何文档记录。工作人员解释说，办公地址搬迁了几次，加之“文革”期间许多档案被毁，无从查到孙渡的任何记录。在云南省档案馆和昆明市档案馆，也无法查到任何信息。

在昆明市跑马山殡仪馆，工作人员说，80 年代以前火化的遗体，没有任何记录，他们无从知道孙渡遗体火化的任何情况。因此，孙渡究竟是哪一天哪一刻去世的，现已无法考证，谜底有待后人揭开。

不仅如此，就连孙渡是何年去世的，他的三个子女都提出质疑。他们一直认为父亲是1966年6至7月间去世的，遗憾的是，至今仍无法考证。

孙沛回忆道：

昆明市政协写信来通知我们，家里商量让我去昆明领骨灰。那个时候“文革”已经开始了，太乱了。父亲的后事管的人也没有，找也找不到，原来的人都被红卫兵赶走了。安葬父亲的事都是靠亲戚朋友帮忙，我们自己做的。①

我大概是1966年7月到昆明，省政协的人员告诉我说，这是你父亲的遗物，你父亲某日（注：无法记清）去打开水时，不慎摔倒，无法救治身亡。说了这些后，就把寄存父亲骨灰的牌子给我。

孙沛满含泪水接过父亲的遗物，其中有：皮大衣一件、手表一块、砚台一个、灰色皮箱一支、美国派克笔一支、军用毯子一个、德国进口眼镜一副，以及其他少许零碎的生活用品。

当时安恩溥（孙渡旧部将领）的女儿帮助了孙沛，对孙沛说：“我父亲安恩溥葬在昆明黑龙潭，让他俩葬在一起吧，哪里有一个姓李的老兵看护，那墓地才6元钱。”孙沛随即和安恩溥的女儿、还有另外两个亲戚，共4个女人，一起去安葬父亲的骨灰盒。

孙渡的骨灰盒用一个很小的陶罐装着。当时，那个姓李的老兵早已在山上等候，他挖了一个洞，立了一个很小的碑，碑的材质是混凝土，碑上写着“孙渡之墓”，碑侧有他的生卒年月，署名：孙沛、孙锦、孙溶。遗憾的是，至今这块碑因风化破碎，再也找不到了。

“孙渡之墓”坟堆很小，后面是张冲之墓，右侧是安恩溥之墓。如今早已淹没在荒草之中，难觅其踪。有谁会想到他们曾经驰骋疆场、与日寇血战拼杀的场景！？

2004年，孙锦带领他的一家对父亲的墓进行了重修，碑上刻有“浩气长存”四字，后来觉得地点太窄，在孙锦妻子王松泉的提议下重购墓地。2009年又做了搬迁，碑上刻上“风雅永存”四个字。2016年清明节，孙沛姐弟妹三人在父亲的出生地——陆良三岔河小白岩村，为父亲修建了衣冠冢。孙渡去世40年后，终于魂归故里！

关于孙渡的最后岁月，张沛回忆说：

由于我当时已结婚，孩子还小，没能到昆明去看父亲，弟妹和我的公婆们经常去看他。父亲写信给我们说，要我们好好保重身体，要听党的话，不要有怨言，好好学习，好好劳动，只要身体健康，能自食其力，就是光荣的人。我没有料到，身体很好的父亲会突然去世……

孙锦回忆道：

1966年，我参加工作后第三年，第一次回家探亲，由于当时没有临时预先与家人联系的条件，我从工地到达昆明后，第一件事就是去找父亲，照着通信地址去到父亲的住处，但没有找到父亲。去了几次，房门总是锁着，问邻居，回答总是些不知道、晓不得之类。②

由于当时长途车票难买，回丽江的车票是在到达昆明时就买好的，日期将到。加之回家探望母亲、外婆、姐妹心切，我到昆明两天后，决定先回丽江，待返转时又在昆明多留几天。回到丽江后才知道，原来父亲是因孤身一人住宿舍，寂寞而常去与在昆明的侄儿侄女们相聚，吃饭，有时也就留宿。就是这种情况。

孙锦回忆道：

我回丽江不到两个月的时间，假满须回单位。从丽江乘车到昆明，第二次去找父亲，父亲的房门仍是关着，有几个红卫兵装束的年轻人走过来，我向他们询问，他们的回答是：前久已死了，你是他什么人，有什么事？我一下子不知道如何来面对这突如其来之事，没有回答，在茫然中唯想尽快离开。回到单位后我写信将此情况告诉了母亲，在母亲的回信中得知，父亲是在我即将离开丽江去昆明的几天前因病去世了。善后的事是省政协通知我姐姐前去处理的。就这样，我们父子无缘再相见。

在父亲的从戎生涯中，有着传奇般的故事，无一不赞赏他的人品和才智；特别在抗日战争时期，为抗战的胜利，立下了不可磨灭的战绩和功劳。父亲的为人是忠厚的、耿直的、善良的。虽然后期在何去何从的时刻，做出了不算明智的选择，而让他自己的后半生及家人遇到过一些曲折，但他的一生终究是辉煌的，是值得赞扬的。

孙沛、孙锦、孙溶十分怀念自己的父亲，假如在天有灵，九泉之下的孙渡应该为此感到欣慰。让他感到欣慰的还不止这些，今天的中华民族已摆脱了任人宰割的悲惨命运，走上了民族复兴的康庄大道，正昂首阔步跨入世界民族之林。

这不正是孙渡一生所追求和向往的吗？可以告慰无数抗日英烈的是，他们的鲜血没有白流！历史没有忘记他们，后人没有忘记他们！

二、夫人芸赓

1943 年 4 月，在抗日前线第一集团军前方副总司令部驻地——江西上高，孙渡与苦恋自己 20 余年的唐继尧四妹唐芸赓完婚。此时孙渡 48 岁，唐芸赓 38 岁。孙渡元配夫人李小四已病逝 25 年之久。

唐继尧有三个妹妹，二妹菀赓、三妹蕙赓、四妹芸赓，个个英姿飒爽。三妹唐蕙赓的丈夫董泽，是云南大学首任校长、白族教育家，婚前曾参加了云南发起的护国运动。唐继尧曾盛赞董泽是一个胸怀大志，热爱祖国，品德高尚，学识卓越，堪当重任的热血青年。

唐继尧四妹唐芸赓（1905 — 1984）比孙渡小 10 岁，当她长成如花似玉的少女时，对孙渡一见倾心，发出"此生非孙渡不嫁"的誓言，一时在春城昆明成为美谈。当时龙云、卢汉追求她，都被她一一拒绝。她果然不负誓言，苦苦等待孙渡，最终修成正果，喜结良缘。

唐继尧外甥董坤维（唐继尧三妹唐蕙赓之子）回忆：

中年时的唐芸赓

四嬢唐芸赓小时候在一副文静的表象下，却是一个会爬树和男孩子一道四处"打野仗"的主。四嬢在婚姻上是一个挑剔的主，她嫌追求她的龙云个子长得小，嫌卢汉长得黑，最后是非孙渡不嫁，因为孙渡是一个美男子，又是唐继尧一手栽培和提拔起来的滇军高级将领。她和孙渡于四十年代初在抗日前线结了婚，那时孙渡任第一集团军副总司令，率部队转战湘鄂赣一带。俩人结婚时，蒋介石还打来祝贺电报，并派代表来主持婚礼。婚后不久，孙渡即率 58 军参加著名的常德会战。陪伴在孙渡身边的唐芸赓也因此经历了战火的洗礼。

在抗战前线，唐芸赓以自己的特殊身份，率领随军家属办起了缝纫工厂，亲自为战士们缝制军衣，为抗战做出了应有的贡献，受到部队官兵和当地百姓的称赞，成了家属援军的标兵和模范。

上阵亲兄妹，不计艰危；革命指路灯，垂范在先。唐芸赓身上体现的爱国主义情怀，并非偶然，是因为受到大哥唐继尧的教导和指引。

1909年，同盟会员唐继尧带着播撒革命火种，推翻清廷光复云南的宏图大志，结束了在日本4年多的留学生活回到云南。1911年8月，唐氏三姐妹从会泽迁往昆明。在昆明家中，唐继尧十分关注三个妹妹的学习教育，除了关心三姐妹的学习生活外，还在家里给她们讲解时事要闻和留学趣闻。其中特别谈到日本军校歧视中国留学生，促使他和几位滇籍学子在毕业后，放弃半年的见习期毅然回国。在讲述的故事中，有抗金英雄岳飞“精忠报国”的传奇故事，有文天祥《正气歌》所体现的“人生自古谁无死，留取丹心照汗青”的旷世绝唱等等。

唐芸赓（左二）与家人合影（孙沛提供）

从唐家三姐妹开始，在唐家首位革命者唐继尧言传身教的带动下，爱国精神成为传世家风。在20世纪上半叶，凡在时代的潮头和国家命运的关键时刻，总能见到唐家人的身影。

辛亥革命至今100余年了，回望那些激动人心的日日夜夜，仍有许多历史深处的细节没有提及？若问昆明地区参加辛亥革命最早的“女兵”是谁？答案只有一个，非唐氏三姐妹莫属也！[③]

在昆明翠湖旁的云南陆军讲武堂历史博物馆二楼展厅，有一个长达10余米的“情景再现”式展览，这个展览的标牌上写着：“第五次秘密会议会址（洪化桥唐继尧家）”。所谓“情景再现”，就是用声光电的表现形式，艺术地再现了1911年10月28日夜，云南革命党人在唐宅内召开第五次秘密会议时的（外部）情景。

唐继尧在开会前一天晚饭后，即安排他的三个妹子各司其职。二妹菀赓负责烧茶水和煮宵夜，三妹蕙赓协助二姐并带四妹芸赓在屋外“站岗放哨”。28日一早，二妹领着两个妹妹去菜市场把做饭和煮宵夜的原材料买回家来。中午饭后，三个姐妹都睡了一个午觉，毕竟，哥哥下达给她们这样的任务已不是第一次了。

这一晚的会议特别重要，所以开得特别长，整整8个小时。会议开了一半，宵夜就已煮好，当十余位军官吃到热气腾腾的东川挂面和红糖煮鸡蛋时，免不了对姐妹们的手艺夸奖一番。午夜时分，年龄较小的四妹回屋睡觉去了，这时，就由二妹和三妹负责屋外的警戒。

唐家姐妹们心里都清楚，哥哥唐继尧和他的战友们是在商议一件大事情。她们参加的是一场改天换地的革命行动，这个行动若不成功，全家都会遭受灭门之灾。能再一次为哥哥和他的战友们担任服务和警戒工作，令她们感到既自豪又光荣!

1915 年 12 月 21 日，云南护国首义前夕，编外“女兵”唐氏三姐妹又再次遵从哥哥唐继尧的“命令”，承担起第四次秘密会议的后勤保障工作。

晚年的唐菀赓，噙着泪水对女儿曾星华说：“云南人不该忘了这个日子，想当初你舅父带兵去攻打清政府总督署，后来又反对袁世凯称帝，通电全国宣布云南首义拥护共和时，我们全家是整夜跪在佛龛前度过的，你大舅母甚至惊恐至小便失禁 。因为你舅父已事先做了安排，事情若成功，国家民族有幸；若失败了，让我们到黑龙潭跳珍珠池，仿效明忠义之士薛尔望先生一家以身殉国，‘为天下明大义’”。

三姐妹参加这样的行动，对她们今后的人生产生了很大的影响。

1931 年“九一八”事变，日本占领东三省后，云南的抗日救亡运动兴起，唐家人都是积极的参与者和支持者……

1950 年，云南和平解放后，唐芸赓被推选为昆明市政协委员，参加了新政权。孙渡则因为只愿做一个“奉公守法的好公民”，没有参加云南的和平起义。两人终因政见不同，产生矛盾。于是，唐芸赓主动提出与孙渡离婚，并到法院办理了离婚手续。

在此后的一段日子了，唐芸赓写诗作画，聊以自慰。她尤擅工笔花卉作品，1962 年 4 月创作的“红山茶花”彩墨工笔画，描画云南八大名花之一的“桂叶银‘红山茶花’”，其画作水平可谓“炉火纯青”。这幅画给人的感觉是：枝叶纹理清晰，花朵层次分明，用色浓淡适中，布局精道舒朗等，把红山茶“雍容华贵、逸丽典雅”的特征表现得淋漓尽致。

唐芸赓的画技从何而来？这又与他的哥哥唐继尧有关。唐继尧能吟诗作词，喜书画，得知督军公署秘书官肖士英画技颇深，就请他作私人画师。闻一多先生曾把肖士英的《茶花谱》誉为“写生之佳作”。每周三、六，肖都按时教授他竹、草、石的画艺。唐继尧对肖士英十分尊重，以师礼待之。肖也将自己的画艺毫无保留地传授给他。凭唐继尧与肖士英的关系，唐芸赓近水楼台先得月，也拜肖士英为师。她的这幅彩墨工笔画“红山茶花”，就是在肖士英指导下完成的。

1979 年，在孙渡去世 12 年后，唐四妹与从小青梅竹马的云大历史系教授李德家结婚，成了昆明老年婚姻历史上“勇于吃螃蟹的第一人”。李德家与罗隆基、缪云台等人一起，都是留学美国的同学，曾代表省民盟出席云南省政协第一届一次会议。结婚成家后，唐四妹即告诉远在香港的侄儿媳妇不要再寄生活费来了，但香港的亲人仍旧寄钱过来。成家时李德家已领养了一位女儿，她也叫唐芸赓为“唐妈妈”，俩人之间的母女关系非常融洽。

唐芸赓和孙渡婚后没有子嗣。但对孙渡与张灿琪所生的子女很好，视为己出。孙渡长女孙沛说，我出生才几个月大就由唐（芸赓）妈妈一直抚养到 9 岁。唐妈妈待我太好了，要什么就给买什么，比亲妈还要好。孙渡长子孙锦说，唐（芸赓）妈妈再婚后，暗示我们少些来往，此后我们就没有什么来往了。

1984 年，在孙渡去世 17 年后，唐芸赓因脑出血在昆明病逝，享年 79 岁。

三、旷世奇缘

1944 年元旦，49 岁的孙渡与 20 岁的张灿琪，在江西上高的 58 军军部“一心社”结婚，成就了自己的第三段婚姻。这是一段令世人为之惊叹的旷世奇缘。

张灿琪有“丽江蝴蝶”之称。孙渡和她的故事发生在 1936 年 5 月。当时，孙渡奉命尾追红军，来到丽江并驻扎于城中。

张灿琪（图片来自网络）

5 月的一天，丽江县实验小学组织欢迎大会，欢迎莅临丽江的“国军”，接到演出任务的学生中，就有张灿琪。在丽江高等小学读书的小灿琪，时年 13 岁，正值豆蔻年华，天生丽质，能歌善舞……

观礼台上，正襟危坐的孙渡，不时礼貌地为一个个节目的开演或谢幕鼓掌。张灿琪阳光下翩翩起舞，她清澈明净的歌声，使孙渡几乎脱口而出——“蝴蝶！”

歌舞表演结束后，孙渡将小灿琪叫到身边说：“小灿琪长得真像蝴蝶。”从此，她“丽江蝴蝶”的美称传扬开来……[④]

70多年后，年逾九旬的张灿琪回忆初见孙渡时的印象，依然难掩内心的激动。“他的长相十分英俊，衣着朴素，满面红光，神采奕奕；说起话来，脸上的表情是那么慈祥可亲。后来，每次见到他，他都穿着一身洗得发白了的灰布军装，腰间系着宽宽的皮带，横挎着一支手枪，真是潇洒极了，但我看上去，他一点也不像一个军人。他在我们眼中是那样地慈祥可亲。”[⑤]

那时的孙渡已过不惑之年，但却膝下无子。他经过几天的考虑，托张灿琪父亲的好友杨毅（孙渡的警卫营营长）和徐参谋，来张家表明想收小灿琪为干女儿的意思，并说要带她去昆明读书。孙渡这个突如其来的要求，让乐观豁达的祖母喜出望外。一开始全家踌躇不决，但后来还是由张灿琪祖母和父母做出决定，让她随孙渡到昆明读书。

1937年夏末秋初，张灿琪在父亲的陪伴下，父女俩乘当时云南警务处长李希尧（李鸿谟）派来的专车来到昆明，随后进入昆华女子中学读书。孙渡给她取名“孙妍华”。平时她称孙渡为“将军”，孙渡则称她为“小天使”。

1938年，孙渡出任国民革命军第58军军长，率部赴前线抗日前夕，向张灿琪告别说：“日本兵侵占我国土，屠戮我人民，我不久将驰赴抗战前线，不能在家照顾你了。生活、学习上我已做了周详安排，你安心在校好好读书，以学习为主……”懵懂初开的小灿琪，积极支持将军出滇抗日，保家卫国，也“承诺好好读书……”

在抗战的烽火中，转眼间7年过去了。1943年，当年面如桃花的小女孩，已长成了水灵动人的大姑娘，并以优异的成绩从昆华女中毕业。时抗战处于相持阶段，战事稍缓。1944年元旦前夕，孙渡将张灿琪接到江西，对她说：“你长大了，就留在我身边吧……”张灿琪不同意，说：“我们还是保持以前的关系吧。”在年轻美丽、外秀慧中的张灿琪内心，她觉得孙渡年纪太大了，而自己小他整整29岁，所以不同意这门婚事。

孙渡开导张灿琪说：“国父孙中山大宋庆龄27岁，他们同样在一起，我们为什么不能在一起呢？”问得张灿琪一时无言以对。孙渡解释说：“我和唐芸赓的亲事是母亲包办的。半年前她嫂嫂把她送到前线来。我对她没有什么感情，一再推诿也摆脱不掉。后来上司何应钦（国民党军政部长）来了一个电报，说唐芸赓年近 40，等我已多年，命令我把她接受下来。就这样我俩结了婚，但是我感到非常痛苦。”

孙渡的一番真情，深深打动了张灿琪。1944 年元旦，49 岁的孙渡与 20 岁芳龄的张灿琪在江西上高县翰堂乡 58 军军部俱乐部“一心社”举行了婚礼。

一年后，他们的大女儿孙沛在上高县卫生院出生，50 岁的孙渡欣喜异常。“女儿出生后，整个家里的情况完全变样了。孙渡的脸上常常充满慈祥的微笑。他好像什么都不在意，只在意这个小生命，这个小生命的到来给他的内心填满了温暖和安慰。”张灿琪回忆说。

1945 年抗战胜利后，孙渡奉命率部由安庆移驻锦州。1946 年 12 月 26 日他们的儿子出生，取名孙锦。1947 年夏，战火中的锦州烽火连天，张灿琪与孙渡挥泪告别，带着孩子回到了昆明。1948 年，在云南民主运动高涨的时代背景下，张灿琪利用孙夫人的身份，积极活动，营救了民主人士宣伯超、地下党员吕秀珍。卢汉起义前夕，边纵的领导人朱家璧等，也常秘密聚在孙公馆张灿琪的书房里开会，筹划在外围策应卢汉起义。

1949 年 12 月 9 日，孙渡由重庆回到昆明与妻儿团聚，没有参加云南和平起义。1951 年 3 月 5 日，孙渡在“镇反运动”中被捕。孙渡入狱后，孙公馆先被征用，后被没收。张灿琪带着一家人搬出了孙公馆，租住在昆明。昔日养尊处优的张灿琪，一个人要抚养母亲和 3 个孩子，生活之难可想而知。

看到张灿琪孤儿寡母生活实在困难，1951 年末，感念张灿琪营救之恩的宣伯超，引导张灿琪考取了西南革命大学云南分校，一年后张被分配到路南圭山文化馆工作。工作期间，在当时特殊的环境下，组织上要求张灿琪与孙渡“划清界线”。1954 年，30 岁的张灿琪宣布与孙渡离婚，并与云南大学的助教谷琦结婚。

1956年，张灿琪自愿调回自己的故乡丽江从事教师工作，在尚义小学任教。但仅仅一年后，在“整风、反右”运动中，张灿琪因同孙渡的“历史问题”，被以“官太太、孙渡的秘书”等“罪名”进行批斗。

1958 年，谷琦因妻子受到冲击，旧病复发不幸离世。而张灿琪，开始了长达 9 年的“上山下乡”。她被下放到丽江金庄乡的一个十分偏僻的小山村当了 9 年的农民，拾粪种地、挑柴做饭，吃尽苦头……后来落实政策平反后，张灿琪才从高寒山区回到丽江城中工作，直至 1988 年 12 月在原丽江大研镇义和小学光荣退休。女儿孙溶回忆说：

母亲两次下放到最艰苦、最贫困的高寒山区，但她心态很好，我在知青点接到她的来信："这里风景优美，乡民朴实，空气好，人家农民世世代代在这里生活，我为何不可？"村民称她为"大学生奶奶"。我去看望过她，要翻过几座大山，那里的主食是土豆，全村没有一块长十平方米的平地，村民穿的是自织的麻布衣，我去了几天，哭了几天……

92岁高龄的张灿琪

晚年的张灿琪，每当回想起自己和孙渡的往事，心中总是充满愧疚。她动情的说：

从他入狱后，我就再没能和他见过面。他特赦回到昆明后，子女们虽去看他，终无缘相见。当时的环境比较复杂，我是可以去看他，但是他有一点点不理解我，在信中他有一点责备我说："你离一百次婚可以，但不应当找人。自己死也不瞑目"。但我当时要等他等不成，我要生活，作为母亲我要把3个孩子拉扯大；再一个是当时天翻地覆，环境也要求我和他"划清界限"……现在我老了，关于这点我也有些遗憾，内心中常背着一个十字架，背了这么多年……⑥

2015年初夏，丽江的一个美丽村庄。花儿肆意地开放，鸟儿愉快地歌唱……风花、粉墙、黛瓦，映衬着远远的玉龙雪山的银色雪峰，恍若仙境。我们一行四人，专程寻访到了已92岁高龄的张灿琪。昔日美丽动人的"蝴蝶"，虽然皱纹爬上了她的脸颊、额头，但她娴静的气质、优雅的谈吐，却依然风采如昔！

谈到孙渡的两次婚姻，张灿琪回忆道：

他（孙渡）对我说过，有一个夫人叫李小四，两人从小青梅竹马，可惜李小四和其幼女都因病去世了，当时因年轻，没有过多追问，就知道这一点。他的第二个夫人是唐四姑，唐四姑是唐继尧小妹。与唐四姑结婚是奉孙太太之命，自称是道义上的婚姻。他（孙渡）说，何应钦打电话命令他不要拒绝唐四姑的追求，说唐四姑等了多年，年纪已大。⑦

唐四姑这人很不错，很有教养，出生名门望族，她很同情我，我们两人感情很好。因我的到来，他俩为此吵架。他（孙渡）说，灿琪是我让她来的，要让我自由。他对我说，这一生很难得，在丽江遇见你，你如一颗珍珠，我喜欢你，不准离开。要我永远在他身边。

他（孙渡）提出结婚时，我吓得喝农药自杀，后来得救。但现在想来，自己很惭愧、很后悔，他救了我们一家，但我为了生存，当时迫不得已，宣布与他离婚，改嫁云南大学的助教谷崎。谷琦懂四国文字，结婚时他在缅甸领事馆工作，有肺心病，40 岁旧病复发就去世了，我们两人仅有 5 年婚姻。（注：与谷琦育有一子，现在丽江工作。）

说到他对孙渡印象最深的是什么？张灿琪显得异常兴奋，如数家珍地称赞他是一个好军人、好丈夫、好父亲。

他是一个好军人，是因为他是著名的抗日英雄，为民族生存不惜牺牲、驰骋疆场，立下战功，他有功于国家、有功于民族，这自然不用说了。他为人善良，对官兵、对部下一视同仁。他对部下很好，有一次在家里，一名叫贺金的勤务兵战士从我们的卧室里出来，从他衣袋里拿钱。他知道后，让我不要声张此事。后来知道，贺金是因为请假回去结婚，没钱才偷。他说，不要问了，若有再给他点，让他回去办喜事。这个战士对他感恩不尽。

他是一个好丈夫，尽到了丈夫的一切责任。最感人的是，我怀孕生孩子，他非常担心我，安慰我说，生孩子是女人的幸福。他请来护士在家里接生，站在我旁边，我说你出去，他非要看到小孩子出来才走。生孩子时，他紧紧拉着我的手。他说，我拉着你的手，你就不用怕了，这非常难得。孩子长大后，他要我好好带孩子，他被捕离开我时，三个孩子都很小，大女儿才 6 岁，儿子 5 岁，小女儿才 7 个月。我与他不得已而离婚，直到现在仍很后悔。因为时局动荡，为了生存，我不得不离婚，我得自己找工作，自己求生存。

他是一个好父亲，他非常爱自己的孩子，每天回家就抱着孩子玩，不管工作多忙，晚上很晚都要回家。他出狱后，最挂念的也是他的孩子，来信鼓励他们好好学习，给他们寄钱，帮助他们解决生活上的困难。他为人很成功，视金钱如粪土，抗日战争时期，日机轰炸昆明，为了我的安全，他在滇池边买了两间茅草房，让我和父亲避难，对我可谓细致入微、情义无价。我很歉疚，也很感恩于他。我心中现在都背着十字架，没有等他回来。但他两袖清风，什么都没有，我没有办法，为了生存，我只有再嫁。当时国民党高级将领的夫人，找到工作的仅我一人。

谈到晚年生活，张灿琪说自己已习惯在丽江慢慢生活，安度晚年。她说：

共产党对我不错，非常看重，丽江市委统战部每年都来家里看我，还给我红包。我有个老师叫宣贝超、同学叫李秀珍，1948年在昆明参加反饥饿、反迫害、反内战、争自由的学生运动时被捕，我拿着孙渡的名片亲自去找卢汉，明知他们是地下党，还是把他们藏在家中。我退休前，政府给我颁发了荣誉证书，还增加了两级工资，现在每月工资2700元，我十分知足了。

2016年3月13日早晨7点42分，张灿琪因不慎摔倒，数日卧床不起，无疾而终，走完了自己坎坷、传奇的一生，享年94岁。

同年3月15日，她所在学校派人参加了她的追悼会，在悼词中肯定她："接受过进步思想的教育，有着坚定的正义感和使命感，在1948年昆明发生的'七一五'学生爱国运动中，营救过进步爱国人士和地下党，为云南的解放事业立下了一定的功劳"，称赞她是"一位进步女性的表率"。

四、父亲印象

岁月无情，世道沧桑。1951年3月，孙渡被捕后，他的三个子女嗷嗷待哺，从此天各一方，无缘相见。

1954年下半年，张灿琪再婚后，他们的三个孩子随外婆回到了丽江。不久，他们都跟母亲改姓"张"，80年代末期复姓"孙"。

人有悲欢离合，月有阴晴圆缺。历经波折和苦难，孙渡的三个子女如今都已退休在家。谈起自己的父亲，他们对父亲的爱依然浓烈如初。

张灿琪与女儿孙沛（孙沛提供）

2015年9月3日，整个世界都聚焦在北京天安门广场。这里正在举行纪念中国人民抗日战争胜利暨世界反法西斯战争胜利70周年阅兵式。"铭记历史、缅怀先烈、珍爱和平、开创未来"是这次阅兵式的主题。

当一个个威武雄壮的方阵，英姿勃勃地穿过天安门广场；当一声声铿锵嘹亮的口号，如惊雷般响彻天际时，每一个中华儿女无不为之振奋和自豪。这次阅兵式，彰显着中华民族实现伟大复兴的坚定意志，它不为仇恨，只为忘却的记忆！

孙渡长女孙沛激动地观看阅兵式直播现场，当令人动容的老兵方阵出现在电视屏幕上时，她的眼角慢慢模糊湿润，一份难言的情怀在胸中激荡……老兵胸前挂着习近平总书记亲自颁发的抗战纪念勋章，接受着人们最高的敬意。虽然他们容颜已经苍老，但目光依然坚毅，历史会永远铭记70年前他们的英姿飒爽、浴血奋战，铭记他们曾经为拯救民族于危难，出生入死、义无反顾。

孙沛无限感慨地说：我不知道这些老兵中是否会有父亲的战友，但我深信如果父亲还活着，他一定会迫不及待地加入他们，接受这份认可和尊重！我也深信，每一份礼遇和致敬不仅是给参加阅兵式的老兵们，也是给70年前宁死不屈、血战到底的抗日英雄们，给今天活着或已离世的抗日英雄们的！[⑧]

在这段日子里，在丽江古城安度晚年的她，特别怀念自己的父亲。回忆起记忆中对父亲那些模糊的碎片，常常情不自禁地留下泪水……孙沛动情地说：

父亲从小好学，犹爱思考，待人接物彬彬有礼，在家乡学堂念书时，成绩名列前茅，一直是品学兼优的好学生。父亲之所以弃文从戎，是因为他对国家和民族有深厚的情感。我印象中的父亲儒雅可亲，从气质上讲更像一名学者。其实在我的脑海中，一直有两个孙渡：一个是幼儿时记忆中的父亲孙渡，一个是存在于史籍书中或长辈世交口中的军人孙渡。这二者完美的契合了我心中父亲的形象，他既是在抗日战场上奋勇杀敌、令日军丧胆的好军人、好男儿，又是在家里慈爱柔情的好丈夫、好父亲。

1945年3月，孙沛出生在抗日前线——江西上高县，此时抗战胜利在望。两个月后，父亲孙渡升任国民党第一集团军总司令。她的出生让50岁的孙渡高兴无比，父亲为她取乳名孙幼琪，对她可谓万般疼爱，空闲时总是抱着她摇啊摇……此年冬季，坐在火盆边的孙渡把女儿来回的抛上接住，因欢喜过度，襁褓中的女儿竟失手掉到火盆里，吓得他整天抱着不放，口里不停的对她说："宝贝，对不起，吓到了吧。"

孙沛六岁刚记事时，父亲就离开了她们。在童年记忆里，父亲的印象很遥远，有一些幻影般的画面总在她脑海里回荡……父亲为人和蔼可亲，在家从不高声喧哗，他头戴一顶礼帽，身着蓝布长衫，出门时会戴一副墨镜，他喜欢去卖古玩的小巷，喜欢买小玩艺，喜欢买字画，当时家里的大客厅挂满了字画。

孙沛听得最多的，是外婆及妈妈、姨妈对她讲的父亲："你父亲虽是军人，却带有浓重的文人气质，终日卷不离手，他从军事到政治、中外历史、经济甚至文学、艺术无不涉猎，他谈论天下事，旁征博引，每每叫人心服口服，听得津津有味。你父亲很健谈，他经常一面吸着水烟筒，一边沉静从容地与人交谈，谈得投机时可以秉烛不眠。"

外婆对她的说一番话，孙沛至今历历在目："你父亲的部队在丽江驻防了近一年，指挥部设在原丽江县高等小学，他对部下要求严格，不许胡作非为，不许损坏老百姓的一草一木，平时修桥补路，还在石牌坊附近肖家的对面修建了第一个公共厕所，所以在地方上留下很好的印象。1937年初部队离开丽江时，沿途每家每户的门前都摆放着香案，香案上放着一盆清水和一面镜子送行，这是对你父亲为人的称赞。"

孙沛已记不清1951年与父亲离别的情景。她感慨地说："回想那些年代，真不知是怎么过来的。父亲离家后，全家老的老、小的小，妈妈因要养活一家人必须去工作，形势逼迫妈妈要同父亲划清界限才能工作，当时家中三个孩子、生病的外婆……在万般无奈之下，母亲为了我们的生存，毅然写下离婚书与父亲划清界限。"

孙沛1954年回到丽江后，在离家不远的义和小学上三年级。此时家境窘迫，姐弟三人及外婆的生活费，20年来一直靠自己的三姨、四姨接济。她学习成绩好，非常活泼可爱，长得楚楚动人，深受老师同学喜欢。小学四年级后考高小，因考试成绩名列前茅，被保送到大研中心完小。念完高小即将步入初中的那一年，正值整风运动及反右斗争，妈妈当时是小学教师，受父亲牵连被逐出教师队伍，下放农村接受改造。因受家庭的影响，刚刚13岁的孙沛被拒之初中门外。

1958年底，无缘上初中的孙沛，由于母亲下放农村，家庭陷入困境，经人介绍到一个医生家里当小保姆，后随街道居委会去较远的山区支农。看着同学们都上了初中，幼小的心里开始埋怨父亲为什么要去当国民党的官。3年后，她由街道介绍去五金厂当了工人，二姨鼓励她说："阿沛不用怕，行行出状元，好好的干吧。"这句话成了她的座右铭，鼓励她走过了无数的坎坷！进五金厂后，由于工作努力，师傅喜欢，成为出师最早的学徒，成长为一个真正的劳动者。

1963年五金厂解体后，孙沛被分配到纺织厂当工人。1971年到街道联合厂工作，先做银匠、缝纫工、加工羊毛工具师，后调到财务室，勤奋自学考上了会计师。1985 年到综合建筑公司做财会工作。1991 年孙沛辞职回家，在丽江开了一家旅游产品店，取名“清溪艺苑”。在经营过程中自己设计、自己制作，渐渐形成规模，有了自己的作坊，产品一路畅销。她设计的“民族一星包”还获国家专利，凭着自己的双手及辛勤劳动，她年年都被评为先进个人及个体先进门店。

周霖（图片来自网络）

孙沛对自己的婚姻十分满意。1963 年 9 月，18 岁的孙沛与 27 岁的周孚信结为伉俪。周孚信生于书香之家，父亲是闻名遐迩的画家周霖。郭沫若称赞周霖“诗书画三绝”，时任国务院副总理方毅为周霖题词：“一代名师，书画俱佳”。

时年，正值周霖应陈毅副总理之邀至北京举办个人画展之年，也为孙渡被特赦之年，对两个家庭来说可谓双喜临门。

孙沛说：“那时他（周孚信）在建筑队当工人，我在纺织厂，生活虽然清贫，但我们相处得很好。在那动荡的年代，不管发生了什么或者碰到多大的困难，我们都共同去面对，回想起来，这就是我俩的共同点吧。”

孙沛回忆说：举办婚礼时，公公（周霖）还在北京，故未参加。由于父亲特殊的身份和当时的政治环境，他也未能参加我们的婚礼，但特意从昆明寄了 30 元钱给我。

当时周霖任云南省美协副主席，他和孙渡都住在居昆明。周孚信回忆说：“当时我岳父患有风湿，我母亲和弟弟们去探望过他。”

据当时去探望过孙渡的周孚印（周霖第四子）回忆：“孙渡当时住在昆明市云瑞西路的政协宿舍里。由于当时的政治环境，我父亲不便去探望，但怎么说也是儿女亲家，就叫我母亲、我三哥和我买了些东西去探望他，当时是 1963 年。到了 1964 年，孙渡又到省文联回访我父亲，二位老人就这样见了面。”

孙、周二人的亲家关系，当时鲜为人知，至今就更没有多少人知晓了。

由于孙沛夫妻俩都偏爱文艺，周孚信又拉得一手好琴，在他俩的影响下，三个女儿都毕业于艺术院校。孙沛感激岁月的磨砺，她说：“在那些日子里，过的虽然清贫，但更多的是让人成长，如果说我们今天的幸福来源于何处？那还真要感谢那个年代给予我们的淬炼！”

她无限感伤地说：父亲在昆明的那段时间里，我未能上昆明看望他，是我今生最大的遗憾!

孙渡长子孙锦，出生于1946年12月26日，那时国共内战已经爆发。次年，母亲张灿琪带着两个子女回到昆明。因出生在辽宁锦州，而取名为锦；因是男儿，乳名继父亲的别名志舟的“舟”字，而叫幼舟；其学名孙锦，乳名幼舟，均是父亲孙渡为他所取的名号。

孙锦现退休居住在丽江市城区。他回忆说：

我隐约还能想起幼时家住昆明翠湖东路时的一些印象，也曾记得父亲身着便装，领着我和姐姐到翠湖边散步或在家里的阳台上看日落等。至于后来怎么总不见父亲回家，母亲和外婆总是领着我们搬来搬去的，就完全是朦朦胧胧的了。⑨

1954年下半年以前，我的童年时光是在幼儿园度过的，那时母亲已在工作，外婆操持家务，姐姐已上小学，妹妹还小，由一个名叫姚兰的小保姆领着。回想当时的生活来源是会有些吃紧，但不会算是很困难。儿时的我们虽谈不上是金色的童年，但并不觉得灰暗，是过得还算阳光的。

父亲没有给我留下更深的印象。他被特赦后回昆明时，我已参加工作在外，当时工作单位在红河州元阳县。我和父亲有过书信来往，但不算多，信中谈到的也只能是些有关工作、生活、身体方面的问候、鼓励之语。他给我的来信很特别，信封上总是写“孙锦先生收”，信中则称呼我为“小锦”。

1954年7月，孙锦随家人回到丽江，同时期就读小学。1960年高小毕业后，14岁的他相继在当时的丽江五一厂布鞋车间和丽江军分区南口教导队当学徒工。当时虽然工资不多，但他已显得十分懂事，常常省吃俭用，用微薄的收入添补家庭日常开支。

孙渡出狱后，孙锦于1963年9月正式参加工作，在云南省路桥一公司当普通工人。五年艰辛单一、但又充满着快乐的大集体工地生活，练就他逐渐成为一个优秀的劳动者，他时常得到上级领导及工友们的好评，加之自己平时为人处事乐观豁达，人际关系很好。因此，即使在那以阶级斗争为纲的“文革”最深时期，也从没有过因家庭历史问题而被鄙视或冲击。

1968年底，孙锦被调到省路桥公司文艺宣传队工作，第二年下半年派到云南艺术学院学习进修，半年后回原单位继续从事文艺宣传工作。1974年文艺团体撤销后，同年 11 月调去学习汽车驾驶，两年后成为该公司的正式驾驶员。在六年的专业运输工作中，多次荣获县级、地区级先进驾驶员称号。

1982 年底，孙锦被调到省路桥公司机运科，从事汽车、机械燃油统计总管工作。两年后，自己要求调丽江汽车运输总站当驾驶员，在 6 年的工作中连年被评为优秀工作者。1990 年任丽江汽车总站第四车队副队长。1994 年任丽江总站的下属单位——丽江云杉旅游公司副总经理，后兼丽江国营出租汽车公司经理。1996 年在丽江云杉旅游开发总公司办公室从事综合管理工作。2003 年 4 月退休后，被返聘到丽江市旅游服务质量监理公司，从事人事管理工作。2008 年 1 月辞职回家，参加老年文艺团队，吹拉弹唱，安度晚年。

孙锦的家庭十分美满如意，妻子王松泉出生于丽江名门家庭（其祖父王协中是丽江知名人士，举人、著名书法家，民国时期曾任过云南大理县、漾碧县县长），参加工作后主要从事幼师、汽车机械直流电工等工作。他俩同年出生、同年跨入同一校门、同年参加工作、同在一个工作单位，有着共同的语言。1971 年结为夫妻，家庭生活和睦美满，有儿有女，如今儿女均已各立家庭，事业有成。

孙锦对中国人民解放军深怀感恩之心。他说，1952 年春节，自己是一个懵懂的 6 岁小孩，看到外面热闹的游行队伍，就不由自主地走出家门。后路上遇到骗子，被骗到昆明城郊外，被脱去了身上穿的新毛衣。在瑟瑟寒风中，他惊恐地哭泣，后看到两个在城墙边站岗的解放军叔叔，隐约说出了自己父母的名字，才被解放军叔叔送回了家。他无限感激地说，那一次好险，幸好有解放军叔叔帮忙，否则后果不堪设想。

孙渡的小女儿孙溶，1950 年 8 月 26 日在昆明出生，此时新中国已成立，云南已和平解放。她现已退休，居住在大理下关，那是孙渡当年经常驻防的地方。

1959 年，孙溶随母亲下放到一偏僻农村读小学，1963 年在丽江一中读初中，学习成绩优秀。1966 年 7 月初中毕业后，到丽江大具公社培良大队渡过了 6 年的知青生活。1972 年农机厂着火时，她勇敢扑救大火，在救火中受伤。1975 年调中甸林业局工作，当起了伐木工；1978 年调丽江黑白水林业局工作，1982 年调大理下关林业运输公司五车队工作，2010 年退休。现有 2 个儿子，丈夫 1995 年因车祸去世。

孙溶回忆道：

从我懂事起，到上学，我很怕别人提到他的名字，在那种年代，阶级斗争多激烈，作为生长在新中国的我，是多么渴求进步，加入共青团，是我的向往，但因他的影响，使我的生活、工作有很大的局限性。在学校里，我是一个好学生，下乡村插队当青年，是个好社员，但我最后才被林业单位接收，成了林区工人。我曾抱怨过他，恨过他，恨他为什么不带队起义？恨他为什么以人民为敌？作为他的女儿是多么的不幸，是他给我的人生带来了无尽的阴影……[10]

孙溶欣慰地说：

岁月匆匆，我们的祖国历经了多少苦难风雨，发生了翻天覆地的变化……在纪念中国人民抗日战争及世界反法西斯战争胜利70周年的日子里，我从网上看到了父亲英俊挺拔的身影，以及介绍他抗战期间的战功，内心无限感慨。父亲是抗日英雄，在抗日战争中，他的部队与日军交战大小共百余战，共消灭日军十万之余，是云南出征部队参战最多的高级指挥官，父亲的形象在我心中高大起来……我仰慕父亲、想念父亲。

孙溶对父亲长什么样，没有一点印象。但父亲对自己的爱，她依然能感受到。“爸爸给我起名孙溶，听二姨讲，1949年父亲回到昆明期间，一天没事，就在家教我，有一次爸爸不注意，没看清我睡在床上，一屁股坐下来，碰着我，我就大哭起来，妈妈把爸爸埋怨得不轻，爸很不好意思。”

读小学时，有时要填写表格，在父亲一栏，母亲特别交代她填表，写父亲孙渡是“伪58军军长”。1963年在丽江一中读初中时，刚出狱在昆明生活的孙渡，经常给她来信，鼓励她要好好学习，不断进步。同时每月寄15元生活费来，一直到他1967年去世。

孙溶对母亲十分孝顺和理解。她说：

我原名孙溶，读一年级时，老师知道我们家的情况，给我改名张溶，随母亲姓，说起我的母亲张灿琪，那可是倾国倾城的美貌，人称“丽江蝴蝶”。母亲不仅人长得漂亮、优雅，而且涵养好，求进步。解放前，她用父亲的名义营救过中共地下党，解救闹学潮的进步学生，父亲被捕时，她才26岁，三个孩子的母亲，为了生活而离婚重读大学。母亲是一位人民教师，在多次政治运动中，因父亲的影响丢了工作。几十年来，她无怨无悔，自食其力，抚养孩子，两次下放到最艰苦、最贫困的高寒山区，但她心态很好，坦然面对。

“我现在生活很幸福，感谢党，感谢习主席，我们可以平等地工作、生活，期望将来一切美好！”孙溶自信满满地说。

五、舅舅教诲

“无情未必真豪杰，怜子如何不丈夫。”纵观孙渡的一生，戎马倥偬，与亲人聚少离多。晚年的他，在昆明孤身一人，妻离子散，孤独寂寞，倍感血缘亲情的可贵。

钱祖纯是孙渡胞妹孙自香之子，如今在其家中珍藏和舅舅孙渡两次通信的手稿……让后人有缘亲见他的手迹，感受他对亲人的态度，了解他出狱后的思想和生活状况。

1964 年，时孙渡已被特赦释放，住在位于昆明市胜利堂附近的政协宿舍里。是年 3 月初，胞妹孙自香、侄子孙中正等亲属从陆良到昆明看望了孙渡。20 余岁的钱祖纯、钱祖正兄弟俩，也急切盼望到昆明看望舅舅。于是钱祖纯给孙渡去信，不久收到了孙渡的回信。[11]1964 年 5 月 12 日孙渡给钱祖纯的回信是这样的：

祖纯：

五月六号来信，已收到了。

你三月间的来信，因其中无急待回答的问题，又遇我右腿的风湿病复发，十分刺痛，所以未即回信，别无他故。

你和祖正欲于六月来昆一节（事），我也同你们的心情一样，惟目前在各地农村中正开展社会主义教育运动，我不知陆良情况如何，无法提出意见，还是你们自行斟酌决定较好。中藩（凡）通信地址，为昆明市东郊白龙寺盲聋人福利工厂。

琼娥系在昆明西郊长坡红星农场医务室。他们两人工作都不错，你可与他们随时通信。匆复，顺祝

进步！

孙渡　1964.5.12

此信中提到的中藩、琼娥为孙渡胞弟孙崑的子女。孙渡对这位于 1950 年 7 月“被枪毙”的胞弟的子女，关爱之情溢于言表。至于“他们两人工作都不错”，则表达了他对两位内侄的欣慰和满意之情。[12] 此后的 6 月 30 日，孙渡又给外侄回了一封信：

祖纯：

你前后连来两函，都收到了。

现在你母亲既在病中，你来昆也并无急事，当然应在家随时侍奉母亲汤药为重。医生既说你母（下缺）是由（下缺）心及劳累所致，则首先应当摒除家庭琐屑杂事，安心静养，应可早日恢复健康，希善为婉言劝导是盼。

至于你的婚姻问题，你今年才二十四岁，照新婚姻法规定，尚不到结婚年邻（龄）。早婚对自己、对子女和对国家都没有好处，你大妹琼华的结婚，我就觉得太早了，不应当效法。又现今婚姻均系自主，既不须媒人介绍，父母也不能包办。举行婚礼也是本着社会主义厉行节约的原则，不收礼，不请客，只略备茶点招待亲友而已（有的则办理登记后只向必要亲友宣布，他们已经同居）。这些都是新社会的新风尚，值得提倡。中国革（命）成功已经十余年，万想不到我们家乡尚有旧社会买卖婚姻的残余。如果因结婚而负有一周身的债务，则不知这种结婚，有何幸福之可言。应当力求改革才对。

但婚姻系终身大事，必须慎重考虑，应当劝你母亲不要太过心急，以免后悔莫及。你的年邻（龄）虽未届结婚年邻（龄），但也不算小了，应当注意选择对象，先建立友谊，作为彼此相互考查了解的阶段，如果双方有深刻的了解，而又情投意合，方可谈得上结合，切不可贪卒（仓促）成婚，贻误终身。

再者，你母亲如需要什么药，希望开单寄来，我可由昆明购买寄陆（良）。匆复，顺祝进步！

孙渡 1964.6.30

在这封信的字里行间，时年69岁的孙渡对50岁的胞妹的关心，最为细腻，可谓情真意切。他在信中反对早婚、反对包办婚姻、反对大操大办婚事，主张遵守《婚姻法》，自由恋爱，自主婚姻，慎重考虑婚姻大事；倡导新社会的新风尚，提倡举办婚礼厉行节约，不收礼、不请

孙渡与侄子中正（右）中凡（左）合影（孙忠武提供）

客，充满了新时代的气息，从中可以窥见当时的历史背景和孙渡的人生态度。孙渡对婚姻的独到见解，今天读来仍然发人深省，不失真知灼见。

孙渡留给后人的书信颇为难得。他一生酷爱读书，曾有的笔记、书信等物，包括一些珍贵的照片，惜于新中国建立初期及“文革”中销毁殆尽，令人遗憾。还好！钱祖纯不仅珍藏着舅舅的这两封信件，更珍藏着舅舅对他婚姻问题的谆谆教诲，没有辜负舅舅的一番苦口婆心！

历史的车轮滚滚向前。令人欣喜的是，今天我们有幸见证了孙渡的希冀终于变为了现实！现在再也没有“旧社会买卖婚姻的残余”，习近平总书记倡导的“厉行节约”也逐渐成为举行婚礼的新风尚。

六、沈醉来信

1953 年，孙渡被捕后，他在昆明翠湖东路 6 号的房产被军管会征用，征用时间为 15 年。夫人张灿琪先带着三个孩子搬出，临时居住在出租房中；1954 年回到丽江后，居住在母亲家中。

孙渡在翠湖东路 6 号的房产先用做一家报社的职工宿舍，后用做一家电影制片厂的职工宿舍。他在环城东路的另一套房产，在和唐芸赓离婚后，法院判给了唐芸赓，后因生活所迫，唐芸赓一卖了之。孙渡成了“一无所有”的人！

中共十一届三中全会恢复了党的实事求是的优良传统，全党遵循“有反必肃、有错必究”的原则，进行了大规模全面细致的复查与平反冤假错案的工作。此后，平反冤假错案的工作全面展开。

在此历史背景下，1979 年，孙锦按母亲张灿琪的嘱咐，写信给时任全国政协副主席的张冲，要求他给予作证和帮助，请求政府退还自家的房产。但不久，张冲去世，张冲之子回信说无法办理，此事不了了之。[13]

1979 年 3 月，孙沛夫妇致信时任云南省政协副主席、全国政协常委的龙泽汇，再次反映父亲遗留的房产问题。一个月后，他们收到了龙泽汇的回信。

孙佩（沛）、孚信同志：

上月来信已悉，你所提出的三个问题，在目前落实政策的情况下，有华主席为首的党中央领导，我觉得都是可以申诉的，你们可以把申诉寄到省委统战部政策落实办公室。

周霖同志和张冲副主席很好，你父（注：指孙渡）过去和张冲同志也相熟，你们是否也可以写信到北京全国政协，请他帮你们的忙，望考虑办理。

此祝好！

龙泽汇　四月十三日

1983 年 10 月，孙沛姐弟三人致信时任全国政协常委沈醉，第三次反映父亲去世后遗留的房产处理等问题。不久，他们收到了沈醉的来信。⑭

孙佩（沛）、锦、荣（溶）侄：

看到你们的来信，心情极为难过，我和你们的父亲情同手足，要早知道你们这些情况，我便在去年去昆明时，会邀请你们到昆明当面请有关部门对你们照顾一下。现在我要去南方养病，只能写一个报告，呈全国政协邓主席（注：指邓颖超），寄给我转去试试看，我若不在北京，我家里还有人代为转告。你们要求不要过多过高，要考虑容易办的先解决。来信要写：北京，全国政协，不要写市政协，我太忙，不能多续（写）。

祝顺利！

沈醉　11 月 29 日

孙沛姐弟反映的问题，终归石沉大海，一直没有得到解决。遗憾的是，在 20 世纪 90 年代中期的“造城运动”中，孙渡翠湖东路 6 号的房产，在城市改造中被拆除。孙沛姐弟坦然地说，现在无所谓了，房子已不可能追回来了。父亲抗战的功绩只要得到认可，我们就知足了。

青山依旧在，几度夕阳红？亲人不会遗忘！战友不会遗忘！国家和民族不会遗忘！今天的人们更不应该忘记，那些如孙渡一样“为民族争生存”的抗日英烈们！

【注释及参考文献】

①②⑥⑦⑧⑨⑩⑪⑫⑬⑭《采访孙渡亲属手稿》（未刊），2015 年 7 月 26 日

③ 李翠芳：参加云南辛亥革命的“女兵”，云南新闻网 2011-09-29

⑤ 往事仍美好——张灿琪女士回忆录（未刊），2008 年 6 月

④ 伏自文 . 孙渡与“丽江胡蝶”张灿琪的旷世姻缘（J），云南档案 2011.3：29-31

孙渡生平年表

1895 年（清光绪二十一年）　诞生

农历乙未年（羊年）5 月 5 日出生于陆良东乡（现三岔河镇）新庄村一贫寒农民家庭。父亲孙汉鼎务农兼东乡邮差，母亲谢氏为普通村妇。

1905 年（清光绪三十一年）　10 岁

入陆良三岔河镇白岩村读私塾，拜清末秀才李嘉谟为师。

1907 年（清光绪三十三年）　12 岁

入陆良钟灵书院（1909 年改为南区两级小学堂，现为陆良马街小学）读书，与杨体元、李鸿谟同班学习。

1910 年（清宣统二年）　15 岁

8 月陆良南区两级小学堂（现马街小学）毕业，继入陆良五峰书院就读近半年，拜护国名将殷承瓛长兄殷承霖为师。

1911 年（清宣统三年）　16 岁

4 月入云南陆军小学堂第 4 期学习；10 月 30 日夜昆明爆发"重九起义"，作为学生参加起义；10 月云南陆军小学停办，11 月入云南陆军志愿兵教导大队。

1912 年（中华民国元年）　17 岁

5 月考入云南陆军讲武学校第 4 期工兵科学习，同期学习的龙云学骑兵科、卢汉、李鸿谟学步兵科、杨体元学炮兵科。朱德此时在校任军事教官。

1913 年（中华民国二年）　18 岁

10 月从云南陆军讲武学校毕业，年底奉父母之命回新庄村与李小四完婚，婚后育女孙琼兰（后夭折）。1918 年李小四病逝于新庄村。

1914 年（中华民国三年）　19 岁

年初调任云南西防独立第四连少尉排长，驻防腾冲户撒，清剿土匪，守卫边疆。朱德此时和唐淮源各率一个营，驻防临安府蒙自。

1915 年（中华民国四年） 20 岁

年初调任云南西防独立第 4 连（连长余连胜）中尉排长，驻防腾冲户撒，清剿土匪。年底奉命紧急返回昆明，参加护国起义。

1916 年（中华民国五年） 21 岁

年初编入唐继尧第 3 军第 5 梯队第 10 支队长赵世铭（后为警卫二团团长）部下，参加护国讨袁的滇南保卫战；战后升任步 27 团（团长段廷佐）3 连连长，留守昆明。

1917 年（中华民国六年） 22 岁

年初调任云南陆军步 11 团（团长胡若愚）第 5 连上尉连长，年底升任步 11 团营部少校，驻防云南禄丰县。

1918 年（中华民国七年） 23 岁

年初任步 11 团第 2 营少校营长，入川作战；同年夏调升步兵九团中校团副，后调任胡若愚旅，任上校参谋长，驻防四川宜宾县。

1921 年（中华民国十年） 26 岁

4 月任滇黔赣联军援桂先遣军上校参谋长，驻防湖南晃县。

1922 年（中华民国十一年） 27 岁

3 月升任云南个旧支队少将支队长；10 月调任陆军步 17 团少将团长，旋即升任陆军第四混成旅少将旅长，成为唐继尧亲信。

1923 年（中华民国十二年） 28 岁

3 月任云南陆军第四混成旅少将旅长兼贵州陆军宪兵司令，驻防贵州贵阳。9 月奉命随滇中镇守使胡若愚出征四川，次年 2 月返回贵阳。

1925 年（中华民国十四年） 30 岁

年初滇桂战争爆发，随唐继虞进兵柳州；8 月滇军全部撤回云南，随部回昆。

1926 年（中华民国十五年） 31 岁

1 月任云南烟酒事务局局长；8 月任南盘江水利总工程处名誉会办。

1927 年（中华民国十六年） 32 岁

1 月任云南造币厂委员；2 月 6 日龙云、胡若愚等发动推翻唐继尧的“二·六政变”，被龙云关押昆明，后出走大理下关；6 月 14 日胡若愚发动“六·一四”政变，龙云被囚禁；7 月任 38 军第 1 师师长（胡瑛代理 38 军军长），随胡瑛讨伐胡若愚，积极营救龙云；8月龙云脱险回到昆明，接任38军军长兼云南省务委员会主席，8月8日云南省训第一号令：任命孙渡为云南陆军宪兵司令部司令官；10月为龙云出谋划策，击溃唐军、胡军、黔军和川军四路大军，龙云赞其为“小诸葛”。

1928年（中华民国十七年） 33岁

1月17日，南京国民政府军事委员会任命龙云为云南省主席兼国民革命军38军军长，任命孙渡为38军少将参谋总长；1月21日又任命龙云为国民革命军第13路军总指挥、任命孙渡为第13路军总指挥参谋总长；3月，龙云挂帅出征贵州，令孙渡代理第13路总指挥一职，同时为守卫昆明城的参谋总长；6月19日任云南造币厂厂长；7月，胡若愚率三军组成的“靖滇军”直逼昆明，胡瑛采纳其献上的反间计，打败敌军；8月9日任整理财经金融委员会委员；11月龙云委任其为左翼军司令，率卢汉师等击败张汝骥部，后献计龙云击败胡若愚等部，滇军3年内战随即结束。

1929年（中华民国十八年） 34岁

5月龙云奉命讨桂，令代理第13路总指挥一职；6月兼任云南省团务总局会办；7月龙云任命卢汉为省防总指挥，孙渡为副总指挥；11月21日任云南省军政府总参谋长兼云南造币厂厂长；12月31日国民政府改组云南省政府，正式任命龙云、胡瑛、卢汉、孙渡等13人为省府委员，指定龙云为省政府主席。

1930年（中华民国十九年） 35岁

5月龙云奉蒋介石命令，以卢汉为前敌总指挥，孙渡为第98师第3旅旅长，进攻广西，滇军围困南宁3月余未能攻下，败退回滇；10月在部队整编中受到卢汉等人排挤，第3旅旅长被编掉；11月龙云采纳并实施其提出的“废师改旅”整军方案。

1931年（中华民国二十年） 36岁

3月调升38军（龙云任军长）参谋总长；3月10日，卢汉等4师长因不满“废师改旅”方案，发动“倒龙政变”，被挟持到宜良，后被迫离滇赴沪。4月22日，省主席龙云电呈蒋介石调委为南京军事参议院参事；9月被国民政府任命为军事参议院参议。11月出席国民党在南京召开的第四次全国代表大会。

1933年（中华民国二十年） 38岁

10月从南京回到昆明，任云南省政府委员兼讨逆军第10路总指挥部参谋总长。

1934 年（中华民国二十三年） 39 岁

12 月为龙云出兵防堵红军出谋献策，龙云采纳其建议，制定对红军“出兵贵州、防堵为上、追而不堵”军事策略，并即委任其统率滇军，负指挥全责。

1935 年（中华民国二十四年） 40 岁

1 月任讨逆军第 10 路总指挥部（总指挥龙云）行营主任，龙云明令出发军队一律由行营统一指挥；2 月任剿匪军第二路第三纵队司令，对滇军负指挥全责，防堵红一方面军（中央红军）入滇；4 月 6 日，率纵队 3 天急行军 400 多里赶到贵阳，为蒋介石“保驾”，蒋介石夸奖“这样的部队才是真正的部队”；4 月 8 日，在贵州龙里遭红军伏击，险遭不测，车上卫士伤三死一；4 月 22 日，接到昆明戒严司令胡瑛转来的朱德来信，信中说明红军是“北上抗日”，望“勿与为难”；5 月 13 日，行抵元谋致电龙云，对其命令“碍难遵办”，感到“能力有限，力不从心”，提出引咎辞职，告老还乡。

1936 年（中华民国二十五年） 41 岁

1 月红二方面军（红二、六军团）长征达到贵州毕节，率第三纵队防堵红军入滇；2 月收到贺龙、任弼时请周素园写来的信件；3 月收到萧克、王震、张子意三人联名写来的信件，信中建议双方建立抗日停战协定；4 月 7 日率部到达嵩明地区参加“杨林会议”，与卢汉发生争执；4 月 18 日，因“救驾”蒋介石有功，擢升陆军中将；4 月 29 日，率第三纵队尾追红军到丽江石鼓，“送行”任务结束，此后驻扎丽江近一年。

1937 年（中华民国二十六年） 42 岁

1 月任国民党剿匪军第二路军第三纵队中将司令官，率部驻防大理；1 月 10 日母亲病故，4 月回陆良料理母亲丧事；8 月 6 日致电龙云，阐述抗战策略主张，希望自己能随龙云参加南京国防会议；8 月 22 日，出席龙云主持召开的军政负责人会议，积极支持组建第 60 军出征抗日。

1938 年（中华民国二十七年） 43 岁

6 月 26 日任国民革命军第 58 军军长，58 军下辖新编第 10 师（师长刘正富）、新编第 11 师（师长鲁道源）、新编第 12 师（师长龚顺璧）；7 月 23 日，58 军在昆明举行誓师大会，率刘正富、鲁道源、龚顺璧三师长庄严宣誓：“抗日杀敌！”7 月 31 日，在 58 军告别云南同胞大会上慷慨陈词：“誓争取民族生存！”10 月底，率 58 军千里远征到达武汉外围崇阳一带与日军激战，首战失利，因督率不严记大过一次，新编第 12 师番号被撤销（后获保留，师长马崟撤职查办），新 3 军军长张冲被撤职；11 月率 58 军退回湖南醴陵集中整训，总结首战失利教训。

1939 年（中华民国二十八年） 44 岁

1 月龙云电饬高荫槐在张冲返滇后，新 3 军着由孙渡指挥；4 月初率休整后的 58 军开到江西奉新，与高安、奉新城的日军激战 9 日夜，取得胜利，挽回了崇阳失利的被动局面；4 月上旬至 5 月，率 58 军参加反攻南昌的战役，卓有战果，战后奉调高安盛庄整补；9 月率部参加第一次长沙会战，鏖战奉新，在甘坊之战中大获全胜，历经 20 天激战，予敌重创，完成赣北阻敌任务，战后军部奉令移驻高安新街；11 月代理第一集团军总司令职务（58 军军长职务由鲁道源代理），对第一集团军各军建制作出调整。12 月 11 日，率部参加江西锦江冬季血战，京岗岭 6 陷 6 复，斩获颇多，新 11 师伤亡惨重。

1940 年（中华民国二十九年） 45 岁

2 月继续代理第一集团军总司令，组建混合挺进部队，以攻为守，伏击敌人车队，破坏敌人交通，颇有斩获；4 月，在锦江南北岸发动最为猛烈的春季攻势，与日军在西山万寿宫、沙鹽岭等地发动进攻战，大量消灭敌人，并乘胜收复奉新城。5 月 26 日，高荫槐由滇回第一集团军总部，代理总司令的使命完成。12 月 10 日取得九岭大捷，收复九岭，威震华中，58 军被赞誉为“抗日劲旅”。

1941 年（中华民国三十年 ） 46 岁

3 月赴长沙参加陆军大学将官班乙级第 3 期干训团学习，并兼任将官班主任（军长职务由鲁道源副军长代理）；8 月受训结束回到军部；9 月，参加第二次长沙会战，奉令统一指挥 58 军和杨汉域之 20 军，在大云山地区追击侧击尾击日军，重创日军最精锐之第 6 师团； 12 月参加第三次长沙会战，再次奉令统一指挥 58 军和杨汉域之 20 军，对南下之敌人进行侧面攻击。

1942 年（中华民国三十一年） 47 岁

1月在第三次长沙会战中，指挥58军和20军扼守影珠山，全歼日军敢死队“山崎大队”，把日军最精锐之第6师团打得落花流水。会战告捷后，拍成《喋血影珠》纪录片，58军赢得 “长胜军”美名。5月，由湘调赣赴战，指挥部队参加赣东会战，经 40 余日血战，将敌击败，战后奉令屯驻新淦；10 月 16 日，调升第一集团军前方副总司令部中将副总司令，鲁道源副军长升任 58 军中将军长。

1943年（中华民国三十二年） 48岁

2月指挥新3军在高安打了一场漂亮的歼敌战，新3军军长杨宏光呈报龙云称赞："孙公指挥若定。"4月，与唐继尧四妹唐芸赓在江西上高县翰堂乡58军军部结婚；12月指挥第58军参加常德会战， 12月12日克复常德，声威大震，各地纷纷发电祝贺，慰劳将士。龙云致电58军："建此殊勋，曷胜光荣。"美国军事考察团写信表示："你们算得是抗战最有力最英勇的同志。"

1944年（中华民国三十三年） 49岁

1月1日，与张灿琪在江西上高县翰堂乡58军军营"一心社"举行婚礼；5月至7月，指挥第一集团军第58军、新编第3军、第一挺进纵队参加了极其凶猛之长衡大会战，与日军持续激战113天，第一集团军伤亡与损失均重；7月指挥部队参加湘赣粤边区会战。

1945年（中华民国三十四年） 50岁

1月指挥第一集团军（第58军、新3军）将士与敌转战于湘赣粤边区，血战高陇桥头、沙市澧田、金山银山，克复永新，取得辉煌战果；3月，长女孙沛在战火中出生；5月，升任第一集团军总司令；7月至8月，指挥第一集团军参加赣江追击战，前后历时40余天，驰援宜春迎头痛击日军，苦战死守吉安，将日军驱至锦江北岸，"追"至南昌附近。9月，第一集团军第58军、新编第3军分别代表战区司令长官在南昌、九江接受日军投降；受降期间，率第一集团军总司令部先由上高经樟树抵南昌，再由南昌抵九江，主持了九江地区的受降工作，见证了中华民族抗战胜利的光荣！

1946年（中华民国三十五年） 51岁

2月奉命率第一集团军总部由安庆陆续调东北锦州；5月第60军184师师长潘朔端在海城率部起义；6月，任东北保安司令长官部副司令长官（司令长官杜聿明）兼长官部辽西指挥所主任及第一集团军总司令（指挥第13军、第71军和第93军等部队）；12月26日长子孙锦在锦州出生。

1947年（中华民国三十六年） 52岁

5月收到由中共地下党员杨守沫转来的朱德来信，劝他"再举义旗"；9月任东北保安司令长官部副司令长官（总司令为陈诚）兼东北锦州第一兵团司令官（由第一集团军改成），辖第93军、第60军和葫芦岛港口司令部、骑兵第三军以及地方保安团队。

1948 年（中华民国三十七年）　53 岁

1 月任东北“剿总”副总司令（总司令为卫立煌）兼锦州第六兵团司令官。5 月蒋介石电召南京，并共进早餐，被削去兵权；6 月 22 日任东北“剿总”副总司令兼热河省主席。

1949 年（中华民国三十八年）　54 岁

6 月任云南绥靖公署副主任（卢汉为主任）；9 月 21 日任西南军政长官公署中将副长官（长官为张群）； 12 月 9 日与张群、李弥等人乘飞机回到昆明，卢汉当日在昆明宣布云南和平起义。12 月 10 日卢汉登门劝其 “弃暗投明”，以愿做 “奉公守法的好公民”婉言谢绝。

1950 年　55 岁

1 月由白小松、陈荫生介绍在昆明参加拥政会约半年；7 月 28 日参加云南和平起义的胞弟孙崑在昆明被枪决；8 月 26 日小女儿孙溶在昆明出生。

1951 — 1963 年　56 — 68 岁

1951 年 3 月 5 日在昆明翠湖东路 6 号孙公馆（家中）被捕，关押在昆明监狱，此后夫人唐芸赓、张灿琪先后到法院与其离婚；1951 — 1956 年关押在重庆白公馆，接受改造；1956 — 1963 年关押在北京功德林战犯管理所，接受改造。

1963 年　68 岁

4 月 9 日特赦释放；11 月 10 日在北京人民大会堂受到周恩来、陈毅接见；11 月底回到昆明，被安排住在云南省政协招待所；后在省政协文史委担任“文史专员”，为文史资料工作做出贡献。

1967 年　72 岁

4 月在昆明辞世。

孙渡生平事迹考证

关于孙渡的生平事迹，各种史传、论著、论文中已有较详尽的叙述，但颇有粗疏、讹误、错乱之处，存在不少疑点。在此，仅对其生卒年月、家庭出身、求学经历、授予军衔、被捕情况及政协委员任职等七个问题做些考证辨析。

一、关于生卒年月

1、关于孙渡的生卒年月

在目前可见的论述中，对孙渡的出生年月主要有以下三种著述：

第一种著述为孙渡“1898 年 5 月 5 日生于陆良县三岔河镇小新庄村，1967 年 4 月在昆明病逝”，这主要出现在各种传记文章之中。如曲靖师范学院杨光斗教授在其《孙渡传》中记述“孙渡，字之舟，1898 年 5 月 5 日出生”①；《国民党高级将领花名册》（下册）②、《国民党被俘高级将领特赦令》③《国民党高级将领全纪录》④这三本权威性的书籍，书中记述均与杨光斗的观点相同。

第二种著述为孙渡“1895 年 5 月 5 日生于陆良县东乡小新庄村，1967 年 4 月在昆明病逝”，这主要为孙渡出生地陆良的本土作者记述。如曾在陆良三岔河文化站工作的罗文祥撰写的《孙渡将军》以及俞智英撰写的《滇军儒将孙渡轶事》⑤、周康林撰写的《抗日儒将孙渡》⑥、金正雄撰写的《抗日名将孙渡》⑦，都持这一观点。他们在陆良土生土长，对孙渡的生卒年月口口相传，对孙渡生卒年月的表述惊人的一致，值得重视。

第三种著述为孙渡“1896 年 5 月 5 日生于陆良县东乡小新庄村，1967 年 4 月在昆明病逝”，当然这种记述极为少见，有可能印刷校对时出错。

上述三种表述，对孙渡出生的月份和日期没有异议，都认为是农历 5 月 5 日即端午节出生，对其病逝的年月也无争议。分歧最大的是其出生的年份。孙渡究竟出生于何年呢？

2015年6月笔者在陆良走访中，专门拜访了年逾七旬、曾受聘陆良三岔河镇文化站长的罗文祥。罗文祥是土生土长的三岔河人，其20余年对孙渡家庭及本人潜心研究。他认为，孙渡属羊、端午节出生，这是陆良人妇孺皆知的，这一定不会错。他说，农历羊年即1895年，孙渡诞生于1895年也不会错。

2015年8月笔者为此专门到丽江拜访了依然健在的孙渡夫人张灿琪，以及孙渡的大女儿孙沛、儿子孙锦、小女儿孙溶，他们对"孙渡1895年5月5日生于陆良"，均没有异议。但对孙渡"1967年4月卒于昆明"存有疑议，认为孙渡是1966年去世的，可却由于年代久远记不清、安葬时立的碑文不在，而拿不出确切依据，只能作为一个疑问存在。

2、关于孙渡的去世的准确时间

还有一个值得研究的问题是：孙渡究竟病逝于1967年4月几日？

孙渡的子女应该知道自己父亲去世的准确时间。按照这一逻辑，在采访孙渡大女儿孙沛时，她回忆说，父亲去世时，正值"文革"开始，整个社会乱哄哄的。她说，父亲去世一个月后，妈妈才收到昆明市政协的来信，来信通知说，孙渡因打开水时不慎滑倒，突发脑溢血去世，遗体火化后，骨灰寄存在昆明跑马山殡仪馆。接到来信后，孙沛孤身一人赶到昆明，昆明市政协的一位长者接待了她，并叙述了孙渡去世的过程，同时转交了孙渡的骨灰寄存单及遗物；之后，在亲属的帮助下，孙沛在昆明市黑龙潭安葬了父亲，并立了一块碑，碑上刻上了父亲的生卒年月。她说，遗憾的是，2008年在给父亲墓地迁址时，已不见了这块碑。由于年代久远，已无法准确回忆起父亲究竟是"4月几日"去世的。⑧

孙渡1967年去世前曾在昆明市政协工作过，是否会有他的相关资料？2015年11月笔者先后到昆明市政协、云南省政协以及云南省政协文史研究馆有关部门了解，相关工作人员说，一方面由于办公地址多次搬迁，1967年以前的档案资料留存甚少，没有孙渡的有关资料；另一方面，由于"文革"原因，即使留存的资料，好多资料也已荡然无存。笔者没有查到有关孙渡的只言片语。

按理说，孙渡遗体火化时应留有相关资料，殡仪馆是否会有他的相关记录？笔者于是在2015年12月走访了昆明市跑马山殡仪馆。殡仪馆工作人员说，2000年后火化的人员资料可以查阅，之前的都没法查阅，更何况是1967年前后的材料，他们一张纸片也没有。

综上所述，"孙渡1895年5月5日生于陆良，1967年4月卒于昆明"，这是经得起推敲、并准确无疑的。至于孙渡是 1967 年 4 月份的哪一天去世的，现无法找到有关痕迹，还有待考证。

二、关于家庭出身

关于孙渡的家庭出身，可谓众说纷纭。有人认为他出身恶霸地主家庭，有人认为他出身有名的乡绅家庭，有人认为他出生普通农民家庭。代表性的记述主要有以下两种：

第一种记述认为孙渡“出生在一个恶霸地主家庭”。如曲靖师范学院杨光斗教授在其《孙渡传》中记述：“孙渡出生在云南省陆良县三岔河的一个恶霸地主家庭，父亲孙绍是陆良县有名的大绅士。”⑨ 余远来在《国民党被俘高级将领特赦令》著述“孙渡出生于云南省陆良县的一个乡绅家庭，家境较为殷实。”林花山在其《国民党高级将领全纪录》一书中著述孙渡“出生于云南省陆良县白岩新庄村一个家境殷实的家庭”。

第二种记述认为孙渡“出生在一个普通农民家庭”，这种记述基本上都是陆良本土作者。如张曙东在《抗日战争中的孙渡将军》一文中认为孙渡“出身于陆良新庄一个贫困的农民家庭”；罗文祥在《孙渡将军》一文中认为孙渡“出身农民家庭，父亲孙绍务农兼东乡邮差（邮递员），居住茅屋一间，耕种一亩多田地。”俞智英在《滇军儒将孙渡轶事》一文中认为孙渡“出生于陆良县三岔河镇刘良村小新庄一个普通农家，家庭并不富裕。在他求学读云南陆军讲武堂时，还赖其原配夫人资助。”金正雄在《抗日名将孙渡》一文中认为孙渡“出生于陆良县三岔河镇新庄村一兼职邮差家庭”。

2015 年 6 月笔者在走访陆良三岔河罗文祥时，他说，孙渡出生在一个贫困农民家庭，家庭较为贫寒，他家居住的一间茅屋尚在，仅耕种一亩多田地，怎能算是“地主家庭”？又谈何“殷实人家”？他说，孙渡出生时的小新庄，不过十几户人家，全为孙姓，背靠龙海山脚居住，面前是一片沼泽地，连吃饱肚子都成问题，怎么可能成为“恶霸地主家庭”？父亲孙绍也并非“乡绅”，更谈不上“是陆良县有名的大绅士。”孙绍由于粗通文字，所以在务农的同时，兼东乡邮差（邮递员），走乡串寨人寄送信件。孙绍为此接触了许多人，了解了许多外面的事，开阔了视野，下决心要把孙渡培养成才。是后来儿子孙渡有了名气，孙绍才有了名气。

2015年10月笔者在陆良县三岔河镇小新庄村实地考证时，找到了孙渡的出生地，采访了孙渡的堂侄孙忠武和孙忠良。他们一直认为，孙渡就诞生在孙忠良三代人一直居住的那间破旧的房屋中，这是几代人代代传说的。他们说，当时孙渡的父亲、大伯和叔叔共弟兄三人，居住在一起建盖的三间茅草房中，由于年代久远，已经倒了两间，现仅剩下一间，后来孙忠良做了改造，由茅草房变成了现在20平方米左右的瓦屋房。⑩

说到小新庄的“孙公馆”，罗文祥说“孙公馆”始建于20世纪30年代，那时孙渡已是国民党中将，分别由陆良县政府、孙渡及孙渡的亲属各出资三分之一建盖的，除了孙渡父母短暂居住外，基本是作为公家用房。新中国成立后被当地政府收缴使用，曾作为生产队公房，后分给村里的孤寡老人居住至2017年。2017年3月，曲靖市实施“民族民风民俗民居民艺”建设项目，早已破败不堪的“孙公馆”被列入建设项目，于2018年初修缮一新。

综上所述，孙渡出生寒门家庭，正是这种家庭出身磨炼了他，使他发奋读书，一步步走向一个广阔的天地。那种认为孙渡“出生在一个恶霸地主家庭”等等论述，不过是一些主观臆断的猜测而已。

三、关于求学经历

1、关于在陆良求学经历

关于孙渡在陆良的求学经历，鲜有记录。罗文祥撰写的《孙渡将军》，较为详尽地记述了孙渡少年时代在陆良的求学经历。他认为：“孙渡自幼聪慧，6岁入白岩小学读初小，10岁入马街钟灵高级小堂读高小。”另据罗文祥考证，孙渡还曾短暂就读于陆良“五峰书院”，并由此到昆明报考陆军讲武学校。

孙渡如果6岁读初小，到上高小，那就有将近5年的时间，而5年却要花费不少费用，可按孙渡当时贫困的家庭条件，是难以支付这一读书费用的。此外，所谓“初小”，其学制也没有5年，所以这一时间不够准确。

孙渡如果“10岁入马街钟灵高级小堂读高小”，那入学的时间应该1905年。可据陆良本土作者杨家斌撰《钟灵书院》记载：钟灵书院（1909年改为“南区两等小学堂”，1926年改为“马街小学”至今）“经过5个多月筹备就绪，于光绪三十四年（1908 年）春，正式悬匾开学了”，文中记载当时悬挂的是“另制‘两级小学堂’的匾额”。文中还说：孙渡等 20 余人成为学校首届招收的“一班”的学生，1910 年冬季，“一班”毕业。[11]

孙渡亲笔填写“中国人民政治协商会议云南省昆明市委员会社会人士登记表”，印证了以上分析和记载。在这一表格的“学历”一栏，孙渡清楚地填写“1905 年至 1906 年，在陆良大白岩村读私塾，主持人（即证明人）是孙绳祖”，“1907 年至 1910 年，在陆良南区两等小学堂（马街）读书，主持人（即证明人）是杨钟秀”。

由此可见，孙渡 1905 年春开始读私塾，两年后，1908 年春在陆良马街小学读书，1910 年冬马街小学毕业后，1910 底短暂就读于陆良“五峰书院”，1911 年春由老师举荐到昆明报考陆军讲武学校，开始了人生新的征程。

2、关于在昆明求学经历

孙渡究竟是何年进入云南陆军讲武学校学习，又于何年毕业？对这一问题的记述，在所有出版物中，有着惊人的一致。都认为孙渡“1915 年入云南陆军讲武堂步兵科学习，1917 年毕业”。

如林花山在《国民党高级将领全纪录》一书中，认为孙渡“1915 年进云南陆军讲武堂步兵科，1917 年毕业”。张军、唐本富在《国民党高级将领花名册》一书中，认为孙渡“1915 年陆军小学毕业后入云南讲武堂，1917 年毕业后历任排长、连长、营长、独立团团长”。余远来在《国民党被俘高级将领特赦令》一书中，认为孙渡“1915 年考入云南陆军讲武堂第十一期步兵科受训，1917 年从讲武堂毕业”。杨光斗教授在其《孙渡传》中，也持这一观点；陆良一些本土作者，均全部认同这一看法。

事实果真如此吗？孙渡亲笔填写的“中国人民政治协商会议云南省昆明市委员会社会人士登记表”，[12] 证明了以上观点是错误的。在这一表格的“学历”一栏，孙渡清楚地填写“1911 年 10 月至 1912 年 4 月，在云南陆军志愿兵教导大队，主持人（即证明人）是姜梅龄”，“1912 年至 1913 年，在云南陆军讲武学校工兵科学习，主持人（即证明人）是谢汝翼”。

2016 年 3 月，笔者到云南省档案馆查阅《云南陆军讲武学校同学录》时，印证了孙渡亲笔填写的上述内容。云南陆军讲武堂 1915 年招收的是第 8 期学员，而非第 11 期，学员是由测量局选送的 150 名学生，学制仅半年。云南陆军讲武学校 1912 年招收的是第 4 期学员，学员是各路援外返滇军人共 120 人，时任校长是谢汝翼。遗憾的是，原档案缺失，在《云南陆军讲武学校同学录》中，未能收录到这期学员的名单，但可以确定，孙渡就是第 4 期学员。

综上所述，可以得出这样的结论：孙渡 1910 年马街小学毕业后，在老师殷承猷的举荐下，到昆明找到殷承猷的哥哥殷承瓛，在殷承瓛的举荐下，1911 年春入云南陆军小学短暂就读，半年后因陆军小学停办而投笔从戎，于 1911 年冬加入陆军志愿兵教导大队，又半年后因表现卓越，于 1912 年春被推荐进云南陆军讲武学校第四期工兵科学习，经过 14 个月的学习，1913 年冬毕业于讲武学校，从此踏上军旅征程。

四、关于在抗战时期的学习经历

孙渡在抗战时期，还有过一段学习经历。一是认为孙渡：“ 1941 年 5 月任中央军校第 5 分校第 16 期学生第 18 总队总队长”，想当然的认为孙渡在总队学习。二是认为孙渡曾在“陆军大学将官班甲级第 3 期毕业”。[13] 事实果真如此吗？

中央陆军军官学校第五分校的前身为云南陆军讲武堂。“九一八”事变以后，国民政府军事委员会将全国各地方的军事学校划归到中央陆军军官学校的分校序列。1934 年 10 月，讨逆军第十路军军官教导团（云南讲武堂的延续）奉令改称中央陆军军官学校昆明分校。1938 年 3 月，依据各分校成立的先后顺序，又改称为中央陆军军官学校第五分校。

抗战军兴，滇军部队相继编组为国民革命军第 60 军、58 军，投入抗日战场。在艰苦的作战中，滇军基层军官伤亡很大，中央军校和其他兵科学校分配来的毕业生远远不敷使用，而军团长卢汉也希望尽量用云南籍人员来补充。在这种情况下，卢汉迫切希望能够在后方培养一批云南籍的初级军事干部，训练完成后送往前线。于是在 1939 年，卢汉任命第 60 军参谋处的李韵涛为第 30 军团干部大队大队长，返回昆明筹备招生。不久之后，第 30 军团番号改为第一集团军，干部大队也随之改称为第一集团军干部总队，以第一集团军总司令卢汉上将兼总队长。1940 年间，毕业生均步行开往湖南前线第一集团军总司令部报到，从此投身于抗日的洪流。

为了让这些学生取得正式的军事学校学籍，总队派遣邱开基主任前往重庆与军事委员会军训部交涉，经过一番努力，军训部最终批准这个总队隶属于中央陆军军官学校第五分校，列为第 16 期第 18 总队。因此这个总队有了“第一集团军干部总队”和“中央陆军军官学校第 16 期 18 总队”两个番号，这种由作战部队下设训练机构直接核列为中央军校正式学生总队的情况，还是非常少见的。在笔者收藏的原版《第一集团军干部总队 / 中央军校第五分校第十六期学生第十八总队同学通讯录》一册，孙渡是“中将兼副总队长”。[14]

那么，孙渡是在“陆军大学将官班甲级第 3 期毕业”的吗？

据陆军大学校史记载，将官班始设于 1936 年 6 月，藉以统一军事学术并提高各将领的军事才能，期限为一年，结业后另行安排职务，称之为将官乙级班（或旅级将官班），该班共办了 4 期。1944 年 10 月，对日战争转入攻势作战，为使各高级将领提高统帅能力及作战水平，陆大又增设了将官甲级班，召集军、师长和集团军司令等高级将领入校学习，该班每期 3 到 6 个月，共办了 3 期，全在 1945 年，毕业时间分别为 1 月、6 月、11 月。此间的孙渡正在湘鄂赣前线指挥抗战。

据 58 军随军记者黄声远在《壮志千秋》一书中记载：“ 1941 年 3 月，孙渡奉长官部命令，调第 3 期干训团赴长沙受训，并兼任将官班主任。军长职务由鲁道源副军长代理。”[15]这是笔者查到的最原始的记录，可信度也最高。另据陆军大学校史记载：抗战爆发后，由于受战争的影响，陆大屡次搬迁，从长沙到遵义再到重庆，至抗战胜利后 1946 年始返回南京。陆大 1938 年春在长沙复课，将官乙级班第 1 期 1939 年 4 月在长沙开学。

由此是否可以推断，孙渡 1941 年 3 月参加“陆军大学将官班乙级第 3 期学习”，同年 8 月毕业。而在“陆军大学将官班甲级第 3 期毕业”，缺乏根据。当然，这有待进一步考证。

五、关于授予军衔级别

关于孙渡的军衔问题，本应没有争议，但近年来有人撰文认为他是上将军衔，但却没有拿出任何可靠依据。

持这种观点的多为陆良本土的一些作者，另外如果你在百度一搜索，在对孙渡的介绍中，赫然写上“国民政府西南军政长官公署陆军上将副长官。”陆良的一些本土作者认为，孙渡 1936 年 4 月就被授予陆军中将，在抗战中立下功勋，是中将加上将衔；还有人到南京档案馆查档时发现，在孙渡所在的第一集团军副总司令部的统计报表中发现，填报“上将军衔一人”，认为这人就是孙渡；甚至还有人认为，孙渡担任过热河省省主席，国民党省主席一职均为上将军衔，由此认为他是上将军衔。以上观点都是缺乏充分依据的，陆良本土作者对孙渡怀有感情，这可以理解，但必须尊重历史，而不能主观猜测。至于百度百科对孙渡军衔的介绍，那更是无稽之谈，不知有何依据？

笔者在所见有关传记、论著对孙渡的介绍，几乎无一例外地认为孙渡为“国民党陆军中将”，从未发现孙渡是“国民党陆军上将”一类的著述。在《国民党高级将领花名册》（下册）、《国民党被俘高级将领特赦令》《国民党高级将领全纪录》这三本权威性的论著中，均认为孙渡为“国民党陆军中将”。

在昆明市档案馆，2015 年 11 月笔者查阅到孙渡亲自填写的表格“中国人民政治协商会议云南省昆明市委员会社会人士登记表”。孙渡在填写“自己的职务及工作”栏中，清楚地填写为“伪中央剿匪军第二路军第三纵队中将司令官、陆军第五十八军中将军长、第一集团军中将总司令”，在 1947 年 9 月至 11 月最后一个职务中填写自己任“伪西南军政长官公署中将副长官”。这张由孙渡用蓝色钢笔亲自填写的表格，白纸黑字、确切无疑地证明：孙渡是“国民党陆军中将”。

六、关于被捕时间和地点

关于孙渡被捕的时间和地点，存有不少疑点，在已出版的传记、论著中，记述各不相同。有认为是 1952 年在藏匿中被捕的，也有认为是 1951 年在家中被捕的。那么，孙渡究竟是何年何月何地被捕的？

张军、唐本富在其编著的《国民党高级将领花名册》（下册）一书中，认为孙渡是“1952 年在云南清匪反霸中被捕”；余远来在其编著的《国民党被俘高级将领特赦令》一书中，认为“云南和平解放后，孙渡影遁昆明郊区，1952 年被捕”；林花山在其编著的《国民党高级将领全纪录》一书中，认为“1949 年 12 月云南和平解放后，孙渡藏匿在昆明郊区的一个菜园里，于 1952 年被人民政府逮捕”。

曲靖师范学院杨光斗教授在其《孙渡传》一文中，认为“1949 年 12 月云南和平解放后，孙渡只身潜在昆明郊区的一个菜园里过了两年‘隐居生活’，一直执迷不悟，顽固到底。1952 年于清匪反霸运动中被捕”。

孙渡究竟是何年何月何地被捕的？对此，孙渡夫人张灿琪对孙渡被捕的时间和地点应该十分清楚。

2015 年 8 月笔者到丽江拜访思维依然敏捷的张灿琪时，她回忆说，1949 年 12 月 9 日，孙渡从重庆与张群、龙泽汇等一同乘飞机回到昆明，因他们家与卢汉家相邻，当晚他没有参加卢汉的晚宴，而是回到自己家中与妻儿团聚。孙渡之后就一直住在翠湖东路 6 号自己家中，过着一生中他认为从未有过的“享受而平静”的日子。1950 年 8 月 28 日他们的小女儿孙溶出生，1951 年 3 月 5 日夜里 11 点左右，家里的铁门突然被敲打得砰砰作响，四个军警冲进了家中，手持逮捕证，举着小手枪，上楼来到正屋逮捕了孙渡。她说，孙渡被逮捕时，女儿沛沛六岁，小锦四岁，溶溶才七个月。她还说，孙渡的社会关系不复杂，解放后，卢汉、张冲都曾到家里来看他。[16]

张灿琪的回忆是可靠的，作为一个妻子和母亲，丈夫被捕、女儿出生的日子，她不可能不铭记于心。从张灿琪的回忆中，我们可以得知，孙渡 1949 年 12 月 9 日从重庆回到昆明后，就一直居住翠湖东路 6 号自己家中，并没有躲在别的什么地方，他生活是自由而平静的。

最有力的证明，还是 2015 年 11 月笔者在昆明市档案馆查阅到的那份资料。这份由孙渡亲自填写的表格“中国人民政治协商会议云南省昆明市委员会社会人士登记表”，在“曾参加何种进步组织及反动党团会道门”一栏中，孙渡在“何时何处作交代”一栏填写“1951 年被捕，在昆明监狱做过交代”，同时在“备考”一栏中填写“1950 年曾由白小松、陈荫生介绍，在昆明参加拥政会约半年”。从以上资料中不难看出，孙渡 1949 年 12 月回到昆明后，一直居住家中，并参加了当时的“拥政会”，直到 1951 年被捕，并没有东躲西藏。

还有一份可以证明孙渡是 1951 年被捕的材料。2015 年 11 月 4 日，笔者在云南省档案馆查到一份新中国成立后有关孙渡的唯一一份材料，这份 1951 年 2 月存档的材料，对孙渡出生地、任职履历情况、个人历史功过评价及翠湖东路 6 号房产等情况做了较为详实的记录。这是一份在逮捕孙渡前做的记录，这再次印证了张灿琪的回忆和昆明市档案馆孙渡填写的材料。

“小菜园”其实是昆明市的一个地名，临近翠湖公园，昆明人都知道。孙渡的住所就在小菜园附近。2017 年 9 月 28 日，笔者走访了孙渡至交好友李鸿谟四子李民生。他说，孙渡与父亲关系很好，两家来往频繁，他家就住在小菜园附近。孙渡作为在云南有重要影响的人物，他的具体住所，一般人并不知晓。由此判断，想当然地认为他藏匿在“昆明郊区的一个菜园里”，或者认为他是在“菜园里”被捕，实在是作者的主观猜测，以致以讹传讹。

综上所述，孙渡是于 1951 年 3 月在昆明小菜园附近——翠湖东路 6 号自己家中被捕的，其他的说法都是没有依据的。

七、关于政协委员任职

孙渡是否担任过云南省政协委员？几乎在所有出版物中均记录孙渡担任过云南省政协委员。如张军、唐本富在其编著的《国民党高级将领花名册》（下册）、林花山在其编著的《国民党高级将领全纪录》一书中均认为孙渡“1963 年 4 月 9 日特赦后，当选第二届、第三届云南省政协委员”等等。

带着这一问题，笔者先后到云南省政协、昆明市政协有关部门问询和查阅资料，均未得到答复，也未见到只言片语。在云南省图书馆，笔者查阅了《云南省政协通志》⑰。该书在附录中有“政协云南省历届委员会名单”，在“政协云南省第二届委员会名单”（1959 年 7 月至 1963 年 12 月）及“政协云南省第三届委员会名单”（1964 年 1 月召开三届一次会议，1966 年“文革”开始，云南省政协工作被迫停止，直到 1977 年 12 月才开始召开第四届一次全会）中，均未见孙渡的名单，在特别邀请人士名单、各界别名单中也未见孙渡其人。在第五章“政协云南省委员会文史资料委员会”一章中，未见有关论述，更不见孙渡其人。

那么孙渡是不是昆明市政协委员呢？笔者查阅了《昆明市政协通志》⑱，在附录《历届政协委员和专门委员会顾问、特邀委员名单》，也未见孙渡其人。

在采访孙渡大女儿孙沛时，孙沛回忆说，孙渡 1963 年 4 月特赦，后因患高血压、风湿心脏病等病，曾在北京小汤山温泉疗养了一段时间，之后才回到昆明，被安排住在云南省政协招待所。由于他已是 68 岁高龄、且患疾病的一位老人，所以只偶尔为云南省文史研究馆撰写一点回忆文章，不清楚他是不是政协委员。[19]

由此可见，孙渡特赦后任云南省政协委员一职，缺乏事实依据，有可能是以讹传讹，还有待进一步考证。但特赦后的孙渡居住在昆明市政协招待所，并应云南省文史研究馆邀请，不时撰写回忆文章，这是不争的事实。

【注释及参考文献】

①⑨ 杨光斗 . 孙渡传 [J]. 曲靖师专学报，1984（2）：89–93

② 张军，唐本富编著 . 国民党高级将领花名册（下册）[M]. 华文出版社，2011（11）：535–537

③ 余远来编著 . 国民党被俘高级将领特赦令 [M]. 华文出版社，2011（12）：243–251

④ 林花山编著 . 国民党高级将领全纪录 [M]. 中共党史出版社，2010（2）：2789–279

⑤ 俞智英 . 滇军儒将孙渡轶事 [J]. 曲靖文史资料（5）：122–136

⑥ 周康林 . 抗日儒将孙渡 . 爨乡骄子 [M]. 云南科技出版社，2009：587–591

⑦ 金正雄 . 抗日名将孙渡 . 曲靖文化——陆良卷 [M]. 云南人民出版社 2012：105–116

⑧ ⑩⑲⑯ 丽江采访孙渡亲属手记（未刊），2015 年 7 月 26 日

⑪ 陆良县政协 1993 年编印 . 陆良文史资料第 4 辑第 77–82 页

⑫ 孙渡填写：中国人民政治协商会议云南省昆明市委员会社会人士登记表（昆明市档案馆，卷宗号：全宗号 6、目录号 2、案卷号 15）

⑬ 伏自文 . 孙渡与“丽江蝴蝶”张灿琪的旷世姻 [J]. 云南档案， 2011 （3）：29–31

⑭《中央陆军军官学校第十六期学生第十八总队（第一集团军干部总队）同学通讯录》

⑮ 黄声远 . 壮志千秋 [M]. 上海汉文正楷印书局承印出版，1948.1： 70

⑰ 云南政协通志编纂委员会编纂 . 云南省政协通志 [M]. 云南人民出版社，1997 年出版

⑱ 昆明市政协通志编纂委员会编纂 . 昆明市政协通志 [M]. 云南人民出版社，2000 年出版

滇军入黔防堵红军长征亲历记①

孙 渡

一、滇军出境防堵的决策

一九三四年十二月间，中央红军长征到达贵州附近时，蒋介石即电令云南省政府主席兼“讨逆”军第十路总指挥龙云出兵防堵。龙云为研讨对策，曾先后召集了好几次会议，出席的有云南省政府的部分委员，第十路总部的部分处长和其他有关的人员。

在会议中，有些人认为红军不会到云南，其理由是云南地处边隅，无回旋余地，容易被消灭，并举出石达开当年为什么不到云南，和广西红军为什么不在广西而要远赴江西，以为例证。因此主张一动不如一静，以保境安民为好。这种主张，以省政府马聪及总部军务处长陶汝滨为代表。

总部经理处长孔繁耀说：万一红军进入云南，则地方“秩序必大遭破坏”，“公私必大受损失”，为策万全计，与其拒之于境内，不如拒之于境外，并且也合“中央”意图。

昆明军分校主任唐继鳞说：红军善于化整为零，若分成多股纵队，从正面向本省前进，殊不易防堵；应分令各县迅速构筑碉堡，早做坚壁清野之计，将一切重要物资运存于附近坚固的城市或碉堡中，由各县常备团队守备。这样，红军到达，必无所获，自易退散。

绝大多数人都认为红军只有少数力量，在大军跟踪紧追、各省军队到处堵截的情况之下，“实无幸存之理”。省政府委员周钟岳特别强调这一点。他一开始就断言红军“已临末日”，并举由秦汉以来一直到太平天国时代的农民起义（一概说成是“流寇”），来与红军相类比。他还为红军算命，说太平天国尚有十三年的命运，红军的命运比太平天国还要短。龙云也断言红军“必同石达开一样到大渡河而败亡”。

我当时任云南省政府委员兼第十路总指挥部参谋长。我向龙云建议说：“蒋介石这次追堵共军，实怀有一箭双雕的野心，不仅想消灭共军，而且还想乘便消灭地方武装。因此，我们只好遵照蒋的命令出兵，使他以后无所借口。如果共军进入云南，则中央军必跟踪而来，那就会使云南政局有发生变化的可能。因此，我们堵防共军，还是以出兵贵州为上策。在共军未进入云南之前，应尽最大努力去防堵，总以不使共军进入云南为最好。但我们兵力不敷分配，处处设防则处处薄弱，集中一点则两侧空虚，防堵任务殊不易达成。因此，不能不有共军入境时的打算。若共军既已进入云南，为免除以后一切麻烦起见，只有追而不堵，将共军尽快赶走出境为最好。”龙云对此表示同意，并即以我为第十路总指挥行营主任，负指挥全责。

二、龙云的图黔和薛岳、王家烈间的暗斗

龙云素有吞并贵州之心，正苦于没有机会，现在既奉有蒋介石之命，正好顺水推舟，控制贵州。所以在部队出发前夕，龙云特邀我和旅长刘正富、安恩溥、鲁道源、龚顺壁五人在他家中晚餐。龙密嘱我们到贵州后须乘便解决王家烈部。当时我说，如王部与我驻地相近时，则很容易想办法解决；若相距太远又驻地分散，则不易做到；如与之公开冲突，则解决其一部或将之驱逐出贵州，尚有把握。我说了后，各旅长皆缄默不言。龙就说；“我所说的是一个大体的方针。你们到贵州后可按情况相机办理。”至于龙云所以要吞并贵州，实以云南素有视贵州为其附庸的传统心理。辛亥革命以后，滇军曾数度进占贵州，而黔军首领如袁祖铭、周西成等或被驱除出黔，或被击毙，都是不费吹灰之力就马到成功。当时，龙云以为进入贵州的只有云南军队，不料后来蒋介石嫡系军尾追红军的部队已抢先进驻贵阳，以致龙的这个企图未能实现。

一九三五年一月间，中央红军已到遵义一带，云南部队也先后集中于滇黔边境的宣威，随即向贵州的威宁及毕节前进。二月间滇军到达毕节后，知红军正由川滇黔边境向云南的威信、镇雄方面进发，遂即转开镇雄。我先头部队行抵该县的大湾子及斑鸠两地附近时，即先后发现少数红军也在向该两地前来。

在双方微有接触之后，滇军不敢前进，红军就毫不迟疑地回头复转黔北。此时，来到贵阳即坐着不动、企图“坐山观虎斗”的薛岳，正兴高采烈地通电宣告黔境已无共军踪迹，可是转瞬之间，红军又再度进入遵义城了。

当红军第二度来到遵义之前，王家烈及其直属部队驻防遵义。可是黔军在与红军接战时，一触即溃，王本人仓皇之中仅带着身边少数随行人员，一面放枪一面冲出城外，狼狈窜逃，一直来到黔西县城始行停下。

当红军由云南镇雄回师东进后，云南部队也随之进入贵州的毕节、大定、黔西一带布防。这时蒋介石为了统一指挥，即任命龙云为第二路军总司令，薛岳为前敌总指挥，下辖四个纵队，孙渡为第三纵队指挥官。兹将第三纵队的编制录下：

第三纵队共辖有云南步兵第一、第二、第三、第五、第七、第九等六个旅，两个新兵团和两个独立营。纵队指挥部直辖有警卫一营，配有一百瓦特及十五瓦特电台各一台。各旅辖步兵两个团。旅部直辖特务连、迫击炮、重机枪各一连，也有十五瓦特电台一台。各团辖步兵三个营，营辖步兵四个连，连辖三个排，排有轻机枪一挺。编制人数及步枪数已记忆不清（有少数团部配有重机枪）。全纵队合计共有官兵约二万四千人左右。装备武器系新自法、捷、比三国购置，不但黔军不能相比，即蒋嫡系军的装备也赶不上。

纵队独立营以上的主官姓名是：第一旅旅长刘正富，第一团团长袁存恩，第二团团长董文英。第二旅旅长安恩溥，第三团团长郭建臣，第四团团长万保邦。第三旅旅长原为龙雨苍（因龙病故，未补缺），第五团团长萧本元，第六团团长严家训。第五旅旅长鲁道源，第九团团长冯云，第十团团长侯镇邦。第七旅旅长龚顺壁，第十三团团长杨时彦，第十四团团长马继武。第九旅旅长张冲（因任云南盐运使，未随队出发），第十七团团长王开宇，第十八团团长王炳章。新兵团（番号已记不清）团长罗廷标、龙翔；个旧独立营营长邱秉常，永绥独立营营长龙奎垣。

龙云虽为第二陆军总司令，实际能够指挥的只有一个第三纵队（云南部队），而且由于不了解全盘情况，或者了解得不及时，就是指挥第三纵队的行动，也会发生与别的纵队行军重叠或者交叉，甚至逆流行军等毛病。所以，他识相一点，还是连第三纵队也不要去指挥，自己干脆做一个“空头司令”好了。

至于王家烈的处境更为不妙。因为早先时候曾有该省南笼县（现名安龙）

恶霸袁某（袁祖铭的父亲）曾往南京见蒋介石，一见面就跪在他面前，诉说王家烈在贵州的罪恶，并倚老卖老地要求蒋介石撤换王家烈，否则他宁跪死不起。这就使蒋有所借口。而更重要的是，当时的西南各省，如粤桂滇黔川等皆各霸一方，独行其是，贵州居于西南的腹心地位，地方武力在西南各省中又为最弱，于是蒋介石从贵州首先开刀。

据说在一九三四年底，薛岳率部尾随红军进入黔东时，王家烈曾好意地远赴重安江欢迎。可是薛岳避不见面，竟混在他的部队内，暗暗通过欢迎行列，故意不打招呼。当时薛岳所部官兵服装一样，所以王不能辨认。王等薛久无消息，始向部队询问，乃知薛早已过去了。王知薛有意作弄他，心中很不高兴。及见薛部一直开往贵阳，并不向黔北跟踪尾追红军，王更感到出乎意料之外。当黔北的红军已向云南西征，王家烈本人也进驻遵义县城以后，仍不见薛部有离开贵州的迹象，他才恍然大悟，原来薛部的径入贵阳，并非偶然。薛部因长途行军，拖的太久，士兵落伍者甚多，一到贵州就大补缺额。由于薛部粮饷比贵州部队优厚，以致王部士兵纷纷逃到薛部。王部为了报复，也乘机暗自派人到薛部报名补兵，拐取武器。所有这些不愉快的事情连续发生，更使双方的矛盾日趋表面化了。

王家烈在黔西同我会面时对我说：“‘中央军’对待贵州人，比帝国主义对待殖民地还不如。帝国主义虽然凶恶，但非在不得已时，不会板起面孔，露出凶恶的面貌，而‘中央军’则随时耷拉着脸皮对人，好像不如此就不足以表示他的威严一样。真是欺人太甚！我们贵州人今天实在有亡省的沉痛感觉！如果不得已时，我只有向云南跑的一条路。到那时候，恳请云南暂划几个县给我作安身之所。”王并请我将此情转达龙云。我当时虽感到可笑，但仍安慰王说：“滇黔本是一家，休戚相关。如果需要帮忙的时候，云南当会尽力而为，请放心好了。”当时王家烈与蒋介石、龙云以及本省军阀犹国才和地方恶霸等都有矛盾。犹国才这时虽任王的第四纵队副指挥，但仍与龙云暗中勾结。

云南部队大多是新近才成立的，尚无实战经验，对红军作战更感生疏。到达贵州后，听说蒋嫡系军在江西实行碉堡封锁政策，我们一方面感到新奇，另方面也断定碉堡政策必有其缺点，或者封锁有空隙，或者部队胶着于碉堡之中，而无主动出击的精神，不然红军为什么会长征到了贵州呢?

云南部队不会修筑碉堡，只能构筑一些野战工事，供必要时的依托。又因红军行动迅速，神妙莫测，恐有猝不及防的危险，我指挥部乃通令各步兵团，均须挑选行军力强并有特种技能的官兵，各编一个能分合使用的游击队，由纵队部、旅部或者团部指挥，不论行军、驻军均在主力外围一日行程之内进行游击活动，以掩护主力的安全，并搜集红军的情报。

未几，闻吴奇伟的第一纵队向遵义进犯，遭到红军猛烈的回击，几乎全军覆灭。我觉得红军的威力，并不因长途征战而稍减，乃向薛岳建议说："专事进攻，则共军必旋磨打圈，徙移无常，以走疲我，伺机反击；专事封锁，则我又因构筑碉堡，旷日持久，徒使共军从容坐大，安然休整，不难一举而突出于封锁线之外。现在我军应利用在装备上、数量上的优势，乘共军无根据地可供依托之际，实行外锁内攻，同时并举，围堵跟追，密切配合，庶使共军处处时时受攻，寝食不遑，动则处处被阻，障碍难行，以免共军随时居于主动，我则经常陷入被动的地位。"我当时还不懂得战争是政治的继续，国民党的政治（军民、派系关系等）不可能实现这主动的战略战术。

三、蒋介石到贵阳亲自指挥

一九三五年三月下旬，蒋介石飞抵贵阳，通令各军由他自己直接指挥，不得擅自进退。跟着，军用飞机也来了，部队也逐渐增加了。除了原在贵州的第二路军的四个纵队外，先后进入贵州的部队，还有廖磊、李韫珩、郝梦龄等军和郭勋祺等旅。蒋介石还电告何键准备四个师，并要王均的第三军，均候令开入贵州（后来因红军已向云南进军，何、王两部遂中止调黔），企图以压倒的优势来消灭红军。从此以后，飞机反复对红军进行侦察和轰炸，并迟滞红军的行动。因蒋派有"督剿专员"随军行动，监督执行，并调查各军内部的情况，故对执行蒋的命令，尤不敢马虎随便。正由于不敢马虎随便，往往造成部队极端的、无谓的疲劳。因为蒋的指挥，多凭飞机报告，而飞机又每每为红军所愚弄，报告多不确实。如红军明明向北行进，听到飞机来时，即向后转朝南行进，等飞机去后，又依旧转向北进。而飞机只看到红军的南进，即电蒋报告，蒋就根据报告令各军均向南堵截或跟追，并指定到达地点，限期赶到。各军虽明知赶到后，徒然累的人困马乏，依然扑空，可是不赶又不行，因为深恐万一他所指定的地点真的来了红军，你若不按规定赶到的话，则贻误戎机之责，就不能辞其咎了。到后如无红军，则又向有红军的地方赶，天天如此，几乎成了一个照例的公式。因此，只要红军方面略施一点小小的佯动，就可调动反动派整个阵营戎马倥偬，动荡不已。如我的第三纵队原在毕节、大定、黔西之线担任防堵，由于红军的行动变化无常，以致蒋介石对我部的调动也日益频繁。他曾令三纵队向打鼓新场急进，中途又令仍回原防，继则一直在川黔边境的古蔺、大定之间穿梭似地来往。我们时而由贵州北渡赤水河开往四川，时而又由四川南渡赤水河返回贵州，时而又在赤水河南北跨川黔两省地区布防。由于来往的频繁，连沿途经过的地方如雪山关、瓢儿井、打鸡阗等，都变成了很熟的地方。我们部队往返跋涉，拖来拖去，将近两月之久，疲于奔命，却始终未见到过一个红军。可是也幸而未碰到红军，如果真碰到了红军，则以这样疲乏不堪、锐气全消的军队，未有不一触即溃的。

三月下旬，除了我的第三纵队仍跨赤水河在川黔地区古蔺、大定之间担任防堵以外，其他在贵州的反动部队，均为红军吸引到乌江北岸的遵义地区，像飞蛾围绕着灯光一样地围绕着红军在打转。坐镇贵阳的蒋介石，留有一个师负贵阳警备的责任，对号称天险的乌江的南岸，复派有一个团沿江扼要守备，自以为防范周密，可以高枕无忧。料不到霹雳一声，突然传来一部红军已经冲过乌江南岸的惊人消息，震动了整个贵阳。此刻贵阳仅有一个师的兵力，要兼任城防及郊区碉堡的守备颇成问题，别的部队又均隔在乌江北岸，急切调不过来。蒋介石焦急异常，乃电调第三纵队经大定、黔西、清镇兼程赶赴贵阳。当我纵队安恩溥旅到达鸭池河附近时，蒋已派有卡车多辆在该地等候，接运一部兵力先往清镇保护飞机场。又我纵队的第七旅有一天未及时赶到指定地点即行宿营时，蒋知道后，曾亲自打电话问该旅旅长龚顺壁为什么不按命令开到指定地点。所有这些，反映了蒋介石当时的心情是如何的紧张。

我这次路过黔西，又会见了王家烈，他一见我即眉飞色舞地说：“你老哥看共军这回渡过了乌江南岸，究竟是什么意思？”跟着，他又迫不及待地自己回答说：“我看硬是要将老帅的军哟！你说是不是？”态度表现得十分高兴。当时蒋介石派在该部的“督剿专员”就在王的身旁，口里虽未说什么，但其表情显有不悦之色，难保他不将王的所言所行转报蒋介石。

我行抵清镇，蒋就派汽车前来接我到贵阳，随即会见。蒋头一句话就问我：“龙总司令有什么电报给你没有？”事后才知道龙云在当时曾有电报叫我退往安顺，适我已离部，故不知道，想系为蒋的侦查电台所侦知，故蒋才这样急于问我。跟着，蒋又问我：“有什么困难没有？”我说：“别的倒没有什么，只有一件，就是云南部队自进入贵州境内以来，用的都是云南富滇银行发行的滇币。新滇币的币值是两元等于‘中央’币一元。我们并带有大量的云南半开银元，随军到处兑现。可是还有少数地区对滇币拒绝使用或者有意贬值。拟请委员长下令贵州一体通用，以免发生困难。”蒋当即应允立即下令。接着问了我一些家庭状况及平素喜看些什么书等生活细节问题。最后，还对我说川军在土城“打得很好”说了不少称许之语。我见蒋后，在贵阳与第四十三军的师长张廷光（贵州安顺人，当时在薛岳部任参议）相晤。张对我说：“你们到了贵阳，这里的人心才算安定，尤其是委员长对你们云南的部队印象最好。他看到你们的部队能够按照他命令按期赶到，不禁高兴得以拳击桌说：‘这种军队才算得是真正的军队。’”我也笑向张说：“我见过委员长，他甚赞川军打得不错，现在你又说他极道我们滇军之好，我觉得这种间接的鼓舞办法，比之直接嘉奖还要高明得多。”

蒋介石在接见了我以后，又传见了第三纵队先后抵达贵阳的第二旅旅长安恩溥，第七旅旅长龚顺壁，第五旅旅长鲁道源等，各有慰勉，并发给纵队部二万元，到贵阳的各旅各一万元的补助费。到此为止，所谓赶赴贵阳的任务，就算告一段落。

四、阻截红军成了送行

当我在贵阳再度与蒋介石见面时，蒋对我说：“现据飞机侦察报告，共军已转到清水江附近一带，并在清水江上架有浮桥两座，队伍正在纷纷过江，向东前进，似有向黄平、施秉、镇远一带回转模样。第三纵队应先开赴黄平、施秉附近防堵，如该处无共军到达，应继续赶至镇远附近迎头阻击。”我当即照蒋所示，转令各旅即日开拔。我因在贵阳与各方接头，有所耽延，乃向前敌总指挥部要了一辆汽车，前往追赶队伍。不料车开离贵阳才三十余里的谷脚附近，忽觉汽车有被沙石打击的响声，我回头一看，发现路的左侧（北方）山上有百数十人的队伍，一齐开枪向我的汽车射击，我当即告诉司机仍继续向前行驶，不能稍停。行约数里后，又遇有扮作田中耕耘的便衣人员五六名拔出手枪，转到汽车路上向汽车射击，并将汽车前面的轮胎击坏。我命司机不顾一切向前直冲，终于冲出火网之外，查点车上卫士，已伤三死一。我因车已被击坏，乃率其余数名卫士下车步行，令司机将伤亡人员运往龙里，并手令已抵龙里的第七旅即派兵一团沿公路前来，候令派遣。该旅接到命令后，即派第十八团团长王炳章率领该团前来，同我在观音山相遇。我即将在谷脚附近发生的情况告知王炳章，并令该团沿公路向谷脚前进，接护纵队指挥部到龙里。我对王说："纵队部虽有警卫一营，但因押解款项较多（带有各部几个月的经费），一旦有事，恐难兼顾，才特派你们这一团前往接护。万一纵队部还未通过谷脚时，可告参谋长仍率部返贵阳，较为安全。你们沿途需注意警戒，不可大意。"吩咐后，我仍继续向龙里前进，到达时已近黄昏，并询知安旅已抵贵定的翁城桥一带宿营，该方并无特殊情况。

入夜后，龚旅接第五旅旅长鲁道源来电询问我是否抵达龙里。第五旅在纵队最后行进，是日该旅通过图云关后，即由左边分路往北向虎场前进。旅长鲁道源曾搭我车由贵阳至图云关，但由图云关下车不久，即听到公路方面有稠密的枪声，恐我有失，故来电询。鲁道源还报告说该旅及纵队部警卫营已在途中和红军接触。又据第十八团团长王炳章报告，亦云途中遇有大部红军由北向南通过，已与该团发生战斗，通往谷脚的公路已被遮断，原任务已不能继续执行云云。至此，我才判明在谷脚附近射击我汽车的部队，只是红军的先头部队而已。

次日，鲁旅及王团仍继续与红军保持接触，龚旅派往龙里西北进行武力搜索的第十四团及各游击队，亦发现红军的许多部队及驮马行李等络绎不绝地向南行进。惟该团队等因寡不敌众，不敢接近，只远距离地向之射击。至于安恩溥旅方面，则始终没有新的情况发生。根据上面这些情况判断，红军毫无向施秉、镇远方向东进之迹象，而所有红军似都来到了贵阳、龙里之间的地区。这样，不但第三纵队无再向黔东前进的必要，而驻瓮城桥的安旅亦应迅速调回龙里，始能适应情况的变化，我当即令安旅开返龙里，并令纵队部即返贵阳待命。

原先，我由贵阳出发时，在思想上存在着和红军大有先到黄平、施秉、镇远一带的可能，很担心阻截的任务不易达成。万料不到离开贵阳才半点钟左右，就与红军遭遇并死伤身边卫士四名。而由西向东前进的整个纵队，也被自北向南前进的红军截得支离破碎，各自为战。这对坐镇贵阳的蒋介石，更是一个晴天霹雳，吃惊不小。这不仅显示了红军声东击西，迷惑敌人的高度智慧和技巧，同时对蒋介石最高统帅部的"情况判断"也给了一记很沉重的耳光。

及至驻瓮城桥的安旅赶回龙里，红军已越过贵阳通龙里的公路线，向贵阳的西南前进了。此时，第三纵队又奉令跟踪尾追，于是即经定番（今惠水）、长寨（今长顺）前进。我先头部队已行至紫云以西时，又奉蒋电令，谓据飞机侦察，有红军约四千人的一个纵队，正在向宗地、龙场东进中，着派兵一部向宗地、龙场跟追，我当时推测，红军不会分兵向东西两方面背道而驰地前进，或者由于北盘江渡河有障碍，又在旋磨打圈，若以一部兵力跟追，恐有被吃掉的危险。为防万一计，乃令各旅一齐回头向宗地，龙场前进。迨返回一日行程之后，始知空军又中了佯东实西之计，将第三纵队抛在红军后方更远，而红军已安全渡过北盘江向西远去了。

当滇军行抵关岭时，蒋介石派来一个营长（原来在第三纵队第十八团当营长，到贵州后才被调去，姓名已忘，系云南人，日本士官学校毕业）、携有蒋的亲笔函，由贵阳乘汽车特来此地等候，迨我到达后，即行前来投交。我初颇质疑又有什么紧急事件发生，及启封一看，尽是一些寒暄慰勉的话，而且篇幅竟达十余页之多，好像特地表示他在繁忙中犹念念不忘云南部队之意。这时，我还听说蒋曾电龙云，盛称我谷脚遇险仍一往直前，为“大无畏精神”的表现。蒋介石的这种行径当然不是没有用意的，一则可以借此冲淡人们对他的判断错误的注意，二则还可以借此鼓励更多的人为他卖命。至于龙云方面，则认为谷脚之事，就是“中央军”干的。薛岳听到后，曾一再向第三纵队驻贵阳的人员解释说：“‘中央军’过去曾被红军俘去甚多，他们当然会利用被俘士兵服装来和我们作战，使我们分辨不清，发生误会，在所难免。但‘中央军’绝不会有穿着自已服装来自相残杀之理。”仅此一端，亦可见反动派的貌合神离，互相猜疑之甚了。

红军到达黔西南后，有经兴义进入云南的模样。于是龙云令第三纵队留驻滇黔边境的第一旅，开赴兴义东北的顶效附近防堵。该旅到达顶效时，红军已由兴仁经黄泥河一带进入云南的平彝（现名富源）。尔后，该旅继续经曲靖、马龙向嵩明、武定、禄劝方面尾追红军，迨抵元谋，红军已渡过金沙江向西康长征去了。云南部队遂停止尾追，时间约在五月中旬左右。

不久，即闻王家烈被蒋介石调职，并乘张学良到筑汉之便，叫王坐张的飞机离开贵州的消息。以后王又被送进陆大受训，这样也就解除了王家烈在贵州的军政大权。

五、对红二方面军的围堵

一九三六年一月间，中国工农红军第二方面军由湘鄂川黔边区突围，又长征到了贵州。我的第三纵队复奉令由云南开到贵州威宁地区担任防堵。当时，顾祝同以军事委员会委员长行营主任的名义，来贵阳负指挥全责。先后进入贵州的部队，除了第三纵队外，有第一纵队指挥官樊嵩甫、第二纵队指挥官万耀煌，第四纵队指挥官李觉等所属各部。

第三纵队在威宁布防期间，红军曾一度对威宁作试探性的行动，似乎有能通过则通过，可进攻则进攻的模样。先是贺龙将军所部由北向南在威宁东部的蒋军设防地带前面侧敌行军通过，第三纵队正拟向之进行侧击，忽发现萧克将军所部突到威宁东北的回水塘，此际如向贺龙所部进行侧击，反有被萧克所部先行侧击的危险。因而怀疑贺之所以侧敌行军，是意在调动威宁附近的蒋军而予以打击，第三纵队遂不敢出动。旋贺龙所部发现威宁的东南方面，有第三纵队的梯次配置部队在防堵，乃又折向后转，仍循原路返回，与萧克将军所部齐向云南的镇雄前进。当时第一、第二纵队担任尾追，第三纵队又奉令开赴云南的昭通、彝良一带布防。

约在一九三六年四月间，第三纵队正在昭通、彝良之间行军途中，忽闻向镇雄前进的红军，又回师经滇黔边境向云南的宣威进发。于是，第三纵队也不得不回头跟踪尾追，在途中我曾接萧克将军等来函一件，建议双方缔结抗日停战协定。我一面转报龙云，一面仍继续尾追。追至宣威北边的途中（地名已忘），左边有一条岔路，红军已由这一条岔路走了。但我到此并未尾追，只派兵一部在岔路附近警戒，以掩护后续部队的通过，主力部队仍径向宣威南进。因为我所走的这条路，可以利用会泽通宣威的电报线路，尽先搜集情报（当时云南各县尚无电话，但可利用电报局电线通话），以便酌定行动。

当行至距宣威县城约四十里附近时，据当地老百姓说，相隔三四里就有电话线。我即令通讯兵去挂电话，随即找宣威县长范捷正询问情况。范云，第一旅现正在虎头山附近与红军接触，闻尚有红军继续到达云云。我即着范迅速通知旅长刘正富，说我们部队已经到达，随即可以参加战斗。当时我有两种想法：第一种想法，认为在虎头山之战斗对红军不利，因为在我军衔尾跟追情况下，红军不可能有各个击破我第一旅的余裕时间，且虎头山在我行进方向之直前，距离不远，亦非红军作战有利之地点；第二种想法，认为红军毫无顾虑地在虎头山进行战斗，一定是看到第一旅在行动中有什么弱点，或其他某种有利于红军的情况，感到第一旅有被吃掉的危险。而无论哪种想法，均非争取时间，力求迅赴事机不可。遂决心以第五、第七两旅按到达战场之先后，即由行军队形逐次展开，投入战斗。又考虑到第二旅当日不能到达战场，暂以纵队指挥部直辖之第十七、第十八两团，控置作机动作用。我随即命令已向宣威前进中之第五旅速向十里铺（据范捷正报告此地战事甚烈。当时云南军用地图尚未完成，只凭范言以做指示）前进，与第一旅取得联系支援该旅作战。我率警卫一个连取捷径向虎头山急进，令第七旅午餐后（该旅正在午餐）循我走路线跟进，令第十七、第十八团随纵队到宣威县城附近集结待命。

我到达虎头山时，看到实际战斗情况不如我想象中的激烈，第一旅所占阵地的山麓及附近凹道内有密集队伍在休息的模样，我即问刘正富，那是不是我们的队伍。他说那就是红军。他并指稍远的山腹上搭有帐篷的地方，说那也是红军。我当即面嘱他说：对红军作战要稳扎稳打，情况摸不透，切勿轻举妄动。正谈话间，该旅右前方忽有连续之信号枪发射，红军即向信号枪指引之方向前进，企图向该旅之右侧进攻。这时第五旅也已到达，立即参加战斗。未几，该旅左翼又发现红军的信号枪，企图向该旅左翼进攻，适第七旅到达加入作战，得以稳住阵地。于是全线形成对峙状态，且互怕被对方包围，有延翼竞争之倾向。薄暮时，枪声渐渐稀疏，战况即呈沉寂。

当日，我因第二旅尚在行军途中不能参加战斗，复估计红军尚有足够之机动部队未曾使用，加以我军夜战远不如红军等等顾虑，所以不敢有积极之企图。只希望能吸引住红军，等第二旅明日到达后，再举全力与红军决战。

夜间忽闻紧密的枪声，流弹飞落到我们宿营的瓦房上，认为必系红军向我进行夜袭，但各旅迄未有异状发生的报告。至拂晓，始发觉红军已利用夜暗脱离战场，向宣威所属海岱冲方面撤走，乃知夜间紧密枪声，原是红军撤走的信号，纵队随即跟踪尾随。这是虎头山战役经过的大概情形。

第三纵队紧接着宣威虎头山之役后，即毫不停留地对红军进行尾追。当部队经过曲靖、马龙到达嵩明附近的杨林时，龙云曾派卢汉前来同我等商议。卢汉说："龙的意思，欲消灭共军于嵩明的普渡桥附近，已派第九旅旅长张冲率龙的直属团队到普渡河西岸一带防堵。普渡河上只有一座桥，共军绝不能通过。只要你们追击的部队加紧追上，一定可收歼灭之功。”当时我说：“普渡河系一条小河，不会成为共军通过的障碍；即使不能通过也只能促使共军多兜几个圈子，拖我们的部队多跑些路而已，不会收什么歼灭之效，但我们尽力去做就是。”第九旅旅长张冲率领往普渡河防堵红军的兵力，有近卫第一团（团长卢浚泉），近卫第二团（团长杨运新），工兵大队（大队长陆人耀，该大队系两营编制，第一营已拨归纵队指挥部充警卫营），警卫营（营长杨沅），四个单位共计官兵四千人左右。近卫第一、二两团，系按新编制，团部有迫击炮一连、三个营，每营均以重机枪一个连、步兵三个连编成，各连亦配有轻机枪三挺。其余与普通的团营连大致相同。这四个部队均系龙云的直属部队，是由龙云直接命令派遣，由昆明出发的。部队预定到达普渡桥的期限和实到时间，我均不知道。

第二天我们由嵩明县城出发数小时后，即据报工兵大队在普渡桥附近，与一小部红军稍一接触即狼狈溃逃，红军已过普渡河向滇西大道走去。迨到普渡桥时候，见桥的上游到处可以徙涉，红军早已过河了。龙云之所以有此计划者，实由于宣威虎头山之役，他曾谎报蒋介石邀功。现更认为普渡桥的地形实比虎头山要险得多，所谓“天赐良机”，可以邀得蒋介石进一步的宠幸。但是，他的直属部队太不争气了。据第九旅旅长张冲在安宁市见我时说：“在行军中，看见山上被野火烧焦的灌木，就认为有共军，进行了很久的射击，以致延宕了抢占渡口的时间。”

红军渡过普渡河之后，即长驱直入地向滇西的楚雄、姚安、宾川一带进军了。当第三纵队追抵宾川附近时，蒋介石曾邀龙云由昆明同乘飞机往滇西上空，观察军队行动情形。闻龙云坐上飞机好久后，因对地面上的道路城镇等辨认不清，疑为已飞出滇境，有为王家烈第二的危险，顿时心情紧张，惶恐异常。后见蒋介石将所写的信由飞机投下给我，始知飞机仍在滇境，于是才松了一口气，特别感到高兴。但又忽然呵欠连天，眼泪鼻涕交流，烟瘾大发起来，简直无法抑制。蒋介石还以为龙是坐飞机不惯所致，乃以飞机上的热气管向龙头部熏来熏去，殊不知烟瘾不是热气管所能为力的。

迨第三纵队行抵鹤庆附近，滇黔境内军事行动将告结束之际，蒋介石才发表龙云为“滇黔剿匪军”总司令，刘建绪为前敌总指挥，下辖四个纵队：樊嵩甫为第一纵队指挥官，万耀煌为第二纵队指挥官，我为第三纵队指挥官，李觉为第四纵队指挥官，真是一个名副其实的马后炮。

第三纵队继续尾追至丽江时，红军已由该县所属的石鼓渡过金沙江，纵队即自动停止跟追。约在六月初间，红军即全部离开云南，进入西康。接着，两广军阀借口北上抗日，出兵湖南，蒋介石又将已到滇西祥云的刘建绪各部东调，离开了云南。到此时，龙云大有“食可安席，寝可安枕，云南依然是我家天下”之感。

【注释】

① 孙渡．滇军入黔防堵红军长征亲历记 [J]. 云南文史资料选辑（第 28 辑）. 云南人民出版社，1986.4：1–18（此文为孙渡 1963 年 10 月撰写，原载全国政协文史委编《文史资料选辑》第 62 辑）

云南部队到东北打内战始末[1]

孙　渡

一、云南部队被迫调东北

日本投降之时，云南部队系在两个方面担任受降。第一方面军由云南开赴越南受降；原在江西北部守备的第一集团军，奉命开赴南昌、九江受降。在受降期间均进行缩编。第一方面军编辖 60 和 93 两个军。第一集团军将新编第 3 军并入第 58 军，编为一个军。这三个军后均奉命隶属第一集团军总部。在第 58 军开到安徽的安庆及其附近地区后，1945 年 12 月，又奉国民党陆军总司令何应钦电令，准备开往山东青岛、烟台、龙口一带，于是我率领必要人员先赴南京向何应钦请示。当时何说："先将集团军总部及直属团队开到上海吴淞、宝山一带等船，第 58 军可暂驻安徽，俟第 60 军和第 93 军运到山东后，再将第 58 军调往山东。"

1946 年 2 月，第一集团军总部及所属各团队，即由安庆开到吴淞口、宝山县附近集结待运。可是在待船北运的时间，又奉令改开东北，暂归国民党东北保安司令长官部指挥。至 4 月底就开始由上海和越南两地向东北运送了。

本来蒋介石的意图就是将云南部队调出，离云南越远越好，其所以不先直令开赴东北，是恐云南官兵明了其意图所在。于是一而再、再而三地故意变更调令，一步步地胁迫生长在我国西南的云南部队，到东北的内战前线充当炮灰。

二、初到东北，184 师海城起义

云南部队首先运到东北的是第 60 军。该军到达后，即由东北保安司令部直接指挥，开赴抚顺，鞍山一带驻防。其后，第一集团军总部和第 93 军陆续到达，驻防锦州及其附近地区。暂驻安徽的第 58 军就从此脱离第一集团军的指挥。我到达东北后，曾去沈阳见国民党东北行营主任熊式辉和国民党东北保安司令长官杜聿明。当时熊、杜两人对东北局势均抱乐观态度。杜聿明曾对我说：他准备不久就要转移长春，并嘱咐我准备移往沈阳坐镇。接着东北长官部即明令发表拨隶第一集团军指挥的部队为第 13 军、第 71 军和第 93 军，葫芦岛、秦皇岛两个港口司令部，以及其他独立师、保安总队、交警总队、各部骑兵支队等部队甚多（及所辖辽宁省西部、热河省至河北省滦河的地境线以内所驻的各部），而第 60 军又不在其内了。曾记得在抗战胜利之初，蒋介石嫡系为了消灭各省杂牌部队，为了达成其清一色的法西斯统治，就主张那省军队不准再驻那省；那个带的部队不准那个再带。就这两句话来说，他们的阴谋，在云南部队中已成了现实。

第 60 军和第 93 军这两个军，原系由云南国民党地方实力派龙云和卢汉的部队编成的。但在越南经卢汉一度调整人事后，两军的干部完全以他的公叔卢浚泉所办的军士队（军官后补生队）培养的人员为骨干，简直成了卢汉的小集团了。故当时云南部队中有人曾将抗战期间所用“军事第一”的标语改为“军士第一”以讥之。

在龙云被蒋介石搞下台之后，紧跟着又解除了卢汉的兵权。他们的部队存有戒心，是极自然的。尤其是远调东北，又归直接把龙云搞下台的杜聿明指挥，更感不安。第 93 军军长卢浚泉初到东北时就曾愤慨地说：“真是奇怪！我们在云南所碰到的就是老陕（指关麟征而言，关是陕西人，曾任国民党云南省警备总司令），来到东北碰到的又是老陕（指国民党东北保安司令长官杜聿明而言，杜亦是山西人），简直是老陕的天下了。”解放军很清楚的知道云南部队与国民党中央军有矛盾，故云南部队一到东北，解放军就向之进行争取工作。将 1945 年国民党中央解决龙云问题及同年 12 月 1 日在昆明屠杀反对内战、反对美国干涉中国内政的学生和教员的惨案，印成文字兼图画的大量宣传品，在云南部队驻地散发，扩大了国民党嫡系部队与云南杂牌部队的矛盾，卒导致第 60 军的第 184 师尔后在海城毅然起义。

第 60 军的第 184 师，于 1946 年 5 月初到达东北，驻防鞍山、海城、大石桥、营口一带，师部驻海城。该师到防后不久，即遭到解放军的进攻。在战争爆发之初，该师师长潘朔端尚决心顽抗，有个连长作战不力曾被潘枪毙。后来，因战况愈来愈紧张，感到不能支持，该师长曾向沈阳东北保安司令长官部请求退出海城，未获许可，并严令死守，不得撤退，又迟迟不予增援。这明明是有意将该师置之死地，使之与解放军相互厮杀、相互消灭的诡计。于是该师师长潘朔端在情况危急、解放军又积极争取的形势下，与该师副师长郑祖志、参谋长马逸飞和552团团长魏瑛商量后，就毅然决然地率领该师552团及师直属部队约3万人在海城起义。

第184师到东北尚未及一月，就宣布起义一事，不能不使蒋介石感到震惊。他深恐云南部队受184师的影响，乃又利用原已不想利用的卢汉亲自到东北对云南部队进行安抚和慰劳，以安定军心。

1946年5月间，东北保安司令部正在增兵向四平街解放军进攻之际，蒋介石曾派副参谋长白崇禧前来制止，戒勿轻进。但解放军旋即主动撤出四平街和长春，杜聿明认为他又打了个大胜仗，得意非常。蒋介石也兴高采烈，亲到沈阳。他们被"胜利"冲昏了头脑，只看到眼前的暂时的利益，而看不到后果的严重。

蒋介石到沈阳后，曾电召我去见他。他先略问我云南部队情况及兵员是否足额，后又问我对云南新到的部队中，相识的干部多不多，我答："他们知道我的比较多，我知道他们的都是比较高级的，如军、师长等。因为我自抗战后即未回过云南，所以对于中下级知道的甚少。"蒋嘱我以后多与中下级干部多多接近，尤其对营长一级要特别注意掌握云云。我想起去年11月到重庆开会时，就有人问我建议要调整部队人事。周开勋（曾在胡宗南部任过副军长、云南人）曾问我说，他在中央军服务甚久，深知蒋介石的性格，凡是能吃掉别人队伍的人，蒋就认为此人有"本事"，一定能得大用。否则就认为庸懦无能。我偶然忆及旧听闻，就知道蒋介石今日所言究竟在暗示什么了。

6月间，陆军总司令顾祝同又到东北视察，曾在锦西召集驻防辽西一带的干部讲话。他毫不掩饰的叫嚣战争，说什么"决不要听了调处和停战的消息就松了劲，要知道国家为了完成统一，战争是不可避免的"。他的讲话满口血腥气味，真不愧为发动内战的一个大战犯。

9月间，我奉东北保安司令长官部命令，指挥第13军、第43军、第93军及第71军的第91师进攻热河。由于当时解放军的战略方针不以保守地方为主，而以保存有生力量伺机歼灭敌人之有生力量为主，故到处都遇到解放军的主动撤退，于是我军未经激烈战斗就先后侵占了热河的重要城市承德和赤峰。此后，由于所占空间增大，兵力分散胶着，即陷入被动挨打的地位。

1947 年 3 月间，在辽东通化（今属吉林省）方面的国民党军为解放军所包围，因附近已无充分的机动部队可调，乃令远驻热河承德的第 13 军抽调部队往援。该军增援部队开抵辽东的新宾县时，就进入解放军预设以待的袋型阵地内，该军的一个师及一个团全部被歼。该军军长石觉因恼羞成怒，认为他这次失败不是他的过错，而完全是东北保安司令部指挥失当所致。于是他就径往北平，恳求国民党北平行辕主任李宗仁（石与李系广西同乡），将第 13 军改隶北平行辕指挥。从此该军就与东北保安司令部不相往来。

同年 6 月间，解放军又向四平街进攻，战况十分激烈，又奉东北保安司令长官部令，将热河赤峰一带的第 93 军撤出赴援四平。可是该军到达尚未接触，解放军又主动撤走，于是守四平街的第 71 军残部幸而免于被全歼。但热河方面，因一再抽调部队即逐渐缩短防线，以致承德、平泉至朝阳之线以北地区完全为解放军收复。当时我任东北保安司令长官副长官兼长官部辽西指挥所主任及第一集团军总司令，也就从热河开始撤至辽西锦州了。可是蒋介石来到沈阳对东北干部讲话却说四平之役是一个“伟大的胜利”，其意义“比抗日胜利还要巨大”。听了他的讲话后，许多人都说他比拟的荒谬，其实这倒是他的真心话，因为他认为他的真正的敌人不是日本帝国主义，而是广大的中国人民，所以更特别授予守四平街的第 71 军军长陈明仁以青天白日勋章。

7 月间，参谋长陈诚来到沈阳向东北将领打气，为了笼络人心，他装模作样地反对官僚资本，说什么共产党是老虎，官僚主义只是一只苍蝇，只要把老虎打死了，那些苍蝇是很容易消灭的。他接着又说：郑州绥靖主任刘峙竟假公济私，利用公家的交通工具私人经商牟利，这种违法乱纪的行为是很不对的，现在已将他撤职，不过太便宜他了。东北难免没有违法乱纪的行为，如有不对的地方，你们都可以告诉我，用不着讲什么客气云云。好像他真是铁面无私主张正义，是何等“光明正大”。但是凡是他的“土木”系（陈诚用国民党陆军大学第 11 期的学员和他当第 18 军军长时的干部特多，故外人以十一两字合为“土”字，十八两字合为“木”字，名之曰“土木”系）的人，纵使犯了天大的罪，他总负责设法为之开脱。他对刘峙等人的指责，充分表明派系之间的嫉视与倾轧，同时炫耀他自己的权利是何等的大而已。

东北行辖主任熊式辉知道此来是别有用心，曾以试探口吻问陈诚说：一个参谋总长职务何等繁重，怎么能脱身出来到处视察呢？陈说一切军事都由蒋直接指挥，他在南京简直无事可做，故出来到处一看。熊式辉在陈到达沈阳后，即电蒋介石请辞东北行辖主任职，未蒙核准。但是陈于 8 月间又到沈阳，则接替了熊的东北行辖主任，并以参谋总长名义指挥东北的一切了。

陈诚到达沈阳后，我曾去沈阳见他。当时我任东北保安司令部副长官兼东北第一兵团司令官，他问我："云南在东北的两军那一个好些？"我答："第 60 军成立较早，战斗力比第 93 军强。第 93 军成立不久，军容风纪又比 60 军好。"陈要到锦州去看看云南部队，嘱我与他同机前往。过后几天，我即与陈同飞机往锦州，当天即召集锦州的云南部队干部训话。陈诚特别强调军风纪，他说："军风纪为军队的命脉，有关战斗的胜败和军队的存亡，第 60 军（当天在场听训话的只有第 60 军第三次组建的第 184 师的干部。该军主力早已调驻吉林永吉附近）成立的历史很久，军风纪应该比第 93 军好些才对，现在从各方面调查，第 60 军的军风纪不如 93 军，应该认真加以整顿。"他先对 60 军来一个下马威，然后又说："各军干部对于士兵应该作之君、作之亲、作之师地随时随地进行主义教育，使之明是非辨利害，才能效忠党国"等等一套陈腔滥调。

三、扫荡辽西，暂编 22 师被歼

（1947 年）9 月间，陈诚令我转令驻防新民沟帮子的第 93 军暂编第 22 师开往辽西的绥中、兴城以北地区，向热河边区的解放军进行扫荡。该师抵热辽边境立足未稳，而东北解放军已发动秋季攻势，所以热河及冀东的解放军正大举东进。该师开到杨家仗子附近即被解放军全歼。结果，该师副师长苏景泰（师长龙泽汇请假去北平，由副师长代理）及全师官兵大部被俘，重武器全失。而山海关以东的北宁路，亦遭解放军的战略破击，一时不易修复。陈诚自恃大权在握，兵员武器可源源而至，小有挫折，无关大体。不仅如此，他还抱有"雄心壮志"，想在东北大显其"参谋总长有能"（陈狂妄自大、南京国防部成立时，白崇禧任国防部长，位在他之上，他心怀不服，时生龃龉，就常以"国防部长有权，参谋总长有能"的话，作为他为所欲为的借口）的身份，准备作下届"副总统"竞选的反动统治资本。

本月，国民党云南省政府主席卢汉又奉蒋介石之命，再度来到东北慰劳云南部队，希望云南部队继续为他们卖命。陈诚知道卢汉前来慰劳，即电话告知我说：“现在辽西军情紧急，你须常在锦州，不必偕同卢主席到各处去慰劳。”我答应照办，并将所得情报报告陈诚，我说：“现据各方情报，知道前与暂编第22师遭遇的解放军人数约5万人，且各方报告均言解放军准备千里长途行军，要到平原地带去作战云云，似乎有向沈阳方面进攻的模样。”

10月间，第49军由苏北调来锦州，归我指挥。该军的两个师到达锦州（有一个师尚在海运中）时，陈诚就着我令该军由锦州出发经江家屯（锦州西南数十里）向杨家仗子、新台门（江家屯西、热辽边境附近）前进，求敌攻击捕捉而歼灭之。该军即遵令行动，但到杨家仗子、新台门附近地区后，转来转去数日，只遇有少数解放军，并且稍一接触，便即退去。该军就认为解放军不多，战斗力也不强，并对暂编第22师的被歼灭暗含有讥笑之意。该军军长王铁汉与锦州第一兵团司令部参谋处联络时，就曾数说敌情并不如讲的那么严重。可是当该军再度转到杨家仗子时，却发现了解放军，经过接触后战斗力并不弱，且人数也越来越多，战况渐呈紧张。该军的第26师海运到锦州后，当即令其径向杨家仗子前进，策应该军的作战，但中途被阻，无法进展。该军得知第26师由锦西沿铁路线向杨家仗子北进的情况后，亦曾数度向南猛攻，企图打开通路，与第26师会和，均遭解放军的沉重打击，卒未获逞。最后被解放军包围在方圆不过数公里的狭小地区内，前后经过3天的战斗，除该军军长王铁汉及参谋长等很少人换便衣逃脱外，其余悉数被歼。

第93军暂编22师和第49军（缺第26军）的先后被歼灭，严重地威胁到辽西的海上门户——葫芦岛的安全。陈诚虽电华北抽调两个军开来东北，但因铁路遭破坏，步行迟缓，万一中途受阻，更是问题。这是守备锦西掩护葫芦岛的部队最关心的问题。（直接守备葫芦岛的原有一个步兵团，守备锦西的有一个支队及保安团等，现又新增加第26师及新收容补充的暂编22师，统归第93军副军长盛家兴指挥，负守备之责。）幸而解放军在歼灭第49军之后，稍事休整，未即向锦西进行攻击，而华北方面派来的国民党第92军和暂编第3军虽步行缓慢，但没有中途被阻，且日渐向锦西方面逼进，转使解放军的侧背感受威胁，解放军不得不以一部向锦州佯攻，掩护其主力由辽西走廊移向热河朝阳方面。

华北方面开来的两个军到达锦州后，陈诚当即将暂编第3军调走，只留第

92军开驻锦州，归入第一兵团指挥。旋闻驻热河朝阳县的骑兵第3军李守信部已被解放军解决，同时东北十大煤矿之一的北票（在热河朝阳县境的东北）的守军，复为解放军所包围，情势十分严重，待援甚急。陈诚复饬我以第92军前往解北票之围。惟朝阳方面的解放军的兵力较之该军（尚缺一个师）实居于绝对的优势，且沿途地形尤为危恶，须循大凌河谷很大的隘路行军，沮洳泥泞，车马时有隔落之苦，若不加警惕，一旦有事，即会四面受敌，有坐以待毙的危险。该军所负任务的不易达成，原是十分明显的事。当该军行抵金岭寺附近时，已发现朝阳方面的解放军正纷纷前来更番向该军进攻，该军大有陷杨家仗子第49军覆辙的可能。在此千钧一发之际，我即着副司令官赵家骧（赵原是东北保安司令长官部参谋长，陈诚到东北后，长官部撤销，也不另行安排其职务，我即将他请调为兵团副司令官。因他与侯镜如同是河南同乡，故着他打电话），电话通知第92军军长侯镜如说：不要为解放军的攻击所吸引，迅即准备向义县撤退，并询他脱离战场是否容易，据答并无问题，乃补发正式电令着该军撤退，并令驻义县的第93军派出部队准备接应。事前虽有准备，但由于解放军猛烈的攻击和追击，该军仍被歼灭了两个团，一个师长被俘。至于炮兵部队的车辆，则悉数损失，北票也跟着被解放，守军一个团也全部被歼灭。从此以后，辽西方面的解放军真正可以千里行军向平原地区长驱深入地东进作战了。

锦州第一兵团司令部因锦州已无作战部队，决定将义县、朝阳间的一个交警总队调驻锦州担任城防（因交警总队的装备均系近战武器，而士兵亦系高小以上毕业学生，颇适宜于城防工作）。陈诚闻之在先，遂即电令我将该总队调往营口。因营口位居辽河下游，为水陆交通要港，但冬季结冰即不能与沿海各港通航，陈诚想加强海上运输，乃特调一支破冰船前来破冰，开辟营口海运航道。陈认为此地重要，故将交警总队调驻此间。但当年气候特别寒冷，秦皇岛、葫芦岛这两个不冻港都结了冰，破冰船进度不大，前面破了不久，后面又结了冰，并未获得海运效益，反而促成了王家善部队的起义。王系东北人，为日本士官学校毕业生，历任东北保安总队司令和保安师师长等职，后来又改编为正规师归第52军建制，担负守备营口之责。所部原系伪满部队，自到营口以后，国民党营口市长袁鸿逵就对王有点歧视，袁自高自大，并常摆出黄浦第一期生的老资格派头，王已感不满。告陈诚派交警总队前来营口，王更感到陈诚对他不信任。兼之因营口新增加了一个军单位，乃增派第52军郑明新来统一指挥，平白地又增加了一个顶头上司。并且这些人都是通同一气地视自己为异类，王心中万分恼火。加之该师原有进步人士又在暗中策动，解放军又打又拉，于是遂决心改邪归正，靠拢人民。王家善趁召集开会之机将第 52 军副军长郑明新和交警总队长及营口市长等一并扣留起来，随即宣布起义，解放了营口。最可笑的是营口已解放了几天，陈诚还电催破冰船赶快向营口前进破冰，这不是因失败而吓昏了头脑，就是想海上运输想的发疯了。

陈诚一到东北就盲目地乱动，到处碰壁。由关内调来的三个军（第 49 军、第 92 军和暂编第 3 军）如果集中起来一齐使用，尚可捣乱一时苟延残喘，无如他轻敌无谋，求胜心切，逐次分割使用兵力，以致接二连三地被各个击破，弄的垂头丧气，给他那种六个月甚至三个月即可“消灭”共产党的速胜论调，打了一连串的耳光！跟着辽西的解放军，又一往直前的向东逼近，使他更是手忙脚乱，胆战心惊，沈阳已陷于被动招架的境地，有人说残破的第 49 军军部现已无事可做，可调来沈阳负守备责任，于是即委王铁汉为沈阳防守司令。后又闻国民党第八集团副总司令楚溪春守备山西大同富有守城经验，又调楚溪春为沈阳防守司令。凡是各地可以调往沈阳的部队，不问兵力的多少，也不问地方的重要与否，都一概调走，如锦州为东北的军事要地，到后来只调剩下一个兵团司令部驻守了。

东北人民解放军在 10 月结束了秋季攻势之后，又于 12 月发动了冬季攻势。真是“屋漏又遭连夜雨，行船又遇打头风。”1948 年 1 月初，国民党新编第 5 军又在公主屯为解放军所歼灭。陈诚震慑异常，每日呻吟床头叫苦连天，要求蒋介石准他回南京养病，当未得蒋满意回答时，又说他对“领袖”素来如何如何的忠诚，为什么这点请求都不答应他。同时并令将飞机随时发动着，以免天寒临时不易发动，必要时才好逃跑。闻沈阳的全军人员也不大愿意而啧有烦言。又闻驻在沈阳的马占山听得陈诚有逃跑的消息，曾往见陈诚，疾言厉色的对他说：“你来得去不得！”这句话真是意味深长极了。陈的所作所为，说起来真是不会令人相信，但又却是千真万确的事。陈诚在东北吃了许多大败仗，逃回南京之后，蒋介石见他头一句话就说：“你以后有什么脸面去见美国人！”这充分地说明了美蒋的同恶相济。

国民党营口市长袁鸿逵在营口被俘后，经解放军释放回到沈阳。与我相见时，他对我说，解放军方面都把陈诚说成是“打渔杀家”的“教师爷”。真是恰当不过。

陈诚走后，蒋介石复派卫立煌任国民党东北“剿总”总司令。卫到沈阳后，我以东北“剿总”副总司令兼第六兵团司令官身份曾往沈阳见他，并向他建议酌为缩短防线，多控制一点机动部队为好，必要时，总部亦可移驻锦州。他未置可否，只说沈阳外围现构筑据点工事甚多，万无一失，你可同工兵指挥官一道去看看，大有满不在乎的神情。到 1948 年 3 月，四平街被解放之后，外间都知道国民党反动派在东北的寿命不长了，可是到 6 月间我交卸第六兵团司令官职准备离锦州到沈阳与他晤面时，他还邀约北京的若干教授到沈阳参观讲学，犹在盲目乐观，不知末日将至。

四、锦州解放，93 军全军覆没

蒋介石一贯以制造矛盾、利用矛盾、分而治之为其反革命统治的法宝。抗战胜利后，他曾利用龙云、卢汉、孙渡三人之间的矛盾，采取各种手段，把我所带的第一集团军缩编为一个军，脱离第一集团军的指挥，又把龙云、卢汉在云南的部队编为两个军，拨隶第一集团军归我指挥（后来，事实上这两个军又分开了），这样一来就把云南的部队一齐投入内战而又分散在各地，不怕你不唯命是听了。事情还不仅如此，国民党第一集团军总部已有副总司令二人（一为欧震，系蒋岳的人，也即是陈诚的人；一为杨宏光，系龙云的人，原任新编第 3 军军长，因抗战胜利后该军被缩编掉而调充），又委陈铁为副总司令（陈铁为贵州人，黄埔军校一期毕业，原在胡宗南部任 14 军军长，系何应钦的同乡）。原来的参谋长黄雄（浙江温州人）被调走，另委兵役司司长翁国柱（贵州人，为何应钦的亲戚）前来接替，表面上标榜云贵大同乡，人地相宜，实则不过以此为幌子，进行吞并或消灭异己军队所做的阴谋诡计和遇机即可取而代之的人事上的准备。

1946 年，我任东北保安司令长官部副司令长官的命令发表时，对我原任的第一集团军总司令一职，并无明白指示，隔三数日后，才补来一电，言明仍兼第一集团军总司令。其所以不同时发表而必须分为两次者，大概在此就有更换我所任总司令的意图，绝不是出于无意而偶然的疏漏。

（1948 年）5 月间，参谋总长顾祝同来电，要我到南京一行。我到南京后，蒋介石邀我进早餐。席间蒋对我说，你带兵太久，也太辛苦，我想调你当省主席，换一换工作要好些。内地各省党派太多，不易应付，东北各省又太小了，也不适当；我想暂调你到热河去负责，如果需要云南部队，将来也可调去。你可考虑一下。我说，别无困难，只是兵团司令部官佐等太多，我要带往热河安插他们比较安心点。蒋说那可以，除了民政厅厅长于国桢一人你可留用外，其余的人你都可以调换。后来龙云又约我吃饭，劝我不要放弃兵权，并言去年朱总司令写给我的信是真的，用不着怀疑（当时我没有接见来人而收了信），还是想办法向蒋介石推辞为好。我迟疑数日，想不出好的措辞可说。又遇总统府军务局长俞济时约我吃饭，我正拟托俞济时向蒋转报，请将主热事暂缓发表。我尚未开口，俞即向我转达蒋的意旨说：现在总统已决定你原任东北"剿总"副总司令仍旧不变，你兼的第六兵团司令官由第93军军长卢浚泉升充。人事上用不着顾虑，你可安心准备到热河去。后由总统府代购飞机票，催促我离京赴热河。我回到锦州后，当将经过情况告诉了卢浚泉。卢问我以后怎么办？我说照目前情况看，你只有两条路可走：一条是准备起义；一条是准备当俘虏。卢说，禄国藩（云南人，与卢同是彝族又是亲戚）有个女儿在热河，系共产党员，我以后派人找她接你。卢并向我建议到热河三个月后，可托人代理省府职务，再回东北来。我说一定照办，你可多与解放军联络。可是到9月中旬，我到热河尚未满月，锦州即发生战事，我连日接卢来电报，最初谓战况并不紧张。但至10月14日，卢的电台忽不通，锦州电报局也叫不应，就知道已被解放了。后来闻知，锦州解放时，经连日激战，第93军及所有防守锦州的国民党军全军覆没，东北"剿总"副总司令兼荆州指挥所主任范汉杰及其以下军官全部被俘虏。卢浚泉终于当了俘虏。

10月下旬，蒋介石曾到热河承德，他对我说，锦州的仗打得不甚好，倒是93军的暂编第20师在义县打得不错。后来他又向第13军干部训话，也讲到东北的战争。为了巩固他的统治，要人家不惜以宝贵的生命做他的牺牲品。

五、弃暗投明，第60军长春起义

蒋介石为造成他的亲一色的独裁统治，对嫡系部队是想方设法使之成长与壮大，而对杂牌部队，则千方百计的使之削弱或消灭。嫡系部队有一个师，不久就变成两个师的一个军，再有一个师就成了三个师的一个军。再有一个师就可成为两个师的两个军了。这样一天比一天的扩大。蒋介石的第 1 军膨胀到了惊人的地步，就是例证。杂色部队一个三个师的军，不但不会变成两个师的两个军，而且会军变为师，师变为旅以至于消灭，让别人拿你的番号又成立新的部队了。用着你的时候则暂为利用，用不着你的时候则一脚踢开，弃如敝屣。北伐期间，云南部队有朱培德、范石生、金汉鼎三个军参加，后来三个军变成三个师，不久又被吞并掉一个师（范石生的第 51 师），只剩下两个师了。到抗战末期，又遭吞并，简直彻底消灭了。所有杂牌部队，概系地方军阀武装，和广大劳动人民站在完全敌对的地位，而蒋介石又掌握着中央政权，能取得帝国主义大量的援助，所以杂牌部队明知最后必遭蒋吞并和消灭，但为保存自己反动阶级的利益，权衡轻重，还是依靠蒋介石这个集团为合算。云南部队也无例外。

云南部队到东北的两个军，一开始就被调开各驻一方，第 60 军（缺新建的 184 师在锦州）以驻永吉附近的时间为长，在驻军期间，闻与国民党吉林省主席梁华盛（广东人，黄埔军校第一期毕业生）处的极不愉快。因为梁以长官身份自居，权责不分地随时干预 60 军的事，使该军军长曾泽生常有不甘心忍受而不得不忍受的愤怒心情。至 1948 年 3 月，奉令由永吉撤长春，与原驻长春的新编第 7 军共同担负长春的守备。该军到达后，长春的所有物资已为新编第 7 军所把持，样样仰人鼻息，简直在过乞讨生活，困难与日俱增。后来，长春居民到了以吃草根树皮来充饥，拆房屋及挖柏油马路上的柏油来作燃料的程度。而包围长春的解放军，又加紧对敌政治攻势，宣布凡出城向解放军投诚的国民党官兵都予收容，愿回家者发给路费，携带武器投诚的有奖。居民逃出城投靠解放区的给以粮食救济，以致军心民心逐渐瓦解。在锦州解放之前，尚有一线生机的希望，到 10 月 14 日解放军对锦州发动总攻，15 日锦州解放，则一切希望变成绝望。同时，解放军及原埋伏在 60 军内的地下工作人员又内外争取，至 17 日便爆发了第 60 军的起义。该军起义又促成了新编第 7 军及国民党东北“剿总”副总司令郑洞国的先后放下武器，长春解放。接着，整个东北就完全为解放军所收复。

【注释】

① 孙渡．云南部队到东北打内战始末 [j]. 云南文史丛刊 1987（1）：1-9（此文为孙渡 1963 年特赦回昆后撰写）

参考书目

1. 何耀华总编 . 云南通史（第六卷）[M]. 中国社会科学出版社，2011.6

2. 中共云南省委党史研究室 . 中国云南地方史（第 1 卷）. 云南人民出版社，2001

3. 谢本书等著 . 云南近代史 [M]. 云南人民出版社，1993.7

4. 谢本书著 . 龙云传 [M]. 云南人民出版社，2011.3

5. 谢本书著 . 张冲传 [M]. 云南大学出版社，2015.8

6. 谢本书著 . 唐继尧评传 [M]. 河南教育出版社，1985.2

7. 谢本书著 . 讨袁名将——蔡锷传 [M]. 兰州大学出版社，1997.1

8. 谢本书，牛鸿宾著 . 卢汉传 [M]. 四川民族出版社，1990.10

9. 谢本书著 . 民国劲旅　滇军风云 [M]. 云南人民出版社，2013.6

10. 谢本书等编 . 云南辛亥革命史 [M]. 云南大学出版社，1991.10

11. 欧之德著 . 卢汉起义纪实 [M]. 中国华侨出版公司，1991.9

12. 王朝闻著 . 龙云卢汉与蒋介石 [M]. 中国青年出版社，1990.12

13. 刘光顺 . 唐继尧研究文集 [M]. 云南人民出版社，1996.11

14. 余玮 . 真情朱德 [M]. 人民出版社，2013.3

15. 金冲及主编 . 朱德传 [M]. 人民出版社，1993.8

16. 孔祥庚，杨杨 . 朱德与云南 [M]. 云南人民出版社，2011.11

17. 谭其运编著 . 云南讲武堂将帅风云 [M]. 云南人民出版社，2011.1

18. 张军，唐本富编著 . 国民党高级将领花名册（下册）[M]. 华文出版社，2011.11

19. 余远来编著 . 国民党被俘高级将领特赦令 [M]. 华文出版社 2011.12

20. 王成斌等主编 . 民国高级将领列传 [M]. 解放军出版社，1993.11

21. 林花山编著 . 国民党高级将领全纪录 [M]. 中共党史出版社，2010.2

22. 文化曲靖丛书编委会 . 曲靖文化——陆良卷 [M]. 云南人民出版社 2012

23. “陆良人才”名录编委会 . 爨乡骄子 [M]. 云南科技出版社，2009

24. 全国政协文史委编 . 文史资料选辑（总第 62 辑）[M]. 北京文史资料出版社，1979.3

25. 全国政协文史委编 . 围追堵截红军长征亲历记——原国民党将领的回忆（上、下册）[M]. 中国文史出版社，1991.1

26. 云南省档案馆 . 国民党追堵红军长征档案史料选编（云南部分）[M]. 北京档案出版社，1987.11

27. 云南历史研究所编 . 围追堵截红军亲历记（上、下册）[M]. 中国文史出版社 .1990.1

28. 云南省军区党史资料征集办编 . 红二六军团长征过云南日志 . 云南人民出版社 .1986.9

29. 云南省军区党史资料征集办编 . 红二六军团长征过云南 .[M]. 云南人民出版社，1986.9

30. 史石编 . 金沙江的记忆——红军长征过云南纪实 [M]. 云南人民出版社，200 6.9

31. 李涛 . 大围追——国民党围堵红军战争揭秘 [M]. 中国文史出版社，2012.1

32. 袁德成等 . 云南爱国风云录 [M]. 云南大学出版社，2003.6

33. 伍近先著 . 山水狂飙 [M]. 解放军出版社，1996.7

34. 李继锋著 . 中国抗日战场全记录（1930 — 945）[M]. 21 世纪出版社，2015.6

35. 步平，荣维木主编 . 中华民族抗日战争全史 [M]. 中国青年出版社，2012.3

36. 孙代兴，吴宝璋主编 . 云南抗日战争史 [M]. 云南大学出版社，1995.7

37. 中共云南党史研究室编 . 云南全民抗战 [M]. 云南大学出版社，1995.8

38. 云南省档案馆编 . 滇军抗战密电集 [M]. 1995 年 9 月内部期刊

39. 云南省档案馆编 . 抗战时期的云南社会 [M]. 云南人民出版社，2005.9

40. 云南省档案馆编 . 抗战时期的云南档案史料汇编（上）[M]. 重庆出版社，2015.8

41. 云南省档案馆编 . 滇军抗战阵亡将士名录 [M]. 云南人民出版社，2014.11

42. 云南省政协编 . 抗战中的云南 . 云南文史资料选辑（第 50 辑）[J]. 云南人民出版社，1997.7

43. 云南省政协编 . 滇军出省抗战记 . 云南文史资料选辑（第 47 辑）[J]. 云南人民出版社，1995.2

44. 黄声远 . 壮志千秋 [M]. 上海汉文正楷印书局承印出版，1948.1

45. 张宪文主编 . 抗日战场正面战场 [M]. 世界图文出版社，2015.6

46. 陈钦编著 . 我的河山——抗日正面战场全纪实（会战篇）[M]. 中信出版社，2013.9

47. 薛岳，余建勋等著 . 正面战场 . 湖南会战——原国民党将领抗日战争亲历记 [M]. 中国文史出版社，2015.5

48. 薛岳，岳星明等著 . 正面战场 . 闽浙赣抗战——原国民党将领抗日战争亲历记 [M]. 中国文史出版社，2015.5

49. 李凯编著 .1945 年中国大受降 [M]. 长城出版社，2015.8

50. 陈冠任著 . 国殇——国民党正面战场抗战纪实（2）[M]. 团结出版社，2015.6

51. 张洪涛著 . 国殇——国民党正面战场抗战纪实（上、下）[M]. 团结出版社，2015.1

52. 任光椿著 . 长沙会战抗战纪实 [M]. 中国友谊出版公司，2015.4

53. 谭飞程著 . 赣北兵燹　南昌会战 [M]. 武汉大学出版社，2014.1

54. 张量主编 . 历史不能忘记系列丛书 [M]. 中国民主法治出版社，2015.7

55. 全国政协文史和学习委员会 . 湖南会战亲历记 [M]. 中国文史出版社 .2015.1

56. 全国政协文史和学习委员会 . 闽浙赣抗战亲历记 [M]. 中国文史出版社 .2015.1

57. 廖彦博著 . 决胜看八年：抗战史新视界 [M].（台湾）远见天下文化出版公司，2015.6

58. 黄济人 . 将军决战岂止在战场 [M]. 解放军文艺出版社，1991.7

59. 沈醉 . 战犯管理所见闻 [M]. 中国文史出版社，2015.1

60. 何有良著 . 江西通史（民国卷）[M]. 江西人民出版社，2008.1

61. 胡菊荣著 . 中国战区受降始末 [M]. 南京出版社，2016.8

62. 中国第二历史档案馆编 . 中国战区受降档案（陆）[M]. 南京出版社，2005.8

63. 史文编著 . 国民党首要战犯改造密档 [M]. 台海出版社，2013.6

64. 纪敏主编 . 改造战犯档案全公开 [M]. 中国文史出版社，2011.1

65. 张慧琪 . 丽江古城往事 [M]. 云南民族出版社，2010.5

66. 云南省政协文史委编：滇军起义与云南解放 [M]. 云南人民出版社， 1999–7

67. 陆良县政协文史委编 . 陆良文史资料第 3、4、7、14、16、18 辑

68. 曲靖市政协文史委编 . 曲靖文史资料（第 5、13 辑）：2015.1

69. 云南省政协文史委编 . 云南文史资料选辑第 6、14、15、16、17、18、20、22、28、47、50 辑

70. 云南文史研究馆编 . 云南文史丛刊 1985（1）.1986（4）.1987（1）.1988（1）.1991（2、3）.1992（2）.1992（3）.1992（4）.1995（3）

71. 苏魏 . 清末陆军小学堂研究 [D]. 东北师范大学 .2009

72. 沾益播乐中学校志：播中志——杨守沫传略（未刊）

73. 现珍藏在云南省图书馆的一本书——《突起敌后的一支神军》

后记

“千淘万漉虽辛苦，吹尽狂沙始到金。”这部传记从开始酝酿到付梓出版，增删六次，批阅五载，可谓呕心沥血。没日没夜的冥思苦想、刻骨铭心的艰难挣扎、锲而不舍的艰辛探索，终于“吹尽狂沙”，看见“光亮的黄金”。

是金子总会发亮的。在民族复兴的历史星空中，那些如孙渡一样，在国家民族危亡之际前赴后继、血染疆场的无数英烈，难道不是发亮的金子？拂去历史的尘埃，世人终于可以见到他的光亮！这是作者最大的收获和满足。

之所以研究孙渡，事出偶然，亦或必然。2015 年端午节，正值孙渡 120 年诞辰日。在孙渡堂侄孙忠武家中，孙忠武和妻子钱琼芬（孙渡胞妹之女）希望我能为孙渡立传，期待的眼光让我至今难忘。当时，我心中犹豫，信心不足。但老人却很认真地对我寄予了厚望，我于是在心里完全没底的情况下，忐忑不安地答应下来。

受他们的委托，我深感责任不轻，立即着手写作的前期工作。2015 年 7 月，我刚放暑假，即刻到孙渡的出生地——陆良三岔河新庄村等地进行了详尽的采访，收集了一些流传在陆良民间的传奇故事。同年 7 月 26 日，在孙忠武的陪同下，驱车到丽江采访了孙渡夫人张灿琪女士及他们的 3 个子女，得到了他们的大力支持。遗憾的是，半年后，93 岁高龄的张灿琪不幸与世长辞。但张灿琪期待的目光却长存在我的脑海中，久久挥之不去。虽然觉得写作的压力十分沉重，然而从此却更加增添了几分责任和信心。

一旦真正着手研究孙渡，才发现事情远比想象中要艰难得多。孙渡是一个淹没在历史深处的人物，这与他长期不受重视有关。有关孙渡抗战前后的史料实在稀少，搜集起来极为困难，几乎需要沙里淘金般地去寻找。而且，有些文章所涉内容常有矛盾，有的似是而非，需要对相关事件和人物的文献记载，搞清来龙去脉，予以确认、鉴别。不少事例，犹如文物考古一般，需要对搜

寻到的一些片段，作查证、比对、拼接。写作难度之大，出乎意料。

从 2015 年下半年起，我利用一切可以利用的时间，尽可能地收集资料，阅读有关书籍，熟悉抗战前后的历史背景，梳理孙渡一生的历程。在一年多的时间里，我利用自己外出培训学习的机会，挤出所有的空闲时间，先后到台湾、香港、南京等地图书馆、档案馆查阅资料；利用节假日，多次长时间泡在云南省图书馆、云南省档案馆、昆明市档案馆、云南陆军讲武堂等地反复查阅文献；还到孙渡战斗过的湖南长沙、江西南昌、湖北武汉等地，考察抗日战场遗址；到孙渡关押过的昆明监狱、重庆白公馆看守所、北京功德林监狱实地走访，到特赦回昆后工作过的云南省政协、昆明市政协、云南文史研究馆查看寻访，到孙渡病逝后火化的昆明市跑马山殡仪馆、他的安息之地昆明市黑龙潭五老山追思、凭吊。一年多后，有所收获，有所积累，有所感悟。于是，一边争分夺秒收集资料，一边苦思冥想开始写作。

云南近代史研究的领军人物谢本书教授曾说："研究历史，应该有自己的历史底线，这个底线就是尊重历史、维护历史的尊严。" 他一再强调，研究历史，贵在"尊重历史"。他嘱咐我，应采取记实性手法来写人物传记。正因为如此，书中引用的文献材料比较多，写得犹如学术考据的风格。有时为了说明一段真实的历史，甚至把一些引证辨析的过程，也写入了书中。这是特定条件下，鉴于特定人物的一种选择。

孙渡本人留下的史料不多，有些记载和说法又多有矛盾，需要做些论证。而且，孙渡所经历的，涉及军阀混战、红军长征过云南、抗日战争、解放战争，大多是重大的历史事件。他所交往的，又是蒋介石、朱德、唐继尧、薛岳、龙云、卢汉、张冲等重要历史人物，所以在叙述其生平时，作者常常有敬畏、拘谨之感，不敢妄加发挥。只能力求比较全面地搜寻与他有关的文献史料，客观展现他的人生历程；力求多引用当事人第一手材料，或者权威论著文献，尽可能再现一个真实的人物，再现一段真实的历史。只求文责自负，对历史负责，对良知负责。

这种做法，符合我的职业习惯。此书的写作，更多地采用新闻的笔法，而不是文学的笔法。所写的内容，力求做到有事实依据，有来源出处。不捕风捉影，不随意演绎。力求做到细节真实，有据可循。但这只是愿望而已，限于水平等原因，离此要求肯定还有不小差距。需要特别说明的是，在写作中发现，以往流传甚广的一些说法，如孙渡家庭出身、生卒年月、求学经历和被捕情况等，与事实大有出入；但由于这些事件与孙渡关系较大，而流传的说法已形成相当广泛的影响，实在很难避开，不得不作正面的质疑和商榷，为探明真相，特在附录中以《孙渡生平事迹考证》予以说明，相信读者能做出明断。

研究的过程极为艰辛。自己犹如背负一幅精神枷锁，苦闷彷徨，不知何时能够解脱，获得自由；又如进入一段黑暗的时光隧道，漫无边际，不知何时走到尽头，见到光亮。虽说自己不是成“大事业”、做“大学问者”，然一番努力和挣扎后，历经“昨夜西风凋碧树。独上高楼，望尽天涯路”的清冷寂寞，怀揣“衣带渐宽终不悔，为伊消得人憔悴”的坚定决心，最终苦尽甘来，有了“众里寻他千百度，蓦然回首，那人却在，灯火阑珊处”的惊喜回报。

我时常问自己：是什么力量使得自己，即便是“衣带渐宽”也“终不悔”，即便是“人憔悴”也心甘情愿？是那些如孙渡一样为国家民族流血牺牲的无数抗战英烈！是他们在抗日疆场上视死如归、宁死不屈的民族气节，不畏强暴、血战到底的英雄气概，百折不挠、坚韧不拔的必胜信念，激励我完成这一艰辛的工作。写作这点苦和累，与他们相比，算得了什么？为那些流血牺牲、铁骨铮铮的中华民族的优秀儿女树碑立传，这是我最值得做的一件事！

本书的遗憾很多。由于收集史料困难，书中还留有一些疑点和空白。由于在台湾、香港的时间较短，查阅国民党保存的档案资料未能如愿。查阅大陆保存的档案，其实也非易事。即便是一些已知的线索，由于条件限制，终也未能如愿查得。孙渡亲属留存的许多珍贵的图文资料，惜于“文革”期间毁坏殆尽。因此，有关孙渡的一些经历，笔者在没有掌握准确史料之前，只能暂留空白、暂时存疑或暂且不写。作者对历史研究纯属外行，书中所述的历史问题，可能会有这样那样的错误。限于时间仍嫌仓促，成稿后未能多加推敲，差错之处在所难免，诚望读者朋友特别是专家学者批评指正。希望有机会再版时修正、完善。

在搜集材料和研究过程中，我得到很多热心人的帮助，谨表示由衷的感谢。孙渡的直系亲属自始至终一直关心我的工作，不时来电垂问进展。孙渡夫人张灿琪和其子女孙沛、孙锦、孙溶，侄子孙忠武、孙忠良，侄女孙琼娥、钱琼芬等接受采访，陪同作者寻访故里、墓地，提供了孙渡遗存的信函复印件，孙氏家谱、孙渡遗稿等宝贵资料。2018年5月下旬，本书初稿写成后，孙沛、孙锦姐弟专门审看初稿，提出了宝贵意见。鲁道源将军之子鲁以国、李鸿谟将军之子李民生、侯镇邦将军之孙李昆华等，也给了许多无私的帮助。

尤其要感谢的是历史学家谢本书教授。他的指教和帮助，使我获益甚多。2015年7月，因有些问题不解，我初次专程登门拜访谢先生，冒昧向先生求教，得到诚恳地解答；他对书名提出宝贵意见，并嘱咐我研究时要有注解，说明引文的出处，为我的研究奠定了基础。2016年11月，谢先生应邀到我校作“红军长征过云南”的形势政策报告，慷慨赐予我多件有关研究孙渡的资料，帮了我的大忙。2018年4月，初稿完成后，谢先生拨冗垂阅全书，提出了许多宝贵的意见，并欣然为之作序，给我很大鼓励。

在初稿开始写作时，谢先生的几部权威论著，如《蔡锷传》《唐继尧评传》《龙云传》《卢汉传》《张冲传》《民国劲旅——滇军风云》《蒋介石与西南地方实力派》《护国运动史》《西南军阀史》《云南近代史》《抗日战争时期的西南大后方》等，一直是我主要的参考书。一些与孙渡有关的内容，还多有引用。谢先生是云南近代史研究的大家，尽管极为繁忙，即使远到美国探亲，但仍不时指点迷津，使我深受教益，也深为感动。

本书在写作中，还得到诸多朋友的热情帮助，深感友情的珍贵。素昧平生的李建华先生从江西萍乡给我传来许多极为珍贵的史料；我的朋友戚林先生，从北京给我带来了有关抗战的系列丛书；我的学生谭子美女士，从台湾学者那里帮我收集到一些抗战资料；我的朋友施星芳、叶炘睿、段国庆热情帮助校对；我的学生张龙洋、蔡元亮、陈伍贵、念创、赵丽萍等等，帮我收集、整理、打印、复印资料等，为本书的出版做了不少工作。还有我的家人，尽力为我安心写作创造条件，做了大量的辅助工作。

本书的出版，得到团结出版社的鼎力支持，倍感真情的可贵。在联系云南和北京7家出版社被婉拒后，在谢本书先生推荐下，正准备出版《龙云传》的团结出版社，慨然接纳初稿。之后，在编辑张晓杰女士的辛勤努力下，历时15个月的精心审读、选题策划和报批，使本书终获出版。2019年教师节当天下午，当我接到张晓杰女士的电话，得知此书可以出版的消息时，激动的心情久久难以平静！为了不负所望，此后的几个月，我按出版社要求，一遍又一遍进行了认真校对。

本书的出版，得到社会各界人士的携手相助，倍感人情的温暖。陆良县三岔河镇原党委书记（现为县人大常委会副主任）高海荣先生倾力协调出版事宜，陆良县民营企业家孙树宏慷慨资助出版工作；云南出版社编辑周颖等人，不厌其烦帮助咨询出版事宜。还有许多不曾相识的人，也伸手相助。正是他们不计回报的热情帮助，使本书得以和大家见面。

本书在写作中，参阅了大量学术著作，限于篇幅，难以一一列举，详见文中注释和附录参考文献篇目。全书采用了223张照片（其中彩色照片91张），除家属提供和作者自摄外，多数转自其他书籍、报刊及网络。其中不少照片因不明出处，未能注明作者，甚为抱歉，期待联络后补正。在此谨一并致以诚挚谢意！

钱润光

2019年12月于曲靖